CW01510086

Jüdischer Verlag
für Gemeindeliteratur

סֵפֶר נְתִיבוֹת הַשָׁלוֹם
Buch der Friedenspfade
SEFER NETIVOT HASCHALOM

Die **Tora**
nach der Übersetzung von
Moses Mendelssohn
und die
Haftarot
nach Simon Bernfeld,
Joel Brill, A. Benesch,
Schlomo Salman Lipman,
Wolff Meir und Josef Weiss.

Revision 2015 - 5775

Herausgegeben
von
Annette Mirjam Boeckler

JVFG
Jüdischer Verlag
für Gemeindeliteratur

Published by JVFG

Den Verlag erreichen Sie im Internet unter:
www.jvfg.eu

Typeset and Interior Design: Dr. Annette M. Boeckler, London
Cover Design: Dr. Annette M. Boeckler, London

Abbildungsnachweise der Karten:
S. 513.514.515.516.517.518: Karten 1, 2, 3, 4, 7 und 8: Bearbeitete Versionen von: The Torah. A modern Commentary. Hg. von W. Gunther Plaut, New York 1981, Karte 9: Joachim Prinz. Die Reiche Israel und Juda. Geschichten der Bibel, Berlin 1935 (Kartenbeilage).

Boeckler, Annette M., 1966-
Die Tora nach der Uebersetzung von Moses Mendelssohn und die Haftarot nach Simon Bernfeld, Joel Brill, A. Benesch, Schlomo Salman Lipman, Wolff Meir und Josef Weiss : Revision 2015 / Annette M. Boeckler. p. cm. Includes 9 ill., 9 maps and glossary
1. Bible. O.T. German. Jewish. 2. Bible. OT. Pentateuch. German. 3. Judaism-Germany. 4. Mendelssohn, Moses, 1729-1786. 5. Netivot ha-shalom. I. Title

ISBN

kindle   978-1-910752-00-5
ebook   978-1-910752-01-2
paperback   978-1-910752-03-6
hardcover   978-1-910752-04-3

Inhalt

**Haftarot für Feiertage und Feste
sowie für besondere Schabbatot**   **551**

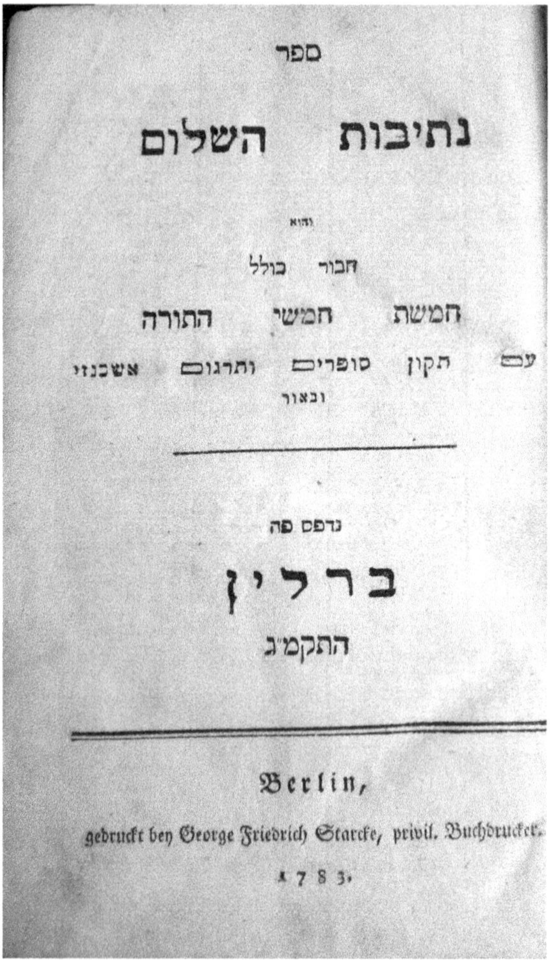

ספר

נתיבות השלום

והוא

חבור כולל

חמשת חמשי התורה

עם תקון סופרים ותרגום אשכנזי
ובאור

נדפס פה

ב ר ל י ן

התקמ״ג

Berlin,

gedruckt bey George Friedrich Starcke, privil. Buchdrucker.

1 7 8 3.

Abb.1:
Titelseite der Originalausgabe Sefer Netiwot ha-Schalom,
Berlin 1783 (Bibliothek des Leo Baeck College, London: RB001.3,5)

© Photo: Annette M. Boeckler, 2015

Einleitung

Die vorliegende Übersetzung der im jüdischen Gottesdienst benutzten Bibeltexte — der Tora mit ihren Prophetenlesungen — bietet weder den Nachdruck einer historischen Quelle[2] noch eine völlig neue Übersetzung. Vielmehr verbindet sie Altes und Neues, Tradition und Moderne. Sie bietet eine für den heutigen Gebrauch revidierte Fassung von Netiwot haSchalom, der beliebten Toraübersetzung von Moses Mendelssohn (1729-1786), erstmals veröffentlicht Berlin 1783.[3] Die vorliegende Revision dieses Textes ist für den Gebrauch in Gemeinden gedacht. Sie begann Mitte der 90er Jahre im Zusammenhang mit der deutschen Bearbeitung des Torakommentars von Rabbiner W. Gunther Plaut (1912-2012). In Deutschland fehlte eine zeitgenössische jüdische Übersetzung, die dem Kommentar zugrunde gelegt werden könnte. Die letzte deutsche Bibelübersetzung, herausgegeben von Naftali Herz Tur-Sinai (1886-1973), war in den Jahren 1935-37 in Berlin erschienen. Nach 1945 wurden die Bibel herausgegeben von Leopold Zunz (1794-1886) und die Tora mit Propheten von Josef Wohlgemuth (1867-1942) und Isidor Bleichrode (1867-1954) für den Gebrauch in Synagogen wiederholt nachgedruckt. Im Christentum wurde die Übersetzung von Buber-Rosenzweig (1925-1931) beliebt und die Bibel herausgegeben von N. H. Tur-Sinai wurde in evangelikalen Kreisen entdeckt. Alle genannten Übersetzungen basieren auf einem Übersetzungsprinzip des 19./Anfang 20. Jahrhunderts, demzufolge der Originaltext sprachlich höher bewertet wird als die Zielsprache. Während der Arbeit am Plaut-Kommentar, auf der Suche nach einer modernen Übersetzung, entdeckte ich zufällig in einem kleinen Antiquariat Mendelssohns Psalmen, die mich inspirierten, nach Mendelssohns Toraübersetzung zu suchen, die vollkommen in Vergessenheit geraten war. Ihre Schönheit hat mich fasziniert. Mendelssohn wollte beides verbinden: Tradition und Moderne. Dem Original treu, nicht nur in seiner Wortwahl, sondern auch im Sprachstil, die Wörter durch die Brille der Rabbinen und mittelalterlichen Ausleger deutend, wollte er die deutsche Grammatik nicht verletzen. Sein Deutsch ahmte das Hebräische literarisch nach: Hebräische Poesie wird nun als deutsche

Poesie wiedergeben, hebräischer Erzählstil wird zu deutschem Erzählstil. (Zu Mendelssohns Übersetzungsprinzipien siehe unten S. XXVII.) Diese revidierte Ausgabe folgt diesem Prinzip der Verbindung von Tradition und Moderne. Sie ist inspiriert von Mendelssohns Stil und Übersetzungsideen, aber passt Grammatik, Satzbau und Wortwahl an das 21. Jahrhundert an, und hält an Mendelssohns Übersetzungsideen fest, sofern sie sich auch heute rechtfertigen lassen. (Zu den Prinzipien der Revision siehe unten S. XXXII.)

Mendelssohn übersetzte lediglich die Tora und einige andere poetische Stücke der Bibel. Für die Propheten mussten daher andere Vorlagen gewählt werden, die Mendelssohns Übersetzungsprinzipien und Stil teilen. Hier wurde jedoch stark in den Text eingegriffen, um die Übersetzungen hebräischer Wörter in den Propheten mit derjenigen Mendelssohns in der Tora anzugleichen, so dass Tora und Propheten eine gute sprachliche Einheit bilden. (Zu den Prinzipien der Adaption der Propheten siehe unten S. XXXV.)

Der revidierte Text der Mendelssohn- und Bernfeldübersetzung erschien seit 1997 zunächst als Grundlage für den Tora-Kommentar von W. Gunther Plaut in Absprache mit Rabbiner Plaut z¨ l. 2001 erschien der Bibeltext dann in einer eigenen Ausgabe in der Jüdischen Verlagsanstalt Berlin, mit einem Vorwort von Rabbiner Tovia Ben-Chorin. 2002 erschien eine Lizenzausgabe für die Wissenschaftliche Buchgesellschaft, und im Jahr 2005 eine Lizenzausgabe für die von Hans Küng herausgegebene Ausgabe»Die Heiligen Schriften der Welt«, Sammlung Diederichs im Heinrich Hugendubel Verlag, München. Außerdem wird Mendelssohn inzwischen in neuen deutschen jüdischen Gebetbüchern zitiert — wie zum Beispiel demjenigen herausgegeben von J. Sievers und A. Nachama — sowie in diversen Schulbüchern.

XIV

Revision 2015

Seit der Erstausgabe des Textes im Jahr 2001 hat sich die Verlags-
welt sehr verändert. 2015 musste der Text nun für die Publikation
in digitalen Medien durchgesehen werden und wurde dabei einer
gründlichen Revision unterzogen. Etliche Fehler und Inkonsequen-
zen von 2001 wurden korrigiert: Orthographie, übersehene antike
Redeformen, Fehler in der Angabe der Aufrufe, u.ä. Wer sich an den
traditionellen Aufrufen zur Tora orientieren möchte, sollte sich daher
auf die Angaben in der 2015 Revision beziehen. Außerdem wurde
etliches ergänzt, etwa ein Drittel der Prophetenlesungen ist neu. Die
»Mendelssohn-Tora« enthält nun sämtliche Haftarot, einschließlich
des gesamten Buches Jona. Die Ausgabe 2001 hatte im Schatten des
Plautkommentars gestanden, die vorliegende Ausgabe umfasst nun
auch alle traditionellen Lesungen sowohl für die aschkenasische als
auch für die sefardische Tradition. Natürlich wurden auch alle Angaben zum Gebrauch in liberalen Gemeinden beibehalten. Außerdem
wurden kurze Einleitungen in die Paraschiot verfasst, die für den
synagogalen Gebrauch nützlich sind. Mein großer Dank gilt Rebecca
Brückner, Wuppertal, die die neuen Texte vor der Veröffentlichung
Korrektur gelesen hat.

Wie schon die Ausgabe von 2001 bietet auch die vorliegende
Ausgabe den Text auf der Grundlage der jüdischen Tradition, d.h. die
in der christlichen Tradition entstandene Kapitel- und Verszählung
wird zwar angegeben, das leitende Ordnungsprinzip des Textes sind
aber die im jüdischen Gebrauch wichtigen synagogalen Wochenabschnitte (Sidrot oder Paraschiot) sowie die Aufrufe zur Tora (Alijot).
Die jüdische Tradition überliefert seit dem ca. 9. Jahrhundert vorgeschriebene Zeilenumbrüche und Zwischenabstände des Textes, die
deshalb auch in der Übersetzung angezeigt werden. Die Zeilenumbrüche (hebräisch: *Petuchot* »offene Abschnitte«) sind mit dem Zei-
lenumbruchzeichen ⁋ markiert, die Zwischenabstände (*Setumot*
»geschlossene Abschnitte«) mit dem Abschnittszeichen •. Beide
Symbole können auch in E-Books angezeigt werden. (Zu weiteren

Symbolen in dieser Ausgabe siehe unten S. XLI.) Der Beginn eines neuen Kapitels der christlichen Tradition ist nicht zwangläufig identisch mit einem jüdischen Zeilenumbruch oder Abschnitt, da beides verschiedene, parallele Traditionen sind.

Abb.2:
Die Erstausgabe der Mendelssohn-Tora,
Berlin 1783
(Bibliothek des Leo Baeck Colleges, London: RB001.3,1-5)
© Photo: Annette M. Boeckler, 2015

XVI

Zur Bedeutung der Tora im Judentum

Die Tora hat im Judentum im Wesentlichen eine liturgische Funktion. Sie ist das älteste Dokument des Judentums, seine Gründungsurkunde. Teile aus ihr werden deshalb an jedem dritten Tag (Montag, Donnerstag, Schabbat) in einem öffentlichen Morgengottesdienst laut vorgetragen werden – traditionell in einer überlieferten Kantillation, die zusammen mit den Vokalen seit dem 8. Jahrhundert im Bibeltext selbst notiert ist, jedoch nicht in den Pergament- oder Lederrollen, die liturgisch verwendet werden. Wer aus der Rolle vorträgt, muss die Vokale und Melodien vorher lernen. Dieser Teil des Gottesdienstes dient der Besinnung auf die jüdische Identität und ist das gemeinschaftsstiftende Element des Judentums. Der öffentliche Toravortrag ist die regelmäßige kultische Wiederholung der Offenbarung der Gegenwart des Göttlichen an das Volk Israel. Im Gottesdienst selbst besteht das »Lernen« der Tora im wiederholten Hören ihrer Worte, wie es das klassische antike Verständnis des Lernens ist. Vor allem am Schabbat kann die Zeit genutzt werden, über die Inhalte der Tora auch zu diskutieren, doch es sind der Talmud und die späteren Rechtsinterpretationen, die die jüdische Praxis bestimmen und daher während der Woche vorrangig studiert werden. Die Tora an sich könnte nicht gelebt werden; zu viele praktische Details fehlen. Sie ist jedoch der Beginn, der alle folgenden Interpretationen inspiriert hat. Und die Buchstaben ihres Textes sind es, die das gesamte jüdische Volk einen, das sich aufgrund vieler verschiedener Interpretationen dieses einen Textes in viele Denominationen verzweigt.

Wenn die Tora im Judentum studiert wird, dann liest man nicht den Text allein, sondern man liest im Spiegel seiner Interpretationen. Rabbi Salomo, Sohn Isaaks (zitiert als »Raschi«), ein Gelehrter, der im 12. Jahrhundert im Rheinland und in Nordfrankreich lebte, fasste die traditionellen Interpretationen aus Talmud und Midrasch zu den Bibelversen bequem und leicht zugänglich zusammen. Sein Kommentar ist bis heute die wichtigste Brille, durch die der Bibeltext gelesen wird, selbst wenn er heute durch moderne wissenschaftliche Kommentare ergänzt wird (Siehe unten »Jüdisches Bibellesen« S. XVIII.) Als Moses Mendelssohn im Jahr 1783 seine deutsche Übersetzung veröffentlichte, druckte er auch Kommentare mit ab, in denen seine Übersetzungs-ideen bzw. die hebräische Grammatik erklärt werden. Oft beruft er sich auf Raschi, auf Midraschim und verschiedene jüdische klassische jüdische Bibelausleger, um sein Verständnis eines Wortes zu belegen. (Eine ausführliche Erläuterung der Bedeutung der Tora im Judentum findet sich in: Die Tora in jüdischer Auslegung. Herausgegeben von W. Gunther Plaut. Band I: Bereschit. Genesis, Gütersloh: Gütersloher Verlagshaus 1999, S. 19-26 »Allgemeine Einführung in die Tora« und S. 39-46 »Die Tora und das jüdische Volk«; siehe dort auch die Seiten 47-51 zur Bedeutung der jüdischen Tora aus christlicher und aus islamischer Sicht. Eine Einführung in die Themen der Tora und der gesamten Bibel aus jüdischer Sicht bietet Hanna Liss, Tanach – Lehrbuch der jüdischen Bibel, 3. Aufl. Heidelberg: Winter, 2011.)

Jüdisches Bibellesen I:
Lesen in einer Auslegungstradition

In einer Internet-Rezension zur 2001 Ausgabe des Mendelssohn-Tex-tes findet sich die erstaunte Beobachtung: »weicht tatsächlich von der christlichen Übersetzung des Alten Testaments ab«. Die Beobachtung ist richtig und die Gründe dafür vielfältig.

Jeder, der ein Kunstwerk wahrnimmt, sieht es mit den Augen seiner Tradition, seiner Bildung, seines Vorwissens. Es gibt nie eine unmittelbare Beziehung zwischen Leser/in und Text. Der/Die Lesende stellt den Sinn des Textes her, unabhängig von dem Sinn, den der Autor oder die Autorin intendierte. Seit Spinoza und verstärkt in der histori-schen Bibelwissenschaft des 19. Jahrhunderts, an der deutsche Juden wie Kaufmann Kohler, Leopold Zunz und Abraham Geiger lebhaft teilhatten, versuchte man, die Intentionen des Autors zu erkunden. Doch wie redlich man diese Forschung auch treibt, die Ergebnisse der historisch-kritischen Forschung zeigen, dass niemand seinen eigenen Kulturkreis verlassen kann. Die Annahme von verschiedenen Quellen und Redakteuren, die sie studieren und zusammenfügen, erinnert zum Beispiel an die Arbeitsweisen deutscher Wissenschaftler und Journalisten, nicht notwendigerweise an die eines orientalischen antiken Dichters, für den Dopplungen und Widersprüche Zeichen hohen poetischen Stils waren, wie man heute durch den Vergleich mit anderer alt-semitischer Literatur des Alten Orients weiß. Wenn wir nun in unserer Zeit mehr Wert auf literarische Analysen legen, dann trägt dies dem Rechnung, dass wir erkannt haben, wie sehr der Sinn eines Textes erst beim Lesenden entsteht, doch es ist in gleicher Weise zeit- und kulturbedingt.

Im Judentum liest man die Bibel heutzutage einerseits mit dem Mitteln der modernen Bibelwissenschaft, man nimmt Teil am akademischen Gespräch. In der anglo-amerikanischen Welt, wo die Bibelwissenschaft nicht an katholische oder protestantische Lehrstühle geknüpft ist, leben jüdische Forscher, die die wissenschaftliche Interpretation des Tanach und sogar auch des »Neue Testaments« an Universitäten unterrichten. In der akademischen Wissenschaft gibt es in der Regel keinen Unterschied zwischen Wissenschaftlern christlichen oder jüdischen oder muslimischen Glaubens. Parallel aber, vor allem in den Gemeinden, liest man auch im Bewusstsein der eigenen Tradition. Vor allem in Gemeinden sind viele sich dessen auch gar nicht bewusst. Dann gibt es große Überraschungen: Die Geschichte, dass Abraham als Kind die Götterbilder in der Werkstatt seines Vaters zerstörte, dass sich die Steine unter Jakobs Kopf während seines Traumes zu einer Einheit versammelten, dass Sara starb, weil sie erfuhr, dass Abraham Isaak opfern wollte, – das alles steht ja gar nicht in der Tora! Doch viele religiöse Juden kennen die Bibel von Kindheit an als ein Gemisch aus Midrasch und Tora.

Seit dem 9. Jahrhundert gibt es das Bemühen, nach dem einfachen Wortsinn des Textes zu fragen. Als der prominenteste Vertreter dieses Zugangs gilt Rabbi Sch'lomo ben Jitzchak (»Raschi«, 1040-1105). Doch Raschi tat letztlich dies: Er sammelte Interpretationen von Talmud und Midrasch, die den Wortsinn des Verses erklärten und präsentierte diese traditionellen rabbinischen Interpretationen in Form eines kurzen, allgemein verständlichen Vers-für-Vers Kommentars. Dieses Modell wurde seitdem oft kopiert. Eine andere Zugangsweise blühte in Spanien und Südfrankreich im 12.-15. Jahrhundert. Die dortigen arabisch sprechenden Juden studierten die hebräische Sprache wie ihre islamischen Kollegen die arabische Sprache des Korans. Sie analysierten Formen, Wortbedeutungen, Wendungen und Satzstrukturen und verfassten ihrerseits kurze Kommentare zur Tora und den anderen Büchern des Tanach. Wer heute als Jüdin oder Jude Bibel liest, liest in der Regel mit Raschi, häufig jedoch auch mit den anderen Kommentatoren. Das Ziel des Lesens ist, sich schließlich eine eigene Meinung über die Dinge zu bilden. Doch die klassischen mittelalterlichen Erkenntnisse werden geachtet als eines der Glieder der langen Kette der Tradition. W.G. Plaut lehrte, man solle die Tora mit drei Augen lesen: dem Auge der modernen Bibelwissenschaft, die sie als historische Urkunde liest, mit dem Auge der jüdischen Tradition, die sie als das Gründungsdokument des jüdischen Volkes betrachtet, und mit dem Auge des modernen Lesers auf der Suche nach Werten und Hoffnung.

Jüdisches Bibellesen II: Die Sprache der Tora

Hebräische Wörter sind oft vieldeutig, die Tora enthält etliche Sätze, die verschieden interpretiert werden können. Der bekannte Anfang des »Höre Israel« zum Beispiel besteht im Hebräischen aus sechs Wörtern ohne Verb: »Höre, Israel, Gottesname, unser Gott, Gottesname, eins.« Ob der Satz also Vergangenheit, Gegenwart oder Zukunft meint, ist bereits Interpretation. Jedes dieser Wörter selbst ist mehrdeutig. »Höre« könnte auch »Gehorche« bedeuten oder gar nur eine beiläufige Wendung wie «Jetzt pass mal auf, jetzt im Folgenden erst wird etwas Wichtiges folgen.« »Israel« ist sowohl der Eigenname eines der Erzväter (Jakob) als auch der Name eines Volkes und der eines Landes. »Unser Gott«, im Hebräischen eine Pluralform »unsere

Götter«, könnte auch bedeuten »unsere Richter«. Und das »eins« am Ende ist überaus seltsam. Bedeutet es: »allein« oder »eine Einheit« oder »einzigartig« oder anderes. – Wer wissen will, wie die jüdische Tradition über all diese Probleme denkt, wird den einfachsten und schnellsten Weg gehen und »Raschi« befragen, der die allgemeine Sichtweise der klassischen Rabbinen zusammenfasst (siehe dazu den vorherigen Abschnitt).

Mendelssohn und seine Nachfolger, auf denen diese Tora- und Prophetenübersetzung basiert, taten genau dieses. In den Original-werken ihrer Bücher wurde der Übersetzung sogar ein ausführlicher Kommentar in Hebräisch beigefügt, in dem die Quellen für die Übersetzungsentscheidungen genannt werden. Gleichzeitig jedoch studierten sie auch die hebräische Sprache. Mendelssohn zum Beispiel integrierte in seine Übersetzung die in seiner Zeit aufkommende Erkenntnis, dass der »parallelismus membrorum« (inhaltliche Doppe-lungen) das typische Merkmal alt-semitischer Poesie ist. Alle späteren jüdischen Übersetzer folgten diesem Grundprinzip der Verbindung vom traditionellem Verständnis und moderner Sprachforschung. Sie unterscheiden sich jedoch jeweils in ihren Übersetzungsprinzipien. Während Mendelssohn und seine Nachfolger der deutschen Gram-matik Ehre erwiesen – wie dies auch in der modernen Übersetzungs-wissenschaft erneut die Prämisse ist -, war im 19. Jahrhundert die Originalsprache in den Vordergrund gerückt. Damit rezipierte man die Philosophie Georg Wilhelm Friedrich Hegels (1770-1831) und des deutschen Idealismus, demzufolge die Sprache eines Volkes den »Geist« ihrer Vertreter offenbare. Um also den »Geist der hebräischen Sprache« – also des Judentums – zu verstehen, müsse man an der Sprachstruktur des Hebräischen festhalten; das Deutsch der Überset-zung folgt dann dem Satzbau und Stil der Hebräischen Grammatik und führt zu seltsamen, oft falschen deutschen Satzkonstruktionen wie »Es sprach Gott zu Abraham« anstelle von »Gott sprach zu Abraham«. Im 19. Jahrhundert wurde allgemein mit dieser Einstellung übersetzt, auch die lateinischen und griechischen Klassiker. Heutzutage hat sich die Position wiederum gewandelt und eine gute Übersetzung gibt

XXI

den literarischen Charakter des Originals wieder. Ein grammatisch fehlerfreier, in poetischem Stil geschriebener Text wird daher in der Zielsprache ebenfalls in fehlerfreiem poetischem Stil wiedergegeben. Als Beispiel möge ein Sprichwort dienen: Das englische »to pull one's leg« meint im Deutschen »jemanden auf den Arm nehmen« oder »jemanden an der Nase herumführen«, wörtlich übersetzt meint es aber: »jemandem am Bein ziehen«. Ein nur des Deutschen kundiger Leser würde einen Satz wie »Du hast mich am Bein gezogen« missverstehen, es zeigt aber »den Geist« der englischen Sprache besser. Letztlich geht nichts über die Tatsache hinaus, dass man, um eine andere Sprache zu verstehen, sie erlernen muss, keine Übersetzung hilft.

Dies ist das zweite Merkmal jüdischer Übersetzungen im Allgemeinen (es gibt in den USA einige wenige andere Beispiele): Jüdische Texte streben nicht danach, zu den Menschen hinunter zu kommen, sich ihnen einfach zu machen. Im Gegenteil: wer einen Text verstehen will, der muss zum Text kommen. Die zwölf- oder dreizehnjährigen Bat- und Bar Mitzwas müssen Hebräisch lernen, müssen die Intonation des hebräischen Textes lernen. Die Sprache der Straße ist nicht die Sprache des Gottesdienstes. Natürlich braucht man Übersetzungen, doch diese schauen nicht »dem Volk aufs Maul« wie die Lutherbibel, sondern lehren das Volk gutes Deutsch – dies war Mendelssohns Anliegen. Die Sprache dieser Übersetzung mag daher an einigen Stellen ungebräuchlich sein, doch sie repräsentiert die klassische deutsche Sprache Goethes und Schillers.

Moses Mendelssohn
und die erste Toraübersetzung ins Hochdeutsche

Moses Mendelssohn (1729-1786) ist der erste Jude, der eine Toraübersetzung ins Hochdeutsche schuf. Zu seiner Zeit gab es zwar jiddische Übertragungen, die aber aufgeklärte Juden jener Zeit nicht mehr ansprachen, oder man schaute in die christlichen Übersetzungen, die jedoch etliche Begriffe und Wendungen aus ihrer Sicht interpretierten und daher die jüdische Tradition nicht wiedergaben. Mit seiner Toraübersetzung, die einerseits eng der jüdischen Tradition verhaftet, andererseits in brillantem Hochdeutsch verfasst ist, schlug Mendelssohn einen Weg ein, dem nach ihm viele folgten. Keine spätere jüdische Übersetzung ist von dieser ersten hochdeutschen Übersetzung unabhängig. Spätere übernahmen nicht nur seine Übersetzung des Gottesnamens »der Ewige«, sondern darüber hinaus viele seiner Begriffe und viele seiner Übersetzungsideen.[1]

Moses Mendelssohn wurde 1729 als Sohn des Toraschreibers Mendel Heymann in Dessau geboren. Von seinem Vater sowie dem Dessauer Rabbiner David Fränkel erhielt er bereits als Kind eine solide Ausbildung in der jüdischen Traditionsliteratur. Es war ein Lernen im jüdischen Sinn, das nicht theoretisch bleibt, sondern seine Früchte in der Praxis reifen lässt, denn Moses aus Dessau führte sein Leben im Einklang mit der jüdischen Tradition, seiner Meinung nach die Grundlage des jüdischen Volkes. 1743 folgte der 14-jährige Moses Rabbiner Fränkel nach Berlin und erwarb sich dort zusätzlich eine umfassende Allgemeinbildung. Mendelssohns Neugier und Wissensdrang bahnten ihm den Zugang zum damaligen geistigen Leben in Deutschland. Er erweiterte sein rabbinisches Wissen um eine allgemeine philosophische Bildung. In seiner Person verbanden sich damit zwei damals gegensätzliche Kulturen, die ihm beide in gleicher Weise vertraut waren: die rabbinische Tradition und die moderne Philosophie. Mendelssohn strebte mit dieser Synthese seinem Vorbild nach, dem mittelalterlichen Religionsphilosophen Moses Maimonides. Aber Mendelssohn erwarb seinen Ruhm nicht nur durch sein profundes, verantwortlich gelerntes und gelehrtes religiöses und säkulares Wissen, sondern auch durch seinen Charakter.»Er war der Bescheidenste aller Menschen und ist es geblieben bei allen Huldigungen, die ihm zuteil geworden sind.«[4] Mendelssohn starb 1786 im 57. Lebensjahr in Berlin.

Außer philosophischen Abhandlungen verfasste Mendelssohn zahlreiche Beiträge zur deutschen und hebräischen Sprache, übersetzte Poesie aus dem Hebräischen, Lateinischen und Englischen ins Deutsche. Er war ein Meister der Sprache in Theorie und Praxis, sowohl in Bezug auf den deutschen Stil als auch auf die Poesie des Hebräischen. Hebräisch war neben Deutsch seine Umgangssprache, einen Teil seiner Korrespondenz und zum Beispiel auch seinen Kommentar zum Buch Exodus verfasste er in Hebräisch. Dies alles verband sich mit einem Gefühl der Verantwortung für die Ausbildung der nächsten Generation.[5] Die jüdische Tradition muss Mendelssohn zufolge ansprechend und verantwortlich der nächsten Generation gelehrt werden und dazu sollte auch seine Übersetzung der Tora aus dem Hebräischen ins Hochdeutsche beitragen. Sie entstand vermutlich in den Jahren 1774-1776 und ist wesentlich geprägt von Mendelssohns philologischem und pädagogischem Geschick. Für ihn hatte die Tora aber auch einen aktuellen philosophischen Wert. In ihr könne man die Grundlagen der Kultur entdecken:»Wahrheit, Weisheit, tiefen Gottesglauben, ethisches Verhalten, soziale Gesetzgebung und Menschenwürde«.[6] Mendelssohns Ideal war der aufgeklärte Jude, dessen Religion vernunftorientiert war und dessen Lebenswandel die Tugenden der Tradition lebte.

Mendelssohns eigenen Worten zufolge war die Tora-Übersetzung ursprünglich nur für seinen Sohn Josef gedacht.[7]

»Ich legte ihm die deutsche Übersetzung in den Mund, auf dass er durch sie den einfachen Sinn der Schrift verstehe, bis der Knabe aufwüchse und von selbst verstehen würde. Damals fügte es Gott, dass der gelehrte Grammatiker, unser Lehrer Salomon [Dubno] – sein Licht möge leuchten

– zu mir kam, meinem besagten Sohn die Wissenschaft der [hebräischen] Grammatik eine Stunde täglich zu lehren. Als nun besagter Rabbi meine Toraübersetzung sah, gefiel sie ihm, und er ersuchte mich um Erlaubnis, sie zum Nutzen der jüdischen Kinder, welche eine Erläuterung und deutsche Übersetzung der Verse in den vom Wege abführenden Schriften der Nichtjuden suchen, drucken zu lassen. Ich gab ihm meine Einwilligung, jedoch nur unter der Bedingung, dass er sein Augenmerk darauf richte, jede Stelle anzumerken, bei der ich mich in meiner Übersetzung für die Ansicht eines der alten Torahkommentatoren gegen einen anderen entschieden habe oder wo ich von der Meinung aller abgewichen bin, um einen anderen Weg einzuschlagen, der meiner Meinung nach mit den Regeln der Sprache, dem Zusammenhang des Inhalts, der Setzung und Bedeutung der Akzente gut übereinstimme.«8 Daher erschien Mendelssohns Übersetzung mit ausführlichen Kommentaren, in denen seine Übersetzungsideen anhand der jüdischen Tradition begründet bzw. sprachliche Erklärungen zum hebräischen Text gegeben wurden.

Anders als seine Psalmenübersetzung[9], bei der Mendelssohn deutsche Lettern verwendete[10], verfasste er die Toraübersetzung in hebräischen Buchstaben, da die Juden seiner Zeit vielfach nur diese lesen konnten. Mendelssohn musste zu diesem Zweck eine eigene Art der Verwendung hebräischer Buchstaben für deutsche Wörter schaffen. Einiges übernahm er aus dem Jiddischen, für anderes musste er neue Schreibweisen suchen.[11] Dadurch war es nicht leicht, seinen Text im Original zu lesen. Mendelssohns Werk erschien 1783 in Berlin unter dem Titel Sefer Netiwot ha-Schalom (dt.: »Buch der Friedenspfade«) – ein Begriff, der auf Sprüche 3,17 anspielt, einen der Verse, die in der Synagoge beim Zurückbringen der Torarolle in die Lade zitiert werden. Doch das Werk wurde alles andere als ein Friedenspfad, denn es rief den erbitterten Widerstand der Rabbiner jener Zeit hervor. Eine Übersetzung der Tora durch einen Juden ins Hochdeutsche war etwas radikal Neues. Man warf Mendelssohn vor, er verrate die überkommene Auslegung, er liefere die Tora der Kritik aus, wer »reines Deutsch« lerne, der werde bald auch das Joch der Gebote abwerfen.

XXV

Die Bewertung der Mendelssohn-Übersetzung richtet sich nach den Übersetzungsprinzipien der Leserin bzw. des Lesers, vor allem in der Frage, ob der Ausgangs- oder der Zielsprache mehr Gewicht beigemessen wird. Simon Bernfeld, ein Kritiker der Zunz'schen Übersetzung mit ihrem Prinzip »nur das Hebräische zu berücksichtigen«[12] pries Mendelssohns Übersetzung als eine »vorzügliche Leistung, die von den spätern Pentateuchübersetzungen nicht erreicht worden ist.«[13] Den Vertretern der anderen Seite aber galt Mendelssohns Übersetzung als ein »veraltetes Werk …, das nur für Literatur und Kulturgeschichte noch Wert hat.«[14] Einer ihrer schärfsten Kritiker war Franz Rosenzweig, der auf der Grundlage völlig anderer Übersetzungsprinzipien zusammen mit Martin Buber die bedeutendste jüdische Bibelübersetzung des 20. Jahrhunderts schuf.[15] Heute legt die moderne Übersetzungswissenschaft – wie Mendelssohn – wieder Wert auf die Qualität der Zielsprache und Mendelssohns Deutungen bieten vor dem Hintergrund der rabbinischen Literatur auch heute interessante Aspekte für die philologische Diskussion.

Abb.3:
Moses Mendelssohn (1729-1786)(Kupferstich [Privatbesitz]
nach einem Gemälde von Anton Graff (1736–1813)
© Photo: Annette M. Boeckler, 2015

Mendelssohns Übersetzungsprinzipien

Keine Vermischung der Sprachen, das war Mendelssohns klares Prinzip. *Sefer Netiwot ha-Schalom* – »Buch der Friedenspfade« imitiert zwar den Rhythmus, Klang und Charakter des Hebräischen, doch in einer Weise, dass die Übersetzung gleichzeitig ein klangvolles, literarisch-poetisches Deutsch bietet. Mendelssohn selbst formulierte in der Einleitung zu seiner Toraübersetzung *Or Lanetiwah* (»Licht für den Weg«) die Prinzipien seiner Übersetzung[16], die denen der heutigen Übersetzungswissenschaft in allem entsprechen:[17] »Der vollkommenste, in seiner Arbeit bewanderte Übersetzer kann unmöglich die Absicht des originalen Sprechers in Knappheit, Genauigkeit, ohne irgendwelche Zufügungen, Auslassungen oder Wechsel wiedergeben. Diese Tatsache ist jedem aufgeklärten Sachkundigen in den Wegen der Sprachen bekannt. Der größte Unterschied zwischen ihnen ist, dass die Bedeutung von Worten, seien sie sich in beiden Sprachen noch so ähnlich, durchaus nicht die gleiche ist. Meistens gleichen sie sich nur in der ersten, eigentlichen Bedeutung, sind aber äußerst verschieden in der Neben- oder gelegentlichen Bedeutung.«[18]

In dieser Einleitung zu *Sefer Netiwot ha-Schalom* legte Mendelssohn seine Prinzipien sehr ausführlich dar, sodass sie hier nicht vollständig zitiert werden können. An anderer Stelle scheibt er jedoch zusammenfassend: »Die Bedeutungen gänzlich paralleler Worte in zwei Sprachen sind durchaus nicht gleich … Auch haben Worte eines Satzes in jeder Sprache eine besondere Stellung, und wenn der Übersetzer sich genötigt sieht, die Wortordnung gemäß der Natur der Sprache, in welche er übersetzt, zu ändern, kann er gar nicht umhin, ihre Bedeutung und Wirkung auf das Gemüt des Lesers zu ändern … Und so sind alle Sprachen in ihrer Ausdrucksweise verschieden voneinander, jede hat besondere Eigenarten, welche eine andere nicht besitzt. Wenn daher ein Übersetzer jedes Wort der einen Sprache in das entsprechende einer anderen Wort für Wort übersetzt, kann es geschehen, dass ihn ein nur in der letzteren Bewanderter ganz und gar nicht versteht … Niemand verdirbt die Bedeutung und schadet ihr mehr als derjenige, der Wort für Wort übersetzt; … solch

XXVII

ein Übersetzer mag ein Betrüger genannt werden. Scheinbar übersetzt er getreu, da er kein Wort unübersetzt lässt – doch ist er ein Lügner; denn hierdurch geht der Sinn verloren und wird die Absicht verwirrt.«[19]

Dieses Prinzip, das Verständnis des Textes über eine wortwörtliche Übersetzung zu stellen, äußert sich auch in Mendelssohns erklärenden Zusätzen. An einigen wenigen Stellen übersetzte er den Text zwar wörtlich, ergänzte aber in Klammern, was er der Tradition nach bedeutet. Auf diese Weise verknüpfte er eine dem Original getreue Übersetzung mit dem Bestreben, den Text verständlich wiederzugeben. Wo diese Erklärungen auch für heutige Leser hilfreich sind, wurden sie hier aus Respekt vor Mendelssohns Verständnis des Textes beibehalten. Durch die Klammern wird deutlich gemacht, dass es sich dann nicht um den Bibeltext handelt, sondern um eine Interpretation. Es sei daran erinnert, dass jede Übersetzung immer eine Interpretation der Wörter und Sätze darstellt, ganz besonders Übersetzungen aus einer semitischen Sprache in eine indogermanische, die den Nuancenreichtum und die Bildhaftigkeit des Originals zwangsläufig einschränkt oder verändert, so dass keine Übersetzung der Tora den Blick ins Original ersetzen kann. An einigen Stellen markierte Mendelssohn auch Sätze, die seiner Meinung Erklärungen im Bibeltext selbst sind (zum Beispiel Genesis 13, 10b). Um die erklärenden Zufügungen von Mendelssohn und die biblischen Erklärungen nach Meinung Mendelssohns unterscheiden zu können, wurden die letzteren durch lange Gedankenstriche (—), nicht wie im Original ebenfalls durch Klammern vom Kontext abgetrennt.

XXVIII

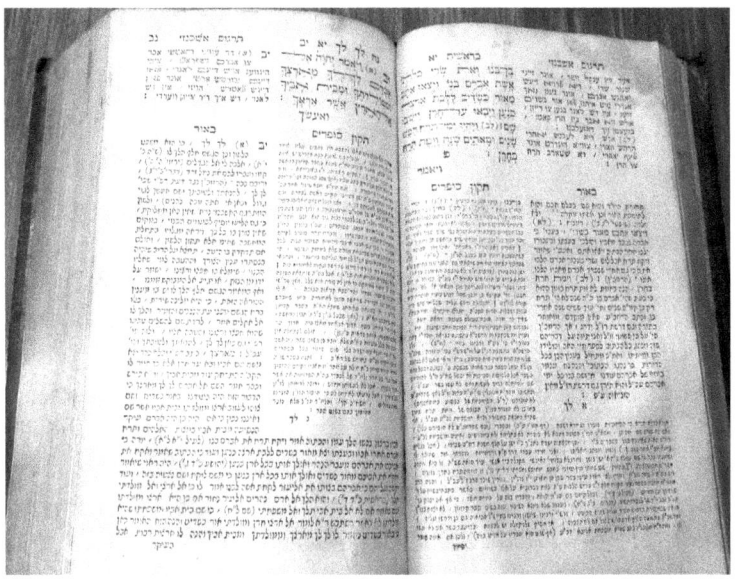

Abb.4:
Beginn des Wochenabschnitts Lech Lecha in der Mendelssohn-Tora von 1783:
innen der hebräische Bibeltext, außen die deutsche Übersetzung Moses Mendelssohns
in hebräischen Lettern (»Targum Aschkenas«), darunter der Biur - eine Erklärung
der Übersetzung anhand rabbinischer Quellen von Mendelssohn bzw. seinen Schü-
lern und Tikkun Sofrim, ein zeitgenössischer Kommentar zur hebräischen
Grammatik.
© Photo: Annette M. Boeckler, 2015

Die Übersetzung »Der Ewige«

Wie bewusst Mendelssohn seine deutschen Worte wählte, sei exemplarisch an einem schwierigen Übersetzungsproblem dargestellt: der Übersetzung des Gottesnamens. Mendelssohn führte die Deutung »der Ewige« ins Judentum ein. Dieses Verständnis wurde nicht nur von den meisten späteren jüdischen Bibelübersetzungen übernommen[20], sondern prägt die liturgische Sprache des Judentums aller Richtungen in aller Welt bis heute (z.b. engl.: *The Eternal* oder inklusiv *The Eternal One* oder *The Eternal God*; franz: *L'Éternel*).[21] Mendelssohn hat diese Übersetzung in seinem Kommentar zu den betreffenden Versen ausführlich begründet[22]. Er war sich freilich dessen bewusst, dass die Bedeutung des Gottesnamens JHWH nicht durch ein einzelnes Wort wiedergegeben werden konnte. Luthers »der Herr« hielt er für nicht akzeptabel. Mendelssohns Verstehen von JHWH führte ihn vielmehr zu der Übersetzung »der Ewige«. Es ist möglich, dass er darin von Calvins »L'Éternel« beeinflusst worden ist[23], doch dies ist nicht sicher. In der hellenistisch-jüdischen Tradition findet sich 'o 'aiónios »der Ewige« (in der Septuaginta: Baruch 4,8 *teòn 'aiónion*, 4,11.15 'o 'aiónios u.ö., Philo v. Alexandrien, De plantatione 8,74). Dies scheint Mendelssohn jedoch kein Vorbild gewesen zu sein und die Bedeutung seines deutschen »der Ewige« entspricht auch in keiner Weise der griechischen statischen Vorstellung dieses Begriffs. In seinem Kommentar zu Ex 3,14 zieht Mendelssohn vielmehr verschiedene jüdische Quellen – das Targum, Talmud und Midrasch, mittelalterliche Kommentare – zu Rate, um herauszufinden, was der Gottesname in der jüdischen Tradition bedeutet. Durch die Erläuterungen zu Exodus, die aus Mendelssohns eigener Feder stammen,[24] erfahren wir unmittelbar die philologischen Erwägungen Mendelssohns selbst. Er stellt hier fest, dass die jüdische Tradition dem Gottesnamen verschiedene Aspekte beigelegt hat und Mendelssohn sucht nun nach einem deutschen Begriff, der alle diese Aspekte der Göttlichkeit des Namens zum Ausdruck bringen kann, »nämlich dass der Name – Gepriesen sei er! – die Quelle allen Seins ist, dass durch seinen bloßen Willen alles Hiesige wird und ist, dass er in steter Vorsehung der Aufseher über alles Existierende ist und dass er für die, die seinen Willen tun, ewig existiert, um ihnen Neues zu schaffen, indem er Geschichte und Ordnung verändert« (zit. aus Mendelssohns Kommentar *(Biur)* zu Ex 6,3)[25]. Alle diese Aspekte fand Mendelssohn in der Bezeichnung »der Ewige« zusammengefasst. »Der Ewige« ist also keine statische Aussage, sondern die Umschreibung eines Geschehens, eines göttlichen, Leben schaffenden Mitseins, das alle Generationen durchschreitet.

Die ausführlichste Begründung zur Übersetzung »der Ewige« bzw. »das ewige Wesen« findet sich im Biur zu Exodus 3,14.[26] Er lautet übersetzt: »Im Midrasch heißt es dazu[27]: ›Der Heilige – gepriesen sei Er! – sprach zu Mosche: Sage ihnen, Ich bin derjenige, der ich war, und jetzt bin ich es und ich werde es in der Zukunft sein.‹ [Und ferner lehrten unsere Meister[28]: ›Ich werde mit ihnen sein in der Not, wie ich mit ihnen war in der Knechtschaft der übrigen Königreiche, die sie beherrschten.‹][29] Weil Vergangenheit und Zukunft bei dem Schöpfer allesamt Gegenwart sind, denn bei ihm gibt es ›keine Ablösungen und Scharen‹[30], und keiner von allen seinen Tagen vergangen ist, deshalb werden also alle Zeiten bei ihm in einem Namen genannt. Er umfasst ›er war‹, ›er ist‹ und ›er wird sein‹ *(haja, howe wejihje)*. Und damit lehrt dieser Name die Notwendigkeit seines Vorhandenseins und er lehrt auch seine stete und ununterbrochene Vorsehung, als ob er mit diesem Namen sagen wollte: ›Ich bin mit den Menschen, um zu begnadigen und mich zu erbarmen, wessen ich mich erbarme. Daher sage ihnen, sage zu Israel, dass ich war, bin und sein werde, der über alles herrscht und alles beaufsichtigt, ich, ich bin es. Ich werde in allen ihren Nöten mit ihnen sein. Ich werde in dieser Not mit ihnen sein, und ich werde mit ihnen sein, sooft sie zu mir rufen.‹ Nun gibt es aber in der deutschen Sprache kein Wort, welches die Bedeutung aller Zeiten sowie das zwangsläufige Vorhandensein und das Hinsehen in einem umfasst, wie es bei diesem heiligen Namen der Fall ist (das ewige, notwendige, vorsehende Wesen) und wir übersetzten ›der Ewige‹ oder ›das ewige Wesen‹. [Nun hat Onkelos ehje ascher ehje übersetzt mit: ›Ich werde sein, mit wem ich sein werde‹ (nach der Textform, die bei Nachmanides überliefert ist) wie ›Wie ich gewogen bin, wem ich gewogen bin, und mich erbarme, dessen ich mich erbarme‹ (Ex 33,19). Mit seiner

XXXI

Übersetzung hat er allein den Aspekt der Vorsehung berücksichtigt, und so auch der zweite (zitierte) Midrasch. Gaon Raw Saadja schrieb[31]: ›Seine Erklärung {d.h. des Gottesnamens, Anm. d. Ü.} ist: er hat weder Vergangenheit noch Zukunft, denn er ist der erste und er ist der letzte.‹ Seine Worte entsprechen den Worten des ersten Midrasch, der nur die Ewigkeit lehrte. Und Rambam erklärt im *More ha-Newuchim*[32]: ›Der Existierende, der existiert‹. Er bringt damit die Bedeutung des notwendigen Vorhandenseins zum Ausdruck. In Wirklichkeit aber enthält er {d.h. der Gottesname, Anm. d.Ü.} alle drei Bedeutungen. Doch Onkelos im Aramäischen und auch Saadja im Arabischen und Maimonides im Arabischen [...] haben in diesen Sprachen kein Wort gefunden, das alle diese Bedeutungen umfasst, die der heilige Name enthält. Deshalb hat jeder von ihnen den Namen auf nur eine Weise mit einer dieser Bedeutungen erklärt. Der deutsche Übersetzer {d.h. Mendelssohn, Anm.d.Ü.} hat es für gut befunden, die Bedeutung der Ewigkeit zum Ausdruck zu bringen, weil die anderen Bedeutungen sich daraus ergeben. Außerdem entdeckte ich, dass Jonathan ben Usiel es mit dieser Bedeutung übersetzt hatte:[33] ›Ich, der ich war und in Zukunft bin, hat mich zu euch gesandt‹.]«

Zur Revision des Mendelssohn-Textes

Eine Übersetzung, die heute im jüdischen Gemeindekontext verwendet wird, muss eine verständliche Sprache bieten und doch auf das hebräische Original hinweisen. Dem entspricht Mendelssohns Text noch nach über 200 Jahren. Da Mendelssohns Übersetzung auf den Erkenntnissen der rabbinischen und mittelalterlichen Kommentare beruht, sind viele der Übersetzungsentscheidungen zeitlos. Das schließt jedoch eine behutsame Revision und Bearbeitung nicht aus. Dieser Eingriff ist durch Mendelssohns eigenes Anliegen legitimiert, dass eine Übersetzung verständlich sein muss und die Sprache sowie das ästhetische Empfinden ihrer Zeit wiederzugeben habe. Es ist nicht das erste Mal, dass Mendelssohns Text in neuer Form erscheint. Bereits 1817 und 1818 erschien eine revidierte Version in Wien mit Kommentar von Hertz Homberg (Nachdruck in Pest 1861), 1846

XXXII

ebenfalls in Wien, mit Raschi und Samuel David Luzzatto (1800-1865), 1860 in Prag eine Edition mit Targum und Raschi, 1888 in Warschau mit Raschi, Toledot Aharon und Kitzur Tikkun Sofrim. Diese wiederholte Wahl der Mendelssohn'schen Übersetzung bezeugt die große Beliebtheit dieser Übersetzung in der deutschsprechenden jüdischen Gemeinschaft. Die genannten Editionen bewahrten jedoch die Übersetzung, sogar in ihren hebräischen Lettern, die Revisionen betrafen die Zufügung weiterer Kommentare.

Im jüdischen Jahr 5620 (1819/20 d.Z.) jedoch erschienen in Fürth »Die fünf Bücher Moses mit deutscher Übersetzung nach Moses Mendelssohns verbesserter Ausgabe«. Diese Ausgabe gibt den Text in der damals üblichen Orthographie wieder und weicht an etlichen Stellen zugunsten einer besseren Verständlichkeit von Mendelssohns Original erheblich ab. Ihm folgt »Die Torah, die Propheten und die Hegiographen« (sic.!), deutsche Übersetzung von Moses Mendelssohn und seiner Nachfolgern, St. Petersburg, 1852.

Bei der vorliegenden neuen Revision ging es um orthographische und grammatikalische Aspekte, gelegentlich auch um lexikalische Fragen. Der Text, der im Original in hebräischen Lettern gedruckt ist, wird in der heute üblichen Orthographie der deutschen Wörter wiedergegeben. Die Interpunktion entspricht nicht der hebräischen Akzentsetzung, sondern den heute üblichen Interpunktionsregeln. Die Grammatik wurde an die heute geltenden Regeln angepasst.

Das betraf vor allem Verbformen im Imperfekt (»stand« statt »stund«; »sie riefen« statt: »sie ruften«, etc.), ferner Wortbildungen von Verben (zum Beispiel »also beerbt mich mein Hausdiener« anstelle von Mendelssohns: »also erbt mich mein Hausdiener« (Gen 15,3). Die Revision betraf außerdem den Gebrauch und die Bildungen von Genitiv und Akkusativ. Statt Mendelssohns: »Er kaufte das Stick Feldes« heißt es in der revidierten Fassung nun: »Er kaufte das Stück Feld« (Gen 33,19), oder an Stelle von: »Hirauf rif ein Engel des Ewigen dem Awraham« (Gen 22,15) heißt es nun: »Hierauf rief ein Engel des Ewigen den Awraham«. Der Gebrauch von Tempora und Modi musste häufig verändert werden. Statt:»Gott sahe das Licht, das es gut sei« (Gen 1,4) heißt es in der revidierten Fassung nun:»Gott sah das Licht, dass es gut war«. Der heutige Gebrauch der Präpositionen weicht von demjenigen im 18. Jahrhundert ab. Mendelssohn schrieb:»Die Waser fuhren fort ab zu nehmen, bis dem zehnten Monat«, heute sagt man jedoch:»Die Wasser fuhren fort abzunehmen, bis zum zehnten Monat« (Gen 8,5). Oder es heißt heute nicht mehr:»Als Josef zu Hause kam«, sondern:»Als Josef nach Hause kam« (Gen 43,26), und Ähnliches. An einigen Stellen musste auch die Syntax geändert werden, da der Satz sonst aus heutiger Sicht missverständlich gewesen wäre. Der Satz:»Sie fand ein Engel des Ewigen in der Wisten« wurde daher zu:»Es fand sie ein Engel des Ewigen in der Wüste« (Gen 16,7). Der Ausdruck»in einem Lande, das nicht ihnen gehert« (Gen 15,13) wurde verändert zu»in einem Land, das ihnen nicht gehört«, denn im Hebräischen bezieht sich die Negation eindeutig auf das Verb, nicht auf das Objekt, Mendelssohns Original hätte man mit dem heutigem Sprachverständnis jedoch so verstanden.

Wo Wörter und Wendungen heute unüblich geworden sind und für den modernen Leser aufgesetzt oder antiquiert wirken, wurde um der leichteren Verständlichkeit willen das heute üblichere Wort vorgezogen.[34] So weit es möglich war wurde versucht, ein modernes Wort zu wählen, das dem Klang und Rhythmus des Originals möglichst nahe kommt.

Mendelssohn benutzte etliche Wörter, die aus dem heutigen Wortschatz verschwunden sind, zum Beispiel »Schnur« (= Schwiegertochter), »Eidam« (= Schwiegersohn), »Petschaft« (= Siegel). Er verwandte Verbformen, die heute veraltet sind, zum Beispiel »sich verfügen« für »sich begeben, treten«. Statt »ansehnlich« sagt man heute »angesehen«. »Übrigens« meinte damals das, was heute »im Übrigen« heißt oder das Wort »bequem« bedeutete im 18. Jahrhundert noch »tauglich, geeignet«, usw. Anstelle von Mendelssohns »da« sagt man heute »wo« oder »als«; anstelle von Mendelssohns »allein« sagt man heute »doch«, das Wort »allein« wäre sogar an einigen Stellen heute missverständlich gewesen.

XXXIV

An Stelle von Mendelssohns »wegen dessen so« sagt man heute »darüber«, usw. Einige Wörter im Originaltext werden heute mit anderen Konnotationen verwendet. »Dirnen« bedeutete im 18. Jahrhundert neutral »Mädchen«, auch »Weiber« war ein neutraler Begriff. Beide werden aber heute abwertend verstanden.

Einige ungewöhnliche Begriffe, Sätze oder Satzkonstruktionen – zum Beispiel Singular-Plural-Wechsel oder seltene Begriffe –, entsprechen dem ungewöhnlichen Charakter des Hebräischen. Solche sprachlichen Brüche oder Schwierigkeiten wurden beibehalten, denn wie der hebräische Text selbst so soll auch die Übersetzung zum Nachdenken über den Bedeutungshorizont anregen oder Fragen über Formulierungen wecken. Einige heute weniger gebräuchliche Wörter oder Konstruktionen wurden außerdem belassen, weil sie eine Wirkungsgeschichte in späteren jüdischen Übersetzungen haben. Trotz aller Eingriffe sollte der Charakter des Sprachstils von Moses Mendelssohn erhalten bleiben. Ziel der Revision war es, mit Mendelssohns Übersetzungsideen und unter Verwendung seines Stils in großem Respekt vor der Leistung dieses Meisters eine heute benutzbare Bibelausgabe zu schaffen. Die Revision geschah sorgfältig auf der Grundlage des hebräischen Textes, sodass die revidierte Textfassung nun allen drei Bedingungen entspricht: Sie ist eine zuverlässige Wiedergabe des hebräischen Textes; sie bringt die Übersetzungsideen und den hervorragenden deutschen Stil Moses Mendelssohns zum Ausdruck und sie entspricht gleichzeitig den Anforderungen an einen heute verwendbaren Bibeltext.

Zu den Prophetenabschnitten in dieser Ausgabe

Die *Tora* wird in der gottesdienstlichen Verwendung nicht allein, sondern im Zusammenhang mit Texten aus dem zweiten Bibelteil, den *Newi'im* (»Propheten«) gelesen. Deshalb wurde der Toratext um die Prophetenabschnitte, die sogenannten *Haftarot*, ergänzt. Die hier gebotene Version basiert auf den Arbeiten von Simon Bernfeld (1860-1940)[35], einem Gelehrten der Hebräischen Sprache, der Moses

Mendelssohns Übersetzungsprinzipien sehr verbunden war, sowie verschiedenen Dessauer Schülern Mendelssohns.

Abb.5:
Simon Bernfeld (1860-1940)
Quelle: https://bernfeldfamily.wordpress.com/2014/04/20/simon-bernfeld/, visited
Feb 2015; printed with permission of the Bernfeld family)

Schon im Alter von 13 Jahren hatte Simon Bernfeld einen deutschen Roman ins Hebräische übersetzt. Sein erster Lehrer war sein Vater, ein rabbinischer Gelehrter in Galizien. Simon selbst arbeitet später als Journalist in Berlin. Sein deutscher Sprachstil wurde oft gepriesen. Simon Bernfelds Bibelübersetzung (1. Aufl. Frankfurt a/M.: J. Kauffmann, 1906; 6. Auflage 1935) ist eine der vier großen deutschen Gesamtbibelübersetzungen des 20. Jahrhunderts[36]. Sie war als Reaktion auf die Zunz'sche Bibel von 1837 entstanden, an der Bernfeld vor allem deren sklavische Wörtlichkeit kritisierte. Hier sei nur auf das Hebräische geachtet worden und der deutschen Sprache werde dabei oft Gewalt getan.[37] Dagegen rühmte er das Übersetzungsprinzip von Moses Mendelssohn und versuchte, auf seiner Grundlage eine moderne Alternative zur Zunz'schen Bibel zu schaffen.

Andere Haftarot – aus den Büchern Jona, Ezechiel u.a. – wurden durch Übersetzungen einiger persönlicher Schüler Mendelssohns inspiriert. In den Jahren 1835-36 gab Mosche Halevi Landau in Prag eine Gesamtausgabe der Bibel im Stil von Mendelssohns Netiwot haSchalom heraus, ja die Tora in diesem Werk ist gar ein Nachdruck Mendelssohns. Alle anderen Bücher wurden nun ebenfalls mit deutscher Übersetzung in hebräischen Lettern und einem »Biur« versehen und in demselben Layout wie die Mendelssohntora gedruckt. Die Übersetzungen und Kommentierungen stammen von unterschiedlichen, zumeist in Dessau lebenden Personen. Die meisten ihrer Namen sind heute völlig unbekannt. Sie variieren erheblich in ihrer Qualität, daher dienten sie nur dann als Vorbild, wenn der Sprachstil demjenigen Mendelssohns glich und wenn die Übersetzungsideen sich auch heute rechtfertigen lassen. Zu den Haftarot wurden deshalb verschiedene Übersetzungen verglichen und die für den heutigen Gebrauch jeweils am besten geeignete ausgewählt.

תרגום אשכנזי

א (א) רעם יונה. זאהן דעם אמיהי, וואַרד דאז וואָרט דעם עוויגען אלוֹש:

(ב) אויף ! גענוג נאך נינוה, יענער גראָסען שטאָדט, אונד רופע איבער דיא אום (דען אונטערגאַנג), דען איהרע באָזהייט איזט פֿאָר מיך גענ קאָממען. (ג) דאך יונה מאַכ־ טע זיך אויף נאך תרשיש צו ענטפֿליעהען פֿאָר דער עשיי־ נונג דעם עוויגען, אונד ריישע־ טע נאך יפו. דאָרט פֿאַנד ער איין שיף, דאז עבען נאך תרשיש אבגעהען וואָללטע, בעצאַהלטע דען טיטאָהסלאָהן, אונד שטיעג הינין , אום מיט איהנען נאך תרשיש צו ריזען; אונד זא דער פֿערנערן ערשיינונג דעם עוויגען צו ענטג נעהען : (ד) אבער דער עוויגע עררעגטע איינען העפֿטיגען ווינד געגען דיא זעע הין, דאז מעער

ר ש י י

א (ב) וקרא עליה. את קריאתי : (ג) לברח תרשישה. יש שמחה תרשיש והוא בחולם לחרן אמר אלכה לי הים שאין השכינה שורה בח"ל אמר נ"ל אמר ל"ה הקב"ה מיד יש לי שלוחים כיולא גך לשלוח אחריך ולהביאך מאם משל לעבד כהן שברח מן רבו ונכנם לבית הקברות אמר לו רבו יש לי עבדים כיולא גך לשלוח אחריך ולהביאך מאם ומה ראה יונה שלא רלה לילך אל נינוה אמר העמים קרובי תשובה הם אם אום' להם ויעשו תשובה נמלאתי מחייב את ישראל שאין שומעים לדברי הנביאים : ויתן שכרה. הקדים לתת שכרה ואין דרך יורדי הים לתת שכר הספינה עד שעת היליאה והוא הקדים ולא עוד אלא שנתן שכר כולה :

ב א ו ר

א (א) [דבר ה', מבואר בהקדמותינו]: (ב) נינוה, [עיין בהקדמה וכם' נחום]: וקרא עליה, את קריאתה, והרד"ק אמר ולא כתב מה יקרא עליה, אלא ממה שקרא עליה בסוף ונגוה והסבכת, למדנו כי זאת הקריאה אמר לו שיקרא עליה ע"ג. ולדעת הראב"ע הטעם שיקרא עליה בי עלתה, כלומר שעלתה רעתם לפני, ולא יתכן זה, כי אז היה אומר, וקרא שם, או בתוכיהם או אליהם, עתה שאמר עליה, הטעם בהבירת על מם שגגור עליה, וכי עלתה הוא מאמר הסם ל"ה אל יונה למה יקרא עליה הגוירה הזאת : (ג) תרשישה, [עיין בהקדמה] : מלפני ה', מפני ה' לא נאמר, כי איך יחשוב הנביא לברוח מפני ה' אשר מלא כל הארן כבודו, ובחיב אנה אלך מפניך אברח, אלא מלפני ה', כלומר מהמקום המכונה לפני ה', זה ארן ישראל אשר נאמר עליו עיני ה' אלהיך דורב אותה תמיד, והיא רולה ללכת לחונה לחרן, כדי שלא תהרה עליו עוד רוח נבואה, ויהיה מוכרח ללכת אל נינוה, ומטעם הזוכר בהקדמה : יפו, [מבואר בהקדמה] : באה תרשיש, טעמו מלרע, ר"ל שהיתה מוכנת ללכת ולבא תרשיש (רד"ק) : ויתן שכרה, לא כל שכרה, זק מה שהיה חייב ליחן נחלקו (הראב"ע): (ד) הטיל השליך, כמו שלח אנכי נוטל עליך, והוא דרך מאל כאלו כחא בכיסל נאדי הרוחות אשר הם לרורים בחוכם, ושמר רוח גדולה אל הים, ושרם נשל ויטל דומים בעניניהם בשרפו נלב וילב : אל הים, שנגב הרוח מן הינבסה אל הים, ועל לא יכלו אח"כ להשיב אל היבשה,

Beginn des Jona Buches
in der Ausgabe Sifre Kodesch von Mosche Halevi Landau, Prag 1853
(Bibliothek des Leo Baeck College RB001.2,13)
Links ist das hebräische Original, rechts daneben die deutsche Übersetzung von
Rabbiner Joel Brill in hebräischen Lettern, darunter der Raschi-Kommentar und der
Biur, ein zeitgenössischer Kommentar von Mendelssohn-Nachfolgern.

XXXVIII

Doch diese Texte standen nur Model. Sie wurden in dieser Ausgabe an Moses Mendelssohns Sprachstil angeglichen und sowohl stilistisch[38] als auch lexikalisch[39] verändert. Die Haftarot sind also letztlich eine neue Übersetzung, die sich lediglich in vielem früheren verdankt. Die Angleichung an Mendelssohns Stil war möglich, denn viele *Haftarot* beinhalten Wendungen des fünften Buchs der Tora und viele poetische Stücke in den *Haftarot* sind Anspielungen auf Psalmen, die Mendelssohn ebenfalls übersetzte. Mittels der Konkordanz wurde daher versucht, etliche hebräische Wörter oder Wendungen durch dieselben deutschen Begriffe wiederzugeben, wie sie Mendelssohn in seiner Tora oder Psalmenübersetzung verwendet hatte. Dadurch klingen die Prophetentexte nun vielfach so, als stammten sie von Moses Mendelssohn, was aber nicht der Fall ist. Moses Mendelssohn übersetzte nur die Tora und einige wenige poetische Texte der Bibel.

Deutlich wird der Charakter der Revision der Haftarot Übersetzungen in besonderer Weise an solchen Abschnitten, die der Tora inhaltlich nahe stehen oder die Wendungen aus den Psalmen aufgreifen. Texte wie die *Haftarat Schelach Lecha* (Josua 2,1-24) oder die *Haftarat Wesot Habracha* (Josua 1,1-18) klingen daher nun, als stammten sie von Mendelssohn, was in Wirklichkeit aber nicht der Fall ist. Ein Text wie *Haftarat Ha'asinu* (2. Samuel 22,1-32) entstand in enger Anlehnung an Mendelssohns Übersetzung von Psalm 18, da 2. Samuel 22 eine parallele, nicht ganz identische, aber sehr ähnliche Version dieses Psalms ist. Lediglich zwei Haftarot stammen tatsächlich von Moses Mendelssohn: das »Deboralied«, das heißt das poetische Stück in *Haftarat Beschallach* (Richter 5,1-31)[40] sowie die Haftara für *Schabbat Chol ha-Moed Pessach* (Hohes Lied 2,1-17)[41]. Im Blick auf diese Texte galten dieselben Revisions-Prinzipien wie für die Toratexte.

Es war das Ziel, einen Text zu schaffen, der dem Synagogenbesucher den Inhalt der Wochenabschnitte nahebringt, der aber auch heute in einer Gemeinde als Lesung vorgetragen werden kann, denn es ist ein Erbe des deutsch-liberalen Judentums, die Haftara in der Landessprache vorzutragen und, wie schon in der Antike üblich, nach der

Toralesungen die Übersetzung in die Landessprache zu ergänzen. Vor allem die Jona-Geschichte an Jom Kippur wird oft (auch) in Deutsch gelesen. Ein solcher Text muss gut klingen, leicht verständlich sein, – auch wenn er gehört wird – aber dennoch die Poetik des Originals wiedergeben. Alle Änderungen und Neuformulierungen wurden im Rahmen der Möglichkeiten durchgeführt, die das Hebräische erlaubt und die der jüdischen Tradition entsprechen.

Ich hoffe, mit dieser Neu-Ausgabe erneut einen benutzerfreundlichen Text geschaffen zu haben, der den heutigen Bedürfnissen deutschsprachiger Gemeinden, aber auch denen des digitalen Zeitalters entsprechen.

»Ki lekach tow natati lachem: Eine gute Lehre gebe ich euch. Lasst nicht ab von meiner Tora! Wer nach ihr greift, dem ist sie ein Lebensbaum. Wer sie festhält, ist glücklich zu preisen. Ihre Wege sind Wege der Freude und alle ihre Pfade sind Frieden: *wechol netiwoteha schalom. Haschiwenu ha-schem elecha wenaschuwa. Chadesch jamenu keqedem.«*

London, Schawuot 5775 / Mai 2015
Dr. Annette M. Boeckler

Zur Bedeutung der Symbole

Hebräische Namen der Wochenabschnitte

Das Layout dieser Ausgabe richtet sich nach dem hebräischen Original und nach dem synagogalen Gebrauch der Tora. Daher folgt die Gestaltung des Textes in diesem Chumasch der traditionellen Einteilung der Tora in 54 Wochenabschnitte, die **Paraschiot** oder **Sidrot** genannt werden.[42] In der Synagoge wird jeden Schabbat ein Teil oder der gesamte für diesen Schabbat vorgesehene Wochenabschnitt gelesen. In einigen Wochen wird der Text von zwei Paraschijot gelesen. Für die 52 Wochen des Jahres gibt es 54 Wochenabschnitte, um auch in einem Schaltjahr – ein Jahr mit einem zusätzlichen Monat Adar – jede Woche einen Abschnitt zu lesen. Außerdem unterbricht der Festzyklus manchmal den Toralesezyklus. Um die Tora also jedes Jahr einmal vollständig zu lesen, müssen manchmal Paraschijot zusammengefasst werden. Meistens wird der Schabbat nach seinem Wochenabschnitt bezeichnet, einige wenige Male nach der Prophetenlesung oder dem letzten Abschnitt der Tora, der gelesen wird, oder nach einem Fest. In dieser Ausgabe werden *die Namen einer jeden Sidra* zu Beginn des neuen Abschnitts in Hebräisch genannt. Die Inhalte der Tora sind religiösen Juden nach dieser Sidra geläufig. Man weiß, worum es in »Lech Lecha« geht, vor allem, wenn dies der eigene Bat/r Mitzwa Schabbat war, aber die Angabe Genesis 12 besagt vielen eher nichts.

1 * 2 * 3 * 4 - etc.

Mit großen arabischen Ziffern werden die Anfänge der Kapitel nach der klassischen Kapitelzählung der Bibel angegeben. Seit dem Aufkommen des Buchdrucks wurden sie auch in hebräischen Bibelausgaben eingeführt und sind bis auf eine Ausnahme beibehalten worden. Da die Kapitel- und Verseinteilung jünger ist als die jüdische Tradition der Wochenabschnitte, Abstände und Umbrüche, wird vor Beginn eines neuen Kapitels nur dann ein Absatz gemacht, wenn dieser in der jüdischen Tradition hier vorgeschrieben ist. Ansonsten schließt sich der erste Vers eines neuen Kapitels unmittelbar an den letzten des vorherigen an.

Erster * (Aufruf) * Zweiter (Aufruf) * Dritter (Aufruf) – …

Ebenfalls angegeben sind die traditionellen Aufrufe zur öffentlichen Lesung in der Synagoge, hebräisch: **Alijot** (*»Erster«* [Aufruf], *»Zweiter«*, etc.). Der oder diejenige, die zu den letzten Versen des Wochenabschnitts aufgerufen wird und die Haftara liest, ist mit *»Maftir«* gekennzeichnet. Dieser Text wird oft von dem Bar/Bat-Mitzwa-Kind gelesen. Diese Unterteilung ist nicht nur für diejenigen interessant, die diesen Text im Zusammenhang des jüdischen Gottesdienstes benutzen, sondern auch für andere, da er eine klassische Unterteilungsmöglichkeit des Textes bietet, die parallel zur christlichen Kapitel- und Verseinteilung existiert und sogar älter ist.

Jahr I * Jahr II * Jahr III

Der dreijährige Zyklus der konservativen Synagogen ist mit **I** (erstes Jahr), **II** (zweites Jahr) bzw. **III** (drittes Jahr) markiert. Dies weicht von der 2001 Ausgabe der Mendelssohn-Tora ab, die den Abschnitten des Plaut-Kommentars folgte, der in Deutschland jedoch nicht aufgenommen wurde. Masorti Synagogen und einige liberale Synagogen folgen dem konservativen dreijährigen Zyklus. Synagogen, die dem dreijährigen Lesezyklus folgen, haben verschiedene Traditionen für die Zahl der Aufrufe am Schabbat, manche haben nur einen Aufruf, manche drei, manche mindestens sieben. Eine Unterteilung des Drittels in sieben Aufrufe und Maftir bietet Kenneth S. Goldrich, Yad Latorah, New York: The United Synagogue of Conservative Judaism and the Rabbinical Assembly, S. 93-120. Liberale Synagogen haben meistens drei Aufrufe. Die Abschnitte für die Aufrufe können selbst bestimmt werden. Die traditionelle Regel ist: ein Aufruf sollte aus mindestens drei Versen bestehen (daher besteht der kleinste Abschnitt, wenn es

XLII

möglich ist, aus vier Versen, um ein wenig mehr als das »Muss« zu lesen) und jeder Aufruf sollte positiv enden; daher muss man manchmal einen fünften Vers hinzunehmen oder eben doch nur drei Verse wählen. In einigen Reformsynagogen im anglo-amerikanischen Raum gibt es keine Aufrufe; der Rabbiner oder die Rabbinerin sagt die Lobsprüche vorher und nachher selbst und liest den Text in Hebräisch mit Übersetzung selbst vor. Oft ist dies ein kurzer Text, der nicht dem Drittel der konservativen Synagogen folgt. Der Schwerpunkt liegt dann nicht auf dem religionsgesetzlichen Vollzug der Toralesung an sich, sondern auf dem genauen Verstehen des Gehörten.

- **und ꝼ und ℷ : Die traditionelle jüdische Textunterteilung**

Der hebräische Text hat von der jüdischen Tradition her fest vorgeschriebene Zwischenräume zwischen Sätzen bzw. Zeilenumbrüche[43], die nicht der mittelalterlichen christlichen Einteilung in Kapitel und Verse entsprechen. Sie werden im Drucksatz dieser Ausgabe berücksichtigt. Darin unterscheidet sich diese Ausgabe von den bisherigen Toraübersetzungen. In unserer Zeit jedoch, in der Bibeltext vor allem literarisch interpretiert werden, sind Hinweise auf Unterteilungen und Abschnitte für das Verständnis interessant. Die traditionellen Abstände zwischen Sätzen (*Setumot*) sind im Text mit dem Absatzzeichen   •   markiert, die traditionellen Absätze (*Petuchot*) mit dem Satzumbruchzeichen ꝼ, das vielen neuerdings ja durch die Computer geläufig ist. Ein umgedrehtes Nun im hebräischen Text, das ebenfalls vermutlich einen besonderen Absatz markiert, wird in dieser Ausgabe so wiedergegeben, wie es in einer Torarolle geschrieben wäre ℷ. In den Haftarot markiert das Absatz-Zeichen ꝼ das Ende der Haftara nach einer anderen Tradition als der aschkenasischen, die einen kürzeren Text überliefert. Diese Tradition bzw. Traditionen werden zu Beginn der betreffenden Haftara genannt. In liberalen Gemeinden wird oft dieser kürzere Text gelesen, manchmal auch ein alternativer Text.

(…) , —…—

In Mendelssohns Original von 1783 werden in Klammern Erklärungen zu einigen Ausdrücken und Wendungen ergänzt. Sie erläutern einen Begriff oder geben das Verständnis der jüdischen Tradition zu diesem Ausdruck an. An anderen Stellen sind Worte oder Verse des Bibeltextes eingeklammert. Offensichtlich hielt Mendelssohn sie für Erklärungen, die sich bereits im Bibeltext selbst finden. Um Mendelssohns Erläuterungen von erläuternden Bibeltexten zu unterscheiden, erscheinen die Erläuterungen Mendelssohns in dieser Ausgabe in runden Klammern (…), die erläuternden Bibeltexte in langen Gedankenstrichen —…—. Mendelssohns Schüler hielten diesen Brauch bei, so dass sich die Klammern auch in einigen Prophetenlesungen finden. Wo sie auch heute helfen, den Text zu verstehen, wurden sie beibehalten.

TISCHRI, CHESCHWAN …

Zu den Wochenabschnitten werden in dieser Ausgabe auch die Namen der hebräischen Monate angegeben, in denen dieser Text traditionell liturgisch gelesen wird. (Eine Übersicht der Monate findet sich auf S. 650.) Die Tora strukturiert Zeit. Ihre Wochenabschnitte bezeichnen Wochen des Jahres. Einige Lesungen müssen kalenderbedingt auf bestimmte Daten fallen. Bereschit ist zum Beispiel immer der letzte Schabbat im Monat Tischri, der Abschnitt Naso ist immer nach Schawuot und das fünfte Buch der Tora wird immer im Monat Av begonnen, und einiges mehr. Dadurch ist der gesamte Lesezyklus relativ fest in den Jahreslauf eingebunden. Viele haben einen speziellen „Bar/Bat Mitzwa Abschnitt", in der Regel ein Text in der Nähe des Geburtstags. Man erinnert sich an besondere Ereignisse in der Zeit eines bestimmten Wochenabschnittes und man verbindet einige Texte mit Sommer oder Winter. Um die zeitliche Einbindung der Texte zu zeigen, werden in dieser Tora-Edition die hebräischen Monatsnamen am Fuß der Seite angegeben. Es sei jedoch darauf hingewiesen, dass einige wenige liberale Gemeinden außerhalb Deutschlands von dem zeitgebundenen Lesezyklus abweichen können.

XLIV

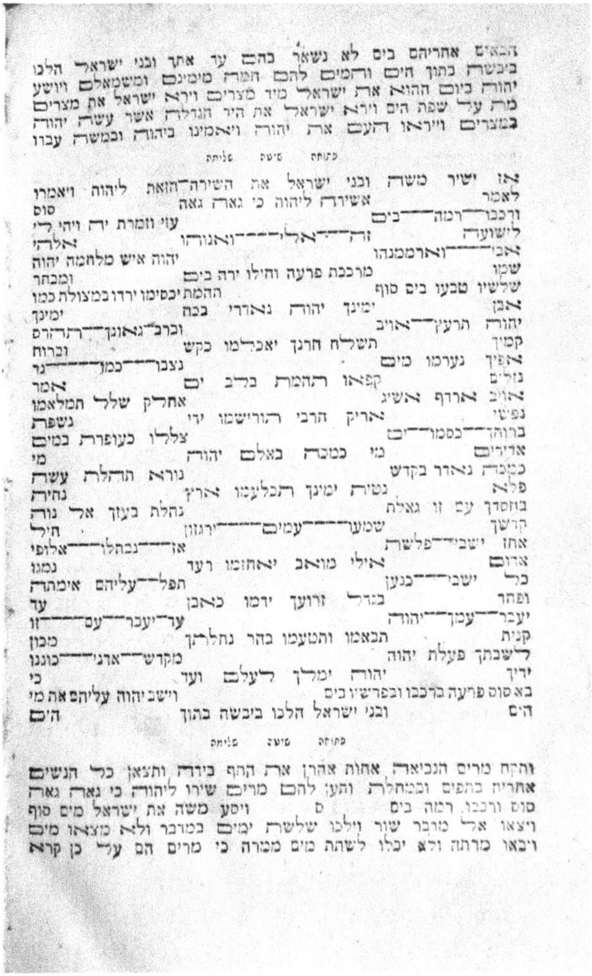

הבאים אחריהם בים לא נשאר בהם עד אחד ובני ישראל הלכו
ביבשה בתוך הים והמים להם חמה מימינם ומשמאלם ויושע
יהוה ביום ההוא את ישראל מיד מצרים וירא ישראל את מצרים
מת על שפת הים וירא ישראל את היד הגדלה אשר עשה יהוה
במצרים וייראו העם את יהוה ויאמינו ביהוה ובמשה עבדו

פתוחה סיטה שליתה

אז ישיר משה ובני ישראל את השירה הזאת ליהוה ויאמרו
לאמר אשירה ליהוה כי גאה גאה סוס
ורכבו רמה בים עזי וזמרת יה ויהי לי
לישועה זה אלי ואנוהו אלהי
אבי וארממנהו יהוה איש מלחמה יהוה
שמו מרכבת פרעה וחילו ירה בים ומבחר
שלשיו טבעו בים סוף תהמת יכסימו ירדו במצולת כמו
אבן ימינך יהוה נאדרי בכח ימינך
יהוה תרעץ אויב וברב גאונך תהרס
קמיך תשלח חרנך יאכלמו כקש וברוח
אפיך נערמו מים נצבו כמו נד
נזלים קפאו תהמת בלב ים אמר
אויב ארדף אשיג אחלק שלל תמלאמו
נפשי אריק חרבי תורישמו ידי נשפת
ברוחך כסמו ים צללו כעופרת במים
אדירים מי כמכה באלם יהוה מי
כמכה נאדר בקדש נורא תהלת עשה
פלא נטית ימינך תבלעמו ארץ נחית
בחסדך עם זו גאלת נהלת בעזך אל נוה
קדשך שמעו עמים ירגזון חיל
אחז ישבי פלשת אז נבהלו אלופי
אדום אילי מואב יאחזמו רעד נמגו
כל ישבי כנען תפל עליהם אימתה
ופחד בגדל זרועך ידמו כאבן עד
יעבר עמך יהוה עד יעבר עם זו
קנית תבאמו ותטעמו בהר נחלתך מכון
לשבתך פעלת יהוה מקדש אדני כוננו
ידיך יהוה ימלך לעלם ועד כי
בא סוס פרעה ברכבו ובפרשיו בים וישב יהוה עליהם את מי
הים ובני ישראל הלכו ביבשה בתוך הים

פתוחה סוטה שלימה

ותקח מרים הנביאה אחות אהרן את התף בידה ותצאן כל הנשים
אחריה בתפים ובמחלת ותען להם מרים שירו ליהוה כי גאה גאה
סוס ורכבו רמה בים ס ויסע משה את ישראל מים סוף
ויצאו אל מדבר שור וילכו שלשת ימים במדבר ולא מצאו מים
ויבאו מרתה ולא יכלו לשתת מים ממרה כי מרים הם על כן קרא

Abb.6:
Eine Seite aus der Erstausgabe der Mendelssohn-Tora von 1783 mit dem Lied am Meer (Schirat ha-Jam), Ex 15, der die traditionellen Zwischenabstände und Zeilenumbrüche in einem Text zeigt.
Die Anzahl der Zeilen vor und nach dem Text des Liedes ist ebenfalls vorgeschrieben.

© Photo: Annette M. Boeckler, 2015

Vorschriften zur Schreibweise der Tora

Es gibt genaue Vorschriften darüber, wie eine Tora-Rolle geschrieben wird (*Sofrut*). Die Vorschriften in Bezug auf Abstände (*Setumot*) und Zeilenumbrüche (*Petuchot*) - in dieser Ausgabe mit den Zeichen •und ¶ markiert - lassen sich leicht auch in einer Übersetzung zeigen. Doch es gibt weitere Traditionen, die zum Teil die Quelle bekannter Legenden (*Midraschim*) sind, die nicht gezeigt werden können. Sie betreffen die Schreibung bestimmter Buchstaben, Wörter, Verse oder Kolumnen. Auf die wichtigsten Textbesonderheiten wird in dieser Ausgabe mit den Verweisen nach dem betreffenden Wort in Anmerkungen hingewiesen. Die folgende Liste gibt eine Übersicht über die Besonderheiten und soll diejenigen mit Hebräischkenntnissen einladen, in den hebräischen Text einer jüdischen Bibelausgabe oder Torarolle zu schauen und dort selbst Entdeckungen zu machen.

• Gross geschriebene Buchstaben in der Tora
finden sich in den folgenden Versen: Genesis 1,1; 30,42; 34,31; 49,12; 50,23. Exodus 2,2; 11,8; 28,36; 34,7.11.14. Levitikus 11,42; 13,33. Numeri 3,16; 13,32; 14,17; 24,5; 27,5. Deuteronomium 2,33; 3,11; 6,4 (2x); 18,13; 22,6; 28,68; 29,27; 32,4.6; 34,29.

• Klein geschriebene Buchstaben in der Tora
finden sich in den folgenden Versen: Genesis 2,4; 23,2; 27,46. Exodus 32,25. Levitikus 1,1; 6,2. Numeri 25,10. Deuteronomium 9,24; 32,18.

• Punktierte Wörter in der Tora
In Genesis 16,5 ist ein Buchstabe punktiert; Genesis 18,9 drei Buchstaben eines Wortes; Genesis 19,33 ein Buchstabe; Genesis 33,4 ein ganzes Wort; Genesis 37,12 ein ganzes Wort; Numeri 3,39 ein ganzes Wort; Numeri 9,10 ein Buchstabe; Numeri 21,30 ein Buchstabe; Numeri 29,15 ein Buchstabe; Deuteronomium 29,28 zwei Wörter.

• Besondere Buchstaben in der Tora

In Numeri 25,12 ist ein Buchstabe zerbrochen (*waw*); in Numeri 10,35-36 ist zu Beginn und Ende ein umgedrehter Buchstabe (es gleicht einem umgedrehten *nun*); in Exodus 32,25 and Num 7,2 gibt es eine ungewöhnliche Schreibung des Buchstabens *qof.*

• Besondere Zeilenumbrüche mitten im Satz

Genesis 35,22; Numeri 26,1; Deuteronomium 2,8

• Scheinbar überflüssige Buchstaben (*waw*)

Numeri 20,17; 22,26; Deuteronomium 2,27; 17,20; 28,14

• Vorgeschriebene Kolumnen-Anfänge

Genesis 1,1 (*Bereschit* »Im Anfang« muss das erste Wort der Kolumne sein); Genesis 49,8 (»*Jehuda*« muss das erste Wort der Kolumne sein.) Exodus 14,29 (fünf Zeilen müssen in der Kolumne vor dem Lied stehen.) Exodus 34,11 (*Sch'mor* »Bewahre« muss das erste Wort der Kolumne sein); Numeri 24,5 (*Ma tovu* »wie gut« muss das erste Wort der Kolumne sein.)

• Vorgeschriebene Kolumnen-Enden

Deuteronomium 34,12 (Die letzten drei Wörter müssen in einer eigenen Zeile stehen: *le'enej kol jisrael* »vor den Augen ganz Israels«)

• Die Mitte der Tora

Die Mitte der Tora nach der Anzahl ihrer Verse ist Levitikus 13,33. Die Mitte der Tora nach der Anzahl der Buchstaben findet sich in Levitikus 11,42 (der Buchstabe *waw* in dem Wort *gachon* »Bauch« wird deshalb größer geschrieben.)

• Ungewöhnliche Vortragsweisen in der Tora

Die jüdische Tradition überliefert neben den Konsonanten und Vokalen der Tora auch die Vortragsweisen des Textes in Form von Punkten, Strichen, Haken, Rauten und Kreisen über und unter dem Text. Sie haben gleichzeitig eine grammatikalische Funktion und strukturieren

XLVII

den Text sinngemäß, indem einige von ihnen eine trennende, andere eine verbindene Funktion haben und indem diese Trennungen und Verbindungen hierarchisch gegliedert sind. Manchmal betonen sie den Sinn des Textes, vor allem wenn ein sehr seltenes Zeichen benutzt wird, wie in den folgenden Fällen.

Schalschelet (»Kette«): ein Musikzeichen, das nur viermal in der Tora vorkommt: Genesis 19,16; 24,12; 39,8; Levitikus 8,23
Mercha kfulah (»doppeltes *mercha*«), nur an folgenden Stellen: Genesis 27,25; Exodus 5,15; Levitikus 10,1; Numeri 14,3; 32,42
Pazer Gadol oder *Qarne Fara* (»Kuhhörner«) und *Galgal* oder *yareach ben yomo*: nur in Numeri 35,5.

XLVIII

Zum Inhalt der Tora

Ihrer äußeren Form nach ist die Tora ein typischer altorientalischer Gesetz-Kodex. Die Tora beginnt mit einer erzählerischen Darstellung der Herkunft und Identität der Gruppe, der dieses Dokument gilt (Gen 1-Ex 19). In ihrer Mitte versammelt sie sowohl in Erzählungen als auch in Form kasuistischer und apodiktischer Rechtssprüche eine Sammlung grundlegender Prinzipien und Wertvorstellungen, um die Interpretationsgrundlage der konkreten Gesetzgebung zu legen (Ex 20-Num 10). Diese Sammlung umfasst alle Aspekte des Lebens: das Zivil-, Straf-, Familien- und Arbeitsrecht, kultische Bestimmungen, Ernährungs-und Gesundheitstips und sonstige Lebensweisheiten. Es folgen weitere erzählerische Darstellungen, so dass die Richtlinien durch Erzählungen über Identität gerahmt sind (Num 10-36). Es ist das Merkmal semitischer Poesie, das gleiche zweimal, doch nicht identisch zu sagen. Im Lied am Meer zum Beispiel heißt es:»Der ist mein Gott! Ihn will ich rühmen,« darauf folgt:»Meines Vaters Gott, ihn will ich erheben!« — inhaltlich dasselbe, in anderen Worten gesagt. Der gleiche Stil findet sich ebenfalls in der Struktur der Erzählungen und Themen der Tora. Gen 1-2,3 schildert die Erschaffung der Welt, Gen 2,4 schildert das gleiche, doch anders. Abraham empfängt Gäste in Gen 18 und auch sein Neffe Lot empängt Gäste im folgenden Kapitel. In Gen 21 ist ein Kind in Gefahr, in Gen 22 ist ebenfalls ein Kind nahe dem Tod. Das fünfte Buch der Tora, Deuteronomium, ist eine Interpretation des vorherigen unter neuen Gesichtspunkten in einem anderen Stil. Der poetische literarische Stil der Tora lädt ein, nach Unterschieden zu suchen. Was erzählt die zweite Geschichte zusätzlich? Es kann ein anderer Aspekt sein, ein anderer Ausgang oder ein anderer Entscheidungsfindungsprozess der Hauptpersonen — das»mehr« der zweiten Version ist in der Regel die Hauptaussage der Themen-Doppeleinheit. Die Tora präsentiert sich in diesem hoch durchdachten, Gedanken anregenden literarischen Stil. Die Tora enthält außerdem, für altorientalische Kodizes üblich, typische rechtliche Bekräftigungsformeln: Segnungen für die, die ihre Normen beachten und Flüche und Mahnungen für die, die sie übertreten.

Eine ausführliche Übersicht über die Inhalte einer jeden Parascha der Tora und ihre Bedeutung einzelner Themen in ihr für die jüdische Tradition findet sich in: Hanna Liss, Annette M. Böckler, Bruno Landthaler, Tanach – Lehrbuch der jüdischen Bibel, 3. Aufl. Heidelberg: Winter, 2011. Kommentare und Erklärungen zu den Versen, Themen und Inhalten der Tora bietet der Kommentar zur Mendelssohn-Übersetzung von W.G. Plaut. Zu Beginn eines jeden Wochenabschnitts werden stichwortartig die wichtigsten Themen des Textes genannt, um denen, die die Geschichten und Gesetze kennen, eine Orientierung zu geben.

L

1. Bereschit (Gen 1,1-6,8)

[INHALT: *Die Schaffung des Schabbat als Tempel der Zeit * Das erste Ge-*
*bot * Schabbat (Wajechulu) * Die Menschen in Gan Eden * Die Schlange **
*Kain und Abel * Die 10 Generationen von Adam bis Noach]*

Erster / ERSTER / Jahr I / (Simchat Tora 1,1-2,3)

1 [^1]Im **Anfang** *(bereschit)* erschuf Gott die Himmel und die Erde.
[^2]Die Erde aber war unförmlich und vermischt, Finsternis auf der
Fläche des Abgrundes, und der göttliche Geist wehend auf den Wassern. [^3]Da sprach Gott:»Es werde Licht.« So wurde Licht. [^4]Gott sah
das Licht, dass es gut war, und unterschied zwischen dem Licht und
der Finsternis. [^5]Gott nannte das Licht Tag, und die Finsternis nannte
er Nacht. Da wurde Abend und wurde Morgen, ein Tag.❡

[^6]Gott sprach:»Es werde eine Ausdehnung mitten im Wasser, damit
eine Abscheidung sei zwischen Wasser und Wasser.« [^7]Also machte
Gott die Ausdehnung und schied zwischen den Wassern unter der
Ausdehnung und den Wassern über der Ausdehnung, und es geschah
so. [^8]Gott nannte die Ausdehnung»Himmel«. So wurde Abend und
wurde Morgen: ein zweiter Tag.❡

[^9]Gott sprach ferner:»Es sollen sich sammeln die Wasser unter dem
Himmel an einen Ort, damit das Trockene sichtbar werde.« Es wurde
so. [^10]Gott nannte das Trockene»Erde« und die Sammlung der Wasser
nannte er»Meere«. Da sah Gott, dass es gut war. [^11]Gott sprach:»Es
lasse die Erde sprießen allerlei Sprossen, Kraut, das Samen bringt, den
Fruchtbaum, der Frucht trägt nach seiner Art, worin der Samen ist auf
der Erde«, und es geschah so. [^12]Die Erde brachte allerlei Sprossen hervor, Kraut, das Samen bringt nach seiner Art, und den Baum, der Frucht
trägt, in welcher der Samen liegt nach seiner Art. Da sah Gott, dass
es gut war. [^13]Da wurde Abend und wurde Morgen: ein dritter Tag.❡

---

[a]   *Gen 1,1: Der erste Buchstabe der Tora, bet, wird in einer Torarolle großgeschrieben.*

¹⁴Gott sprach: »Es seien Lichter in der Ausdehnung des Himmels, zu unterscheiden zwischen Tag und Nacht, damit sie Zeichen seien für Zeiten, Tage und Jahre. ¹⁵Und es seien auch Lichter in der Ausdehnung des Himmels, zu leuchten auf der Erde.« Und es geschah so. ¹⁶Also machte Gott die zwei großen Lichter, das größere Licht zur Regierung des Tages, das kleinere Licht zur Regierung der Nacht und die Sterne. ¹⁷Gott setzte sie in die Ausdehnung des Himmels, um auf der Erde zu leuchten, ¹⁸auch zu regieren tags und nachts und zu unterscheiden zwischen Licht und Finsternis. Da sah Gott, dass es gut war. ¹⁹So wurde Abend und wurde Morgen: ein vierter Tag.⁊

²⁰Gott sprach: »Es errege das Wasser reges, beseeltes Getier, und das Geflügel fliege über der Erde an der Ausdehnung des Himmels.« ²¹Gott schuf die großen Meerungeheuer und alles kriechende beseelte Getier, welches die Wasser erregt, jedes nach seiner Art, und alles Geflügel nach seiner Art, und Gott sah, dass es gut war. ²²Da segnete sie Gott und sprach: »Seid fruchtbar, mehret euch, und füllet das Wasser in den Meeren, und das Geflügel mehre sich auf der Erde.« ²³Also wurde Abend und wurde Morgen: ein fünfter Tag.⁊

²⁴Gott sprach: Die Erde bringe hervor beseeltes Getier von allerlei Art, Vieh, Gewürm und Wild des Landes von allerlei Art. Und es geschah so. ²⁵Gott machte Wild des Landes von allerlei Art, Vieh von allerlei Art und Gewürm von allerlei Art, und Gott sah, dass es gut war. ²⁶Gott sprach: »Nun wollen wir einen Menschen machen, in unserem Ebenbilde, in Ähnlichkeit mit uns, dass sie regieren über die Fische des Meeres, über das Geflügel des Himmels, über das Vieh und über die ganze Erde sowie über alles Gewürm, das auf der Erde kriecht.« ²⁷Da erschuf Gott den Menschen in seinem Ebenbilde, in dem Ebenbilde Gottes erschuf er ihn, männlich und weiblich erschuf er sie. ²⁸Er segnete sie und sprach zu ihnen: »Seid fruchtbar, mehret euch, füllet die Erde und bezwingt sie, herrscht über die Fische des Meeres, über das Geflügel des Himmels und über jedes lebendige Tier, das auf Erden kriecht.« ²⁹Gott sprach: »Da übergebe ich euch alles

Kraut, das Samen führt auf der ganzen Erde, und jeden Baum, woran Frucht ist, welche Samen führt, diese sollen für euch zur Speise sein. [30]Allen Tieren des Landes aber und allem Geflügel des Himmels und allem Kriechenden auf der Erde, worin lebendige Seele ist, übergebe ich alles grüne Kräuterwerk zur Speise.« Und so geschah es auch. [31]Gott sah alles, was er gemacht hatte, und fand es sehr gut. So wurde Abend und wurde Morgen, jener sechste Tag. **2** [1]Da wurden vollendet die Himmel, die Erde und ihr ganzes Heer. [2]So hatte Gott am siebenten Tage sein Werk vollendet, das er gemacht; er ruhte am siebten Tage von all seinem Werk, das er gemacht. [3]Er segnete den siebten Tag und heiligte ihn. Denn an demselben ruhte Gott von allem Werk, das er erschaffen und gemacht hatte.¶

Vierter / ZWEITER / Jahr II

[4]Dies ist die Entstehungsgeschichte des Himmels und der Erde, als sie erschaffen[a] wurden, als nämlich das ewige Wesen, Gott, Erde und Himmel gemacht hat. [5]Allerlei Baumgewächs des Feldes war noch nicht auf der Erde und das Kraut auf dem Felde noch nicht gewachsen, denn das ewige Wesen, Gott, hatte noch nicht regnen lassen auf Erden, und der Mensch war noch nicht da, um das Erdreich zu bearbeiten. [6]Aber ein Dunst stieg auf von der Erde und befeuchtete die ganze Fläche des Erdreichs. [7]Da bildete das ewige Wesen, Gott, den Menschen aus Staub vom Erdreich und blies in seine Nase lebendigen Odem. Also wurde der Mensch ein beseeltes Tier. [8]Das ewige Wesen, Gott, pflanzte einen Garten in Eden zur Morgenseite und setzte den Menschen, den er gebildet hatte, dahin. [9]Das ewige Wesen, Gott, ließ aus dem Erdreiche hervorwachsen allerlei Bäume, lieblich zum Ansehen und gut zum Essen. Der Baum des Lebens war mitten im Garten, und der Baum der Erkenntnis des Guten und Bösen. [10]Ein Strom kommt aus Eden, um den Garten zu befeuchten, und von da aus teilt er sich und wird zu vier Hauptströmen. [11]Des einen Namen ist Pischon, welcher umringt das ganze Land Chawila, wo das Gold ist. [12]Das Gold desselben Landes ist gut. Dort findet man auch das

---

a   *Gen 2,4: Der zweite Buchstabe dieses Wortes im Hebräischen (behibaram), das jod, ist in einer Torarolle klein geschrieben.*

Bedolach-Erz und den Schoham-Stein. [13]Der Namen des anderen Stromes ist Gichon, welcher das ganze Land Kusch umringt. [14]Der Namen des dritten Stromes ist Chidekel, welcher auf der Morgenseite von Aschur fließt, und der vierte Strom ist Prat. [15]Das ewige Wesen, Gott, nahm den Menschen und setzte ihn in den Garten Eden, um ihn anzubauen und zu bewahren. [16]Das ewige Wesen, Gott, befahl dem Menschen und sprach:»Von jedem Baum des Gartens kannst du essen. [17]Nur von dem Erkenntnisbaum des Guten und Bösen, von diesem sollst du nicht essen. Denn sobald du davon isst, bist du des Todes.« [18]Das ewige Wesen, Gott, sprach auch:»Es ist nicht gut, dass der Mensch allein bleibe. Ich will ihm eine Gehilfin machen, die um ihn sei.« [19]Nun bildete das ewige Wesen, Gott, aus dem Erdreiche alles Wild des Feldes und alles Geflügel des Himmels und führte sie vor den Menschen, um zu sehen, wie er es nennen werde. Und jedes lebendige Tier, wie es der Mensch nennen würde, so sollte sein Name sein.

DRITTER

[20]Der Mensch nannte die Namen allerlei Viehs, allerlei Geflügels und allerlei Wildes. Für den Menschen aber fand er keine Gehilfin, die um ihn sei. [21]Da ließ das ewige Wesen, Gott, tiefen Schlaf auf den Menschen fallen, dass er entschlief. Er nahm eine von seinen Rippen und schloss anderes Fleisch an ihre Stelle ein. [22]Das ewige Wesen, Gott, bildete diese Rippe, die er vom Menschen genommen hatte, zu einer Frau und brachte sie dem Menschen. [23]Der Mensch sprach:»Dieses Mal ist es Bein von meinen Beinen und Fleisch von meinem Fleisch. Diese soll ›Männin‹ heißen, denn vom Mann wurde sie genommen.« [24]Darum verlässt der Mann seinen Vater und seine Mutter und hängt an seiner Frau und sie werden wie ein Fleisch. [25]Nun waren sie beide nackt, Adam und seine Frau, und schämten sich nicht.

3 [1]Die Schlange war listiger als alle Tiere des Feldes, welche das ewige Wesen, Gott, gemacht hatte. Sie sprach zu der Frau:»Hat auch Gott wohl gesagt, ihr sollt von allerlei Baum des Gartens nicht essen?« [2]Die Frau sprach zur Schlange:»Von der Frucht jedes Baumes im Garten dürfen wir essen. [3]Nur von der Frucht dieses Baumes, welcher in der Mitte des Gartens steht, hat Gott gesprochen: ›Esst nicht von ihm und rührt ihn nicht an; ihr würdet sonst sterben.‹« ⁴Da sprach die Schlange zur Frau: »Ihr werdet davon nicht sterben, ⁵sondern Gott weiß, sobald ihr davon esst, so gehen euch die Augen auf und ihr werdet wie göttliche Wesen, erkennt Gutes und Böses.« ⁶Als nun die Frau sah, dass der Baum gut sei zur Speise, eine Lust für die Augen und angenehm zum Betrachten, da nahm sie von seiner Frucht und aß, gab auch ihrem Manne davon und er aß. ⁷Nun gingen ihrer beiden Augen auf und sie merkten, dass sie nackt waren. Sie flochten Feigenblätter zusammen und machten sich Schürzen. ⁸Da hörten sie die Stimme des ewigen Wesens, Gottes, wandelnd zur Zeit des Tages, und Adam mit seiner Frau verkrochen sich vor dem ewigen Wesen, Gott, zwischen den Bäumen des Gartens. ⁹Das ewige Wesen, Gott, rief Adam und sprach zu ihm: »Wo bist du?« ¹⁰Er sprach: »Deine Stimme habe ich im Garten vernommen und scheute mich, weil ich nackt bin, darum verkroch ich mich.« ¹¹Da sprach er: »Wer hat dir gesagt, dass du nackt bist? Hast du etwa von dem Baum gegessen, davon ich dir zu essen verboten hatte?« ¹²Adam sprach: »Die Frau, welche du mir gegeben hast, diese gab mir von dem Baum und ich aß.« ¹³Das ewige Wesen, Gott, sprach zur Frau: »Was hast du da getan?« Die Frau sprach: »Die Schlange hat mich gereizt und ich aß.» ¹⁴Da sprach das ewige Wesen, Gott, zur Schlange: »Weil du dies getan hast, sei verflucht vor allem Vieh und vor allem Wild des Feldes. Auf deinem Bauch sollst du gehen und Staub essen alle Tage deines Lebens. ¹⁵Auch werde ich Feindschaft machen zwischen dir und der Frau und zwischen deinem Samen und ihrem Samen. Dieser soll dir den Kopf verwunden und du ihm die Ferse verwunden.« • ¹⁶Zur Frau sprach er: »Ich will deine Schmerzen und die Leiden deiner Schwangerschaft sehr viel sein lassen. Mit Schmerzen sollst du Kinder gebären, zu deinem Manne sollst du Begierde haben, er aber soll über dich herrschen.« • ¹⁷Und zu Adam sprach er: »Weil du der Stimme deiner Frau Gehör gegeben und von dem Baum gegessen, von welchem ich dir zu essen verboten habe, so sei die Erde um deinetwillen verflucht. Mit schwerer Arbeit sollst du dich von ihr ernähren, solange du lebst. ¹⁸Dornen und Disteln soll sie dir wachsen lassen, und du sollst das Kraut des Feldes essen.

¹⁹Im Schweiße deines Angesichts sollst du Brot essen, bis du wieder hin in das Erdreich kommst, von welchem du genommen worden bist. Denn du bist Staub und sollst wieder zum Staube zurückkehren.« ²⁰Adam nannte den Namen seiner Frau Chawa, denn sie wurde die Mutter alles Lebendigen. ²¹Das ewige Wesen, Gott, machte für Adam und seine Frau Röcke von Fellen und bekleidete sie.¶

Fünfter/ VIERTER

²²Das ewige Wesen, Gott, sprach:»Nunmehr ist Adam wie einer von uns, zu kennen Gutes und Böses. Wie leicht könnte er seine Hand ausstrecken und nehmen sogar von dem Lebensbaum und essen, dass er ewig lebe.« ²³Da schickte ihn das ewige Wesen, Gott, aus dem Garten Eden weg, um die Erde zu bearbeiten, von welcher er genommen worden war. ²⁴Er vertrieb also den Adam und lagerte zur Morgenseite des Gan Eden die Kerubim und die flammende Klinge des Schwertes, das sich umwälzt, um den Weg zum Lebensbaum zu verwehren. •

4 ¹Adam hatte seiner Frau Chawa beigewohnt. Sie wurde schwanger und gebar Kajin. Da sprach sie:»Ich habe einen Mann erworben von dem Ewigen.« ²Sie gebar nochmals seinen Bruder, den Hewel. Hewel wurde ein Schaf- und Ziegenhirte, Kajin aber wurde ein Ackersmann. ³Nach einiger Zeit brachte Kajin von der Frucht des Erdreichs dem Ewigen ein Geschenk dar. ⁴Und Hewel brachte auch ein Geschenk von den Erstlingen seines Kleinviehs und von ihren Fettstücken. Der Ewige wandte sich zu Hewel und zu seinem Geschenk. ⁵Zu Kajin aber und zu seinem Geschenk hat er sich nicht gewandt. Dies verdross Kajin sehr, und sein Angesicht sank. ⁶Der Ewige sprach zu Kajin:»Warum verdrießt es dich? Und warum ist dein Angesicht so gesenkt? ⁷Ist es nicht an dem? Wenn du dich gut aufführst, kannst du auch deine Augen emporheben, wenn du dich aber nicht gut aufführst, so ruht die Sünde vor der Türe. Nach dir ist ihr Verlangen, aber du kannst über sie herrschen.« ⁸Kajin sprach zu seinem Bruder Hewel. Als sie nun einst auf dem Felde waren, erhob sich Kajin über seinen Bruder Hewel und erschlug ihn. ⁹Der Ewige sprach zu Kajin:»Wo ist Hewel, dein Bruder?« Er antwortete:»Ich weiß es nicht. Bin ich der Hüter meines Bruders?« ¹⁰Der Ewige sprach:»Was hast du getan? Die Stimme von deines Bruders Blut schreit aus der Erde zu mir. ¹¹Von nun an sei verflucht von der Erde hinweg, welche ihren Mund aufgetan, deines Bruders Blut anzunehmen von deiner Hand. ^{12}Wenn du die Erde bearbeiten wirst, soll sie dir ihre Kraft nicht mehr hergeben. Unstet und flüchtig sollst du auf dem Erdboden sein.« ^{13}Kajin sprach zu dem Ewigen:»Meine Strafe ist zu groß, um sie zu ertragen. ^{14}Siehe, du hast mich vertrieben von diesem Erdreich hinweg. Vor deinem Antlitz soll ich mich verbergen. Wenn ich nun unstet und flüchtig auf der Erde bin, so wird mich jeder umbringen, der mich findet.« ^{15}Da sprach der Ewige zu ihm:»Niemand wage es, Kajin umzubringen! Siebenfältig soll er gerächt werden!« Der Ewige machte dem Kajin ein Zeichen, dass ihn nicht jeder erschlage, der ihn finde. ^{16}So ging Kajin von dem Antlitz des Ewigen weg und ließ sich nieder in der Landschaft Nod, zur Morgenseite von Eden. ^{17}Kajin wohnte seiner Frau bei. Sie wurde schwanger und gebar Chanoch. Da baute er eine Stadt und nannte sie wie seinen Sohn Chanoch. ^{18}Dem Chanoch wurde Irad geboren. Irad zeugte Mechujael, Mechujael zeugte Metuschael und Metuschael zeugte Lemech.

FÜNFTER

^{19}Dieser Lemech nahm sich zwei Frauen. Der einen Name war Ada, und der anderen Name war Zilla. ^{20}Ada gebar Jawal. Der war der erste Zeltbewohner und Viehtreiber. ^{21}Der Name seines Bruders war Juwal. Der war der erste Harfen- und Zitterspieler. ^{22}Und auch Zilla gebar, nämlich den Tuwal-Kajin, welcher glänzendes Werkzeug von Kupfer und Eisen zu machen verstand. Und die Schwester Tuwal-Kajins war Naama.

SECHSTER

^{23}Lemech sprach einst zu seinen Frauen:»Ada und Zilla, hört meine Stimme. Frauen Lemechs, vernehmt meine Rede! Einen Mann erschlage ich für meine Wunde und einen Jüngling für meine Beule. ^{24}Wird Kajin siebenfältig gerächt, so Lemech siebenundsiebzigfältig.« ^{25}Adam wohnte erneut seiner Frau bei. Sie gebar einen Sohn und nannte ihn Schet. Denn sie sprach:»Gott hat mir anderen Samen beschert an der Stelle von Hewel, den Kajin erschlug.« ^{26}Dem Schet wurde auch ein Sohn geboren, und er nannte seinen Namen Enosch. Damals fing man an, den Namen des Ewigen zu benennen.   •

Sechter / Jahr III

5 ¹Dies ist das Geschlechtsregister der Nachkommen von Adam: Als Gott Adam erschuf, machte er ihn in der Ähnlichkeit Gottes. ²Männlich und weiblich hat er sie erschaffen, segnete sie und nannte ihren Namen Adam (»Mensch«), als sie geschaffen wurden. ³Als Adam hundert und dreißig Jahre gelebt hatte, zeugte er in seiner Ähnlichkeit sein Ebenbild und nannte ihn Schet. ⁴Nachdem er Schet gezeugt hatte, lebte Adam noch achthundert Jahre und zeugte Söhne und Töchter. ⁵Als die Lebensjahre Adams neunhundertunddreißig waren, starb er. • ⁶Schet lebte hundertundfünf Jahre und zeugte Enosch. ⁷Nachdem Schet den Enosch gezeugt, lebte er noch achthundertundsieben Jahre und zeugte Söhne und Töchter. ⁸Als alle Lebensjahre Schets neunhundertundzwölf waren, starb er. • ⁹Enosch lebte neunzig Jahre und zeugte Kenan. ¹⁰Nachdem er Kenan gezeugt hatte, lebte Enosch noch achthundertundfünfzehn Jahre und zeugte Söhne und Töchter. ¹¹Als alle Lebensjahre Enoschs neunhundertundfünf waren, starb er. • ¹²Kenan lebte siebzig Jahre und zeugte Mahalal'el. ¹³Nachdem er den Mahalal'el gezeugt, lebte Kenan noch achthundertundvierzig Jahre und zeugte Söhne und Töchter. ¹⁴Als alle Lebensjahre Kenans neunhundertundzehn waren, starb er. • ¹⁵Mahalal'el lebte fünfundsechzig Jahre und zeugte Jered. ¹⁶Nachdem er den Jered gezeugt, lebte Mahalal'el noch achthundertunddreißig Jahre und zeugte Söhne und Töchter. ¹⁷Als alle Lebensjahre Mahalal'els achthundertfünfundneunzig waren, starb er. • ¹⁸Jered lebte hundertundzweiundsechzig Jahre und zeugte Chanoch. ¹⁹Nachdem er den Chanoch gezeugt hatte, lebte Jered noch achthundert Jahre und zeugte Söhne und Töchter. ²⁰Als alle Lebensjahre Jereds neunhundertzweiundsechzig waren, starb er. • ²¹Chanoch lebte fünfundsechzig Jahre und zeugte Metuschelach. ²²Nachdem er den Metuschelach gezeugt hatte, wandelte Chanoch vor Gott dreihundert Jahre und zeugte Söhne und Töchter. ²³Alle Lebensjahre des Chanoch waren dreihundertundfünfundsechzig. ²⁴Da Chanoch vor Gott wandelte, so war er nicht mehr hier, denn Gott hatte ihn zu sich genommen. •

Siebter/ SIEBTER

[25]Metuschelach lebte siebenundachzig Jahre und zeugte Lemech. [26]Nachdem er den Lemech gezeugt, lebte Metuschelach noch siebenhundertzweiundachzig Jahre und zeugte Söhne und Töchter. [27]Als Metuschelachs Lebensjahre neunhundertneunundsechzig waren, starb er. • [28]Lemech lebte zweiundachtzig Jahre und zeugte einen Sohn. [29]Diesen nannte er Noach, denn:»Dieser wird uns trösten bei unserem Tun und bei der Mühseligkeit unserer Handarbeit auf dem Erdreich, das der Ewige verflucht hat.« [30]Nachdem er Noach gezeugt, lebte Lemech noch fünfhundertfünfundneunzig Jahre und zeugte Söhne und Töchter. [31]Als alle Lebensjahre Lemechs siebenhundertundsiebenundsiebenzig waren, starb er. • [32]Noach war fünfhundert Jahre alt und zeugte Schem, Cham und Jefet.   **6** [1]Als nun das menschliche Geschlecht anfing sich zu vermehren auf Erden und ihnen Töchter geboren wurden, [2]da sahen die göttlichen Menschen die Töchter des gemeinen Mannes, dass sie schön waren, und nahmen sich Frauen, welche sie sich erwählten. [3]Da sprach der Ewige:»Mein Geist wird nicht immer in dem Menschen streiten, weil er doch auch Fleisch ist. Es soll aber die Frist seiner Tage noch hundertundzwanzig Jahre sein.« [4]Die Riesen waren damals auf der Erde, so war es auch nachher, weil die göttlichen Menschen zu den Töchtern des gemeinen Mannes kamen und diese ihnen gebaren. Dies sind die Helden, welche von jeher berühmte Männer waren.¶

Maftir

[5]Als der Ewige sah, dass die Bosheit des menschlichen Geschlechtes groß war auf der Erde und alles Dichten der Gedanken seines Herzens nur immer auf das Böse ging, [6]da bereute der Ewige, dass er den Menschen auf Erden gemacht hatte, und hatte Verdruss in seinem Herzen. [7]Und der Ewige sprach:»Ich will den Menschen, den ich erschaffen habe, von dem Erdboden vertilgen, ja von Menschen bis zum Vieh, bis zum Gewürm und Geflügel des Himmels. Denn es reut mich, dass ich sie gemacht habe.« [8]Noach aber fand Gnade in den Augen des Ewigen.

Haftarat Bereschit: Jesaja 42,5-43,10 (S. 447)

Psalm des Schabbat nach Seder Avodat Israel: Ps 139

2. Noach (Gen 6,9-11,32)

Erster / Jahr I

⁹Folgendes ist die Geschlechtsfolge des **Noach**: Noach war ein gerechter, aufrichtiger Mann in seinen Zeiten und wandelte mit Gott. ¹⁰Noach zeugte drei Söhne, Schem, Cham und Jefet. ¹¹Damals wurde die Erde verderbt vor Gott und wurde voller Gewalttätigkeit. ¹²Als nun Gott die Erde sah und sie verderbt fand, denn alles Fleisch hatte seine Sitte verderbt auf der Erde, • ¹³da sprach Gott zu Noach: »Der Untergang alles Fleisches ist vor mich gekommen, denn die Erde ist durch sie voller Gewalttätigkeit geworden. Daher will ich sie verderben samt der Erde. ¹⁴Mach dir eine Arche von Gofer-Holz, teile diese Arche in Kammern ab und bestreiche sie von innen und von außen mit Pech. ¹⁵Mit folgender Gestalt sollst du sie machen: Dreihundert Ellen sei die Länge der Arche, fünfzig Ellen ihre Breite und dreißig Ellen ihre Höhe. ¹⁶Du sollst auch an der Arche eine Beleuchtung machen, oberhalb die Arche bis zu einer Elle abnehmen lassen und die Türe der Arche in die Seite derselben setzen. Unterstes Stockwerk, zweites Stockwerk und drittes Stockwerk sollst du darin abteilen. ¹⁷Ich aber will die Sintflut von Wasser auf die Erde bringen, um alles Fleisch, in welchem Lebenshauch ist, unter dem Himmel zu verderben. Was auf der Erde ist, soll vergehen. ¹⁸Mit dir hingegen will ich meinen Bund errichten. Du sollst in die Arche kommen, du und deine Söhne, deine Frau und deiner Söhne Frauen mit dir. ¹⁹Und von allem Lebendigen, von allem Fleisch sollst du zwei von jedem in die Arche bringen, um sie mit dir zu erhalten, ein Männchen und ein Weibchen. ²⁰Von allerlei Geflügel, von allerlei Vieh und von allerlei Gewürm des Erdreichs, von jedem sollen zwei mit dir hineinkommen zur Erhaltung. ²¹Nimm dir aber auch von allerlei Speise mit, welche

gegessen wird, und sammle solches bei dir ein, damit es dir und ihnen zum Speisen diene.« ²²Noach tat dies alles. Wie ihm Gott geboten hatte, so hat er getan.

Zweiter

7 ¹Der Ewige sprach zu Noach:»Geh hinein, du und dein ganzes Haus, in die Arche, denn dich habe ich gerecht vor mir befunden in dieser Zeit. ²Von allem reinen Vieh sollst du dir sieben Paar von jeder Art nehmen, das Männchen und sein Weibchen, aber von dem Vieh, welches nicht rein ist, sollst du zwei nehmen, das Männchen und sein Weibchen. ³Auch von dem Geflügel des Himmels sieben Paar, Männchen und Weibchen, um den Samen davon auf der ganzen Erde zu erhalten. ⁴Denn über sieben Tage lasse ich auf die Erde regnen, vierzig Tage und vierzig Nächte, und vertilge alles Wesen, welches ich gemacht habe, von dem Erdboden hinweg.« ⁵Noach tat alles, wie ihm der Ewige geboten. ⁶Noach war sechshundert Jahre alt, als das Wasser der Sintflut auf die Erde kam. ⁷Da gingen Noach, seine Söhne, seine Frau und seiner Söhne Frauen in die Arche vor dem Gewässer der Sintflut. ⁸Von reinem Vieh sowohl als von dem Vieh, welches nicht rein ist, vom Geflügel und von allem, was auf dem Erdreich kriecht, ⁹kamen je zwei und zwei, Männchen und Weibchen, zu Noach in die Arche, wie Gott geboten hatte. ¹⁰Als die sieben Tage vorbei waren, kam das Gewässer der Sintflut auf die Erde. ¹¹Es war im sechshundertsten Jahr von dem Lebensalter Noachs, im zweiten Monat, am siebzehnten Tag des Monats, an diesem Tage brachen alle Quellen der großen Tiefe und die Schleusen des Himmels wurden aufgetan. ¹²Da war ein Regenguss auf der Erde, vierzig Tage und vierzig Nächte. ¹³An eben demselben Tage ging Noach nebst Schem, Cham und Jefet, die Söhne Noachs, wie auch die Frau von Noach und drei Frauen seiner Söhne mit ihnen in die Arche. ¹⁴Sie und allerlei Tier, allerlei Vieh und allerlei Gewürm, das auf der Erde kriecht, und allerlei Geflügel, jeder Vogel, der Flügel hat, ¹⁵gingen zu Noach in die Arche hinein, je zwei und zwei von allem Fleisch, in welchem Lebenshauch ist. ¹⁶Die Hineingehenden waren von allerlei Fleisch; es kamen Männchen und Weibchen, wie ihm Gott geboten hatte. Dann schloss der Ewige hinter ihm zu.

Dritter

[17]Nun war die Sintflut vierzig Tage auf der Erde, die Wasser vermehrten sich, hoben die Arche empor, sodass sie hoch über der Erde wegging. [18]Das Gewässer verstärkte sich und nahm immer zu auf Erden, sodass die Arche auf dem Wasser fort ging. [19]Endlich verstärkte sich das Gewässer so sehr auf Erden, dass alle hohen Berge bedeckt wurden, welche unter dem ganzen Himmel sind. [20]Fünfzehn Ellen hoch darüber erhob sich das Gewässer und die Berge wurden bedeckt. [21]Da verging alles Fleisch, das auf der Erden sich regt, Geflügel, Vieh und Tier und alles Gewürm, das auf der Erden kriecht, und das ganze menschliche Geschlecht. [22]Alles, was in seiner Nase den Odem des Lebenshauchs hat, von allem, welches auf dem Trockenen lebt, kam um. [23]Also vertilgte die Überschwemmung alles Wesen, welches auf dem Erdboden lebt, vom Menschen bis Vieh, bis Gewürm und Geflügel des Himmels. Alles wurde von der Erde vertilgt. Noach allein blieb übrig und was mit ihm in der Arche war. [24]So hoch stand das Gewässer über der Erde, hundertundfünfzig Tage. **8** [1]Endlich dachte Gott an Noach und an alles Tier und an alles Vieh, welches mit ihm in der Arche war, und führte einen Wind über die Erde, davon das Gewässer sich legte. [2]Die Quellen der Tiefe und die Schleusen des Himmels wurden verschlossen und der Regen vom Himmel hörte auf. [3]Die Wasser verliefen sich von der Erde weg, immer mehr und mehr und hatten nach hundertundfünfzig Tagen so abgenommen, [4]dass die Arche im siebten Monat am siebzehnten Tag des Monats auf dem Gebirge Ararat ruhte. [5]Die Wasser fuhren fort abzunehmen, bis zum zehnten Monat. Am ersten Tage des zehnten Monats wurden die Spitzen der Berge sichtbar. [6]Als vierzig Tage zu Ende waren, öffnete Noach das Fenster der Arche, welches er gemacht hatte, [7]und schickte den Raben aus. Dieser ging hinaus und kam zurück, bis die Wasser von der Erde austrockneten. [8]Da schickte er auch die Taube aus, um zu sehen, ob die Wasser gefallen waren auf dem Erdboden. [9]Die Taube fand aber keine Ruhestätte für ihren Fußballen und kehrte zu ihm in die Arche zurück. Denn noch war Wasser auf der ganzen Erde. Er streckte seine Hand aus, nahm sie und brachte sie zu sich in die Arche. [10]Hierauf wartete er noch weitere sieben Tage und schickte

abermals die Taube aus der Arche. *11*Als die Taube zur Abendzeit zurückkam, hatte sie ein Ölblatt abgepflückt im Munde. Da merkte Noach, dass die Wasser auf der Erde gefallen waren. *12*Nun wartete er noch sieben weitere Tage und schickte die Taube aus, sie kehrte aber nicht wieder zu ihm zurück. *13*Als Noach sechshundertundein Jahr alt war, am ersten Tage des ersten Monats, war das Wasser getrocknet von der Erde. Da tat Noach die Decke der Arche ab und sah, dass die Oberfläche des Erdreichs getrocknet war. *14*Aber im zweiten Monat, am siebenundzwanzigsten Tag des Monats, war die Erde völlig ausgetrocknet. •

Vierter / Jahr II

*15*Da redete Gott mit Noach und sprach: *16*»Geh heraus aus der Arche, du, deine Frau, deine Söhne, und deiner Söhne Frauen mit dir. *17*Allerlei Tier, welches bei dir ist, von allerlei Fleisch, an Geflügel, Vieh und an allerlei Gewürm, das auf Erden kriecht, bringe mit dir heraus, dass sie sich fortpflanzen auf der Erde, fruchtbar seien und sich vermehren auf der Erde.« *18*Da ging Noach und seine Söhne und seine Frau und seiner Söhne Frauen mit ihm heraus. *19*Allerlei Tier, allerlei Gewürm und allerlei Geflügel, alles was auf Erden kriecht, kamen nach ihren Geschlechtern aus der Arche heraus. *20*Noach baute dem Ewigen einen Altar, nahm von allerlei reinem Vieh und von allerlei reinem Geflügel und brachte Ganzopfer dar auf dem Altar. *21*Der Ewige nahm den lieblichen Duft mit Wohlgefallen an und sprach zu sich selbst:»Ich will das Erdreich nicht mehr verfluchen um des Menschen willen, denn das Dichten des menschlichen Herzens ist böse von Jugend auf. Ich will nicht mehr alles Lebendige töten, wie ich getan habe. *22*Solange die Erde sein wird, sollen Saat und Ernte, Frost und Hitze, Sommer und Winter, Tag und Nacht nicht mehr aufhören.« **9** *1*Gott segnete Noach und seine Söhne und sprach zu ihnen:»Seid fruchtbar, mehrt euch und füllt die Erde. *2*Eure Furcht und euer Schrecken soll auf alle Tiere des Landes und auf alles Geflügel des Himmels kommen. Alles, was auf Erden sich bewegt, und alle Fische des Meeres sind in eure Gewalt gegeben. *3*Was sich bewegt und lebendig ist, soll für euch sein zum Essen, wie grüne Kräuter habe ich euch alles gegeben. *4*Doch Fleisch, worin das tierische Leben, nämlich das Blut ist, sollt ihr nicht essen. ⁵Auch werde ich euer Blut, woran euer Leben hängt, fordern. Von der Hand alles Lebendigen will ich es fordern. Und von der Hand des Menschen will ich das Leben eines Menschen von der Hand eines jeden Bruders desselben fordern. ⁶Wer Menschenblut vergießt, dessen Blut soll durch Menschen wieder vergossen werden, denn im Ebenbilde Gottes hat er den Menschen gemacht. ⁷Ihr aber seid fruchtbar und mehrt euch. Pflanzt euch auf der Erde fort und werdet immer mehr auf derselben.« •

Fünfter

⁸Gott sprach zu Noach und zu seinen Söhnen wie folgt: ⁹»Meinerseits errichte ich einen Bund mit euch und mit eurem Samen nach euch, ¹⁰mit jeder lebendigen Seele, die bei euch ist, mit Geflügel, Vieh, und allen Tieren des Landes, die bei euch sind, soviele ihrer aus der Arche gingen, von allerlei Getier des Landes. ¹¹Ich will nämlich meinen Bund mit euch dahin errichten, dass nie mehr alles Fleisch durch das Gewässer der Sintflut vertilgt werde und überhaupt keine Sintflut mehr sei, um die Erde zu verderben.« ¹²Gott sprach ferner: »Dies gebe ich euch zum Zeichen des Bundes zwischen mir und euch und allem lebendigen Getier, das bei euch war, auf ewige Zeiten: ¹³Meinen Bogen habe ich in die Wolken gesetzt. Dieser soll zum Zeichen des Bundes dienen zwischen mir und der Erde. ¹⁴Wenn ich ein Gewölk über die Erde führe und dieser Bogen im Gewölk sichtbar wird, ¹⁵so denke ich an den Bund zwischen mir und euch und allem Lebendigen, das Seele im Fleisch hat, und lasse die Wasser nicht mehr zur Sintflut werden, um alles Fleisch zu verderben. ¹⁶Der Bogen soll also im Gewölk sein, und ich werde ihn ansehen, des ewigen Bundes zwischen Gott und aller lebendigen Seele im Fleisch, welches auf der Erde ist, eingedenk zu sein.« ¹⁷Gott sprach zu Noach: »Dies ist das Zeichen des Bundes, den ich errichtet habe, zwischen mir und allem Fleisch, das auf der Erde ist.«⸿

Sechster

¹⁸Die Söhne Noachs, die aus der Arche gingen, waren Schem, Cham und Jefet. Cham war der Vater Kenaans. ¹⁹Dies sind drei Söhne Noachs, und von ihnen wurde die ganze Erde besetzt. ²⁰Noach beackerte das Erdreich und war der erste, der einen Weinberg pflanzte.

²¹Als er von dem Wein trank, wurde er betrunken und deckte sich auf in seinem Zelt. ²²Cham, der Vater Kenaans, sah die Scham seines Vaters und sagte es seinen beiden Brüdern draußen. ²³Da nahm Schem samt Jefet ein Gewand, sie legten es auf ihre Schultern, gingen rücklings und bedeckten ihres Vaters Scham, ihr Gesicht aber war rückwärts gekehrt, sodass sie ihres Vaters Scham nicht sahen. ²⁴Als Noach von seinem Wein erwachte, erfuhr er, was ihm sein jüngster Sohn getan hatte ²⁵und sprach:»Verflucht sei Kenaan! Ein Knecht wie alle Knechte sei er seinen Brüdern«, ²⁶und sprach weiter:»Gelobt sei der Ewige, Gott des Schem, und Kenaan sei ihr Knecht! ²⁷Gott breite Jefet aus. Er wohne in den Hütten Schems, und Kenaan sei ihr Knecht!« ²⁸Noach lebte nach der Sintflut dreihundertundfünfzig Jahre. ²⁹Als alle Lebensjahre Noachs neunhundertundfünfzig waren, da starb er.֏

10   ¹Dies ist die Geburtsfolge der Kinder Noachs: Schem, Cham und Jefet. Es wurden ihnen nämlich Kinder geboren nach der Sintflut. ²Die Söhne des Jefet sind: Gomer, Magog, Madai, Jawan, Tubal, Meschech und Tiras. ³Die Söhne des Gomer sind: Aschkenas, Rifat und Togarma. ⁴Die Söhne des Jawan sind: Elischa, Tarschisch, Kitim und Dodanim. ⁵Von ihnen haben sich die besonderen Völkerschaften in verschiedenen Ländern abgeteilt, jede nach ihrer Sprache, in verschiedenen Geschlechtern und Völkerschaften. ⁶Die Söhne des Cham sind: Kusch, Mizrajim, Put und Kenaan. ⁷Die Söhne des Kusch: Sewa, Chawila, Sawta, Rama und Sawtecha. Die Söhne des Rama: Schewa und Dedan. ⁸Kusch zeugte Nimrod. Dieser fing an, ein gewaltiger Herr auf der Erde zu werden. ⁹Er wurde nämlich durch die Jagd ein gewaltiger Herr vor dem Ewigen. Daher man zu sagen pflegt:»Wie Nimrod durch die Jagd ein gewaltiger Herr vor dem Ewigen.« ¹⁰Der Anfang seines Reiches war Bawel und Erech, Akkad und Chalne im Land Schin'ar. ¹¹Aus diesem Land ging er gen Aschur und baute Nin'we, Rechowot-Ir und Kalach ¹²und Resen zwischen Ninewe und Kalach. Dieses Nin'we ist die bekannte große Stadt. ¹³Mizrajim zeugte die Ludim, die Anamim, die Lehawim und die Naftuchim. ¹⁴Und die Patrusim wie auch die Kasluchim, von welchen die P'lischtim herstammen, und die Kaftorim. • ¹⁵Kenaan zeugte Zidon, seinen

Erstgeborenen, und Chet. [16]Auch den Jewusi, den Emori und den Girgaschi, [17]den Chiwi, den Arki, und den Sini, [18]ferner den Arwadi, den Zemari und den Chamati. Nachher haben sich die Geschlechter des Kenaani ausgebreitet. [19]Die Grenzen des Volkes Kenaan waren von Zidon nach Gerar zu, bis Asa und nach Sedom, Amora, Adma und Zewojim bis Lascha. [20]Dies sind die Nachkommen des Cham nach ihren verschiedenen Geschlechtern und Sprachen, in ihren verschiedenen Ländern und Völkerschaften. • [21]Auch dem Schem wurden Kinder gezeugt. Dieser Schem ist der Vater aller Kinder des Ewer, ein Bruder des ältesten Jefet. [22]Die Söhne des Schem sind Elam, Aschur, Arpachschad, Lud und Aram. [23]Die Söhne des Aram sind Uz, Chul, Geter und Masch. [24]Arpachschad zeugte Schelach, und Schelach zeugte Ewer. [25]Dem Ewer wurden zwei Söhne geboren. Des einen Namen war Peleg, denn in seinen Tagen ist die Erde geteilt worden. Und der Name seines Bruders ist Joktan. [26]Joktan zeugte Almodad, Schalef, Chazarmawet und Jarach [27]wie auch Hadoram, Usal und Dikla, [28]ferner Owal, Awimaël und Schewa, [29]Ofir, Chawila und Jowaw, alle diese sind Söhne des Joktan. [30]Ihre Wohnungen waren von Mescha an bis nach Sefara, dem Gebirge gegen Morgen. [31]Dies sind die Nachkommen des Schem nach ihren verschiedenen Geschlechtern und Sprachen, in ihren verschiedenen Ländern, nach ihren Völkerschaften. [32]Diese zusammen sind die Geschlechter der Nachkommen des Noach nach ihren Geburtsfolgen und Völkerschaften, und von diesen haben sich die Völker auf der Erde abgesondert nach der Sintflut.¶

Siebter/ Jahr III

11 [1]Damals war auf der ganzen Erde einerlei Sprache und einerlei Redensarten. [2]Als sie nun von der Morgenseite hinweggezogen, fanden sie eine Ebene im Land Schin'ar und ließen sich daselbst nieder. [3]Da sprachen sie einer zum andern:»Wohlan, wir wollen Ziegel streichen und sie brennen.« Die Ziegel dienten ihnen als Steine, und den Ton gebrauchten sie als Mörtel. [4]Sie sprachen:»Wohlan, lasst uns eine Stadt bauen und einen Turm, dessen Spitze an den Himmel reicht, damit wir uns einen Namen machen und verhüten, dass wir nicht auf der ganzen Erde zerstreut werden.« [5]Der Ewige ließ sich herab, um die Stadt und den Turm zu sehen, welche die Menschenkinder erbaut hatten. ⁶Da sprach der Ewige:»Nun ist es ein einziges Volk und haben alle einerlei Sprache, und dies ist ihre erste Unternehmung. Soll ihnen nun nichts fehlschlagen, was sie sich vorgenommen? ⁷Wohlan, wir wollen uns herablassen und ihre Sprache daselbst verwirren, damit einer die Sprache des anderen nicht verstehe.« ⁸Der Ewige zerstreute sie von da weg auf die Oberfläche der ganzen Erde, und so hörten sie auf die Stadt zu bauen. ⁹Darum hat man die Stadt»Bawel« genannt, denn daselbst hat der Ewige die Sprache der ganzen Erde verwirrt. Und von da aus hat sie der Ewige zerstreut auf die Oberfläche der ganzen Erde.ﭏ

¹⁰Dies ist die Geschlechtsfolge des Schem. Schem war hundert Jahre alt, als er Arpachschad zeugte, zwei Jahre nach der Sintflut. ¹¹Nachdem Schem den Arpachschad gezeugt hatte, lebte er noch fünfhundert Jahre und zeugte noch andere Söhne und Töchter. • ¹²Arpachschad lebte fünfunddreißig Jahre und zeugte Schelach. ¹³Nachdem Arpachschad den Schelach gezeugt hatte, lebte er noch vierhundertunddrei Jahre und zeugte noch andere Söhne und Töchter. • ¹⁴Schelach lebte dreißig Jahre und zeugte Ewer. ¹⁵Nachdem Schelach den Ewer gezeugt hatte, lebte er noch vierhundertunddrei Jahre und zeugte noch andere Söhne und Töchter. • ¹⁶Ewer lebte vierunddreißig Jahre und zeugte Peleg. ¹⁷Nachdem Ewer den Peleg gezeugt hatte, lebte er noch vierhundertunddreißig Jahre und zeugte noch andere Söhne und Töchter. • ¹⁸Peleg lebte dreißig Jahre und zeugte Re'u. ¹⁹Nachdem Peleg den Re'u gezeugt hatte, lebte er noch zweihundertundneun Jahre und zeugte noch andere Söhne und Töchter. • ²⁰Re'u lebte zweiunddreißig Jahre und zeugte Serug. ²¹Nachdem Re'u den Serug gezeugt hatte, lebte er noch zweihundertundsieben Jahre und zeugte noch andere Söhne und Töchter. • ²²Serug lebte dreißig Jahre und zeugte Nachor. ²³Nachdem Serug den Nachor gezeugt hatte, lebte er noch zweihundert Jahre und zeugte noch andere Söhne und Töchter. • ²⁴Nachor lebte neunundzwanzig Jahre und zeugte Terach. ²⁵Nachdem Nachor den Terach gezeugt, lebte er noch hundertundneunzehn Jahre und zeugte noch andere Söhne und Töchter. • ²⁶Terach lebte siebzig Jahre und

zeugte Awram, Nachor und Haran. ²⁷Folgendes ist die Geschlechtsfolge des Terach: Terach zeugte Awram, Nachor und Haran, Haran
zeugte Lot. ²⁸Haran starb vor dem Angesicht seines Vaters Terach im
Land seiner Geburt, nämlich zu Ur-Kasdim.

Maftir

²⁹Awram und Nachor heirateten. Awrams Frau hieß Sarai, und
Nachors Frau hieß Milkah, Tochter des Haran, der ein Vater der
Milkah und der Jiska war. ³⁰Sarai war unfruchtbar und hatte kein
Kind. ³¹Terach nahm seinen Sohn Awram und Lot, den Sohn Harans,
der sein Enkel war, und seine Schwiegertochter Sarai, die Frau seines
Sohnes Awram, und es gingen noch andere mit ihnen von Ur-Kasdim weg, um in das Land Kenaan zu reisen. Als sie aber bis Charan
kamen, ließen sie sich daselbst nieder. ³²Als die Lebensjahre Terachs
zweihundertundfünf Jahre waren, da starb Terach zu Charan.⸗

Haftarat Noach: Jesaja 54,1-55,5 (S. 449)

(an Schabbat Rosh Chodesch:
Maftir Num 28,9-15 und Jesaja 66,10-23 (S. 618)

Psalm des Schabbat nach Seder Avodat Israel: Ps 29

3. Lech Lecha (Gen 12,1-17,27)

[Inhalt: Awram und Sarai * Awram und Sarai in Ägypten * Lot und Se-
dom* Awrams Kriege * Kinder Awrams so viel wie Sterne * Hagar * Awram
wird »Awraham«, Sarai wird »Sara«; der Awraham-Bund (Beschneidung)]

12 ¹Der Ewige hatte aber zu Awram gesprochen:»**Zieh hinweg**
(lech lecha) aus deinem Land, von deinem Geburtsort und von deines
Vaters Hause in das Land, das ich dir zeigen werde. ²Ich will dich zu
einer großen Nation machen, will dich segnen und deinen Namen
groß werden lassen. Du selbst sollst ein Segen sein. ³Ich will nämlich
segnen, die dich segnen; wer dir flucht, den will ich verfluchen, und
mit dir werden sich alle Geschlechter des Erdreichs segnen.« ⁴Awram
reiste, wie der Ewige ihm gesagt hatte. Mit ihm reiste Lot. Und Awram
war fünfundsiebzig Jahre alt bei seiner Abreise von Charan. ⁵Awram
nahm seine Frau Sarai, seines Bruders Sohn Lot und all ihr Gut, welches sie gewonnen, wie auch die Seelen, die sie zu Charan erworben.
Und sie gingen aus um in das Land Kenaan zu reisen und kamen auch
wirklich in dem Land Kenaan an. ⁶Da zog Awram durch das Land
bis in die Gegend von Schechem, bis an den Hain More. Das Volk
Kenaan war damals noch im Land. ⁷Der Ewige erschien dem Awram
und sprach:»Deinem Samen will ich dieses Land geben.« Da baute
er einen Altar, dem Ewigen zu Ehren, der ihm erschienen war. ⁸Er
zog von da weiter in das Gebirge, zur Morgenseite von Bet-El, und
richtete seine Hütte auf. Bet-El war ihm gegen Abend und die Stadt
Ai gegen Morgen. Daselbst baute er dem Ewigen zu Ehren einen Altar
und lehrte in dem Namen des Ewigen. ⁹Hierauf reiste Awram immer
mehr gegen Mittag.⸗

¹⁰Es entstand eine Hungersnot im Land. Da reiste Awram herab nach
Mizrajim, um sich daselbst aufzuhalten. Denn die Hungersnot war
schwer im Land. ¹¹Als er nun nahe an Mizrajim kam, sprach er zu
seiner Frau Sarai:»Siehe nun! Ich weiß, dass du eine Frau von schö-

nem Angesicht bist. ¹²Wenn dich nun die Mizrim sehen werden und sprechen: ›Dies ist seine Frau‹, so könnten sie mich umbringen und dich beim Leben erhalten. ¹³Sprich lieber, du seist meine Schwester, damit mir Gutes geschehe dir zu Liebe und ich deinetwegen am Leben erhalten werde.«

Zweiter

¹⁴Als nun Awram nach Mizrajim kam, sahen die Mizrim die Frau und fanden sie sehr schön. ¹⁵Auch die Fürsten des Pharao sahen sie und rühmten sie vor Pharao. Da wurde die Frau hineingenommen in das Haus des Pharao. ¹⁶Dem Awram aber erzeigte man Gutes um ihretwillen, und er erhielt Schafe und Rinder und Esel, Knechte und Mägde, Eselinnen und Kamele. ¹⁷Der Ewige plagte hierauf Pharao und sein Haus mit großen Plagen wegen Sarai, des Awram Frau. ¹⁸Da ließ Pharao dem Awram rufen und sprach: »Was hast du mir getan? Warum hast du mir nicht gesagt, dass sie deine Frau ist? ¹⁹Warum hast du gesprochen: ›Sie ist meine Schwester‹? Da nahm ich sie mir zur Frau. Nun aber, hier ist deine Frau! Nimm sie und geh hinweg!« Und Pharao befahl einigen Männern über ihn, dass sie ihn und seine Frau und alles, was er hatte, geleiteten. **13** ¹Also zog Awram von Mizrajim hinauf gegen Mittag, er und seine Frau und alles, was er hatte, und Lot mit ihm. ²Awram war sehr reich an Vieh, Silber und Gold. ³Er reiste seine vorigen Tagereisen, von Mittag nach Bet-El zu bis an den Ort, wo vorher seine Hütte war, zwischen Bet-El und Ai, ⁴bis an den Ort des Altars, den er vorhin errichtet, wo er nämlich in dem Namen des Ewigen gelehrt hatte.

Dritter

⁵Aber auch Lot, der mit Awram ging, hatte Schafe, Rinder und Hütten. ⁶Nun konnte es das Land nicht ertragen, dass sie beisammen wohnten, denn ihr Gut (nämlich ihre Herden) war sehr groß. Daher konnten sie nicht beisammen wohnen. ⁷Da entstand ein Streit zwischen den Viehhirten des Awram und den Viehhirten des Lot. Der Kenaani und der Perisi saßen schon damals im Land. ⁸Da sprach Awram zu Lot: »Lass lieber keine Streitigkeiten sein zwischen mir und dir und zwischen meinen und deinen Hirten; wir sind ja nahe Verwandte. ⁹Du

hast doch das ganze Land vor dir; trenne dich also von mir! Willst du zur Linken, so will ich zur Rechten, willst du aber zur Rechten, so will ich zur Linken.« *10*Als nun Lot sich umsah und den ganzen Kreis des Jardens besah, welcher durchaus bewässert war, — bevor noch der Ewige Sedom und Amora zu Grunde richtete, war es wie ein Garten des Ewigen, wie das Land Mizrajim, und so war es bis nach Zoar hin —, *11*da erwählte sich Lot den ganzen Kreis des Jardens und zog gegen Morgen. So wurden sie einer von dem andern getrennt. *12*Awram wohnte im Land Kenaan und Lot wohnte in den Städten des Kreises und schlug seine Hütten auf bis nach Sedom. *13*Die Männer von Sedom aber waren für den Ewigen sehr böse Menschen und große Sünder. *14*Der Ewige sprach zu Awram, nachdem sich Lot von ihm getrennt hatte:»Hebe deine Augen auf und sieh dich um, von dem Ort, wo du bist, gegen Mitternacht, gegen Mittag, gegen Morgen und gegen Abend. *15*Denn das ganze Land, welches du siehst, werde ich dir und deinem Samen auf ewig geben. *16*Deinen Samen aber will ich dem Staube der Erde gleich machen, sodass wenn jemand wird den Staub der Erde zählen können, auch dein Same soll gezählt werden. *17*Mach dich auf, durchziehe das Land nach der Länge und Breite, denn dir will ich es geben.« *18*Awram schlug seine Hütten auf, kam und blieb in dem Hain Mamre, welcher bei Chewron ist, und er baute daselbst dem Ewigen zu Ehren einen Altar.ℙ

Vierter / Jahr II

14 *1*In den Tagen Amrafels, des Königs von Schin'ar, Arjochs, des Königs von Elasar, Kedorlaomers, des Königs zu Elam, und Tid'als, des Königs der Gojim, *2*führten diese Krieg mit Bera, dem König von Sedom, mit Birscha, dem König von Amora, Schin'aw, dem Könige von Adma, Schem'ewer, dem König von Zewojim, und mit dem König von Bela, nunmehr Zoar genannt. *3*Alle diese vereinigten sich in dem Tal Sidim, dasselbe ist nunmehr der Salzsee. *4*Sie waren nämlich zwölf Jahr dem Kedorlaomer unterwürfig gewesen, im dreizehnten Jahr aber fielen sie ab. *5*Und im vierzehnten Jahr kamen Kedorlaomer und die Könige, welche zu ihm hielten, und schlugen die Refa'im in Aschterot-Karnajim, die Susim in Ham, die Emim in Schawe-Kirjatajim ⁶und das Volk Choris auf ihrem Gebirge Se'ir bis nach El-Paran, welches bei der Wüste liegt. ⁷Hierauf wendeten sie sich und kamen nach En-Mischpat, dasselbe heißt auch Kadesch, und schlugen das ganze Gebiet des Volkes Amalek und auch das Volk Emori, welches in Chazazon-Tamar sitzt. ⁸Nun zogen aus die Könige von Sedom, Amora, Adma, Zewojim und von Bela, jetzt Zoar genannt, und ordneten sich im Tal Sidim zur Schlacht mit ihnen, ⁹nämlich mit Kedorlaomer, dem König von Elam, Tid'al, dem König der Gojim, Amrafel, dem König von Schin'ar, und Arjoch, dem König von Elasar, vier Könige gegen fünf. ¹⁰Das Tal Sidim aber war voller Tongruben. Als nun die Könige von Sedom und Amora die Flucht ergriffen, fielen sie hinein. Die übrigen aber flohen ins Gebirge. ¹¹Jene nahmen alles Gut von Sedom und Amora und allen ihren Mundvorrat und gingen davon. ¹²Sie nahmen auch Lot und sein Gut, der ein Brudersohn des Awram war; er saß damals in Sedom. ¹³Da kam ein Flüchtling und erzählte es dem Iwri Awram. Dieser wohnte damals in dem Hain des Emoriters Mamre, eines Bruders von Eschkol und Aner, und diese waren Bundesmänner des Awram. ¹⁴Als Awram hörte, dass sein Verwandter gefangen worden war, bewaffnete er seine geübten Hausgeborenen, dreihundertundachtzehn an der Zahl, und verfolgte sie bis Dan. ¹⁵Des Nachts teilten er und seine Knechte sich in Gruppen, er schlug sie und verfolgte sie bis Chowa, welches zur linken Seite von Damasek liegt. ¹⁶Er brachte alles Gut wieder zurück wie auch seinen Verwandten Lot und sein Gut, und auch die Frauen und das Volk führte er zurück. ¹⁷Als er zurückkam vom Schlagen des Kedorlaomer und der Könige, die zu ihm hielten, ging ihm der König von Sedom entgegen in das ebene Tal, welches auch Königstal heißt. ¹⁸Malki-Zedek, König von Schalem, ließ Brot und Wein herausbringen. Dieser war ein Diener des höchsten Gottes. ¹⁹Er segnete ihn und sprach:»Gesegnet sei Awram dem höchsten Gott, der Himmel und Erde hervorgebracht hat, ²⁰und gelobt sei der höchste Gott, der deine Feinde in deine Hand gegeben hat.« Da gab ihm Awram den Zehnten von allem.

Fünfter

²¹Der König von Sedom sprach zu Awram:»Gib mir die Personen, und das Gut nimm dir.« ²²Awram aber sprach zum König von Sedom:

»Ich hebe meine Hand auf zum Ewigen, zum höchsten Gott, der Himmel und Erde hervorgebracht hat, ²³dass ich weder Faden noch Schuhband, dass ich von allem, was dein ist, nichts nehme, damit du nicht sagst: ›Ich habe Awram reich gemacht.‹ ²⁴Fern von mir! Nur was die Burschen verzehrt haben und den Anteil der Männer, welche mit mir gegangen sind: Aner, Eschkol und Mamre, diese mögen ihren Anteil nehmen.«¶

15 ¹Nicht lange hernach wurde dem Awram in einem Gesicht das Wort des Ewigen so: »Fürchte dich nicht, Awram! Ich bin dir ein Schild. Deine Belohnung soll sehr groß sein.« ²Da sprach Awram: »O Herr! O Ewiger! Was willst du mir geben? Ich gehe kinderlos herum. Und der Verwalter meines Hauses ist Eliʼeser aus Damasek.« ³Awram sprach noch weiter: »Siehe, mir hast du keinen Samen gegeben; also beerbt mich mein Hausdiener.« ⁴Darauf wurde ihm das Wort des Ewigen so: »Dieser wird dich nicht beerben, sondern einer, der aus deinen Eingeweiden kommen wird, der soll dich beerben.« ⁵Er führte ihn hinaus, und sprach: »Sieh gen Himmel und zähle die Sterne, wenn du sie zählen kannst.« Und er sprach ferner: »So soll dein Same sein!« ⁶Awram glaubte dem Ewigen, und dies rechnete er ihm zur Tugend an.

Sechster

⁷Und sprach zu ihm: »Ich bin der Ewige, der ich dich aus Ur-Kasdim herausgeführt habe, um dir diese Landschaft zum Besitz zu geben.« ⁸Jener sprach: »O Herr! O Ewiger! Wodurch werde ich vergewissert, dass ich sie besitzen werde?« ⁹Und der Ewige sprach: »Bring mir ein dreijähriges Kalb, eine dreijährige Ziege und einen dreijährigen Widder, auch eine Turteltaube und eine junge Taube.« ¹⁰Awram brachte ihm alle diese Stücke, zerschnitt sie in der Mitte und legte jedes Stück dem andern gegenüber. Das Geflügel aber zerschnitt er nicht. ¹¹Da kamen Raubvögel herab auf die Leichname. Awram aber scheuchte sie hinweg. ¹²Als die Sonne untergehen sollte, fiel ein tiefer Schlaf auf Awram. Und nun überfiel ihn zugleich eine finstere große Angst. ¹³Da sprach er zu Awram: »Du sollst wissen, dass dein Samen ein Fremdling sein wird in einem Land, das ihnen nicht gehört. Man wird sie

dienstbar machen und sie bedrücken vierhundert Jahre lang. *14*Doch auch das Volk, welchem sie dienen werden, will ich richten. Und dann sollen sie ausziehen mit großem Gut. *15*Du selbst aber sollst in Frieden zu deinen Vätern kommen und wirst begraben werden nach einem glücklichen Alter. *16*Das vierte Geschlecht aber soll hierher zurückkehren. Denn bis dahin ist das Sündenmaß des Volkes Emori noch nicht voll.« *17*Als die Sonne untergegangen und es finster war, da war es wie ein Ofen, aus welchem Rauch und Flamme des Feuers zwischen diese Stücke fuhr. *18*Damals zerschnitt der Ewige mit Awram einen Bund und sprach:»Deinem Samen habe ich dieses Land gegeben, von dem Strom Mizrajims an bis an den großen Strom Prat, *19*das Volk Keni, Kenisi und Kadmoni, *20*das Volk Chiti, Perisi und die Refa'im, *21*das Volk Emori, Kenaani, Girgaschi und Jewusi.« •

Jahr III

16 *1*Sarai, Awrams Frau, gebar keine Kinder. Sie hatte eine mizrische Magd, die Hagar hieß. *2*Da sprach Sarai zu Awram:»Siehe, der Ewige hat mich verschlossen, dass ich nicht gebäre. Komm lieber zu meiner Magd. Vielleicht gründe ich eine Familie durch sie.« Awram gehorchte der Stimme Sarais. *3*Da nahm Sarai, Awrams Frau, ihre mizrische Magd Hagar — nachdem Awram zehn Jahre im Land Kenaan gewohnt hatte — und gab sie ihrem Mann Awram zur Frau. *4*Er kam zu Hagar und sie wurde schwanger. Als sie sah, dass sie schwanger geworden war, wurde ihre Herrin gering in ihren Augen. *5*Da sprach Sarai zu Awram:»Ich muss Unrecht leiden durch dich. Ich habe meine Magd in deinen Schoß gelegt. Als sie sah, dass sie schwanger geworden war, wurde ich gering in ihren Augen. Der Ewige richte zwischen mir und dir!« *6*Awram sprach zu Sarai:»Deine Magd ist in deiner Gewalt. Tue ihr, was dich gut dünkt.« Sarai demütigte sie hierauf, sodass sie von ihr fortlief. *7*Es fand sie ein Engel des Ewigen in der Wüste an einem Wasserquell, nämlich am Quell auf dem Wege Schur. *8*Und er sprach: »Hagar, Magd der Sarai! Wo kommst du her? Und wohin gehst du?« Sie sprach:»Ich fliehe vor meiner Herrin Sarai.« *9*Der Engel des Ewigen sprach wieder:»Kehre zu deiner Herrin zurück und demütige dich unter ihre Hände.« *10*Der Engel des Ewigen sprach ferner zu ihr:

»Ich will deinen Samen mehren, dass er vor Menge nicht soll gezählt werden können.« *11*Auch sprach der Engel des Ewigen zu ihr: »Du bist nun schwanger und wirst einen Sohn gebären. Diesen sollst du ›Jischmael‹ nennen, denn der Ewige hat dein Elend erhört. *12*Er aber wird ein wilder Mensch sein, seine Hand gegen jedermann, und jedermanns Hand gegen ihn. Und er wird vor allen seinen Brüdern wohnen.« *13*Da nannte sie den Namen des Ewigen, der zu ihr redete: »Du bist ein sichtbarer Gott.« Denn sie sprach: »Habe ich denn auch etwas gesehen, als mein Sehender mir den Rücken zugewandt?« *14*Darum nennt man denselben Brunnen: »Brunnen des lebendigen Sehenden«. Er ist zwischen Kadesch und Bered. *15*Hagar gebar dem Awram einen Sohn, und Awram nannte seinen Sohn, welchen Hagar geboren hatte, »Jischmael«. *16*Awram war sechsundachtzig Jahre alt, als Hagar Jischmael gebar. • **17** *1*Als Awram neunundneunzig Jahre alt war, erschien ihm der Ewige und sprach zu ihm: »Ich bin Gott, der Allmächtige. Wandle vor mir und sei ungeteilten Herzens. *2*Ich will zwischen dir und mir einen Bund machen und dich über die Maßen vermehren.« *3*Da fiel Awram auf sein Angesicht, und Gott redete ferner mit ihm und sprach: *4*»Ich bin es! Mein Bund ist mit dir gemacht. Du sollst zu einem Vater vieler Völker werden. *5*Man soll dich auch nicht mehr ›Awram‹ nennen, sondern dein Name soll ›Awraham‹ sein, denn ich habe dich zu einem Vater vieler Völker eingesetzt. *6*Ich will dich außerordentlich fruchtbar und zu ganzen Nationen machen, und Könige sollen von dir abstammen.

Siebter

*7*Ich werde meinen Bund zwischen mir und dir und deinem Samen nach dir für ihre künftigen Geschlechter zu einem ewigen Bund machen, um nämlich dein und nach dir deines Samens Gott zu sein. *8*Dir und deinem Samen nach dir werde ich das Land deines Aufenthaltes, das ganze Land Kenaan, zum ewigen Besitz geben, und ich werde ihr Gott sein.« *9*Gott sprach ferner zu Awraham: »Auch du musst aber meinen Bund halten, du und dein Same nach dir für ihre künftigen Geschlechter. *10*Dies ist der Bund zwischen mir und dir und deinem Samen nach dir, den ihr halten sollt: Ihr müsst alles beschneiden, was männlich ist. *11*Beschneidet eure Vorhaut. Dies soll das Bundeszeichen sein zwischen mir und euch. *12*Alles Männliche bei euren Nachkommen soll, wenn es acht Tage alt ist, beschnitten werden, ein hausgeborenes Kind oder eines von einem Fremden für Geld gekauft, das nicht von deinem Samen ist. *13*Beschnitten muss werden, was in deinem Haus geboren wurde und was du mit Geld gekauft hast, damit mein Bund an eurem Fleisch ein ewiger Bund sei. *14*Ein unbeschnittener Mann aber, welcher das Fleisch seiner Vorhaut nicht beschneiden wird, dieselbe Person soll ausgerottet werden aus ihrem Volk. Sie hat meinen Bund zerstört.« • *15*Gott sprach zu Awraham: »Deine Frau Sarai sollst du nicht mehr Sarai nennen, sondern Sara soll ihr Name sein. *16*Ich will sie segnen und dir auch von ihr einen Sohn geben. Durch meinen Segen soll sie zu Nationen werden und Könige der Völker werden von ihr herkommen.« *17*Da fiel Awraham auf sein Angesicht, lachte und sprach in seinem Herzen: »Sollte einem hundertjährigen Mann noch geboren werden? Oder sollte auch Sara, die neunzig Jahre alt ist, noch gebären?« *18*Awraham sprach hierauf zu Gott: »Möge doch Jischmael leben und dir gefallen!« *19*Da sprach Gott: »Wahrlich! Deine Frau Sara wird dir einen Sohn gebären. Diesen sollst du Jizchak nennen. Und ich will meinen Bund mit ihm für seinen Samen nach ihm zu einem ewigen Bund errichten. *20*Wegen Jischmael habe ich dich auch erhört. Siehe, ich habe ihn gesegnet, werde ihn fruchtbar machen und sehr vermehren. Zwölf Fürsten wird er zeugen. Ich will ihn zu einer großen Nation machen. *21*Aber meinen Bund mit Jizchak will ich beständig halten, dem Sohn nämlich, welchen Sara dir gebären wird, um diese Zeit in dem anderen Jahr.« *22*Als er mit ihm ausgeredet hatte, erhob sich Gott von Awraham hinweg. *23*Awraham nahm seinen Sohn Jischmael und alle Knechte, die er mit Geld gekauft hatte, alles Männliche unter seinen Leuten, und beschnitt das Fleisch ihrer Vorhaut noch an dem selben Tage, wie Gott mit ihm gesprochen hatte.֍

Maftir

28   CHESCHWAN

²⁴Awraham war neunundneunzig Jahre alt, als er beschnitten wurde am Fleisch seiner Vorhaut. ²⁵Sein Sohn Jischmael war dreizehn Jahre alt, als er beschnitten wurde am Fleisch seiner Vorhaut. ²⁶An demselben Tag wurde Awraham und sein Sohn Jischmael beschnitten. ²⁷Und alle seine Leute, was eingeboren war wie auch was erkauft war von einem Fremdling wurde mit ihm zugleich beschnitten.¶

Haftarat Lech Lecha: Jesaja 40,27-41,16 (S. 451)

Psalm des Schabbat nach Seder Avodat Israel: Ps 110

4. Wajera (Gen 18,1-22,24)

*[Inhalt: Besuch der drei Männer bei Awraham * Sedom und Amora* Sara und Abimelech * Hagar in der Wüste * Der Bund mit Awimelech * Die Bindung Jizchaks (Akeda)]*

18 ¹Der Ewige **erschien** *(wajera)* ihm ferner in dem Hain des Mamre. Er saß gerade in dem Eingang des Zeltes, als der Tag sehr heiß war. ²Er hob seine Augen auf und sah: Da standen drei Männer nicht weit von ihm. Als er es gewahr wurde, lief er ihnen von der Türe des Zeltes entgegen, verbeugte sich zur Erde ³und sprach:»Mein Herr! Wenn ich Gnade in deinen Augen gefunden habe, so gehe doch nicht an deinem Knecht vorüber. ⁴Lasst lieber ein wenig Wasser bringen, wascht eure Füße und ruht aus unter dem Baum. ⁵Ich will ein Stück Brot bringen. Das erquickt euer Herz. Hernach mögt ihr weitergehen, da ihr doch nun einmal bei eurem Knecht vorbeigekommen seid.« Sie antworteten:»Tu so, wie du gesprochen hast.« ⁶Da eilte Awraham ins Zelt zu Sara und sprach:»Bring eilends drei Maß des feinsten Mehls, knete es und mache Kuchen.« ⁷Zu dem Rindvieh lief Awraham selbst, nahm ein junges Rind, zart und gut, gab es dem Burschen, um es eilends zuzubereiten. ⁸Er nahm hierauf Butter und Milch und das junge Rind, das er hatte zubereiten lassen, und setzte es ihnen vor. Er aber stand bei ihnen unter dem Baum, und sie aßen. ⁹Da sprachen sie zu ihm:»Wo ist deine Frau Sara?« Er sprach:»Sie ist im Zelt.« ¹⁰Jener sprach:»Ich werde über das Jahr um diese Zeit wieder zu dir kommen. Da wird deine Frau Sara einen Sohn haben.« Sara hörte dies am Eingang des Zeltes, denn der Eingang war hinter ihm. ¹¹Nun waren Awraham und Sara alt und betagt, und sie hatte nicht mehr das Gewöhnliche wie andere Frauen. ¹²Da lachte Sara in ihrem Herzen und dachte:»Nachdem ich alt bin, sollte ich wieder Lust haben? Und mein Herr ist auch alt.« ¹³Hierauf sprach der Ewige zu Awraham:»Warum lacht Sara und dachte: ›Sollte ich wohl noch gebären, obwohl ich doch alt bin?‹ ¹⁴Ist wohl dem Ewigen etwas zu wunderbar? Zur bestimmten Zeit über das Jahr komme ich wieder zu dir, und Sara hat einen Sohn.«

Zweiter

15Sara leugnete es und sagte:»Ich habe nicht gelacht.« Denn sie fürchtete sich. Er aber sprach:»Nein! Du hast gelacht.« 16Die Männer standen von da auf und wandten sich nach der Seite von Sedom. Und Awraham ging mit ihnen, um sie zu begleiten. 17Der Ewige aber sprach:»Sollte ich vor Awraham verbergen, was ich vorhabe? 18Da doch Awraham zu einem großen und mächtigen Volke werden wird, sodass sich alle Völker der Erde mit ihm segnen werden. 19Denn ich habe ihn zum Freunde erwählt und weiß, dass er seinen Kindern und seinem Hause nach ihm gebieten wird, den Weg des Ewigen zu beachten, Tugend und Gerechtigkeit zu üben, damit der Ewige dem Awraham kommen lasse, was er über ihn verheißen hat.« 20So sprach der Ewige:»Da das Geschrei über Sedom und Amora so groß und ihre Sünde so sehr schwer ist, 21so will ich mich herablassen und sehen. Wenn sie so getan haben, wie das Geschrei vor mich gekommen ist: Verderben über sie! Wenn aber nicht, so will ich sie verschonen.« 22Die Männer wandten sich von da weg und gingen gen Sedom. Awraham aber stand noch vor dem Ewigen. 23Awraham trat näher und sprach: »Wirst du wohl den Gerechten mit dem Bösewicht hinrichten? 24Vielleicht sind fünfzig Gerechte in der Stadt. Wirst du sie wohl hinrichten und nicht lieber dem ganzen Ort vergeben um der fünfzig Gerechten willen, welche darin sind? 25Es ist deiner unwürdig, so etwas zu tun, den Gerechten mit dem Bösewicht umzubringen, dass der Gerechte und der Bösewicht gleich sei. Es ist deiner unwürdig! Soll der Richter der ganzen Erde nicht Gerechtigkeit üben?« 26Der Ewige sprach: »Wenn ich in Sedom fünfzig Gerechte in der Stadt finden werde, so will ich dem ganzen Ort um ihretwillen vergeben.« 27Da antwortete Awraham und sprach:»Ich habe nun einmal angefangen, mit meinem Herrn zu sprechen, obwohl ich doch Staub und Asche bin. 28Wenn nun vielleicht an fünfzig Gerechten fünf fehlen, wirst du wohl um fünfe willen die ganze Stadt verderben?« Er sprach:»Ich werde sie nicht verderben, wenn ich fünfundvierzig daselbst finden werde.«

²⁹Jener fuhr fort, zu ihm zu sprechen und sprach:»Wenn sich nun vierzig daselbst finden?« Worauf der Ewige antwortete:»So werde ich es nicht ausführen um der vierzig willen.« ³⁰Jener sprach weiter:»Mein Herr! Erzürne nicht, wenn ich abermals spreche. Vielleicht werden nur dreißig daselbst gefunden?« Er sprach:»Ich führe es nicht aus, wenn ich dreißig finde.« ³¹Awraham sprach wieder:»Ich habe nun einmal angefangen, mit meinem Herrn zu sprechen. Wenn man nun zwanzig findet?« Er sprach:»So will ich sie nicht verderben um dieser zwanzig willen.« ³²Jener:»Mein Herr, erzürne nicht! Ich will nur noch dieses Mal sprechen. Wenn man nun zehn daselbst finden sollte?« Er sprach:»So werde ich nicht verderben um dieser zehn willen.« ³³Der Ewige ging hinweg, als er mit Awraham ausgeredet hatte. Awraham aber kehrte an seinen Ort zurück.

Dritter / Jahr II

19   ¹Die beiden Engel kamen abends nach Sedom. Lot saß gerade im Tor von Sedom. Als er sie sah, stand er auf, ging ihnen entgegen, verbeugte sich mit dem Angesicht zur Erde ²und sprach:»Hört doch, meine Herren! Kehrt doch ein in das Haus eures Dieners und übernachtet da, nachdem ihr eure Füße gewaschen habt. Morgen könnt ihr früh aufstehen und euren Weg gehen.« Sie sprachen:»Nein! Wir wollen auf der Straße übernachten.« ³Er drang aber so sehr in sie, dass sie bei ihm einkehrten. Sie kamen in sein Haus, er machte ihnen eine Mahlzeit zurecht und backte ungesäuerte Fladen, und sie aßen. ⁴Sie hatten sich noch nicht niedergelegt, als die Stadtleute, die Leute von Sedom, das Haus umringten, von Jung bis Alt, das ganze Volk, aus jedem Ende der Stadt. ⁵Sie riefen den Lot und sprachen zu ihm:»Wo sind die Männer, welche diese Nacht zu dir gekommen sind? Bring sie zu uns heraus, dass wir sie näher kennen lernen.« ⁶Da ging Lot hinaus vor den Eingang des Hauses zu ihnen. Die Türe aber schloss er hinter sich zu. ⁷Und er sprach:»Meine Brüder! Handelt doch nicht so böse. ⁸Wohlan! Ich habe zwei Töchter, welche noch keinen Mann erkannt haben. Diese will ich euch herausbringen. Tut mit ihnen, wie euch gut dünkt. Nur diesen Männern tut nichts, weil sie doch in den Schatten meines Obdachs gekommen sind.« ⁹Sie antworteten:»Geh hinweg!« und fuhren fort: »Dieser einzige Mann kam als Fremdling hier an und will schon Richter sein! Nun wollen wir mit dir schlimmer verfahren als mit ihnen.« Sie drangen hierauf sehr in den Mann, in Lot nämlich, und gingen hinzu, die Türe zu zerbrechen. [10]Da streckten die Männer ihre Hand aus, brachten Lot zu sich in das Haus, und die Türe verschlossen sie. [11]Die Männer aber, welche vor dem Eingang des Hauses waren, schlugen sie mit Blindheit von Klein bis Groß, sodass sie müde wurden den Eingang zu suchen. [12]Da sprachen die Männer zu Lot: »Hast du etwa noch jemanden hier, einen Schwiegersohn, Söhne, Töchter und was dir in der Stadt angehört, führe aus dem Ort hinaus. [13]Denn wir verderben diese Gegend. Weil das Geschrei über sie vor dem Ewigen so groß ist, so hat der Ewige uns gesandt, sie zu verderben.« [14]Lot ging hinaus und redete mit seinen Schwiegersöhnen, die seine Töchter nehmen sollten. Er sprach: »Auf! Geht aus diesem Ort weg, denn der Ewige verdirbt diese Stadt.« Er war aber in den Augen seiner Schwiegersöhne wie einer, der Scherze treiben will. [15]Als der Morgen anbrach, drangen die Engel in Lot und sprachen: »Auf! Nimm deine Frau und deine beiden Töchter, die gegenwärtig sind, du könntest sonst durch die Sünde der Stadt mit umkommen.« [16]Als er noch verweilte[a], ergriffen die Männer ihn, seine Frau und seine beiden Töchter bei der Hand, weil der Ewige sich seiner erbarmt hatte, führten ihn hinaus und ließen ihn außerhalb der Stadt. [17]Als sie sie hinaus geführt hatten, sagte einer: »Nun rette dein Leben! Sieh dich nicht um und steh in dem ganzen Kreis nicht still. Rette dich auf den Berg, dass du nicht mit umkommst.« [18]Da sprach Lot zu ihnen: »Nicht doch, mein Herr! [19]Dein Diener hat nun einmal in deinen Augen Gewogenheit gefunden und du hast mir die große Gnade erzeigt, meine Person beim Leben zu erhalten. Nun aber kann ich mich nicht auf den Berg retten. Das Unglück könnte mich zu geschwind erreichen und ich doch sterben. [20]Siehe! Diese Stadt hier ist nahe, dahin zu flüchten. Sie ist auch klein. Erlaube, dass ich mich dahin rette, — sie ist ja nur so klein —, damit ich am Leben bleibe.«

---

a   *Gen 19,16: Das Wort »verweilen« (hebr. wajimahma) hat ein musikalisches Zeichen, das in der Tora nur viermal vorkommt: Schalschelet. Es ist ein längeres Motiv mit einer mehrfach die Tonleiter auf und ab gehenden Tonfolge.*

CHESCHWAN   **33**

²¹Jener sprach zu ihm:»Auch in dieser Sache will ich dir zu Gefallen sein, dass ich die Stadt nicht verwüste, von welcher du gesprochen hast. ²²Eile! Rette dich dahin, denn ich kann nichts tun, bis du dahin kommst.« Darum nennt man die Stadt»Zoar«. ²³Als die Sonne aufging, kam Lot in Zoar an. ²⁴Der Ewige ließ auf Sedom und Amora Schwefel und Feuer regnen, von ihm, dem Ewigen, von dem Himmel herab. ²⁵Er verwüstete alle diese Städte und den ganzen Kreis und alle Bewohner der Städte und das Gewächs des Erdreichs. ²⁶Als seine Frau hinter ihm zurücksah, wurde sie zu einer Salzsäule. ²⁷Awraham begab sich des Morgens früh an den Ort, wo er vor dem Angesicht des Ewigen gestanden hatte, ²⁸schaute hin nach der Seite von Sedom und Amora und nach der ganzen Seite des Kreislandes und sah von der Erde einen Rauch aufsteigen wie der Rauch aus einem Kalkofen. ²⁹Als Gott die Städte des Kreises verderbte, dachte Gott an Awraham und schickte Lot mitten aus der Verwüstung hinweg, als er nämlich die Städte verwüstete, in welchen Lot gewohnt hatte. ³⁰Lot ging von Zoar hinauf und ließ sich nieder auf dem Gebirge, und seine beiden Töchter mit ihm. Denn er fürchtete sich länger in Zoar zu bleiben und er wohnte mit seinen beiden Töchtern in einer Höhle. ³¹Da sprach die Älteste zur Jüngsten:»Unser Vater ist alt und kein Mann ist mehr im Land, der uns beiwohnen könnte nach der auf der ganzen Erde üblichen Weise. ³²Wohlan! Geben wir unserem Vater Wein zu trinken und legen uns zu ihm, dass wir von unserem Vater Samen zur Welt bringen.« ³³Sie gaben also ihrem Vater dieselbe Nacht Wein zu trinken. Und die Älteste kam und lag zu ihrem Vater, ohne dass er es merkte, weder bei ihrem Niederlegen noch bei ihrem Aufstehen. ³⁴Des Morgens darauf sprach die Älteste zur Jüngsten:»Ich habe gestern bei meinem Vater gelegen. Geben wir ihm auch diese Nacht Wein zu trinken. Dann komm und leg dich zu ihm, dass wir von unserem Vater Samen erhalten.« ³⁵So gaben sie ihm auch diese Nacht Wein zu trinken. Und die Jüngste stand auf und legte sich zu ihm. Er aber merkte weder ihr Niederlegen noch ihr Aufstehen. ³⁶Beide Töchter Lots wurden von ihrem Vater schwanger. ³⁷Die Älteste gebar einen Sohn und nannte ihn»Moaw«. Dieser ist der Stammvater des Volkes

Moaw bis auf diesen Tag. *38*Die Jüngste gebar auch einen Sohn und nannte ihn »Ben Ami« (»Sohn meines Volkes«). Dieser ist der Stammvater der Kinder Amons bis auf diesen Tag. • **20**   *1*Awraham reiste von da weg in das Land gegen Mittag, ließ sich nieder zwischen Kadesch und Schur und wohnte als Fremdling zu Gerar. *2*Awraham sagte von seiner Frau Sara: »Sie ist meine Schwester.« Da schickte Awimelech, König zu Gerar, hin und nahm Sara zu sich. *3*Gott kam zu Awimelech im nächtlichen Traum und sprach zu ihm: »Du musst sterben wegen der Frau, welche du genommen hast. Denn sie hat einen Mann.« *4*Awimelech aber war ihr noch nicht nahe gekommen. Er sprach: »Also, wirst du wohl auch ein unschuldig Volk töten? *5*Hat er mir nicht gesagt: ›Sie ist meine Schwester?‹ Und sie selbst, auch sie hat gesprochen: ›Er ist mein Bruder‹. Mit Aufrichtigkeit meines Herzens und mit Reinigkeit meiner Hände habe ich dies getan.« *6*Da sprach Gott zu ihm im Traum: »Auch ich weiß es, dass du dies in Aufrichtigkeit deines Herzens getan hast. Daher habe ich dich auch abgehalten, gegen mich zu sündigen. Und darum habe ich dir nicht zugelassen, sie zu berühren. *7*Nunmehr aber gib des Mannes Frau zurück. Denn er ist ein Wahrsager. So wird er für dich beten und du das Leben behalten. Gibst du sie aber nicht wieder, so wisse, dass du sterben musst, du und alles, was dir angehört.« *8*Awimelech stand des Morgens früh auf, rief alle seine Bedienten, brachte alle diese Dinge vor ihr Gehör und die Leute gerieten in große Furcht. *9*Awimelech ließ hierauf Awraham rufen und sprach zu ihm: »Was hast du uns getan? Was habe ich gegen dich verschuldet, dass du auf mich und auf mein Reich eine so große Verschuldung gebracht hast? Taten, die nicht geschehen sollten, hast du gegen mich ausgeübt.« *10*Und Awimelech sprach ferner zu Awraham: »Was hast du denn gesehen, dass du dies getan hast?« *11*Awraham sprach: »Ich habe gedacht, an diesem Ort sei keine Gottesfurcht. Man könnte mich also umbringen um meiner Frau willen. *12*Dann ist sie auch in der Tat meine Schwester, nämlich meines Vaters Tochter, aber nicht meiner Mutter Tochter, und wurde meine Frau. *13*Als mich nun Gott aus meines Vaters Hause hinwegwandern ließ, sprach ich zu ihr: ›Dies ist die Gewogenheit, welche du mir erzeigen sollst: an jedem Orte, wohin wir kommen werden, sprich von mir: ›Er ist mein Bruder‹.« ¹⁴Da nahm Awimelech Schafe, Rinder, Knechte und Mägde, schenkte sie dem Awraham und gab ihm auch seine Frau Sara wieder. ¹⁵Awimelech sprach:»Da ist mein Land vor dir. Wo es dir wohl gefällt, lasse dich nieder.« ¹⁶Zu Sara aber sprach er:»Siehe! Ich habe deinem Bruder tausend Silberstücke geschenkt. Dies diene dir zur Ehrenerklärung gegen alle, die bei dir sind. Gegen jeden anderen aber wirst du verteidigt werden.« ¹⁷Awraham betete zu Gott. Da heilte Gott Awimelech und seine Frau und die Mägde, dass sie gebaren, ¹⁸denn der Ewige hatte jede Gebärmutter im Hause Awimelechs verschlossen um Saras, Awrahams Frau, willen. •

Jahr III / 1. Tag Rosch ha-Schana V. 1-34

21 ¹Der Ewige bedachte Sara, wie er gesprochen; der Ewige ließ der Sara geschehen, wie er zugesagt hatte. ²Sie wurde nämlich schwanger und gebar dem Awraham einen Sohn in seinem Alter, zum Zeitpunkt, den Gott bestimmt hatte. ³Awraham nannte den Sohn, der ihm geboren worden war, den ihm nämlich Sara geboren hatte,»Jizchak«. ⁴Awraham beschnitt seinen Sohn Jizchak, als er acht Tage alt war, wie ihm Gott geboten hatte.

Fünfter

⁵Awraham aber war hundert Jahre alt, als ihm sein Sohn Jizchak geboren wurde. ⁶Da sprach Sara:»Zum Lachen ist es, was mir Gott getan. Wer es hört, muss über mich lachen.« ⁷Sie sprach ferner:»Man sehe: Wer hätte dem Awraham gesagt, dass Sara noch Kinder stillen wird! Nun habe ich ihm in seinem Alter einen Sohn geboren.« ⁸Das Kind wurde groß und entwöhnt, und Awraham machte ein großes Gastmahl an dem Tage, als Jizchak entwöhnt wurde. ⁹Sara sah den Sohn der Mizrit Hagar, welchen sie dem Awraham geboren hatte, sein Gespött treiben. ¹⁰Da sprach sie zu Awraham:»Jage diese Magd und ihren Sohn fort, denn der Sohn dieser Magd soll nicht mit meinem Sohn, nämlich mit Jizchak, erben.« ¹¹Dies missfiel den Augen Awrahams um seines Sohnes willen. ¹²Aber Gott sprach zu Awraham:»Lass dir nicht bange sein um den Knaben und um deine Magd. Was dir

Sara sagen wird, gehorche! Denn nur durch Jizchak soll dein Same genannt werden. ¹³Aber auch den Sohn der Magd will ich zu einem Volk machen, weil er dein Same ist.« ¹⁴Da stand Awraham des Morgens früh auf, nahm Speise und einen Schlauch mit Wasser, gab es der Hagar, legte es auf ihre Schulter, wie auch das Kind, und schickte sie hinweg. Sie ging und verirrte sich in der Wüste Beer Schewa. ¹⁵Als das Wasser in dem Schlauch zu Ende war, warf sie das Kind unter einen von den Bäumen. ¹⁶Sie aber ging, setzte sich von ferne so weit wie ein Bogenschuss, denn sie sagte:»Ich will nicht zusehen, wenn das Kind stirbt.« Sie saß also von ferne, erhob ihre Stimme und weinte. ¹⁷Gott erhörte die Stimme des Knaben, und ein Engel Gottes rief der Hagar vom Himmel zu und sprach zu ihr:»Was ist dir, Hagar? Fürchte dich nicht, denn Gott hat die Stimme des Knaben erhört, da wo er jetzt ist. ¹⁸Auf! Nimm den Knaben und schließe ihn in deine Arme, denn ich will ihn noch zu einem großen Volk machen.« ¹⁹Da öffnete Gott ihre Augen, dass sie einen Brunnen sah. Sie ging also, füllte den Schlauch mit Wasser und ließ den Knaben trinken. ²⁰Gott war mit dem Knaben. Er wuchs heran, wohnte in der Wüste und wurde ein Bogenschütze. ²¹Er wohnte nämlich in der Wüste Paran, und seine Mutter nahm ihm eine Frau aus dem Land Mizrajim.ꜟ

Sechster

²²Es war um diese Zeit, da sprach Awimelech und sein Heerführer Fichol zu Awraham wie folgt:»Gott ist mit dir in allem, was du tust. ²³Nun schwöre mir bei Gott, dass du mir und meinen Kindern und Enkeln nicht falsch werden willst. Wie die Gewogenheit, welche ich dir erzeigt, so sollst du auch mir und dem Land erzeigen, in welchem du dich aufgehalten hast.« ²⁴Awraham sprach:»Ja! Ich will schwören.« ²⁵Er stellte aber den Awimelech zur Rede wegen des Brunnens, den die Knechte Awimelechs geraubt hatten. ²⁶Doch Awimelech sprach: »Ich weiß nicht, wer dies getan hat. Du hast mir auch nichts gesagt, und ich habe nichts davon erfahren, außer heute.« ²⁷Awraham nahm Schafe und Rinder, gab sie dem Awimelech und sie zerschnitten beide einen Bund. ²⁸Awraham stellte sieben junge Schafe besonders. ²⁹Da sprach Awimelech zu Awraham:»Was bedeuten diese sieben jungen

Schafe, welche du besonders gestellt hast?« ³⁰Jener antwortete: »Dass du die sieben Schafe von meiner Hand nehmen sollst, damit es mir zum Zeugnis diene, dass ich diesen Brunnen gegraben habe.« ³¹Darum nannte man diesen Ort »Beer Schewa«, denn allda hatten sie beide geschworen. ³²Sie zerschnitten also einen Bund in Beer Schewa. Alsdann stand Awimelech und sein Heerführer Fichol auf, und sie kehrten in das Land P'lischtim zurück. ³³Er pflanzte einen Wald in Beer Schewa und betete dort mit dem Namen des Ewigen, der ein Gott ewiger Zeiten ist. ³⁴Awraham hielt sich im Land P'lischtim lange Zeit auf.¶

Siebter / 2. Tag Rosch ha-Schana V. 1-24

22 ¹Es war nach diesen Begebenheiten, als Gott Awraham versuchte und sprach zu ihm: »Awraham!« Awraham sprach: »Hier bin ich!« ²Da sprach Gott: »Nimm deinen Sohn, deinen einzigen, den du liebst, nämlich Jizchak. Gehe hin in das Land Morija und bringe ihn dort als Ganzopfer dar auf einem der Berge, den ich dir zeigen werde.« ³Awraham stand des Morgens früh auf, sattelte seinen Esel, nahm seine zwei Burschen mit und seinen Sohn Jizchak, spaltete Opferholz, machte sich auf und ging an den Ort, welchen ihm Gott gezeigt hatte. ⁴Am dritten Tage hob Awraham seine Augen auf und sah den Ort von ferne. ⁵Da sprach Awraham zu seinen Burschen: »Bleibt nur hier mit dem Esel! Ich aber und dieser Knabe, wir wollen bis dorthin gehen, uns zum Anbeten niederwerfen und zu euch zurückkehren.« ⁶Awraham nahm das Opferholz, legte es auf seinen Sohn Jizchak, nahm in seine Hand das Feuer und das Schlachtmesser. So gingen sie beide zusammen. ⁷Jizchak sprach zu seinem Vater Awraham und sagte: »Mein Vater!« Awraham sprach: »Hier bin ich, mein Sohn!« Jener sprach: »Hier ist zwar Feuer und Holz, wo ist aber das Lamm zum Ganzopfer?« ⁸Awraham sprach: »Gott wird sich selbst ausersehen das Lamm zum Ganzopfer, mein Sohn!« So gingen sie beide zusammen. ⁹Als sie nun an den Ort kamen, den ihm Gott gezeigt hatte, baute Awraham einen Altar, ordnete das Holz, band seinen Sohn Jizchak und legte ihn auf den Altar über das Holz. ¹⁰Hierauf streckte Awraham seine Hand aus und nahm das Messer, um seinen Sohn zu schlachten. ¹¹Da rief ihm ein Engel des Ewigen vom Himmel zu und sprach: »Awraham!

Awraham!« Er sprach: »Hier bin ich!« *12*Jener: »Strecke deine Hand nicht nach dem Knaben und tu ihm nichts! Denn nun weiß ich, dass du gottesfürchtig bist, weil du deinen einzigen Sohn mir nicht verweigert hast.« *13*Awraham hob seine Augen auf und sah einen Widder (vorbeilaufen). Hernach wurde er in den Hecken mit seinen Hörnern verwickelt. Da ging Awraham hin, nahm den Widder und brachte ihn als Ganzopfer dar anstatt seines Sohnes. *14*Awraham nannte denselben Ort »Haschem Jir'eh«, wie noch jetzt gesprochen wird: »Auf dem Berge des Ewigen wird es sich zeigen.« *15*Hierauf rief ein Engel des Ewigen den Awraham zum zweiten Mal vom Himmel herab *16*und sprach: »Bei mir selbst habe ich geschworen, spricht der Ewige, dass, weil du dies getan und deinen einzigen Sohn nicht verweigert hast, *17*dass ich dich segnen und deinen Samen mehren will wie die Sterne des Himmels und wie Sand am Ufer des Meeres, sodass dein Same einnehmen soll das Tor seiner Feinde. *18*Mit deinem Samen sollen sich auch segnen alle Völker der Erde zur Belohnung, weil du meiner Stimme gehorcht hast.« *19*Hierauf ging Awraham zu seinen Burschen zurück. Sie machten sich auf, gingen zusammen nach Beer Schewa und Awraham ließ sich nieder in Beer Schewa.¶

*20*Es war nach diesen Begebenheiten, als dem Awraham gesagt wurde: »Siehe! Milkah hat auch Kinder geboren deinem Bruder Nachor, *21*nämlich seinen ältesten Sohn Uz und dessen Bruder Bus wie auch den Kemuel, den Stammvater von Aram, *22*ferner den Kesched, den Chaso, den Pildasch, den Jidlaf und den Betu'el. *23*Betu'el aber hat Riwka gezeugt. Diese acht Kinder hatte Milkah dem Nachor geboren, welcher Awrahams Bruder war. *24*Auch sein Kebsweib, deren Namen Re'uma war, auch diese gebar: Tewach, Gacham, Tachasch und Maacha.¶

Haftarat Wajera: 2. Könige 4,1-37 (S. 453)

Psalm des Schabbat nach Seder Avodat Israel: Ps 11

CHESCHWAN   **39**

5. Chaje Sara (Gen 23,1-25,18) שָׂרָה וַיִּ

[Inhalt: Saras Tod * Awraham kauft Land * Riwka wird Jizchaks Frau *
Awraham und Ketura

23 ¹Es war das **Lebensalter der Sara** *(chaje Sara)*, hundert Jahre
und zwanzig Jahre und sieben Jahre. Dies waren die Lebensjahre der
Sara. ²Als Sara starb zu Kirjat Arba, das ist Chewron im Land Kenaan,
da kam Awraham, um Sara zu betrauern und sie zu beweinen[a]. ³Dann
stand Awraham auf von seiner Toten und redete mit den Kindern
Chets; er sprach: ⁴»Ich bin ein Fremder und Beiwohner unter euch.
Gebt mir ein Erbbegräbnis bei euch, damit ich meinen Toten begrabe,
von meinem Angesicht hinweg.« ⁵Die Kinder Chets antworteten dem
Awraham und sprachen zu ihm: ⁶»Höre uns, mein Herr! Du bist ein
göttlicher Fürst unter uns. In dem ausgesuchtesten unserer Gräber begrabe deinen Toten. Niemand von uns wird dir sein Grab verweigern,
um deinen Toten zu begraben.« ⁷Da stand Awraham auf, verbeugte
sich vor dem Volke des Landes, vor den Kindern Chets, ⁸und redete
mit ihnen wie folgt:»Wenn es euer Wille ist, dass ich meinen Toten
begrabe von meinem Angesicht weg, so hört mich! Legt meinetwegen eine Bitte ein bei Efron, Zochars Sohn, ⁹dass er mir die Höhle zu
Machpela gebe, welche ihm gehört und am Ende seines Feldes liegt.
Er gebe sie mir für den vollen Wert an Silber zum Erbbegräbnis bei
euch.« ¹⁰Efron aber saß unter den Kindern Chets. Da antwortete
Efron dem Awraham, dass es die Kinder Chets hörten, vor allen,
die in das Tor seiner Stadt kommen, er sprach nämlich: ¹¹»Nicht so,
mein Herr! Höre mich! Das Feld habe ich dir hiermit gegeben, und
die Höhle, welche darin ist, sei dir auch gegeben. Vor den Augen meiner Landsleute sei sie dir gegeben. Begrabe nur deinen Toten!« ¹²Da
verbeugte sich Awraham vor dem Volk des Landes ¹³und redete mit
Efron, dass es das Volk des Landes vernahm, wie folgt:»Möchtest du
mich nur hören! So hätte ich das Silber für das Feld gegeben; nimm

---

a   Gen 23,2: In einer Torarolle ist der Buchstabe heh in der Mitte dieses Wortes (weliwkotah)
    klein geschrieben.

es von mir an! Alsdann will ich meinen Toten daselbst begraben.« ^14Efron antwortete dem Awraham, sprach nämlich zu ihm: ^15»Mein Herr! Höre mich! Ein Stück Land von vierhundert Schekel Silber, was bedeutet das zwischen mir und dir? Begrabe nur deinen Toten.« ^16Awraham vernahm die Worte des Efron, und er, Awraham, wog ihm, dem Efron, das Silber zu, welches er bestimmt hatte, dass es die Kinder Chets vernamen, vierhundert Schekel nämlich, bei jedem Kaufmann auszugeben.

Zweiter

^17Dadurch stand Efrons Feld, welches zu Machpela war, das vor Mamre liegt, das Feld mit der Höhle in demselben, mit allen Bäumen auf dem Felde, die in dem ganzen Bezirk ringsum waren, ^18dem Awraham zum Ankauf, vor den Augen der Kinder Chets, aller derer, die in das Tor seiner Stadt kommen. ^19Nachher begrub Awraham seine Frau Sara in der Höhle auf dem Felde zu Machpela, vor Mamre, dasselbe ist Chewron, im Land Kenaan. ^20So blieb das Feld mit der Höhle darin dem Awraham zum Erbbegräbnis von den Kindern Chets. • **24** ^1Awraham wurde alt, hatte hohes Alter erreicht, und der Ewige hatte ihn gesegnet überall. ^2Da sprach Awraham zu seinem Knecht, dem Ältesten seines Hauses, der über alles Seinige schaltete: »Lege deine Hand unter meine Hüfte. ^3Ich will dich beschwören bei dem Ewigen, dem Gott des Himmels und dem Gott der Erden, dass du meinem Sohn keine Frau nehmen sollst von den Töchtern des kenaanitischen Volkes, unter welchem ich wohne, ^4sondern in mein Vaterland und zu meiner Verwandtschaft sollst du gehen und meinem Sohne Jizchak eine Frau nehmen.« ^5Der Knecht sprach zu ihm: »Wenn nun die Frau mir nicht wird nachfolgen wollen in dieses Land, soll ich wohl deinen Sohn in das Land, aus welchem du ausgegangen bist, zurückführen?« ^6Da sprach Awraham zu ihm: »Hüte dich, dass du meinen Sohn nicht dahin zurückführst. ^7Der Ewige, der Gott des Himmels, der mich herausgenommen hat aus meines Vaters Haus und aus dem Land meiner Verwandtschaft, welcher mir versprochen und mir zugeschworen hat mit den Worten: ›Deinem Samen will ich dieses Land geben‹, derselbe wird seinen Engel vor dir hersenden, dass du meinem Sohn von dorther eine Frau bringen wirst. *8*Wenn aber die Frau dir nicht wird nachfolgen wollen, so bist du frei von diesem meinem Schwur. Nur führe meinen Sohn nicht dahin zurück!« *9*Der Knecht legte seine Hand unter seines Herren Hüfte und schwor ihm auf diese Abrede.

Dritter / Jahr II

*10*Der Knecht nahm zehn Kamele von seines Herrn Kamelen und reiste, hatte mit sich von allen Gütern seines Herrn, machte sich auf und ging nach Aram Naharajim, nach der Stadt des Nachor. *11*Die Kamele ließ er außerhalb der Stadt sich lagern bei dem Brunnen zur Abendzeit, als die Mädchen herauszukommen pflegen, um Wasser zu holen. *12*Und er sprach[a]: »O Ewiger! Du Gott meines Herrn Awraham! Lass es mir doch heute gelingen und erzeige meinem Herrn Awraham Gnade. *13*Ich stehe hier bei der Wasserquelle, und die Töchter der Stadtleute kommen heraus, um Wasser zu schöpfen. *14*Wenn nun ein Mädchen kommt, zu welchem ich spreche: ›Halte doch deinen Eimer her, dass ich trinke‹, und sie spricht: ›Trinke, und deine Kamele will ich auch tränken‹, dieselbe hast du deinem Knechte Jizchak bestimmt, und an ihr werde ich erkennen, dass du meinem Herrn Gnade erzeigt hast.« *15*Bevor er ausgeredet hatte, kam heraus Riwka, — sie wurde geboren dem Betu'el, Sohn Milkahs, die Nachors, Awrahams Bruders Frau war —, und hatte ihren Eimer auf der Schulter. *16*Das Mädchen war sehr schön von Ansehen, noch eine Jungfrau, und kein Mann hatte sie erkannt. Sie ging herab zur Quelle, füllte ihren Eimer und kam herauf. *17*Der Knecht lief ihr entgegen und sprach: »Lass mich doch ein wenig Wasser schlürfen aus deinem Eimer.« *18*Sie sprach: »Trink, mein Herr!«, eilte, nahm den Eimer herunter in die Hand und gab ihm zu trinken. *19*Als sie ihm genug gegeben hatte, sprach sie: »Auch für deine Kamele will ich schöpfen, bis sie genug getrunken haben«, *20*eilte, goss ihren Eimer in die Tränkrinne aus, lief wieder zum Brunnen, um mehr zu schöpfen, und schöpfte für alle seine Kamele. *21*Der Mann staunte über sie, schwieg aber still, um zu erfahren, ob der Ewige

---

a   Gen 24,12: Das Wort »und er sprach« (hebr. wajomer) hat ein musikalisches Zeichen, das in der Tora nur viermal vorkommt: Schalschelet. Es ist ein längeres Motiv mit einer mehrfach die Tonleiter auf und ab gehenden Tonfolge.

seine Reise habe glücken lassen oder nicht. [22]Als nun die Kamele alle getrunken hatten, nahm der Mann einen goldenen Nasenring, einen halben Schekel an Gewicht, und zwei Armbänder für ihre Hände, zehn Schekel an Gewicht, [23]und sprach: »Wessen Tochter bist du? Sage mir doch, ob in deines Vaters Haus Platz für uns sei zur Nachtherberge.« [24]Sie sprach: »Ich bin eine Tochter Betuels, des Sohnes der Milkah, den sie dem Nachor geboren.« [25]Und sie sagte ferner: »Stroh und Futter haben wir viel, auch Platz zum Übernachten.« [26]Da neigte sich der Mann und warf sich hin, um den Ewigen anzubeten,

Vierter

[27]und er sprach: »Gelobt sei der Ewige, der Gott meines Herrn Awraham, welcher seine Gnade und Treue meinem Herrn nicht entzogen hat. Ich bin auf dem rechten Weg, welchen mich der Ewige geführt hat, im Hause des Bruders meines Herrn. [28]Die Jungfrau aber lief, erzählte im Hause ihrer Mutter diese Begebenheiten. [29]Riwka hatte einen Bruder, dessen Namen war Lawan, dieser lief zu dem Mann hinaus zur Quelle, [30]nämlich nachdem er den Nasenring und die Armbänder an den Händen seiner Schwester gesehen und die Worte seiner Schwester Riwka gehört hatte, als sie sagte: ›Dies hat der Mann zu mir gesprochen.‹ Er kam also zu dem Mann hin, der noch bei den Kamelen an der Quelle stand, [31]und sprach: »Komm herein, Gesegneter des Ewigen! Warum stehst du draußen? Ich habe das Haus geräumt und auch einen Ort für die Kamele.« [32]Der Mann kam in das Haus. Man sattelte die Kamele ab. Jemand gab den Kamelen Stroh und Futter, auch Wasser, seine Füße zu waschen und die Füße der Leute, welche mit ihm waren. [33]Es wurde ihm vorgesetzt zu essen, er aber sprach: »Ich werde nicht essen, bis ich meine Worte vorgebracht habe.« Man antwortete: »So rede denn!« [34]Jener sprach: »Ich bin ein Knecht Awrahams. [35]Der Ewige hat meinen Herrn reichlich gesegnet, sodass er groß geworden ist. Er gab ihm Schafe und Rinder, Silber und Gold, Knechte und Mägde, Kamele und Esel. [36]Dazu hat Sara, meines Herren Frau, meinem Herrn einen Sohn in ihrem Alter geboren. Diesem schenkte er alles Seinige. [37]Nun beschwor mich mein Herr auf diese Worte: ›Du sollst meinem Sohn keine Frau nehmen

von den Töchtern des kenaanitischen Volkes, in dessen Land ich wohne. ³⁸Vielmehr sollst du in meines Vaters Hause und zu meinem Geschlechte gehen, meinem Sohn eine Frau zu nehmen.‹ ³⁹Ich sprach zu meinem Herrn: ›Vielleicht wird die Frau mir nicht nachfolgen wollen.‹ ⁴⁰Da sprach er zu mir: ›Der Ewige, vor dem ich gewandelt bin, wird seinen Engel mit dir senden und deine Reise glücken lassen, dass du meinem Sohn eine Frau nehmest aus meinem Geschlechte und aus meines Vaters Hause. ⁴¹Nur dann bist du frei von meinem Eid, wenn du zu meinem Geschlechte kommst. Will man sie dir alsdann nicht geben, so bist du frei von meinem Eid.‹ ⁴²Nun kam ich heute zu der Quelle und sprach: ›O Ewiger! Du Gott meines Herren Awraham! Wenn du den Weg würdest glücken lassen, welchen ich gehe! ⁴³Hier stehe ich bei der Wasserquelle. Wenn nun ein Mädchen heraus kommt, um zu schöpfen, und ich spreche zu ihr: ›Lass mich doch ein wenig Wasser aus deinem Eimer trinken!‹ ⁴⁴Sie aber spricht: ›Du kannst trinken; ich will aber auch für deine Kamele schöpfen‹, so wird dies die Frau sein, die der Ewige für meines Herren Sohn bestimmt hat.‹ ⁴⁵Ich hatte noch nicht aufgehört, in meinem Herzen zu sprechen, da kam Riwka heraus, mit dem Eimer auf ihrer Schulter. Sie ging herab zur Quelle und schöpfte. Ich sprach zu ihr: ›Lass mich doch trinken.‹ ⁴⁶Da eilte sie, ließ den Eimer herab, sprach: ›Trinke! Ich will auch deine Kamele tränken.‹ Ich trank, und sie tränkte auch die Kamele. ⁴⁷Ich fragte sie: ›Wessen Tochter bist du?‹ Sie sprach: ›Betu'els Tochter, des Sohns Nachors, den ihm Milkah geboren.‹ Da legte ich den Ring an ihre Nase und die Armbänder an ihre Hände, ⁴⁸neigte mich und warf mich hin, den Ewigen anzubeten, lobte den Ewigen, den Gott meines Herrn Awraham, der mich auf den richtigen Weg geführt hat, meines Herren Brudertochter für seinen Sohn zu nehmen. ⁴⁹Wollt ihr nun Gewogenheit und Treue gegen meinen Herrn zeigen, so sagt es mir. Wenn aber nicht, so sagt es mir nur, sodass ich mich zur Rechten oder zur Linken wende.« ⁵⁰Hierauf antwortete Lawan und Betu'el, und sie sprachen: »Die Sache ist von dem Ewigen schon entschieden. Wir können dir nichts mehr sagen, weder Böses noch Gutes. ⁵¹Hier ist Riwka vor dir. Nimm sie und reise! Dass sie deines Herren Sohnesfrau werde, wie der Ewige gesprochen hat.« ⁵²Als nun der Knecht Awrahams ihre Worte vernahm, warf er sich zur Erde, den Ewigen anzubeten.

Fünfter / Jahr III

⁵³Und der Knecht zog hervor silbernes und goldenes Geschmeide und Bekleidungen, gab es der Riwka, und andere Kostbarkeiten schenkte er ihrem Bruder und ihrer Mutter. ⁵⁴Alsdann aßen sie und tranken, er und die Leute, welche mit ihm waren, und blieben über Nacht. Als sie des Morgens aufstanden, sprach er:»Schickt mich fort zu meinem Herrn!« ⁵⁵Da sprach ihr Bruder und ihre Mutter:»Lass das Mädchen noch ein Jahr oder zehn Monate bei uns bleiben. Hernach mag sie reisen.« ⁵⁶Er sprach zu ihnen:»Haltet mich nicht auf, weil der Ewige meine Reise hat so glücklich sein lassen. Schickt mich fort, dass ich zu meinem Herrn reise.« ⁵⁷Sie sprachen:»Wir wollen das Mädchen rufen und es selbst fragen.« ⁵⁸Sie riefen die Riwka und sprachen zu ihr:»Willst du mit diesem Manne reisen?« Sie sprach:»Ich will reisen.« ⁵⁹Sie ließen also ihre Schwester Riwka und ihre Amme und Awrahams Knecht mit seinen Leuten ziehen. ⁶⁰Sie segneten Riwka und sprachen zu ihr:»Unsere Schwester, o dass du zu tausendmal tausenden werdest und dein Same das Tor seiner Feinde erobere!« ⁶¹Riwka und ihre Kammermägde machten sich auf, ritten auf den Kamelen und reisten dem Manne nach. Also nahm der Knecht Riwka und reiste. ⁶²Jizchak kam eben von der Reise an den »Brunnen des Lebendigen Sehenden«. Er wohnte aber im südlichen Land. ⁶³Als nun Jizchak sich erging auf dem Felde gegen Abend, hob er seine Augen auf und wurde gewahr, dass Kamele kamen. ⁶⁴Wie aber Riwka ihre Augen aufhob und Jizchak gewahr wurde, fiel sie vom Kamel ⁶⁵und sprach zum Knecht:»Wer ist der Mann dort, der uns auf dem Felde entgegengeht?« Der Knecht sprach:»Das ist mein Herr.« Sie nahm den Schleier und verhüllte sich. ⁶⁶Der Knecht erzählte dem Jizchak alle Dinge, die er ausgerichtet hatte. ⁶⁷Jizchak führte sie in das Zelt seiner Mutter Sara, heiratete Riwka und sie wurde seine Frau. Jizchak liebte sie und tröstete sich über den Verlust seiner Mutter.❡

Sechster

25   ¹Awraham nahm wieder eine Frau, deren Name war Ketura. ²Diese gebar ihm den Simran, den Jokschan, den Medan, den Midjan, den Jischbak und den Schuach. ³Jokschan zeugte den Schewa, den Dedan, und Dedans Kinder waren die Aschurim, Letuschim und Le'umim. ⁴Midjans Kinder waren Efa, Efer, Chanoch, Awida und Eldaa. Alle diese sind Kinder der Ketura. ⁵Awraham schenkte dem Jizchak alles Seinige. ⁶Den Kindern seiner Kebsweiber aber gab Awraham Geschenke und schickte sie von seinem Sohn Jizchak — als er selbst noch lebte — hinweg, gegen Morgen, nämlich in das Morgenland. ⁷Dies sind die Lebensjahre Awrahams, welche er gelebt hatte: einhundertfünfundsiebzig Jahre. ⁸Dann verschied Awraham und starb in einem beglückten Alter, ein Greis und lebenssatt, und wurde eingetan zu seinen Vorfahren. ⁹Seine Söhne, Jizchak und Jischmael, begruben ihn in der Höhle zu Machpela, in dem Feld des Chitin Efron, Sohnes Zochars, welches vor Mamre liegt, ¹⁰in dem Feld, welches Awraham von den Kindern Chets gekauft hatte. Daselbst wurde Awraham und seine Frau Sara begraben. ¹¹Nach dem Ableben Awrahams segnete Gott seinen Sohn Jizchak, und Jizchak wohnte bei dem »Brunnen des Lebendigen Sehenden«.¶

Siebter

¹²Dies ist die Geschlechtsfolge von Jischmael, dem Sohn Awrahams, welchen Hagar, die mizrische Magd der Sara, dem Awraham geboren hatte. ¹³Dies sind die Namen der Kinder Jischmaels, ihrem Namen und ihrer Geschlechtsfolge nach: Der Erstgeborene Jischmaels hieß New'ot, hernach Kedar, Adbeel und Miwsam ¹⁴und Mischma und Duma und Massa,

Maftir

¹⁵Chadar und Tema, Jetur, Nafisch und Kedma. ¹⁶Dies sind die Söhne Jischmaels und dies ihre Namen in ihren Gehöften und in ihren Schlössern. Zwölf Stammfürsten, nach ihren Nationen. ¹⁷Die Lebensjahre des Jischmael waren hundert Jahre und dreißig Jahre

und sieben Jahre. Dann verschied er und starb und wurde bei seinen Vorfahren eingetan. ¹⁸Die Jischmeelim wohnten von Chawila an bis Schur, welches vor Mizrajim liegt, bis nach Aschur hin. Jischmael lag also zur Seite aller seiner Brüder.❡

Haftarat Chaje Sara: 1. Könige 1,1-31 (S. 455)

Psalm des Schabbat nach Seder Avodat Israel: Ps 45

6. Toledot (Gen 25,19-28,9)

[Inhalt: Jakob und Esaw * Jizchak bei Awimelech * Der blinde Jizchak segnet Jakob und Esaw * Jakobs Flucht]

[19]Dies ist die **Geschlechtsfolge** *(toledot)* von Jizchak, Sohn Awrahams. Awraham hatte Jizchak gezeugt. [20]Jizchak war vierzig Jahre alt, als er Riwka, die Tochter des Aramiten Betu'el, aus Padan-Aram, die Schwester des Aramiten Laban, zur Frau nahm. [21]Jizchak flehte zum Ewigen um seiner Frau willen, denn sie war unfruchtbar. Der Ewige ließ sich von ihm erflehen, und seine Frau Riwka wurde schwanger. [22]Nun bewegten sich die Kinder heftig in ihr. Da sprach sie:»Wenn dem so ist, warum habe ich es denn gewünscht?« Und sie ging, den Ewigen zu befragen. [23]Der Ewige ließ ihr sagen:»Zwei Völker sind in deinem Leib, zwei Nationen sondern sich von deinem Eingeweide ab. Die eine Nation ist mächtiger als die andere Nation, der Ältere wird dem Jüngern dienen.« [24]Als nun ihre Zeit kam zu gebären, da waren Zwillinge in ihrem Leibe. [25]Der erste kam heraus, war rot, seine ganze Haut wie ein haarener Mantel, und sie nannten ihn Esaw. [26]Nachher aber kam sein Bruder heraus und seine Hand fasste an Esaws Ferse, und er nannte ihn Jaakow. Jizchak war sechzig Jahr alt, als sie geboren wurden. [27]Die Knaben wuchsen. Esaw wurde ein Jagdverständiger und ein Feldmann. Jaakow aber wurde ein frommer Mann, der in Zelten wohnt. [28]Jizchak liebte den Esaw, denn er aß von seinem Wildbret. Riwka aber liebte den Jaakow. [29]Jaakow kochte einst ein Gericht, und Esaw kam vom Feld und war ermattet. [30]Da sprach Esaw zu Jaakow:»Lass mich doch von diesem roten Gericht kosten, denn ich bin ermattet.« Darum nannte man ihn »Edom«. [31]Jaakow sprach:»Verkaufe mir zuvor deine Erstgeburt.« [32]Da sprach Esaw:»Siehe! Ich gehe doch zum Tode. Wozu nützt mir die Erstgeburt?« [33]Jaakow sprach:»Schwöre mir also darauf!« Er schwor ihm und verkaufte seine Erstgeburt dem Jaakow. [34]Jaakow aber gab dem Esaw Brot und ein Gericht Linsen. Dieser aß, trank, stand auf und ging davon. So verachtete Esaw die Erstgeburt.¶

26 ¹Es war Hungersnot im Land, außer der ersten Hungersnot, welche in den Zeiten Awrahams gewesen. Da reiste Jizchak zu Awimelech, dem König der P'lischtim, gen Gerar. ²Der Ewige erschien ihm und sprach:»Reise nicht herab gen Mizrajim. Wohne in dem Land, welches ich dir zeigen werde. ³Halte dich in diesem Land auf, so will ich mit dir sein und dich segnen. Denn dir und deinem Samen will ich diese Länder alle geben und den Eid halten, den ich deinem Vater Awraham geschworen habe. ⁴Deinen Samen will ich mehren so wie die Sterne am Himmel und will deinem Samen alle diese Länder geben, sodass sich mit deinem Samen segnen sollen alle Völker der Erde ⁵zur Belohnung, weil Awraham meiner Stimme gehorsam war und meine Vorschrift beobachtete, nämlich meine Gebote, meine Gesetze und meine Lehren.«

Zweiter

⁶Also blieb Jizchak in Gerar. ⁷Wenn die Stadtleute sich nach seiner Frau erkundigten, sprach er:»Sie ist meine Schwester.« Denn er fürchtete sich, zu sagen:»›Sie ist meine Frau.‹ Die Stadtleute könnten mich umbringen um Riwkas willen, denn sie ist schön von Angesicht.« ⁸Als er nun lange Zeit da war, schaute Awimelech, der König der P'lischtim, einst durchs Fenster und sah, dass Jizchak mit seiner Frau Riwka scherzte. ⁹Da rief Awimelech den Jizchak und sprach: »Siehe! Sie ist deine Frau! Wie hast du denn sagen können: ›Sie ist meine Schwester‹?« Jizchak antwortete ihm:»Weil ich gedacht habe, ich könnte ihretwillen umkommen.« ¹⁰Da sprach Awimelech:»Was hast du uns getan? Wie leicht hätte einer aus dem Volk deiner Frau beiwohnen können, so hättest du ein Verschulden auf uns gebracht.« ¹¹Awimelech ließ dem ganzen Volk folgendes bekannt machen:»Wer diesem Mann oder seiner Frau Leid antut, der soll umgebracht werden.« ¹²Jizchak säte in diesem Land und erwarb in demselben Jahr das hundertfache Maß. So segnete ihn der Ewige.

¹³Der Mann nahm zu an Macht, wurde immer größer und größer, bis er sehr groß war. ¹⁴Er hatte Kleinvieh und Rindvieh und starken Ackerbau, sodass die P'lischtim ihn beneideten. ¹⁵Alle Brunnen, welche die Knechte seines Vaters gegraben hatten in seines Vaters Awraham Zeiten, verstopften die P'lischtim und füllten sie an mit Erde. ¹⁶Endlich sprach Awimelech zu Jizchak:»Ziehe von uns hinweg, denn du bist uns viel zu mächtig geworden.« ¹⁷Jizchak ging also von da weg, schlug seine Zelte auf in dem Grund Gerar und ließ sich daselbst nieder. ¹⁸Jizchak ließ die Wasserbrunnen, die man zu seines Vaters Awraham Zeiten gegraben hatte und die die P'lischtim nach Awrahams Ableben verstopft hatten, wieder aufgraben und benannte sie mit den Namen, welche ihnen sein Vater gegeben hatte. ¹⁹Auch gruben die Knechte Jizchaks im Grund und fanden daselbst eine Quelle lebendiges Wasser. ²⁰Doch die Hirten aus Gerar zankten mit Jizchaks Hirten, sprachen nämlich:»Unser ist das Wasser.« Er nannte daher den Brunnen»Esek« (Zankbrunnen), denn sie hatten mit ihm gezankt. ²¹Sie gruben einen andern Brunnen, aber auch über diesen stritten sie. Daher nannte er ihn»Sitna« (Verhinderungsbrunnen). ²²Er rückte von da weg, grub einen anderen Brunnen, über welchen sie nicht stritten. Diesen nannte er»Rechowot« (Freiheitsbrunnen), denn er sprach:»Nun hat uns der Ewige Raum gemacht und wir werden wieder zunehmen im Land.«

²³Von da ging er hinauf nach Beer Schewa. ²⁴Der Ewige erschien ihm in derselben Nacht und sprach:»Ich bin der Gott deines Vaters Awraham. Fürchte nichts! Denn ich bin mit dir und will dich segnen und deinen Samen mehren um meines Dieners Awraham willen.« ²⁵Er baute daselbst einen Altar und betete im Namen des Ewigen, schlug da sein Zelt auf, und die Knechte Jizchaks gruben daselbst einen Brunnen. ²⁶Awimelech kam von Gerar zu ihm und das Gefolge seiner Vertrauten wie auch sein Heerführer Fichol. ²⁷Da sprach Jizchak zu ihnen:»Warum kommt ihr zu mir, obwohl ihr mich doch hasst und mich von euch vertrieben habt?« ²⁸Sie antworteten:»Wir haben

gesehen, dass der Ewige mit dir ist. Da beschlossen wir, es soll ein Eid sein zwischen uns, nämlich zwischen uns und dir. Und wir wollen ein Bündnis mit dir zerschneiden, ²⁹dass du uns nichts Böses tust, so wie wir dich nicht berührten und dir nichts als Gutes getan, als wir dich in Frieden ziehen ließen. Jetzt bist du ein Gesegneter des Ewigen!«

Fünfter

³⁰Er machte ihnen ein Gastgebot, sie aßen und tranken, ³¹standen des Morgens früh auf und ein jeder leistete dem andern den Eid. Jizchak begleitete sie, und sie reisten in Frieden von ihm. ³²Noch an demselben Tage kamen Jizchaks Knechte und berichteten ihm wegen des Brunnens, welchen sie gegraben hatten. Sie sprachen zu ihm: »Wir haben Wasser gefunden.« ³³Diesen Brunnen nannte er »Schiw'a«. Darum ist der Name der Stadt »Beer Schewa« bis auf diesen Tag. • ³⁴Als Esaw vierzig Jahre alt war, heiratete er Jehudit, die Tochter des Chitin Beeri, und Basmat, die Tochter des Chitin Elon. ³⁵Diese machten Jizchak und Riwka viel Herzleid. • **27** ¹Als Jizchak alt wurde und seine Augen zu trüb waren, um sehen zu können, rief er seinen ältesten Sohn Esaw und sprach zu ihm: »Mein Sohn!« Dieser sprach: »Hier bin ich!« ²Jener sprach: »Ich werde nun sehr alt und weiß den Tag meines Todes nicht. ³So nimm nun dein Jagdgerät, dein Gehänge und deinen Bogen. Geh hinaus auf das Feld, erjage mir ein Wildbret, ⁴mache mir schmackhafte Gerichte, wie ich sie gern habe, und bring mir, dass ich esse, damit dich meine Seele segne, bevor ich sterbe.« ⁵Riwka hörte es, als Jizchak mit seinem Sohn Esaw redete. Nun ging Esaw auf das Feld, Wildbret zu jagen und heimzubringen. ⁶Riwka aber sprach zu ihrem Sohn Jaakow: »Ich habe deinen Vater zu deinem Bruder Esaw reden hören: ⁷›Bring mir Wildbret und mach mir schmackhafte Gerichte, dass ich esse. So will ich dich vor dem Ewigen segnen vor meinem Tode.‹ ⁸Nun, mein Sohn, gehorche meiner Stimme, was ich dir gebiete. ⁹Geh zu dem Kleinvieh, bringe mir von da zwei gute Ziegenböcklein, dass ich deinem Vater schmackhafte Gerichte mache, wie er gern hat. ¹⁰Die sollst du deinem Vater bringen, dass er esse, damit er dich segne vor seinem Tode.« ¹¹Jaakow sprach zu seiner Mutter Riwka: »Siehe, mein Bruder Esaw ist ein haariger Mann. Ich aber bin ein glatter Mann.

[12]Vielleicht betastet mich mein Vater. Dann bin ich in seinen Augen wie ein Betrüger und bringe Fluch auf mich, aber nicht Segen.« [13]Die Mutter sprach zu ihm:»Dein Fluch soll auf mich kommen, mein Sohn. Gehorche nur meiner Stimme und geh, bring mir!« [14]Er ging, nahm, brachte es seiner Mutter. Die Mutter machte schmackhafte Speisen, wie sein Vater sie gern hatte. [15]Riwka nahm die besten Kleider ihres ältesten Sohnes Esaw, die bei ihr im Hause waren, und bekleidete ihren jüngsten Sohn Jaakow. [16]Die Felle der jungen Ziegen aber legte sie auf seine Hände und auf das Glatte seines Halses. [17]Hierauf gab sie die wohlschmeckenden Speisen und das Brot, welche sie zugerichtet hatte, ihrem Sohn Jaakow in die Hand. [18]Dieser kam zu seinem Vater und sprach:»Mein Vater!« Er sprach:»Hier bin ich. Wer bist du, mein Sohn?« [19]Jaakow sprach zu seinem Vater:»Ich bin dein Erstgeborener Esaw. Ich habe getan, wie du zu mir gesprochen hast. Steh nun auf, setz dich und iss von meinem Wildbret, damit deine Seele mich segne.« [20]Jizchak sprach zu seinem Sohn:»Wie hast du so bald etwas gefunden, mein Sohn?« Dieser sprach:»Der Ewige, dein Gott, hat es vor mir gefügt.« [21]Da sprach Jizchak zu Jaakow:»Komm doch näher, dass ich dich betaste, mein Sohn! Ob du auch mein Sohn Esaw bist oder nicht.« [22]Jaakow trat näher zu seinem Vater Jizchak hin. Dieser betastete ihn und sprach:»Die Stimme ist Jaakows Stimme. Die Hände aber sind Esaws Hände.« [23]Er erkannte ihn also nicht, weil seine Hände so haarig waren wie die Hände seines Bruders Esaw. Daher segnete er ihn. [24]Er sprach aber nochmals:»Bist du auch mein Sohn Esaw?« Dieser sprach:»Ich bin es.« [25]Da sprach er:»Reiche mir her! Dann will ich von meines Sohnes Wildbret essen, damit dich meine Seele segne.« Er reichte ihm hin, und er aß, brachte ihm auch Wein, und er trank. [26]Da sprach sein Vater Jizchak zu ihm:»Komm doch näher und küss mich, mein Sohn.« [27]Dieser kam näher, küsste ihn. Als jener den Geruch seiner Kleider roch, segnete er ihn und sprach: »Siehe! Der Geruch meines Sohnes ist wie der Geruch eines Feldes, welches der Ewige gesegnet hat.

²⁸Gott gebe dir vom Tau des Himmels und von der Erde Fettigkeit, Getreide und Most die Fülle. ²⁹Völker müssen dir dienen, Nationen sich bücken vor dir. Werde deiner Brüder Herr! Deiner Mutter Söhne bücken sich vor dir. Verflucht sei, wer dir flucht, und wer dich segnet, gesegnet.« ³⁰Als nun Jizchak vollendet hatte, Jaakow zu segnen, und Jaakow soeben von seinem Vater Jizchak weggegangen war, da kam sein Bruder Esaw von seiner Jagd zurück. ³¹Auch er machte wohlschmeckende Gerichte, brachte sie seinem Vater und sprach zu seinem Vater: »Mein Vater, steh auf und iss vom Wildbret deines Sohnes, damit mich deine Seele segne.« ³²Da sprach sein Vater Jizchak zu ihm: »Wer bist du denn?« Er sprach: »Ich bin dein erstgeborener Sohn Esaw.« ³³Da erschrak Jizchak über die Maßen sehr und sprach: »Wer ist denn jener, der Wildbret gejagt und mir gebracht hat, dass ich von allem gegessen habe, bevor du kamst, und ihn gesegnet habe? Er wird auch gesegnet bleiben.« ³⁴Als Esaw seines Vaters Worte hörte, schrie er laut und überaus jämmerlich und sprach zu seinem Vater: »Segne doch auch mich, mein Vater!« ³⁵Dieser sprach: »Dein Bruder ist mit Hinterlist gekommen und hat deinen Segen genommen.« ³⁶Jener sprach: »Hat er mich deswegen schon zweimal hintergangen, weil er ›Jaakow‹ (›Hintergeher‹) heißt? Meine Erstgeburt hat er genommen, und nun, jetzt hat er auch meinen Segen genommen.« Und er sprach ferner: »Hast du mir keinen Segen zurückbehalten?« ³⁷Jizchak antwortete und sprach zu Esaw: »Weil ich ihn dir zum Herrn gemacht, alle seine Brüder ihm zu Knechten untergeben und ihn mit Getreide und Most versorgt habe, so geh hin, mein Sohn! Was soll ich tun?« ³⁸Da sprach Esaw zu seinem Vater: »Hast du denn nur einen Segen? Segne mich doch auch, mein Vater!« Und er erhob seine Stimme und weinte. ³⁹Und sein Vater Jizchak erwiderte: »So wird denn dein Wohnsitz sein: wo Fettigkeit der Erde ist und Tau vom Himmel herab. ⁴⁰Dein Schwert wird dich erhalten, deinem Bruder wirst du dienen. Doch, wenn du genug gelitten, sein Joch von deinem Halse werfen.« ⁴¹Esaw war Jaakow gram wegen des Segens, mit dem ihn sein Vater gesegnet. Und Esaw sprach in seinem Herzen: »Die Trauertage meines Vaters werden kommen; dann will ich meinen Bruder Jaakow umbrin-

gen.« ⁴²Man hinterbrachte der Riwka die Worte ihres ältesten Sohnes Esaws. Da schickte sie hin, ließ ihren jüngsten Sohn Jaakow rufen und sprach zu ihm:»Siehe! Dein Bruder Esaw grollt, dich umzubringen. ⁴³Daher, mein Sohn! Gehorche meiner Stimme! Mache dich auf und fliehe hin zu meinem Bruder Lawan gen Charan. ⁴⁴Bleibe bei ihm einige Zeit, bis deines Bruders Zorn sich von dir abgewendet und er vergessen hat, was du ihm getan. So will ich alsdann schicken und dich von da holen lassen. Warum soll ich euer beider an einem Tag beraubt werden?« ⁴⁶Und Riwka sprach zu Jizchak:»Mir ist das Leben zuwiderᵃ vor den Töchtern des Chet. Wenn Jaakow von den Töchtern des Chet eine heiratet, wie diese sind, von den Töchtern des Landes, was soll mir das Leben?« **28** ¹Jizchak rief den Jaakow, segnete ihn, gab ihm seine Befehle und sprach zu ihm:»Heirate keine Frau von den Töchtern Kenaans. ²Mach dich auf, reise nach Padan Aram zum Hause Betuels, deiner Mutter Vater, und nimm dir dort eine Frau von Lawans Töchtern, des Bruders deiner Mutter. ³Der allmächtige Gott segne dich, mache dich fruchtbar und mehre dich, dass du zu einer Menge von Völkern werdest, ⁴und gebe dir Awrahams Segen, dir und deinem Samen mit dir, damit du das Land deines Aufenthalts einnehmest, welches Gott dem Awraham geschenkt hat.«

Siebter

⁵So schickte Jizchak den Jaakow weg und dieser reiste nach Padan Aram zu Lawan aus Aram, dem Sohn Betuels, dem Bruder Riwkas, der Mutter von Jaakow und Esaw. ⁶Als nun Esaw gewahr geworden war, dass Jizchak den Jaakow gesegnet und nach Padan Aram geschickt hatte, um sich von da eine Frau zu nehmen, nämlich indem er ihn segnete, gebot er ihm zugleich und sprach: ›Nimm keine Frau von den Töchtern Kenaans!‹

---

a Gen 27,46: *Der erste Buchstabe dieses Wortes (kazti), ein kof, wird in einer Torarolle klein geschrieben.*

⁷und dass Jaakow seinem Vater und seine Mutter gehorcht hatte und nach Padan Aram gereist war, ⁸da merkte Esaw, dass die Töchter Kenaans in den Augen seines Vaters missfällig sind. ⁹Daher ging Esaw zu Jischmael und nahm sich über seine bisherigen Frauen die Machalat, Tochter Jischmaels, des Sohnes Awrahams, Schwester des Newajot, zur Ehefrau. •

Haftarat Toledot: Maleachi 1,1-2,7 (S. 458); An Erev Rosch Chodesch Kislev liest man jedoch Haftara Machar Chodesch (S. 619).

Psalm des Schabbat nach Seder Avodat Israel: Ps 36

7. Wajeze (Gen 28,10-32,3)

[Inhalt: Die Leiter zwischen Himmel und Erde * Rachel am Brunnen * Jakob bei Lawan * Rachel und Lea, Silpa und Bilha und ihre Kinder * Jakobs Flucht

¹⁰Jaakow **zog aus** *(wajeze)* von Beer Schewa und reiste gen Charan. ¹¹Unterwegs kam er an einen Ort und übernachtete daselbst, weil die Sonne untergegangen war, nahm einen von den Steinen des Ortes, tat ihn unter seinen Kopf und legte sich daselbst nieder. ¹²Hier hatte er einen Traum. Da war eine Leiter gestellt auf der Erde, ihre Spitze aber reichte gen Himmel und die Engel Gottes stiegen auf derselben auf und ab. ¹³Der Ewige aber stand oben darauf und sprach:»Ich bin der Ewige, der Gott deines Vaters Awraham und der Gott Jizchaks. Das Land, auf welchem du liegst, will ich dir geben und deinem Samen. ¹⁴Dein Same aber soll sein wie der Staub der Erde und du sollst dich ausbreiten gegen Abend, gegen Morgen, gegen Mitternacht und gegen Mittag, sodass sich mit dir und deinem Samen alle Geschlechter des Erdreichs segnen sollen. ¹⁵Siehe! Ich werde mit dir sein, dich allenthalben behüten, wohin du reist, und dich endlich in dieses Land zurückführen. Denn ich werde dich nicht verlassen, bis ich getan, was ich dir zugesagt habe.« ¹⁶Als Jaakow aus seinem Schlaf erwachte, sprach er:»Wahrlich! Der Ewige zeigt sich an diesem Ort. Und ich wusste es nicht.« ¹⁷Er fürchtete sich und sprach:»Wie furchtbar ist dieser Ort! Nicht anders, hier ist Gottes Haus und hier das Tor des Himmels (aus welchem nämlich die Erscheinungen Gottes auf die Erde kommen).« ¹⁸Des Morgens stand Jaakow auf, nahm den Stein, welchen er unter seinen Kopf gelegt hatte, errichtete ihn zum Denkmal und goss oben Öl darauf, ¹⁹nannte denselben Ort »Bet El«, obwohl vorher der Name der Stadt »Lus« war. ²⁰Jaakow tat ein Gelübde wie folgt:»Wenn Gott mit mir sein und mich behüten wird auf diesem Wege, welchen ich reise, mir auch Brot zu essen und Kleidung zum Anziehen geben wird, ²¹wenn ich ferner wohlbehalten in meines Vaters Haus zurückkomme und der Ewige mir als Schutzgott beistehen wird, ²²dann soll dieser

Stein, welchen ich zum Denkmal errichtet habe, Gottes Haus sein, (ein Ort, wo Gott residiert und ihm gedient wird). Und alles, was du mir gibst, will ich dir verzehnten.«

Zweiter

29 ¹Hierauf erhob Jaakow seine Füße und reiste in das Land der Morgenländer. ²Da sah er einen Brunnen auf dem Feld. Drei Herden Kleinvieh lagen um den Brunnen her, denn von demselben Brunnen tränkte man die Herden. Der Stein aber auf der Mündung des Brunnens war groß. ³Darum pflegten sich daselbst alle Herden zu versammeln. Sie wälzten dann den Stein von der Mündung des Brunnens, tränkten das Kleinvieh und brachten den Stein wieder auf die Mündung des Brunnens an seine Stelle. ⁴Jaakow sprach zu ihnen: »Meine Freunde! Wo seid ihr her?« Sie antworteten: »Wir sind von Charan.« ⁵Jener sprach zu ihnen: »Kennt ihr Lawan, Nachors Sohn?« Sie antworteten: »Wir kennen ihn.« ⁶Er sprach: »Ist er bei Wohlsein?« Sie antworteten: »Er ist bei Wohlsein. Da kommt eben seine Tochter Rachel mit dem Kleinvieh.« ⁷Jaakow sprach: »Noch ist der Tag groß. Noch ist nicht die Zeit, das Vieh einzutreiben. Tränkt das Kleinvieh und geht hin und weidet.« ⁸Sie antworteten: »Wir können nicht, bis alle Herden sich versammeln und man den Stein von der Mündung des Brunnens wegwälzt. Alsdann tränken wir das Kleinvieh.« ⁹Als er mit ihnen redete, kam Rachel an mit dem Kleinvieh ihres Vaters, denn sie war eine Schäferin. ¹⁰Als Jaakow Rachel, die Tochter Lawans, des Bruders seiner Mutter, sah und das Kleinvieh Lawans, des Bruders seiner Mutter, trat Jaakow hinzu, hob den Stein von der Mündung des Brunnens und tränkte das Kleinvieh Lawans, des Bruders seiner Mutter. ¹¹Und Jaakow küsste Rachel, erhob seine Stimme und weinte. ¹²Auch sagte Jaakow zu Rachel, dass er ihres Vaters Verwandter, nämlich Riwkas Sohn sei. Sie lief und sagte es ihrem Vater. ¹³Als Lawan die Nachricht von seinem Schwestersohn Jaakow hörte, lief er ihm entgegen, umarmte ihn, küsste ihn, brachte ihn in sein Haus, und Jaakow erzählte dem Lawan alle diese Begebenheiten. ¹⁴Lawan sprach zu ihm: »Wahrlich! Du bist mein Bein und mein Fleisch (mein naher Anverwandter).« Als er nun einen vollen Monat lang bei ihm war, ¹⁵sprach Lawan zu ihm:»Weil du mein Verwandter bist, solltest du mir darum umsonst dienen? Zeige mir an, was dein Lohn sein soll.« ¹⁶Nun hatte Lawan zwei Töchter. Die älteste hieß Lea und die jüngste Rachel. ¹⁷Leas Augen waren blöde. Rachel aber war schön von Bildung und schön von Farbe.

Dritter

¹⁸Jaakow liebte Rachel und sprach:»Ich will dir sieben Jahre dienen um deine jüngste Tochter Rachel.« ¹⁹Lawan sprach:»Besser ist es, ich gebe sie dir als einem anderen. Bleibe bei mir!« ²⁰Darauf diente Jaakow sieben Jahre um Rachel. Es waren aber in seinen Augen wie einzelne Tage, so sehr liebte er sie. ²¹Jaakow sprach zu Lawan:»Gib mir nunmehr meine Frau, denn meine Zeit ist um, damit ich ihr beiwohne.« ²²Lawan versammelte alle Leute des Ortes und machte ein Gastmahl. ²³Des Abends nahm er seine Tochter Lea, führte sie zu ihm und Jaakow wohnte ihr bei. ²⁴Lawan gab ihr seine Magd Silpa, nämlich seiner Tochter Lea, zur Magd. ²⁵Als der Morgen kam, siehe, so war es Lea. Da sprach er zu Lawan:»Was hast du mir getan? Habe ich dir nicht um Rachel gedient? Warum hast du mich denn betrogen?« ²⁶Lawan sprach:»An unserem Ort pflegt es nicht zu geschehen, dass man die Jüngste vor der Ältesten gebe. ²⁷Halte die Hochzeitwoche mit dieser aus. Dann sollst du auch diese bekommen, für den Dienst, den du bei mir noch sieben andere Jahre dienen sollst.« ²⁸Jaakow tat so. Er hielt die Hochzeitswoche der Lea aus. Da gab ihm Lawan seine Tochter Rachel zur Frau. ²⁹Lawan gab seiner Tochter Rachel seine Magd Bilha zur Magd. ³⁰Jaakow kam auch zur Rachel, hatte aber Rachel lieber als Lea. Und er diente bei ihm noch andere sieben Jahre. ³¹Als der Ewige sah, dass Lea gehasst war, öffnete er ihre Gebärmutter. Rachel aber war unfruchtbar. ³²Lea wurde schwanger und gebar einen Sohn. Diesen nannte sie»Re'uwen«, denn sie sprach:»Der Ewige hat mein Elend angesehen und nunmehr wird mein Mann mich lieben.« ³³Sie wurde abermals schwanger und gebar einen Sohn und sprach:»Weil der Ewige gehört hat, dass ich gehasst bin, so gab er mir auch diesen.« Und sie nannte ihn»Schim'on«. ³⁴Sie wurde abermals schwanger, gebar einen Sohn und sprach:»Nunmehr wird mein Mann mir verbunden

werden, denn ich habe ihm drei Söhne geboren.« Daher nannte man
ihn »Levi«. *35*Sie wurde ferner schwanger und gebar einen Sohn. Da
sprach sie: »Nun will ich dem Ewigen danken.« Darum nannte sie ihn
»Jehuda«. Dann hörte sie auf zu gebären. **30** *1*Als Rachel sah, dass
sie dem Jaakow keine Kinder geboren hatte, da beneidete Rachel ihre
Schwester und sprach zu Jaakow: »Schaffe mir Kinder! Wenn nicht, so
sterbe ich.« *2*Da entbrannte Jaakows Zorn über Rachel und er sprach:
»Bin ich denn an der Stelle Gottes, welcher dir Leibesfrucht versagt
hat?« *3*Sie sprach: »Hier ist meine Magd Bilha. Komm zu ihr, dass sie
Kinder bekomme, die ich auf meinem Schoß erziehe. So werde auch
ich durch sie gebaut werden.« *4*Sie gab ihm also ihre Magd Bilha zur
Frau. Und Jaakow wohnte ihr bei. *5*Bilha wurde schwanger und gebar
dem Jaakow einen Sohn. *6*Da sprach Rachel: »Gott war mein Richter
und hat auch meine Stimme erhört und mir einen Sohn gegeben.«
Darum nannte sie ihn »Dan«. *7*Bilha, Rachels Magd, wurde abermals
schwanger und gebar dem Jaakow den zweiten Sohn. *8*Da sprach
Rachel: »Wetteiferungen Gottes habe ich mit meiner Schwester ge-
wetteifert, bin ihr auch beigekommen.« Und sie nannte ihn »Naftali«.
*9*Als Lea sah, dass sie aufgehört hatte zu gebären, nahm sie ihre Magd
Silpa und gab sie dem Jaakow zur Frau. *10*Diese Silpa, die Magd der
Lea, gebar dem Jaakow einen Sohn. *11*Da sprach Lea: »Das gute Glück
ist gekommen.« Und sie nannte ihn »Gad«. *12*Silpa, die Magd der Lea,
gebar dem Jaakow einen zweiten Sohn. *13*Da sprach Lea: »Zu meiner
Glückseligkeit, denn die Töchter preisen mich glückselig.« Und sie
nannte ihn »Ascher«.

Vierter / Jahr II

*14*Re'uwen ging hin zur Zeit der Weizenernte, fand Alraunen auf dem
Feld und brachte sie seiner Mutter Lea. Da sprach Rachel zu Lea: »Gib
mir doch auch von deines Sohnes Alraunen.« *15*Jene antwortete: »Ist
es nicht genug, dass du meinen Mann wegnimmst? So willst du auch
noch meines Sohnes Alraunen nehmen?« Rachel sprach: »Er soll
auch diese Nacht bei dir liegen für deines Sohnes Alraunen.« *16*Als
Jaakow abends vom Feld kam, ging Lea ihm entgegen und sprach:
»Zu mir komme! Denn ich habe dich gemietet für meines Sohnes

Alraunen.« Und er lag bei ihr dieselbe Nacht. *17*Gott erhörte Lea. Sie wurde schwanger und gebar dem Jaakow den fünften Sohn. *18*Lea sprach:»Gott hat mich belohnt, dass ich meinem Mann meine Magd gegeben habe.« Und sie nannte ihn»Jissachar«. *19*Abermals wurde Lea schwanger und gebar dem Jaakow den sechsten Sohn. *20*Da sprach Lea: »Gott hat mir zugeteilt ein schönes Teil. Nunmehr wird mein Mann mit mir wohnen, denn ich habe ihm sechs Söhne geboren.« Und sie nannte ihn»Sewulun«. *21*Hernach gebar sie eine Tochter und nannte sie Dina. *22*Gott bedachte auch Rachel wieder. Er erhörte sie nämlich und öffnete ihre Gebärmutter. *23*Sie wurde schwanger, gebar einen Sohn und sprach:»Gott hat meine Schmach hinweggenommen.« *24*Und sie nannte ihn»Josef«, das heißt:»Der Ewige wird mir noch einen Sohn geben.« *25*Als nun Rachel den Josef geboren hatte, sprach Jaakow zu Lawan:»Entlasse mich, so will ich an meinen Ort und in mein Land reisen. *26*Gib mir meine Frauen und meine Kinder, um welche ich dir gedient habe. Dann will ich reisen. Denn du kennst meinen Dienst, wie ich dir gedient habe.« *27*Lawan antwortete ihm: »Kann ich Gewogenheit in deinen Augen finden? Ich ahne, dass mich der Ewige um deinetwillen gesegnet hat.«

Fünfter

*28*Und er sprach ferner:»Bestimme mir nur deinen Lohn, so will ich ihn geben.« *29*Jener antwortete ihm:»Du weißt, wie ich dir gedient habe und was dein Vieh bei mir geworden ist, *30*denn ein Weniges, das du vor meiner Zeit gehabt hast, hat sich in eine Menge ausgeweitet. So hat der Ewige dich nach meinem Eintritt gesegnet. Und nun, wann werde auch ich für die Meinigen sorgen?« *31*Er sprach:»Was soll ich dir geben?« Jaakow sprach:»Du sollst mir nichts Bestimmtes geben. Wenn du mir Folgendes tun willst, so will ich wieder hingehen, dein Kleinvieh weiden und es hüten. *32*Ich will dein Kleinvieh heute durchgehen und absondern von da jedes Schaf, das kleinfleckig oder großfleckig ist, und von den Lämmern jedes dunkelrote Lamm wie auch, was großfleckig oder kleinfleckig ist unter den Ziegen. Und künftig soll dergleichen mein Lohn sein. *33*Meine Ehrlichkeit wird mir das Zeugnis geben, an einem künftigen Tage, wenn du zu meinem Lohn kommen wirst, der vor deinen Augen ist. Was unter den Ziegen nicht große oder kleine Flecken hat und unter den Lämmern nicht dunkelrot ist, soll mir gestohlen sein.« ³⁴Lawan sprach:»Wohlan! Es sei, wie du gesprochen.« ³⁵Und er sonderte am selben Tag aus die fußgezeichneten und großfleckigen Böcke, auch alle kleinfleckigen und großfleckigen Ziegen, wo nur etwas Weißes daran war, auch alles Dunkelrote unter den Lämmern, übergab es seinen Söhnen ³⁶und ließ einen Raum von drei Tagereisen zwischen sich und Jaakow sein. Jaakow aber weidete Lawans übriges Kleinvieh. ³⁷Jaakow nahm frische Stäbe von Espenholz, Nussbaumholz und Kastanienholz, schälte dran weiße Streifen durch die Entblößung des Weißen, welches an den Stäben ist, ³⁸setzte die Stäbe, welche er geschält hatte, in die Rinnen, in die Wassertröge, wo das Kleinvieh hinkam, um zu trinken. Da setzte er die Stäbe dem Kleinvieh gegenüber, damit sie brünstig würden, wenn sie zu trinken kämen. ³⁹Das Kleinvieh wurde brünstig bei den Stäben und warf fußgezeichnete, klein- und großfleckige Jungen. ⁴⁰Diese Lämmer schied Jaakow aus und wandte das Angesicht des Kleinviehs gegen das Fußgezeichnete und gegen alles dunkelrote unter dem Kleinvieh Lawans. Seine Herden aber hielt er besonders und tat sie nicht unter das Kleinvieh Lawans. ⁴¹Wenn das frühläufige Vieh brünstig werden sollte, setzte Jaakow die Stäbe vor die Augen des Kleinviehs, um sie durch die Stäbe brünstig zu machen. ⁴²Wenn aber das Vieh spätläufig wurde, setzte er sie nicht hin, sodass die spätläufigen für Lawan, die frühläufigen aber für Jaakow waren. ⁴³Der Mann breitete sich über die Maßen sehr aus und hatte viel Kleinvieh, Mägde und Knechte, Kamele und Esel. **31** ¹Es kam ihm die Rede der Kinder Lawans zu Ohren, welche sprachen:»Jaakow hat alles genommen, was unserem Vater gehörte. Und von unseres Vaters Vermögen hat er diesen schweren Reichtum angeschafft.« ²Jaakow sah auch Lawans Angesicht, dass es ihm nicht mehr so günstig war wie gestern und vorgestern. ³Der Ewige aber sagte zu Jaakow:»Kehre in das Land deiner Eltern und an deinen Geburtsort zurück. Ich will mit dir sein.« ⁴Daher schickte Jaakow hin aufs Feld zu seinem Kleinvieh, ließ Rachel und Lea rufen ⁵und sprach zu ihnen:»Ich sehe an dem Angesicht eures Vaters, dass er mir nicht mehr so günstig ist wie gestern oder vorgestern. Aber der Gott meines Vaters ist mit mir gewesen. ⁶Nun wisst ihr, dass ich eurem Vater mit aller meiner Kraft gedient habe. ⁷Euer Vater aber hat mich hintergangen und hat meinen Lohn zehnmal verändert. Doch hat Gott nicht zugelassen, dass er mir Böses tue. ⁸Wenn er sprach: ›Die Kleinfleckigen sollen dein Lohn sein‹, so warf alles Kleinvieh Kleingeflecktes. Und wenn er sprach: ›Die Fußgezeichneten sollen dein Lohn sein‹, so warf alles Vieh Fußgezeichnetes. ⁹Gott also hat das Vieh eures Vaters abgesondert und mir gegeben. ¹⁰Zur Zeit, als das Kleinvieh brünstig war, hob ich meine Augen auf und sah im Traum: Da waren die Widder, welche das Kleinvieh besprangen, fußgezeichnete, kleinfleckige und weißgesprenkelte. ¹¹Und ein Engel Gottes sprach zu mir im Traum: ›Jaakow!‹ Ich sprach: ›Hier bin ich!‹ ¹²Er fuhr fort: ›Hebe deine Augen auf und sieh: Alle Böcke, die das Kleinvieh bespringen, sind fußgezeichnete, kleinfleckige und weißgestreifte. Denn ich habe alles gesehen, was dir Lawan tut. ¹³Ich bin der Gott von Bet El, wo du das Denkmal gesalbt und mir ein Gelübde getan hast. Nun mache dich auf, zieh aus diesem Land und kehre in dein Geburtsland zurück.‹« ¹⁴Rachel und Lea antworteten und sprachen zu ihm: »Haben wir wohl noch Teil oder Erbe in unseres Vaters Haus? ¹⁵Sind wir ihm nicht wie Fremde geachtet, weil er uns verkauft hat? Nun will er noch unser Geld verzehren, ¹⁶denn aller Reichtum, den Gott von unserem Vater abgesondert hat, gehört uns und unseren Kindern. Tue also alles, was dir Gott gesagt hat.«

Sechster / Jahr III

¹⁷Jaakow machte sich auf, setzte seine Kinder und Frauen auf die Kamele, ¹⁸führte auch all sein Vieh mit und alle seine Habe, welche er erworben, das Eigentum nämlich, welches er zu Padan Aram erworben, um zu seinem Vater Jizchak zu reisen, in das Land Kenaan. ¹⁹Lawan aber war hingegangen, sein Kleinvieh zu scheren. Da stahl Rachel die Götzen ihres Vaters. ²⁰Es gelang also dem Jaakow, den Aramiten Lawan zu hintergehen, indem diesem niemand anzeigte, dass er fliehen wollte. ²¹Also floh er und alles, was sein war. Er machte sich auf, ging über den Strom und wandte sich nach dem Berge Gil'ad. ²²Am dritten Tage wurde dem Lawan angesagt, dass Jaakow geflohen

war. ²³Da nahm er seine Verwandten mit sich, setzte ihm nach sieben Tagereisen und holte ihn ein am Berge Gil'ad. ²⁴Gott aber kam zu Lawan, dem Aramiten, im nächtlichen Traum und sprach zu ihm:»Hüte dich, dass du nicht (von der Rückreise) redest mit Jaakow, weder im Guten noch im Bösen.« ²⁵Also erreichte Lawan den Jaakow. Jaakow hatte sein Zelt aufgeschlagen auf dem Berg, und Lawan mit seinen Verwandten schlugen es auf dem Berge Gil'ad auf. ²⁶Da sprach Lawan zu Jaakow:»Was hast du getan, dass du so mein Herz gestohlen und meine Töchter weggeführt hast wie Kriegsgefangene? ²⁷Warum bist du so heimlich geflohen und hast mich so bestohlen? Warum hast du mir es nicht gesagt? Dann hätte ich dich hinweggeschickt mit Freuden und Gesängen, mit Pauke und Harfe. ²⁸So aber hast du mich nicht einmal meine Söhne und Töchter küssen lassen. Siehe! Du hast unvernünftig gehandelt. ²⁹Nun habe ich die Macht in der Hand, mit euch schlimm zu verfahren. Doch der Gott eures Vaters sprach vorige Nacht zu mir und sagte:›Hüte dich, mit Jaakow (von der Rückreise) zu reden, weder im Guten noch im Bösen.‹ ³⁰Indessen bist du nun auch weggegangen, weil du dich sehntest nach deines Vaters Haus. Warum stahlst du noch meine Götter?« ³¹Jaakow antwortete und sprach zu Lawan:»Weil ich mich fürchtete und dachte, du könntest mir deine Töchter mit Gewalt wegnehmen. ³²Bei wem du aber deine Götter finden wirst, der soll nicht leben bleiben. Im Beisein unserer Verwandten untersuche, was von dem Deinigen bei mir ist, und nimm es dir.« Jaakow wusste nämlich nicht, dass Rachel sie gestohlen hatte. ³³Lawan ging in Jaakows Zelt und in Leas Zelt und in der beiden Mägde Zelt und fand nichts. Aus Leas Zelt ging er heraus und kam in Rachels Zelt. ³⁴Rachel nahm indessen die Hausgötzen, tat sie in das Sattelkissen des Kamels und setzte sich darauf. Also durchwühlte Lawan das ganze Zelt und fand nichts. ³⁵Rachel aber sprach zu ihrem Vater:»Mein Herr, beliebe nicht zu zürnen, dass ich nicht aufstehen kann, weil mir nach der Weise der Frauen ist.« Er suchte also und fand die Götzen nicht. ³⁶Nun verdross es Jaakow und er stritt mit Lawan. Jaakow fing an und sprach zu Lawan: »Was ist nun mein Verbrechen? Was ist meine Sünde? Dass du mir so nachgesetzt hast. ³⁷Du hast ja all mein Gerät durchwühlt; was hast du von deinem Hausrat gefunden? Lege her, in Gegenwart meiner und deiner Verwandten, dass sie zwischen uns beiden entscheiden. [38]Diese zwanzig Jahre, die ich bei dir gewesen bin, haben deine Schafe und deine Ziegen nicht fehlgeworfen. Und die Widder deines Kleinviehs habe ich nicht gegessen. [39]Zerrissenes habe ich dir nicht gebracht. Ich musste es missen, von meiner Hand konntest du fordern, was des Tages und was des Nachts gestohlen wurde. [40]Wo ich am Tage war, verzehrte mich die Hitze, und bei Nacht der Frost. Auch der Schlaf wich aus meinen Augen. [41]Ich bin nun zwanzig Jahre in deinem Hause. Ich habe dir gedient vierzehn Jahre um deine zwei Töchter und sechs Jahre um dein Kleinvieh. Du aber verwandeltest meine Belohnung zehnmal. [42]Wenn nicht der Gott meines Vaters, der Gott Awrahams und die Ehrfurcht Jizchaks, mir zum Beistand gewesen wäre, du hättest mich wohl leer weggeschickt. Mein Elend und meiner Hände Arbeit hat Gott gesehen und die vorige Nacht entschieden.«

Siebter

[43]Lawan antwortete und sprach zu Jaakow:»Die Töchter sind meine Töchter, die Söhne meine Söhne, das Kleinvieh mein Kleinvieh, und alles, was du siehst, gehört zu mir. Doch was kann ich meinen Töchtern oder ihren Kindern, welche sie geboren haben, nunmehr tun? [44]Komm! Wir wollen einen Bund zerschneiden, ich und du, welcher zum Zeugnis sei zwischen mir und dir.« [45]Jaakow nahm einen Stein, richtete ihn zum Denkmal [46]und sprach zu seinen Verwandten:»Lest Steine zusammen!« Sie nahmen Steine, machten einen Haufen und man speiste daselbst auf dem Steinhaufen. [47]Lawan nannte ihn »Jegar Sahaduta«. Und Jaakow nennte ihn »Gal'ed«. [48]Denn Lawan sprach: »Dieser Steinhaufen sei heute ein Zeugnis zwischen mir und dir.« Daher nennt man den Ort »Gal'ed« [49]wie auch »Mizpa«, weil man gesagt hat: »Der Ewige wird schauen zwischen mir und dir, wenn wir auch einer dem anderen aus dem Gesichte kommen. [50]Wenn du meine Töchter beleidigst oder zu meinen Töchtern noch andere Frauen nimmst, so ist zwar kein Mensch Richter zwischen uns, aber siehe! Gott ist Zeuge« zwischen mir und dir.« [51]Lawan sprach ferner zu Jaakow:»Hier ist dieser Steinhaufen und hier ist dieses Denkmal, welches ich aufgeworfen habe zwischen mir und dir. [52]Dieser Ste-

inhaufen nämlich sei Zeuge, und dieses Denkmal sei auch Zeuge, dass ich niemals zu dir vor diesem Steinhaufen vorbeiziehe. Und du niemals zu mir vor diesem Steinhaufen und vor diesem Denkmal vorbeiziehest zum Bösen. [53]Der Gott Awrahams und der Gott Nachors mögen zwischen uns richten — nämlich die Götter ihrer Vorfahren —.« Und Jaakow schwor bei der Ehrfurcht seines Vaters Jizchaks. [54]Jaakow schlachtete ein Stück Vieh auf dem Berg und lud seine Verwandten ein, ein Gastmahl zu halten. Sie hielten ein Gastmahl und übernachteten auf dem Berg.

Maftir

32   [1]Des Morgens darauf stand Lawan auf, küsste seine Enkel und seine Töchter und segnete sie. Dann reiste Lawan ab und kam wieder in seine Heimat zurück. [2]Jaakow aber ging seines Weges weiter. Da begegneten ihm Engel Gottes. [3]Jaakow sprach, als er sie sah: »Dies ist ein Lager von Engeln.« Und er nannte denselben Ort »Machanajim«, zwei Lager.

Haftarat Wajeze : Hosea 12,13-14,10 (S. 460)

Psalm des Schabbat nach Seder Avodat Israel: Ps 3

8. Wajischlach (Gen 32,4-36,43)

*[INHALT: Jakobs Ringen mit einem Wesen; Jakob wird »Jisrael« * Versöhnung zwischen Jakob und Esaw * Dinas Vergewaltigung und Jakobs Landkauf * Bet-El: Jakob wird »Jisrael« * Jakobs Söhne * Esaws Söhne*

⁴Jaakow **schickte** *(wajischlach)* Boten vor sich her zu seinem Bruder Esaw in das Land Se'ir, in das Gebiet von Edom ⁵und befahl ihnen wie folgt:»So sprecht zu meinem Herrn Esaw!›Dein Knecht Jaakow lässt dir sagen: Ich habe mich bei Lawan aufgehalten und bisher verweilt. ⁶Daselbst habe ich erlangt Rind und Esel, Kleinvieh, Knecht und Magd. Nun schicke ich es meinem Herrn kundzutun, um Gewogenheit in deinen Augen zu finden.‹« ⁷Die Boten kehrten zu Jaakow zurück und sprachen:»Wir sind zu deinem Bruder Esaw gekommen. Er zieht dir auch entgegen und vierhundert Mann mit ihm.« ⁸Jaakow fürchtete sich sehr und ihm wurde bange. Er teilte die Leute, welche er bei sich hatte, wie auch das Kleinvieh, das Rindvieh und die Kamele in zwei Lager. ⁹Denn er sprach:»Wenn nun Esaw auch kommt zu dem einen Lager und schlägt es, so kann doch das übrige Lager entrinnen.« ¹⁰Jaakow sprach ferner:»Gott meines Vaters Awraham und Gott meines Vaters Jizchak, Ewiger, der du zu mir gesprochen hast: ›Kehre in dein Land und an deinen Geburtsort zurück, dann will ich dir ferner wohltun.‹ ¹¹Ich bin zu gering für alle Wohltaten und alle Treue, welche du deinem Knecht erzeigt hast. Denn bloß mit meinem Stecken bin ich über diesen Jarden gegangen, und jetzt bin ich zu zwei Lagern geworden. ¹²Errette mich doch aus meines Bruders Hand, aus Esaws Hand, denn ich fürchte ihn, damit er nicht komme und mich umbringe, die Mutter samt den Kindern. ¹³Du aber hast gesprochen: ›Ich will dir wohltun und deinen Samen machen wie Sand am Meer, welcher vor Menge nicht zu zählen ist.‹«

¹⁴Er blieb allda dieselbe Nacht und nahm von dem, was er mit sich führte, ein Geschenk für seinen Bruder Esaw, ¹⁵zweihundert Ziegen

und zwanzig Böcke, zweihundert Schafe und zwanzig Widder, [16]melkende Kamele nebst ihren Jungen, dreißig, vierzig Kühe und zehn Stiere, zwanzig Eselinnen und zehn Esel. [17]Er übergab solches seinen Knechten, jede Herde besonders, und sprach zu seinen Knechten: »Geht vor mir her und lasst einen Zwischenraum sein zwischen einer Herde und der anderen!« [18]Er gebot dem ersten wie folgt: »Wenn dir mein Bruder Esaw begegnet und fragt: ›Wem gehörst du an? Wo gehst du hin? Und wessen sind diese vor dir her?‹, [19]so sprich: ›Deinem Knecht Jaakow gehört es. Es ist ein Geschenk, geschickt für meinen Herrn Esaw. Und dort kommt er selbst hinter uns.‹« [20]Er gebot auch dem zweiten, so auch dem dritten, so auch allen, die hinter der Herde hergehen: »So sagt zu Esaw, wenn ihr ihn findet: [21]Sagt ihm: ›Dein Knecht kommt auch selbst hinter uns.‹« Denn er dachte sich: »Ich will ihn versöhnen durch das Geschenk, das vor mir hergeht, hernach will ich sein Angesicht sehen. Vielleicht nimmt er mich desto freundlicher auf.« [22]Das Geschenk ging also vor ihm her. Er aber blieb die Nacht im Lager. [23]Und in derselben Nacht stand er auf, nahm seine zwei Frauen, seine zwei Mägde und seine elf Kinder und durchschritt die Furt des Jabbok. [24]Er nahm sie, führte sie über den Fluss und brachte alles Seinige hinüber. [25]Jaakow aber blieb allein zurück. Da rang ein Mann mit ihm, bis der Morgen aufging. [26]Als er sah, dass er ihm nicht beikommen konnte, griff er an den Ballen seiner Hüfte. Da wurde der Ballen an Jaakows Hüfte von dem Ringen verrenkt. [27]Der Mann sprach: »Lass mich gehen, denn der Morgen ist aufgegangen.« Jaakow sprach: »Ich lass dich nicht gehen, du habest mich denn vorher gesegnet.« [28]Jener sprach zu ihm: »Wie heißt du?« Dieser sprach: »Jaakow«. [29]Er sprach: »Du sollst nicht mehr ›Jaakow‹ genannt werden, sondern ›Jisrael‹, denn du hast um den Vorzug gestritten mit göttlichen Wesen und mit Menschen und bist ihnen beigekommen.« [30]Jaakow fragte und sprach: »Sage mir doch deinen Namen!« Jener sprach: »Warum fragst du nach meinem Namen?« Und er segnete ihn daselbst.

Dritter

[31]Jaakow nannte den Ort »Peniël«, denn: »Ich habe ein göttliches Wesen gesehen von Angesicht zu Angesicht, und meine Person ist

errettet worden.« ³²Die Sonne fing ihm an zu scheinen, als er an Penuel vorbeikam, und er hinkte an seiner Hüfte. ³³Darum essen die Kinder Jisraels nicht die Spannader, welche auf dem Ballen der Hüfte ist, bis auf den heutigen Tag, weil er den Ballen der Hüfte Jaakows, die Spannader, berührt hatte. **33** ¹Als Jaakow seine Augen aufhob, sah er Esaw ankommen mit vierhundert Mann. Da verteilte er seine Kinder auf Lea, auf Rachel und auf die beide Mägde, ²stellte die Mägde und ihre Kinder vornan, Lea und ihre Kinder hernach und Rachel und Josef zuletzt. ³Er aber ging vor ihnen her, verbeugte sich zur Erde siebenmal, während er hintrat zu seinem Bruder. ⁴Esaw lief ihm entgegen, umarmteᵃ ihn, fiel ihm um den Hals, küsste ihn, und sie weinten. ⁵Esaw hob seine Augen auf, sah die Frauen und die Kinder und sprach:»Was gehören dir diese zu?« Er antwortete:»Es sind die Kinder, womit Gott deinen Knecht begnadigt hat.«

Vierter

⁶Die Mägde traten hinzu, sie und ihre Kinder, und verbeugten sich. ⁷Da trat auch Lea und ihre Kinder hinzu und verbeugten sich. Zuletzt trat Josef und Rachel hinzu und verbeugten sich. ⁸Er sprach:»Was willst du mit jenem ganzen Hirtenlager, welches ich angetroffen habe?« Er antwortete:»Gnade finden in meines Herren Augen.« ⁹Esaw sprach:»Ich habe genug. Mein Bruder! Behalte, was du hast.« ¹⁰Jaakow aber sprach:»O nein! Wenn ich Gnade in deinen Augen gefunden habe, so nimmst du mein Geschenk von meiner Hand, weil ich dein Antlitz gesehen habe, wie man das Antlitz eines göttlichen Wesens sieht, und du hast mich gütig aufgenommen. ¹¹Nimm doch meinen Segen an, welcher dir überbracht worden ist, denn Gott hat mich begnadigt und ich habe alles genug.« Als er sehr in ihn drang, nahm er es an. ¹²Esaw sprach:»Lass uns nunmehr reisen und unseren Weg fortsetzen. Ich will neben dir gehen.« ¹³Jener antwortete:»Mein Herr weiß, dass die Kinder zart sind und dass ich auch beim kleinen und großen Vieh für die schwächlichen sorgen muss. Wenn man sie einen Tag übermäßig

---

a   Gen 33,4: *Das hebräische Wort für »umarmen« (wajischakehu) ist in einer Torarolle punktiert.*

treibt, so stirbt alles Kleinvieh. *¹⁴*Mein Herr gehe nur vor seinem Knechte voraus. Ich will meinen langsamen Zug nachführen, so wie der Tross vorankann, welchen ich vor mir habe, und so wie die Kinder vorankönnen, bis ich zu meinem Herrn nach Se'ir komme.« *¹⁵*Esaw sprach:»So will ich denn bei dir lassen von dem Volk, das bei mir ist.« Er antwortete:»Wozu dies? Lass mich nur vor meinem Herrn Gnade finden.« *¹⁶*Esaw ging denselben Tag seinen Weg zurück nach Se'ir. *¹⁷*Jaakow aber reiste nach Sukkot, baute sich ein Haus, und seinem Vieh machte er Hütten. Darum nennt man den Ort »Sukkot«. •

*¹⁸*Jaakow kam gesund in Schechems Stadt an, welche im Land Kenaan liegt, als er von Padan Aram zurückkam, und schlug sein Hirtenlager auf vor der Stadt. *¹⁹*Er kaufte das Stück Feld, wo er sein Zelt aufrichtete, von der Hand der Kinder Chamors, des Vaters Schechems, um hundert Kesita. *²⁰*Daselbst setzte er einen Altar hin und nannte ihn: »Gott ist der Gott Jisraels.« •

Fünfter / Jahr II

34   *¹*Dina, Leas Tochter, die sie dem Jaakow geboren hatte, ging aus, um sich umzusehen unter den Töchtern des Landes. *²*Da erblickte sie Schechem, Sohn des Chiwin Chamor, des Fürsten des Landes. Er nahm sie, beschlief sie und tat ihr Gewalt an. *³*Sein Herz hing an Dina, Jaakows Tochter. Er liebte die Jungfrau und redete ihr freundlich zu. *⁴*Und Schechem sprach zu seinem Vater Chamor:»Nimm mir dieses Mädchen zur Frau.« *⁵*Nun hatte Jaakow gehört, dass man seine Tochter Dina entehrt hatte. Seine Söhne aber waren mit seinem Vieh auf dem Feld. Daher schwieg Jaakow, bis sie zurückkommen würden. *⁶*Chamor, Schechems Vater, ging also hinaus zu Jaakow, um mit ihm zu reden. *⁷*Jaakows Söhne kamen zurück vom Felde, als sie es hörten. Die Männer waren betrübt, und es verdross sie sehr, dass eine solche Freweltat geschehen war an Jisrael, mit Jaakows Tochter zu schlafen, welches nicht geschehen sollte. *⁸*Nun redete Chamor mit ihnen und sprach:»Mein Sohn Schechem, seine Seele ist in eure Tochter verliebt. So gebt sie ihm doch zur Frau! *⁹*Verschwägert euch mit uns. Gebt uns eure Töchter und unsere Töchter nehmt euch. *¹⁰*Ihr könnt bei uns wohnen. Das Land soll euch offen sein. Lasst euch nieder, zieht darin herum und erwerbt (Land) darin.« [11]Schechem sprach zu ihrem Vater und zu ihren Brüdern: »Lasst mich Gnade in euren Augen finden! Was ihr nur sagt, will ich geben. [12]Fordert noch so viel Morgengabe und Geschenk, so will ich geben, was ihr fordert. Gebt mir nur die Jungfrau zur Frau.« [13]Jaakows Söhne antworteten dem Schechem und seinem Vater Chamor mit Hinterlist, und so redeten sie, weil er ihre Schwester Dina entehrt hatte. [14]Sie sprachen nämlich zu ihnen: »Wir können dies nicht tun, dass wir unsere Schwester einem Mann geben, welcher eine Vorhaut hat. Denn dies wäre uns eine Schande. [15]Doch dann wollen wir euch zu willen sein, wenn ihr auch sein wollt wie wir, dass alles Männliche beschnitten werde. [16]Dann wollen wir euch unsere Töchter geben, eure Töchter uns nehmen, bei euch wohnen und zusammen ein Volk werden. [17]Wenn ihr uns aber nicht folgt, euch beschneiden zu lassen, so nehmen wir unsere Tochter und gehen.« [18]Ihre Worte gefielen den Augen Chamors und den Augen Schechems, des Sohns Chamors. [19]Der Jüngling säumte nicht dies ins Werk zu setzen, denn er sehnte sich nach der Tochter Jaakows und war der geehrteste unter allen seines Vaters Leuten. [20]Als nun Chamor und sein Sohn Schechem in das Tor ihrer Stadt kamen, redeten sie mit den Bürgern ihrer Stadt wie folgt: [21]»Diese Leute sind gegen uns friedlich gesinnt. Sie wollen in dem Land wohnen und darin herumreisen. Das Land aber hat Raum genug für sie. Ihre Töchter wollen wir uns zu Frauen nehmen und unsere Töchter ihnen geben. [22]Doch nur dann wollen uns die Leute zu willen sein, wenn sie bei uns wohnen und mit uns ein Volk werden, wenn wir unter uns alles Männliche beschneiden lassen, so wie sie beschnitten sind. [23]Ihre Herde, ihre Habe und all ihr Vieh wird ja unser sein. Lasst uns doch ihnen zu willen werden, damit sie bei uns bleiben.« [24]Da gehorchten dem Chamor und seinem Sohn Schechem alle, die in das Stadttor hinauskamen, und alles Männliche, so viel wie in das Tor hinauskamen, ließ sich beschneiden. [25]Am dritten Tage aber, als sie Schmerzen hatten, nahmen Schimʼon und Levi, zwei von den Söhnen Jaakows, Dinas Brüder, jeder sein Schwert, überfielen die Stadt, die sich sicher glaubte, und erschlugen alles Männliche. [26]Auch den Chamor und seinen Sohn Schechem erschlugen sie mit der Schärfe des Schwertes, nahmen Dina aus dem Hause Schechems und gingen hinaus. ²⁷Die Söhne Jaakows fielen über die Erschlagenen her und plünderten die Stadt, weil sie ihre Schwester entehrt hatten. ²⁸Ihr Kleinvieh, ihre Rinder, Esel, was in der Stadt und auf dem Felde war, nahmen sie mit. ²⁹All ihr Gut, auch ihre Kinder und Frauen, nahmen sie gefangen und plünderten, wie auch alles, was im Hause war. ³⁰Da sprach Jaakow zu Schimʼon und Levi:»Ihr habt mich betrübt, dass ihr mich stinkend gemacht habt (das heißt, verhasst gemacht) bei dem Einwohner des Landes, bei dem Kenaani und Perisi. Ich aber habe wenige Leute. Wenn sie sich gegen mich versammeln, so können sie mich schlagen, so kann ich mit meinem Hause vertilgt werden.« ³¹Sie sprachen:»Soll er unsere Schwester wie eine Hure halten?«❡

35 ¹Gott sprach zu Jaakow:»Mach dich auf! Geh hinauf nach Bet El, bleibe da und mache daselbst dem Gott einen Altar, der dir erschienen ist, als du vor deinem Bruder Esaw flohst.« ²Da sprach Jaakow zu seinen Leuten und zu allen, die bei ihm waren:»Legt die fremden Götter ab, welche unter euch sind, reinigt euch und wechselt euere Kleider. ³Wir wollen uns aufmachen und hinauf nach Bet El gehen. Dort will ich dem Gott einen Altar machen, der mich am Tag meiner Not erhört hat und auf dem Weg, welchen ich gegangen bin, mit mir gewesen ist.« ⁴Sie übergaben dem Jaakow alle fremden Götter, die sie bei sich hatten, wie auch den Schmuck in ihren Ohren, und Jaakow vergrub sie unter der Linde, welche bei Schechem stand. ⁵Sie reisten ab. Und eine Angst von Gott kam über die Städte, welche um sie herum lagen, dass sie Jaakows Söhnen nicht nachsetzten. ⁶Jaakow kam in Lus an, welches im Land Kenaan liegt, jetzt »Bet El«, er und alles Volk, welches bei ihm war. ⁷Daselbst baute er einen Altar und nannte den Ort:»Gott zu Bet El«, denn daselbst haben sich ihm die göttlichen Wesen offenbart, als er vor seinem Bruder floh. ⁸Dewora, die Amme der Riwka, starb und wurde unter Bet El begraben, unter dem Eichbaum. Diesen nannte man »Alon Bachut«, Klageeiche.❡

⁹Gott erschien dem Jaakow abermals, als er von Padan Aram zurückkam, und segnete ihn, ¹⁰sprach nämlich zu ihm:»Dein Name ist jetzt ›Jaakow‹. Man soll dich aber nicht mehr ›Jaakow‹ nennen, sondern

›Jisrael‹ soll dein Name sein.« Er nannte ihn also »Jisrael«. ¹¹Gott sprach ferner zu ihm: »Ich bin der allmächtige Gott. Sei fruchtbar und mehre dich. Ein Volk und eine Menge Völker werden von dir herkommen und Könige aus deinen Lenden hervorgehen.

Sechster

¹²Das Land, welches ich dem Awraham und dem Jizchak geschenkt habe, will ich dir geben, nämlich deinem Samen nach dir will ich das Land geben.« ¹³Gott erhob sich von ihm, an dem Ort, wo er mit ihm geredet hatte. ¹⁴Jaakow stellte ein Denkmal auf an dem Ort, wo er mit ihm geredet hatte, ein Denkmal von Stein, goss Trankopfer darauf und ließ Öl darauf fließen. ¹⁵Jaakow nannte den Ort, wo Gott mit ihm geredet hatte, Bet El.

Jahr III

¹⁶Sie reisten von Bet El weg und hatten noch eine weite Strecke Landes nach Efrat hin. Da wollte Rachel gebären, und es erging ihr hart bei ihrem Gebären. ¹⁷Als es ihr nun so hart erging beim Gebären, sprach die Wehmutter zu ihr: »Fürchte dich nur nicht! Du hast abermals einen Sohn.« ¹⁸Es war eben, als ihr die Seele ausging, denn sie starb. Darum nannte sie ihn »Ben Oni«: Sohn meiner Schmerzen. Sein Vater aber nannte ihn »Binjamin«, Sohn des Alters. ¹⁹Rachel starb also und wurde begraben auf dem Weg nach Efrat, jetzt »Bet Lechem«. ²⁰Jaakow setzte ein Denkmal auf ihr Begräbnis. Dasselbe ist das Grabmal Rachels bis auf diesen Tag. ²¹Jisrael reiste weiter und schlug sein Zelt auf jenseits des Herdenturms. ²²Als Jisrael noch in dem Land wohnte, ging Re'uwen hin, beschlief die Bilha, seines Vaters Kebsweib, und Jisrael erfuhr es;[a]ꜩ

es hatte aber Jaakow zwölf Söhne. ²³Leas Söhne waren: Jaakows Erstgeborener, Re'uwen, dann Schim'on, Levi, Jehuda, Jissachar und Sewulun. ²⁴Rachels Söhne waren Josef und Binjamin. ²⁵Die Söhne

---

a   *Im Hebräischen ist hier erst die Mitte des Verses. Der vorgeschriebene traditionelle Zeilenumbruch ist hier ungewöhnlicherweise mitten im Satz.*

der Bilha, Rachels Magd, waren Dan und Naftali. ²⁶Die Söhne der Silpa, Leas Magd, waren Gad und Ascher. Dies sind die Söhne Jaakows, welche ihm zu Padan Aram geboren worden. ²⁷Jaakow zog zu seinem Vater Jizchak nach Mamre, zu Kirjat Arba, dasselbe heißt auch »Chewron«, wo sich Awraham und Jizchak aufgehalten hatten. ²⁸Als Jizchak hundertundachtzig Jahre alt war, ²⁹verschied er, starb und wurde zu seinen Vorfahren eingetan, alt und lebenssatt. Seine Söhne Esaw und Jaakow begruben ihn.¶

36   ¹Dies ist die Geschlechtsfolge von Esaw oder Edom. ²Esaw nahm Frauen von den Töchtern Kenaans, nämlich Ada, Tochter des Chitin Elon, Oholiwama Tochter des Ana, Tochter des Chiwin Ziw'ons, ³und Basmat, Tochter des Jischmael, Schwester des Newajot. ⁴Ada gebar dem Esaw den Elifas und Basmat gebar den Re'u'el. ⁵Oholiwama gebar Je'usch, Ja'lam und Korach. Dies sind Esaws Kinder, welche ihm im Land Kenaan geboren worden waren. ⁶Esaw nahm seine Frauen, Söhne, Töchter und alle Personen seines Hauses, seine Herden und alles Vieh und was er sonst für Gut im Land Kenaan erworben und zog in ein anderes Land vor seinem Bruder Jaakow. ⁷Denn ihr erworbenes Gut war zu groß, beieinander wohnen zu können, und das Land ihres Aufenthaltes konnte sie nicht ertragen wegen ihrer Herden. ⁸Esaw wohnte auf dem Gebirge Se'ir, Esaw oder Edom. ⁹Dies ist die Geschlechtsfolge des Esaws, Stammvaters des Volkes Edom auf dem Berge Se'ir. ¹⁰Die Namen der Söhne Esaws sind: Elifas, Sohn der Ada, Esaws Frau, Re'u'el, Sohn der Basmat, Esaws Frau. ¹¹Die Söhne des Elifas waren: Teman, Omar, Zefo, Ga'tam und Kenas. ¹²Timna war ein Kebsweib des Elifas, des Sohnes Esaws. Diese gebar dem Elifas den Amalek. Dies sind die Kinder der Ada, Esaws Frau. ¹³Die Söhne des Re'u'el waren Nachat und Serach, Schama und Misa. Dies waren die Söhne der Basmat, Esaws Frau. ¹⁴Folgendes aber waren die Söhne der Frau Esaws Oholiwama, Tochter des Ana, Tochter Ziw'ons. Sie gebar dem Esaw den Je'usch, Ja'lam und Korach. ¹⁵Dies sind die Stammfürsten der Söhne Esaws: die Söhne des Elifas, des Erstgeborenen Esaws, Stammfürst Teman, Stammfürst Omar, Stammfürst Zefo und Stammfürst Kenas, ¹⁶Stammfürst Korach, Stammfürst Ga'tam, Stammfürst

Amalek. Dies sind Stammfürsten des Elifas im Land Edom und sind Söhne der Ada. ¹⁷Die Söhne Re'u'els, Esaws Sohn, sind: Stammfürst Nachat, Stammfürst Serach, Stammfürst Schama, Stammfürst Misa. Dies sind Stammfürsten Re'u'els im Land Edom, und sind Söhne der Basmat, Esaws Frau. ¹⁸Die Söhne der Oholiwama, Esaws Frau, sind: Stammfürst Je'usch, Stammfürst Ja'lam, Stammfürst Korach. Dies sind Stammfürsten der Oholiwama, Tochter der Ana, Esaws Frau. ¹⁹Dies sind also die Söhne Esaws und dies sind ihre Stammfürsten; derselbe heißt auch »Edom«. •

Siebter

²⁰Die Söhne des Chorin Se'ir, Besitzer des Landes, waren: Lotan, Schowal, Ziw'on und Ana, ²¹ferner Dischon, Ezer und Dischan. Dies sind Stammfürsten des Volkes Chori, Söhne Se'irs, im Land Edom. ²²Lotans Söhne waren Chori und Hemam, und Lotans Schwester hieß Timna. ²³Schowals Söhne waren Alwan und Manachat und Eval, Schefo und Onam. ²⁴Die Söhne des Ziw'on waren Aja und Ana. Dies ist derjenige Ana, der die Jemim gefunden, als er seinem Vater Ziw'on die Esel weidete. ²⁵Die Söhne der Ana waren Dischon. Und Oholiwama war eine Tochter des Ana. ²⁶Die Söhne Dischans waren Chemdan, Eschban, Jitran und Cheran. ²⁷Die Söhne Ezers waren Bilhan, Sa'awan und Akan. ²⁸Die Söhne des Dischan waren Uz und Aran. ²⁹Dies sind die Stammfürsten des Volkes Chori: Stammfürst Lotan, Stammfürst Schowal, Stammfürst Ziw'on, Stammfürst Ana, ³⁰Stammfürst Dischon, Stammfürst Ezer, Stammfürst Dischan. Dies sind die Stammfürsten des Volkes Chori nach ihren Stämmen im Land Se'ir.⸗

³¹Dies aber sind die Könige, welche im Land Edom regiert haben, ehe noch die Kinder Jisraels ein König regiert hat: ³²In Edom regierte Bela, Sohn Beors. Und seine Geburtsstadt war Dinhawa. ³³Bela starb, und an seiner Stelle regierte Jowaw, Sohn Serachs aus Bozra. ³⁴Jowaw starb, und an seiner Stelle regierte Chuscham aus dem Temaner Land. ³⁵Chuscham starb, und an seiner Stelle regierte Hadad, Sohn Bedads, der in der Ebene von Moaw das Volk Midjan geschlagen hatte, und sein Geburtsort war Awit. ³⁶Hadad starb, und an seiner Stelle regierte

Samla aus Masreka. ^{37}Samla starb, und an seiner Stelle regierte Scha'ul aus Rechowot am Wasser. ^{38}Scha'ul starb, und an seiner Stelle regierte Baal Chanan, Sohn Achbors. ^{39}Baal Chanan, Sohn Achbors, starb, und an seiner Stelle regierte Hadar, sein Geburtsort war Pa'u und seine Frau hieß Mehetaw'el, Tochter Matreds, Tochter Me Sahaw.

Maftir

^{40}Dies sind die Namen der Stammfürsten Esaws nach ihren Geschlechtern, Wohnplätzen und Benennungen: Stammfürst Timna, Stammfürst Alwa, Stammfürst Jetet, ^{41}Stammfürst Oholiwama, Stammfürst Ela, Stammfürst Pinon, ^{42}Stammfürst Kenas, Stammfürst Teman, Stammfürst Miwzar, ^{43}Stammfürst Magdi'el, Stammfürst Iram. Dies sind die Stammfürsten Edoms, nach ihren Besitzungen in ihrem Erbland. Derselbe Esaw ist der Stammvater des Volkes Edom.¶

Haftarat Wajischlach Aschkenasim und Liberal: Hosea 11,7-12,12 (S. 462); Sefardim und Chabad: Owadja 1,1-21 (S. 463).

Psalm des Schabbat nach Seder Avodat Israel: Ps 140

9. Wajeschew (Gen 37,1-40,23)

[INHALT: Josef und seine Brüder * Juda und Tamar * Josef bei Potifera * Josef im Gefängnis]

37 ¹Jaakow aber **ließ sich nieder** *(wajeschew)* in dem Land, wo sein Vater sich aufgehalten hatte, nämlich im Land Kenaan. ²Hier folgt die Geschlechtsfolge Jaakows: Josef, in einem Alter von siebzehn Jahren, hütete mit seinen Brüdern das Kleinvieh und verkehrte als Knabe mit den Söhnen der Bilha und Silpa, den Frauen seines Vaters. Doch Josef überbrachte ihrem Vater allerlei üble Nachrichten von ihnen. ³Nun liebte Jisrael den Josef mehr als alle seine Söhne, weil er ein Sohn seines hohen Alters war, und machte ihm einen bunten Rock. ⁴Als die Brüder sahen, dass ihr Vater ihn mehr liebte als alle seine Brüder, hassten sie ihn und konnten nicht freundlich mit ihm sprechen. ⁵Einst hatte Josef einen Traum. Diesen erzählte er seinen Brüdern. Da hassten sie ihn nur desto mehr. ⁶Er sprach nämlich zu ihnen:»Hört doch den Traum, welchen ich geträumt habe. ⁷Es war, als wenn wir Garben bänden auf dem Felde, und als wenn meine Garbe sich aufrichtete und stehen blieb, eure Garben aber sich herum stellten und sich vor meiner Garbe verbeugten.« ⁸Da sprachen seine Brüder zu ihm:»Denkst du etwa, uns als König zu regieren oder uns zu beherrschen?« Sie hassten ihn also nur desto mehr wegen seiner Träume und wegen seiner Reden. ⁹Er hatte noch einen anderen Traum und erzählte ihn seinen Brüdern, sprach nämlich:»Siehe, ich habe noch einen Traum gehabt. Es war, als wenn die Sonne, der Mond und elf Sterne sich vor mir verbeugten.« ¹⁰Dies erzählte er seinem Vater und seinen Brüdern. Der Vater gab ihm einen Verweis und sprach:»Was ist das für ein Traum, welchen du geträumt hast? Soll ich, deine Mutter und deine Brüder kommen, um uns vor dir zur Erde zu verbeugen?« ¹¹Die Brüder wurden eifersüchtig auf ihn. Der Vater aber merkte sich dies.

Zweiter

¹²Einst gingen seine Brüder, um ihres Vaters Kleinvieh^a zu Schechem zu weiden. ¹³Da sprach Jisrael zu Josef:»Weiden deine Brüder nicht zu Schechem? Komm! Ich will dich zu ihnen schicken.« Dieser antwortete:»Ich bin einverstanden.« ¹⁴Jener sprach:»Geh doch hin, sieh nach dem Wohlbefinden deiner Brüder und der Herde und bring mir Nachricht.« Er schickte ihn los von dem Tal bei Chewron, und er ging nach Schechem. ¹⁵Unterwegs fand ihn ein Mann, als er auf dem Feld irreging. Der Mann fragte ihn:»Was suchst du?« ¹⁶Er sprach:»Meine Brüder suche ich. Sag mir doch, wo sie weiden.« ¹⁷Der Mann sprach: »Sie sind von hier weggezogen. Denn ich habe sie sagen hören:›Lasst uns gen Dotan gehen!‹«Josef ging seinen Brüdern nach und fand sie zu Dotan. ¹⁸Als sie ihn von fern erblickten, ehe er noch zu ihnen herankam, fassten sie schon den bösen Anschlag, ihn zu töten. ¹⁹Einer sprach zum andern:»Dort kommt der Träumer her! ²⁰Nun kommt, wir wollen ihn erschlagen, in eine der Gruben werfen und sagen, ein wildes Tier habe ihn gefressen. Alsdann wollen wir sehn, was seine Träume sein werden!« ²¹Als Re'uwen es hörte, errettete er ihn von ihrer Hand, sprach nämlich:»Wir wollen ihn nicht ums Leben bringen!« ²²Re'uwen sprach ferner zu ihnen:»Vergießt kein Blut! Werft ihn lieber in diese Grube, die in der Wüste ist, legt aber keine Hand an ihn.« (Dies sprach er), um ihn von ihrer Hand zu erretten und zu seinem Vater zurückzubringen.

Dritter

²³Als nun Josef zu seinen Brüdern hingekommen war, zogen sie ihm seinen Rock aus, den bunten Rock nämlich, den er anhatte, ²⁴nahmen ihn und warfen ihn in die Grube. Die Grube aber war leer und kein Wasser drinnen. ²⁵Hernach setzten sie sich, um Mahlzeit zu halten. Sie sahen sich um und erblickten eine Karawane (eine Reisegesellschaft) von Jischmeelim, die kam von Gil'ad, und ihre Kamele waren beladen mit Gewürzen, Balsam und Lotus. Sie reisten, um solches nach Mizrajim hinabzuführen. ²⁶Da sprach Jehuda zu seinen Brüdern:

---

a   *Gen 37,12: Im hebräischen steht vor diesem Wort ein Wort, das ein Akkusativobjekt anzeigt (et). In einer Torarolle hat es Punkte über beiden Buchstaben.*

»Was für Vorteil haben wir, wenn wir unseren Bruder umbringen und bedecken sein Blut? ²⁷Kommt, wir wollen ihn den Jischmeelim verkaufen und unsere Hand nicht an ihn legen, weil er unser Bruder, unser Fleisch ist.« Die Brüder gehorchten. ²⁸Als die Männer, Kaufleute von Midjan, vorbeikamen, zogen sie und brachten Josef herauf aus der Grube und verkauften Josef den Jischmeelim um zwanzig Silberstücke. Diese brachten Josef nach Mizrajim. ²⁹Als Re'uwen zur Grube zurückkam und Josef nicht mehr in der Grube war, zerriss er seine Kleider, ³⁰kehrte zu seinen Brüdern zurück und sprach: »Der Knabe ist nicht da. Ich aber, wo soll ich hin?« ³¹Sie nahmen Josefs Rock, schlachteten einen Ziegenbock und tunkten den Rock in das Blut, ³²ließen den bunten Rock ihrem Vater überbringen und sagen: »Dies haben wir gefunden. Erkenne doch, ob es deines Sohnes Rock ist oder nicht.« ³³Er erkannte ihn und sprach: »Es ist der Rock meines Sohnes. Ein wildes Tier hat ihn gefressen. Josef ist zerrissen worden.« ³⁴Jaakow zerriss seine Kleider, legte einen Sack um seine Lenden und trauerte um seinen Sohn lange Zeit. ³⁵Alle seine Söhne und Töchter traten auf, um ihn zu trösten. Er weigerte sich aber, sich trösten zu lassen, und sprach: »Ich werde vielmehr zu meinem Sohn trauernd in die Gruft fahren.« So beweinte ihn sein Vater. ³⁶Die Midjanim verkauften ihn nach Mizrajim an Potiphar, den Hofbedienten des Pharao, Fürsten der Leibwache.¶

Vierter / Jahr II

38 ¹Um dieselbe Zeit ging Jehuda von seinen Brüdern hinab und schlug seine Zelte auf bei einem Mann aus Adulam, der Chira hieß. ²Jehuda sah daselbst die Tochter eines Kaufmanns, der Schua hieß, heiratete sie und wohnte ihr bei. ³Sie wurde schwanger und gebar einen Sohn. Den nannte er »Er«. ⁴Sie wurde abermals schwanger und gebar einen Sohn. Den nannte sie »Onan«. ⁵Sie gebar wiederum einen Sohn und nannte ihn »Schela«. Er war in Chesiw, als sie ihn gebar. ⁶Jehuda nahm für seinen ältesten Sohn eine Frau. Die hieß Tamar. ⁷Aber Er, Jehudas ältester Sohn, war in den Augen des Ewigen missfällig, und der Ewige ließ ihn sterben. ⁸Da sprach Jehuda zu Onan: »Wohne der Frau deines Bruders bei und nimm sie zur Bruderehe, damit du deinem Bruder Nachkommen verschaffst.« [9]Nun wusste Onan, dass die Nachkommen nicht ihm gehören würden. Wenn er also seines Bruders Frauen beiwohnte, verderbte er es zur Erde, um seinem Bruder keine Nachkommen zu geben. [10]Was er tat, war in den Augen des Ewigen missfällig. Darum ließ er auch ihn sterben. [11]Jehuda sprach zu seiner Schwiegertochter Tamar: »Bleibe als Witwe in deines Vaters Haus, bis mein Sohn Schela erwachsen sein wird.« Denn er dachte sich, er könnte auch sterben, wie seine Brüder. Tamar ging und blieb in ihres Vaters Haus. [12]Es verflossen viele Tage, da starb die Tochter des Schua, Jehudas Frau. Als Jehuda getröstet wurde, ging er hinauf zu den Scherern seines Kleinviehs, er und sein Freund Chira, nach Timna. [13]Dies wurde der Tamar angesagt. Man sprach: »Dein Schwiegervater reist hinauf nach Timna, um sein Kleinvieh zu scheren.« [14]Da legte sie ihre Witwenkleider ab, bedeckte sich mit einem Schleier, verhüllte sich und setzte sich an die öffentliche Heerstraße, welche auf dem Wege nach Timna ist. Denn sie sah, dass Schela erwachsen war und sie ihm nicht zur Frau gegeben worden war. [15]Jehuda erblickte sie und hielt sie für eine Hure, denn sie hatte ihr Gesicht bedeckt. [16]Er lenkte zu ihr hin den Weg und sprach: »Erlaube, dass ich dir beiwohne.« Denn er wusste nicht, dass sie seine Schwiegertochter war. Sie sprach: »Was willst du mir geben, wenn du mir beiwohnest?« [17]Er sprach: »Ich will einen Ziegenbock von der Herde senden.« Sie antwortete: »Wenn du ein Pfand geben willst, bis du ihn sendest.« [18]Er sprach: »Was für ein Pfand soll ich dir geben?« Sie antwortete: »Deinen Siegelring, dein Tuch und den Stab, den du in der Hand hast.« Er gab es ihr, wohnte ihr bei und sie wurde von ihm schwanger. [19]Sie machte sich auf, ging davon, legte ihren Schleier ab, und zog wieder ihre Witwenkleider an. [20]Jehuda schickte den Ziegenbock durch seinen Freund, den Adulamier, um das Pfand von der Hand der Frau abzuholen. Er fand sie aber nicht. [21]Er fragte die Leute ihrer Stadt und sprach: »Wo ist die Beischläferin? Sie saß sonst am öffentlichen Platz, am Wege.« Sie antworteten: »In dieser Gegend war keine Beischläferin.« [22]Er kehrte zu Jehuda zurück und sprach: »Ich habe sie nicht gefunden und die Stadtleute haben auch gesagt: ›In dieser Gegend war keine Beischläferin.‹« [23]Jehuda sprach: »Sie mag es hinnehmen. Wir könnten zu Schanden werden.

Siehe! Ich habe den Ziegenbock geschickt, du aber hast sie nicht gefunden.« [24]Als beinahe drei Monate vorbei waren, wurde dem Jehuda angesagt:»Deine Schwiegertochter Tamar hat Hurerei getrieben und ist hurenweise schwanger worden.« Jehuda sprach:»Führt sie hinaus, dass sie verbrannt werde.« [25]Sie wurde hinausgeführt, hatte aber zu ihrem Schwiegervater geschickt und sagen lassen:»Von demjenigen Mann bin ich schwanger, welchem diese Dinge gehören.« Sie sprach ferner:»Erkenne doch, wem dieser Siegelring, dieses Tuch und dieser Stab gehören!« [26]Jehuda erkannte es und sprach:»Sie ist gerechter als ich, weil ich sie meinem Sohn Schela nicht gegeben habe.« Er berührte sie hierauf nicht mehr. [27]Zur Zeit ihrer Niederkunft zeigte sich, dass sie Zwillinge im Leibe hatte. [28]Indem sie niederkam, gab eines die Hand. Die Wehmutter nahm sie, band einen roten Faden an die Hand, um anzuzeigen, dieser kam zuerst hervor. [29]Als es aber seine Hand zurückzog, kam sein Bruder hervor. Sie sprach:»Warum hast du so vorgedrungen? Auf dich kommt die Schuld des Vordringens.« Man nannte ihn»Perez«. [30]Hernach kam sein Bruder, welcher den roten Faden an der Hand hatte, und man nannte ihn Serach. •

Fünfter / Jahr III

39 [1]Josef wurde indessen hinuntergeführt nach Mizrajim. Und Potiphar, Hofbedienter des Pharao, Oberster der Leibwache, ein geborener Mizri, kaufte ihn von den Jischmeelim, welche ihn da hinuntergeführt hatten. [2]Der Ewige war mit Josef, und er wurde ein Mann, dem alles glückte. Er war also im Hause seines Herrn, des Mizri. [3]Als sein Herr sah, dass der Ewige mit ihm ist, und alles, was er tut, in seiner Hand gelingen lässt, [4]da fand Josef Gunst in seinen Augen und bediente ihn. Dieser machte ihn zum Verwalter über sein Haus, und was er hatte, gab er in seine Gewalt. [5]Seitdem er ihn zum Verwalter gemacht hatte über sein Haus und alles, was er hatte, segnete der Ewige das Haus des Mizri um Josefs willen. Als nun der Segen des Ewigen merklich war in allem, was er hatte, zu Hause und auf dem Felde, [6]ließ er alles, was er hatte, in Josefs Gewalt und kümmerte sich bei ihm um weiter nichts als um das Brot, welches er aß. Josef aber war schön von Gestalt und schön von Ansehen.

⁷Einst nach diesen Begebenheiten warf seines Herrn Frau ihre Augen auf Josef und sprach:»Lege dich zu mir.« ⁸Er weigerteᵃ sich aber und sprach zu seines Herrn Frau:»Siehe! Mein Herr kümmert sich bei mir nicht, was im Hause vorgeht, und alles, was er hat, hat er in meine Gewalt gegeben. ⁹Niemand ist in diesem Hause größer als ich und er hat mir nicht das Geringste vorbehalten als nur dich, weil du seine Frau bist. Wie sollte ich also diese große Übeltat begehen und gegen Gott sündigen?« ¹⁰Als sie nun Tag auf Tag so mit ihm redete und er ihr nicht gehorchte, dass er bei ihr läge oder auch um sie wäre, ¹¹so war ein gewisser Tag, da kam Josef in das Haus, um sein Geschäft zu verrichten, als keiner von den Leuten im Hause war ¹²und sie ergriff ihn bei seinem Kleid und sprach:»Lege dich zu mir!« Er aber ließ sein Kleid in ihrer Hand, entfloh und ging zum Hause hinaus. ¹³Als sie nun sah, dass er sein Kleid in ihrer Hand gelassen hatte und hinaus-geflohen war, ¹⁴rief sie ihre Leute und sprach zu ihnen:»Seht doch! Er hat uns einen iwrischen Mann gebracht, mit uns Mutwillen zu treiben. Er kam zu mir, sich zu mir zu legen. Da schrie ich mit lauter Stimme. ¹⁵Als er nun hörte, dass ich meine Stimme erhob und schrie, ließ er sein Kleid bei mir und floh zum Haus hinaus.« ¹⁶Sie legte sein Kleid bei sich hin, bis sein Herr nach Hause kam. ¹⁷Zu ihm sprach sie eben dieselben Worte:»Der iwrische Knecht, den du uns gebracht hast, kam zu mir, um Mutwillen mit mir zu treiben. ¹⁸Wie ich aber meine Stimme erhob und schrie, ließ er sein Kleid bei mir und floh hinaus.« ¹⁹Als nun sein Herr die Worte seiner Frau hörte, die zu ihm sagte:»So ist dein Knecht mit mir umgegangen«, da entbrannte sein Zorn ²⁰und Josefs Herr nahm ihn, tat ihn in das Gefängnis, an den Ort, wo die Gefangenen des Königs eingesperrt waren. Also war er daselbst in dem Gefängnis. ²¹Aber der Ewige war mit Josef, neigte ihm Gewogenheit zu und brachte ihm Gunst in den Augen des Aufsehers über das Gefängnis. ²²Der Aufseher des Gefängnisses gab in Josefs Gewalt alle die Gefangenen, welche im Gefängnisse waren, und alles,

---

a　*Gen 39,8: Das Wort »weigerte sich« (hebr. wajema'en) hat ein musikalisches Zeichen, das in der Tora nur viermal vorkommt: Schalschelet. Es ist ein längeres Motiv mit einer mehrfach die Tonleiter auf und ab gehenden Tonfolge.*

was daselbst geschah, musste er versorgen. *23*Der Aufseher über das Gefängnis sah nicht das mindeste nach, was er in seiner Gewalt hatte, indem der Ewige mit ihm war. Und was er tat, ließ der Ewige gelingen. ¶

Siebter

40 *1*Einst nach diesen Begebenheiten, versündigten sich der Mundschenk des Königs von Mizrajim und der Backmeister an ihrem Herren, an dem König von Mizrajim. *2*Pharao war so sehr erzürnt über seine beiden Hofbedienten, über den Obermundschenk und über den Oberbackmeister, *3*dass er sie in Haft bringen ließ, in das Haus des Obersten von der Leibwache, in das Gefängnis, an den Ort, wo Josef eingesperrt war. *4*Der Oberste der Leibwache trug es dem Josef auf, bei ihnen zu sein. Er bediente sie. Und sie waren ein ganzes Jahr in Haft. *5*Da träumten beide in einer Nacht, jeder seinen besonderen Traum, und jeder Traum kam mit der Bedeutung überein. Nämlich der Oberschenk und der Oberbackmeister des Königs von Mizrajim, welche in dem Gefängnis eingesperrt waren. *6*Als Josef des Morgens zu ihnen kam, sah er, dass sie bestürzt waren. *7*Da fragte er die Hofbedienten Pharaos, welche mit ihm in Haft in dem Hause seines Herrn waren: »Warum sind eure Gesichter heute so betrübt?« *8*Sie antworteten: »Wir haben einen Traum gehabt und hier ist niemand, der ihn auslegen kann.« Josef sprach: »Sind die Traumdeutungen nicht Gottes? Erzählt sie mir doch!« *9*Darauf erzählte der Obermundschenk seinen Traum dem Josef und sprach: »In meinem Traum war es, als wenn ein Weinstock vor mir wäre. *10*Am Weinstock waren drei Reben. Es war, als wenn er grünte. Dann kam die Blüte hervor. Endlich reiften auch die Beeren an den Trauben. *11*Pharaos Becher war in meiner Hand. Da nahm ich die Beeren, drückte sie in Pharaos Becher aus und setzte den Becher auf Pharaos Hand.« *12*Josef sprach zu ihm: »Dies ist seine Deutung: Drei Reben bedeuten drei Tage. *13*Nach drei Tagen wird dich Pharao mit hinaufbringen und wieder auf die vorige Stelle setzen. Du wirst Pharao den Becher wieder in die Hand setzen nach der vorigen Weise, als du sein Mundschenk warst. *14*Wenn du dich nun meiner wieder erinnerst, wenn es dir wohl gehen wird, so erzeige mir doch Gnade. Gedenke nämlich meiner vor Pharao und lass mich aus diesem Hause heraus nehmen. [15]Denn ich bin aus dem Land der Iwrim gestohlen worden und habe hier zu Land auch nichts begangen, dass sie mich in diese Grube gesetzt haben.« [16]Als der Oberbackmeister sah, dass er gut gedeutet hatte, sprach er zu Josef:»Auch in meinem Traume war es, als wenn ich drei geflochtene Körbe auf meinem Kopfe hätte. [17]Im obersten Korb aber war allerlei Speise für Pharao, nämlich an Backwerk. Und der Vogel aß sie aus dem Korb über meinem Kopfe.« [18]Josef antwortete und sprach:»Dies ist seine Deutung: Drei Körbe bedeuten drei Tage. [19]Nach drei Tagen wird Pharao deinen Kopf von deinem Rumpf nehmen und dich an den Galgen hängen lassen, wo der Vogel dein Fleisch von dir abfressen wird.«

Maftir

[20]Den dritten Tag darauf, den Tag, an welchem Pharao geboren worden war, machte er ein Gastmahl für alle seine Bedienten. Als er nun das Haupt des Obermundschenks und das Haupt des Oberbackmeisters mit unter seinen Bedienten heraufgebracht hatte, [21]setzte er den Obermundschenk in sein Schenkamt wieder ein, und dieser setzte den Becher in die Hand des Pharao. [22]Den Oberbackmeister aber ließ er hängen, wie Josef ihnen gedeutet hatte. [23]Doch der Obermundschenk erinnerte sich Josefs nicht und vergaß ihn endlich völlig.¶

Haftarat Wajeschwew: Amos 2,6-3,8 (S. 466)

(an Schabbat Chanukka (S. 574)

Psalm des Schabbat nach Seder Avodat Israel: Ps 112

10. Mikez (Gen 41,1-44,17)

*[INHALT: Josef bei Pharao * Josefs Brüder reisen nach Ägypten]*

41 **¹Nach Verlauf** *(mikez)* zweier Jahre hatte Pharao einen Traum, als wenn er am Fluss stünde. ²Und aus dem Fluss kämen sieben Kühe herauf, schön von Ansehen und stark von Fleisch, und weideten auf der Wiese, ³und als wenn nach ihnen sieben andere Kühe heraufkämen aus dem Fluss, schlecht von Ansehen und mager von Fleisch und sich neben jene Kühe am Ufer des Flusses stellten. ⁴Diese Kühe, welche schlecht von Ansehen und mager von Fleisch waren, fraßen jene ansehnlichen und fleischigen Kühe auf. Worauf Pharao erwachte. ⁵Er schlief aber wieder ein und träumte zum zweiten Mal, als wenn sieben körnige und gute Ähren in einem Halme aufschössen ⁶und sieben andere Ähren, dünne und vom Ostwind ausgedroschen, nach ihnen wüchsen. ⁷Doch die dünnen Ähren verschlangen jene sieben körnigen und vollen Ähren. Pharao erwachte und siehe: Es war ein Traum. ⁸Des Morgens darauf wurde sein Gemüt beunruhigt. Er schickte hin und ließ alle Bilderschriftkundigen von Mizrajim und alle ihre weisen Männer rufen, erzählte ihnen seinen Traum, doch keiner wusste ihn dem Pharao recht zu deuten. ⁹Da redete der Obermundschenk vor Pharao wie folgt:»Ich muss meiner Verbrechen hiermit gedenken. ¹⁰Pharao war einst über seine Diener erzürnt und tat mich in Haft in dem Hause des Obersten von der Leibwache, mich und den Oberbackmeister. ¹¹Wir hatten beide in einer Nacht einen Traum, ich und er. Wir träumten jeder nach der besonderen Bedeutung seines Traumes. ¹²Daselbst war bei uns ein iwrischer Knabe, Diener des Obersten von der Leibwache. Wir erzählten es ihm und er deutete unsere Träume, einem jeden, wie es mit seinem Traume übereinkam, ¹³und wie er uns gedeutet, so ist erfolgt. Mich nämlich setzte man wieder auf meine Stelle und jener wurde gehängt.« ¹⁴Pharao schickte hierauf hin und ließ Josef rufen. Sie holten ihn aus der Grube. Er ließ sich rasieren, wechselte seine Kleider und kam vor Pharao.

¹⁵Pharao sprach zu Josef:»Ich habe einen Traum gehabt und niemand kann ihn deuten. Ich höre aber von dir, dass du einen Traum zu deuten verstehst.« ¹⁶Josef antwortete dem Pharao:»Fern von mir! Doch Gott wird zum Wohlergehen Pharaos antworten lassen.« ¹⁷Nun sprach Pharao zu Josef:»In meinem Traum war es, als wenn ich am Rande des Flusses stünde ¹⁸und aus dem Fluss kämen herauf sieben Kühe, stark von Fleisch und schön von Gestalt und weideten auf der Wiese. ¹⁹Nach ihnen aber kämen sieben andere Kühe herauf, ausgezehrt, sehr schlecht von Gestalt und mager von Fleisch. Ich habe dergleichen elendes Vieh im ganzen Land Mizrajim nicht gesehen. ²⁰Diese abgezehrten, mageren Kühe fraßen die ersten sieben gesunden Kühe auf. ²¹Sie kamen in ihren Leib, es wurde aber nicht gemerkt, dass sie in ihren Leib gekommen, denn ihr Ansehen blieb noch so schlecht wie vorhin. Da erwachte ich. ²²Ich sah ferner in meinem Traum sieben volle und gute Ähren an einem Halm aufgehen. ²³Nach ihnen aber kamen sieben vertrocknete, dünne und vom Ostwind ausgedroschene Ähren hervor. ²⁴Diese sieben dünnen Ähren verschlangen jene sieben guten. Ich habe dies den Bilderschriftkundigen erzählt, doch niemand kann mir die Bedeutung sagen.« ²⁵Da sprach Josef zu Pharao:»Pharaos Traum war nur einer (der Bedeutung nach). Was Gott tun will, hat er dem Pharao vorausgesagt. ²⁶Die sieben guten Kühe bedeuten sieben Jahre, und die sieben guten Ähren bedeuten auch sieben Jahre. Beides ist nur ein Traum. ²⁷Und die sieben abgezehrten schlechten Kühe, die nach ihnen heraufgekommen sind, bedeuten sieben Jahre, so wie die sieben leeren, vom Ostwind ausgedroschenen Ähren. Sie stellen sieben Jahre Hungersnot dar. ²⁸Das ist nun, was ich dem Pharao gesagt habe. Was Gott tun will, hat er dem Pharao angezeigt. ²⁹Es werden sieben Jahre kommen von großer Fruchtbarkeit im ganzen Land Mizrajim. ³⁰Nach ihnen aber werden sieben Jahre Hungersnot entstehen, dass man im Land Mizrajim alle Fruchtbarkeit vergessen wird. So wird die Hungersnot das Land verderben. ³¹Die Fruchtbarkeit wird im Land nicht verspürt werden wegen derjenigen Hungersnot, die hernach sein wird, denn sie wird sehr schwer sein. ³²Dass aber dem Pharao der Traum zum zweiten Male wiederholt worden ist, bedeutet, dass

die Sache fest beschlossen ist von Gott und Gott eilt sie auszuführen.
³³Nun ersehe sich Pharao einen verständigen und weisen Mann aus
und setze ihn über das Land Mizrajim. ³⁴Pharao tue auch dies und
setze Befehlshaber über das Land und lasse das Land Mizrajim den
Fünften abgeben in den sieben Jahren der Fruchtbarkeit. ³⁵Sie mögen
den ganzen Vorrat dieser künftigen guten Jahre sammeln und schütten
das Getreide auf unter der Gewalt Pharaos zum Vorrat in den Städten
und verwahren es, ³⁶damit der Vorrat dem Land aufbehalten werde
auf die sieben Jahre der Hungersnot, welche im Land Mizrajim sein
werden, und das Land durch die Hungersnot nicht ganz aufgerieben
werde.« ³⁷Die Sache gefiel den Augen Pharaos und den Augen aller
seiner Diener. ³⁸Pharao sprach zu seinen Dienern:»Werden wir auch
einen finden wie diesen, einen Mann, in welchem ein göttlicher Geist
ist?«

Dritter

³⁹Und zu Josef sprach er:»Weil dir Gott dies alles bekannt gemacht
hat, so ist niemand so verständig und so weise wie du. ⁴⁰Du sollst über
mein Haus gesetzt sein und durch deinen Befehl soll mein ganzes
Volk verpflegt werden. Nur was den Thron betrifft, will ich größer
sein als du.« ⁴¹Pharao sprach ferner zu Josef:»Siehe! Ich setze dich
über das ganze Land Mizrajim.« ⁴²Er nahm seinen Ring von seiner
Hand, gab ihn Josef an seine Hand, kleidete ihn in feine Leinwand
und tat eine goldene Kette um seinen Hals, ⁴³ließ ihn in dem anderen
Staatswagen fahren, der ihm gehörte, und man rief vor ihm her:»Auf
die Knie gefallen!« Also setzte er ihn über das ganze Land Mizrajim.
⁴⁴Auch sprach Pharao zu Josef:»Ich bin Pharao. Aber ohne dich soll
niemand seine Hand oder seinen Fuß regen (nämlich sich das geringste unternehmen) im ganzen Land Mizrajim.« ⁴⁵Pharao nannte den
Josef»Zafnat Paneach« (einer, der die verborgensten Dinge weiß) und
gab ihm zur Frau die Asnat, Tochter Potiferas, des Priesters zu On.
Josef bereiste das Land Mizrajim. ⁴⁶Er war dreißig Jahr alt, als er vor
Pharao, König zu Mizrajim, stand. Jetzt ging er von der Gegenwart
Pharaos hinweg und durchreiste das ganze Land Mizrajim. ⁴⁷Das Land
brachte es in den sieben Jahren der Fruchtbarkeit zu Händevoll auf

jedes Korn. ⁴⁸Man sammelte allen Vorrat der sieben Jahre, welche im Land Mizrajim waren, und legte Vorrat in den Städten an, nämlich den Vorrat des Feldes einer jeden Stadt, welches in ihrem Bezirk war, legte man hinein. ⁴⁹Josef schüttete Getreide auf wie Sand am Meere, über die Maßen viel, sodass man aufhörte zu zählen, denn es hatte keine Zahl. ⁵⁰Dem Josef wurden zwei Söhne geboren, bevor noch das Jahr der Hungersnot kam, welche ihm Asnat, Tochter des Potifera, des Priesters zu On, geboren hatte. ⁵¹Josef nannte den Erstgeborenen »Menasche«, denn (er sprach): »Gott hat mich vergessen lassen all mein Unglück und das ganze Haus meines Vaters.« ⁵²Den Zweiten nannte er »Efrajim«, denn (er sprach): »Gott hat mich wachsen lassen in dem Land meines Elends.«

Vierter / Jahr II

⁵³Als die sieben Jahre der Fruchtbarkeit zu Ende waren, welche im Land Mizrajim gewesen, ⁵⁴begannen die sieben Jahre der Hungersnot, wie Josef gesprochen hatte. Da war Hungersnot in allen Ländern, im ganzen Land Mizrajim aber war Brot zu bekommen. ⁵⁵Als nämlich das Land Mizrajim die Hungersnot zu spüren begann, schrie das Volk zu Pharao um Brot. Aber Pharao sprach zum Land Mizrajim: »Geht zu Josef! Was er euch sagen wird, das tut.« ⁵⁶Als nun Hungersnot im ganzen Land war, öffnete Josef alle (Vorratshäuser), worin Getreide war, und verkaufte an Mizrajim. Denn die Hungersnot nahm zu im Land Mizrajim. ⁵⁷Und alle aus dem Land ringsum kamen nach Mizrajim zu Josef, um einzukaufen. Denn die Hungersnot war groß in dem ganzen Land. **42** ¹Als Jaakow merkte, dass in Mizrajim noch Getreide feil war, sprach er zu seinen Söhnen: »Was seht ihr euch einander an?« ²Und sprach ferner: »Ich habe gehört, dass in Mizrajim Getreide feil ist. Reist hinab und kauft uns von da ein, damit wir uns das Leben erhalten und nicht sterben.« ³Zehn Brüder Josefs reisten hinab, um von Mizrajim Getreide einzukaufen. ⁴Binjamin aber, Josefs Bruder, schickte Jaakow nicht mit seinen Brüdern. Denn er sprach: »Es könnte ihm Unglück begegnen.« ⁵Die Kinder Jisraels kamen unter anderen Ankommenden an, um einzukaufen. Denn im Land Kenaan war Hungersnot. ⁶Josef regierte das Land. Er verkaufte auch Getreide

dem gesamten Volke des Landes. Nun kamen die Brüder Josefs und verbeugten sich vor ihm mit dem Angesicht zur Erde. [7]Als Josef seine Brüder sah, erkannte er sie, stellte sich aber gegen sie fremd, redete hart mit ihnen und sprach:»Wo kommt ihr her?« Sie sprachen:»Aus dem Land Kenaan, um Speise einzukaufen.« [8]Josef erkannte zwar seine Brüder, doch sie erkannten ihn nicht. [9]Josef gedachte an die Träume, die er von ihnen geträumt hatte, und sprach zu ihnen:»Ihr seid Kundschafter! Ihr seid gekommen, um die Schwäche des Landes wahrzunehmen.« [10]Sie antworteten:»Nein, mein Herr! Deine Diener sind vielmehr gekommen, um Vorrat einzukaufen. [11]Wir alle sind Söhne eines Mannes. Wir sind ehrliche Leute. Deine Diener sind niemals Kundschafter gewesen.« [12]Er sprach zu ihnen:»Nein! Ihr seid wirklich gekommen, um die Schwäche des Landes wahrzunehmen.« [13]Sie antworteten:»Wir, deine Diener, sind zwölf Brüder, Söhne eines Mannes im Land Kenaan. Der kleinste ist jetzt bei unserem Vater, und einer davon ist hinweggekommen.« [14]Josef sprach zu ihnen:»Die Sache ist, wie ich euch gesagt habe. Ihr seid Kundschafter! [15]Dadurch sollt ihr geprüft werden. Beim Leben Pharaos! Ihr kommt von hier nicht anders weg, als wenn euer kleinster Bruder hierher kommt. [16]Schickt einen von euch ab, dass er euren Bruder hole. Ihr aber sollt eingesperrt werden. Dadurch sollen eure Worte geprüft werden, ob ihr mit der Wahrheit umgeht. Denn wenn nicht, beim Leben Pharaos!, so seid ihr Kundschafter.« [17]Man tat sie in Verwahrung, drei Tage lang. [18]Am dritten Tage sprach Josef zu ihnen:»Tut Folgendes, damit ihr euer Leben erhaltet: Ich fürchte Gott.

Fünfter

[19]Seid ihr ehrliche Leute, so bleibe ein Bruder von euch in eurem Gefängnis eingesperrt. Ihr aber zieht und bringt hin den Einkauf für die Hungersnot eures Hauses. [20]Euren kleinsten Bruder bringt mir her. Dadurch werden eure Worte glaubhaft werden und ihr nicht sterben.« Sie taten dies [21]und sprachen einer zum andern:»Fürwahr! Wir haben uns an unserem Bruder verschuldet, weil wir die Angst seiner Seele gesehen, als er uns anflehte und wir haben nicht hören wollen. Darum hat uns diese Not getroffen.« [22]Re'uwen antwortete

ihnen und sprach: »Sagte ich es euch nicht, da ich sprach: ›Versündigt euch nicht an dem Knaben?‹ Ihr aber wolltet nicht hören. Jetzt wird sein Blut gefordert.« ²³Sie wussten nicht, dass Josef es versteht, weil alle Zeit ein Dolmetscher zwischen ihnen war. ²⁴Er wandte sich von ihnen weg und weinte, ging wieder zu ihnen, redete mit ihnen, nahm den Schimʼon von ihnen und ließ ihn vor ihren Augen binden. ²⁵Josef befahl, dass man ihre Gefäße mit Getreide anfülle und ihr Geld wieder hineinlege, jedes in seinen Sack, ihnen auch Wegzehrung auf die Reise mitgebe. Man tat ihnen so. ²⁶Sie luden ihren Einkauf auf ihre Esel und reisten von da ab. ²⁷In der Herberge öffnete einer seinen Sack, um seinem Esel Futter zu geben und sah sein Geld, welches oben an der Öffnung des Futtersacks war. ²⁸Er sprach zu seinen Brüdern: »Man hat mir mein Geld wiedergegeben. Hier liegt es im Futtersack!« Da fiel ihnen das Herz, und sie erschraken einer gegen den andern, sprachen: »Was hat uns Gott da getan?« ²⁹Sie kamen zu ihrem Vater Jaakow in das Land Kenaan und berichteten ihm, was ihnen begegnet war, wie folgt: ³⁰»Der Mann, der Herr des Landes, redete hart mit uns und hielt uns für Kundschafter des Landes. ³¹Wir antworteten ihm: ›Wir sind ehrliche Leute. Wir waren niemals Kundschafter. ³²Wir sind zwölf Brüder, Söhne unseres Vaters. Einer ist weggekommen, der kleinste aber ist jetzt bei unserem Vater im Land Kenaan.‹ ³³Doch der Mann, der Herr im Land, sprach: ›Daran will ich erkennen, ob ihr ehrlich seid. Einen Bruder von euch lasst bei mir und nehmt die Notdurft für euer Haus und reist ³⁴und bringt mir euren kleinsten Bruder her. Hieran werde ich dann erkennen, dass ihr keine Kundschafter, sondern ehrliche Leute seid. Ich gebe euch euren Bruder wieder und ihr könnt im Land frei herumreisen.‹« ³⁵Da sie nun ihre Säcke ausleerten, hatte jeder sein Bund Geld in seinem Sack. Als sie nun samt ihrem Vater die Geldbündel sahen, gerieten sie in Furcht. ³⁶Ihr Vater Jaakow sprach zu ihnen: »Mich wollt ihr um meine Kinder bringen! Josef ist hin, und Schimʼon ist hin, Binjamin wollt ihr auch nehmen. Über mich ergeht dies alles!« ³⁷Reʼuwen antwortete seinem Vater und sprach: »Meine beiden Söhne sollst du töten, wenn ich ihn dir nicht wiederbringe. Gib ihn nur in meine Hand; ich will ihn dir wieder zurückbringen.« ³⁸Er sprach: »Mein Sohn soll nicht mit euch hinabreisen. Denn sein Bruder ist tot, er ist allein übrig. Wenn ihm ein Unglück begegnete auf dem Wege, welchen ihr reist, so würdet ihr mein graues Haupt mit Kummer in die Gruft bringen.« **43** ¹Indessen war die Hungersnot schwer im Land. ²Als sie nun den Einkauf, welchen sie von Mizrajim mitgebracht, aufgezehrt hatten, sprach ihr Vater zu ihnen:»Geht wieder hin! Kauft uns ein wenig Speise ein.« ³Jehuda antwortete:»Der Mann hat uns gewarnt und sprach: ›Ihr sollt mein Angesicht nicht wieder sehen, wenn euer Bruder nicht bei euch ist.‹ ⁴Schickst du unseren Bruder mit uns, so reisen wir hinab und kaufen dir ein. ⁵Schickst du ihn aber nicht mit, so können wir nicht hinabreisen, denn der Mann hat zu uns gesprochen: ›Ihr sollt mein Angesicht nicht sehen, wenn euer Bruder nicht mit euch ist.‹« ⁶Jisrael sprach:»Warum habt ihr mir das zu Leide getan, dass ihr dem Mann gesagt habt, dass ihr noch einen Bruder habt?« ⁷Sie antworteten:»Der Mann hat uns ausgefragt nach uns und nach unserer Verwandtschaft, sprach: ›Lebt euer Vater noch? Habt ihr noch einen Bruder?‹ Da sagten wir ihm, so wie die Sachen sich verhalten. Konnten wir wissen, dass er sprechen würde: ›Bringt euren Bruder herab?‹« ⁸Jehuda sprach zu seinem Vater:»Schick den Knaben mit mir, so wollen wir uns aufmachen und reisen, damit wir das Leben erhalten und nicht allesamt umkommen, sowohl wir als du und unsere Kinder. ⁹Ich will Bürge sein für ihn. Von meiner Hand fordere ihn! Wenn ich ihn dir nicht bringe und vor dich hinstelle, so will ich alle Zeit gegen dich gesündigt haben. ¹⁰Hätten wir nicht so lange gesäumt, wir wären schon zweimal zurückgekommen.« ¹¹Da sprach Jisrael, ihr Vater, zu ihnen:»Wenn dem so ist, so tut dies. Nehmt von den besten Früchten des Landes in eurem Gefäß mit und bringt dem Mann ein Geschenk, ein wenig Balsam, ein wenig Honig, Gewürze und Lotus, Pistazien und Mandeln. ¹²Und zweimal soviel Geld nehmt mit, nämlich auch das Geld, das man in eure Futtersäcke wieder hineingelegt hat, sollt ihr wieder mitbringen. Vielleicht ist es ein Irrtum. ¹³Dazu nehmet auch euren Bruder mit und macht euch auf und kehrt zu dem Mann zurück. ¹⁴Gott, der Allmächtige, gebe euch Barmherzigkeit vor dem Mann, dass er euch den anderen Bruder wieder mitziehen lasse und Binjamin auch. Ich aber, wenn ich der Kinder beraubt sein soll, nun, so sei ich ihrer beraubt.« ¹⁵Die

Männer nahmen dieses Geschenk, auch zweimal soviel Geld nahmen sie mit und Binjamin, machten sich auf, reisten hinab nach Mizrajim und standen vor Josef.

Sechster / Jahr III

[16]Als Josef Binjamin bei ihnen sah, sprach er zu seinem Hausverwalter:»Führ die Leute in das Haus! Lass schlachten und eine Mahlzeit bereiten, denn die Leute sollen mit mir speisen diesen Mittag.«[17]Der Mann tat, wie Josef gesagt hatte, und brachte die Leute in Josefs Haus. [18]Die Männer fürchteten sich, dass man sie in Josefs Haus brachte, und sprachen:»Um des Geldes willen, welches das vorige Mahl wieder in unsere Futtersäcke gekommen ist, werden wir hineingebracht. (Um sich über uns herzuwälzen und über uns zu fallen) Um sich unserer zu bemächtigen, über uns herzufallen, uns zu Sklaven zu machen und unsere Esel wegzunehmen.«[19]Sie traten zu dem Mann hin, welcher Josefs Hausverwalter war, und redeten mit ihm an dem Eingang des Hauses. [20]Sie sprachen nämlich:»Verzeihung, mein Herr! Wir sind das vorige Mal herabgekommen, Vorrat einzukaufen. [21]Als wir in der Herberge ankamen und unsere Futtersäcke öffneten, da war eines jeden Geld oben im Futtersack, unser Geld nach demselben Gewichte. Wir bringen es wieder mit. [22]Auch anderes Geld haben wir mitgebracht, um Vorrat einzukaufen. Wir wissen nicht, wer das Geld in unsere Futtersäcke gelegt hat.«[23]Er antwortete:»Seid guten Mutes! Fürchtet euch nicht! Euer Gott und der Gott eures Vaters hat euch einen Schatz gegeben in eure Futtersäcke. Euer Geld habe ich bekommen.« Er führte ihnen auch Schimʼon heraus. [24]Der Mann brachte die Leute also in Josefs Haus, reichte Wasser, damit sie ihre Füße wuschen, gab ihren Eseln Futter. [25]Sie bereiteten indessen das Geschenk, bis Josef zu Mittag nach Hause käme, denn sie hatten gehört, dass sie daselbst speisen sollten. [26]Als Josef nach Hause kam, brachten sie ihm das Geschenk, welches sie bei sich hatten, hinein und verbeugten sich vor ihm zur Erde. [27]Er fragte nach ihrem Wohlbefinden und sprach ferner: »Ist euer alter Vater noch wohlauf, von dem ihr gesprochen habt? Lebt er noch?«[28]Sie sprachen:»Dein Diener, unser Vater, ist wohlauf, er lebt noch.« Sie machten eine tiefe Verbeugung und bückten sich.

²⁹Er erhob seine Augen und sah den Binjamin, seinen Bruder, seiner Mutter Sohn, sprach:»Ist dies euer kleiner Bruder, von dem ihr mir gesagt habt?« Und sprach ferner:»Gott sei dir gnädig, mein Sohn!«

Siebter

³⁰Josef eilte hinweg, denn seine Zärtlichkeit entbrannte gegen seinen Bruder und suchte zu weinen, ging hinein in das Zimmer und weinte daselbst, ³¹wusch hierauf sein Angesicht, kam heraus, hielt an sich und sprach:»Tragt das Essen auf!« ³²Man trug für ihn besonders auf, für sie besonders, und für die Mizrim, die mit ihm speisten, auch besonders, denn die Mizrim können nicht mit den Iwrim zusammen essen, weil es die Mizrim für ein Gräuel halten. ³³Sie setzten sich vor ihm hin, der Älteste nach seinem Alter und der Jüngste nach seiner Jugend. Die Männer verwunderten sich untereinander. ³⁴Man brachte die Teile von Josefs Angesicht zu ihnen, und Binjamins Anteil war fünfmal größer als die Anteile aller übrigen. Sie tranken und berauschten sich bei ihm. **44** ¹Er befahl seinem Hausverwalter wie folgt:»Fülle die Futtersäcke dieser Leute mit Vorrat, so viel sie fortbringen können. Und lege das Geld eines jeden oben in seinen Futtersack. ²Meinen Becher aber, den silbernen Becher, lege oben in den Futtersack des Kleinsten, auch das Geld seines Einkaufes.« Er tat, wie Josef gesprochen hatte. ³Sobald der Morgen leuchtete, ließ man die Männer ziehen, sie mit ihren Eseln. ⁴Als sie zur Stadt hinaus waren und noch nicht weit entfernt, sprach Josef zu seinem Hausverwalter:»Mach dich auf! Setz den Männern nach! Und wenn du sie erreicht hast, so sprich zu ihnen: ›Warum habt ihr Gutes mit Bösem vergolten? ⁵Ist es nicht das, woraus mein Herr trinkt? Er wird die Wahrheit schon herausbringen. Ihr habt schlecht gehandelt, dass ihr so getan habt!‹« ⁶Dieser erreichte sie und sprach zu ihnen diese Worte. ⁷Sie antworteten:»Warum spricht der Herr solche Worte? Fern sei es von deinen Dienern, so etwas zu tun. ⁸Sogar das Geld, welches wir oben im Futtersacke gefunden, haben wir dir wiedergebracht aus dem Land Kenaan. Wie sollten wir nun aus deines Herren Hause stehlen Silber oder Gold? ⁹Bei welchem von deinen Dienern etwas gefunden wird, der soll sterben, und auch wir wollen bei deinem Herrn Leibeigene

sein.« [10]Er antwortete: »Es kann freilich sich auch jetzt so verhalten, wie ihr sprecht. Indessen, bei wem es gefunden wird, der soll mein Leibeigener sein; ihr aber sollt schuldlos bleiben.« [11]Sie eilten, ließen jeder seinen Futtersack zur Erde und taten jeder seinen Futtersack auf. [12]Er suchte, beim Größten fing er an und beim Kleinsten hörte er auf. Da wurde der Becher in Binjamins Futtersack gefunden. [13]Sie zerrissen ihre Kleider, luden jeder wieder auf seinen Esel und kehrten zur Stadt zurück.

Maftir

[14]Jehuda und seine Brüder kamen in Josefs Haus. Er aber war noch daselbst. Sie fielen vor ihm zur Erde, [15]und Josef sprach zu ihnen: »Was für eine Tat habt ihr getan? Wisst ihr denn nicht, dass ein Mann wie ich die Wahrheit herausbringen kann?« [16]Jehuda sprach: »Was sollen wir zu meinem Herrn sprechen? Was sollen wir reden? Was sollen wir uns rechtfertigen? Gott hat die Missetat deiner Diener heimgesucht. Nun sind wir deine Leibeigenen, sowohl wir als der, bei welchem man den Becher gefunden.« [17]Er antwortete: »Fern sei es von mir, dies zu tun! Bei wem der Becher gefunden worden ist, der soll mein Leibeigener sein. Ihr aber zieht hinauf in Frieden zu eurem Vater.« •

Haftarat Mikez: 1. Könige 3,15-4,1 (S. 467)
(nicht an Schabbat Chanukka (S. 574)

Psalm des Schabbat nach Seder Avodat Israel: Ps 40

11. Wajigasch (Gen 44,18-47,27)

*[INHALT: Jehudas Rede zum Schutz von Benjamin * Josef gibt sich zu erkennen * Jakob/Jisrael zieht nach Ägypten * Josef versklavt die Ägypter]*

[18]Jehuda **trat zu ihm hin** *(wajigasch)* und sprach: »Verzeihung, mein Herr! Lass deinen Knecht ein Wort sprechen vor den Ohren meines Herrn und dein Zorn entbrenne nicht über deinen Knecht. Denn du und Pharao sind einander gleich. [19]Mein Herr fragte seine Knechte: ›Habt ihr noch einen Vater oder einen Bruder?‹ [20]Da sagten wir zu meinem Herrn: ›Wir haben noch einen alten Vater und einen kleinen, im Alter gezeugten Knaben. Dessen leiblicher Bruder ist gestorben. Er blieb seiner Mutter allein übrig, und sein Vater liebt ihn.‹ [21]Du sprachst zu deinen Knechten: ›Bringt ihn zu mir herab, dass ich ein Auge auf ihn werfe.‹ [22]Wir antworteten meinem Herrn: ›Der Knabe kann seinen Vater nicht verlassen. Wenn er seinen Vater verließe, würde er sterben.‹ [23]Doch du sprachst zu deinen Knechten: ›Wenn euer kleinster Bruder nicht mit euch herabkommt, so sollt ihr mein Angesicht nicht mehr sehen.‹ [24]Als wir nun hinaufkamen zu deinem Diener, meinem Vater, so erzählten wir ihm die Worte meines Herrn. [25]Unser Vater sprach: ›Gehet wieder hin! Kauft uns etwas Speise ein.‹ [26]Doch wir antworteten: ›Wir können nicht hinabreisen. Nur wenn unser kleinster Bruder mit uns ist, können wir reisen. Denn wir dürfen des Mannes Antlitz nicht sehen, wenn unser jüngster Bruder nicht mit uns ist.‹ [27]Dein Diener, mein Vater, sprach zu uns: ›Ihr wisst, dass meine Frau mir zwei Söhne geboren. [28]Einer ging von mir hinweg. Ich dachte mir, er muss wohl zerrissen worden sein, weil ich ihn bisher nicht wiedergesehen habe. [29]Wenn ihr nun auch diesen von meinem Angesicht wegnehmt und ihm begegnet ein Unglück, so bringt ihr mein graues Haupt mit Kummer in die Gruft.‹ [30]Wenn ich nun zu deinem Diener, meinem Vater, zurückkomme, und der Knabe ist nicht bei uns, — weil dessen Seele mit der seinigen verknüpft ist —,

³¹wenn er nun sähe, dass der Knabe nicht bei uns ist, so würde er sterben. Und deine Diener hätten das graue Haupt deines Dieners, unseres Vaters, mit Jammer in die Gruft gebracht. ³²Denn dein Diener hat sich für den Knaben verbürgt vor meinem Vater und sprach: ›Wenn ich ihn nicht wiederbringe, so will ich mich jederzeit an meinem Vater versündigt haben.‹ ³³Also lass doch deinen Knecht anstatt des Knaben ein Leibeigener bei meinem Herrn sein. Der Knabe aber mag hinaufziehen mit seinen Brüdern. ³⁴Wie könnte ich hinaufziehen zu meinem Vater, wenn der Knabe nicht bei mir ist? Ich würde den Kummer nicht ansehen können, der meinen Vater treffen würde.«

45 ¹Nun konnte Josef nicht mehr an sich halten vor allen, die um ihn standen. Er rief:»Lasst jeden Mann von mir hinausgehen.« Und es blieb niemand bei ihm, als sich Josef seinen Brüdern zu erkennen gab. ²Er ließ seine Stimme aus in Weinen, sodass die Leute von Mizrajim es hörten und die Leute Pharaos es hörten. ³Josef sprach nämlich zu seinen Brüdern:»Ich bin Josef! Mein Vater, lebt er noch?« Die Brüder aber konnten ihm nicht antworten, denn sie waren vor ihm erschrocken. ⁴Josef sprach zu seinen Brüdern: »Tretet näher her zu mir!« Sie traten näher hin. Er sprach:»Ich bin euer Bruder Josef, den ihr nach Mizrajim verkauft habt. ⁵Nunmehr seid nicht betrübt und lasst es eure Augen nicht verdrießen, dass ihr mich hierher verkauft habt. Denn zur Erhaltung des Lebens hat mich Gott vor euch hergesendet. ⁶Denn jetzt sind schon zwei Jahre Hungersnot im Land. Es werden noch fünf Jahre kommen, in welchen weder Pflügen noch Ernten sein wird. ⁷Darum hat mich Gott vor euch hergesandt, euch ein Bleiben im Land zu verschaffen und euch am Leben zu erhalten durch eine große Errettung.

Dritter

⁸Nicht ihr habt mich hierher gesandt, sondern Gott. Er hat mich dem Pharao zum Vater gesetzt, seinem ganzen Hause zum Herrn und über das ganze Land Mizrajim zum Herrscher. ⁹Eilt, geht zu meinem Vater hinauf und sprecht zu ihm: ›So hat dein Sohn Josef gesprochen: Gott hat mich zum Herrn über ganz Mizrajim gesetzt. Komm zu mir herab, halte dich nicht auf! ¹⁰Du sollst im Land Goschen wohnen, damit du mir nahe seist, du, deine Kinder und Enkel, dein Kleinvieh, Rindvieh und alles, was du hast. ¹¹Daselbst werde ich dich verpflegen, denn es wird noch fünf Jahre Hungersnot sein, damit du nicht verderbest mit deinem Hause und allem, was du hast.‹ ¹²Eure eigenen Augen sehen sowie die Augen meines Bruders Binjamin, dass mein Mund selbst mit euch redet. ¹³Ihr könnt also meinem Vater erzählen von all meiner Ehre in Mizrajim und von allem, was ihr gesehen habt. Eilt und bringt meinen Vater hierher.« ¹⁴Er fiel seinem Bruder Binjamin um den Hals und weinte, und Binjamin weinte auch an seinem Halse. ¹⁵Er küsste alle seine Brüder und weinte an ihnen. Hernach redeten seine Brüder mit ihm. ¹⁶Das Geschrei wurde im Hause Pharaos gehört: »Josefs Brüder sind angekommen!« Dies gefiel den Augen Pharaos und den Augen seiner Bedienten. ¹⁷Pharao ließ dem Josef sagen: »Sage zu deinen Brüdern: ›Tut dies: Beladet euer Vieh und geht! Reist in das Land Kenaan! ¹⁸Nehmet euren Vater und eure Leute und kommt zu mir! Ich will euch das Beste von Mizrajim geben, und ihr sollt vom Fett des Landes zehren.‹

Vierter

¹⁹Du hast den Befehl. Ferner tut dies: Nehmt euch aus dem Land Mizrajim Wagen für eure Kinder und Frauen. So könnt ihr euren Vater aufnehmen und hierher kommen. ²⁰Lasst euch nicht leid sein wegen eurer Geräte, denn das Beste von Mizrajim soll euer sein.« ²¹Die Kinder Jisraels taten dies. Josef gab ihnen Wagen auf Pharaos Befehl. Er gab ihnen auch Wegzehrung für die Reise. ²²Allen Brüdern schenkte er ferner jedem ein Paar Ehrenkleider. Dem Binjamin aber schenkte er dreihundert Silberstücke und fünf Paar Ehrenkleider. ²³Seinem Vater schickte er wie folgt: zehn Esel, beladen mit den besten Sachen

aus Mizrajim, und zehn Eselinnen, beladen mit Getreide, gebackenem Brot und anderen Speisen für seinen Vater für die Reise. ²⁴Er begleitete seine Brüder, und sie reisten. Er sprach zu ihnen:»Fürchtet euch nicht auf der Reise!« ²⁵Sie gingen hinauf von Mizrajim und kamen in das Land Kenaan zu ihrem Vater Jaakow, ²⁶berichteten ihm, dass Josef noch lebe, dass er Herr sei über das ganze Land Mizrajim. Doch er hatte kein Zutrauen, (sein Herz war schwach,) denn er glaubte ihnen nicht. ²⁷Sie sagten ihm aber alle Worte Josefs, die er ihnen gesagt hatte. Er sah auch die Wagen, die Josef geschickt hatte, um ihn aufzunehmen. Da wurde der Geist ihres Vaters Jaakows wieder belebt.

Fünfter / Jahr II

²⁸Und Jisrael sprach:»Es ist genug! Mein Sohn Josef lebt noch! Ich muss hinreisen und ihn sehen, ehe ich sterbe.« **46** ¹Jisrael reiste also mit allem, was ihm angehörte, und kam nach Beer Schewa. Daselbst brachte er Opfer dem Gott seines Vaters Jizchak. ²Gott sprach zu Jisrael im nächtlichen Gesichte, sprach nämlich:»Jaakow! Jaakow!« Dieser sprach:»Hier bin ich.« ³Er sprach:»Ich bin der Gott deines Vaters. Fürchte dich nicht, nach Mizrajim hinabzuziehen, denn ich will dich daselbst zu einem großen Volk machen. ⁴Ich will mit dir nach Mizrajim hinabziehen und ich will dich auch wieder hinaufbringen. Und Josef soll seine Hand auf deine Augen legen.« ⁵Jaakow machte sich auf von Beer Schewa. Die Söhne Jisraels führten ihren Vater Jaakow, ihre Kinder und ihre Frauen in den Wagen, welche Pharao geschickt hatte, ihn aufzunehmen. ⁶Sie nahmen ihr Vieh und ihr Gut, welches sie im Land Kenaan erworben hatten, kamen nach Mizrajim, Jaakow und all sein Samen mit ihm. ⁷Seine Söhne und Enkel, seine Töchter und Enkelinnen und all seinen Samen brachte er mit gen Mizrajim.   • ⁸Dies sind die Namen der zu Mizrajim ankommenden Kinder Jisraels: Jaakow und seine Kinder: sein Erstgeborener Re'uwen; ⁹Re'uwens Söhne: Chanoch, Palu, Chezron und Charmi. ¹⁰Schim'ons Söhne: Jemuel, Jamin, Ohad, Jachin, Zochar und Scha'ul, Sohn einer Kenaanit. ¹¹Levis Söhne: Gerschon, Kehat und Merari. ¹²Jehudas Söhne: Er und Onan, Schelach, Perez und Serach. Er und Onan aber starben im Land Kenaan. Die Söhne Perez': Chezron und Chamul.

¹³Jissachars Söhne: Tola und Fuwa, Jow und Schimron. ¹⁴Sewuluns Söhne: Sered, Elon und Jachleël. ¹⁵Dies sind Leas Söhne, welche sie dem Jaakow zu Padan Aram geboren hatte, wie auch seine Tochter Dina, Söhne und Töchter zusammen dreiunddreißig Personen. ¹⁶Die Söhne Gads: Zifjon, Chagi, Schuni, Ezbon, Eri, Arodi, Arʼeli. ¹⁷Die Kinder Aschers: Jimna, Jischwa und Jischwi, Berla und ihre Schwester Serach. Die Söhne Berias: Chewer und Malkiʼel. ¹⁸Dies sind Silpas Söhne, welche Lawan seiner Tochter Lea mitgegeben. Sie gebar dem Jaakow diese sechzehn Personen. ¹⁹Die Söhne Rachels, Jaakows Frau: Josef und Binjamin. ²⁰Dem Josef wurde im Land Mizrajim geboren Menasche und Efrajim, welche ihm Asnat, Tochter Potiferas, Priesters zu On, geboren hatte. ²¹Binjamins Söhne: Bela, Becher, Aschbel, Gera, Naaman, Echi und Rosch, Mupim und Chupim und Ard. ²²Dies sind die Söhne Rachels, dem Jaakow geboren: zusammen vierzehn Personen. ²³Dans Söhne: Chuschim. ²⁴Naftalis Söhne: Jachzeel, Guni, Jezer und Schilem. ²⁵Dies sind Bilhas Söhne, welche Lawan seiner Tochter Rachel mitgegeben. Sie gebar dem Jaakow diese, zusammen sieben Personen. ²⁶Alle Personen, die mit Jaakow nach Mizrajim kamen, — nämlich seine eigenen Nachkommen, ohne die Frauen der Söhne Jaakows —, zusammen sechsundsechzig Personen. ²⁷Und die Söhne Josefs, welche ihm in Mizrajim geboren worden, waren zwei Personen. Die Familie Jaakows, die zu Mizrajim eintraf, war also zusammen siebzig Personen. •

Sechster / Jahr III

²⁸Den Jehuda sandte er voraus zu Josef, damit er ihn anweise nach Goschen. Und sie kamen an im Land Goschen. ²⁹Josef ließ seinen Staatswagen anspannen und zog hinauf nach Goschen seinem Vater entgegen. Als er ihm zu Gesicht kam, fiel er ihm um den Hals und weinte lange an seinem Halse. ³⁰Jisrael sprach zu Josef: »Nunmehr will ich gern sterben, nachdem ich dein Angesicht wieder gesehen, dass du noch lebst.« ³¹Josef sprach zu seinen Brüdern und zur Familie seines Vaters: »Ich will hingehen und es dem Pharao berichten und ihm sagen: ›Meine Brüder und die Familie meines Vaters, die im Land Kenaan zu Hause sind, sind zu mir gekommen. ³²Die Männer sind

Viehhirten, denn sie haben sich von jeher mit Viehzucht abgegeben. Ihr Kleinvieh, ihr Rindvieh und was ihnen angehört, haben sie auch mitgebracht.‹ ³³Wenn euch nun Pharao rufen lässt und spricht: ›Was ist euer Tun?‹, ³⁴so sagt: ›Deine Diener sind Leute, die sich mit der Viehzucht abgeben, von unserer Jugend an bis jetzt, sowohl wir als auch unsere Eltern.‹ Damit ihr im Land Goschen bleiben mögt, denn die Viehhirten sind den Mizrajim ein Gräuel. **47** ¹Josef kam hin, berichtete es dem Pharao, sprach nämlich: »Mein Vater und meine Brüder samt ihrem Klein- und Großvieh und was sie sonst haben sind aus dem Land Kenaan angekommen und sind jetzt im Land Goschen.« ²Von den jüngsten seiner Brüder nahm er fünf Männer und stellte sie vor Pharao. ³Pharao sprach zu seinen Brüdern: »Was ist euer Tun?« Sie antworteten dem Pharao: »Deine Diener sind Viehhirten, sowohl wir als unsere Vorfahren.« ⁴Und sagten ferner zu Pharao: »Wir sind gekommen, um uns hier zu Land aufzuhalten, denn im Land Kenaan, wo die Hungersnot so groß ist, hat das Vieh deiner Diener keine Weide mehr. So lass nun deine Diener im Land Goschen wohnen.« ⁵Pharao sprach zu Josef: »Es ist dein Vater und deine Brüder, die zu dir gekommen sind. ⁶Das Land Mizrajim ist vor dir offen. Setze deinen Vater und deine Brüder in die beste Gegend des Landes. Lass sie im Land Goschen wohnen, und wenn du weißt, dass tüchtige Männer unter ihnen sind, so mache sie zu Oberaufsehern über mein Vieh.« ⁷Josef brachte seinen Vater Jaakow und stellte ihn dem Pharao vor. Jaakow grüßte Pharao. ⁸Pharao sprach zu Jaakow: »Wieviel sind die Jahre deines Lebens?« ⁹Jaakow antwortete dem Pharao: »Die Tage meiner Pilgerschaft sind hundertunddreißig Jahre. Wenig und betrübt waren meine Lebensjahre und langen nicht an die Lebensjahre meiner Eltern in ihrer Pilgerschaft.« ¹⁰Jaakow grüßte Pharao abermals und ging hinaus von der Gegenwart Pharaos.

Siebter

¹¹Josef ließ seinen Vater und seine Brüder sich niederlassen, gab ihnen Eigentum im Land Mizrajim, in der besten Gegend des Landes im Land Ra'mses, wie Pharao es befohlen hatte. ¹²Josef versorgte seinen Vater und seine Brüder und seines Vaters ganzes Haus mit Brot, nach

Anzahl der Kinder. ¹³Nun war kein Brot mehr im ganzen Land, denn die Hungersnot war sehr schwer. Und das Land Mizrajim und das Land Kenaan verschmachtete wegen Hungersnot. ¹⁴Josef brachte alles Geld zusammen, welches im Land Mizrajim und im Land Kenaan zu finden war für das Getreide, das sie einkauften, und brachte das Geld in Pharaos Haus. ¹⁵Als alles Geld im Land Mizrajim und im Land Kenaan draufgegangen war, kamen alle Mizrajim zu Josef und sprachen:»Gib uns Brot! Warum sollen wir vor dir hinsterben? Denn Geld haben wir nicht mehr.« ¹⁶Josef sprach:»Bringt euer Vieh her, so will ich euch für euer Vieh Getreide geben, wenn kein Geld mehr da ist.« ¹⁷Sie brachten ihr Vieh vor Josef, und Josef gab ihnen Brot für Pferde, Kleinvieh, Rindvieh und für Esel. Er unterhielt sie dasselbe Jahr mit Brot für all ihr Vieh. ¹⁸Als dieses Jahr zu Ende war, kamen sie zu ihm im zweiten Jahr und sprachen:»Wir können es meinem Herrn nicht verbergen, dass alles Geld und alles Vieh dahin ist zu meinem Herrn. Es ist vor meinem Herrn nichts mehr übrig als unser Leib und unser Erdreich. ¹⁹Warum sollen wir vor deinen Augen umkommen, sowohl wir als unser Erdreich? Kaufe uns und unser Erdreich um Brot. Wir und unser Erdreich wollen dem Pharao leibeigen sein, gib uns nur Aussaat, damit wir leben und nicht sterben und das Land nicht wüst werde.« ²⁰Josef kaufte alles Erdreich von Mizrajim für Pharao, denn die Mizrajim verkauften jeder sein Feld, so stark drückte sie die Hungersnot. Also gehörte das Land dem Pharao. ²¹Was das Volk betrifft, dieses versetzte Josef in Städte von einem Ende der Grenzen Mizrajim bis zum anderen Ende. ²²Nur das Erdreich der Priester kaufte er nicht, denn die Priester hatten ihr Gewisses von Pharao, sie zehrten also von dem, das ihnen vom Pharao gegeben, darum verkauften sie ihr Erdreich nicht. ²³Josef sprach zum Volk:»Nunmehr habe ich euch gekauft und euer Erdreich für Pharao. Hier habt ihr Aussaat! Besäet das Erdreich. ²⁴Wenn es zum Ernten kommt, so sollt ihr den fünften Teil dem Pharao abgeben. Vier Teile aber sollen euch bleiben zur Aussaat des Feldes und zum Essen für euch und eure Leute und Kinder.«

²⁵Sie sprachen:»Du hast uns am Leben erhalten! Lass uns ferner Gnade finden in den Augen meines Herrn, so wollen wir gern leibeigen sein dem Pharao.« ²⁶Josef machte es zum Gesetz bis auf diesen Tag auf dem Erdreich Mizrajim, dass der fünfte Teil dem Pharao gehören soll. Nur das Erdreich der Priester allein gehörte nicht dem Pharao. ²⁷Jisrael ließ sich also im Land Mizrajim nieder, nämlich im Land Goschen. Sie erlangten Eigentum darin, waren fruchtbar und vermehrten sich sehr.

Haftarat Wajigasch: Ezechiel 37,15-28 (S. 468)

Psalm des Schabbat nach Seder Avodat Israel: Ps 48

12. Wajechi (Gen 47,28-50,26)

*[INHALT: Jakob im Sterbebett * Segen für Ephraim und Menasche * Segen für die Söhne Jakobs * Jakobs Tod; Josefs Tod und Mumifizierung.]*

Erster / Jahr I

²⁸Jaakow **lebte** *(wajechi)* im Land Mizrajim siebzehn Jahre. Da waren die Tage Jaakows, die Jahre seines Lebens, sieben Jahre und hundertundvierzig Jahre. ²⁹Als die Sterbezeit Jisraels herannahte, rief er seinen Sohn Josef und sprach zu ihm:»Wenn ich irgend Gunst in deinen Augen gefunden habe, lege doch deine Hand unter meine Hüfte und erzeige mir die Gütigkeit und Treue, begrabe mich doch nicht in Mizrajim! ³⁰Wenn ich zu meinen Vätern mich legen werde, trage mich aus Mizrajim weg und lege mich in ihre Grabstätte.« Josef sprach:»Ich will nach deinen Worten handeln.« ³¹Jener sprach:»Schwöre mir!« Dieser schwor ihm. Da verbeugte sich Jisrael zur Kopfseite des Bettes hin.¶

48 ¹Nach diesen Begebenheiten wurde dem Josef berichtet:»Siehe, dein Vater ist krank!« Er nahm seine beiden Söhne mit sich, nämlich Menasche und Efrajim. ²Man berichtete es dem Jaakow und sprach:»Siehe, dein Sohn Josef kommt zu dir!« Da machte sich Jisrael stark, setzte sich auf im Bett ³und sprach zu Josef:»Gott der Allmächtige erschien mir zu Lus im Land Kenaan und segnete mich. ⁴Er sprach zu mir:›Ich will dich fruchtbar machen, vermehren und zu einer Menge Völker machen. Dann will ich deinem Samen nach dir dieses Land eingeben als ein Eigentum auf ewig.‹ ⁵Nun sollen deine beide Söhne, welche dir geboren worden sind im Land Mizrajim, bevor ich zu dir nach Mizrajim gekommen bin, mein sein. Efrajim und Menasche sollen mir gehören wie Re'uwen und Schim'on. ⁶Die Kinder aber, die du nach ihnen gezeugt haben wirst, sollen dein sein. Sie sollen nach dem Namen ihrer Brüder benannt werden in ihrem Erbteil. ⁷Als ich von Padan zurückkam, starb mir Rachel im Land Kenaan auf der Reise, als noch eine Strecke Landes war, nach Efrat hinzukommen. Und ich begrub sie daselbst auf dem Wege nach Efrat, die Stadt heißt nun ›Bet Lechem‹.« ⁸Als Jisrael Josefs Kinder gewahr wurde, sprach er: »Wer sind diese?« ⁹Josef antwortete seinem Vater: »Meine Söhne sind es, welche mir Gott allhier geschenkt hat.« Jener sprach: »Führe sie doch zu mir her, dass ich sie segne.«

Zweiter

¹⁰Jisraels Augen waren dunkel vor Alter, sodass er nicht gut sehen konnte. Josef brachte sie zu ihm hin, Jisrael küsste sie und umarmte sie ¹¹und sprach zu Josef: »Ich hatte nicht gedacht, dein Angesicht wiederzusehen. Nun aber lässt mich Gott auch noch deinen Samen sehen.« ¹²Josef führte sie von seinen Knien hervor und verbeugte sich vor ihm zur Erde. ¹³Dann nahm Josef sie beide, Efrajim zu seiner Rechten, also zur Linken Jisraels, Menasche aber zu seiner Linken, also zur Rechten Jisraels, und führte sie zu ihm hin. ¹⁴Jisrael streckte seine Rechte und legte sie auf Efrajims Haupt, der doch der jüngste war, seine Linke aber legte er auf Menasches Haupt. — Er legte seine Hände mit Bedacht, denn eigentlich war Menasche der Erstgeborene. — ¹⁵Er segnete Josef und sprach: »Der Gott, vor welchem meine Väter Awraham und Jizchak gewandelt sind, der mich geweidet hat, seitdem ich bin, bis auf diesen Tag,

Dritter

¹⁶der Engel, der mich von allem Übel erlöst hat, segne diese Knaben. Durch sie werde mein Name und der Name meiner Väter Awraham und Jizchak benannt und sie sollen sich stark vermehren im Land.« ¹⁷Als Josef merkte, dass der Vater seine rechte Hand auf Efrajims Haupt legen wollte, missfiel es ihm. Er fasste seines Vaters Hand, um sie von Efrajims Haupt auf Menasches Haupt zu bringen, ¹⁸und sprach zu seinem Vater: »Nicht so, mein Vater! Dies ist der Erstgeborene! Lege deine Rechte auf sein Haupt!« ¹⁹Der Vater weigerte sich und sprach: »Ich weiß es, mein Sohn! Ich weiß es. Auch er wird zu einem Volk werden, auch er wird groß sein, doch sein kleiner Bruder wird größer sein als er und sein Same wird sein voller Völkerschaften.« ²⁰Er segnete sie also damals und sprach: »Durch dich wird das Volk Jisrael in Zukunft den Segen erteilen: ›Gott lasse dich werden wie Efrajim und

Menasche!«« Er setzte also Efrajim vor Menasche. ²¹Jisrael sprach zu
Josef:»Ich werde nun sterben. Gott wird aber mit euch sein und euch
in das Land eurer Väter zurückbringen. ²²Ich gebe dir einen Teil zum
Voraus vor deinen Brüdern, das ich von der Hand des Emori abgenommen durch mein Schwert und durch meinen Bogen.«¶

Vierter / Jahr II

49 ¹Jaakow ließ seine Kinder rufen und sprach:»Versammelt
euch, ich will euch anzeigen, was euch in den spätesten Zeiten begegnen wird. ²Kommt zusammen und hört, Kinder Jaakows, und hört
eurem Vater Jisrael zu. ³Du, Re'uwen, bist mein Erstgeborener, meine
Kraft und ein Erstling meines Vermögens, vorzüglich an Würde und
vorzüglich an Macht. ⁴Aber die Übereilung war schnell wie Wasser,
darum erhältst du keinen Vorzug, denn du hast bestiegen das Ehebett
deines Vaters. Da hast du den entweiht, der mein Ruhebett bestieg.
⁵Schim'on und Levi sind gleiche Brüder, Werkzeuge der Gewalttätigkeit sind ihre Verwandtschaft. ⁶In ihren Rat komme nicht meine
Seele! In ihre Versammlung werde nicht mit eingeschlossen meine
Ehre! Denn in ihrem Zorn erwürgten sie den Mann, und in ihrem
Mutwillen lähmten sie den Ochsen. ⁷Verflucht sei ihr Zorn, denn er
ist heftig, und ihr Grimm, denn er ist störrisch. Ich will sie zerteilen
in Jaakow und zerstreuen in Jisrael.¶

⁸Aber du Jehuda! Dir werden deine Brüder huldigen, deine Hand an
dem Nacken deiner Feinde. Vor dir neigen sich die Kinder deines
Vaters. ⁹Ein junger Löwe bist du, Jehuda, mein Sohn, wenn du vom
Raube heraufkommst. Er kniet hin, legt sich auf seine Füße wie ein
alter Löwe und eine Löwin. Wer will ihn reizen aufzustehen? ¹⁰Das
Zepter wird nicht weichen von Jehuda, der Gesetzgeber nicht (von
zwischen seinen Füßen,) von seinen Nachkommen, bis er (Jehuda
nämlich,) nach Schilo kommt und Völker sich zu ihm versammeln.
¹¹Er bindet an den Weinstock sein Füllen und an die Rebe seiner
Eselin Sohn. Er wäscht sein Kleid in Wein, im Blut der Trauben sein
Gewand. ¹²Rötlich um die Augen vom Wein und um die Zähne weiß
von Milch.¶

¹³Sewulun wird am Ufer der Meere wohnen. Er wird am Hafen sein, wo Schiffe liegen, und seine Seite bis gen Zidon. ¶

¹⁴Jissachar ist ein knochiger Esel, der gern zwischen Ställen liegt. ¹⁵Er sah, wie angenehm die Ruhe, wie lieblich das Land sei. Da neigte er seine Schulter hin zum Tragen und wurde dienstbar zum Tribut. ¹⁶Dan wird seine Nation richten, wie einer der übrigen Stämme Jisraels. ¹⁷Dan wird sein eine Schlange auf dem Weg, eine Otter auf dem Fußsteig, die dem Pferd in die Ferse beißt, dass der Reiter rückwärts fällt. ¹⁸Auf deine Hilfe hoffe ich, Ewiger! •

Fünfter

¹⁹Dem Gad wird manche Schar ins Land streifen. Er aber wird zurück in ihre Länder fallen. • ²⁰Was von Ascher kommt, hat fette Speise. Er bringt königliche Wollustgerichte. • ²¹Naftali ist eine flüchtige Hindin. Er bringt vortreffliche Reden hervor. • ²²Josef ist ein grünes Reis, ein grünes Reis am Quell. Sprösslinge schreiten über die Mauer. ²³Sie feinden ihn an, erregen Streit. Sie hassen ihn, die Pfeilschützen. ²⁴Aber sein Bogen sitzt fest, Arme und Hände sind ihm gelenk. Von den Händen des starken Gottes Jaakows (hast du dies), daher bist du ein Hirte des Stammes Jisraels. ²⁵Von dem Gott deines Vaters, der dir helfen wird, von dem Allmächtigen, der dich segnen wird mit Segen des Himmels von oben, mit Segen der Tiefe, die unten liegt, mit Segen an Brüsten und Mutterleib. ²⁶Die Segnungen deines Vaters übertreffen die Segnungen meiner Voreltern (oder übersteigen den Segen der Berge) bis an die Grenzen ewiger Hügel. Sie sollen auf das Haupt Josefs kommen, auf den Scheitel des Gekrönten unter seinen Brüdern. •

Sechster / Jahr III

²⁷Binjamin ist ein reißender Wolf. Des Morgens verzehrt er den Raub und des Abends teilt er Beute aus.« ²⁸Dies sind zusammen die zwölf Stämme Jisraels. Und so sprach ihr Vater mit ihnen und segnete sie, jeden nach dem Segen, der ihm geworden, segnete er sie. ²⁹Er gab ihnen auch seinen letzten Befehl und sprach:»Ich werde zu meinem Volke eingetan. Begrabt mich bei meinen Vätern in der Höhle, welche in dem Felde des Chitin Efron liegt, ³⁰in der Höhle, welche im Felde Machpela ist, das vor Mamre liegt, im Land Kenaan, wo Awraham das Feld von dem Chitin Efron gekauft hat zum Erbbegräbnis. ³¹Daselbst haben sie Awraham und seine Frau Sara begraben, daselbst haben sie Jizchak und seine Frau Riwka begraben und daselbst habe ich Lea begraben. ³²Das Feld und die Höhle darin ist ein Kauf von den Kindern Chet.« ³³Als Jaakow seinen Söhnen den letzten Befehl gegeben hatte, legte er seine Füße zusammen in das Bett, verschied und wurde zu seinen Völkern eingetan. **50** ¹Josef fiel auf das Angesicht seines Vaters, weinte über ihn und küsste ihn. ²Josef befahl seinen Dienern, den Ärzten, seinen Vater einzubalsamieren. Da balsamierten die Ärzte den Jisrael ein. ³Sie ließen ihm vierzig Tage verstreichen, denn so viele Tage müssen den Einbalsamierten verstreichen. Und die Mizrajim beweinten ihn siebzig Tage. ⁴Als die Zeit ihn zu beweinen vorbei war, sprach Josef zu den Leuten Pharaos:»Habe ich Gewogenheit in eueren Augen gefunden, so bringt dem Pharao Folgendes vor: ⁵›Mein Vater hat mich beschworen und gesprochen: ›Ich sterbe. In meinem Grabe, das ich mir im Land Kenaan gegraben, da sollst du mich begraben.‹ Nun möchte ich also hinaufziehen, meinen Vater begraben und wieder zurückkommen.‹« ⁶Pharao ließ sagen:»Zieh hinauf und begrabe deinen Vater, wie er dich beschworen hat.« ⁷Also ging Josef hinauf, seinen Vater zu begraben. Mit ihm gingen alle Bedienten Pharaos, die Ältesten seines Hauses und alle Ältesten aus dem Land Mizrajim, ⁸Josefs Leute sowie seine Brüder und das Gesinde seines Vaters. Nur ihre Kinder, ihr Klein- und Großvieh, ließen sie im Land Goschen. ⁹Mit ihm zog hinauf sowohl Wagen als auch Reiterei. Und es war ein sehr großes Lager. ¹⁰Als sie an die eingezäunte Tenne kamen, welche an der Seite des Jardens liegt, hielten sie daselbst eine sehr große und heftige

Klage. Und er ordnete über seinem Vater eine Trauer von sieben Tagen an. ¹¹Als der Kenaani, Einwohner des Landes, diese Trauer auf der eingezäunten Tenne sah, sprachen sie:»Die Mizrajim haben hier große Trauer!« Darum nennt man sie»Trauerplatz Mizrajims«, an der Seite des Jardens. ¹²Seine Söhne taten ihm, wie er es ihnen befohlen hatte, ¹³nämlich seine Söhne führten ihn in das Land Kenaan und begruben ihn in der Höhle des Feldes Machpela, wo Awraham das Feld gekauft hatte zum Erbbegräbnis von dem Chitin Efron vor Mamre. ¹⁴Nachdem Josef seinen Vater begraben hatte, kehrte er nach Mizrajim zurück, er und seine Brüder und alle, die mit ihm hinaufgezogen waren, seinen Vater zu begraben. ¹⁵Als nun die Brüder Josefs erwogen, dass ihr Vater tot war, sprachen sie:»Wenn nur Josef uns nicht gram ist und alles Böse wieder vergelte, das wir ihm angetan haben.« ¹⁶Sie ließen dem Josef entbieten:»Dein Vater hat vor seinem Tode befohlen: ¹⁷So sollt ihr zu Josef sprechen: ›Verzeihe lieber doch das Verbrechen deiner Brüder und ihr Verschulden, dass sie so übel an dir getan!‹ Nun, o verzeihe doch das Verbrechen der Diener des Gottes deines Vaters!« Josef weinte, als man so mit ihm sprach. ¹⁸Hernach gingen auch seine Brüder, fielen vor ihm hin und sprachen:»Wir wollen deine Sklaven sein.« ¹⁹Josef aber antwortete ihnen:»Fürchtet euch nicht! Bin ich denn an Gottes Stelle? ²⁰Habt ihr auch die Absicht gehabt, mir Böses zu tun, so hat doch Gott die Absicht gehabt, es zum Guten zu lenken, um das auszuführen, was jetzt geschieht: ein großes Volk zu erhalten.

Siebter

²¹So fürchtet euch nicht! Ich will euch verpflegen und eure Kinder.« Er tröstete sie und sprach ihnen Mut zu. ²²Josef wohnte also in Mizrajim, er und seines Vaters Haus. Josef lebte hundertundzehn Jahre.

Maftir

²³Josef sah noch die Urenkel des Efrajim. Auch die Kinder Machirs, Menasches Sohn, wurden geboren und erzogen auf den Knien Josefs. ²⁴Josef sprach zu seinen Brüdern:»Ich sterbe. Gott wird euch bedenken und aus diesem Land heraufführen in das Land, welches er dem

Awraham, Jizchak und Jaakow zugeschworen.« ²⁵Josef ließ die Kinder Jisraels schwören auf diese Worte:»Gott wird sich an euch erinnern. Dann sollt ihr meine Gebeine von hier mit hinaufnehmen.« ²⁶Josef starb hundertundzehn Jahre alt. Man balsamierte ihn ein und er wurde in eine Lade gelegt in Mizrajim.ꟻꟻꟻ

CHASAK

Haftarat Wajechi: 1. Könige 2,1-12 (S. 469)

Psalm des Schabbat nach Seder Avodat Israel: Ps 41

13. Schemot (Ex 1,1-6,1) שְׁמוֹת

[INHALT: *Versklavung Israels in Ägypten * Die ägyptischen Hebammen * Geburt Moses * Mose erschlägt einen Ägypter * Moses Flucht * Jitro/Re'u'el * Gott erscheint im Dornbusch * Mose vor Pharao * das Murren des Volkes]*

Erster / Jahr I

1 ¹Dies sind die **Namen** *(schemot)* der Kinder Jisraels, die nach Mizrajim kamen. Mit Jaakow, jeder mit seinen Leuten, sind sie gekommen: ²Re'uwen, Schim'on, Levi und Jehuda, ³Jissachar, Sewulun und Binjamin, ⁴Dan, Naftali, Gad und Ascher. ⁵Alle Personen, die von Jaakow abstammen, waren zusammen siebzig Personen, Josef mitgerechnet, der in Mizrajim war. ⁶Josef starb und alle seine Brüder und alle Menschen desselben Zeitalters. ⁷Die Kinder Jisraels waren fruchtbar, hatten viele Kinder, vermehrten sich und wurden ungemein sehr stark, sodass das Land von ihnen voll war.¶

⁸Es kam ein neuer König zur Regierung über Mizrajim, der den Josef nicht gekannt hatte. ⁹Er sprach zu seinem Volk: »Das Volk der Kinder Jisraels wird uns zu viel und zu mächtig. ¹⁰Wohlan! Wir wollen ihm durch List beikommen. Es könnte sich vermehren. Wenn nun Krieg werden sollte, so könnte dieses Volk zu unseren Feinden übergehen und gegen uns streiten oder aus dem Land ziehen.« ¹¹Man setzte über dasselbe Beamte der Frondienste, um es durch ihre schweren Arbeiten zu unterdrücken. Es musste dem Pharao Vorratsstädte bauen, nämlich Pitom und Raamses. ¹²Je mehr sie es aber unterdrückten, desto mehr nahm es zu und desto mehr breitete es sich aus. Es wurde ihnen angst wegen der Kinder Jisraels. ¹³Darauf trieben die Mizrajim die Kinder Jisraels zur Arbeit an mit Strenge. ¹⁴Sie machten ihnen das Leben bitter durch harte Arbeit in Lehm, in Ziegeln, und in allerlei Arbeit auf dem Felde nebst anderen Hausarbeiten, wozu sie dieselben antrieben. ¹⁵Auch sagte der König von Mizrajim zu den iwrischen Hebammen, wovon die eine Schifra und die andere Pua hieß, ¹⁶er sprach nämlich:

»Wenn ihr den iwrischen Frauen in der Geburt beisteht, so sollt ihr auf den Gebärstuhl Acht haben. Wenn es ein Sohn ist, so sollt ihr ihn umbringen. Ist es aber eine Tochter, so mag sie leben bleiben.« ¹⁷Die Hebammen aber fürchteten Gott und taten nicht so, wie ihnen der König von Mizrajim gesagt hatte, sondern erhielten die Kinder am Leben.

Zweiter

¹⁸Der König von Mizrajim ließ die Hebammen rufen und sprach zu ihnen:»Warum habt ihr dies getan und habt die Kinder beim Leben erhalten?« ¹⁹Die Hebammen sprachen zu Pharao:»Weil die iwrischen Frauen nicht wie die mizrischen sind. Sie sind lebhaft. Bevor noch die Hebamme zu ihnen kommt, haben sie schon geboren.« ²⁰Gott ließ es den Hebammen wohl gehen. Das Volk vermehrte sich, sie wurden stark. ²¹Als nun die Hebammen Gott fürchteten und Gott neue Häuser in der Nation entstehen ließ, ²²da gebot Pharao seinem ganzen Volke: »Jeden neugeborenen Sohn, sollt ihr in den Fluss werfen, jede Tochter aber leben lassen.«ꜗ

2 ¹Einmal ging ein Mann aus dem Hause Levi und nahm eine Tochter Levis. ²Die Frau wurde jetzt schwanger, gebar einen Sohn. Als sie ihn sah, dass er wohlgebildet war, verbarg sie ihn drei Monate. ³Länger aber konnte sie ihn nicht verbergen. Da nahm sie für ihn ein Kästchen aus Binsen, beklebte es mit Leim und Pech, legte das Kind hinein und setzte es in das Röhricht am Ufer des Flusses. ⁴Seine Schwester stellte sich von ferne hin, um zu wissen, was ihm widerfahren werde. ⁵Da ging die Tochter Pharaos hinab in den Fluss, um sich zu baden, und ihre Kammermägde gingen herum am Ufer des Flusses. Die Prinzessin erblickte das Kästchen im Röhricht. Da schickte sie ihre Sklavin und ließ es holen. ⁶Sie öffnete es, besah das Kind, und es war ein weinender Knabe. Da erbarmte sie sich über ihn, und sprach:»Es ist einer von den Söhnen der Iwrim.« ⁷Da sprach seine Schwester zur Tochter Pharaos:»Soll ich hingehen und dir von den iwrischen Frauen eine Amme rufen, dass sie dir das Kind stille?« ⁸Die Tochter Pharaos sprach zu ihr:»Geh hin.« Das Mädchen ging

und rief die Mutter des Kindes. ⁹Die Tochter Pharaos sprach zu ihr:
»Nimm dieses Kind und stille es mir. Ich will dir Lohn dafür geben.«
Die Frau nahm das Kind und stillte es. ¹⁰Als der Jüngling heranwuchs,
brachte sie ihn der Tochter Pharaos. Er war ihr wie ein Sohn. Diese
nannte ihn »Mosche« und sprach: »Weil ich ihn aus dem Wasser
herausgezogen habe.«

Dritter

¹¹Es war zu derselben Zeit, als Mosche groß geworden war, ging er
aus zu seinen Mitbrüdern und sah ihre harte Arbeit mit an, sah auch
einen mizrischen Mann, der auf einen iwrischen Mann einschlug, auf
einen von seinen Mitbrüdern. ¹²Er wandte sich nach hier und da um.
Als er nun sah, dass niemand zugegen war, erschlug er den Mizri und
vergrub ihn in dem Sand. ¹³Des anderen Tages ging er wieder aus. Da
stritten sich zwei iwrische Männer. Er sprach zu dem Ungerechten:
»Was hast du deinen Nächsten zu schlagen?« ¹⁴Jener sprach: »Wer hat
dich zum Oberhaupt und Richter über uns gesetzt? Denkst du mich
etwa umzubringen, wie du den Mizri umgebracht hast?« Mosche
fürchtete sich, sprach: »Wahrhaftig! Die Sache ist bekannt geworden!«
¹⁵Pharao erfuhr auch diese Sache und wollte Mosche umbringen lassen. Da floh Mosche vor Pharao und ließ sich im Land Midjan nieder.
Er saß bei einem Brunnen. ¹⁶Der Priester zu Midjan hatte sieben
Töchter. Diese kamen, schöpften Wasser und füllten die Tröge, um
ihres Vaters Kleinvieh zu tränken. ¹⁷Da kamen die Hirten und trieben
sie weg. Mosche aber machte sich auf, stand ihnen bei und tränkte
ihr Kleinvieh. ¹⁸Als sie zu ihrem Großvater Re'u'el kamen, sprach er:
»Warum kommt ihr heute so bald nach Hause?« ¹⁹Sie sprachen: »Ein
mizrischer Mann hat uns gegen die Hirten beigestanden. Auch half
er uns Wasser schöpfen und tränkte das Kleinvieh.« ²⁰Jener sprach
zu seinen Enkelinnen: »Wo ist er denn? Warum habt ihr den Mann
verlassen? Ruft ihn, dass er hier speise.« ²¹Mosche willigte ein, bei dem
Mann zu bleiben. Dieser gab seine Tochter Zippora dem Mosche zur
Frau. ²²Sie gebar einen Sohn und er nannte ihn »Gerschom«. Denn
er sprach: »Ich bin ein Fremder in einem mir unbekannten Land.«⸗

²³Lange Zeit hernach war es, als der König von Mizrajim starb. Die Kinder Jisraels seufzten noch immer unter der Arbeit. Sie schrien. Und ihr Wehklagen stieg zu Gott hinauf von der Arbeit (das heißt, Gott beschloss es zu ändern). ²⁴Gott erhörte ihr Jammern, gedachte auch an seinen Bund mit Awraham, Jizchak und Jaakow. ²⁵Gott sah die Kinder Jisraels (in welchen Zustand sie sich befanden). Gott kannte sie, (das heißt, er beschloss sich ihrer anzunehmen). •

Vierter / Jahr II

3 ¹Mosche weidete das Kleinvieh seines Schwiegervaters Jitro, des Priesters zu Midjan. Er führte das Kleinvieh die Wüste hinunter und kam bis an den göttlichen Berg nach Chorew. ²Hier erschien ihm ein Engel des Ewigen in der Flamme des Feuers aus dem Dornbusch. Mosche sah, wie der Dornbusch brannte, in vollem Feuer, und doch wurde der Dornbusch nicht verzehrt. ³Da dachte Mosche: »Ich muss doch hingehen und die außerordentliche Erscheinung sehen, warum der Dornbusch nicht verbrennt.« ⁴Als der Ewige sah, dass er hintrat um zu sehen, da rief ihm Gott aus dem Dornbusch zu und sprach: »Mosche, Mosche!« Er sprach: »Hier bin ich.« ⁵Er sprach: »Komm nicht näher hierher. Zieh deine Schuhe von deinen Füßen, denn die Stelle, auf welcher du stehst, ist heiliges Erdreich.« ⁶Und er sprach ferner: »Ich bin der Gott deines Vaters, der Gott Awrahams, der Gott Jizchaks und der Gott Jaakows.« Mosche verbarg sein Angesicht, denn er fürchtete sich hinzuschauen zu Gott. ⁷Der Ewige fuhr fort: »Ich habe das Elend meines Volkes in Mizrajim gesehen und ihr Geschrei über ihre Unterdrücker gehört, denn seine Plagen sind mir wohl bekannt. ⁸Ich habe mich daher herabgelassen, um es von der Gewalt der Mizrim zu erretten und es aus diesem Land hinaufzuführen in ein gutes und geräumiges Land, das Milch und Honig fließen lässt, an den Ort des Volkes Kenaani, Chiti, Emori, Perisi, Chiwi und Jewusi. ⁹Weil nun das Geschrei der Kinder Jisraels zu mir gekommen ist und ich die Drangsal gesehen, welche die Mizrajim ihnen antun, ¹⁰so geh nun also. Ich will dich zu Pharao schicken und du sollst mein Volk, die Kinder Jisraels, aus Mizrajim herausführen.« ¹¹Mosche sprach zu Gott: »Wer bin ich, dass ich zu Pharao gehen und die Kinder Jisraels aus Mizrajim führen soll?« ^{12} Gott sprach: »Ich werde mit dir sein. Und dies hier diene dir zur Versicherung, dass ich dich gesendet habe. Wenn du das Volk aus Mizrajim geführt haben wirst, sollt ihr auf diesem Berge Gott dienen.« ^{13} Mosche sprach zu Gott: »Wenn ich nun zu den Kindern Jisraels komme und sage ihnen: ›Der Gott eurer Eltern sendet mich‹, und sie sprechen: ›Wie ist sein Name?‹ Was soll ich ihnen sagen?« ^{14} Gott sprach zu Mosche: »Ich bin das Wesen, welches ewig ist.« Er sprach nämlich: »So sollst du zu den Kindern Jisraels sprechen: ›Das ewige Wesen, welches sich nennt: ›Ich bin ewig‹ hat mich zu euch gesandt.‹« ^{15} Gott sprach ferner zu Mosche: »So sollst du zu den Kindern Jisraels sprechen: ›Das ewige Wesen, der Gott eurer Eltern, der Gott Awrahams, Jizchaks und Jaakows sendet mich zu euch. Dies ist immer mein Name, und dies soll mein Denkmal sein in zukünftigen Zeiten.‹

Fünfter

^{16} Geh hin und versammle die Ältesten aus Jisrael und sage ihnen: ›Das ewige Wesen, der Gott eurer Eltern, ist mir erschienen, der Gott Awrahams, Jizchaks und Jaakows und sprach: Ich habe euch bedacht und was euch in Mizrajim geschieht. ^{17} Da habe ich beschlossen: Ich will euch hinaufführen aus dem Elend zu Mizrajim in das Land des Volkes Kenaani, Chiti, Emori, Perisi, Chiwi und Jewusi, in ein Land das Milch und Honig fließen lässt.‹ ^{18} Sie werden deinem Vortrag Gehör schenken. Alsdann sollst du und die Ältesten aus Jisrael zu dem König von Mizrajim gehen, zu ihm sprechen: ›Der Ewige, der Gott der Iwrim, hat sich uns verspüren lassen. Lass uns doch eine dreitägige Reise tun in der Wüste, dass wir dem Ewigen, unserem Gott, opfern.‹ ^{19} Ich weiß im Voraus, dass der König von Mizrajim euch nicht wird wollen reisen lassen, auch nicht mit starker Hand, (das heißt, mit Gewalt). ^{20} Doch ich werde meine Hand ausstrecken (das heißt, meine Gewalt zeigen), und das Land Mizrajim plagen durch alle meine Wunder, welche ich in ihm tun werde. Hernach wird er euch wohl wegziehen lassen. ^{21} Ich werde diesem Volk Gunst verschaffen in den Augen Mizrajims. Wenn ihr nun reisen werdet, sollt ihr nicht mit leerer Hand reisen, ^{22} sondern jede Frau wird von ihrer Nachbarin fordern und von der

Einwohnerin ihres Hauses Silbergeschirr und Goldgeschirr und Kleidung. Die werdet ihr auf eure Söhne und Töchter legen und also Mizrajim noch ausräumen.«**4** ¹Mosche antwortete und sprach: »Sie werden mir aber gewiss nicht glauben, auch meiner Stimme nicht Gehör schenken. Denn sie werden sprechen: ›Der Ewige ist dir nicht erschienen.‹« ²Der Ewige sprach zu ihm:»Was hast du da in deiner Hand?« Er antwortete:»Einen Stab.« ³Er sprach:»Wirf ihn zur Erde.« Er warf ihn zur Erde, da wurde eine Schlange daraus. Mosche floh vor ihr. ⁴Der Ewige sprach ferner zu Mosche:»Streck deine Hand aus und fass an ihren Schwanz.« Er streckte seine Hand aus und ergriff ihn, da wurde sie zum Stab in seiner Hand. ⁵»Damit sie glauben mögen«, fuhr der Ewige fort,»dass dir der Ewige, der Gott ihrer Eltern, erschienen ist, der Gott Awrahams, Jizchaks und Jaakows.« ⁶Der Ewige sprach ferner zu ihm:»Bring einmal deine Hand in deinen Schoß.« Er brachte sie in seinen Schoß. Und als er sie wieder herauszog, da war seine Hand aussätzig, weiß wie Schnee. ⁷Er sprach ferner:»Tu deine Hand abermals in deinen Schoß.« Er tat sie abermals in seinen Schoß. Und als er sie wieder herauszog, da war sie wieder wie sein übriges Fleisch. ⁸»Wenn sie dir also nicht glauben«, fuhr der Ewige fort,»und dem ersten Wunderzeichen kein Gehör schenken wollen, so werden sie doch auf die Stimme des letzten Wunderzeichens hin glauben. ⁹Wenn sie aber diesen beiden Wunderzeichen nicht glauben werden und deiner Stimme kein Gehör schenken wollen, so nimm von dem Wasser des Flusses und gieß es auf das trockene Land. Alsdann wird das Wasser, welches du aus dem Fluss nehmen wirst, auf dem trockenen Land zu Blut werden.« ¹⁰Mosche sprach zum Ewigen:»Verzeihung, mein Gott! Ich bin kein Mann von Worten (das heißt, kein guter Redner), sowohl seit gestern als seit vorgestern als auch seitdem du mit deinem Diener zu sprechen angefangen. Denn ich bin ein Mensch von schwerem Mund und schwerer Zunge, (das heißt, der Mund und Zunge nicht gebrauchen kann, wie er will).« ¹¹Der Ewige sprach zu ihm:»Wer hat denn dem Menschen einen Mund zum Sprechen gemacht? Oder wer macht ihn stumm oder taub oder dass er gut hören und sehen kann oder blind ist? Bin ich es nicht, der Ewige? ¹²Also geh nur. Ich will mit deinem Munde sein und dich lehren, was du reden sollst.«

*13*Er sprach: »Verzeihung, mein Gott! Sende doch, durch welchen du sonst senden willst.« *14*Der Ewige erzürnte sich über Mosche, sprach: »Ist nicht Aharon dein Bruder, der Levi? Ich weiß, dass er gut reden wird. Eben jetzt reist er dir entgegen. Wenn er dich sehen wird, wird er sich herzlich freuen. *15*Du darfst nun mit ihm reden und ihm die Worte in den Mund legen. Ich will mit deinem und seinem Munde sein und euch lehren, was ihr tun sollt. *16*Er soll deinetwegen mit dem Volke reden, sodass er dir als ein Mund dienen (das heißt, deine Worte vorbringen) soll, und du sollst ihm wie ein Gott sein (das heißt, Gedanken eingeben). *17*Diesen Stab aber sollst du in die Hand nehmen, mit welchem du die Wunderzeichen tun sollst.«¶

Sechster / Jahr III

*18*Mosche ging, kehrte zu seinem Schwiegervater zurück, sprach zu ihm: »Ich will gern hinreisen und zu meinen Mitbrüdern, die in Mizrajim sind, zurückkehren und sehen, ob sie noch leben.« Jitro sprach zu Mosche: »Reise mit Glück.« *19*Nun sagte auch der Ewige in Midjan zu Mosche: »Reise nun nach Mizrajim zurück, denn alle die Leute sind tot, die dir nach dem Leben getrachtet haben.« *20*Mosche nahm also seine Frau und seine Kinder, ließ sie auf einem Esel reiten und kehrte in das Land Mizrajim zurück. Mosche nahm auch den göttlichen Stab in seine Hand. *21*Der Ewige sprach aber zu Mosche: »Wenn du hinziehst nach Mizrajim zurück, betrachte alle die Wunderzeichen, die ich dir in die Hand geben werde, damit du sie vor Pharao tust. Indessen werde ich sein Herz verstockt sein lassen, sodass er das Volk nicht wird weglassen wollen. *22*Du sollst aber zu Pharao sagen: ›So hat der Ewige gesprochen: ›Jisrael ist mir so wertvoll wie ein erstgeborener Sohn.‹ *23*Nun habe ich dir gesagt: ›Lass meinen Sohn weg, dass er mir diene!‹ Du weigertest dich aber, ihn weg zu lassen. Nun will ich auch deinen erstgeborenen Sohn umbringen.‹« *24*Es war auf der Reise in der Nachtherberge, da kam der Ewige zu ihm und wollte ihn töten (das heißt, der Ewige ließ Mosche plötzlich in Lebensgefahr kommen). *25*Da nahm Zippora einen scharfen Stein, schnitt ihrem Sohn die Vorhaut ab, legte sie ihm zu Füßen und sprach: »Du bist mir ein blutiger Anverwandter (das heißt, der das Leben kostet).« *26*Da ließ die Gefahr von Mosche ab. Da sagte sie:»Ein blutiger Verwandter, aber nur zu Beschneidungen«, (nämlich es hat weiter kein Blut gekostet als das Blut der Beschneidung).ק

²⁷Der Ewige sprach zu Aharon:»Geh Mosche entgegen, der Wüste zu.« Er ging, begegnete ihm bei dem göttlichen Berge und begrüßte ihn mit einem Kuss. ²⁸Mosche berichtete dem Aharon alle die Worte des Ewigen, die er ihn auszurichten gesendet hatte, und alle die Wunderzeichen, die er ihm aufgetragen. ²⁹Mosche und Aharon gingen und versammelten alle die Ältesten der Kinder Jisraels. ³⁰Aharon trug vor alle Worte, welche der Ewige zu Mosche gesprochen hatte, tat auch die Wunderzeichen vor den Augen des Volkes. ³¹Das Volk glaubte. Und sie verstanden daraus, dass der Ewige die Kinder Jisraels bedacht und ihr Elend angesehen habe (nämlich um ihnen zu helfen). Sie neigten ihr Haupt und verbeugten sich.

Siebter

5 ¹Hernach kamen Mosche und Aharon und sprachen zu Pharao: »So hat der Ewige, der Gott Jisraels, gesprochen: ›Lass mein Volk ziehen, dass sie mir in der Wüste ein Fest feiern.‹« ²Pharao sprach:»Wer ist der Ewige, dessen Stimme ich Gehör schenken soll, um das Volk Jisrael wegzulassen? Ich kenne den Ewigen nicht und werde das Volk Jisrael nicht weglassen.« ³Sie sprachen:»Der Gott der Iwrim hat sich uns verspüren lassen. Wir wollen nur eine dreitägige Reise machen in der Wüste und dem Ewigen, unserem Gott, ein Opfer schlachten, er möchte uns nicht heimsuchen mit Pest oder mit Krieg.« ⁴Der König von Mizrajim sprach zu ihnen:»Mosche und Aharon! Warum haltet ihr die Leute von ihrer Verrichtung ab? Geht hin zu euren Arbeiten!« ⁵Pharao sprach:»Das gemeine Volk nimmt jetzt überhand, und ihr wollt sie stören bei ihrer Arbeit?« ⁶Pharao befahl noch denselben Tag den Antreibern des Volkes und dessen Aufsehern Folgendes: ⁷»Gebt den Leuten kein Stroh mehr, um die Ziegel zu verfertigen wie gestern und vorgestern (das heißt wie bisher). Sie mögen selbst gehen und sich Stroh aufsuchen. ⁸Die Anzahl der Ziegel, welche sie bisher verfertigt haben, sollt ihr ihnen dennoch auferlegen. Ihr sollt nichts davon abnehmen. Denn sie sind müßige Leute. Darum schreien sie: ›Wir wollen hingehen und unserem Gott ein Opfer schlachten.‹ ⁹Die Arbeit muss also den Leuten schwer gemacht werden, damit sie zu tun haben. So werden sie sich nicht mehr mit lügenhaften Worten unterhalten.« ¹⁰Die Antreiber des Volkes und seine Aufseher gingen hinaus und sprachen zum Volke so: »So hat Pharao gesagt: ›Ich gebe euch kein Stroh mehr.¹¹Ihr selbst geht hin, nehmt euch Stroh, wo ihr was findet. Denn von eurer Arbeit wird nicht das mindeste abgenommen.‹« ¹²Das Volk zerstreute sich in dem ganzen Land Mizrajim, um Stoppeln aufzusuchen statt Stroh. ¹³Die Antreiber waren drängend und sprachen: »Macht eure Arbeit fertig, jeden Tag sein Tagwerk, so gut als da das Stroh vorhanden war.« ¹⁴Die Aufseher der Kinder Jisraels, welche die Antreiber Pharaos über sie gesetzt hatten, wurden geschlagen. Man sprach: »Warum schafft ihr sowohl gestern als auch heute euer Gesetztes an Ziegelarbeit nicht fertig, so wie ihr vorgestern getan?« ¹⁵Die Aufseher der Kinder Jisraels kamen und schrien zu Pharao: »Warum verfährst du so mit deinen Knechten? ¹⁶Stroh wird deinen Knechten nicht gegeben und gleichwohl sagt man zu uns: ›Schafft Ziegel!‹ Nun werden deine Knechte noch dazu geschlagen und dein Volk wie Missetäter behandelt.« ¹⁷Er sprach: »Müßige Leute seid ihr, müßige Leute! Darum sagt ihr: ›Wir wollen reisen, dem Ewigen ein Opfer zu schlachten.‹ ¹⁸Also, geht hin, arbeitet! Stroh soll euch nicht gegeben werden. Die Anzahl der Ziegel müsst ihr dennoch liefern.« ¹⁹Die Aufseher der Kinder Jisraels sahen sich in einem bösen Zustand, weil sie sagen mussten: »Nehmt nichts ab von den Ziegelsteinen, dem Tagwerk jedes Tages.« ²⁰Sie trafen Mosche und Aharon, die gegenüberstanden, als sie von Pharao herauskamen, ²¹und sprachen zu ihnen: »Der Ewige wird euch sehen und wird richten, dass ihr unseren Geruch zum Ekel gemacht in den Augen Pharaos und seiner Bedienten, dass ihr ihnen ein Schwert in die Hand gegeben habt, um uns umzubringen.«

Maftir

²²Mosche trat wieder hin zu dem Ewigen und sprach: »Mein Gott! Warum lässt du es den Leuten so schlecht gehen? Wozu hast du mich

denn gesendet? ²³Seitdem ich zu Pharao gekommen bin, um in deinem Namen zu reden, lässt er es den Leuten noch schlechter gehen. Du aber hast dein Volk nicht gerettet.« **6** ¹Der Ewige sprach zu Mosche: »Du wirst bald sehen, was ich dem Pharao tun werde, dass er sie mit starker Hand fortziehen lassen, ja mit starker Hand aus seinem Land treiben wird.«¶

Haftarat Schemot:
in aschkenasischen Gemeinden: Jesaja 27,6-28,13; 29,22-23 (S. 471);
in sefardischen Gemeinden: Jeremia 1,1-2,3 (S. 527).)

Psalm des Schabbat nach Seder Avodat Israel: Ps 99

14. Wa'era (Ex 6,2-9,35)

[INHALT: *Die Namen der Israeliten* * *Mose und Aharon vor Pharao*
(Wunder mit Stock und Hand) * *Blut (dam)* * *Frösche (z'fardea)* * *Unge-*
ziefer (kinnim) * *Gewild (arow)* * *Pest (dewer)* * *Blasen (sch'chin)* * *Hagel*
(barad)]

²Gott redete ferner mit Mosche und sprach zu ihm:»Ich, der Ewige,
³**ich erschien** *(wa'era)* dem Awraham, Jizchak und Jaakow als Gott,
der Allermächtigste. Aber mit meinem Wesen, welches unendlich und
allgegenwärtig heißt, bin ich von ihnen nicht erkannt worden. ⁴Ich
habe auch meinen Bund mit ihnen errichtet, ihnen das Land Kenaan
zu geben, nämlich das Land ihres Aufenthaltes, worin sie als Fremde
sich aufgehalten haben. ⁵Nun habe ich auch vernommen das Seufzen
der Kinder Jisraels, wie sie die Mizrajim zur Arbeit zwingen. Da dachte
ich an meinen Bund. ⁶So sage zu den Kindern Jisraels: ›Ich bin das
allgegenwärtige ewige Wesen. Ich will euch hervorziehen unter den
Lasten Mizrajims, euch von der Dienstbarkeit für sie erretten, euch
mit ausgestrecktem Arm und mit großen Strafgerichten erlösen, ⁷euch
mir zum Volke (nämlich zu meinen Untertanen) nehmen und euer
Gott sein. Ihr sollt es erfahren, dass ich, das unendliche ewige Wesen,
euer Gott bin, der euch unter den Lasten Mizrajims hervorzieht. ⁸Ich
will euch in das Land bringen, weil ich meine Hand zur Versicherung
erhoben, es dem Awraham, Jizchak und Jaakow zu geben. Dies will
ich euch als ein Erbteil geben, ich, das ewige Wesen.‹« ⁹Mosche sprach
zwar alles zu den Kindern Jisraels, sie schenkten ihm aber kein Gehör
wegen der Kürze des Odems und der schweren Arbeit.¶

¹⁰Nun redete der Ewige mit Mosche und sprach: ¹¹»Geh, sage zu
Pharao, König von Mizrajim, dass er die Kinder Jisraels aus seinem
Land ziehen lasse.« ¹²Da sprach Mosche vor dem Ewigen:»Wenn die
Kinder Jisraels mir kein Gehör schenken, wie wird mir Pharao denn

Gehör schenken? Ich habe ja unbeschnittene Lippen (das heißt kann nicht gut sprechen).«¶

¹³So sprach der Ewige mit Mosche und Aharon und gab ihnen den Befehl an die Kinder Jisraels und an den Pharao, König von Mizrajim, um die Kinder Jisraels aus dem Land Mizrajim zu führen. •

Zweiter

¹⁴Dies sind die Häupter ihrer Stämme: Die Söhne Re'uwens, des Erstgeborenen Jisraels waren: Chanoch, Palu, Chezron und Karmi. Dies sind die Familien Re'uwens. ¹⁵Die Söhne Schim'ons: Jemu'el, Jamin, Ohad, Jachin, Zochar und Scha'ul, Sohn der Kenaanit. Dies sind die Familien Schim'ons. ¹⁶Dies sind die Namen der Kinder Levis nach ihrer Geburtsfolge: Gerschon, Kehat und Merari. Die Lebensjahre Levis waren hundertundsiebenunddreißig Jahre. ¹⁷Die Söhne Gerschons: Liwni und Schim'i, nach ihren Familien. ¹⁸Die Kinder Kehats: Amram, Jizhar, Chewron und Usi'el. Die Lebensjahre Kehats waren hundertunddreiunddreißig Jahre. ¹⁹Die Kinder Meraris: Machli und Muschi. Dies sind die Familien des Levi'schen Stammes nach ihrer Geburtsfolge. ²⁰Amram nahm seine Base Jochewed zur Frau und zeugte Aharon und Mosche. Die Lebensjahre Amrams waren hundertundsiebenunddreißig Jahre. ²¹Die Söhne Jizhars: Korach, Nefeg und Sichri. ²²Die Söhne Usi'els: Mischa'el, Elzafan und Sitri. ²³Aharon nahm die Elischewa, Tochter Aminadaws, die Schwester Nachschons, zur Frau. Er zeugte Nadaw, Awihu, El'asar und Itamar. ²⁴Die Söhne Korachs: Asir, Elkana und Awiasaf. Dies sind die Familien des Korach'schen Stammes. ²⁵El'asar, Aharons Sohn, nahm sich eine von den Töchtern Puti'els zur Frau. Sie gebar den Pinchas. Dies sind die Häupter der Stämme der Levi'im nach ihren Famillien. ²⁶Dieser Aharon und Mosche ist es, zu welchen der Ewige gesagt hatte: Führt die Kinder Jisraels aus dem Land Mizrajim heraus mit allen ihren Heerscharen. ²⁷Sie sind es, die dem Pharao, König von Mizrajim, vorgetragen, dass sie die Kinder Jisraels aus Mizrajim führen wollten. Dies ist das Herkommen Mosches und Aharons. ²⁸Da nun der Ewige mit Mosche in dem Land Mizrajim redete, •

Dritter

²⁹da nämlich der Ewige zu Mosche gesprochen hatte:»Ich bin das ewige Wesen. Sage dem Pharao, König von Mizrajim, alles, was ich zu dir reden werde«, ³⁰und Mosche vor dem Ewigen gesprochen hatte: »Ich bin ja unbeschnittener Lippen, wie wird mir den Pharao Gehör schenken?«,❡

7 ¹da sprach der Ewige zu Mosche:»Siehe, ich habe dich dem Pharao zum Gott gesetzt, und dein Bruder Aharon soll dein Prophet sein. ²Du sollst ihm sagen, was ich dir auftragen werde. Dein Bruder Aharon aber soll zu Pharao sprechen, dass er die Kinder Jisraels aus seinem Land ziehen lasse. ³Indessen werde ich Pharaos Herz abhärten und viele Zeichen und Wunderbeweise in Mizrajim geschehen lassen. ⁴Pharao wird euch nämlich kein Gehör schenken. Doch ich werde meine Hand an Mizrajim legen (das heißt meine Macht gegen sie gebrauchen) und meine Heere, nämlich meine Untertanen, die Kinder Jisraels, aus Mizrajim führen durch schwere Strafgerichte. ⁵So sollen denn die Mizrajim gewahr werden, dass ich das ewige Wesen bin, wenn ich meine Hand über Mizrajim hinneigen und die Kinder Jisraels aus ihrer Mitte herausführen werde.« ⁶Mosche und Aharon taten es. Wie es ihnen der Ewige befohlen hatte, so taten sie. ⁷Mosche war achtzig Jahre alt und Aharon dreiundachtzig, als sie mit Pharao redeten.❡

Vierter / Jahr II

⁸Der Ewige sprach zu Mosche und Aharon wie folgt: ⁹»Wenn Pharao zu euch sagen wird: ›Bringt ein Wunder zum Beweis‹, so sprich zu Aharon: ›Nimm deinen Stab und wirf ihn vor Pharao hin.‹ Er wird zur Schlange werden.« ¹⁰Mosche kam also mit Aharon vor Pharao und sie taten so, wie es der Ewige befohlen hatte, nämlich Aharon warf seinen Stab hin vor Pharao und vor seinen Bedienten, da wurde er zur Schlange. ¹¹Pharao ließ auch die weisen Männer und die Zauberer rufen. Da taten die Bilderschriftkundigen durch ihre verborgenen Künste ebendasselbe. ¹²Sie warfen nämlich jeder seinen Stab hin, da wurden sie zu Schlangen. Doch der Stab Aharons verschlang ihre Stäbe. ¹³Indessen wurde jedoch Pharaos Herz dadurch stark (das

heißt er blieb auf seinem Sinn) und er schenkte ihnen kein Gehör, so wie der Ewige gesprochen hatte. • ¹⁴Der Ewige sprach zu Mosche: »Pharaos Herz ist verstockt. Er weigert sich das Volk ziehen zu lassen. ¹⁵Geh zu Pharao des Morgens, soeben geht er aus an das Wasser. Stell dich am Ufer des Flusses gegen ihn hin und nimm den Stab in deine Hand, der in eine Schlange verwandelt worden ist. ¹⁶Dann sprich zu ihm: ›Der Ewige, der Gott der Iwrim, hat mich zu dir gesandt und dir sagen lassen: Lass mein Volk ziehen, damit sie mir dienen in der Wüste. Du hast aber bisher nicht gehorchen wollen.‹ ¹⁷So hat der Ewige gesprochen: ›Hierdurch sollst du erkennen, dass ich der Ewige bin.‹ Hier schlage ich mit diesem Stab, den ich in meiner Hand habe, auf die Wasser in dem Fluss, und sie sollen in Blut verwandelt werden. ¹⁸Der Fisch im Fluss wird sterben und der Fluss stinkend werden. Und dadurch werden die Mizrajim sich ekeln, Wasser aus dem Flusse zu trinken.« • ¹⁹Der Ewige sprach zu Mosche: »Sprich zu Aharon: ›Nimm deinen Stab und neige deine Hand hin gegen alle Gewässer Mizrajims, nämlich gegen ihre Ströme, gegen ihre Flüsse, gegen ihre Seen und gegen ihre Wasserteiche, so sollen sie zu Blut werden. Damit soll Blut sein im ganzen Land Mizrajim, auch in hölzernen und in steinernen Wassergefäßen.« ²⁰Mosche und Aharon taten so, wie es der Ewige befohlen hatte. Aharon nämlich hob die Hand mit dem Stab in die Höhe und schlug das Wasser, welches in dem Fluss war, vor den Augen Pharaos und vor den Augen seiner Bedienten. Da wurden alle Wasser in dem Fluss in But verwandelt. ²¹Der Fisch im Fluss starb daran. Der Fluss wurde stinkend, sodass die Mizrajim kein Wasser aus dem Fluss trinken konnten. Das Blut war im ganzen Land Mizrajim. ²²Nun taten die Bilderschriftkundigen eben dasselbe durch ihre verborgenen Künste, wodurch Pharaos Herz gestärkt wurde, sodass er ihnen kein Gehör schenkte, wie der Ewige gesprochen hatte. ²³Pharao wandte sich um, ging in sein Haus und kehrte sich auch hieran nicht. ²⁴Die Mizrajim gruben um den Fluss herum nach Wasser zum Trinken, denn sie konnten nicht von dem Wasser des Flusses trinken. ²⁵So vergingen sieben Tage, nachdem der Ewige den Fluss geschlagen hatte. ¶

²⁶Der Ewige sprach zu Mosche:»Geh zu Pharao. Sage ihm:›So hat der Ewige gesprochen: Lass mein Volk ziehen und mir dienen. ²⁷Weigerst du dich aber, sie ziehen zu lassen, so plage ich alle deine Grenzen mit Fröschen. ²⁸Der Fluss soll Frösche in großer Menge hervorbringen. Sie werden alsdann heraufgehen und in dein Haus kommen, in dein Schlafzimmer und auf dein Bett, in das Haus deiner Bedienten und Untertanen, in deine Backöfen und in deine Backtröge. ²⁹An dich selbst, an deine Untertanen und an alle deine Bedienten werden die Frösche herankriechen.‹« **8** ¹Der Ewige sprach zu Mosche:»Sage zu Aharon:›Neige deine Hand hin mit deinem Stab gegen die Ströme, gegen die Flüsse und gegen die Seen und bringe die Frösche herauf über das Land Mizrajim.‹« ²Aharon neigte seine Hand hin gegen die Gewässer von Mizrajim. Da kam der Frosch herauf und bedeckte das Land Mizrajim. ³Nun taten die Bilderschriftkundigen ebendasselbe durch ihre verborgenen Künste und brachten die Frösche über das Land Mizrajim herauf. ⁴Pharao ließ Mosche und Aharon rufen und sprach:»Fleht zu dem Ewigen, dass er die Frösche von mir und von meinen Untertanen wegnehme. So will ich das Volk ziehen lassen, dass sie dem Ewigen ein Opfer schlachten.« ⁵Mosche sprach zu Pharao: »Schaffe dir Ruhm über mich. Auf welche Zeit soll ich für dich und für deine Untertanen flehen, die Frösche von dir und von deinen Häusern auszurotten, dass sie nur im Flusse bleiben?« ⁶Pharao sprach:»Auf morgen.« Jener sprach:»Nach deinem Wort, damit du erfährst, dass nichts mit dem Ewigen, unserem Gott, zu vergleichen ist.

Fünfter

⁷So sollen die Frösche von dir, von deinen Häusern, von deinen Bedienten und von deinen Untertanen weichen, dass sie nur im Fluss bleiben.« ⁸Mosche und Aharon gingen von Pharao hinweg. Mosche schrie zu dem Ewigen wegen der Frösche, die er dem Pharao zugeschickt. ⁹Der Ewige tat, wie Mosche gesprochen hatte. Die Frösche starben aus den Häusern, aus den Gehöften und aus den Feldern. ¹⁰Die brachten sie in Haufen zusammen und das Land wurde stinkend. ¹¹Als Pharao sah, dass es nachgelassen hatte, machte er sein Herz hart und wollte ihnen nicht Gehör schenken, wie der Ewige gesprochen

hatte. • *12*Der Ewige sprach zu Mosche:»Sage zu Aharon:›Neige deinen Stab hin und schlage den Staub der Erde. So soll er im ganzen Land Mizrajim zu Ungeziefer werden.‹« *13*Sie taten so. Aharon neigte seine Hand mit seinem Stab hin, schlug den Staub der Erde, da entstand das Ungeziefer an Menschen und an Vieh. Aller Staub der Erde im ganzen Land Mizrajim wurde zu Ungeziefer. *14*Nun taten die Bilderschriftkundigen ebendasselbe durch ihre verborgenen Künste, das Ungeziefer hervorzubringen, aber sie konnten es nicht. Indessen war das Ungeziefer am Menschen und am Vieh. *15*Die Bilderschriftkundigen sprachen zu Pharao:»Es ist ein Finger Gottes (das heißt, eine Wirkung, die unmittelbar von Gott kommt).« Doch Pharaos Herz war schon verstockt und er gab ihnen dennoch kein Gehör, wie der Ewige gesprochen hatte. •

Jahr III

*16*Der Ewige sprach zu Mosche:»Stehe des Morgens früh auf und stell dich vor Pharao. Er geht hinaus an das Wasser. Sprich zu ihm:›So hat der Ewige gesprochen: Lass mein Volk ziehen und mir dienen! *17*Wenn du aber meine Untertanen nicht ziehen lässt, so will ich über dich, deine Bedienten, deine Untertanen und in deine Häuser allerlei Gewild schicken. Die Häuser Mizrajims sollen voll Gewild sein, wie auch das Erdreich, auf welchem sie wohnen. *18*Ich werde aber das Land Goschen alsdann dadurch unterscheiden, worin mein Volk wohnt, dass daselbst kein Gewild sein soll, damit du erfährst, dass ich, der Ewige, mitten im Land gegenwärtig bin.

Sechster

*19*Ich will also einen Unterschied machen zwischen meinen und deinen Untertanen. Morgen soll dieses Wunderzeichen geschehen.‹« *20*Der Ewige tat so. Es kam mächtiges Gewild in Pharaos Haus und in die Häuser seiner Bedienten, und im ganzen Land Mizrajim wurde das Land von dem Gewild verdorben. *21*Pharao ließ Mosche und Aharon rufen und sprach:»Geht, opfert eurem Gott im Land!« *22*Mosche sprach:»Es ist nicht schicklich dies zu tun, denn solche Dinge, die den

Mizrajim ein Gräuel sind, müssen wir dem Ewigen, unserem Gott, schlachten. Wenn wir nun den Gräuel Mizrajims vor ihren Augen als ein Opfer schlachten, werden sie nicht mit Steinen nach uns werfen? ²³Eine dreitägige Reise wollen wir in der Wüste tun und dem Ewigen, unserem Gott, opfern, wie er uns befehlen wird.« ²⁴Pharao sprach:»So will ich denn euch ziehen lassen, dass ihr dem Ewigen, eurem Gott, in der Wüste opfern möget. Nur entfernt euch nicht noch weiter. Fleht für mich.« ²⁵Mosche sprach:»So wie ich von dir weggehe, so flehe ich zu dem Ewigen, und das Gewild soll Pharao, seine Bedienten und seine Untertanen morgen verlassen. Nur möge der Pharao [uns] nicht länger hintergehen, dass er hernach das Volk nicht ziehen lasse, um dem Ewigen zu opfern.« ²⁶Mosche ging von Pharao hinaus und flehte zu dem Ewigen. ²⁷Der Ewige tat nach Mosches Worten, das Gewild wich von Pharao, von seinen Bedienten und von seinen Untertanen. Es blieb nicht eines zurück. ²⁸Doch Pharao machte auch dieses Mal sein Herz hart. Und ließ das Volk nicht ziehen.֍

9 ¹Der Ewige sprach zu Mosche:»Geh zu Pharao. Sprich zu ihm: ›So hat der Ewige, der Gott der Iwrim, gesprochen: Lass mein Volk ziehen und mir dienen. ²Denn wenn du sie nicht ziehen lässt und hältst sie noch zurück, ³so wird die Hand des Ewigen sein an deinem Vieh, welches auf dem Feld ist, an Pferden, an Eseln, an Kamelen, am Rindvieh und am Kleinvieh, eine sehr schwere Pest. ⁴Der Ewige wird einen Unterschied machen zwischen dem Vieh Jisraels, und dem Vieh Mizrajims, sodass nichts, was den Kindern Jisraels gehört, sterben soll. ⁵Der Ewige hat eine Zeit festgesetzt: Morgen wird der Ewige dies im Land tun.‹« ⁶Der Ewige tat dies tags darauf, es starb nämlich alles Vieh Mizrajims; vom Vieh der Kinder Jisraels aber starb nicht eines. ⁷Pharao schickte zwar hin und erfuhr, dass von dem Vieh der Kinder Jisraels nicht eines gestorben war. Doch das Herz Pharaos war hart, sodass er das Volk dennoch nicht ziehen lassen wollte.֍

⁸Der Ewige sprach zu Mosche und Aharon:»Nehmt eure beiden Hände voll Ruß vom Ofen, und Mosche werfe ihn gen Himmel vor den Augen Pharaos. ⁹So soll er zum Staube werden über das ganze Land

Mizrajim und am Menschen sowie am Vieh zur Entzündung werden, aus welcher Blasen hervorbrechen im ganzen Land Mizrajim.« [10]Sie nahmen Ruß vom Ofen, stellten sich vor Pharao, Mosche warf ihn gen Himmel, da wurde er zu entzündeten Blasen, hervorbrechend am Menschen und am Vieh. [11]Die Bilderschriftkundigen konnten nicht stehen vor Mosche wegen der Entzündung. Denn die Entzündung war an den Bilderschriftkundigen und in ganz Mizrajim. [12]Der Ewige stärkte das Herz Pharaos, sodass er ihnen kein Gehör schenkte, wie der Ewige zu Mosche gesprochen hatte. • [13]Der Ewige sprach zu Mosche:»Steh früh auf. Stell dich vor Pharao und sage ihm: ›So hat der Ewige, der Gott der Iwrim, gesprochen! Lass mein Volk ziehen und mir dienen! [14]Denn dieses Mal schicke ich alle meine Plagen über dein Herz, über deine Bedienten und über deine Untertanen, damit du erfährst, dass mir nichts gleich ist auf der ganzen Erde. [15]Zwar hätte ich eben jetzt meine Hand ausgestreckt und dich nebst deinen Untertanen mit der Pest geschlagen und so wärest du vertilgt von der Erde, [16]doch ich habe dich darum noch erhalten, um dir meine Macht zu zeigen und damit man meinen Namen erzähle in der ganzen Welt.

Siebter

[17]Unterdrückst du aber noch ferner meine Untertanen, um sie nicht reisen zu lassen, [18]so lasse ich morgen um diese Zeit regnen sehr schweren Hagel, desgleichen in Mizrajim nicht gewesen, von dem Tage der Entstehung an bis jetzt. [19]Schick also hin, lass dein Vieh zusammenholen und was du sonst auf dem Feld hast, alle Menschen und Vieh, welches sich auf dem Feld befindet und nicht ins Haus gebracht wird, sonst wird der Hagel auf sie fallen und sie werden sterben.‹« [20]Wer nun unter Pharaos Bedienten das Wort des Ewigen fürchtete, ließ seine Knechte und sein Vieh in die Häuser flüchten. [21]Wer sich aber um des Ewigen Wort nicht kehrte, der ließ seine Knechte und sein Vieh auf dem Felde.ף

[22]Der Ewige sprach zu Mosche:»Neige deine Hand gen Himmel, so soll Hagel entstehen über Menschen, über Vieh und über alles Krautgewächs des Feldes im Land Mizrajim.« [23]Mosche neigte seinen Stab

gen Himmel. Der Ewige ließ Donner und Hagel werden, der Blitz fuhr zur Erde, und so ließ der Ewige im ganzen Land Mizrajim Hagel regnen. ²⁴Es war Hagel und mitten im Hagel flammender Blitz, ein sehr schweres Wetter, desgleichen im Land Mizrajim nicht gewesen, seitdem es zu einer Nation geworden war. ²⁵Der Hagel schlug im ganzen Land Mizrajim alles, was auf dem Feld war, von Menschen bis Vieh. Alles Krautgewächs des Feldes zerschlug der Hagel und jeden Baum zerbrach er. ²⁶Nur im Land Goschen, wo die Kinder Jisraels wohnten, war kein Hagel. ²⁷Pharao schickte hin, ließ Mosche und Aharon rufen und sprach zu ihnen:»Diesmal gestehe ich, ich habe gesündigt. Der Ewige ist der Gerechte, ich aber und mein Volk sind Frevler. ²⁸Flehet zum Ewigen, dass es genug Donner Gottes und Hagel gewesen sei, so will ich euch ziehen lassen und ihr sollt nicht länger bleiben.« ²⁹Mosche sprach zu ihm:»Sobald ich zur Stadt hinausgehe, werde ich meine Hände zum Ewigen erheben. Die Donnerstimmen sollen aufhören und der Hagel nicht mehr sein, damit du wissest, dass die Erde des Ewigen ist. ³⁰Du aber und deine Bedienten, ich weiß wohl, dass ihr euch vor dem ewigen Gott noch nicht fürchtet.« ³¹Flachs und Gerste wurde zerschlagen. Denn die Gerste hatte geschosst und der Flachs Knoten angesetzt. ³²Weizen aber und Dinkel waren nicht zerschlagen worden, denn sie sind spätreifend.

Maftir

³³Mosche ging von Pharao weg zur Stadt hinaus, hob seine Hände zum Ewigen auf. Da hörten die Donnerstimmen und der Hagel auf und kein Regen stürzte mehr auf die Erde. ³⁴Als Pharao sah, dass Regen, Hagel und Donnerstimmen aufgehört hatten, fuhr er fort zu sündigen, er machte sein Herz hart, er und seine Bedienten. ³⁵Pharaos Herz wurde stark, und er ließ die Kinder Jisraels nicht ziehen, wie der Ewige durch Mosche gesprochen hatte.

Haftarat Wa'era: Ezechiel 28,25–29,21 (S. 473); An Rosch Chodesch Schwat liest man jedoch die Haftara für Rosch Chodesch (S. 618).

Psalm des Schabbat nach Seder Avodat Israel: Ps 46

15. Bo (Ex 10,1-13,16)

[INHALT: Heuschrecken (arbe) * Finsternis (choschesch) * Sterben der
Erstgeburt (makkat bekorot) * Das erste Gebot für das Volk Israel: die
Zählung der Monate * Pessach in Ägypten * Pessach der künftigen Genera-
tionen * Heiligung der Erstgeburt]

Erster / Jahr I

10 ¹Der Ewige sprach zu Mosche:»**Geh** *(bo)* zu Pharao, denn
ich habe sein Herz verstockt gemacht und das Herz seiner Bedienten,
damit ich diese meine Wunderzeichen unter ihnen tue ²und damit
du erzählst vor den Ohren deines Kindes und deines Enkels, was ich
in Mizrajim verrichtet habe und meine Wunderzeichen, die ich an
ihnen getan habe, und damit ihr daraus erkennt, dass ich das ewige
Wesen bin.« ³Mosche und Aharon kamen vor Pharao und sprachen
zu ihm:»So hat der Ewige, der Gott der Iwrim, gesprochen:›Wie lang
weigerst du dich noch, vor mir gedemütigt zu werden? Lass mein
Volk ziehen, dass sie mir dienen! ⁴Denn wenn du mein Volk nicht
ziehen lässt, so bringe ich morgen das Geschlecht der Heuschrecken
in deine Grenzen. ⁵Es soll den Schein der Erde bedecken, sodass
man die Erde nicht soll sehen können. Es soll auch den Überrest des
Geretteten verzehren, das euch von dem Hagel noch übrig geblieben
ist, auch jeden Baum verzehren, der euch auf dem Felde wächst. ⁶Es
sollen auch davon deine Häuser, die Häuser deiner Knechte und die
Häuser von ganz Mizrajim voll werden, dergleichen deine Eltern und
deine Großeltern nicht gesehen, seitdem sie auf Erden gewesen bis auf
den heutigen Tag.‹« Er wandte sich und ging von Pharao hinaus. ⁷Da
sprachen die Bedienten Pharaos zu ihm:»Wie lange soll uns dieser
noch zum Verderben sein? Lass die Leute ziehen, dass sie dem Ewigen, ihrem Gott, dienen! Merkst du denn noch nicht, dass Mizrajim
zu Grunde geht?« ⁸Man brachte Mosche und Aharon zurück und
sprach zu ihnen:»Zieht hin, dient dem Ewigen, eurem Gott. Wer sind
denn, die da ziehen sollen?« ⁹Mosche sprach:»Mit unseren Jungen

und Alten wollen wir reisen, mit unseren Söhnen und Töchtern, mit unserem Kleinvieh und Rindvieh wollen wir reisen, denn wir haben ein Fest des Ewigen.« ¹⁰Er sprach zu ihnen:»So mag der Ewige mit euch sein, wie ich euch und eure Kinder werde reisen lassen. Seht, ihr habt euch Böses vorgenommen. ¹¹Nicht doch! Ihr Männer geht hin, dient dem Ewigen, denn dies wollt ihr ja nur.« Man jagte sie hierauf von Pharao hinweg. •

Zweiter

¹²Der Ewige sprach zu Mosche:»Neige deine Hand über das Land Mizrajim hin, um der Heuschrecken willen, damit sie über das Land Mizrajim kommen. Sie sollen alles Gewächs der Erde verzehren, was der Hagel übrig gelassen.« ¹³Mosche neigte seinen Stab über das Land Mizrajim. Der Ewige führte einen Ostwind über das Land, denselben ganzen Tag und die ganze Nacht. So wie der Morgen wurde, trug der Wind die Heuschrecke her. ¹⁴Es kam die Heuschrecke über das ganze Land Mizrajim und ließ sich in dem ganzen Bezirk von Mizrajim nieder in großer Menge; vor dieser Zeit ist der gleichen Heuschrecke nicht gewesen und nach der Zeit wird keine solche sein. ¹⁵Sie bedeckte den Schein der Erde, sodass die Erde finster wurde, verzehrte alles Gewächs der Erde und alle Frucht des Baumes, was der Hagel zurückgelassen hatte. Es blieb nichts Grünes an Baum und Feldgewächs im ganzen Land Mizrajim. ¹⁶Pharao eilte hierauf, um Mosche und Aharon rufen zu lassen, und sprach:»Ich habe mich an dem Ewigen, eurem Gott, und an euch vergangen. ¹⁷Verzeih doch mein Vergehen, nur noch dieses Mal! Fleht zum Ewigen, eurem Gott, dass er nur diesen Tod von mir abwende!« ¹⁸Mosche ging von Pharao hinweg und flehte zum Ewigen. ¹⁹Der Ewige ließ den Wind sich wenden und einen sehr heftigen Westwind wehen, der die Heuschrecke aufnahm und in den Binsensee versenkte. Nicht eine einzige Heuschrecke blieb in dem ganzen Bezirk von Mizrajim. ²⁰Der Ewige verstockte das Herz Pharaos und er ließ die Kinder Jisraels nicht ziehen.¶

²¹Der Ewige sprach zu Mosche: »Neige deine Hand gen Himmel, so soll eine Finsternis über das Land Mizrajim werden. Und die Finsternis soll anhalten.« ²²Mosche neigte seine Hand gen Himmel. Da wurde dicke Finsternis im ganzen Land Mizrajim, drei Tage. ²³Sie sahen einer den anderen nicht, und es regte sich niemand von seiner Stelle, drei Tage lang. Allen Kindern Jisraels aber schien Licht in ihren Wohnungen.

Dritter

²⁴Pharao ließ Mosche rufen und sprach: »Geht hin, dient dem Ewigen! Nur euer Klein- und Großvieh bleibe hier. Eure Kinder aber können mitreisen.« ²⁵Mosche sprach: »Du selbst musst uns Schlacht- und Brandopfer mitgeben, dass wir sie dem Ewigen, unserem Gott, bringen. ²⁶Und unser eigenes Vieh muss auch mitgehen, keine Klaue kann zurückbleiben, denn davon müssen wir nehmen, um dem Ewigen, unserem Gott, zu dienen. Wir wissen noch nicht, wie wir dem Ewigen dienen werden, bis wir dahin kommen.« ²⁷Der Ewige verstockte das Herz Pharaos, sodass er sie nicht wollte ziehen lassen. ²⁸Pharao sprach zu ihm: »Geh hinweg von mir! Nimn dich in Acht, dass du mein Angesicht nicht wieder siehst! Denn so bald du mein Angesicht wieder siehst, sollst du sterben.« ²⁹Mosche sprach: »Du hast recht geredet. Ich werde dein Angesicht nicht wieder sehen.«¶

11 ¹Hierauf sprach der Ewige zu Mosche: »Noch eine Plage will ich auf Pharao und Mizrajim bringen, dann wird er euch wohl ziehen lassen. Wenn er wird ziehen lassen, wird er euch sogar völlig von hier wegtreiben. ²Sage inzwischen dem Volk, dass ein Mann von seinem Freund und eine Frau von ihrer Freundin Silbergeschirr und Goldgeschirr fordern soll.« ³Der Ewige gab auch dem Volk Gunst in den Augen Mizrajims. Der Mann Mosche selbst war sehr hochgeachtet im Land Mizrajim, in den Augen der Knechte Pharaos und in den Augen des Volkes. •

Vierter / Jahr II

⁴Nun sprach Mosche:»So hat der Ewige gesprochen:›Wenn es Mitternacht sein wird, zeige ich mich durch Mizrajim. ⁵Dann soll alles Erstgeborene im Land Mizrajim sterben, von dem Erstgeborenen Pharaos, der auf seinem Thron sitzen sollte, bis zu dem Erstgeborenen der Sklavin, die hinter der Handmühle sitzt, sowie alles Erstgeborene des Viehs. ⁶Es wird ein heftiges Geschrei sein im ganzen Land Mizrajim, dergleichen nie gewesen, dergleichen auch nie wieder sein wird. ⁷Bei allen Kindern Jisraels aber soll kein Hund die Zunge regen, weder gegen einen Mann noch gegen Vieh, damit ihr erkennt, dass der Ewige einen Unterschied macht zwischen Mizrajim und Jisrael. ⁸Dann werden diese deine Bedienten alle zu mir herabkommen, sich vor mir verbeugen und sprechen:›Reise du und das ganze Volk, das dir folgt.‹ Hernach werde ich reisen.‹«‹ Hierauf ging er von Pharao hinweg mit entbranntem Zorn. • ⁹Der Ewige hatte dies dem Mosche schon vorher gesagt:»Pharao wird euch kein Gehör geben, damit meine Wunder im Land Mizrajim desto mehr werden.« ¹⁰Nun hatten Mosche und Aharon alle diese Wunder vor Pharao getan. Doch der Ewige ließ das Herz des Pharao hart sein und er wollte die Kinder Jisraels nicht aus seinem Land lassen. •

Maftir Schabbat Hachodesch: V. 1-20

12 ¹Der Ewige sprach zu Mosche und Aharon im Land Mizrajim wie folgt: ²»Dieser Monat sei euch der Anfang der Monate. Er soll euch der erste sein von allen Monaten des Jahres. ³Sagt der ganzen Gemeinde Jisrael:›Am zehnten dies Monats sollen sie sich aussuchen jeder ein Lamm für seine Familie, ein Lamm für jedes Haus. ⁴Ist aber der Haushalt zu gering, um Gäste eines Lammes zu sein, so soll er und sein nächster Nachbar es sich aussuchen, nach Anzahl der Personen. Einen jeden nach Verhältnis seines Essens sollt ihr zum Lamm mitzählen. ⁵Ein einjähriges Lamm männlichen Geschlechts ohne Leibesfehler müsst ihr haben. Ihr könnt es von Schafen oder von Ziegenvieh nehmen. ⁶Dies sollt ihr in Verwahrung halten bis auf den vierzehnten Tag dieses Monats. Alsdann soll die ganze Versammlung der Gemeinde Jisraels es schlachten zwischen den beiden Abenden.

⁷Von dem Blut sollen sie nehmen und auf die beiden Türpfosten tun und auf die Oberschwelle an den Häusern, worin sie speisen werden. ⁸Das Fleisch sollen sie diese Nacht noch essen. Am Feuer gebraten und ungesäuertes Brot dazu, mit bitteren Kräutern sollen sie es verzehren. ⁹Esst aber nicht davon halbgar oder in Wasser gekocht, sondern am Feuer gebraten, mit Kopf, Kniestück und Eingeweide. ¹⁰Auch sollt ihr davon nichts übrig lassen bis auf morgen. Was aber davon bis morgen übrig bleibt, sollt ihr im Feuer verbrennen. ¹¹Folgender Gestalt müsst ihr es essen: Eure Lenden gegürtet, eure Schuhe an den Füßen und euren Stock in der Hand. Und dann müsst ihr es mit Eilfertigkeit essen, es ist das Überschreitungsopfer dem Ewigen zu Ehren. ¹²Ich werde diese Nacht in dem Land Mizrajim umherfahren und alles Erstgeborene im Land Mizrajim schlagen, vom Menschen bis zum Vieh, und an allen Göttern Mizrajims will ich Strafgerichte üben, ich, der Ewige! ¹³Das Blut soll euch zum Zeichen dienen an den Häusern, worin ihr seid. Ich werde das Blut bemerken und über euch hinwegschreiten. Euch soll keine Plage zum Verderben treffen, während ich in dem Land Mizrajim schlage. ¹⁴Dieser Tag soll euch künftig ein Gedächtnistag sein und ihr sollt ihn dem Ewigen als ein Fest feiern. Bei euren Nachkommen als ein ewiges Gesetz sollt ihr ihn feiern. ¹⁵Sieben Tage sollt ihr ungesäuertes Brot essen, doch am ersten Tage müsst ihr schon den Sauerteig aus euren Häusern geräumt haben. Denn wer gesäuertes Brot isst, vom ersten Tage an bis zum siebten, dessen Person soll aus Jisrael vertilgt werden. ¹⁶Am ersten Tage soll die Ausrufung der Heiligkeit geschehen und am siebten Tage soll bei euch eine Ausrufung der Heiligkeit geschehen. Keine Kunstarbeit soll an denselben verrichtet werden; doch was einer Person zur Speise dient, dies allein mag für euch zubereitet werden. ¹⁷Beachtet wohl das ungesäuerte Brot. Denn an eben diesem Tage habe ich eure Scharen aus dem Land Mizrajim geführt. Daher sollt ihr diesen Tag beachten bei euren Nachkommen als ein ewiges Gesetz. ¹⁸Im ersten Monat, am vierzehnten Tag des Monats des Abends sollt ihr ungesäuertes Brot essen bis zum einundzwanzigsten Tag des Abends. ¹⁹Sieben Tage soll kein Sauerteig in euren Häusern zu finden sein. Denn wer Gesäuertes isst, dieselbe Person soll ausgerottet werden aus der Gemeinde Jisraels,

sowohl ein Fremder als auch ein Eingeborener des Landes. [20]Nichts Gesäuertes sollt ihr essen. In allen euren Wohnungen sollt ihr ungesäuertes Brot essen.‹‹¶

Zur Haftara für Schabbat Hachodesch (S. 587).

Fünfter / (1. Tag Pessach V. 21-51)

[21]Mosche rief alle Ältesten Jisraels, sprach zu ihnen:»Holt oder kauft euch Kleinvieh für eure Familien und schlachtet das Überschreitungsopfer. [22]Nehmt dann ein Bündel Ysop, tunkt es in das Blut, welches im Becken ist, bringt an die Oberschwelle und an die beiden Pfosten etwas von dem Blut, das im Becken ist. Von euch aber soll niemand aus dem Hause gehen bis morgen. [23]Der Ewige wird umherfahren, um Mizrajim zu schlagen. Er wird das Blut bemerken an der Oberschwelle und an den beiden Pfosten und wird über die Türe hinwegschreiten und den Verderber nicht in eure Häuser kommen lassen, um zu schlagen. [24]Beachtet diese Sache als Gesetz für dich und deine Kinder auf ewig. [25]Wenn ihr nun in das Land kommt, welches euch der Ewige geben wird, wie er zugesagt hat, so müsst ihr diesen Gottesdienst beachten. [26]Wenn nun eure Kinder zu euch sagen: ›Was bedeutet euch dieser Gottesdienst?‹ [27]so sprecht: ›Es ist ein Überschreitungsopfer dem Ewigen zu Ehren, weil er in Mizrajim über die Häuser der Kinder Jisraels hinweggeschritten ist, als er Mizrajim geschlagen und unsere Häuser errettet hat.‹‹ Das Volk machte eine tiefe Verbeugung und verneigte sich. [28]Die Kinder Jisraels gingen hin und taten, wie es der Ewige Mosche und Aharon befohlen hatte; so taten sie. •

Sechster / Jahr III

[29]Es war Mitternacht, als der Ewige alles Erstgeborene im Land Mizrajim sterben ließ, von dem Erstgeborenen Pharaos, der auf seinem Thron sitzen sollte, bis zum Erstgeborenen der Gefangenschaft, der in der Grube eingesperrt ist, so wie alles Erstgeborene des Viehs. [30]Pharao stand des Nachts auf, er selbst und alle seine Bedienten und ganz Mizrajim. Es war ein großes Geschrei in Mizrajim, denn es war kein Haus, in welchem keine Leiche war. [31]Er ließ Mosche und Aharon des

Nachts rufen, sprach: »Macht euch auf! Geht aus meinem Volk heraus, sowohl ihr als auch die Kinder Jisraels. Und geht, dient dem Ewigen, wie ihr gesagt. *32*Auch euer Klein- und Großvieh nehmt mit, wie ihr gesagt, nur reist weg! Gebt mir aber auch den Segen.« *33*Die Mizrajim gebrauchten Gewalt gegen das Volk, um sie eilends aus dem Land zu treiben. Denn sie sagten: »Wir sind alle des Todes.« *34*Das Volk nahm also seinen Teig, bevor er noch sauer geworden war, ihre Backtröge eingebunden in ihren Tüchern auf ihre Schulter. *35*Die Kinder Jisraels aber haben auch getan, wie Mosche gesprochen hatte. Sie borgten von den Mizrajim Silber- und Goldgeschirr und Kleider. *36*Der Ewige gab dem Volk Gunst in den Augen Mizrajims, sodass sie ihnen liehen. Also leerten sie noch Mizrajim aus.¶

*37*Die Kinder Jisraels reisten von Ra'amses nach Sukkot, ungefähr sechsmal hunderttausend Mann zu Fuß, ohne die Kinder. *38*Es zog auch eine Menge allerlei Leute mit ihnen hinauf, Klein- und Großvieh, ein schwerer Zug von Vieh. *39*Von dem Teig, den sie aus Mizrajim mitgenommen hatten, buken sie ungesäuerte Kuchen, denn er war nicht gesäuert. Denn sie wurden aus Mizrajim herausgetrieben und konnten sich nicht aufhalten, sodass sie sich auch keine Wegzehrung zubereitet hatten. *40*Es war die Wohnzeit der Kinder Jisraels, die sie in Mizrajim gewohnt haben, vierhundertunddreißig Jahre. *41*Am Ende des vierhundertunddreißigsten Jahres an eben diesem Tag war es, als alle Heere des Ewigen aus dem Land Mizrajim gingen. *42*Dies ist eine Nacht, die der Ewige beachtet, sie aus dem Land Mizrajim zu führen. Dies ist die Nacht, welche dem Ewigen geweiht sein soll, eine Beachtung für alle Kinder Jisraels bei ihren Nachkommen.¶

*43*Der Ewige sprach zu Mosche und Aharon: »Dies ist das Gesetz des Verschonungsopfers. Ein jeder Fremder (der nicht von der Nation ist) soll nicht davon essen. *44*Eines jeden Mannes Sklaven aber, den er für Geld gekauft hat, den sollst du beschneiden, dann kann er davon essen. *45*Ein geduldeter Fremdling (der nicht alle Gesetze angenommen) und ein Tagelöhner soll nicht davon essen. *46*Es muss in demselben Haus verzehrt werden. Du sollst von dem Fleisch nichts aus dem Haus

hinaustragen, auch keinen Knochen daran zerbrechen. ⁴⁷Die ganze
Gemeinde Jisraels soll das Pessach machen. ⁴⁸Wenn ein Fremder bei
dir wohnt (deine Religion annimmt) und will dem Ewigen das Pessach
feiern, so müssen alle Männer in seinem Haus beschnitten werden,
alsdann mag er hinzutreten, um das Pessach zu halten, und so gut sein
wie ein Eingeborener des Landes. Jeder Unbeschnittene aber soll nicht
davon essen. ⁴⁹Ebendieselbe Lehre soll sein für den Eingeborenen
und für den Fremden, der unter euch wohnt.« ⁵⁰Die Kinder Jisraels
taten, so wie es der Ewige dem Mosche und Aharon befohlen hatte, so
taten sie. • ⁵¹An demselben Tag noch führte der Ewige die Kinder
Jisraels aus dem Land Mizrajim in ganzen Heerzügen. ¶

13 ¹Der Ewige sprach zu Mosche wie folgt: ²»Heilige mir alles
Erstgeborene, die Öffnung des Mutterleibes (das heißt, was zuerst
aus dem Mutterleib kommt) bei den Kindern Jisraels, sowohl bei
Menschen als auch bei Vieh. Es ist mein.« ³Mosche sprach zu dem
Volk: »Gedenkt dieses Tages, an dem ihr aus Mizrajim gegangen, aus
dem Sklavenhaus, denn mit der Stärke der Hand hat euch der Ewige
von hier weggeführt. Es soll auch nicht Gesäuertes gegessen werden.
⁴Heute geht ihr heraus, im Ährenmonat. ⁵Wenn dich nun der Ewige
bringen wird in das Land des Volkes Kenaans, Chiti, Emori, Chiwi
und Jewusi, welches er deinen Voreltern zugeschworen, dir zu geben,
ein Land, wo Milch und Honig fließt, so sollst du diesen Gottesdienst
halten, in diesem Monat. ⁶Sieben Tage sollst du ungesäuertes Brot
essen und am siebten Tag soll ein Fest dem Ewigen zu Ehren sein.
⁷Ungesäuertes Brot soll gegessen werden die ganzen sieben Tage und
kein gesäuertes Brot gesehen werden und kein Sauerteig soll gesehen
werden in allen deinen Grenzen. ⁸Zu deinem Sohn sollst du dann
sagen: ›Dies geschieht wegen dem, was der Ewige mir getan, als ich
aus Mizrajim ging.‹ ⁹Dies soll dir zum Merkzeichen auf deiner Hand
dienen und zum Denkzettel zwischen deinen Augen — damit die
Lehre des Ewigen in eurem Mund bleibe (das heißt, sich immer fort-
pflanze)—, dass dich der Ewige mit starker Hand aus Mizrajim geführt
hat. ¹⁰Beachte also diese Verordnung zu ihrer Zeit von Jahr zu Jahr.¶

*11*Wenn dich nun der Ewige bringen wird in das Land Kenaans, welches er dir und deinen Voreltern zugeschworen hat und es dir geben wird, *12*so sollst du alles, was zuerst aus dem Mutterleib kommt, dem Ewigen hinstellen, nämlich alles Männliche, das von deinem Vieh zuerst geworfen worden ist, soll dem Ewigen geweiht sein. *13*Alles Erstgeborene vom Esel sollst du mit einem Lamm loskaufen. Kaufst du es aber nicht los, so musst du ihm den Nacken zerbrechen. Und alles Erstgeborene vom Menschen unter deinen Kindern sollst du loskaufen.

Maftir

*14*Wenn dich nun einst dein Sohn fragen wird: ›Was bedeutet dies?‹ So sprich zu ihm: ›Mit starker Hand hat uns der Ewige von Mizrajim aus dem Sklavenhaus herausgeführt. *15*Weil Pharao sich so sehr widersetzte, uns ziehen zu lassen, da erschlug der Ewige alles Erstgeborene im Land Mizrajim, vom Erstgeborenen des Menschen bis zum Erstgeborenen des Viehs. Darum schlachte ich dem Ewigen zu Ehren alles Männliche, das zuerst aus dem Mutterleibe gekommen ist, und alles Erstgeborene meiner Kinder kaufe ich los.‹ *16*Dies soll dir zum Merkzeichen auf deiner Hand und zur Stirnbinde zwischen deinen Augen dienen, dass uns der Ewige mit starker Hand aus Mizrajim geführt hat.« •

Haftarat Bo: Jeremia 46,13-28 (S. 475)

Psalm des Schabbat nach Seder Avodat Israel: Ps 77

16. Beschallach (Ex 13,17-17,16)

[INHALT: Auszug aus Ägypten * Durchzug durch das Meer * Lied am Meer (schirat ha-jam) * Miriam, die Prophetin * Murren in Mara * Gebot des Schabbat (Man) * Murren in Massa und Meriwa * Amalek (der erste Feind des Volkes Israel)]

Erster / Jahr I / (7. Tag Pessach 13,17-15,26)

¹⁷**Als nun** Pharao das Volk **ziehen ließ** *(beschallach),* führte sie Gott nicht den Weg durch das Land P'lischtim, weil es sehr nahe ist. Denn Gott sagte im Voraus, das Volk könnte sich bedenken, wenn sie Krieg vor sich sähen, und nach Mizrajim zurückgehen. ¹⁸Gott ließ also das Volk einen Umweg ziehen, den Weg durch die Wüste zum Binsensee. Und die Kinder Jisraels gingen bewaffnet aus dem Land Mizrajim hinauf. ¹⁹Mosche nahm auch die Gebeine Josefs mit sich, denn dieser hatte die Kinder Jisraels beschworen, sprach nämlich:»Gott wird eurer wieder gedenken. Dann sollt ihr meine Gebeine von hier mit hinaufnehmen.« ²⁰Sie zogen aus von Sukkot, lagerten sich zu Etam, am Anfang der Wüste. ²¹Der Ewige war vor ihnen hergehend, des Tags in einer Wolkensäule, um sie den rechten Weg zu führen, und des Nachts in einer Feuersäule, um ihnen zu leuchten, damit sie Tag und Nacht weitergehen konnten. ²²Er ließ des Tags die Wolkensäule und des Nachts die Feuersäule vor dem Volk nicht weichen.⁋

14 ¹Der Ewige sprach zu Mosche wie folgt: ²»Sage den Kindern Jisraels, dass sie umkehren und sich vor Pi Hachirot lagern, zwischen Migdol und dem Meer. Vor Baal Zfon, diesem gegenüber am Meer, sollt ihr euch lagern. ³So wird Pharao von den Kindern Jisraels denken, sie seien verirrt im Land, Baal Zfon habe die Wüste um sie her versperrt. ⁴Ich werde das Herz Pharaos stark machen, dass er sie verfolge, werde noch Ehre gewinnen an Pharao und an seinem ganzen Heer, und die Mizrajim sollen erkennen, dass ich der Ewige bin.« Sie taten es so. ⁵Als nun dem König von Mizrajim berichtet wurde, dass das Volk entflohen war, da wurde die Gesinnung Pharaos und seiner Bedienten gegen das Volk verändert und sie sprachen: »Warum haben wir das getan, dass wir Jisrael haben ziehen lassen, uns nicht mehr zu dienen?« ⁶Er ließ seinen Wagen anspannen und sein Volk nahm er mit sich. ⁷Er nahm sechshundert auserlesene Kriegswagen und alles Gespann aus Mizrajim und die Hauptleute über ihnen. ⁸Der Ewige machte das Herz Pharaos, des Königs von Mizrajim, so stark, dass er die Kinder Jisraels verfolgte. Die Kinder Jisraels aber zogen mit erhobener Hand (das heißt, öffentlich).

Zweiter

⁹Die Mizrajim setzten ihnen nach und erreichten sie gelagert am Meer, alle Pferde, alles Kriegsgespann Pharaos, seine Reiterei und seine Mannschaft zu Fuß bei Pi Hachirot vor Baal Zfon. ¹⁰Als Pharao sich näherte, erhoben die Kinder Jisraels ihre Augen. Da war ganz Mizrajim hinter ihnen herziehend. Sie fürchteten sich ungemein, und die Kinder Jisraels schrien zu dem Ewigen. ¹¹Zu Mosche aber sprachen sie: »Ist es aus Mangel an Gräbern, dass etwa keine in Mizrajim sind, dass du uns mitgenommen hast, um in der Wüste zu sterben? Warum hast du uns das angetan, uns aus Mizrajim herauszuführen? ¹²Ist es nicht eben dies, was wir dir in Mizrajim gesagt haben, nämlich: ›Lass von uns ab! Wir wollen den Mizrajim dienen. Denn es ist besser für uns, den Mizrajim zu dienen, als dass wir in der Wüste umkommen!‹« ¹³Mosche sprach zum Volk: »Fürchtet euch nicht! Steht ruhig und seht die Hilfe des Ewigen, die er euch heute erzeigen wird. Denn wie ihr die Mizrajim heute gesehen habt, so sollt ihr sie niemals wieder sehen. ¹⁴Der Ewige wird für euch streiten. Ihr aber sollt stille sein.«¶

Dritter / Jahr II

¹⁵Der Ewige sprach zu Mosche: »Warum flehst du noch zu mir? Sag den Kindern Jisraels, dass sie aufbrechen. ¹⁶Du aber hebe deinen Stab auf, neige deine Hand über das Meer und teile es voneinander. So sollen die Kinder Jisraels mitten im Meer auf trockenem Boden gehen. ¹⁷Ich hingegen, ich mache das Herz Mizrajims stark, dass sie hinter

ihnen hineingehen. So werde ich noch Ehre gewinnen an Pharao und an seinem ganzen Heer, an seinen Wagen und an seiner Reiterei. [18]Die Mizrajim sollen erkennen, dass ich der Ewige bin, weil ich Ehre gewinnen werde an Pharao, an seinen Wagen und an seiner Reiterei.« [19]Der Engel Gottes, der vor dem Lager Jisraels hergegangen war, zog ab und ging hinter ihnen her. Die Wolkensäule, die vor ihnen war, zog ab und stellte sich hinter sie [20]und kam also zwischen das Lager Mizrajims und das Lager Jisraels. Hier war Wolke und Finsternis, und da erleuchtete es die Nacht. Es kam aber ein Lager nicht zum andern die ganze Nacht. [21]Mosche streckte seine Hand aus über das Meer. Der Ewige trieb das Meer zurück durch einen heftigen Ostwind die ganze Nacht, machte aus dem Meer festen Boden und das Wasser wurde zerteilt. [22]Die Kinder Jisraels gingen mitten im Meer auf trockenem Boden und das Wasser diente ihnen zur Mauer zu ihrer Rechten und zu ihrer Linken. [23]Die Mizrajim verfolgten sie und kamen ihnen nach, alle Pferde Pharaos, seine Wagen und seine Reiterei, mitten in das Meer hinein. [24]Es war in der Morgenwache, als der Ewige auf das Lager Mizrajims einen Blick warf durch die Feuer- und Wolkensäule und das Lager Mizrajims in Verwirrung brachte. [25]Er ließ die Räder sich von den Wagen absondern und führte sie mit Beschwerde. Da sagte ein Mizri zum andern: »Ich will fliehen vor Jisrael, denn der Ewige streitet für sie gegen Mizrajim.«¶

Vierter / Jahr III

[26]Der Ewige sprach zu Mosche: »Neige deine Hand über das Meer, so soll das Wasser zurückkehren über Mizrajim, über sein Kriegsgespann und über seine Reiterei.« [27]Mosche neigte seine Hand über das Meer, da kam das Meer gegen Morgen zurück zu seiner vorigen Gewalt. Die Mizrajim aber flohen ihm entgegen. Der Ewige stürzte sie hin, mitten im Meer. [28]Indem nun das Wasser wieder zurückkam, bedeckte es das Kriegsgespann und die Reiterei aus dem ganzen Heer Pharaos, die ihnen in das Meer nachgegangen waren. Nicht einer von ihnen blieb übrig. [29]Die Kinder Jisraels aber gingen mitten im Meer auf trockenem Boden und das Wasser diente ihnen zur Mauer, zu ihrer Rechten und zu ihrer Linken. [30]An demselben Tag errettete der Ewige

das Volk Jisrael von der Hand Mizrajims. Jisrael sah Mizrajim tot am
Ufer des Meeres. [31]Als nun Jisrael die große Macht sah, welche der
Ewige an Mizrajim ausgeübt hatte, da fürchtete das Volk den Ewigen,
sie glaubten auch an den Ewigen und seinen Diener Mosche.¶

Das Folgende wird stehend gehört.

Verse die den Gottesnamen enthalten,
werden in einer besonderen Melodie vorgetragen

15   [1]Damals sangen Mosche und die Kinder Jisraels diesen
Gesang dem Ewigen zu Ehren und sprachen:
»Ich singe dem Ewigen, der hoch erhaben sich zeigt.
    Das Ross und seinen Reiter stürzte er ins Meer.
[2]Mein Sieg, mein Saitenspiel ist JAH,
    er war mir Errettung!
Der ist mein Gott! Ihn will ich rühmen.
    Meines Vaters Gott, ihn will ich erheben.
[3]Der Ewige ist Herr des Krieges,
    Ewiges Wesen sein Name.
[4]Kriegsgespann Pharaos und Heeresmacht
    schleudert er ins Meer.
Der Ausbund seiner Kriegsobern
    versanken im Binsensee.
[5]Abgrund bedeckte sie.
    Sie sanken in die Tiefen wie Stein.
[6]Deine Rechte, o Ewiger, verherrlicht durch Macht,
    deine Rechte, o Ewiger, zerschmettert den Feind.
[7]Durch deine große Majestät
    zermalmst du deine Widersacher.
Du lässt ihn hinaus, den brennenden Zorn,
    er verzehrt sie wie Stoppeln.
[8]Vom Hauch deiner Nase türmten sich Wasser empor.
    Fließendes stand aufrecht wie die Wand.
Der Abgrund wurde fest mitten im Meer.
[9]Der Feind sprach: ›Ich verfolge, hole ein, teile Beute aus!
    Mein Mut soll ihrer voll sein!

Ich ziehe mein Schwert,
    meine Hand vertilgt sie.‹
[10]Du bliesest mit deinem Hauch, das Meer bedeckte sie.
    Sie sanken wie Blei in strömendes Gewässer.
[11]Wer ist unter den Mächten, o Ewiger, wie du?
    Wer ist verherrlicht mit Heiligkeit wie du?
Furchtbar im Lobe,
    Wundertäter!
[12]Du neigtest deine Rechte hin,
    die Erde verschlang sie.
[13]Nun führst du mit deiner Gnade
    dies Volk, das du befreit.
Du leitest es mit deiner Macht,
    zu deiner heiligen Wohnung.
[14]Völker hören es, sie beben.
    Angstweh ergreift die Einwohner Pelaschets.
[15]Plötzlich erschrecken die Stammherren Edoms,
    die Fürsten Moaws, Zittern ergreift sie.
Es zagen alle Bewohner Kenaans.
[16]Angst und Furcht wird über sie fallen,
    Durch deines Armes Größe erstarren sie wie Stein,
bis dein Volk hindurchzieht, Ewiger!
    Bis dies Volk hindurchzieht, das du erwarbst.
[17]Du bringst sie hin, pflanzt sie ein in dein Erbgebirge,
    an jenen Sitz, den du zur Wohnung dir, Ewiger, eingerichtet,
in das Heiligtum, o Herr, das deine Hände bereitet.
[18]Der Ewige wird immer und ewig regieren!

Die Gemeinde setzt sich hier oder nach Vers 21.

[19]Dies geschah, als Pharaos Pferde mit Kriegsgespann und Reiterei ins Meer hineingingen, der Ewige aber die Wasser des Meeres über sie zurückkommen ließ und die Kinder Jisraels im Meer auf trockenem Boden gingen.«¶

[20]Zu gleicher Zeit nahm Mirjam, die Prophetin, Aharons Schwester, die Pauke in ihre Hand und alle Frauen gingen hinter ihr her mit

Pauken und Tanz. ²¹Mirjam sang jenen entgegen: »Singet dem Ewigen, der hoch erhaben sich zeigt,das Ross und seinen Reiter stürzte er ins Meer.« • ²²Mosche ließ Jisrael von dem Binsensee aufbrechen und sie zogen in die Wüste Schur. Sie gingen drei Tage in der Wüste und fanden kein Wasser. ²³Sie kamen nach Mara, konnten aber das Wasser zu Mara nicht trinken, denn es ist bitter. Daher hat man auch den Ort »Mara« genannt. ²⁴Das Volk murrte gegen Mosche und sie sprachen: »Was sollen wir trinken?« ²⁵Mosche betete zum Ewigen. Der Ewige lehrte ihn ein Holz kennen. Dies warf er ins Wasser, da wurde das Wasser süß. Hier gab Gott der Nation Gesetz und Regel und hier stellte er sie auf die Probe. ²⁶Er sprach nämlich: »Wirst du der Stimme des Ewigen, deines Gottes, folgen und tun, was in seinen Augen recht ist, seinen Geboten Gehör geben und alle seine Gesetze hüten, dann will ich all die Krankheit, die ich in Mizrajim habe sein lassen, dir nicht schicken, denn ich, der Ewige, bin dein Arzt.« •

Fünfter

²⁷Sie kamen nach Elim. Daselbst waren zwölf Wasserquellen und siebzig Palmen. Dort lagerten sie sich bei dem Wasser. **16** ¹Von Elim brachen sie auf, und die ganze Gemeinde der Kinder Jisraels kam in die Wüste Sin, die zwischen Elim und Sinai liegt, am fünfzehnten Tag des zweiten Monats nach ihrem Auszug aus dem Land Mizrajim. ²Die ganze Gemeinde der Kinder Jisraels führte aufrührerische Klagen über Mosche und Aharon in der Wüste. ³Die Kinder Jisraels sprachen zu ihnen: »Wären wir doch lieber gestorben durch die Hand des Ewigen im Land Mizrajim, als wir bei dem Fleischtopf saßen, als wir uns satt essen konnten. Denn ihr habt uns in diese Wüste hinausgeführt, um diese ganze Versammlung hier durch Hunger umzubringen.« • ⁴Der Ewige sprach zu Mosche: »Ich will euch Speise vom Himmel regnen lassen. Das Volk soll hinausgehen und sammeln, jeden Tag ihr Tägliches, damit ich es prüfe, ob es meine Lehre befolgen wird oder nicht. ⁵Am sechsten Tage, wenn sie zurecht machen, was sie einbringen werden, wird es zweimal so viel sein als sie an anderen Tagen sammeln werden.« ⁶Da sprach Mosche und Aharon zu den Kindern Jisraels: »Diesen Abend sollt ihr erfahren, dass der Ewige

euch aus dem Land Mizrajim geführt hat. [7]Und morgen sollt ihr die Herrlichkeit des Ewigen sehen, weil er eure aufrührerischen Reden gegen den Ewigen vernommen hat. Denn was sind wir geachtet, dass ihr über uns Klagen führt?« [8]Mosche sprach ferner:»Dies wird geschehen, wenn euch der Ewige diesen Abend wird Fleisch zu essen geben und am Morgen andere Speise zum Sattwerden, weil der Ewige eure aufrührerischen Klagen vernommen hat, die ihr über ihn führt. Denn was sind wir geachtet? Eure Klagen gehen nicht über uns, sondern über den Ewigen.« [9]Mosche sprach zu Aharon:»Sprich zu der ganzen Gemeinde der Kinder Jisraels:›Tretet her vor den Ewigen, denn er hat eure aufrührerischen Klagen vernommen.‹« [10]Als Aharon zur ganzen Gemeinde der Kinder Jisraels redete, wandten sie sich zur Wüste hin, und die Herrlichkeit des Ewigen erschien in einer Wolke.¶

Sechster

[11]Der Ewige sprach zu Mosche: [12]»Ich habe die aufrührerischen Klagen der Kinder Jisraels vernommen. Sprich zu ihnen wie folgt:›Gegen Abend sollt ihr Fleisch essen und morgen früh euch in anderer Speise satt essen und sollt erfahren, dass ich, der Ewige, euer Gott bin.‹« [13]Abends drauf kam eine Menge Wachteln herauf, bedeckte das Lager, und des Morgens war eine Lage von Tau rings um das Lager. [14]Als die Lage Tau aufgestiegen war, da war auf der Oberfläche der Wüste etwas Feines Gekörntes (wie runde Körnchen), fein wie der Reif auf der Erde. [15]Als es die Kinder Jisraels sahen, sprach einer zum andern:»Was ist das?« Denn sie wussten nicht, was es war. Mosche sprach zu ihnen:»Dies ist die Speise, die euch der Ewige zu essen gegeben hat.« [16]Dies hat aber der Ewige befohlen:»Sammelt davon, jeder nach dem, was er zum Essen nötig hat. Ein Omer auf jedes Haupt, nach der Anzahl der Personen. Ein jeder nehme, so viel er Leute in seinem Zelt hat.« [17]Die Kinder Jisraels taten so, sie sammelten einer viel, der andere wenig. [18]Sie maßen es mit dem Omer. Wer viel gesammelt, hatte nichts übrig, und wer wenig gesammelt, hatte nicht zu wenig. Jeder hatte so viel gesammelt, wie er zum Essen brauchte. [19]Mosche sprach zu ihnen:»Niemand lasse davon bis morgen übrig!« [20]Sie gehorchten aber Mosche nicht, sondern einige ließen davon bis auf den folgenden Morgen

übrig. Doch es krochen Würmer heraus und es war stinkend. Da wurde Mosche zornig über sie. ²¹Sie sammelten daher jeden Morgen ein, jeder so viel er zum Essen brauchte, und sobald die Sonne heiß schien, zerschmolz es. ²²Am sechsten Tag hatten sie zweifach Speise gesammelt, pro Kopf zwei Omer. Alle Fürsten der Gemeinde kamen und berichteten es Mosche. ²³Mosche sprach zu ihnen: »Dies hat der Ewige gesprochen: ›Ein Ruhetag, ein heiliger Ruhetag ist morgen, dem Ewigen zu Ehren.‹ Was ihr backen wollt, backt heute, was ihr kochen wollt, kocht heute, und was übrig ist, lasst nur stehen zur Verwahrung, bis zum nächsten Morgen.« ²⁴Sie ließen es bis zum nächsten Morgen stehen, wie es Mosche befohlen hatte, und es wurde nicht stinkend, und kein Wurm war darin. ²⁵Mosche sprach: »Verzehrt es heute, denn heute ist ein Ruhetag dem Ewigen zu Ehren. Heute findet ihr nichts auf dem Feld. ²⁶Sechs Tage sollt ihr es sammeln und am siebten ist ein Ruhetag. Da wird es nicht zu finden sein.« ²⁷Es war am siebten Tag, da gingen einige von dem Volk aus, um zu sammeln. Sie fanden aber nichts.   •   ²⁸Der Ewige sprach zu Mosche: »Wie lange weigert ihr euch noch, meine Gebote und Lehren zu halten? ²⁹Seht, dass euch der Ewige den Ruhetag gegeben hat. Darum gibt er euch am sechsten Tag Speise für zwei Tage. Jeder bleibe an seiner Stelle. Niemand gehe von seinem Ort am siebten Tag!« ³⁰Da ruhte das Volk am siebten Tag. ³¹Das Haus Jisrael nannte den Namen der Speise »Man«. Das »Man« war wie Koriandersamen weiß und sein Geschmack war wie Kuchen mit Honig. ³²Mosche sprach: »Dies hat der Ewige geboten: ›Ein Omer voll davon soll zur Verwahrung für eure Nachkommen sein, damit sie die Speise sehen, die ich euch zu essen gegeben habe in der Wüste, als ich euch aus dem Land Mizrajim geführt habe.‹« ³³Mosche sprach zu Aharon: »Nimm eine Flasche, tu hinein ein Omer voll ›Man‹ und setze es vor dem Ewigen hin zur Verwahrung für eure Nachkommen.«

³⁴Wie der Ewige dem Mosche geboten, setzte Aharon es hin vor der Zeugnislade zur Verwahrung. ³⁵Die Kinder Jisraels aßen das ›Man‹ vierzig Jahre, bis sie in ein bewohntes Land kamen. Das ›Man‹ aßen sie, bis sie in die Grenze des Landes Kenaan kamen. ³⁶Der Omer ist der zehnte Teil eines Efa.¶

SCHEWAT   **145**

17 ¹Die ganze Gemeinde der Kinder Jisraels brach von der Wüste Sin auf, um ihre Züge nach dem Befehl des Ewigen fortzusetzen. Sie lagerten sich zu Refidim. Da hatte das Volk kein Wasser zu trinken. ²Das Volk zankte mit Mosche. Sie sprachen:»Schafft uns Wasser, dass wir trinken!« Mosche sprach zu ihnen:»Was zankt ihr mit mir? Was versucht ihr den Ewigen?« ³Als aber das Volk nach Wasser dürstete, führte es aufrührerische Klagen über Mosche. Und sie sprachen:»Warum hast du uns aus Mizrajim herausgeführt, um mich und meine Kinder und mein Vieh vor Durst umkommen zu lassen?« ⁴Mosche schrie zum Ewigen, sprach:»Was soll ich nun mit diesem Volk anfangen? Es fehlt nur wenig, so steinigen sie mich.« ⁵Der Ewige sprach zu Mosche:»Geh vor dem Volk her, nimm einige von den Ältesten aus Jisrael mit dir, und deinen Stab, mit welchem du den Fluss geschlagen hast, nimm in deine Hand und geh. ⁶Ich werde daselbst auf dem Felsen zu Chorew vor dir stehen. So sollst du den Felsen schlagen, alsdann wird Wasser aus ihm fließen, damit das Volk trinken kann.« Dies tat Mosche vor den Augen der Ältesten aus Jisrael. ⁷Man nannte den Namen des Ortes»Massa und Meriwa«, weil die Kinder Jisraels gezankt hatten und weil sie den Ewigen versucht hatten, sprachen nämlich:»Ist auch der Ewige unter uns oder nicht?«❡

⁸Das Volk Amalek kam und stritt mit Jisrael zu Refidim. ⁹Mosche sprach zu Jehoschua:»Suche uns tapfere Männer aus und ziehe hin, streite mit dem Amalek. Morgen stehe ich auf der Spitze dieses Hügels, den göttlichen Stab in meiner Hand.« ¹⁰Jehoschua tat, wie ihm Mosche gesagt hatte, mit Amalek zu streiten. Mosche, Aharon und Chur aber stiegen auf die Spitze des Hügels. ¹¹Wenn Mosche seine Hand in der Höhe hielt, war Jisrael mächtiger, und wenn er sie sinken ließ, war Amalek mächtiger. ¹²Als Mosche die Hände schwer wurden, nahmen sie einen Stein, legten solchen ihm unter und er setzte sich darauf. Aharon und Chur aber unterstützten seine Hände, von dieser Seite einer und von dieser Seite einer. So hielten seine Hände aus bis Sonnenuntergang. ¹³Jehoschua schlug Amalek und sein Volk mit der Schärfe des Schwertes (das heißt, er erhielt einen vollkommenen Sieg über sie).❡

¹⁴Der Ewige sprach zu Mosche: »Schreibe dies zum Gedächtnis in das Buch und trage es auch dem Jehoschua auf. Denn ich will das Andenken von Amalek unter dem Himmel vertilgen.« ¹⁵Mosche baute einen Altar und nannte ihn: »Der Ewige ist mein Panier« ¹⁶und sprach ferner: »Die Hand liegt auf dem Thron des Ewigen zum Schwur, dass der Ewige von Geschlecht zu Geschlecht gegen Amalek Krieg führen wird.«¶

Haftarat Beschallach: Richter 4,4-5,31 (S. 476)

Psalm des Schabbat nach Seder Avodat Israel: Ps 66

17. Jitro (Ex 18,1-20,23)

[INHALT: *Jitros Rat* * *Sinai-Offenbarung (Mattan Tora)* * *Das Zehnwort (Azeret Hadibrot)* * *Der Altar*]

Erster / Jahr I (einige lesen in jedem Jahr die gesamte Parascha)

18 ¹**Jitro**, Priester zu Midjan, Mosches Schwiegervater, vernahm alles, was Gott für Mosche und sein Volk Jisrael getan hatte. Als der Ewige nämlich Jisrael aus Mizrajim führte, ²da nahm Jitro, Mosches Schwiegervater, die Zippora, Mosches Frau, nachdem er sie zurückgesandt hatte. ³Er nahm auch ihre zwei Söhne, davon einer »Gerschom« hieß, denn er sprach: »Ich bin ein Fremdling in einem unbekannten Land«. ⁴Und einer hieß »Elieser«, denn er sprach: »Der Gott meines Vaters ist meine Hilfe gewesen, und hat mich vom Schwert Pharaos errettet.« ⁵Also reiste Jitro, Mosches Schwiegervater, und seine Söhne und seine Frau zu Mosche hin, zur Wüste, wo er sein Lager hatte, am göttlichen Berg. ⁶Er ließ dem Mosche sagen: »Ich, dein Schwiegervater Jitro, komme zu dir wie auch deine Frau und ihre zwei Söhne mit ihr.« ⁷Mosche ging seinem Schwiegervater entgegen, verbeugte sich vor ihm, küsste ihn und sie erkundigten sich einer nach des anderen Wohlsein. Dann gingen sie hinein in das Zelt. ⁸Da erzählte Mosche seinem Schwiegervater alles, was der Ewige an Pharao und an Mizrajim um Jisraels willen getan hatte, alle Beschwerlichkeiten, die sie auf dem Weg getroffen hatten, und wie der Ewige sie errettet hatte. ⁹Jitro freute sich über alles Gute, das Gott dem Volk Jisrael erzeigt, (vornehmlich aber), dass er es von der Gewalt Mizrajims errettet hatte. ¹⁰Jitro sprach: »Gelobt sei der Ewige, der euch aus der Gewalt Mizrajims und Pharaos errettet hat, der das Volk von der Gewalt Mizrajims errettet hat. ¹¹Jetzt erkenne ich, dass der Ewige größer ist als alle göttlichen Wesen. Denn mit derselben Sache wurden sie gestraft, mit welcher sie Tyrannei ausgeübt haben.« ¹²Jitro, Mosches Schwiegervater, brachte Gott Brandopfer und Speiseopfer dar. Aharon und alle Ältesten Jisraels kamen hin, um Mahlzeit zu halten mit Mosches Schwiegervater vor Gott.

Zweiter

¹³Des Morgens darauf saß Mosche, um das Volk zu richten. Das Volk stand um Mosche herum vom Morgen bis zum Abend. ¹⁴Als Mosches Schwiegervater sah, was er alles für das Volk zu tun hatte, sprach er: »Was ist dies für ein Geschäft, welches du für das Volk verrichtest? Warum sitzt du allein und das ganze Volk steht um dich her vom Morgen bis zum Abend?« ¹⁵Mosche sprach zu seinem Schwiegervater: »Weil das Volk zu mir kommt, um in göttlichen Dingen Unterricht zu suchen. ¹⁶Wenn sie eine Rechtssache haben, die vor mich kommt, so richte ich zwischen einem Mann und seinem Nächsten. Auch mache ich ihnen die Gesetze Gottes und seine Lehren bekannt.« ¹⁷Mosches Schwiegervater sprach zu ihm: »Es ist nicht gut, wie du es machst. ¹⁸Du musst ermüden, sowohl du als auch dieses Volk, welches bei dir ist. Denn das Geschäft ist dir zu schwer. Du kannst es nicht allein ausrichten. ¹⁹Gehorche vielmehr meiner Stimme, wie ich dir raten will, und Gott stehe dir bei. Diene du dem Volk bei Gott, dass du nämlich die Sachen vor Gott bringst, ²⁰ihnen aber die Gesetze und die Lehren einschärfst und ihnen bekannt machst den Weg, welchen sie gehen sollen und was sie zu tun haben. ²¹Du aber suche aus dem Volk rechtschaffene Biedermänner aus, die Gott fürchten, Männer, die der Wahrheit ergeben sind, den Eigennutz hassen. Diese sollst du über sie setzen, Vorsteher über Tausende, Vorsteher über Hunderte, Vorsteher über fünfzig und Vorsteher über zehn. ²²Sie mögen dem Volk Recht sprechen zu aller Zeit. Dabei aber sollen sie jede wichtige Rechtssache dir vorbringen und jede geringe Rechtssache selbst entscheiden, damit es dir leichter werde, indem sie dir tragen helfen. ²³Wirst du nun dies tun, so wirst du, wenn es der Wille Gottes ist, bestehen können. Und auch die ganze Nation wird mit Frieden nach Hause kehren.«

SCHEWAT   **149**

Dritter

²⁴Mosche gehorchte der Stimme seines Schwiegervaters und tat alles, was er gesagt hatte. ²⁵Mosche wählte nämlich rechtschaffene Biedermänner aus Jisrael und machte sie zu Oberhäuptern über das Volk, Vorstehern über Tausende, Vorstehern über Hunderte, Vorstehern über fünfzig, Vorstehern über zehn. ²⁶Diese mussten dem Volk zu aller Zeit Recht sprechen. Eine schwere Rechtssache mussten sie vor Mosche bringen, jede geringe Rechtssache aber selbst entscheiden. ²⁷Mosche ließ hierauf seinen Schwiegervater wieder wegreisen, und dieser ging in sein Land zurück.⁋

Vierter / Jahr II und III / (1. Tag Schawuot 19,1-20,23)

19 ¹Im dritten Monat nach dem Auszug der Kinder Jisraels aus dem Land Mizrajim, am ersten Tage des Monats, kamen sie in die Wüste Sinai. ²Sie brachen nämlich von Refidim auf, kamen in die Wüste Sinai, lagerten sich in der Wüste. Jisrael lagerte sich daselbst gegenüber dem Berg. ³Mosche stieg hinauf auf den Berg vor Gott, und der Ewige rief ihm zu von dem Berge und sprach:»So sollst du dem Hause Jaakows sagen und den Kindern Jisraels kundmachen: ⁴›Ihr habt gesehen, was ich Mizrajim getan habe. Ich habe euch auf Adlerflügeln getragen, ich habe euch zu mir gebracht. ⁵Werdet ihr also meiner Stimme gehorchen und meinen Bund halten, so sollt ihr mein besonderes Eigentum unter allen Nationen sein, denn mein ist die ganze Erde. ⁶Ihr aber sollt mir ein priesterliches Reich sein und ein heiliges Volk.‹ Dies sind die Worte, welche du den Kindern Jisraels sagen sollst.«

Fünfter

⁷Mosche kam, ließ die Ältesten der Nation rufen, legte ihnen alle die Worte vor, die ihm der Ewige befohlen hatte. ⁸Die gesamte Nation antwortete einmütig, sprach:»Alles, was der Ewige gesprochen hat, wollen wir tun.« Mosche brachte die Worte der Nation wieder vor Gott zurück. ⁹Der Ewige sprach zu Mosche:»Ich werde mich in einer dicken Wolke dir offenbaren, damit die Nation es höre, wenn ich mit

dir rede, so werden sie auch dir immer glauben.« Da berichtete Mosche Gott die Worte des Volkes. *¹⁰*Der Ewige sprach zu Mosche:»Geh zu dem Volk hin. Lass sie sich heilig halten heute und morgen und ihre Kleider waschen, *¹¹*damit sie bereit sein mögen auf den dritten Tag. Denn am dritten Tage wird sich der Ewige herablassen vor den Augen der ganzen Nation auf den Berg Sinai. *¹²*Du musst aber rings um das Volk eine Grenze machen, ihnen nämlich sagen:›Hütet euch, den Berg zu besteigen oder einen Teil davon zu berühren! Wer den Berg berührt, der soll getötet werden.‹ *¹³*Es soll ihn aber keine Hand anrühren, sondern er soll gesteinigt oder mit Pfeilen erschossen werden, es sei Vieh oder Mensch, so soll es nicht leben bleiben. Sobald die Trompete in einem Ton anhaltend bläst, sollen diese den Berg besteigen (nämlich Aharon, seine Söhne und die siebzig Ältesten).« *¹⁴*Mosche ging vom Berge hinab zum Volk, ließ das Volk sich heilig halten, und sie wuschen ihre Kleider. *¹⁵*Er sprach zum Volk:»Haltet euch auf den dritten Tag bereit. Kommt unterdessen zu keiner Frau.« *¹⁶*Es war am dritten Tag, als der Morgen anbrach, da war Donner und Blitz und eine dichte Wolke auf dem Berg, auch war ein sehr starker Trompetenschall zu hören. Das Volk im Lager zitterte vor Schrecken. *¹⁷*Mosche führte das Volk aus dem Lager hin vor Gott. Sie stellten sich unten am Berge auf. *¹⁸*Der Berg Sinai rauchte überall, weil sich der Ewige in Feuer auf ihn herabließ. Sein Rauch stieg in die Höhe, wie der Rauch aus einem Brennofen, und der ganze Berg wurde heftig erschüttert. *¹⁹*Der Trompetenschall wurde immer stärker. Mosche tat die Anrede, und Gott antwortete ihm mit lauter Stimme.

Sechster

Die Verse ab 20,2 werden stehend gehört, bis zum Ende des Aufrufs.

*²⁰*Als sich nun der Ewige auf den Berg Sinai, nämlich auf die Spitze des Berges, herabgelassen, rief der Ewige den Mosche auf den Berg herauf. Mosche stieg hinauf. *²¹*Der Ewige sprach zu Mosche:»Geh hinab, warne das Volk. Sie könnten vielleicht hervordringen zu der Erscheinung des Ewigen, um zu sehen, dann könnten viele von ihm umkommen. *²²*Auch die Priester, die näher zu der Erscheinung des Ewigen zutreten, sollen sich heilig halten. Der Ewige könnte eine

SCHEWAT   **151**

Niederlage unter ihnen machen.« ²³Mosche sprach zu dem Ewigen:
»Das Volk wird so bald nicht auf den Berg Sinai steigen, denn du hast
uns schon gewarnt und gesprochen: ›Ziehe Grenzen um den Berg und
sondere ihn als heilig ab.‹« ²⁴Der Ewige sprach aber zu ihm: »Gehe
gleichwohl hinab. Komm dann wieder herauf, du und dein Bruder
Aharon mit dir. Die Priester aber und das Volk sollen nicht vordrin-
gen (jeder von seinem Standort nämlich), um zu der Erscheinung des
Ewigen hinaufzusteigen. Er könnte sonst eine Niederlage unter ihnen
machen.« ²⁵Mosche ging hinab zu dem Volk und sagte es ihnen. •

20   ¹Dann redete der Ewige alle diese Worte wie folgt: • ²»Ich
bin der Ewige, dein Gott, der ich dich aus dem Land Mizrajim geführt
habe, aus dem Hause der Sklaven. ³Du sollst keine anderen Götter
haben vor meinem Angesicht. ⁴Du sollst dir kein Götzenbild machen,
auch keine ähnliche Gestalt von dem, was oben im Himmel und unten auf der Erde oder im Wasser unter der Erde ist. ⁵Du sollst dich
vor ihnen nicht verbeugen, auch sie nicht gottesdienstlich verehren.
Denn ich, der Ewige, dein Gott, bin ein eifervoller Gott (der keinen
anderen neben sich leiden kann), der das Verbrechen der Eltern ahndet an Kindern, Enkeln und Urenkeln, nämlich bei denen, die mich
hassen, ⁶der aber Gnade erzeigt bis in das tausendste Geschlecht bei
denen, die mich lieben und meine Gebote halten. • ⁷Du sollst den
Namen des Ewigen, deines Gottes, nicht zu Unnützem hochhalten.
Denn der Ewige wird demjenigen nicht vergeben, welcher seinen
Namen missbraucht.¶

⁸Erinnere dich stets an den Ruhetag, um ihn zu heiligen. ⁹Sechs Tage
kannst du arbeiten und all dein Geschäft verrichten. ¹⁰Der siebte Tag
aber ist ein Ruhetag, dem Ewigen, deinem Gott, zu Ehren. Du sollst
kein Handwerk verrichten, weder du selbst noch dein Sohn oder deine
Tochter, dein Sklave, deine Sklavin, auch nicht durch dein Vieh oder
durch deinen Fremden, der sich in deinen Toren aufhält. ¹¹Denn in
sechs Tagen hat der Ewige Himmel, Erde und Meer nebst allem, was
darin ist, verfertigt und am siebten Tage geruht. Darum hat der Ewige
den Tag der Ruhe gesegnet (er hat ihm wichtige Vorzüge gegeben)
und ihn für heilig erklärt. • ¹²Ehre deinen Vater und deine Mutter,

damit du lang lebst auf dem Erdreich, welches der Ewige, dein Gott, dir geben wird. • ¹³Du sollst nicht morden. • Du sollst nicht ehebrechen. • Du sollst nicht stehlen. • Du sollst gegen deinen Nächsten nichts aussagen als ein falscher Zeuge. • ¹⁴Du sollst keine Begierde haben nach dem Hause deines Nächsten. • Du sollst keine Begierde haben nach deines Nächsten Weib, nach seinem Sklaven, nach seiner Sklavin, nach seinem Ochsen, nach seinem Esel oder nach allem, was dein Nächster besitzt.«¶

Siebter

¹⁵Das ganze Volk empfand die Donnerstimmen, die Feuerflammen, den Trompetenschall und den rauchenden Berg. Als es das Volk gewahr wurde, erbebten sie und standen von ferne. ¹⁶Sie sprachen zu Mosche:»Rede du mit uns, so wollen wir gern hören. Lass nur Gott nicht mit uns reden, wir könnten sonst des Todes sein.« ¹⁷Mosche sprach zum Volk:»Fürchtet euch nicht, denn Gott ist nur gekommen, um euch auf die Probe zu stellen und damit auf eurem Angesicht Ehrfurcht vor ihm sei, dass ihr nicht sündigt.« ¹⁸Das Volk blieb also von ferne stehen. Mosche aber näherte sich der finsteren Wetterwolke, wo Gott erschien. •

Maftir

¹⁹Der Ewige sprach zu Mosche:»So sollst du zu den Kindern Jisraels sagen:›Ihr habt nun gesehen, dass ich vom Himmel herab mit euch geredet habe. ²⁰Ihr sollt nichts machen, um es neben mich zu setzen. Silberne und goldene Götzen sollt ihr euch nicht machen. ²¹Einen Altar von Erde sollst du mir machen. Darauf sollst du schlachten deine Ganzopfer und deine Verehrungsopfer, dein Kleinvieh und dein Rindvieh. An allen Orten, wo ich meinen Namen zu nennen verordnen werde, will ich zu dir kommen und dich segnen. ²²Wenn du mir mit der Zeit einen Altar von Steinen machen wirst, so erbaue ihn nicht von gehauenen Steinen. Denn sobald du deinen Meißel daran bringst, so entheiligst du ihn. ²³Du sollst auch nicht auf Stufen meinen Altar besteigen, damit deine Schamglieder nicht entblößt werden mögen.‹

Haftarat Jitro: Jesaja 6,1-7; 9,5-6 (S. 481)

Psalm des Schabbat nach Seder Avodat Israel: Ps 19

SCHEWAT   **153**

18. Mischpatim (Ex 21,1-24,18)

Erster / Jahr I

21 ¹Dies sind ferner die **Rechte** *(mischpatim)*, die du ihnen vorlegen sollst: ²Wenn du einen iwrischen Knecht kaufst, soll er sechs Jahre dienen und im siebten soll er unentgeltlich in die Freiheit fortgehen. ³Ist er für seine Person allein zu seinem Herrn gekommen, so geht er auch für seine Person allein wieder hinweg. War er der Mann einer Frau, so geht seine Frau mit ihm hinaus. ⁴Gibt ihm aber sein Herr eine Frau und diese gebiert ihm Söhne oder Töchter, so bleibt die Frau mit ihren Kindern bei ihrem Herrn. Er aber geht für seine Person allein hinweg. ⁵Wenn der Knecht sprechen sollte: ›Ich liebe meinen Herrn, meine Frau und meine Kinder. Ich mag nicht als Freigelassener ausgehen‹, ⁶so bringt ihn der Herr vor die göttlichen Richter, führt ihn an eine Türe oder einen Pfosten. Wenn ihm der Herr daselbst das Ohr mit einer Pfrieme durchstochen hat, so muss ihm dieser auf immer dienen (das heißt, bis zum allgemeinen Freiheitsjahr). • ⁷Wenn ein Mann seine Tochter zur Leibeigenen verkauft hat, soll sie nicht so hinweggehen, wie die Knechte hinweggehen. ⁸Ist sie in den Augen ihres Herrn missfällig, sodass er sie nicht für sich bestimmt, so muss er ihr dazu verhelfen, dass sie sich loskaufe. Er soll aber die Macht nicht haben, sie an einen Fremden zu verkaufen, nachdem er selbst lieblos gegen sie gewesen ist. ⁹Bestimmt er sie für seinen Sohn, so muss er ihr nach dem Recht der Töchter geschehen lassen. ¹⁰Wenn er ihm auch eine andere Frau gibt, so darf er doch ihre Kost, Kleidung und Wohnung nicht abbrechen. ¹¹Leistet er ihr aber diese drei Stücke nicht, so geht sie unentgeltlich von ihm weg. • ¹²Wer einen Menschen schlägt, dass er stirbt, soll getötet werden. ¹³Hat er ihm aber nicht nachgestellt, sondern Gott hat es ihm so in die Hand gefügt, so werde ich dir einen Ort bestimmen, wohin er fliehen soll. • ¹⁴Wenn aber jemand seinen Nächsten vorsätzlich mit Hinterlist umbringt, so sollst du ihn von meinem Altar hinwegnehmen, um zu sterben. • ¹⁵Wer Vater oder Mutter schlägt, soll getötet werden. • ¹⁶Wer einen Menschen stiehlt und verkauft ihn, man hat ihn aber vorher in seiner Gewalt gefunden, soll getötet werden. • ¹⁷Wer Vater oder Mutter flucht, soll getötet werden. • ¹⁸Wenn Männer in Zank geraten und einer schlägt den anderen mit einem Stein oder mit der Faust, er stirbt zwar nicht, wird aber bettlägrig, ¹⁹wenn er wieder aufsteht und an einer Krücke auf der Straße herumgehen kann, so soll der Schläger frei sein, doch soll er ihm Versäumungskosten erstatten und ihn heilen lassen. •

Zweiter

²⁰Wenn jemand seinen Knecht oder seine Magd mit dem Zuchtstock schlägt und er stirbt unter seiner Hand, so wird es gerächt, ²¹doch wenn er einen Tag oder zwei noch lebt, soll es nicht gerächt werden, weil es sein Geld ist. • ²²Wenn sich Männer streiten und verletzen eine schwangere Frau, sodass ihr die Kinder abgehen, es ist aber weiter kein Unglück geschehen, so soll der Täter mit einer Geldbuße bestraft werden, wie es ihm der Ehemann der Frau auflegen wird, oder er bezahlt nach dem Ausspruch der Richter. ²³Ist aber der Frau selbst ein Unglück geschehen, so musst du Person für Person hingeben. ²⁴(Von Rechts wegen sollte) Auge für Auge (sein), Zahn für Zahn, Hand für Hand, Fuß für Fuß, ²⁵Brandmal für Brandmal, Wunde für Wunde, Beule für Beule, (daher muss der Täter Geld dafür geben). • ²⁶Wenn jemand das Auge seines Knechtes oder das Auge seiner Magd schlägt und es zerstört, muss er ihn in die Freiheit fortgehen lassen für sein Auge. ²⁷Schlägt er seinem Knecht oder seiner Magd einen Zahn aus, muss er ihn in die Freiheit fortgehen lassen für seinen Zahn.ף

SCHEWAT   **155**

²⁸Wenn ein Ochs einen Mann oder eine Frau stößt, sodass er stirbt, so soll der Ochs gesteinigt und sein Fleisch nicht genossen werden. Der Eigentümer des Ochsen aber ist schuldlos. ²⁹Ist es aber ein stößiger Ochs gewesen, seit gestern oder vorgestern (das heißt, seit einiger Zeit vorher), es ist auch dem Eigentümer zur Warnung angezeigt worden, er wollte ihn aber dennoch nicht in Gewahrsam nehmen, und der Ochs tötet einen Mann oder eine Frau, so soll der Ochs gesteinigt werden und auch der Eigentümer soll ums Leben kommen. ³⁰Wird ihm aber ein Lösegeld auferlegt, so gibt er den Loskaufpreis seiner Person, so viel als ihm auferlegt worden ist. ³¹Wenn er einen Sohn stößt oder eine Tochter stößt, so soll ihm gleichfalls nach diesem Recht geschehen. ³²Stößt aber der Ochs einen Leibeigenen oder eine Leibeigene, so soll der Eigentümer des Ochsen dem Herrn des Leibeigenen dreißig Schekalim an Geld geben und der Ochs soll gesteinigt werden. •
³³Wenn jemand eine Grube aufdeckt oder wenn jemand eine Grube gräbt, deckt sie aber nicht zu und es fällt ein Ochs oder Esel hinein, ³⁴so soll derjenige, welcher Schuld an der Grube ist, dem Eigentümer Geld geben und das tote Stück Vieh ist sein. • ³⁵Wenn der Ochs eines Mannes den Ochsen seines Nächsten stößt, dass er stirbt, so sollen sie den lebendigen Ochsen verkaufen und das Geld dafür teilen; das tote Stück sollen sie sich gleichfalls teilen. ³⁶Ist es aber einige Zeit vorher bekannt geworden, dass es ein stößiger Ochs ist, und der Eigentümer wollte ihn dennoch nicht in Gewahrsam nehmen, so soll er Ochs für Ochs bezahlen und das tote Stück Vieh ist sein. • ³⁷Wenn jemand einen Ochsen oder ein Lamm stiehlt und schlachtet es oder verkauft es, so soll er fünf Stück Rindvieh für den Ochsen und vier Stück Kleinvieh für das Lamm bezahlen. **22** ¹Wenn ein Dieb beim Einbruch getroffen wird und man schlägt ihn, dass er stirbt, so ist seinetwegen keine Blutschuld. ²Hat aber die Sonne darauf geschienen, so ist allerdings Blutschuld seinetwegen. Er aber muss bezahlen. Wenn er nichts hat, wird er für den Diebstahl als Knecht verkauft. ³Findet man das Gestohlene, Ochs, Esel oder Lamm noch lebendig in seiner Gewalt, so bezahlt er zweifach. •

⁴Wenn jemand sein Vieh in ein Feld oder in einen Weinberg führt, er schickt nämlich sein Vieh hin und lässt es in eines anderen Feld fressen, so muss er den Schaden bezahlen mit seinem besten Feld oder Weinberg. • ⁵Wenn Feuer ausbricht, Dornen ergreift und es wird ein Garbenhaufen verbrannt oder stehendes Getreide oder das Feld wird verderbt, so muss derjenige bezahlen, der den Brand gelegt hat. • ⁶Wenn jemand seinem Nächsten Geld oder Geräte zu verwahren gibt und es wird aus dem Haus des Mannes gestohlen, wird der Dieb gefunden, so bezahlt er zweifach. ⁷Wird aber der Dieb nicht gefunden, so tritt der Hausherr vor die göttlichen Richter (um zu beschwören), dass er sich an seines Nächsten Sache nicht vergriffen hat. ⁸Bei jeder veruntreuten Sache, es betreffe einen Ochsen, einen Esel, ein Lamm, ein Kleid, bei jeder verlorenen Sache, wo man behauptet, es wäre dies, muss der Streit der beiden Leute vor die göttlichen Richter kommen. Wen die göttlichen Richter verurteilen, der muss seinem Nächsten zweifach bezahlen. • ⁹Wenn jemand seinem Nächsten einen Esel, einen Ochsen, ein Lamm oder sonst ein Vieh zu hüten gibt und es stirbt oder wird beschädigt oder weggetrieben, sodass es niemand sieht, ¹⁰so soll ein Eid bei dem ewigen Wesen zwischen beiden entscheiden, dass er sich an seines Nächsten Sache nicht vergriffen hat. Diesen nimmt der Eigentümer an, jener aber braucht nichts zu bezahlen. ¹¹Ist es ihm gestohlen worden, muss er es dem Eigentümer bezahlen. ¹²Ist es aber von wilden Tieren zerrissen worden, so muss er einen Beweis davon bringen. Das Zerrissene braucht er nicht zu bezahlen.֍

¹³Entlehnt jemand von seinem Nächsten (ein solches Lastvieh) und es wird beschädigt oder stirbt, wenn der Eigentümer nicht dabei ist, so muss er es bezahlen. ¹⁴Ist aber der Eigentümer mit dabei, braucht er es nicht zu bezahlen. Ist es gemietet, so geht der Verlust in das Mietgeld mit ein. • ¹⁵Wenn jemand eine Jungfrau, die nicht verlobt ist, verführt und bei ihr liegt, so soll er sie sich zur Frau erkaufen. ¹⁶Weigert der Vater sich aber, sie ihm zur Frau zu geben, so soll er so viel Silber abwägen, wie das Ehegeld der Jungfrau ist. • ¹⁷Eine

Zauberin sollst du nicht leben lassen. *18*Wer mit einem Vieh Schande treibt, soll getötet werden. • *19*Wer einem anderen göttlichen Wesen Opfer schlachtet außer dem Ewigen allein, der hat das Leben verwirkt. *20*Einen Fremden sollst du nicht (mit Worten) kränken und nicht unterdrücken, denn ihr wart selbst Fremde im Land Mizrajim. *21*Ihr sollt keine Witwe und keine Waise bedrücken. *22*Wo du ihn bedrückst, wenn er zu mir schreit, so werde ich sein Schreien erhören. *23*Mein Zorn wird entbrennen. Ich werde euch durch das Schwert umkommen lassen. So werden eure Frauen Witwen werden und eure Kinder Waisen.¶

*24*Wenn du einem von meinem Volk Geld leihst, nämlich dem Armen neben dir, sei nicht gegen ihn wie ein Schuldeinforderer. Ihr sollt ihm kein Zins auflegen. *25*Wenn du dir das Bettuch deines Nächsten zum Unterpfand geben lässt, so musst du es ihm mit Sonnenuntergang wiedergeben, *26*denn es kann seine einzige Decke sein, es ist vielleicht das Laken für seinen nackten Leib. Worunter soll er nun schlafen? Wenn er also zu mir schreien wird, so werde ich ihn erhören, denn ich bin erbarmungsvoll. •

Vierter

*27*Ein göttliches Wesen (einen Richter meinend) sollst du nicht schelten und der Obrigkeit in deinem Volk nicht fluchen. *28*Deine Tenne und deine Kelter sollst du nicht über die Zeit anstehen lassen, (nämlich Erstlinge und andere Gaben davon zu bringen). Den Erstgeborenen deiner Söhne sollst du mir geben. *29*So sollst du es machen bei deinem Ochsen, bei deinem Kleinvieh. Sieben Tage soll es bei seiner Mutter bleiben, am achten Tage aber sollst du es mir geben. *30*Ihr sollt mir heilige Männer sein. Fleisch von einem zerrissenen Vieh auf dem Feld sollt ihr nicht essen. Dem Hund sollt ihr es vorwerfen. •

23   *1*Nimm keinen falschen Bericht an. Halte es nicht mit dem Bösewicht, um für die Ungerechtigkeit ein Zeuge zu sein. *2*Folge der Menge nicht zum Bösen. In einer Streitsache, wenn du deine Meinung sagst, folge nicht der Menge, um das Recht zu beugen. *3*Begünstige aber auch den gemeinen Mann nicht in seiner Streitsache. • *4*Triffst du den Ochsen oder den Esel deines Hassers irrend an, so bringe ihn ihm zurück. • ⁵Siehst du den Esel deines Feindes erliegend unter seiner Last, so hüte dich, ihn damit allein zu lassen. Hilf ihm vielmehr abpacken. •

Fünfter

⁶Du sollst das Recht des Bedürftigen nicht beugen in seiner Streitsache. ⁷Entferne dich von einer lügenhaften Sache. Bringe den nicht um, der einmal als unschuldig und gerecht bestanden hat, denn ich werde schon den Ungerechten nicht lossprechen. ⁸Bestechung sollst du nicht annehmen, denn die Bestechung macht die Scharfsichtigen blind und verdreht die Worte der Gerechten. ⁹Bedrücke keinen Fremden. Ihr wisst, wie einem Fremden zu Mute ist, denn ihr wart selbst Fremde im Land Mizrajim. ¹⁰Sechs Jahre sollst du dein Feld besäen und die Früchte davon einsammeln, ¹¹das siebte Jahr aber sollst du es brach liegen lassen und was darauf wächst völlig aufgeben, damit es die Bedürftigen deiner Nation verzehren, und den Überrest davon mag das Wild auf dem Felde verzehren. So sollst du es auch mit deinem Weinberg und Ölberg machen. ¹²Sechs Tage kannst du deine Geschäfte verrichten, am siebten Tag aber musst du feiern, damit dein Ochs und dein Esel auch ruhe und der Sohn deiner Sklavin sowie der Fremdling sich erhole. ¹³Seid sorgfältig in allem, was ich euch gesagt habe. Lasst den Namen fremder Götter nicht erwähnen. Er soll durch deinen Mund gar nicht gehört werden. ¹⁴Dreimal sollst du mir im Jahr [ein Fest] feiern. ¹⁵Halte die Feier der ungesäuerten Kuchen. Sieben Tage nämlich sollst du ungesäuerte Kuchen essen (wie ich dir geboten habe), um die bestimmte Zeit des Ährenmonats, denn in demselben bist du aus Mizrajim gezogen. Man darf aber nicht ohne Gaben vor meinem Angesicht erscheinen. ¹⁶Ferner die Erntefeier bei den Erstlingen deiner Feldarbeit, nämlich von dem, was du auf dem Felde aussäst. Endlich die Feier beim Einsammeln der Früchte um den Ausgang des Jahres, wenn du die Früchte deiner Arbeit vom Feld völlig eingesammelt hast. ¹⁷Dreimal im Jahr soll jede männliche Person erscheinen vor dem Angesicht des Herrn, des Ewigen. ¹⁸Das Blut meines Opfers (nämlich des Pessach) sollst du nicht beim gesäuerten Brot opfern,

und das Fett meines Festopfers soll nicht über Nacht bleiben bis an den Morgen. ¹⁹Die Erstlinge deiner frühesten Landfrüchte sollst du in das Haus des Ewigen, deines Gottes, bringen. Koche kein junges Vieh in der Milch seiner Mutter.ף

Sechster / Jahr III

²⁰Ich sende einen Engel vor dir her, um dich auf dem Weg zu bewahren und dich an den Ort zu bringen, den ich bestimmt habe. ²¹Nimm dich vor ihm in Acht und gehorche seiner Stimme. Sei nicht widerspenstig gegen ihn. Denn er wird keine Nachsicht haben für euer Verbrechen. Mein Name ist auch in ihm (er tut alles in meinem Namen und auf meinen Befehl). ²²Wenn du also seiner Stimme gehorchst und alles tust, was ich durch ihn sagen lasse, so werde ich deiner Feinde Feind und deinen Widersachern zuwider sein (dass heißt deine Feinde und deine Widersacher als die meinigen betrachten). ²³Mein Engel soll vor dir hergehen und dich zu dem Volk Emori, Chiti, Perisi, Kenaani, Chiwi und Jewusi bringen. Dies will ich vertilgen. ²⁴Verbeuge dich nicht vor ihren Göttern, diene ihnen nicht und ahme sie nicht nach. Vielmehr zerstöre sie und zerbreche ihre Bildsäulen. ²⁵Dem Ewigen, eurem Gott, sollt ihr dienen, so wird er eure Speise und euren Trank segnen und ich werde Krankheit von dir fern sein lassen.   •

Siebter

²⁶Es wird keine unzeitige Gebärerin auch keine Unfruchtbare in deinem Land sein. Ich werde die Anzahl deiner Tage voll sein lassen (jeder soll das gewöhnliche Lebensziel erreichen). ²⁷Meinen Schrecken werde ich vor dir herziehen lassen und jedes Volk, zu welchem du kommst, dadurch in Unordnung bringen und verursachen, dass alle deine Feinde dir den Nacken zuwenden. ²⁸Ich will die Hornisse vor dir herschicken. Diese soll den Chiwi, Kenaani und Chiti austreiben, bevor du hinkommst. ²⁹Ich werde ihn aber nicht in einem Jahre vor dir austreiben. Dadurch könnte das Land eine Wüstenei werden und die Tiere des Feldes sich zu deinem Schaden zu sehr vermehren. ³⁰Nach und nach will ich ihn vor dir austreiben. Unterdessen wirst du dich

vermehren und das Land besetzen können. [31]Ich werde deine Grenze setzen von dem Schilfmeer (dem Roten Meer) bis an das Meer der P'lischtim (das Syrische Meer) und von der Wüste bis an den Strom, nämlich die Einwohner dieses Landes will ich in deine Gewalt geben und sie vor dir wegtreiben. [32]Du sollst mit ihnen und ihren Göttern keinen Bund machen (um sie unter gewissen Bedingungen in dem Land zu dulden). [33]Sie sollen in deinem Land gar nicht bleiben. Sie könnten dich zu Sünden gegen mich verführen. Du könntest verleitet werden, ihren Göttern zu dienen, und dies würde dein Fallstrick sein.«¶

24 [1]Zu Mosche sprach er:»Steige hinauf zu der Erscheinung des Ewigen, du, Aharon, Nadaw, Awihu und siebzig von den Ältesten Jisraels, und werft euch in der Ferne zur Anbetung nieder. [2]Mosche allein soll zu der Erscheinung des Ewigen näher hintreten, jene aber sollen nicht nähertreten und das Volk soll nicht mit ihm heraufkommen.« [3]Mosche kam herunter und berichtete dem Volk alle Worte des Ewigen und alle Rechte. Die gesamte Nation antwortete einstimmig und sie sprachen:»Alle Worte, die der Ewige gesprochen hat, wollen wir tun.« [4]Mosche schrieb alle Worte des Ewigen nieder, stand des Morgens früh auf, errichtete unten am Berge einen Altar und zwölf Säulen nach den zwölf Stämmen Jisraels. [5]Er sandte die Jünglinge aus den Kindern Jisraels (nämlich die Erstgeborenen), diese brachten Ganzopfer dar und schlachteten dem Ewigen zu Ehren Stiere als Friedensopfer. [6]Mosche nahm die Hälfte des Blutes, tat es in ein Becken, die andere Hälfte des Blutes aber sprengte er auf den Altar, [7]nahm das Buch des Bundes und las es dem Volk vor. Sie sprachen: »Alles, was der Ewige gesprochen, wollen wir tun und gehorchen.« [8]Mosche nahm das Blut, besprengte das Volk damit und sprach:»Dies ist Blut des Bundes, welchen der Ewige mit euch gemacht hat über alle diese Worte.« [9]Mosche, Aharon, Nadaw, Awihu und siebzig von den Ältesten Jisraels stiegen hinauf. [10]Sie erblickten die Erscheinung des Gottes Jisraels. Unter deren Füßen war es wie ein Werk aus glänzendem Saphir und wie die Farbe des Himmels, wenn er heiter ist. [11]An die edlen Jünglinge der Kinder Jisraels legte er seine Hand nicht

SCHEWAT   **161**

(sie nämlich zu beschädigen). Sie schauten die Erscheinung Gottes, aßen und tranken.   •   ¹²Der Ewige sprach zu Mosche:»Komm zu mir auf den Berg herauf und bleib daselbst. Ich will dir die steinernen Tafeln mit der Lehre und dem Gebot geben, das ich darauf geschrieben habe, um sie zu unterrichten.« ¹³Mosche und sein Diener Jehoschua stand auf. Mosche stieg hinauf auf den Berg Gottes. ¹⁴Zu den Ältesten aber sprach er:»Wartet hier auf uns, bis wir zu euch zurückkommen. Aharon und Chur sind ja bei euch. Wer eine Rechtssache hat, mag zu ihnen hingehen.« ¹⁵Mosche stieg also auf den Berg und die Wolke bedeckte den Berg.

Maftir

¹⁶Die Herrlichkeit des Ewigen ruhte nämlich auf dem Berge Sinai und die Wolke bedeckte den Berg sechs Tage. Am siebten Tage rief es aus der Wolke zu Mosche. ¹⁷— Die Erscheinung der Herrlichkeit des Ewigen war wie ein brennendes Feuer oben auf dem Berge vor den Augen der Kinder Jisraels. — ¹⁸Mosche ging also in die Wolke hinein, stieg hinauf auf den Berg und so blieb Mosche auf dem Berge vierzig Tage und vierzig Nächte.

Haftarat Mischpatim: Jeremia 34,8-22; 33,25-26 (S. 483); nicht jedoch an Schabbat Schekalim (S. 579), an Erev Rosch Chodesch (S. 619) oder Rosch Chodesch Adar (S. 618).

Psalm des Schabbat nach Seder Avodat Israel: Ps 72

19. Teruma (Ex 25,1-27,19)

[INHALT: Spenden * Lade (aron) * Tisch (schulchan) * Leuchter (menora)
* Wohnung * Altar * Vorhof der Wohnung]

Erster / Jahr I

25 ¹Der Ewige sprach zu Mosche wie folgt: ²»Sprich zu den Kindern Jisraels, sie sollen mir eine **Steuer** *(teruma)* aufnehmen, von einem jeden, dem es sein Herz geben wird, sollt ihr die Steuer aufnehmen. ³Dies ist die Steuer, die ihr von ihnen annehmen sollt: Gold, Silber und Kupfer, ⁴auch himmelblaue, purpurrote und hochrote Wolle und Leinengarn und Ziegenhaare, ⁵rotgefärbte Widderfelle, Felle von Techaschim und Schittimholz, ⁶Öl zum Leuchten, Gewürze zum Salböl und zum Räucherwerk, ⁷Schohamsteine und einzufassende Edelsteine zum Obermantel und zum Brustschild. ⁸Sie sollen mir ein Heiligtum verfertigen, so will ich unter ihnen wohnen, ⁹so, wie ich dir im Bilde zeige das Modell der Wohnung und das Modell aller ihrer Geräte. • ¹⁰Sie sollen eine Lade von Schittimholz verfertigen. Zweieinhalb Ellen soll die Länge sein, anderthalb Ellen die Breite und anderthalb Ellen die Höhe. ¹¹Du sollst sie mit reinem Gold belegen, inwendig und auswendig belegen und oben einen goldenen Kranz herum machen. ¹²Dazu sollst du vier goldene Ringe gießen und an den vier Ecken anbringen, sodass auf der einen Seite zwei Ringe und auf der anderen Seite wiederum zwei Ringe sind. ¹³Mache auch Stangen von Schittimholz. Belege sie mit Gold. ¹⁴Bring alsdann die Stangen in die Ringe auf den Seiten der Lade, um die Lade damit zu tragen. ¹⁵In den Ringen der Lade sollen die Stangen bleiben, niemals davon weggenomen werden. ¹⁶In die Lade legst du das Zeugnis (die Gesetztafeln), welches ich dir geben werde.

Zweiter

¹⁷Mache auch einen Deckel von reinem Gold, zweieinhalb Ellen die Länge und anderthalb Ellen die Breite. ¹⁸Mache zwei goldene Ke-

rubim. Von getriebener Arbeit sollst du sie machen, aus den beiden Enden des Deckels. *19*Nämlich einen Kerub sollst du aus dem einen Ende herausarbeiten und einen Kerub aus dem anderen Ende. Aus dem Deckel selbst sollt ihr die Kerubim verfertigen, an beiden Enden. *20*Die Kerubim sollen ihre Flügel oben ausbreiten, mit den Flügeln den Deckel überdecken und einer dem andern das Angesicht zuwenden, jedoch so, dass das Gesicht der Kerubim gegen den Deckel sich neige. *21*Wenn du nun diesen Deckel oben auf die Lade legst (nachdem du in die Lade das Zeugnis getan hast, welches ich dir geben werde), *22*so werde ich dir zu bestimmten Zeiten daselbst erscheinen und von dem Deckel herab zwischen den beiden Kerubim, die auf der Zeugnislade sind, alles mit dir reden, was ich dir an die Kinder Jisraels auftragen werde.¶

*23*Verfertige auch einen Tisch von Schittimholz, zwei Ellen die Länge, eine Elle die Breite, anderthalb Ellen die Höhe. *24*Belege ihn mit reinem Gold. Mach einen goldenen Kranz umher, *25*nämlich du machst einen Rand daran, eine Hand breit, rings umher, und an diesen Rand führst du den goldenen Kranz umher. *26*Du machst auch vier goldene Ringe dazu und setzt die Ringe an die vier Ecken seiner vier Füße. *27*Unterhalb des Randes sollen die Ringe sein als eine Mutter für die Stangen (in welche nämlich die Stangen gesteckt werden), um den Tisch zu tragen. *28*Die Stangen machst du von Schittimholz, belegst sie mit Gold. Mit diesen wird der Tisch getragen. *29*Du verfertigst auch Schüsseln dazu und Schalen, Stützen und Reinigungsröhren, womit das Brot bedeckt wird. Von reinem Gold sollst du sie machen. *30*Auf den Tisch legst du vor mir beständig Schaubrote.¶

(Dritter)

*31*Verfertige auch einen Leuchter von reinem Gold. In getriebener Arbeit soll der Leuchter gemacht werden: Fuß und Schaft, die Kelche, Knöpfe und Blumen sollen aus ihm herausgearbeitet werden. *32*Sechs Arme sollen aus seinen Seiten herausgehen, nämlich drei Arme des Leuchters aus der einen Seite und drei Arme des Leuchters aus der anderen Seite. *33*Drei mandelförmig verzierte Kelche an dem einen

Arm, ein Knopf und eine Blume, und drei mandelförmig verzierte Kelche an dem einen Arm, ein Knopf und eine Blume, so an allen sechs Armen, die aus dem Leuchter herausgehen. ³⁴An den Leuchter selbst kommen vier Kelche, mandelförmig verzierte Knöpfe und Blumen. ³⁵Ferner ein Knopf, in welchem ein Paar Arme sitzt, noch ein Knopf, an welchem das zweite Paar Arme sitzt, und noch ein Knopf, an welchem das dritte Paar Arme sitzt, so an allen sechs Armen die aus dem Leuchter herausgehen. ³⁶Ihre Knöpfe und Arme müssen aus ihm selbst herausgearbeitet werden, ganz aus einem Stücke reinen Goldes getrieben. ³⁷Verfertige auch dazu sieben Lampen. Wenn man die Lampen anzündet, so soll es leuchten gegenüber der Vorderseite. ³⁸Ihre Zänglein und die Aschgefäßlein sollen reines Gold sein. ³⁹Einen Kikar reines Gold soll man verarbeiten zu all diesen Geräten. ⁴⁰Betrachte es wohl und verfertige es, nach dem Modell, das dir gezeigt wird auf dem Berge. •

Dritter (süddt.) / Jahr II

26 ¹Für die Wohnung verfertigst du zehn Teppiche von sechsfach gezwirntem Garn, blauer, purpurroter und hochroter Wolle; mit Figuren von Kerubim durchwirkt, als Kunstweberarbeit sollst du sie machen. ²Die Länge eines Teppichs soll sein achtundzwanzig Ellen und die Breite vier Ellen eines Teppichs. Alle Teppiche sollen einerlei Maß haben. ³Fünf Teppiche sollen geheftet werden, ein Stück an das andere, und fünf Teppiche geheftet, ein Stück an das andere. ⁴Du machst auch Schleifen von blauer Wolle am Saum des einen Teppichs, welcher an der Heftung der äußerste ist. Und eben so viel machst du am Saum des Teppichs welcher an der anderen Heftung der äußerste ist. ⁵Fünfzig Schleifen machst du an den einen Teppich, und fünfzig Schleifen machst du an das Ende des Teppichs, welcher an der anderen Heftung ist. Die Schleifen müssen gerade eine der anderen gegenüber sitzen. ⁶Mache auch fünfzig goldene Spangen. Wenn du alsdann die Teppiche einen mit dem anderen vermittelst der Spangen verbindest, so wird die Wohnung ein einziges Ganzes. ⁷Du machst auch Teppiche von Ziegenhaar, zum Gezelt über die Wohnung. Elf Stück sollst du machen. ⁸Die Länge des einen Teppichs soll dreißig Ellen und die

Breite des einen Teppichs vier Ellen sein. Alle elf Teppiche sollen einerlei Maß haben. ⁹Du heftest die fünf Teppiche gesondert und die sechs Teppiche auch gesondert, schlägst aber den sechsten Teppich über, gegen die Vorderseite des Gezeltes. ¹⁰Du machst fünfzig Schleifen am Saum des einen Teppichs, welcher an der äußersten Heftung ist, und fünfzig Schleifen am Saum des Teppichs, welcher an der anderen Heftung ist. ¹¹Du sollst auch fünfzig kupferne Spangen machen. Wenn du dann die Spangen in die Schleifen bringst, so fügst du das Gezelt zusammen, dass es ein einziges Ganzes wird. ¹²Das Übermaß am Ende an den Teppichen des Gezeltes, nämlich das halbe Teppichstück, das mehr ist, soll herabhängen auf der Hinterseite der Wohnung. ¹³Die eine Elle auf dieser Seite sowie die eine Elle auf der anderen Seite an Übermaß in der Länge der Teppiche des Gezeltes soll auf beiden Seiten der Wohnung herabhängen, um diese zu bedecken. ¹⁴Du sollst auch eine Decke über das Gezelt machen aus rotgefärbten Widderfellen und eine Decke von Techaschimfell oben darauf.⸸

Vierter

¹⁵Du machst die Bretter für die Wohnung von Schittimholz aufrecht stehend. ¹⁶Die Länge des Brettes soll zehn Ellen sein und die Breite eines jeden Brettes anderthalb Ellen. ¹⁷Ein Brett bekommt zwei Zapfen. Diese werden eingepasst (in die Füße nämlich) einer wie der andere. So machst du es an allen Brettern der Wohnung. ¹⁸Du machst aber die Bretter für die Wohnung, zwanzig Bretter zur südlichen Seite; ¹⁹vierzig silberne Füße sollst du machen unter den zwanzig Brettern. Zwei Füße unter einem Brett zu seinen beiden Zapfen und zwei Füße unter einem Brette zu seinen beiden Zapfen. ²⁰Zur anderen Seitenwand der Wohnung, zur nördlichen Seite nämlich, auch zwanzig Bretter ²¹und vierzig silberne Füße. Zwei Füße unter einem Brett und zwei Füße unter einem Brett. ²²Zur Hinterwand der Wohnung, zur westlichen Seite, machst du sechs Bretter ²³und zwei Bretter zu den Winkeln der Wohnung an der Hinterwand. ²⁴Sie sollen unten zusammenschließen, müssen auch oben zusammenlaufen in einen Schlussring. So soll es an beiden sein und sie sollen an beiden Ecken angebracht werden. ²⁵Es sind also zusammen acht Bretter mit silbernen Füßen, nämlich

sechzehn silberne Füße, zwei Füße unter einem Brett und zwei Füße unter einem Brett. ²⁶Du machst ferner Riegel von Schittimholz, fünf Stück für die eine Seitenwand der Wohnung ²⁷und fünf Riegel für die andere Seitenwand der Wohnung und fünf Riegel für die Hinterwand der Wohnung. ²⁸Der mittlere Riegel geht durch die Bretter hindurch, riegelt sie zusammen von einem Ende zum anderen. ²⁹Die Bretter musst du mit Gold belegen, die Ringe machst du von Gold, durch welche die Riegel gesteckt werden. Die Riegel bedeckst du mit Gold. ³⁰Alsdann richtest du die Wohnung auf nach der Weise, welche dir auf dem Berg wird gezeigt werden.   •

Fünfter / Jahr III

³¹Du sollst auch einen Vorhang machen, von blauer, purpurroter und hochroter Wolle und sechsfach gezwirntem Garn, mit Figuren von Kerubim durchwirkt; in Kunstwebearbeit soll man ihn machen. ³²Diesen Vorhang legst du auf vier Säulen von Schittimholz, die mit Gold belegt sind, ihre Haken auch von Gold, auf vier silbernen Füßen. ³³Du wirst den Vorhang gerade unter den Spangen der Teppiche anbringen. Innerhalb des Vorhangs bringst du die Lade des Gesetzes hinein. So soll der Vorhang euch eine Trennung sein zwischen dem Heiligen und dem Allerheiligsten. ³⁴Du legst hernach den Deckel auf die Lade des Zeugnisses in dem Allerheiligsten. ³⁵Den Tisch setzst du außerhalb des Vorhangs, den Leuchter dem Tisch gegenüber, nämlich an der Seitenwand der Wohnung auf der südlichen Seite. Den Tisch aber bringst du an die nördliche Seitenwand. ³⁶Du machst eine Decke für den Eingang des Zeltes von blauer, purpurroter, hochroter Wolle und sechsfach gezwirntem Garn in Stickarbeit. ³⁷Du machst zu dieser Decke fünf Säulen von Schittimholz, belegst sie mit Gold, ihre Haken von Gold und gießt dazu fünf kupferne Füße.   •

Sechster

27   ¹Du machst den Altarherd von Schittimholz. Fünf Ellen die Länge und fünf Ellen die Breite. Der Altarherd soll viereckig und die Höhe desselben drei Ellen sein. ²An den vier Winkeln machst du vier hohle Ecken. Die Ecken werden aus einem Stück mit dem Herd gemacht. Du belegst ihn mit Kupfer. ³Du machst auch Töpfe, um ihn von Asche zu reinigen (oder Aschentöpfe), Schaufeln, Becken, Gabeln und Kohlepfannen dazu. Alle seine Geräte machst du aus Kupfer. ⁴Du machst ferner ein Siebwerk, netzförmig von Kupfer. An diesem Netze machst du vier Ringe von Kupfer an den vier Ecken. ⁵Dieses Siebwerk befestigst du unterhalb der Ausladung am Opferaltar. Das Netz soll bis an die Hälfte des Altarherdes reichen. ⁶Du machst auch Stangen zum Altarherde, Stangen von Schittimholz, belegst sie mit Kupfer. ⁷Die Stangen werden in die Ringe gesteckt, sodass die Stangen an beiden Seiten des Altarsherdes sind, wenn man ihn trägt. ⁸Hohl, von Tafeln zusammengesetzt, sollst du ihn machen wie er dir auf dem Berge gezeigt worden ist, so soll man ihn machen. •

Siebter

⁹Du machst den Vorhof für die Wohnung, zur südlichen Seite gestrickte Umhänge zum Vorhof von gezwirntem Garn, hundert Ellen lang für die eine Seite, ¹⁰dazu zwanzig Säulen nebst zwanzig kupfernen Füßen, die Haken an den Säulen und ihre Reifen silbern, ¹¹so auch zur nördlichen Seite, in der Länge hundert Ellen lange Umhänge, dazu zwanzig Säulen nebst zwanzig kupfernen Füßen, die Haken an den Säulen und ihre Ringe silbern. ¹²Die Breite des Hofes zur westlichen Seite fünfzig Ellen Umhänge, dazu zehn Säulen nebst zehn Füßen. ¹³Die Breite des Hofes zur östlichen Seite fünfzig Ellen, ¹⁴nämlich fünfzehn Ellen Umhänge zu der einen Seite neben dem Eingang, dazu drei Säulen nebst drei Füßen. ¹⁵Und zu der anderen Seite neben dem Eingang auch fünfzehn Ellen Umhänge, dazu drei Säulen nebst drei Füßen. ¹⁶Zum Eingang des Vorhofes eine Decke von zwanzig Ellen von blauer, purpurroter, hochroter Wolle und gezwirntem Garn in Stickarbeit, dazu vier Säulen nebst vier Füßen.

Maftir

¹⁷Alle Säulen des Vorhofes ringsumher haben silberne Ringe, ihre Haken sind silbern und ihre Füße kupfern. ¹⁸Die Länge des Vorho-

fes: hundert Ellen; die Breite fünfzig Ellen, nämlich bis fünfzig Ellen in der Länge; die Höhe der Umhänge: fünf Ellen von gezwirntem Garn, dazu kupferne Füße. [19]Alle übrigen Geräte der Wohnung zum Dienst derselben, alle ihre Nägel und alle Nägel des Vorhofes sollen von Kupfer sein.   •

Haftarat Teruma: 1. Könige 5,26-6,13 (S. 485); nicht jedoch an Schabbat Schekalim (S. 579) oder Schabbat Sachor (S. 581) or Rosch Chodesch Adar I (S. 618).

Psalm des Schabbat nach Seder Avodat Israel: Ps 26

20. Tezawe (Ex 27,20-30,10)

[INHALT: Öl für den Leuchter * Priestergewänder * Mantel (Efod) * Schild mit Urim und Tummim * Unterrock mit Schellen * Stirnblech mit: ›Dem Ewigen Heilig‹ * Heiligung der Priester * Altar für Räucherzeug]

²⁰Du sollst aber auch den Kindern Jisraels **befehlen** *(tezawe)*, dass sie dir das reinste Öl von gestoßenen Oliven bringen zur Beleuchtung, um beständig Licht brennen zu lassen. ²¹Im Stiftszelt außerhalb des Vorhangs, welcher vor dem Zeugnis ist, soll Aharon und seine Söhne das Licht zurechtmachen, dass es brenne von Abend bis Morgen vor dem Ewigen. Dies soll eine immerwährende Verordnung sein für ihre Nachkommen von den Kindern Jisraels. **28** ¹Lass deinen Bruder Aharon und seine Söhne mit ihm aus den Kindern Jisraels zu dir kommen, um ihn zu meinem Dienst zu weihen, nämlich Aharon, Nadaw, Awihu, El'asar und Itamar, die Söhne Aharons. ²Du sollst heilige Kleider machen lassen für deinen Bruder Aharon, zur Ehrung und zur Pracht. ³Rede daher mit allen weisen Künstlern, mit jedem, den ich mit einem weisen Geist erfüllt habe, dass sie Aharons Kleider verfertigen, um ihn zu heiligen und für meinen Dienst zu weihen. ⁴Dies sind die Kleidungsstücke, welche sie machen sollen: ein Brustschild und einen Mantel, ein Unterkleid, einen durchwirkten Leibrock, einen Bund und einen Gurt. Sie sollen heilige Kleider machen für deinen Bruder Aharon und für seine Söhne, um ihn für meinen Dienst zu weihen. ⁵Hierzu sollen sie das Gold, die blaue, purpurrote, hochrote Wolle und das Garn in Empfang nehmen.ꟻ

⁶Den Mantel sollen sie machen von Gold, blauer, purpurroter, hochroter Wolle und von Garn gedreht, in Kunstweberarbeit. ⁷Es sollen zwei Schulterstücke daran geheftet sein an beiden Ecken, wodurch er befestigt wird, ⁸und das Gürtelband des Mantels, welches daran sitzt, soll von gleicher Arbeit aus einem Stück mit ihm sein, von Gold,

blauer, purpurroter, hochroter Wolle und Garn gedreht. ⁹Du sollst
zwei Schohamsteine nehmen und darin einstechen lassen die Namen
der Kinder Jisraels, ¹⁰nämlich sechs von ihren Namen in den einen
Stein und die Namen der sechs übrigen in den zweiten Stein, nach
der Ordnung ihrer Geburt, ¹¹in der Kunstarbeit eines Steinschneiders.
Wie ein Siegel gestochen wird, sollst du die beiden Steine stechen
lassen, nach den Namen der Kinder Jisraels. Umringt von goldenen
Einfassungen sollst du sie machen. ¹²Diese beiden Steine setzst du auf
die Schulterblätter des Mantels, Steine des Andenkens für die Kinder
Jisraels. So soll Aharon ihre Namen tragen vor dem Ewigen auf seinen
beiden Achseln zum Andenken. •

Zweiter

¹³Du machst also zwei Einfassungen von Gold ¹⁴und zwei Ketten
von reinem Gold, mit Endknoten versehen von geflochtener Arbeit.
Die beiden geflochtenen Ketten sollst du in den beiden Einfassungen
befestigen. • ¹⁵Du sollst das Schild des Ausspruches machen in
Kunstweberarbeit. Wie die Arbeit des Mantels verfertigst du es. Von
Gold, blauer, purpurroter, hochroter Wolle und Garn gedreht sollst
du es machen. ¹⁶Es soll viereckig sein, doppelt übereinander. Seine
Länge: eine Spanne, und seine Breite auch eine Spanne. ¹⁷Du besetzt
es mit Edelgestein, vier Reihen Edelgestein. Eine Reihe: Odem, Pitda
und Bareket; dies ist die eine Reihe. ¹⁸Die zweite Reihe: Nofech, Saphir
und Jahalom. ¹⁹Die dritte Reihe: Leschem, Schewo und Achlama.
²⁰Und die vierte Reihe: Tarschisch, Schoham und Joschfeh. In Gold
gefasst sollen sie sein, wo sie eingesetzt werden. ²¹Die Steine sollen
nach den Namen der Kinder Jisraels sein, zwölf nach Anzahl ihrer
Namen. Wie ein Siegel gestochen wird, jeden Stamm nach seinem
Namen, so sollen die Steine nach den zwölf Stämmen sein. ²²An das
Brustschild machst du Einhängsel mit Endknoten von geflochtener
Arbeit aus reinem Gold. ²³Du machst nämlich an das Schild zwei
goldene Ringe und befestigst die beiden Ringe an den beiden Ecken
des Schildes. ²⁴Dann bringst du die beiden geflochtenen goldenen
Ketten in die beiden Ringe, die in den Ecken des Schildes sind, ²⁵und
die beiden Enden der beiden Ketten befestigst du an den beiden Ein-

fassungen. Diese setzst du in die Schulterblätter des Mantels auf die Außenseite. ²⁶Ferner machst du noch zwei goldene Ringe, befestigst sie an den übrigen beiden Ecken des Schildes, nämlich an dem Saum gegen den Mantel hin, und zwar an der inneren Seite. ²⁷Du machst noch zwei goldene Ringe. Diese setzt du in die beiden Schulterblätter des Mantels, unterhalb des Schildes an die Außenseite in die Gegend, wo der Mantel anschließt, über dem Gürtelband des Mantels. ²⁸Man schnürt alsdann das Brustschild an, aus seinen Ringen in die Ringe des Mantels, mit einer Schnur von blauer Wolle, damit das Schild fest bleibe an dem Gürtel des Mantels. Und so kann das Schild nicht von dem Mantel weichen. ²⁹Also soll Aharon die Namen der Kinder Jisraels in dem Schild des Ausspruchs auf seinem Herzen tragen, wenn er in das Heiligtum kommt, zum beständigen Andenken vor dem Ewigen. ³⁰In das Schild des Ausspruchs legst du die Urim und Tummim, damit sie auf dem Herzen Aharons liegen, wenn er vor den Ewigen kommt. Also soll Aharon den göttlichen Ausspruch an die Kinder Jisraels beständig auf seinem Herzen tragen vor dem Ewigen. •

Dritter / Jahr II

³¹Den Unterrock unter dem Mantel machst du ganz von blauer Wolle. ³²Die Öffnung oben am Unterrock soll einwärts umgeschlagen sein. An der Öffnung soll ringsum eine Borte sein von Weberarbeit, wie an der Öffnung eines Panzerhemdes soll es daran sein, damit es nicht reiße. ³³Unten am Saum machst du Granatäpfel von blauer, purpurroter und hochroter Wolle, am Saum des Unterrocks ringsum und zwischen ihnen auch goldene Schellen ringsum, ³⁴nämlich immer eine goldene Schelle und einen Granatapfel, und so ringsumher an dem Saum des Unterkleides. ³⁵Dieses Unterkleid soll Aharon tragen bei seiner Amtsverrichtung, damit sein Laut gehört werde, wenn er in das Heilige hineingeht vor den Ewigen und wenn er wieder herauskommt und er nicht sterbe. • ³⁶Du sollst ferner ein Stirnblech von reinem Gold machen und darin einstechen lassen, wie ein Siegel gestochen wird: ›DEM EWIGEN HEILIG‹. ³⁷Dies machst du fest an einer Schnur von blauer Wolle über dem Bund, nämlich das Blech soll auf der Vorderseite des Bundes hängen. ³⁸Aharon soll es an sei-

ner Stirn tragen. Hiermit soll Aharon die Schuld aller Heiligtümer übernehmen, welche die Kinder Jisraels heiligen werden, und zwar aller ihrer heiligen Gaben. Es soll beständig an seiner Stirn sein, ihnen zur Versicherung der gnädigen Annahme vor dem Ewigen. ³⁹Den Leibrock machst du durchwirkt mit Leinen, den Bund auch mit Leinen, den Gurt aber machst du in Stickarbeit. ⁴⁰Für Aharons Söhne machst du Leibröcke. Du machst ihnen auch Gurte und hohe Mützen zur Ehrung und zur Pracht. ⁴¹Mit diesen bekleidest du deinen Bruder Aharon und seine Söhne mit ihm. Du sollst sie salben, ihnen die Hände füllen (das heißt, einem jeden sein Amt übergeben) und sie heilig erklären. So sollen sie mir dienen. ⁴²Mache ihnen auch Beinkleider von Leinen, um die Scham zu bedecken. Sie sollen von den Lenden bis an die Schenkel gehen. ⁴³Diese sollen Aharon und seine Söhne tragen, wenn sie in das Stiftszelt kommen oder wenn sie sich dem Altar nahen, um in heiligen Dingen ihr Amt zu verrichten, damit sie sich keine Verschuldigung zuziehen und sterben. Dies ist eine ewige Verordnung für ihn und für seinen Samen nach ihm. •

Vierter

29 ¹Folgendes sollst du mit ihnen unternehmen, um sie zu heiligen, sodass sie mir priesterlich dienen: Nimm einen Stier, nämlich ein junges Rind, und zwei Widder, alle ohne Gebrechen, ²und ungesäuertes Brot, auch ungesäuerte Kuchen mit Öl eingerührt und ungesäuerte Fladen mit Öl bestrichen. Aus feinem Weizenmehl sollst du sie machen. ³Diese legst du in einen Korb und bringst sie dar im Korb nebst dem Stier und den beiden Widdern. ⁴Aharon aber und seine Söhne sollst du vor den Eingang des Stiftszeltes hintreten und sich in Wasser baden lassen. ⁵Dann sollst du die Kleider nehmen, dem Aharon den Leibrock, den Unterrock des Mantels, den Mantel und das Brustschild anlegen und ihm den Mantel umbinden mit dem Gürtelband des Mantels. ⁶Dann setzt du ihm den Bund auf den Kopf und befestigst die heilige Krone (nämlich das Stirnblech) über dem Bund. ⁷Endlich nimmst du das Salböl, gießt es auf sein Haupt und salbst ihn. ⁸Ferner sollst du seine Söhne herkommen lassen, sie mit Leibröcken bekleiden, ⁹ihnen Gürtel umbinden, sowohl Aharon als auch seinen

Söhnen, und ihnen die hohen Mützen aufsetzen. Hierdurch soll ihnen das Priestertum zur ewigen Verordnung sein. Und dadurch hast du Aharon und seinen Söhnen ihr Amt übergeben. ¹⁰Den Stier sollst du alsdann hinbringen lassen vor das Stiftszelt. Aharon und seine Söhne sollen ihre Hände dem Stier auf den Kopf legen. ¹¹Alsdann sollst du den Stier schlachten vor dem Ewigen, vor dem Eingang des Stiftszeltes, ¹²und von dem Blut des Stieres nehmen und mit deinem Finger in die Winkel des Altars streichen, das übrige Blut aber alles an den Grund des Altars gießen. ¹³Dann sollst du alles Fett nehmen, welches die Eingeweide bedeckt, auch das Netz über der Leber und den beiden Nieren nebst dem Fett, das darauf ist, und auf dem Altar in Rauch aufgehen lassen. ¹⁴Das Fleisch des Stieres aber und sein Fell wie auch seinen Mist sollst du in Feuer verbrennen außerhalb des Lagers. Dies ist ein Sündopfer. ¹⁵Den einen Widder sollst du nehmen und Aharon und seine Söhne sollen ihre Hände dem Widder auf den Kopf legen. ¹⁶Hernach schlachtest du den Widder, nimmst sein Blut, sprengst es auf den Altar ringsumher. ¹⁷Alsdann sollst du den Widder in seine Stücke zergliedern, seine Eingeweide und Kniestücke abwaschen und sie zu den übrigen Stücken und zu dem Kopf legen. ¹⁸Hierauf sollst du den ganzen Widder auf dem Altar in Rauch aufgehen lassen. Dies ist ein Ganzopfer, dem Ewigen zu Ehren, ein lieblicher Geruch (wohlgefälliges Andenken), ein Brandopfer dem Ewigen zu Ehren.

Fünfter / Jahr III

¹⁹Endlich sollst du den zweiten Widder nehmen und Aharon und seine Söhne sollen ihre Hände dem Widder auf den Kopf legen. ²⁰Hernach schlachtest du den Widder, nimmst von seinem Blut, bringst es an den hervorragenden Knorpel am rechten Ohr Aharons und seiner Söhne, an den Daumen ihrer rechten Hand und an den großen Zeh ihres rechten Fußes, sprengst das Blut auf den Altar ringsumher, ²¹nimmst von dem Blut, welches auf dem Altar ist und von dem Salböl, sprengst es auf Aharon und seine Kleider wie auch auf seine Söhne und auf ihre Kleider, wodurch er und seine Kleider wie auch seine Söhne und ihre Kleider heilig sein sollen. ²²Hierauf nimmst du von dem Widder das Fett und den Schwanz und das Fett, welches die Eingeweide bedeckt,

auch das Netz über der Leber und den beiden Nieren nebst dem Fett, das darauf ist, und das rechte Bugstück, denn es ist der Widder zur Einsetzung der Priester, [23]auch einen Laib Brot, einen Ölkuchen und einen Fladen aus dem Korb mit ungesäuertem Backwerk, der vor dem Ewigen steht. [24]Alles dieses legst du Aharon und seinen Söhnen auf die Hände und machst mit ihnen eine Wendung vor dem Ewigen. [25]Hernach nimmst du es ihnen aus den Händen, lässt es auf dem Altar nach dem Ganzopfer in Rauch aufsteigen zum lieblichen Geruch vor dem Ewigen. Es ist ein Brandopfer dem Ewigen zu Ehren. [26]Dann nimmst du das Bruststück von dem Einsetzungswidder, welches dem Aharon gehört, und wendest es vor dem Ewigen. Dies soll dir zum Anteil bleiben. [27]Du sollst das gewendete Bruststück und das in die Höhe gehobene Bugstück heiligen, welches gewendet und welches in die Höhe gehoben worden von dem Einsetzungswidder, von dem Widder nämlich, der Aharon und seinen Söhnen gehört. [28]Diese Stücke sollen Aharon und seinen Söhnen jederzeit von den Kindern Jisraels als ein Recht zukommen, denn es ist eine Hebe. Und als eine Hebe von den Kindern Jisraels, nämlich von ihren Friedensopfern, soll es angesehen werden, ihre Hebe dem Ewigen zu Ehren. [29]Die heiligen Kleider, welche Aharon gehören, sollen nach ihm an seine Söhne kommen, dass man sie in denselben salbe und in denselben in ihr Amt einsetze. [30]Sieben Tage soll sie derjenige von seinen Söhnen, der ihm im Dienst folgt, anziehen, welcher nämlich in das Stiftszelt kommen wird, um im Heiligen sein Amt zu verrichten. [31]Den Einsetzungswidder nimmst du und lässt das Fleisch an heiligem Orte kochen. [32]Aharon und seine Söhne sollen das Fleisch des Widders und das Backwerk, welches im Korbe ist, verzehren vor dem Eingang des Stiftszeltes. [33]Diese Dinge sollen von denjenigen Personen verzehrt werden, welche durch sie Versöhnung erhalten, dass sie in ihr Amt eingesetzt und geheiligt worden sind. Kein gewöhnlicher Mensch soll davon essen, denn sie sind heilig. [34]Wenn von dem Einsetzungsfleisch oder von dem Backwerke etwas bis am künftigen Morgen übrig bleibt, so sollst du das übrige in Feuer verbrennen. Es soll nicht gegessen werden, denn es ist heilig. [35]Dies sollst du mit Aharon und seinen Söhnen unternehmen, alles, wie ich es dir befohlen habe. Sieben Tage sollen die Feierlichkeiten

der Einsetzung dauern. ³⁶Täglich sollst du auch ein Rind zum Sündenopfer darbringen, außer den Versöhnungswiddern; damit sollst
du den Altar entsündigen, indem du zur Versöhnung darauf opferst.
Du sollst ihn auch salben, um ihn zu heiligen. ³⁷Sieben Tage sollst
du auf dem Altar zur Versöhnung opfern und ihn heiligen. Dadurch
soll der Altar ein Heiligtum von erstem Rang werden. Was den Altar
berührt, soll heilig gehalten werden.   •

Sechster

³⁸Folgendes sollst du auf dem Altar zum Opfer machen: einjährige
Schafe, zwei auf jeden Tag, und dies beständig. ³⁹Das eine Schaf
nämlich bereitest du des Morgens und das zweite Schaf bereitest du
zwischen den beiden Abenden. ⁴⁰Ein Zehntel Weizenmehl, eingerührt
mit einem Viertel Hin gestoßenen Baumöls und ein Viertel Hin Wein
zum Gießopfer bei dem einen Schaf. ⁴¹Das zweite Schaf machst du
zwischen den beiden Abenden. Wie das Mehlopfer und Gießopfer
des Morgens sollst du auch das Abendopfer zurechtmachen zum
angenehmen Geruch, ein Brandopfer dem Ewigen zu Ehren. ⁴²Dies
ist das beständige Ganzopfer für eure Nachkommen, am Eingange
des Stiftszeltes vor dem Ewigen, wo ich zu bestimmtem Zeiten mich
bei euch einfinden werde, um mit dir zu reden. ⁴³Daselbst habe ich
es gestiftet, um mich bei den Kindern Jisraels einzufinden, und das
Zelt soll geheiligt werden durch meine Herrlichkeit. ⁴⁴Ich werde das
Stiftszelt heiligen und den Altar, auch Aharon und seine Söhne heiligen, um mir als Priester zu dienen. ⁴⁵Ich werde unter den Kindern
Jisraels meine Residenz halten und ihr Gott sein. ⁴⁶Sie sollen gewahr
werden, dass ich, der Ewige, ihr Gott bin, der ich sie aus dem Land
Mizrajim geführt habe, damit ich unter ihnen Residenz halte. Dies
mache ich ihnen bekannt, der Ewige, ihr Gott.ſ

Siebter

30   ¹Du sollst auch einen Altar machen, um Räucherzeug darauf zu räuchern. Von Schittimholz sollst du ihn machen. ²Die Länge:
eine Elle, und die Breite: eine Elle. Viereckig soll er sein, und die

Höhe desselben: zwei Ellen. Die Ecken werden aus einem Stück mit demselben gemacht. ³Du belegst ihn mit reinem Gold, die Platte, die Seiten umher und die Ecken. Du führst oben einen goldenen Kranz herum. ⁴Unter dem Kranz machst du zwei goldene Ringe an beiden Winkeln, nämlich du machst sie an beiden Seiten. Dieses Ringwerk soll den Stangen zur Einfassung dienen, um den Altar damit zu tragen. ⁵Die Stangen machst du von Schittimholz, belegst sie mit Gold. ⁶Den Altar setzt du außerhalb des Vorhanges, welcher vor der Lade des Zeugnisses ist, nämlich gerade vor den Deckel, der auf dem Zeugnis liegt, woselbst ich mich zur bestimmten Zeit einfinden werde. ⁷Auf demselben soll Aharon Räucherzeug von Spezereien räuchern; jeden Morgen, wenn er die Lampen reinigt, soll er es räuchern.

Maftir

⁸Und wenn Aharon gegen Abend die Lampen anzündet, soll er es abermals räuchern. Es soll ein beständiges Räuchern sein vor dem Ewigen bei euren Nachkommen. ⁹Ihr sollt darauf kein gemeines Räucherzeug, auch kein Ganzopfer und kein Mehlopfer bringen und kein Gießopfer darauf gießen. ¹⁰Einmal im Jahr soll Aharon auf den Ecken desselben versöhnen. Von dem Blut des Sündenopfers am Versöhnungstage soll er einmal im Jahr darauf versöhnen, bei euren spätesten Nachkommen. Es ist ein Heiligtum von erstem Rang, dem Ewigen zu Ehren.«¶

Haftarat Tezawe: Ezechiel 43,10-27 (S. 486); nicht jedoch an Schabbat Sachor (S. 581).

Psalm des Schabbat nach Seder Avodat Israel: Ps 65

21. Ki Tissa (Ex 30,11-34,35)

*[INHALT: Kopfsteuer * Kupfernes Becken * Salböl * Räucherzeug * Bezalel
* Schabbat (Weschamru) * Die zwei Steintafeln * Das gegossene Kalb * Zer-
brechen der Steintafeln * Moses Fürbitte * Die neuen Steintafeln * Gottes 13
Eigenschaften (el rachum wechanun…) * Gottes Bund mit Israel * Moses
»Strahlen«]*

Erster / Jahr I

V.11-16 Maftir zu Schabbat Schekalim

¹¹Der Ewige sprach zu Mosche wie folgt: ¹²»**Wenn du** die Kopfzahl
der Kinder Jisraels **wirst aufnehmen wollen** *(ki tissa)*, so sollen sie
ein jeder für seine Person ein Lösegeld geben dem Ewigen zu Ehren,
wenn man sie zählt, damit kein Sterben unter ihnen entstehe, wenn
man sie zählt. ¹³Dies sollen sie geben, jeder der durch die Zählungen
geht: einen halben Schekel nach dem Schekelgewicht des Heiligtums.
Der Schekel macht zwanzig Gera, die Hälfte eines Schekels ist die
Hebe, dem Ewigen zu Ehren. ¹⁴Jeder, der durch die Zählungen geht
und zwanzig Jahre alt ist oder darüber, soll die Hebe dem Ewigen zu
Ehren entrichten. ¹⁵Der Reiche soll nicht mehr und der Arme nicht
weniger geben als die Hälfte eines Schekels zur Hebe des Ewigen,
um eure Personen zu lösen. ¹⁶Dieses Geld der Auslösungen sollst du
nehmen von den Kindern Jisraels und es verwenden zum Gebrauch
für das Stiftszelt. Dies soll den Kindern Jisraels zum Denkzeichen sein
vor dem Ewigen, dass eure Personen ausgelöst sind.«ʃ

Zur Haftara für Schabbat Schekalim (S. 579).

¹⁷Der Ewige sprach zu Mosche wie folgt: ¹⁸»Du sollst auch ein kup-
fernes Becken machen und ein kupfernes Gestell dazu zum Waschen.
Dies sollst du setzen zwischen das Stiftszelt und den Opferaltar und
sollst Wasser hineintun. ¹⁹Daraus sollen sich Aharon und seine Söhne
Hände und Füße waschen. ²⁰Wenn sie hineingehen in das Stiftszelt,

sollen sie sich waschen, so werden sie nicht umkommen. Oder wenn sie zum Opferaltar hintreten, um ihr Amt zu verrichten, um dem Ewigen zu Ehren ein Brandopfer in Rauch aufgehen zu lassen, ²¹so sollen sie sich Hände und Füße waschen und werden nicht umkommen. Dies soll ihnen ein ewiges Gesetz sein, ihm und seinem Samen bei ihren Nachkommen.«¶

²²Der Ewige sprach zu Mosche wie folgt: ²³»Lass dir von den besten Gewürzarten bringen fünfhundert Schekalim der feinsten Myrrhe, Zimtgewürz die Hälfte davon, zweihundertundfünfzig, Gewürzrohr (oder Kalamus) zweihundertundfünfzig ²⁴und Kassija fünfhundert Schekalim nach dem Gewicht des Heiligtums und ein Hin Baumöl. ²⁵Mache daraus ein Öl zur heiligen Salbung, eine wohlverriebene Zubereitung nach Apothekerkunst. Dies soll das Öl zur heiligen Salbung sein. ²⁶Damit sollst du salben das Stiftszelt und die Lade des Zeugnisses, ²⁷den Tisch und alle seine Geräte, den Leuchter nebst seinen Geräten und den Rauchaltar, ²⁸den Altar des ganzen Opfers und alle seine Geräte, das Waschbecken und sein Gestell. ²⁹Du sollst sie heiligen und sie sollen ein Heiligtum von erstem Rang sein. Was sie berührt, soll heilig gehalten werden. ³⁰Aharon und seine Söhne sollst du salben und dadurch heiligen, mir priesterlich zu dienen. ³¹Den Kindern Jisraels sollst du sagen wie folgt: ›Dies soll mir ein Öl zur heiligen Salbung bleiben bei allen euren Nachkommen. ³²Für das Fleisch eines gewöhnlichen Menschen soll es nicht verwendet werden und auf ebendie Weise sollt ihr keines nachmachen. Es ist ein Heiligtum und soll euch jederzeit ein Heiligtum bleiben. ³³Wer eine solche Salbe zurecht macht oder von dieser Salbe etwas einem gewöhnlichen Menschen bringt, der soll aus seiner Nation ausgerottet werden.‹« •
³⁴Der Ewige sprach zu Mosche: »Lass dir auch Spezereien bringen, nämlich Balsam, Onyx und Galban, diese Spezereien und reinen Weihrauch, von jedem gleich viel. ³⁵Mache davon ein Räucherwerk, eine Zubereitung nach Apothekerkunst, wohlvermischt, rein, ein Heiligtum. ³⁶Zerstoße etwas davon zu einem feinen Pulver und lege davon vor das Zeugnis im Stiftszelt, wo ich mich einzufinden gestiftet habe. Ein Heiligtum von erstem Rang soll es euch sein. ³⁷Das Räucherwerk,

welches du machen wirst (auf eben die Weise sollt ihr euch keines nachmachen), soll dir ein Heiligtum sein, dem Ewigen zu Ehren. [38]Wer ein solches zubereiten wird, um daran zu riechen, der soll aus seiner Nation ausgerottet werden.« • **31** [1]Der Ewige sprach zu Mosche wie folgt: [2]»Siehe, ich habe mit Namen erneut (berufen) den Bezal'el, Sohn Uris, Sohn Churs aus dem Stamm Jehuda. [3]Diesen habe ich mit göttlichem Geist erfüllt, mit Weisheit, mit Vernunft, mit Wissenschaft und mit allerlei Kunstgeschicklichkeit, [4]um Gedanken auszudenken, um in Gold, Silber und Kupfer zu arbeiten, [5]auch in Steinarbeit zum Einfassen, und um in Holzarbeit allerlei Werke zu verfertigen. [6]Ich habe ihm aber auch den Oholiaw, Sohn Achisamachs aus dem Stamm Dan, zugegeben und anderen weisen Künstlern die Weisheit ins Herz gelegt. Diese werden es verfertigen, wie ich es dir befohlen habe. [7]Das Stiftszelt, die Lade zum Zeugnis und den Deckel dazu und alles Gerät des Gezelts, [8]den Tisch und seine Geräte, den Leuchter von reinem Gold und alle seine Geräte und den Räucheraltar, [9]den Altar des ganzen Opfers und alle seine Geräte, das Becken und sein Gestell, [10]die Dienstgewänder und die heiligen Gewänder für Aharon, den Priester, und die Gewänder seiner Kinder bei ihrem Priesterdienst, [11]das Salböl und das Räucherzeug von edlen Spezereien zum Heiligtum, wie ich es dir befohlen, sollen sie sie verfertigen.«¶

[12]Der Ewige sagte zu Mosche: [13]»Sprich du zu den Kindern Jisraels wie folgt: ›Vor allen Dingen sollt ihr meine Schabbattage beachten, denn dies ist für eure Nachkommen ein Zeichen der Verbindung zwischen mir und euch, damit man weiß, dass ich, der Ewige, euch heilige. [14]Beachtet also den Schabbat, denn der Schabbat ist ein Heiligtum für euch. Wer den Schabbat entweiht, soll getötet werden, denn wer am Schabbat eine Handwerksarbeit verrichtet, dessen Person soll vertilgt werden aus ihrer Nation. [15]Sechs Tage soll Handwerksarbeit verrichtet werden können. Am siebten Tag aber ist eine Feier der Ruhe, ein Heiligtum dem Ewigen zu Ehren. Wer am Schabbat eine Handwerksarbeit verrichtet, soll getötet werden. [16]Die Kinder Jisraels sollen also den Schabbat beachten, dass sie nämlich den Schabbat bei allen ihren Nachkommen halten als einen ewigen Bund. [17]Zwischen mir und den

Kindern Jisraels soll der Schabbat ein Zeichen sein auf ewig. Denn in sechs Tagen hat der Ewige den Himmel und die Erde gemacht. Am siebten Tage aber hat er gefeiert und sein Ziel erreicht.‹« •

Zweiter / Jahr II

¹⁸Als er ausgeredet hatte mit Mosche auf dem Berge Sinai, gab er ihm zwei Tafeln des Zeugnisses, steinerne Tafeln mit dem Finger Gottes beschrieben. **32**   ¹Das Volk sah, dass Mosche lange säumte, vom Berg herabzukommen. Da liefen die Leute über Aharon zusammen und sprachen zu ihm:»Auf! Verfertige uns göttliche Wesen, die vor uns hergehen (das ist, uns anführen sollen). Denn dieser Mann, Mosche, welcher uns aus dem Land Mizrajim heraufgeführt hat, wir wissen nicht, was ihm zugestoßen.« ²Aharon sprach zu ihnen:»So nehmt denn heraus die goldenen Ohrenringe, welche in den Ohren eurer Frauen, Söhne und Töchter sind, und bringt sie mir.« ³Alles Volk nahm die goldenen Ohrenringe heraus, welche in ihren Ohren waren, und sie brachten sie dem Aharon. ⁴Er nahm es aus ihrer Hand, bildete es in einer Form und verfertigte ein gegossenes Kalb daraus. Da sprachen sie:»Jisrael! Dies sind deine Götter, welche dich aus dem Land Mizrajim heraufgeführt haben.« ⁵Als Aharon dies sah (dass sie nämlich das Kalb nicht zum Anführer, sondern für Gott annahmen), baute er einen Altar vor ihm. Aharon rief aus:»Morgen ist ein Festtag, dem Ewigen zu Ehren.« ⁶Sie standen des Morgens früh auf, brachten Ganzopfer dar, fügten auch Freudenopfer hinzu. Das Volk setzte sich hin zum Essen und Trinken, und sie standen davon auf, um Mutwillen zu treiben.¶

⁷Der Ewige sprach zu Mosche:»Geh hinunter, denn dein Volk, welches du aus Mizrajim geführt hast, hat sich schwer versündigt. ⁸Sie sind sehr bald von dem Wege, welchen ich ihnen geboten, abgewichen. Sie haben sich ein gegossenes Kalb gemacht, haben es angebetet, haben ihm Opfer geschlachtet und dabei gesprochen:›Jisrael! Dies sind deine Götter, welche dich aus Mizrajim heraufgeführt haben.‹« ⁹Der Ewige sprach weiter zu Mosche:»Ich habe dieses Volk wahrgenommen. Es ist ein hartnäckiges Volk (das heißt widerspenstig, unbändig). ¹⁰Lass

also ab, ferner für sie zu bitten, sodass mein Zorn über sie entbrenne und ich sie aufreibe. So will ich dich zu einer großen Nation machen.«

(Fasttage 32,11-14 u. 34,1-10)

¹¹Da flehte Mosche vor dem Ewigen, seinem Gott, und sprach: »Warum, o Ewiger, soll dein Zorn über dein Volk entbrennen, das du mit großer Macht und gewaltiger Hand aus Mizrajim geführt hast? ¹²Warum soll Mizrajim sprechen: ›Zu ihrem Unglück hat er sie herausgeführt, um sie in den Gebirgen umzubringen und von dem Erdboden zu vertilgen.‹? Lass von deinem entbrannten Zorn ab und ändere den Ratschluss wegen des Übels, das du deinem Volke drohst. ¹³Gedenke deiner Diener Awraham, Jizchak und Jaakow, was du ihnen bei dir selbst zugeschworen hast und hast ihnen zugesagt: ›Ich will euren Samen so viel sein lassen als Sterne am Himmel und dieses ganze Land, wovon ich gesprochen, will ich eurem Samen geben und sie sollen es ewig als ihr Erbgut besitzen.‹« ¹⁴Der Ewige änderte seinen Ratschluss wegen des Übels, welches er seinem Volk gedroht hatte.⸗

¹⁵Mosche aber wandte sich und ging hinunter vom Berg. Die beiden Zeugnistafeln hatte er in der Hand, Tafeln, die von beiden Seiten beschrieben waren. Sie waren auf dieser und auf jener Seite beschrieben. ¹⁶Die Tafeln waren ein Werk Gottes und die Schrift war eine Schrift Gottes, eingegraben in die Tafeln. ¹⁷Jehoschua hörte die Stimme des Volkes in seinem Jauchzen. Er sprach zu Mosche: »Es ist Kriegsgeschrei im Lager.« ¹⁸Mosche sprach: »Es ist kein Ausrufungsgeschrei des Sieges, auch nicht des Unterliegens. Die Stimme eines Wettgesanges höre ich.« ¹⁹Als er näher zum Lager kam, das Kalb und die Tänze sah, da wurde Mosche zornig, warf die Tafeln aus der Hand und zerbrach sie unten am Berge. ²⁰Das Kalb, welches sie gemacht hatten, nahm er, kalzinierte es im Feuer, zerrieb es, bis es ganz fein wurde, streute den Staub auf das Wasser und ließ die Kinder Jisraels davon trinken. ²¹Mosche sprach zu Aharon: »Was hat dir dieses Volk getan, dass du ihm diese große Sünde zugezogen hast?« ²²Aharon sprach: »Mein Herr, zürne nicht! Du kennst das Volk, dass es mit bösen Dingen umgeht. ²³Sie sprachen zu mir: ›Mache uns Götter, welche uns an-

führen sollen, denn dieser Mann, Mosche, welcher uns aus dem Land Mizrajim heraufgeführt hat, wir wissen nicht, was ihm zugestoßen ist.‹ ²⁴Als ich nun zu ihnen sprach: ›Wer hat Gold?‹, da rissen sie es aus ihrem Schmuck und gaben es mir. Ich warf es ins Feuer und so entstand dieses Kalb.« ²⁵Mosche sah das Volk, dass es verwildert war, dass Aharon selbst es verwildert gemacht hatte, zur Schmach bei ihren Widersachern^a. ²⁶Da stellte er sich im Tor des Lagers hin und sprach: »Wer dem Ewigen treu ist, komme zu mir!« Da versammelten sich um ihn alle Kinder Levis. ²⁷Er sprach zu ihnen:»So hat der Ewige, der Gott Jisraels, gesprochen: ›Lege jeder sein Schwert an seine Hüfte. Geht hin und her, von Tor zu Tor im Lager, bringt um, mancher seinen Bruder, mancher seinen Freund und mancher seinen Verwandten.‹« ²⁸Die Söhne Levis taten, wie Mosche gesprochen. Da fielen vom Volk an demselben Tage ungefähr dreitausend Mann. ²⁹Mosche hatte nämlich gesprochen: »Hiermit tretet euer Amt zum Dienste des Ewigen an, indem mancher sogar gegen seinen Sohn und gegen seinen Bruder sein muss. Dadurch bringt ihr auch heute den Segen auf euch.« ³⁰Des Morgens darauf sprach Mosche zum Volk:»Ihr habt eine große Sünde begangen. Ich will nun zu dem Ewigen hinaufgehen. Vielleicht kann ich Vergebung erhalten für eure Sünde.« ³¹Er kehrte zu dem Ewigen zurück und sprach: »Ach! Das Volk hat eine große Sünde begangen! Sie haben sich Götter aus Gold gemacht. ³²Wenn du ihnen doch ihre Sünde zugute halten wolltest! Wenn aber nicht, so lösche mich aus dem Buch, welches du geschrieben hast, aus.« ³³Der Ewige sprach zu Mosche:»Wer gegen mich gesündigt hat, den will ich aus meinem Buch auslöschen. ³⁴Also geh hin, führe das Volk, wohin ich dir gesagt habe. Mein Engel soll vor dir herziehen. Zu der Zeit, wenn ich heimsuchen werde, werde ich auch diese Sünde heimsuchen.« ³⁵Der Ewige ließ ein Sterben im Volk aufkommen, weil sie das Kalb gemacht hatten, welches nämlich Aharon machen musste. • **33** ¹Der Ewige sprach zu Mosche:»Ziehe von hier weg und hinauf, du und das Volk, welches du aus Mizrajim heraufgeführt hast, in das Land, welches ich Awraham, Jizchak und Jaakow zugeschworen und gesprochen:

---

a   Ex 32,25: *Der erste Buchstabe des Nomens, kof (be-kamehem) kann in einer Torarolle klein geschrieben werden.*

›Deinem Samen will ich es geben.‹ ²Ich will einen Engel vor dir hersenden und durch ihn das Volk Kenaani, Emori, Chiti, Perisi, Chiwi und Jewusi vertreiben, ³in ein Land, wo Milch und Honig fließt. Denn meine Erscheinung selbst soll nicht bei euch bleiben, denn du bist ein halsstarriges Volk. Ich könnte dich auf dem Wege aufreiben.« ⁴Als das Volk diese schlimme Nachricht hörte, trauerten sie und niemand legte seinen Schmuck an. ⁵Der Ewige hatte nämlich zu Mosche gesagt:»Sage den Kindern Jisraels: ›Ihr seid ein halsstarriges Volk. Wenn ich nur einen Augenblick bei dir bliebe, so würde ich dich aufreiben. Lege also deinen Schmuck ab, übrigens werde ich wohl wissen, was ich dir tun werde.‹« ⁶Also legten die Kinder Jisraels ihren Schmuck ab, seit der Zeit, die sie am Berge Chorew waren. ⁷Mosche aber nahm das Zelt, schlug es auf außerhalb des Lagers, weit vom Lager weg, und nannte es Stiftszelt. Wer Unterricht vom Ewigen verlangte, der musste hinausgehen in das Stiftszelt, welches außerhalb des Lagers war. ⁸Wenn Mosche hinausging in das Zelt, stand das ganze Volk auf. Jedermann blieb an der Türe seines Zeltes stehen, und so sahen sie dem Mosche nach, bis er in das Zelt hineingegangen war. ⁹Sobald Mosche in das Zelt hineingegangen, kam die Wolkensäule herab, stand an der Tür des Zeltes und die Erscheinung unterredete sich mit Mosche. ¹⁰Wenn nun das ganze Volk die Wolkensäule an der Türe des Gezeltes stehen sah, so machten sie sich auf und jeder warf sich vor der Türe seines Zeltes zum Anbeten nieder. ¹¹Der Ewige unterredete sich mit Mosche von Angesicht zu Angesicht, wie ein Mensch sich mit seinem Freunde unterredet. Alsdann kehrte Mosche in das Lager zurück, sein Bedienter aber, Jehoschua, Nuns Sohn, der ihm als Jüngling aufwartete, entfernte sich nie von dem Zelt.ז

Dritter / Jahr III / (Chol haMoed Sukkot u. Pessach 33,12-34,26)

¹²Mosche sprach zum Ewigen:»Siehe! Du sprichst zu mir: ›Führe dieses Volk hinauf!‹ Du hast mir aber nicht bekannt gemacht, was für einen Gesandten du mir mitschicken willst, und doch hast du gesprochen: ›Ich habe dich namentlich ausersehen, und du hast auch Wohlgewogenheit bei mir gefunden.‹ ¹³Habe ich nun Wohlgewogenheit bei dir gefunden, so mache mir deine Wege bekannt, damit

ich dich erkenne, damit ich ferner Wohlgewogenheit bei dir finde. Bedenke, dass dieses Volk deine Nation ist!« ¹⁴Der Ewige sprach: »Mein Unwillen wird sich legen, so will ich dir willfahren.« ¹⁵Jener sprach:»Solange dein Unwille sich nicht legt, lass uns nicht von diesem Ort wegziehen. ¹⁶Wodurch sollte wohl erkannt werden können, dass ich und deine Nation Wohlgewogenheit in deinen Augen gefunden haben? Ist es nicht, wenn du mit uns gehst? Dadurch werden wir uns unterscheiden, ich und deine Nation, von jeder anderen Nation, welche auf dem Erdboden ist.«¶

Vierter

¹⁷Der Ewige sprach zu Mosche: »Auch dies, was du gesagt hast, will ich tun. Denn du hast Gewogenheit in meinen Augen gefunden, und ich habe dich namentlich ausersehen.« ¹⁸Mosche sprach hierauf:»Lass mich deine Herlichkeit schauen!« ¹⁹Jener sprach: »Ich will all meine Güte vor dir vorüberziehen lassen und mit dem Namen des Ewigen vor dir ausrufen: ›Wie ich gewogen bin, wem ich gewogen bin, und mich erbarme, dessen ich mich erbarme.‹« ²⁰Der Ewige fuhr fort: »Du kannst mein Antlitz nicht schauen, denn kein Mensch schaut mich und bleibt am Leben.« ²¹Der Ewige sprach ferner:»Hier ist eine Stelle bei mir. Da kannst du auf dem Felsen stehen. ²²Wenn nun meine Herrlichkeit vorüberziehen wird, werde ich dich in die Höhle des Felsens versetzen und meine Hand über dich decken (das heißt, dich in meinen allmächtigen Schutz nehmen und verhüten, dass du nicht das Antlitz schauest), bis meine Herlichkeit vorüber sein wird. ²³Wenn ich dann meine Hand von dir nehme (das heißt, deinen Blicken ihre Freiheit lasse), so wirst du meiner Erscheinung von hinten nachschauen. Mein Antlitz aber kann nicht geschaut werden.«¶

Fünfter

34 ¹Der Ewige sprach zu Mosche: »Haue dir zwei steinerne Tafeln, wie die ersten waren, so will ich auf die Tafeln die Worte schreiben, die auf jenen Tafeln waren, welche du zerbrochen hast. ²Sei bis morgen damit fertig. Du sollst nämlich morgen den Berg

Sinai hinaufgehen und dort auf der Spitze des Berges mich erwarten. ³Niemand soll mit dir hinaufgehen, auch soll niemand gesehen werden auf dem ganzen Berge. Sogar das Kleinvieh und Rindvieh sollen nicht weiden gegen den Berg hin.« ⁴Mosche haute zwei steinerne Tafeln, wie die ersten waren, stand frühmorgens auf, stieg auf den Berg Sinai, wie es ihm der Ewige befohlen hatte, und nahm die beiden steinernen Tafeln mit. ⁵Der Ewige ließ sich in einer Wolke herab, stellte sich bei ihm hin und rief im Namen des Ewigen, ⁶nämlich die Erscheinung des Ewigen zog vor Mosche vorbei und rief:»Der Ewige ist unveränderlich das ewige Wesen, ein allmächtiger Gott, allbarmherzig und allgnädig, langmütig, von unendlicher Huld und Treue, ⁷der seine Huld der tausendsten Generation noch aufbehält[a], der Missetat, Abfall und Sünde vergibt, der aber nichts ohne Ahndung hingehen lässt, vielmehr die Missetat der Eltern heimsucht an Kindern und Enkeln in der dritten und vierten Generation.« ⁸Mosche eilte, neigte sich zur Erde, warf sich hin zum Anbeten ⁹und sprach:»Weil ich Gnade in den Augen meines Herrn gefunden, so mag doch mein Herr selbst mit uns gehen. Es ist zwar ein halsstarriges Volk, doch vergib unsere Missetat und Sünde und nimm uns zu deinem Eigentum an.«

Sechster

¹⁰Jener sprach:»Siehe! Ich mache einen Bund (das heißt, gebe dir die Versicherung); vor den Augen deines ganzen Volkes will ich Wunder tun, dergleichen auf der ganzen Erde und unter allen Nationen nicht geschehen sind, damit das ganze Volk, unter welchem du bist, erkenne, wie erstaunlich die Taten des Ewigen sind, welche ich für dich tun werde. ¹¹Beobachte zu deinem eigenen Besten, was ich dir heute gebiete. Ich treibe vor dir aus das Volk Emori, Kenaani, Chiti, Perisi, Chiwi und Jewusi. ¹²Hüte dich, dass du keinen Bund machst mit dem Bewohner des Landes, welches du mit Krieg beziehst. Er möchte dir eine Schlinge werden, (das heißt, dich ins Verderben stürzen). ¹³Ihr sollt vielmehr ihre Altäre niederreißen, ihre Bildsäulen zerbrechen

---

a   Ex 34,7: Der erste Buchstabe dieses Verses, das nun von nozer (»aufbehält«) ist in einer Torarolle groß geschrieben.

und ihre Haine niederhauen. ¹⁴Denn du sollst vor keinem anderen[a] göttlichen Wesen zur Verehrung niederfallen, denn der Ewige führt auch den Namen ›Eiferer‹. Er ist ein eifervoller Gott, der keinen neben sich leiden kann. ¹⁵Wenn du nun einen Bund machst mit dem Bewohner des Landes und sie dann mit ihren Göttern Unzucht treiben und ihren Göttern Opfer schlachten, so mancher könnte dich einladen und du von seinem Opfer essen. ¹⁶Du würdest auch von seinen Töchtern für deine Söhne aussuchen, und wenn dann seine Töchter mit ihren Göttern Unzucht treiben, so würden sie auch deine Söhne zur Unzucht mit ihren Göttern verführen. ¹⁷Mache dir überhaupt keine Götter von Metall gegossen. ¹⁸Beachte das Fest des ungesäuerten Brotes. Sieben Tage sollst du ungesäuertes Brot essen, wie ich dir geboten habe, zur bestimmten Zeit im Ährenmonat. Denn im Ährenmonat bist du aus Mizrajim gegangen. ¹⁹Jeder Erstling der Gebärmutter gehört zu mir. Auch was dein Vieh an männlichen Jungen wirft, der Erstling von einem Ochsen und von einem Schaf. ²⁰Den Erstling eines Esels sollst du mit einem Schaf loskaufen. Wenn du es aber nicht loskaufst, so musst du ihm das Genick zerbrechen. Die Erstgeborenen deiner Söhne sollst du loskaufen. Man soll nicht leer (ohne Opfer) vor mir erscheinen. ²¹Sechs Tage kannst du arbeiten, am siebten Tag aber sollst du feiern. Selbst zur Zeit des Pflügens und der Ernte sollst du feiern. ²²Das Wochenfest sollst du halten, das Fest der Erstlinge von der Weizenernte wie auch das Fest des Fruchteinbringens, wenn das Jahr seinen Kreislauf beschließt. ²³Dreimal im Jahr sollen alle deine männlichen Personen erscheinen vor dem Herrn, dem Ewigen, vor dem Gott Jisraels. ²⁴Denn ich werde Völker vor dir austreiben und deine Grenzen erweitern. Dennoch soll sich niemand deines Landes gelüsten lassen, wenn du hinaufgehst, um vor dem Ewigen, deinem Gott, zu erscheinen dreimal im Jahr. ²⁵Schlachte mein Opfer nicht beim gesäuerten Brote, und von dem Opfer des Überschreitungsfestes soll nichts die Nacht hindurch bis zum Morgen bleiben. ²⁶Die Erstlinge deiner frühesten Landfrüchte sollst du in das Haus des Ewigen, deines Gottes, bringen. Koche kein junges Vieh in der Milch seiner Mutter.«❡

---

a   Ex 34,4: Der letzte Buchstabe des Wortes acher »anderer« wird in einer Torarolle groß-
    geschrieben.

²⁷Der Ewige sprach zu Mosche: »Schreibe dir diese Worte auf, denn auf den Inhalt dieser Worte mache ich mit dir und Jisrael einen Bund.« ²⁸Mosche blieb daselbst bei dem Ewigen vierzig Tage und vierzig Nächte, aß keine Speise und trank keinen Trank. Der Ewige schrieb auf die Tafeln die Worte des Bundes, nämlich die Zehn Gebote. ²⁹Als Mosche herunterging von dem Berge Sinai, die beiden Tafeln des Zeugnisses hatte Mosche in der Hand, als er von dem Berge herunterging, da wusste Mosche nicht, dass die Haut seines Angesichts Strahlen warf, weil der Ewige mit ihm gesprochen hatte. ³⁰Als Aharon und alle Kinder Jisraels Mosche ansahen, und siehe, sein Angesicht warf Lichtstrahlen von sich, da fürchteten sie sich zu ihm hinzutreten. ³¹Mosche aber rief ihnen zu. Da kehrten sie zu ihm zurück, Aharon und alle Fürsten in der Gemeinde. Da redete Mosche mit ihnen. ³²Hernach aber traten alle Kinder Jisraels hinzu und er befahl ihnen alles, was der Ewige mit ihm geredet hatte auf dem Berge Sinai.

³³Als Mosche mit ihnen ausgeredet hatte, tat er eine Bedeckung vor sein Gesicht. ³⁴Sooft aber Mosche vor den Ewigen kam, um mit ihm zu reden, nahm er die Bedeckung ab, bis er wieder hinausging. Alsdann ging er hinaus und redete mit den Kindern Jisraels, was ihm geboten worden war. ³⁵Da sahen die Kinder Jisraels das Angesicht Mosches, dass es Strahlen warf. Hernach aber tat Mosche wieder die Bedeckung vor das Gesicht, bis er wieder hineinging, um mit dem Ewigen zu sprechen. •

Haftarat Ki tissa : 1. Könige 18,1-39 (S. 488);
nicht jedoch an Schabbat Para (S. 585).

Psalm des Schabbat nach Seder Avodat Israel: Ps 75

22. Wajakhel (Ex 35,1-38,20)

[INHALT: Kein Feueranzünden am Schabbat * Spenden für das Heiligtum (Hebe) * Bezalel * Wohnung aus 10 Teppichen * Lade * Tisch * Leuchter * Räucheraltar * Altarherd * Becken * Vorhof]

Erster / Jahr I

35 ¹Mosche **ließ** die ganze Gemeinde der Kinder Jisraels **versammeln** *(wajakhel)*, sprach zu ihnen:»Dies sind die Dinge, welche der Ewige zu verfertigen befohlen hat: ²Sechs Tage aber darf nur Handwerksarbeit gemacht werden. Am siebten Tage sollt ihr ein Heiligtum haben, einen Feiertag der ersten Klasse, dem Ewigen zu Ehren. Wer an demselben Handwerksarbeit verrichtet, soll getötet werden.¶

³Ihr sollt in allen euren Wohnungen am Schabbat kein Feuer anzünden.« ⁴Mosche sprach ferner zu der ganzen Gemeinde der Kinder Jisraels wie folgt:»Dies hat der Ewige befohlen, euch zu sagen: ⁵Nehmt von dem Eurigen eine Hebe auf, dem Ewigen zu Ehren, was jeder aus der Milde seines Herzens bewilligt, soll er bringen, die Hebe nämlich, die dem Ewigen geweiht wird: Gold, Silber und Kupfer, ⁶auch blaue, purpurrote und hochrote Wolle, Leinengarn und Ziegenhaare, ⁷rotgefärbte Widderfelle, Felle von Techaschim und Schittimholz, ⁸Öl zum Leuchten, Gewürze für das Salböl und zum Räucherwerk, ⁹Schohamsteine und eingefasste Edelsteine für den Obermantel und für das Brustschild, ¹⁰und jeder Kunstverständige unter euch soll kommen und dasjenige verfertigen, was der Ewige befohlen hat: ¹¹die Wohnung, das Zelt und die Decke dazu, die Spangen, die Bretter, die Riegel, die Säulen und die Füße dazu, ¹²die Lade, die Stangen und den Deckel darauf und den Vorhang zur Abscheidung des Allerheiligsten, ¹³den Tisch, die Stangen und all seine Geräte dazu und das Schaubrot, ¹⁴den Leuchter, seine Geräte und Lampen und das Öl, ¹⁵den Räucheraltar, seine Stangen, das Salböl und das Räucherzeug von edlen Spezereien und die Decke vor dem Eingang, nämlich vor dem Eingang der

Wohnung, [16]den Altar des Ganzopfers, das kupferne Siebwerk dazu, die Stangen und alle die Geräte, das Becken und sein Gestell, [17]die gestrickten Umhänge des Vorhofes, die Säulen und die Füße und die Decke vor dem Tore des Vorhofs, [18]die Nägel der Wohnung, die Nägel des Vorhofes und ihre Stricke, [19]die Amtsgewänder zum Dienst im Heiligtum, die heiligen Gewänder für Aharon, den Priester, und die Gewänder seiner Söhne bei ihrem Priesterdienst.« [20]Hierauf gingen die Gemeinde der Kinder Jisraels von Mosche weg.

Zweiter

[21]Dann kamen sie. Jedermann, den sein Herz antrieb und den sein Gemüt bewog, die brachten die Hebe des Ewigen zur Verfertigung des Stiftszeltes und der dazugehörige Werke, auch zu den heiligen Kleidern. [22]Es kamen Männer und Frauen, wer milden Herzens war. Sie brachten Ohrringe, Nasenringe, Fingerringe und Armbänder, allerlei goldenes Geschmeide und jedermann, der dem Ewigen zu Ehren einiges Gold gewidmet hatte. [23]Ferner jedermann, der in seinem Vermögen hatte blaue, purpurrote, und hochrote Wolle, Leinengarn und Ziegenhaare, rotgefärbte Widderfelle, Felle von Techaschim, die brachten es. [24]Wer eine Hebe von Silber oder Kupfer aufgebracht hatte, brachte die Hebe des Ewigen. Auch wer Schittimholz in seinem Vermögen hatte zur Verfertigung des Werkes, die brachten es. [25]Kunstverständige Frauen sponnen mit ihren Händen und brachten das Gespinst an blauer, purpurroter und hochroter Wolle und Leinengarn. [26]Diejenigen Frauen, die ihr Herz und ihre Kunstgeschicklichkeit dazu antrieb, sponnen die Ziegenhaare. [27]Die Fürsten brachten Schohamsteine und eingefasste Edelsteine für den Obermantel und das Brustschild, [28]auch das Gewürz und das Öl zum Zünden, zum Salböl und Räucherzeug von edlen Spezereien. [29]Jeder Mann und jede Frau, was ihr Herz freiwillig sich entschlossen zu dem ganzen Kunstwerk zu bringen, welches der Ewige zu machen durch Mosche befohlen hatte; es brachten die Kinder Jisraels eine freiwillige Steuer, dem Ewigen zu Ehren.ﭏ

³⁰Mosche sprach zu den Kinder Jisraels:»Seht! Der Ewige hat namentlich ernannt Bezal'el, Sohn Uris, Sohn Churs, aus dem Stamm Jehuda. ³¹Er hat ihn mit göttlichem Geist, mit Weisheit, mit Vernunft, mit Wissenschaft und mit allerlei Kunstgeschicklichkeit erfüllt, ³²Gedanken auszudenken, in Gold, Silber und Kupfer zu arbeiten, ³³auch in Steinarbeit zu fassen und in Holzarbeit, in allen sinnreichen Künsten zu arbeiten. ³⁴Er hat ihm auch die Gabe zu unterrichten in das Herz gelegt, ihm und Oholiaw, Sohn Achisamachs, aus dem Stamm Dan. ³⁵Er hat sie mit weiser Kunstgeschicklichkeit versehen, zu verfertigen alle Werke des Meisters und sinnreichen Künstlers, auch des Kunststickers, in blauer, purpurroter und hochroter Wolle und Leinengarn, und des Webers, aller Handwerker und sinnreicher Künstler.« **36** ¹Nun machten Bezal'el und Oholiaw und jeder kunstverständige Mann, dem der Ewige Weisheit und Vernunft in das Herz gegeben, um zu begreifen, wie die ganze Kunstarbeit zum Dienste des Heiligtums gemacht werden müsste, in allen Stücken, wie der Ewige es befohlen hatte. ²Mosche ließ rufen den Bezal'el und Oholiaw und jeden kunstverständigen Mann, dem der Ewige Weisheit in das Herz gegeben, wen sein Herz antrieb, sich an die Arbeit zu machen, sie zu verfertigen. ³Sie nahmen von Mosche in Empfang die ganze Hebe, welche die Kinder Jisraels gebracht hatten, um die Kunstarbeit des heiligen Dienstes zu verfertigen. Sie aber fuhren fort, noch jeden Morgen Gaben zu bringen. ⁴Endlich aber kamen die Künstler, welche die Kunstwerke des Heiligtums verfertigten, jeder von seinem Kunstwerk, welches er verfertigte. ⁵Sprachen zu Mosche:»Die Leute bringen mehr als hinreichend ist zum Gebrauch des Werkes, das der Ewige zu verfertigen befohlen hat.« ⁶Da befahl Mosche, dass man im Lager ausrief wie folgt:»Mann oder Frau, niemand soll mehr etwas herbeischaffen zur heiligen Hebe.« Und das Volk hörte auf zu bringen. ⁷Der Vorrat an Arbeit war hinreichend zur Verfertigung des ganzen Werkes und es blieb davon noch übrig.　•

⁸Die Kunstverständigen unter den Handwerkern verfertigten zuerst die Wohnung aus zehn Teppichen von sechsfach gezwirntem Garn,

blauer, purpurroter und hochroter Wolle, mit Figuren von Kerubim durchwirkt; nach Kunstweberarbeit wurden sie gemacht. *9*Die Länge jedes Teppichs war achtundzwanzig Ellen und die Breite jedes Teppichs vier Ellen. Alle Teppiche hatten einerlei Maß. *10*Man fügte fünf Teppiche einen an den andern und fünf Teppiche ein Stück an das andere. *11*Man machte auch Schleifen von blauer Wolle am Saum des einen Teppichs, welcher an dem Zusammengehefteten der äußerste war, und ebensoviel machte man am Saum des Teppichs, welcher an der anderen Heftung der äußerste war. *12*Fünfzig Schleifen machte man an den einen Teppich und fünfzig Schleifen an das Ende des Teppichs, welcher an der anderen Heftung ist. Die Schleifen waren gerade eine der anderen gegenübersitzend. *13*Man machte fünfzig goldene Spangen. Wenn man nun mittels der Haken die Teppiche aneinander fügte, so wurde die Wohnung ein Ganzes.❡

*14*Man machte auch Teppiche von Ziegenhaar zum Gezelt über der Wohnung, elf Stücke machte man. *15*Die Länge jedes Teppichs war dreißig Ellen und die Breite jedes Teppichs war vier Ellen. Die elf Teppiche hatten einerlei Maß. *16*Man heftete die fünf Teppiche gesondert und die sechs gesondert, *17*machte fünfzig Schleifen an den Saum des äußersten Teppichs an der einen Heftung und fünfzig Schleifen an den Saum des Teppichs an der anderen Heftung. *18*Man machte auch fünfzig kupferne Spangen, um das Gezelt zusammenzufügen, damit es ein Ganzes sei. *19*Man machte auch eine Decke über das Gezelt aus rotgefärbten Widderfellen und eine Decke von Techaschimfellen oben darauf. •

Fünfter / Jahr II

*20*Man machte die Bretter für die Wohnung von Schittimholz aufrechtstehend. *21*Die Länge jedes Brettes war zehn Ellen und die Breite jedes Brettes anderthalb Ellen. *22*Ein Brett bekam zwei Zapfen eingepasst (in die Füße nämlich), einen wie den anderen. Man machte es so an allen Brettern der Wohnung. *23*Es wurden so Bretter für die Wohnung verfertigt, zwanzig Bretter zur südlichen Seite. *24*Vierzig silberne Füße kamen unter die zwanzig Bretter, zwei Füße unter diesem Brett zu seinen beiden Zapfen und zwei Füße unter diesem Brette zu seinen beiden Zapfen. [25]Zur anderen Seitenwand der Wohnung, zur nördlichen Seite nämlich, machte man auch zwanzig Bretter [26]und vierzig silberne Füße, zwei Füße unter diesem Brett und zwei Füße unter diesem Brett. [27]Zur Hinterwand der Wohnung, zur westlichen Seite, machte man sechs Bretter [28]und noch zwei Bretter zu den Winkeln der Wohnung an der Hinterwand. [29]Sie schlossen unten zusammen. Auch oben passte man sie zusammen in einen Schlussring ein. So machte man es an beiden Ecken. [30]Es waren zusammen acht Bretter und dazu silberne Füße, sechzehn Stück, immer zwei Füße unter einem Brett. [31]Man machte Riegel von Schittimholz, fünf Stück für die eine Seitenwand der Wohnung [32]und fünf Riegel für die andere Seitenwand der Wohnung und fünf Riegel für die Hinterwand der Wohnung zur westlichen Seite. [33]Man machte den mittleren Riegel, der durch die Bretter ging, von einem Ende zum andern. [34]Die Bretter belegte man mit Gold, die Ringe machte man von Gold, durch welche die Riegel gesteckt wurden, und auch die Riegel wurden mit Gold belegt. [35]Man machte auch einen Vorhang von blauer, purpurroter, hochroter Wolle und sechsfach gezwirntem Garn, mit Figuren von Kerubim durchwirkt, als Kunstweberarbeit machte man sie. [36]Dazu vier Säulen von Schittimholz, belegte sie mit Gold, ihre Haken waren Gold. Man goss zu den Säulen vier silberne Füße. [37]Man machte eine Decke für den Eingang des Zeltes von blauer, purpurroter, hochroter Wolle und sechsfach gezwirntem Garn, in Stickarbeit, [38]dazu fünf Säulen nebst Haken, ihre Knäufe und ihre Ringe mit Gold belegt, dazu auch fünf kupferne Füße.¶

37 [1]Bezal'el machte die Lade aus Schittimholz, zweieinhalb Ellen die Länge, anderthalb Ellen die Breite und anderthalb Ellen die Höhe, [2]belegte die Lade mit reinem Gold, inwendig und auswendig, machte dazu einen goldenen Kranz herum, [3]goss dazu vier goldene Ringe für die vier Ecken, sodass auf der einen Seite zwei Ringe und auf der anderen Seite wiederum zwei Ringe waren, [4]machte Stangen von Schittimholz, belegte sie mit Gold, [5]brachte die Stangen in die Ringe auf den Seiten der Lade, um die Lade damit zu tragen, [6]machte auch einen Deckel von reinem Gold, zweieinhalb Ellen die Länge und anderthalb Ellen die Breite, [7]machte ferner zwei goldene Kerubim. Von getriebener Arbeit machte er sie aus den beiden Enden des Deckels, [8]nämlich einen Kerub aus dem einen Ende und einen Kerub aus dem anderen Ende. Aus dem Deckel selbst verfertigte er die Kerubim an beiden Enden. [9]Die Kerubim waren so gemacht, dass sie ihre Flügel in die Höhe ausbreiteten, indem sie damit den Deckel überdeckten, mit dem Angesicht einer gegen den anderen gekehrt, jedoch neigten sie ihre Gesichter gegen den Deckel nieder.¶

[10]Er verfertigte auch den Tisch von Schittimholz, zwei Ellen die Länge, eine Elle die Breite und anderthalb Ellen die Höhe, [11]belegte ihn mit reinem Gold, machte einen goldenen Kranz umher, [12]machte einen Rand daran, eine Handbreit ringsumher, und an diesen Rand führte er den goldenen Kranz umher, [13]goss dazu vier goldene Ringe und setzte die Ringe an die vier Ecken seiner vier Füße. [14]Unterhalb des Randes waren die Ringe als ein Gehäuse für die Stangen (in welche nämlich die Stangen gesteckt werden), um den Tisch zu tragen. [15]Man machte die Stangen von Schittimholz, belegte sie mit Gold, um den Tisch zu tragen, [16]ferner die Geräte auf den Tisch, nämlich Schüsseln, Schalen, Stützen und Halbröhren, womit das Brot bedeckt war, von reinem Golde.¶

Sechster (Dritter) / (Jahr II)

[17]Er machte auch den Leuchter von reinem Golde, von getriebener Arbeit, Fuß, Schaft, Kelche, Knöpfe und Blumen waren aus ihm herausgearbeitet. [18]Sechs Arme gingen aus den Seiten heraus, nämlich drei Arme des Leuchters aus der einen Seite und drei Arme des Leuchters aus der anderen Seite. [19]Drei mandelförmige Kelche an dem einen Arm, ein Knopf und eine Blume, und drei mandelförmige Kelche an dem anderen Arm, ein Knopf und eine Blume, so an allen sechs Armen, die aus dem Leuchter herausgehen. [20]An dem Leuchter selbst waren vier Kelche wie Mandeln gestaltet, Knöpfe und Blumen. [21]Ferner ein Knopf, an welchem ein Paar Arme saß, noch ein Knopf, an welchem das zweite Paar Arme und noch ein Knopf, an welchem das dritte Paar Arme saß, so an allen sechs Armen, die aus dem Leuchter herausgehen. [22]Knöpfe und Arme waren aus ihm

selbst herausgearbeitet, ganz aus einem Stücke reinen Goldes getrieben. [23]Er verfertigte auch dazu sieben Lampen nebst Zänglein und Aschgefäßlein von reinem Gold. [24]Ein Kikar reines Gold verarbeitete man dazu und zu allen seinen Geräten.ף

[25]Er machte auch einen Räucheraltar von Schittimholz, die Länge eine Elle, die Breite eine Elle, viereckig, und die Höhe zwei Ellen. Die Ecken waren aus einem Stück mit dem Herd gemacht. [26]Er belegte ihn mit reinem Golde, seine Platte und seine Seiten ringsum und seine Ecken, führte oben einen goldenen Kranz herum, [27]machte unter dem Kranze zwei goldene Ringe an beiden Winkeln, nämlich an beiden Seiten. Dieses Ringwerk diente den Stangen zum Gehäuse, um den Altar damit zu tragen. [28]Er verfertigte die Stangen von Schittimholz, belegte sie mit Gold, [29]machte ferner das Öl zur heiligen Salbung und das Räucherzeug von edlen Spezereien nach Apothekerkunst. •

Siebter (Vierter)

38   [1]Er machte auch den Altarherd des Ganzopfers von Schittimholz, fünf Ellen die Länge, fünf Ellen die Breite, viereckig und die Höhe drei Ellen. [2]Er machte an den vier Winkeln vier hohle Ecken. Die Ecken waren aus einem Stück mit dem Herd gemacht. Er belegte ihn mit Kupfer, [3]verfertigte alle Geräte des Altars, nämlich die Töpfe, die Schaufeln, die Becken, die Gabeln und die Kohlepfannen. Alle Geräte desselben machte man aus Kupfer, [4]machte auch an diesen Altar ein Siebwerk, netzförmig von Kupfer unterhalb der Ausladung bis zur halben Höhe, [5]goss vier Ringe für die vier Ecken an dem kupfernen Siebwerk, den Stangen zum Gehäuse, [6]machte auch Stangen von Schittimholz, belegte sie mit Kupfer, [7]brachte die Stangen in die Ringe an den Seiten des Altarherdes, um ihn damit zu tragen. Hohl, von Tafeln zusammengesetzt, war der Altar gemacht. • [8]Er machte auch ein kupfernes Becken und ein kupfernes Gestell dazu aus den metallenen Spiegeln der versammelten weiblichen Personen, welche sich in dem Eingang des Stiftzeltes versammelten • [9]ferner den Vorhof zur südlichen Seite, gestrickte Umhänge für den Vorhof, von gezwirntem Garn, hundert Ellen, [10]dazu zwanzig Säulen nebst zwanzig kupfernen Füßen. Die Haken an den Säulen und ihre Ringe waren silbern. ^11Zur nördlichen Seite hundert Ellen, dazu zwanzig Säulen nebst zwanzig kupfernen Füßen. Die Haken an den Säulen und ihre Ringe waren silbern. ^12Zur westlichen Seite fünfzig Ellen Umhänge, dazu zehn Säulen nebst zehn Füßen. Die Haken an den Säulen und ihre Ringe waren silbern. ^13Zur östlichen Seite: fünfzig Ellen, ^14nämlich fünfzehn Ellen Umhänge zu der einen Vorderseite, dazu drei Säulen nebst drei Füßen, ^15und zur anderen Vorderseite an dem Tore des Vorhofes wiederum fünfzehn Ellen Umhänge, dazu drei Säulen nebst drei Füßen. ^16Alle Umhänge des Vorhofes ringsum waren von sechsfach gezwirntem Garn. ^17Die Füße zu den Säulen waren kupfern, die Haken an den Säulen und ihre Ringe waren silbern, die Belegung ihrer Knäufe war von Silber. Alle Säulen des Vorhofes waren mit silbernen Ringen versehen.

Maftir

^18Er verfertigte endlich die Decke vor dem Eingang des Vorhofes, Stickarbeit, von blauer, purpurroter, hochroter Wolle, und gezwirntem Garn. Die Länge: zwanzig Ellen, die Höhe, nämlich in der Breite der Decke: fünf Ellen, so hoch wie die Umhänge des Vorhofes, ^19dazu vier Säulen nebst vier kupfernen Füßen. Die Haken und die Belegung ihrer Knäufe und Stangen waren silbern. ^20Und alle Nägel für die Wohnung und für den Vorhof ringsum waren kupfern. •

Haftarat Wajakhel: 1. Könige 7,40-50 (S. 491); Wenn Wajakhel und Pekude zusammenfallen, liest man Haftarat Pekude (S. 492).

Andere Haftarot liest man jedoch an Schabbat Schekalim (S. 579), Schabbat Para (S. 585) oder Schabbat Hachodesch (S. 587).

Psalm des Schabbat nach Seder Avodat Israel: Ps 61

23. Pekude (Ex 38,21-40,38)

[INHALT: Berechnungen * Priestergewänder * Mantel, Brustschild, Unterrock und Stirnblech * Aufrichtung der Wohnung * Einzug der Gegenwart Gottes]

Erster (Fortsetzung Vierter) / Jahr I

²¹Dies sind die **Berechnungen** *(pekude)* für die Wohnung, nämlich die Wohnung des Zeugnisses, die auf Mosches Befehl berechnet worden waren, das Geschäft der Levijim, durch Itamar, den Sohn des Priesters Aharon. ²²Bezaľel, Sohn Uris, Sohn Churs, aus dem Stamm Jehuda verfertigte alles, wie es der Ewige dem Mosche befohlen hatte. ²³Mit ihm Oholiaw, Sohn Achisamachs aus dem Stamm Dan, Werkmeister, sinnreicher Künstler, auch Kunststicker, in blauer, purpurroter, hochroter Wolle und Leinengarn. · ²⁴Alles Gold, welches zur Arbeit gebraucht worden war bei der Arbeit zum Heiligtum, alles aufgenommene Gold nämlich, war zusammen neunundzwanzig Kikar und siebenhundertunddreißig Schekel nach dem Gewicht des Heiligtums. ²⁵Das Silber von den Musterungen der Gemeinde hundert Kikar, tausendsiebenhundertfünfundsiebzig Schekel nach dem Gewicht des Heiligtums, ²⁶nämlich ein Beka auf jeden Kopf gerechnet, dies ist ein halber Schekel nach dem Gewicht des Heiligtums. Für jeden, der durch die Musterung ging, von zwanzig Jahr und darüber, und zwar für sechsmal hundert und dreitausendfünfhundertundfünfzig. ²⁷Hundert Kikar Silber wurden angewendet, um die Füße in dem Heiligtum und am inneren Vorhang zu gießen. Hundert Füße aus hundert Kikar Silber, zu jedem Fuß ein Kikar. ²⁸Von den eintausendsiebenhundertfünfundsiebzig Kikar verfertigte man die Haken zu den Säulen, belegte ihre Knäufe damit und machte die Ringe davon. ²⁹Das aufgenommene Kupfer: siebzig Kikar, zweitausendvierhundert Schekel. ³⁰Daraus verfertigte man die Füße für den Eingang des Stiftszeltes, den kupfernen Altar und das kupferne Siebwerk daran, auch alle Geräte des Altars, ³¹die Füße des Vorhofes ringsum und die Füße

für den Eingang des Vorhofes, auch alle Nägel der Wohnung und alle Nägel des Vorhofes ringsum. **39** ¹Von der blauen, purpurroten und hochroten Wolle machten sie Amtsgewänder für den Dienst im Heiligtum, auch die heiligen Kleider für Aharon, so wie es der Ewige dem Mosche befohlen hatte.¶

Zweiter (Fünfter)

²Man machte den Mantel von Gold, blauer, purpurroter, hochroter-Wolle und gezwirntem Garn. ³Sie plätteten nämlich Goldbleche und schnitten Fäden daraus, um solche zwischen der blauen, purpurroten und hochroten Wolle wie auch dem Leinengarn zu verarbeiten nach sinnreicher Kunstarbeit. ⁴Schulterstücke haben sie daran gemacht, dadurch ist er an beiden Ecken befestigt worden, ⁵und das Gürtelband des Mantels, welches daransaß, mit ihm von gleicher Arbeit aus einem Stück von Gold, blauer, purpurroter, hochroter Wolle und gezwirntem Garn, so wie es der Ewige dem Mosche befohlen hatte. • ⁶Sie machten ferner zwei Schohamsteine, umringt von goldenen Einfassungen, ausgestochen, wie ein Siegel gestochen wird, nach den Namen der Kinder Jisraels. ⁷Diese setzte man auf die Schulterbläter des Mantels, Steine des Andenkens für die Kinder Jisraels, so wie es der Ewige dem Mosche befohlen hatte.¶

⁸Man machte das Schild, Kunstweberarbeit, wie die Arbeit des Mantels von Gold, blauer, purpurroter, hochroter Wolle und gezwirntem Garn, ⁹viereckig, doppelt übereinander machten sie das Schild. Die Länge eine Spanne und die Breite eine Spanne, doppelt übereinander. ¹⁰Sie setzten hinein vier Reihen Edelgestein, eine Reihe Odem, Pitda und Bareket, dies ist die eine Reihe, ¹¹die zweite: Nofech, Saphir und Jahalom, ¹²die dritte: Leschem, Schewo und Achlamah, ¹³und die vierte: Tarschisch, Schoham und Joschfeh, von goldenen Einfassungen umgeben, wo sie eingesetzt wurden. ¹⁴Die Steine waren nach Anzahl der Namen der Kinder Jisraels zwölf nach Anzahl ihrer Namen. Wie ein Siegel gestochen wird, jeden Stamm nach seinem Namen, so nach den zwölf Stämmen. ¹⁵Sie machten an das Schild Ketten an den Enden, von geflochtener Arbeit, von reinem Gold, ¹⁶machten zwei Einfassungen von Gold und zwei goldene Ringe, befestigten die beiden Ringe

an die beiden Ecken des Schildes, [17]brachten die beiden geflochtenen goldenen Ketten in die beiden Ringe in den Ecken des Schildes, [18]und die beiden Enden der beiden Ketten befestigten sie an den Einfassungen. Diese setzten sie in die Schulterblätter des Mantels auf die Vorderseite, [19]machten noch zwei goldene Ringe und befestigten sie an den übrigen beiden Ecken des Schildes, nämlich an dem Saum, an der inneren Seite zum Mantel hin, [20]und abermals zwei goldene Ringe, diese setzten sie an die beiden Schulterblätter des Mantels unterhalb des Schildes auf die Vorderseite in die Gegend, wo der Mantel befestigt wird, über das Gürtelband des Mantels. [21]Sie schnürten das Brustschild an, aus seinen Ringen in die Ringe des Mantels, mit einer Schnur von blauer Wolle, damit das Schild fest bleibe an dem Gürtel des Mantels und das Schild nicht weiche von dem Mantel, so wie es der Ewige dem Mosche befohlen hatte.¶

Dritter (Sechster) / Jahr III (Jahr III)

[22]Man machte den Unterrock unter dem Mantel von Weberarbeit, ganz von blauer Wolle, [23]oben am Unterrock eine Öffnung, wie die Öffnung eines Panzerhemdes. An dieser Öffnung eine Borte ringsum, damit er nicht zerreiße. [24]Sie machten unten am Saum des Unterrocks Granatäpfel von blauer, purpurroter und hochroter Wolle gezwirnt, [25]machten Schellen von reinem Gold, befestigten die Schellen zwischen den Granatäpfeln, rings umher an dem Saum des Unterrocks zwischen den Granatäpfeln, [26]nämlich Schelle und Granat, Schelle und Granat, am Saume des Unterrocks ringsum, für die Amtsverrichtung, so wie es der Ewige dem Mosche befohlen hatte. • [27]Sie machten die Leibröcke aus Leinen in Weberarbeit für Aharon und seine Söhne, [28]den Bund aus Leinen, die Pracht der hohen Mützen aus Leinen und die Beinkleider aus gezwirntem Garn, [29]auch die Gurte aus gezwirntem Garn, blauer, purpurroter und hochroter Wolle in Stickarbeit, so wie es der Ewige dem Mosche befohlen hatte. • [30]Sie machten das Stirnblech, die heilige Krone von reinem Gold, schrieben darauf in der Schrift der gestochenen Siegel: »DEM EWIGEN HEILIG«, [31]machten daran eine blaue Schnur, um sie oben über dem Bund anzubringen, so wie es der Ewige dem Mosche befohlen hatte. • [32]Als nun die

Arbeit an der Wohnung des Stiftszeltes völlig fertig war und die Kinder Jisraels solche verfertigt hatten, nämlich alles verfertigt hatten, wie es der Ewige dem Mosche befohlen hatte,¶

Vierter

[33]da brachten sie die Wohnung vor Mosche, das Zelt und alle seine Geräte, Spangen, Bretter, Riegel, Säulen und Füße, [34]die Decke von rotgefärbten Widderfellen, die Decke von Techaschimfellen, den Vorhang zur Abscheidung des Allerheiligsten, [35]die Lade des Zeugnisses nebst Stangen und Deckel, [36]den Tisch, alle Geräte dazu, auch das Schaubrot, [37]den Leuchter von reinem Gold, die darauf zu setzenden Lampen, alle Geräte dazu und das Öl, [38]den goldenen Altar, das Salböl und das Räucherzeug von edlen Spezereien und die Decke vor dem Eingang des Zeltes, [39]den kupfernen Altar, das kupferne Siebwerk dazu, Stangen und alle Geräte, das Becken und das Gestell, [40]die gestrickten Umhänge des Vorhofes, die Säulen und die Füße, die Decke vor dem Tore des Vorhofs, Stricke und Nägel dazu, alle zum Dienst der Wohnung des Stiftszeltes gehörigen Geräte, [41]die Amtsgewänder zum Dienst im Heiligtum, die heiligen Gewänder für Aharon, den Priester, und die Gewänder seiner Kinder bei ihrem Priesterdienst. [42]Wie der Ewige dem Mosche es befohlen hatte, so hatten die Kinder Jisraels die ganze Arbeit verfertigt. [43]Mosche betrachtete die Kunstarbeit, und siehe, sie hatten eine solche verfertigt, wie der Ewige es befohlen; so hatten sie es verfertigt. Da segnete sie Mosche.¶

Fünfter (Siebter)

40   [1]Der Ewige sprach zu Mosche wie folgt: [2]»Am ersten Tage des ersten Monats sollst du die Wohnung des Stiftszeltes aufrichten, [3]die Lade des Zeugnisses hineinsetzen, vor der Lade eine Scheidewand mit dem Vorhang machen. [4]Dann sollst du den Tisch hineinstellen und den Aufsatz darauf zurechtlegen, den Leuchter hineinbringen und die Lichter anzünden. [5]Du setzt den goldenen Altar zum Räuchern vor die Lade des Zeugnisses und machst den Vorhang des Eingangs vor die Wohnung. [6]Den Altar zum Ganzopfer setzt du vor den Eingang der Wohnung des Stiftszeltes, ⁷das Becken zwischen das Stiftszelt und den Altar und tust Wasser hinein, ⁸stellst hernach den Vorhof ringsum auf und tust die Decke vor das Tor des Vorhofes, ⁹nimmst das Salböl, salbst die Wohnung und alles, was darin ist, heiligst sie und alle ihre Geräte, wodurch sie ein Heiligtum wird. ¹⁰Auch salbst du den Altar zum Ganzopfer und alle Geräte, heiligst den Altar, wodurch er ein Heiligtum von erstem Rang wird. ¹¹Du salbst das Becken nebst dem Gestell und heiligst es. ¹²Aharon und seine Söhne lässt du alsdann vor den Eingang des Stiftszeltes hintreten und sich in Wasser baden, ¹³bekleidest hierauf Aharon mit den heiligen Kleidern, salbst ihn, heiligst ihn, und so soll er mir dienen. ¹⁴Ferner sollst du seine Söhne herkommen lassen, sie mit Leibröcken bekleiden, ¹⁵sie salben, wie du ihren Vater gesalbt hast, und so sollen sie mir priesterlich dienen. Dies soll geschehen, damit ihnen die Salbung zum ewigen Priestertum für alle ihre Nachkommen gereiche.« ¹⁶Mosche tat dies. In allen Stücken machte er es, wie ihm der Ewige befohlen hatte. •

Sechster

¹⁷Am ersten Tage des ersten Monats im zweiten Jahr wurde die Wohnung aufgerichtet. ¹⁸Mosche nämlich richtete die Wohnung auf, legte die Füße unter, tat die Bretter hinein, befestigte die Riegel und richtete die Säulen auf, ¹⁹breitete das Gezelt über der Wohnung aus, legte die Decke des Gezeltes oben darauf, so wie es der Ewige dem Mosche befohlen hatte. • ²⁰Er nahm das Zeugnis, legte es in die Lade, brachte die Stangen an die Lade, legte den Deckel oben darauf, ²¹setzte die Lade in die Wohnung, tat den abscheidenden Vorhang davor und machte damit eine Scheidewand vor der Lade des Zeugnisses, so wie es der Ewige dem Mosche befohlen hatte. • ²²Er setzte den Tisch in das Stiftszelt zur nördlichen Seite der Wohnung außerhalb des Vorhangs, ²³die Schicht der Brote darauf zurechtzulegen vor dem Ewigen, so wie es der Ewige dem Mosche befohlen hatte. • ²⁴Den Leuchter setzte er in das Stiftszelt, dem Tisch gegenüber, zur südlichen Seite der Wohnung. ²⁵Daraufhin zündete man die Leuchter an vor dem Ewigen, so wie es der Ewige dem Mosche befohlen hatte. • ²⁶Er setzte den goldenen Altar in das Stiftszelt vor den Vorhang, ²⁷darauf

man Räucherzeug von edlen Spezereien räucherte, so wie es der Ewige dem Mosche befohlen hatte. •

*28*Er brachte den Vorhang des Eingangs vor die Wohnung. *29*Den Altar des Ganzopfers setzte er vor den Eingang der Wohnung des Stiftszeltes, darauf man Ganzopfer und Mehlopfer darbrachte, so wie es der Ewige dem Mosche befohlen hatte. • *30*Er setzte das Becken zwischen das Stiftszelt und den Altar und tat Wasser darein zum Waschen. *31*Mosche, Aharon und seine Söhne wuschen ihre Hände und Füße damit. *32*Wenn sie in das Stiftszelt gingen und sich dem Altar nahten, wuschen sie sich, so wie es der Ewige dem Mosche befohlen hatte. • *33*Er richtete den Vorhof auf um die Wohnung und den Altar und tat die Decke vor das Tor des Vorhofes. Als nun Mosche das Werk vollendet hatte,¶

*34*da bedeckte die Wolke das Stiftszelt und die Herrlichkeit des Ewigen erfüllte die Wohnung. *35*Mosche konnte nicht hineingehen in das Stiftszelt, denn die Wolke ruhte darauf. Und die Herrlichkeit des Ewigen erfüllte die Wohnung. *36*Sobald sich die Wolke erhob von der Wohnung, brachen die Kinder Jisraels auf auf allen ihren Zügen. *37*Solange aber die Wolke sich nicht erhob, brachen sie auch nicht auf, bis sie sich wieder erhob. *38*Denn des Tages war eine Wolke des Ewigen auf der Wohnung, und des Nachts leuchtete ein Feuer darin vor den Augen des ganzen Hauses Jisraels auf allen ihren Zügen.¶¶¶¶

CHASAK

Haftarat Pekude: 1. Könige 7,51-8,21 (S. 492);
nicht jedoch an Schabbat Schekalim (S. 579), Schabbat Para (S. 585)
oder Schabbat Hachodesch (S. 587).

Psalm des Schabbat nach Seder Avodat Israel: Ps 45

24. Wajikra (Lev 1,1-5,26)

[INHALT: Ganzopfer (Ola) * Speiseopfer (Mincha) * Freudenopfer (Schelamim) * Sündenopfer (Chatat) * Schuldopfer (Ascham)]

Erster / Jahr I

1 ¹Der Ewige rief[a] *(wajikra)* Mosche und redete mit ihm aus dem Stiftszelt wie folgt: ²»Rede mit den Kindern Jisraels und sage ihnen: ›Wenn jemand von euch dem Ewigen zu Ehren ein Opfer darbringen will, dann könnt ihr eure Opfer von Vieh entweder vom Rindvieh oder vom Kleinvieh darbringen. ³Wenn das Opfer ein Ganzopfer von Rindvieh sein soll, so muss er ein Stück von männlichem Geschlecht ohne Leibesfehler darbringen. Vor dem Eingang des Stiftszeltes muss er es darbringen, damit es ihm Gnade erwirke vor dem Ewigen. ⁴Er soll seine Hand auflegen auf den Kopf des Ganzopfers. So wird es ihm zur Gnade angenommen werden, um ihn zu versöhnen. ⁵Man soll das junge Rind vor dem Ewigen schlachten. Die Söhne Aharons, die Priester, sollen das Blut darbringen und das Blut um den Altar sprengen, der vor dem Eingang des Stiftszeltes ist. ⁶Man soll von dem Ganzopfer das Fell abziehen und jenes in seine Stücke zerlegen. ⁷Die Söhne Aharons, die Priester, sollen Feuer auf dem Altar machen und Holz auf das Feuer ordnen. ⁸Hierauf sollen die Söhne Aharons, die Priester, die Stücke wie auch den Kopf und das Fett auf den Holzstoß, welcher über dem Feuer auf dem Altar liegt, in Ordnung legen. ⁹Die Eingeweide und Fußstücke soll man mit Wasser abwaschen. Der Priester soll alles auf dem Altar in Rauch aufgehen lassen als ein Ganzopfer, das vom Feuer zu verzehren ist, zum angenehmen Geruch, dem Ewigen zu Ehren. • ¹⁰Bringt er ein Ganzopfer vom Kleinvieh, nämlich von Schafen oder Ziegen, so muss er ein Stück männlichen Geschlechts ohne Leibesfehler darbringen. ¹¹Man soll es auf der mit-

---

a   Lev 1,1: Der letzte Buchstabe dieses Wortes (wajikra), ein alef, wird in einer Tarorolle klein geschrieben.

ternächtlichen Seite des Altars vor dem Ewigen schlachten. Die Söhne Aharons, die Priester, sollen das Blut um den Altar sprengen. ¹²Man soll es in seine Stücke zerlegen, den Kopf und das Fett. Hierauf soll der Priester sie auf dem Holzstoß, welcher über dem Feuer auf dem Altar liegt, in Ordnung legen. ¹³Die Eingeweide und Fußstücke soll man mit Wasser abwaschen. Der Priester soll alles darbringen und auf dem Altar in Rauch aufgehen lassen. Es ist ein Ganzopfer, das vom Feuer zu verzehren ist, zum angenehmen Geruch, dem Ewigen zu Ehren.׆

Zweiter

¹⁴Bringt er aber sein Ganzopfer dem Ewigen zu Ehren vom Geflügel, so soll er sein Opfer von Turteltauben oder jungen Tauben darbringen. ¹⁵Der Priester bringe es nahe zum Altar, kneife den Kopf ab und lasse es auf dem Altar in Rauch aufgehen, nachdem das Blut an der Wand des Altars ausgedrückt worden ist. ¹⁶Den Kropf mit den Federn soll er absondern und neben den Altar hinwerfen auf der Morgenseite, wo die Asche hinkommt. ¹⁷Er soll es bei den Flügeln aufreißen, aber nicht absondern. Der Priester soll es auf dem Altar auf dem Holzstoß welcher über dem Feuer liegt, in Rauch aufgehen lassen. Es ist ein Ganzopfer, das vom Feuer zu verzehren ist, zum angenehmen Geruch, dem Ewigen zu Ehren. • **2** ¹Bringt jemand ein Speiseopfer dem Ewigen zu Ehren, so muss sein Opfer vom feinsten Mehl sein. Er soll Öl darauf gießen und Weihrauch darauf legen. ²Dies bringe er den Söhnen Aharons, den Priestern. Der Priester nehme davon eine Handvoll, vom Mehl und vom Öl nebst allem Weihrauch. Der Priester lasse den Duft davon in Rauch aufsteigen auf dem Altar. Es ist vom Feuer zu verzehren, zum angenehmen Geruch, dem Ewigen zu Ehren. ³Was von dem Speiseopfer übrig bleibt, gehört Aharon und seinen Söhnen als das Allerheiligste von den Feueropfern des Ewigen. • ⁴Wenn du aber ein Speiseopfer bringst, das im Ofen gebacken wird, dann sollen es ungesäuerte Kuchen vom feinsten Mehl sein, mit Öl eingeknetet, und ungesäuerte Fladen mit Öl bestrichen. • ⁵Ist aber das Opfer ein Speiseopfer in der Pfanne, so soll es vom feinsten Mehl, mit Öl eingeknetet und ungesäuert sein. ⁶Man zerbreche es in Stücke, und dann gießt du Öl darauf. Es ist ein Speiseopfer. •

⁷Wenn das Speiseopfer in einem Napf gebacken werden soll, dann muss es vom feinsten Mehl mit Öl zurechtgemacht werden. ⁸Das Speiseopfer, welches hieraus verfertigt werden soll, bringst du dem Ewigen in folgender Art und Weise: Der Opfernde nämlich bringe es dem Priester. Dieser bringe es hin zum Altar. ⁹Der Priester nehme davon den Teil, welcher in Duft aufsteigen soll, und lasse es auf dem Altar in Rauch aufgehn. Es ist vom Feuer zu verzehren, zum angenehmen Geruch, dem Ewigen zu Ehren. ¹⁰Was von dem Speiseopfer übrig bleibt, gehört dem Aharon und seinen Söhnen als das Allerheiligste von den Feueropfern des Ewigen. ¹¹Alles Speiseopfer, das ihr dem Ewigen zu Ehren bringt, soll nicht gesäuert werden. Denn ihr sollt nichts von Sauerteig oder Honig als Feueropfer dem Ewigen zu Ehren in Rauch aufgehen lassen. ¹²Als Opfer der Erstlinge sollt ihr sie zwar dem Ewigen zu Ehren darbringen. Aber auf den Altar zum angenehmen Geruch sollen sie nicht gebracht werden. ¹³Alle deine Speiseopfer musst du mit Salz bestreuen. Das Salz, als ein Bündnis deines Gottes, sollst du nicht in deinen Speiseopfern fehlen lassen. Vielmehr sollst du bei allen deinen Opfern auch Salz bringen. •
¹⁴Wenn du die Erstlinge als Speiseopfer dem Ewigen darbringst: Ähren von reifem Korn, am Feuer gesengt und in Graupen zerstoßen, sollst du als Speiseopfer deiner Erstlinge darbringen. ¹⁵Du musst Öl daraufgießen und Weihrauch darauflegen. Es ist ein Speiseopfer. ¹⁶Der Priester soll den Teil, welcher in Duft aufsteigen soll, von den Graupen und dem Öl nebst allem Weihrauch in Rauch aufgehen lassen. Es ist ein Feueropfer, dem Ewigen zu Ehren.ᶘ

3 ¹Ist aber sein Opfer ein Freudenopfer, bringt er es vom Rindvieh, so kann er (eines) von männlichem oder weiblichem Geschlecht, aber ohne Leibesfehler darbringen vor dem Ewigen. ²Er lege seine Hand auf den Kopf seines Opfers und man schlachte es am Eingang des Stiftszeltes. Die Kinder Aharons, die Priester, sollen das Blut um den Altar sprengen. ³Von dem Freudenopfer bringe er etwas als Feueropfer dem Ewigen zu Ehren. Das Fett, welches die Eingeweide bedeckt, nebst allem Fett, das an den Eingeweiden ist, [4]die beiden Nieren nebst dem Fett daran, welches an den Lenden sitzt, und das Netz an der Leber nebst den Nieren soll er absondern. [5]Die Söhne Aharons sollen es auf dem Altar neben dem täglichen Brandopfer in Rauch aufgehen lassen auf dem Holzstoß, welcher über dem Feuer liegt. Es ist vom Feuer zu verzehren, zum angenehmen Geruch, dem Ewigen zu Ehren.¶

[6]Ist aber sein Freudenopfer dem Ewigen zu Ehren ein Stück vom Kleinvieh, so kann es vom männlichen oder weiblichen Geschlecht sein, aber ohne Leibesfehler. [7]Will er ein Schaf opfern, so soll er es vor den Ewigen bringen, [8]seine Hand auf den Kopf seines Opfers legen und es schlachten vor dem Stiftszelt. Die Kinder Aharons sollen das Blut um den Altar sprengen. [9]Vom Freudenopfer bringe er etwas als Feueropfer, dem Ewigen zu Ehren. Alles Fett davon, nämlich das ganze Schwanzstück, soll er bei dem Rückgrat abschneiden, auch das Fett, welches das Eingeweide bedeckt nebst dem Fett, welches an den Eingeweiden sitzt. [10]Die beiden Nieren nebst dem Fett daran, welches an den Lenden sitzt, und das Netz an der Leber — nebst den Nieren soll er es absondern —. [11]Der Priester soll es auf dem Altar in Rauch aufgehen lassen als eine Speise, die vom Feuer verzehrt wird, dem Ewigen zu Ehren.¶

[12]Ist sein Opfer von Ziegen, so soll er es vor dem Ewigen darbringen, [13]seine Hand auf den Kopf legen und es am Eingang des Stiftszeltes schlachten. Die Kinder Aharons sollen das Blut um den Altar sprengen. [14]Von diesem seinem Opfer bringe er etwas als Feueropfer dem Ewigen zu Ehren. Das Fett, welches das Eingeweide bedeckt, nebst dem Fett, welches an dem Eingeweide sitzt, [15]die beiden Nieren nebst dem Fett daran, welches an den Lenden sitzt, und das Netz an der Leber — nebst den Nieren soll er es absondern —. [16]Der Priester lasse es auf dem Altar in Rauch aufgehen als eine Speise, die vom Feuer verzehrt wird, zum angenehmen Geruch. Alles Fett werde dem Ewigen zu Ehren geopfert. [17]Es sei ein ewiges Gesetz für eure Nachkommen in allen eueren Wohnplätzen. Alles Fett und alles Blut sollt ihr nicht essen.‹‹«¶

Fünfter

4 ¹Der Ewige sprach zu Mosche wie folgt: ²»Sage den Kindern Jisraels: ›Wenn eine Person aus Versehen sündigen wird gegen die Verbote des Ewigen und wird etwas davon begehen, (dann gilt Folgendes:) ³Sündigt der gesalbte Priester und zieht dadurch dem Volk eine Schuld zu, so soll er wegen der Sünde, die er begangen hat, ein junges Rind ohne Leibesfehler dem Ewigen zu Ehren zum Sündenopfer bringen. ⁴Er soll das Rind am Eingang des Stiftszeltes vor dem Ewigen darbringen. Er lege die Hand auf den Kopf des Stieres und schlachte das Rind vor dem Ewigen. ⁵Der gesalbte Priester nehme von dem Blut des Stieres und bringe es in das Stiftszelt. ⁶Der Priester tunke seinen Finger in das Blut, sprenge von dem Blut sieben Mal vor dem Ewigen gegen den Vorhang des Heiligtums. ⁷Ferner tue er etwas von dem Blut auf die Ecken des Altars, welcher im Stiftszelt steht, wo die Spezereien vor dem Ewigen geräuchert werden. Das übrige Blut des Stieres soll er an den Grund des Opferaltars, welcher vor dem Eingang des Stiftsgezelt steht, ausgießen. ⁸Alles Fett des Sündenstieres nehme er davon ab: das Fett, welches die Eingeweide bedeckt, nebst dem Fett welches an den Eingeweiden sitzt, ⁹die beiden Nieren nebst dem Fett daran, welches an den Lenden sitzt, das Netz an der Leber, — nebst den Nieren soll er es absondern —, ¹⁰so wie solches abgenommen wird von einem Ochsen, der zum Freudenopfer gebracht wird. Diese lasse der Priester auf dem Opferaltar in Rauch aufgehen. ¹¹Das Fell des Stieres aber und alles Fleisch davon nebst Kopf, Fußstücken, Eingeweide und Mist, ¹²den ganzen Stier also, bringe er heraus außerhalb des Lagers an einen reinen Ort, wo die Asche hingeschüttet wird, verbrenne es daselbst im Feuer. Auf dem Schutt der Asche soll es verbrannt werden.⁋

¹³Wenn die ganze Gemeinde Jisraels irrt, sodass eine Sache vor den Augen der Versammlung verborgen ist, sie begehen eines von den Verboten des Ewigen und werden ihrer Schuld gewahr, ¹⁴im Nachhinein nämlich wird die Sünde bekannt, welche sie begangen haben, dann soll die Gemeinde einen jungen Stier zum Sündenopfer vor dem Eingang des Stiftszeltes darbringen. ¹⁵Die Ältesten der Gemeinde sollen ihre

Hände auf das Haupt des Stieres legen vor dem Ewigen und jemand soll den Stier schlachten vor dem Ewigen. ¹⁶Der gesalbte Priester bringe etwas von dem Blut des Stiers in das Stiftszelt. ¹⁷Der Priester tunke seinen Finger in das Blut, sprenge von dem Blut sieben Mal vor dem Ewigen gegen den Vorhang. ¹⁸Ferner tue er etwas von dem Blut auf die Ecken des Altars, der vor dem Ewigen ist, nämlich im Stiftszelt steht. Das übrige Blut gieße er an den Grund des Opferaltars, welcher vor dem Eingang des Stiftzeltes steht. ¹⁹Alles Fett nehme er davon ab und lasse es auf dem Altar in Rauch aufgehen. ²⁰Mit diesem Stier verfahre er so, wie mit dem Stier zum Sündenopfer; ebenso soll er mit diesem umgehen. Hiermit soll sie der Priester versöhnen, und es soll ihnen vergeben werden. ²¹Den Stier also bringe er heraus außerhalb des Lagers, verbrenne ihn, so wie er den vorigen Stier zu verbrennen angewiesen worden ist. Dies ist ein Sündenopfer für das Volk.⸗

²²Sündigt ein Fürst und begeht aus Versehen eines von den Dingen, die der Ewige, sein Gott, verboten hat, und erkennt seine Schuld von selbst ²³oder die Sünde, welche er begangen hat, wird ihm sonst bekanntgemacht, dann bringe er als Opfer einen Ziegenbock ohne Leibesfehler, ²⁴lege seine Hand auf den Kopf des Bockes, schlachte ihn an dem Ort, wo man das Ganzopfer schlachtet vor dem Ewigen. Er ist ein Sündenopfer. ²⁵Der Priester nehme von dem Blut des Sündenopfers mit seinem Finger, tue es auf die Ecken des Opferaltars. Das übrige Blut gieße er an dem Grund des Opferaltars aus. ²⁶Alles Fett davon lasse er auf dem Altar in Rauch aufgehen, wie das Fett von dem Freudenopfer. Hiermit soll ihn der Priester von seinen Sünden versöhnen und es soll ihm vergeben werden.⸗

Sechster / Jahr III

²⁷Wenn aber eine Person aus dem Volk aus Irrtum sündigt, indem sie nämlich eines von den Dingen begeht, die der Ewige verboten hat, und sie erkennt ihre Schuld von selbst ²⁸oder die Sünde, welche sie begangen hat, wird ihr sonst bekanntgemacht, dann bringe sie zum Opfer für ihre Sünde eine Ziege ohne Leibesfehler, ²⁹lege die Hand auf den Kopf des Sündenopfers und jemand schlachte das Sündenopfer

an dem Ort des Ganzopfers. [30]Der Priester nehme mit seinem Finger etwas von dem Blut und tue es auf die Ecken des Opferaltars. Das übrige Blut gieße er an den Grund des Altars. [31]Alles Fett sondere er ab, so wie solches vom Freudenopfer abgesondert wird. Der Priester lasse es auf dem Altar in Rauch aufgehen, zum angenehmen Geruch, dem Ewigen zu Ehren. Hiermit soll ihn der Priester versöhnen und es soll ihm vergeben sein.ף

[32]Nimmt er aber ein Schaf als sein Sündenopfer, so muss er ein weibliches ohne Leibesfehler bringen. [33]Er lege seine Hand auf den Kopf des Sündenopfers. Jemand schlachte das Sündenopfer an dem Ort, wo man das Ganzopfer schlachtet. [34]Der Priester nehme mit seinem Finger etwas von dem Blut des Sündenopfers, tue es auf die Ecken des Opferaltars, das übrige Blut gieße er an den Grund des Altars. [35]Alles Fett sondere er ab, so wie solches von einem Schaf zum Freudenopfer abgesondert wird. Der Priester lasse es auf dem Altar in Rauch aufgehen mit den anderen Dingen, die dem Ewigen zu Ehren im Feuer verzehrt werden. Hiermit soll der Priester wegen der Sünde, die jener begangen hat, versöhnen und es soll ihm vergeben sein.ף

5 [1]Wenn sich eine Person versündigt, sie hört nämlich einen Eid, wodurch sie beschworen wird, dieselbe aber hat ein Zeugnis, sie hat nämlich etwas gesehen oder weiß es sonst, wenn sie dies nicht anzeigt und dadurch eine Missetat zu büßen hat [2]oder es rührt jemand etwas Unreines an, entweder das Aas eines unreinen wilden Tieres oder das Aas eines unreinen Viehs oder das Aas eines unreinen kleinen Tieres, und es gerät ihm in Vergessenheit, er ist aber doch unrein und hat sich verschuldet, [3]oder er berührt eine menschliche Unreinigkeit nach allen Arten der Unreinigkeit, dadurch der Mensch unrein werden kann, und es gerät ihm in Vergessenheit, er erkennt aber hernach, dass er sich verschuldet hat, [4]oder es schwört jemand, lässt nämlich den Eid über die Lippen fahren, sich etwas Angenehmes oder Unangenehmes zu tun (wie der Mensch sich zuweilen einen Eid entfahren lässt), und es gerät ihm in Vergessenheit, nachher aber erkennt er, dass er sich auf eine von diesen Arten schuldig gemacht hat, [5]sobald er seine Schuld in irgendeinem Stück erkennt, so soll er bekennen, was er gesündigt hat, ⁶und als sein Schuldopfer dem Ewigen wegen seiner Sünde, welche er begangen hat, ein weibliches Schaf oder eine Ziege zum Sündenopfer darbringen. Der Priester soll ihn von seiner Sünde versöhnen. ⁷Reicht aber sein Vermögen nicht hin zu einem Lamm, so bringe er als sein Opfer für die Schuld, welche er sich zugezogen hat, zwei Turteltauben oder zwei junge Tauben, dem Ewigen zu Ehren, eine davon zum Sündenopfer und eine zum Ganzopfer. ⁸Er bringe sie zum Priester. Dieser opfere das Stück zum Sündenopfer zuerst. Er kneife nämlich hinten unter dem Genick den Kopf ab, sondere ihn aber nicht davon ab. ⁹Er sprenge etwas von dem Blut des Sündenopfers an die Wand des Altars. Was vom Blut übrig bleibt, werde am Boden des Altars ausgedrückt. Dies ist das Sündenopfer. ¹⁰Das zweite bereite er zum Ganzopfer nach vorgeschriebener Weise. Der Priester versöhne ihn wegen der Sünde, die er begangen hat, und so wird ihm vergeben. •

Siebter

¹¹Wenn aber sein Vermögen auch zu zwei Turteltauben oder zwei jungen Tauben nicht hinreicht, so bringe er wegen seiner Sünde ein Zehntel feinen Mehls als Sündenopfer dar. Er soll aber kein Öl darauftun, auch keinen Weihrauch darauflegen, denn es ist ein Sündenopfer. ¹²Er bringe es zum Priester. Der Priester nehme eine Handvoll davon als einen Teil, der in Duft aufsteigen soll, lasse ihn auf dem Altar in Rauch aufgehen unter den Dingen, die vom Feuer verzehrt werden, dem Ewigen zu Ehren. Es ist ein Sündenopfer. ¹³Der Priester versöhne ihn wegen der Sünde, die er in einem von diesen Dingen begangen hat, und ihm wird vergeben. Das Übrige gehöre dem Priester, so wie das Speiseopfer.‹« • ¹⁴Der Ewige sprach zu Mosche wie folgt: ¹⁵»Eine Person, die etwas veruntreut hat und aus Irrtum etwas von den Heiligtümern des Ewigen entzieht, sie bringe als Schuldopfer dem Ewigen zu Ehren einen Widder vom Kleinvieh ohne Leibesfehler im Wert von zwei Schekalim heiligen Gewichts zum Schuldopfer. ¹⁶Was er aber vom Heiligtum aus Versehen entzogen hat, muss er bezahlen und den fünften Teil noch hinzulegen. Beides gebe er dem Priester. Der Priester aber versöhne ihn durch den Widder zum Schuldopfer, und so wird ihm vergeben.¶

[17]Wenn eine Person sündigt, begeht nämlich eines von den Dingen, die der Ewige verboten hat, weiß es aber nicht gewiss, inwieweit sie sich verschuldet und ihre Missetat zu büßen hat, [18]so bringe sie dem Priester einen Widder von dem Kleinvieh ohne Leibesfehler im Wert des Schuldopfers. Der Priester versöhne wegen des Irrtums, den sie begangen hat und nicht gewiss weiß, und so wird ihr vergeben. [19]Dies ist ein Schuldopfer. Die Person hat sich gegen den Ewigen verschuldet.«¶

[20]Der Ewige sprach zu Mosche wie folgt: [21]»Wenn eine Person sündigt und begeht eine Untreue gegen den Ewigen, sie leugnet nämlich ihrem Nebenmenschen etwas ab, entweder etwas, das ihm zur Verwahrung gegeben wurde oder sonst anvertraut worden ist, oder ein geraubtes Gut, oder sie hat ihrem Mitmenschen etwas zu Unrecht vorenthalten [22]oder sie hat etwas Verlorenes gefunden, leugnet es ab und schwört einen falschen Eid, überhaupt eine Sache, die ein Mensch begeht und sich daran versündigt, [23]wenn er nun gesündigt hat und seine Schuld erkennt, dann soll er das Geraubte wiedergeben oder das Unrecht, was er nämlich zu Unrecht vorenthalten hat oder was ihm zu verwahren gegeben worden ist oder das Verlorene, welches er gefunden hat,

Maftir

[24]oder auch worüber er sonst falsch geschworen hat. Die Hauptsumme muss er bezahlen und den fünften Teil noch hinzusetzen. Dem, welchem es gehört, soll er dies zustellen, sobald er seine Schuld erkennt. [25]Als Schuldopfer aber soll er dem Ewigen zu Ehren einen Widder vom Kleinvieh ohne Leibesfehler im Wert des Schuldopfers dem Priester bringen. [26]Der Priester versöhne ihn vor dem Ewigen. So soll ihm vergeben werden wegen desjenigen, das er begangen hat, um sich daran schuldig gemacht zu haben.«¶

Haftarat Wajikra: Jesaja 43,21-44,23 (S. 493); nicht jedoch an Schabbat Sachor (S. 581), Schabbat Hachodesch (S. 587) oder Rosch Chodesch Nissan (S. 618).

Psalm des Schabbat nach Seder Avodat Israel: Ps 50

25. Zaw (Lev 6,1-8,36)

*[INHALT: Opferritual * Bekleidung und Heiligung der Priester]*

Erster / Jahr I

6 ¹Der Ewige sprach zu Mosche wie folgt: ²»**Gib** Aharon und seinen Söhnen folgenden **Befehl** *(zaw)*: ›Dies ist die Verordnung für das Ganzopfer. Ein solches Ganzopfer soll die ganze Nacht hindurch bis zum Morgen auf der Feuerstelle[a] des Altars liegen bleiben und das Feuer des Altars soll auch des Nachts darauf brennen. ³Der Priester soll alsdann des Morgens sein leinenes Kleid anziehen und leinene Beinkleider an seinen bloßen Leib anlegen, die Asche wegnehmen, in welche das Feuer auf dem Altar das Ganzopfer verzehrt hat, und sie neben den Altar hinlegen. ⁴Er ziehe aber diese Kleider aus und lege andere Kleider an, wenn er die Asche aus dem Lager an einen reinen Ort hinausbringt. ⁵Das Feuer auf dem Altar muss darauf brennen. Es soll nicht erlöschen. Der Priester soll jeden Morgen frisches Holz darauflegen, das tägliche Ganzopfer darauf ordnen und hernach die Opferstücke der Freudenopfer darauf in Rauch aufgehen lassen. ⁶Ein beständiges Feuer soll auf dem Altar brennen, nie soll es erlöschen. •
⁷Dies ist die Verordnung für das Speiseopfer: Die Kinder Aharons bringen es vor dem Ewigen zum Altar hin. ⁸Der Priester nehme eine Hand voll von dem feinsten Mehl des Speiseopfers und von dem Öl und allen Weihrauch, der auf dem Speiseopfer liegt, und lasse den Duft davon auf dem Altar als angenehmen Geruch aufsteigen, dem Ewigen zu Ehren. ⁹Was davon übrig ist, sollen Aharon und seine Söhne essen. Als ungesäuerte Kuchen soll es gegessen werden, an einem heiligen Ort; im Hof des Stiftszeltes sollen sie es verzehren. ¹⁰Es soll nicht gesäuert gebacken werden. Ich habe es zu ihrem Anteil gegeben von meinen zum Feuer bestimmten Opfern. Es ist ein Allerheiligstes, so

---

a   Lev 6,2: *Der erste Buchstabe dieses Wortes im Hebräischen (mokda) kann in einer To-*
rarolle klein geschrieben werden.

wie das Sündenopfer und das Schuldopfer. [11]Jede männliche Person unter den Kindern Aharons darf es essen. Dies sei auf ewige Zeiten für eure Nachkommen ein bestimmter Teil an den Feueropfern des Ewigen. Was damit in Berührung kommt, soll heilig sein.‹‹¶

Zweiter

[12]Der Ewige sprach zu Mosche wie folgt: [13]»Dies ist das Opfer, welches Aharon und seine Söhne am Tag seiner Salbung dem Ewigen zu Ehren darbringen sollen, jederzeit ein Zehntel Efa feines Mehl als Speiseopfer, die Hälfte des Morgens und die Hälfte des Abends. [14]In einer Pfanne soll es mit Öl zurechtgemacht werden. Durchtränkt sollst du es bringen. Als Zwieback und in Stücken zerbrochen sollst du dieses Speiseopfer zum angenehmen Geruch dem Ewigen zu Ehren opfern. [15]Der gesalbte Priester, der von den Söhnen Aharons ihm folgen wird, soll es zubereiten. Auf ewige Zeiten sei es ein bestimmter Teil dem Ewigen zu Ehren. Es muss ganz in Rauch aufgehen. [16]Alles Speiseopfer eines Priesters soll ganz geopfert und nicht gegessen werden.‹‹¶

[17]Der Ewige sprach zu Mosche wie folgt: [18]»Rede zu Aharon und seinen Söhnen und sage ihnen: ›Dies ist die Verordnung für das Sündenopfer. An dem Ort, wo man das Ganzopfer schlachtet, soll auch das Sündenopfer vor dem Ewigen geschlachtet werden. Es ist ein Allerheiligstes. [19]Der Priester, welcher das Sündenopfer darbringt, soll es auch verzehren. An einem heiligen Ort, im Hof des Stiftszeltes, soll man es essen. [20]Was mit dem Fleisch in Berührung kommt, soll heilig sein. Und wenn man von dem Blut auf ein Kleid spritzt, dann sollst du die Stelle, worauf das Blut gespritzt worden ist, an einem heiligen Ort waschen. [21]Irdenes Gefäß, in welchem es gekocht worden ist, muss zerbrochen werden. Ist es aber in einem kupfernen Gefäß gekocht worden, so soll es mit Wasser gescheuert und ausgespült werden. [22]Jede männliche Person unter den Priestern darf es essen. Es ist ein Allerheiligstes. [23]Jedes Sündenopfer aber, von dessen Blut man in das Stiftszelt bringt, um im Heiligtum zu versöhnen, soll nicht gegessen, sondern in Feuer verbrannt werden.‹‹¶

7 ¹Dies ist die Verordnung für das Schuldopfer. Es ist ein Heiligtum von der ersten Klasse. ²An dem Ort, wo man das Ganzopfer schlachtet, soll auch das Schuldopfer geschlachtet werden. Das Blut soll man auf dem Altar herumsprengen. ³Alles Fett davon soll man opfern, nämlich das ganze Schwanzstück, das Fett, welches die Eingeweide bedeckt, ⁴die beiden Nieren nebst dem Fett daran, welches an den Lenden sitzt, und das Netz — mit der Leber nebst den Nieren soll er es absondern —. ⁵Der Priester lasse es auf dem Altar in Rauch aufgehen als ein Feueropfer dem Ewigen zu Ehren. Es ist ein Schuldopfer. ⁶Jede männliche Person unter den Priestern darf es essen. An einem heiligen Ort soll man es essen. Es ist ein Allerheiligstes. ⁷Das Sündenopfer und das Schuldopfer haben einerlei Verordnung. Dem Priester, welcher damit versöhnt, dem soll es gehören. ⁸Und derjenige Priester, welcher eines Mannes Ganzopfer darbringt: das Fell des Ganzopfers, das er dargebracht hat, soll dem Priester gehören. ⁹Jedes Speiseopfer, das im Ofen gebacken oder in einem Napf oder in der Pfanne zubereitet wird, soll dem Priester gehören, der es darbringt. ¹⁰Mit Öl eingeknetetes oder trockenes Speiseopfer soll allen Söhnen Aharons gehören, einem wie dem anderen.❡

Dritter / Jahr II

¹¹Folgendes ist die Verordnung für das Freudenopfer, das man dem Ewigen zu Ehren darbringen wird. ¹²Wenn man es als Dankopfer bringen will, dann muss man neben dem Dankopfer ungesäuerte Kuchen bringen, mit Öl eingerührt, und ungesäuerte Fladen, mit Öl bestrichen, und durchtränktes feines Mehl zu Kuchen, mit Öl angeknetet. ¹³Nebst gesäuerten Kuchen soll er all dies als Opfer bringen, neben seinem Dank- und Freudenopfer. ¹⁴Ein Stück von jedem Brotopfer bringe er als eine Hebe dem Ewigen dar. Dies soll dem Priester gehören, welcher das Blut des Freudenopfers sprengt. ¹⁵Das Fleisch von diesem Dank- und Freudenopfer muss an dem Tage gegessen werden, an welchem es geopfert worden ist. Man soll nichts davon bis zum Morgen lassen. ¹⁶Ist es aber ein Gelübde oder ein freiwilliges Opfer, so soll es an dem Tag, an dem er sein Opfer darbringt, gegessen

werden, und tags darauf — aber nur von dem, was übrig bleibt — darf man auch davon essen. [17]Was von dem Fleisch des Opfers übrig bleibt, soll am dritten Tag verbrannt werden. [18]Sollte aber von dem Fleisch der Freudenopfer auch am dritten Tage gegessen worden sein, so wird das Opfer nicht gnädig angenommen. Es soll dem nicht angerechnet werden, der es gebracht hat, sondern verworfen sein (das heißt der, der es darbringt, darf diesen Gedanken nicht haben, denn es wird dadurch verworfen). Die Person, welche davon isst, trägt ihre Missetat. [19]Das Opferfleisch, welches etwas Unreines berührt, soll nicht gegessen, sondern verbrannt werden. Was sonst das Opferfleisch betrifft, so kann jeder Reine davon essen. [20]Wenn aber jemand von dem Fleisch des Freudenopfers isst, welches dem Ewigen zu Ehren bestimmt ist, während er eine Unreinigkeit an sich hat, dann soll dieselbe Person aus ihrem Volk ausgerottet werden. [21]Wenn jemand etwas Unreines anrührt, die Unreinigkeit eines Menschen oder ein unreines Vieh oder sonst ein unreines Scheusal, und von dem Fleisch des Freudenopfers isst, welches dem Ewigen zu Ehren bestimmt ist, der soll aus seinem Volk ausgerottet werden.‹« [22]Der Ewige sprach zu Mosche wie folgt: [23]»Rede zu den Kindern Jisraels wie folgt: ›Alles Fett von einem Ochsen, einem Lamm oder einer Ziege sollt ihr nicht essen. [24]Das Fett von einem gefallenen oder von einem zerrissenen Vieh kann zu allerlei Arbeit gebraucht werden. Aber essen sollt ihr es nicht. [25]Denn wer Fett isst von einem solchen Vieh, davon man dem Ewigen zu Ehren Feueropfer bringt, diese Person, welche gegessen hat, soll aus ihrer Nation ausgerottet werden. [26]Keinerlei Blut sollt ihr essen in allen euren Wohnplätzen, weder von Geflügel noch von Vieh. [27]Jede Person, welche irgendwelches Blut isst, soll aus ihrer Nation ausgerottet werden.‹«¶

[28]Der Ewige sprach zu Mosche wie folgt: [29]»Sage den Kindern Jisraels: ›Wer sein Freudenopfer dem Ewigen zu Ehren bringen will, soll dem Ewigen von seinem Freudenopfer Folgendes darbringen: [30]Mit seinen Händen bringe er die Feueropfer des Ewigen. Das Fett nämlich bringe er auf die Brust gelegt, und zwar die Brust, um damit vor dem Ewigen eine Wendung zu machen. [31]Wenn der Priester das Fett auf

dem Altar hat in Rauch aufgehen lassen, dann gehört die Brust dem Aharon und seinen Söhnen. *32*Auch die rechte Schulter sollt ihr dem Priester als eine Hebe geben von euren Freudenopfern. *33*Derjenige von Aharons Söhnen, welcher das Blut der Freudenopfer und das Fett darbringt, dem soll die rechte Schulter zuteil werden. *34*Denn die Brust der Wendung und die Schulter der Hebe nehme ich von den Freudenopfern der Kinder Jisraels und gebe sie dem Priester Aharon und seinen Söhnen als ein ewiges Recht, das ihnen zukommt von den Kindern Jisraels. *35*Dies ist Aharons Salbungsrecht und das Salbungsrecht seiner Söhne von den Feueropfern des Ewigen. Das ist ihnen an dem Tag zugefallen, an dem man sie hinzugeführt hat, um dem Ewigen priesterlich zu dienen, *36*das der Ewige an dem Tag, an dem man sie gesalbt hat, befohlen hat ihnen zu geben von Seiten der Kinder Jisraels als ein ewiges Gesetz für ihre Nachkommen.« *37*Dies ist die Verordnung für Ganzopfer, Speiseopfer, Sündenopfer und Schuldopfer, auch für die Einweihungsopfer und für Freudenopfer, *38*welche der Ewige dem Mosche auf dem Berge Sinai befohlen hat, als er den Kindern Jisraels befohlen hat, ihre Opfer dem Ewigen zu Ehren darzubringen, nämlich in der Wüste Sinai.¶

Vierter / Jahr III

8 *1*Der Ewige sprach zu Mosche wie folgt: *2*»Nimm Aharon nebst seinen Söhnen, die Kleidungsstücke und das Salböl, den Sündenopferstier, die zwei Widder und den Korb der ungesäuerten Kuchen *3*und lass die ganze Gemeinde vor dem Eingang des Stiftszeltes sich versammeln.« *4*Mosche tat, wie ihm der Ewige befohlen hatte. Die Gemeinde versammelte sich vor dem Eingang des Stiftszeltes. *5*Mosche sprach zu der Gemeinde:»Dies hat der Ewige zu tun befohlen.« *6*Er ließ hierauf Aharon und dessen Söhne hinzutreten, wusch sie mit Wasser, *7*legte ihm den Leibrock an, band ihm den Gürtel um, zog ihm das Unterkleid an, tat den Mantel darauf, gürtete ihn mit dem Band des Mantels fest und band ihm den Mantel um. *8*Er tat das Brustschild darauf, legte in das Brustschild die Urim und Tummim, *9*setzte ihm den Bund auf, hängte über den Bund dem Angesichte zu das goldene Blech (nämlich die heilige Krone), so wie es der Ewige dem Mosche befohlen hatte. [10]Mosche nahm das Salböl, salbte die Wohnung und alles, was in sie hineingehört, und weihte es dadurch zum heiligen Gebrauch. [11]Er spritzte auch davon auf den Altar siebenmal. Er salbte den Altar und alle seine Geräte, auch das Becken und den Fuß, um sie für den heiligen Gebrauch zu weihen. [12]Er goss etwas vom Salböl auf das Haupt Aharons, salbte ihn, um ihn für den heiligen Dienst zu weihen. [13]Aharons Söhne ließ er hinzutreten, legte ihnen Leibröcke an, band ihnen Gürtel um und setzte ihnen hohe Mützen auf, wie es der Ewige dem Mosche befohlen hatte.

Fünfter

[14]Hierauf ließ er den Sündenopferstier hinzuführen. Aharon und seine Söhne legten ihre Hände auf den Kopf des Sündenopferstieres. [15]Mosche schlachtete ihn, nahm das Blut, tat etwas davon mit seinem Finger auf die Ecken des Altars rings umher, reinigte dadurch den Altar. Das übrige Blut goss er an den Grund des Altars und weihte ihn dadurch für den heiligen Gebrauch, um darauf zu versöhnen. [16]Er nahm alles Fett, welches auf dem Eingeweide ist, das Netz über der Leber und die beiden Nieren nebst dem Fett, das dran ist, und ließ es auf dem Altar in Rauch aufgehen. [17]Den Stier selbst, Fell, Fleisch und Mist verbrannte er außerhalb des Lagers, wie es der Ewige dem Mosche befohlen hatte. [18]Alsdann ließ er den Widder zum Ganzopfer hinzubringen. Aharon und seine Söhne legten ihre Hände auf den Kopf des Widders. [19]Mosche schlachtete ihn, sprengte das Blut auf den Altar umher. [20]Den Widder zergliederte er in seine Stücke, ließ den Kopf, die Stücke und das Fett in Rauch aufgehen, [21]das Eingeweide und die Kniestücke wusch er. Hernach ließ Mosche den ganzen Widder auf dem Altar in Rauch aufgehen als ein Ganzopfer, zum angenehmen Geruch, vom Feuer zu verzehren, dem Ewigen geweiht, so wie es der Ewige dem Mosche befohlen hatte.

Sechster

[22]Nachher ließ er den zweiten Widder, nämlich den Einsetzungswidder, hinzuführen. Aharon und seine Söhne legten ihre Hände auf den

Kopf des Widders. [23]Mosche schlachtete[a] ihn, nahm von seinem Blut, brachte es an den hervorragenden Knorpel am rechten Ohr Aharons, an den Daumen seiner rechten Hand und an den großen Zeh seines rechten Fußes. [24]Er ließ die Söhne Aharons hinzutreten, brachte etwas von dem Blut an den hervorragenden Knorpel ihres rechten Ohrs, an den Daumen ihrer rechten Hand und an den großen Zeh ihres rechten Fußes und sprengte das übrige Blut auf den Altar rings umher. [25]Er nahm das Fett, den Schwanz und alles Fett, welches auf dem Eingeweide ist, das Netz über der Leber und die beiden Nieren nebst dem Fett, das darauf ist, auch das rechte Schulterstück. [26]Aus dem Korb mit ungesäuerten Kuchen, der vor dem Ewigen stand, nahm er einen ungesäuerten Kuchen, auch einen Ölkuchen und einen Fladen, und legte es auf die Fettstücke und auf das rechte Schulterstück. [27]Er gab dies alles Aharon und seinen Söhnen in die Hände und ließ sie eine Wendung machen vor dem Ewigen. [28]Mosche nahm es ihnen aus den Händen, ließ es auf dem Altar nach dem Ganzopfer in Rauch aufsteigen. Es war das Einsetzungsopfer, zum angenehmen Geruch, vom Feuer zu verzehren, dem Ewigen geweiht. [29]Mosche nahm das Bruststück und machte damit eine Wendung vor dem Ewigen. Dies wurde vom Einsetzungswidder dem Mosche zuteil, wie es der Ewige dem Mosche befohlen hatte.

Siebter

[30]Mosche nahm etwas von dem Salböl, auch etwas von dem Blut, welches auf dem Altar war, spritzte es auf Aharon, seine Kleider, wie auch auf dessen Söhne und auf ihre Kleider, wodurch er Aharon und seine Kleider wie auch dessen Söhne und ihre Kleider für den heiligen Dienst weihte. [31]Mosche sprach zu Aharon und zu dessen Söhnen: »Kocht das Fleisch am Eingang des Stiftszeltes. Daselbst sollt ihr es essen, so wie das Brot, welches in dem Korb der Einsetzung ist, wie ich es befohlen habe, nämlich Aharon und dessen Söhne sollen es essen. [32]Was an Fleisch und Brot übrig bleibt, sollt ihr verbrennen.

---

a   Lev 8,23: Das Wort »schlachten« (hebr. wajischchat) hat ein musikalisches Zeichen, das in der Tora nur viermal vorkommt: Schalschelet. Es ist ein längeres Motiv mit einer mehrfach die Tonleiter auf und ab gehenden Tonfolge.

³³Vom Eingang des Stiftszeltes sollt ihr sieben Tage nicht weggehen, bis eure Einsetzungstage vorbei sind, denn sieben Tage soll eure Einsetzung dauern. ³⁴Was man heute vorgenommen hat, hat der Ewige befohlen, um euch zu versöhnen. ³⁵Am Eingang des Stiftszeltes sollt ihr sieben Tage bleiben, Tag und Nacht, und dasjenige beachten, was der Ewige verordnet hat. So werdet ihr nicht sterben. Denn so ist mir befohlen worden.« ³⁶Aharon und seine Söhne taten alles, was der Ewige durch Mosche befohlen hatte. •

Haftarat Zaw: Jeremia 7,21-8,3; 9,22-23 (S. 496); nicht jedoch an Schabbat Sachor (S. 581), Schabbat Para (S. 585) oder Schabbat Hagadol (S. 590).

Psalm des Schabbat nach Seder Avodat Israel: Ps 107

26. Schemini (Lev 9,1-11,47)

[INHALT: *Ordination der Priester* * *Nadaw und Awihu sterben beim ersten Opfer* * *Regeln für die Priester* * *Erlaubte und verbotene Tiere*]

9 ¹Es war am **achten** *(schemini)* Tag, da rief Mosche Aharon, dessen Söhne und die Ältesten Jisraels ²und sprach zu Aharon:»Nimm ein junges Rind zum Sündenopfer und einen Widder zum Ganzopfer für dich, beide ohne Fehler, und führe sie vor den Ewigen. ³Zu den Kindern Jisraels sprich wie folgt: ›Nehmt einen Ziegenbock als Sündenopfer, auch ein einjähriges Kalb und ein einjähriges Lamm ohne Fehler als Ganzopfer, ⁴ferner einen Ochsen und einen Widder zum Freudenmahl, um es vor dem Ewigen zu schlachten, auch ein mit Öl eingeknetetes Speiseopfer. Denn heute wird der Ewige euch erscheinen.« ⁵Sie brachten das, was Mosche befohlen hatte, vor das Stiftszelt. Die ganze Gemeinde trat hinzu und sie standen vor dem Ewigen. ⁶Mosche sprach:»Dies, was der Ewige befohlen hat, sollt ihr tun, so wird die Herrlichkeit des Ewigen euch erscheinen.« ⁷Und er sprach ferner zu Aharon:»Tritt hin zum Altar! Bring dein Sünden- und dein Brandopfer und schaffe Sühne für dich und für das Volk. Du bringst nämlich nachher des Volkes Opfer und versöhnst für sie, wie es der Ewige befohlen hat.« ⁸Aharon trat zum Altar und schlachtete das Kalb als Sündenopfer, welches für ihn war. ⁹Die Söhne Aharons brachten ihm das Blut. Er tunkte seinen Finger darein und brachte es auf die Ecken des Altars. Das übrige Blut goss er an den Grund des Altars. ¹⁰Das Opferfett, die Nieren und das Netz über der Leber vom Sündenopfer ließ er auf dem Altar in Rauch aufgehen, wie es der Ewige dem Mosche befohlen hatte. ¹¹Fleisch und Fett verbrannte er außerhalb des Lagers. ¹²Hernach schlachtete er das Ganzopfer. Die Söhne Aharons reichten ihm das Blut, er sprengte es auf dem Altar umher. ¹³Das Ganzopfer reichten sie ihm in zerlegten Stücken nebst dem Kopf und er ließ es auf dem Altar in Rauch aufgehen. ¹⁴Er wusch auch das

Eingeweide und die Fußstücke und ließ sie über dem Ganzopfer auf dem Altar in Rauch aufgehen. ^{15}Hierauf brachte er des Volkes Opfer dar, nahm nämlich den Sündenopferbock, welcher für das Volk war, schlachtete ihn, und behandelte dieses Opfer wie das vorige, ^{16}brachte das Ganzopfer dar und ging damit um nach vorgeschriebener Weise.

Zweiter

^{17}Er brachte alsdann das Speiseopfer dar, nahm eine Handvoll davon, ließ es auf dem Altar in Rauch aufsteigen. All dies tat er außer dem Morgenopfer. ^{18}Darauf schlachtete er den Ochsen und den Widder als Opfer zum Freudenmahl für das Volk. Die Söhne Aharons reichten ihm das Blut — er sprengte es auf dem Altar umher —. ^{19}Auch die Fettstücke vom Ochsen und vom Widder, das Schwanzstück, das Bedeckende, die Nieren und das Netz über der Leber. ^{20}Die Fettstücke legten sie auf die Bruststücke. Er ließ die Fettstücke auf dem Altar in Rauch aufgehen. ^{21}Mit dem Bruststück und dem rechten Schulterstück machte Aharon eine Wendung vor dem Ewigen, wie es Mosche befohlen hatte. ^{22}Aharon hob seine Hände zum Volk hin hoch und gab ihnen den Segen. Nachdem er das Sündenopfer, das Brandopfer und die Freudenopfer verrichtet hatte, ging er herab. ^{23}Mosche und Aharon kamen hernach in das Stiftszelt (um daselbst anzubeten). Als sie wieder herauskamen, segneten sie das Volk, und da erschien der ganzen Nation die Herrlichkeit des Ewigen.

Dritter

^{24}Es fuhr eine Flamme von dem Ewigen aus (nämlich aus dem Allerheiligsten) und verzehrte dasjenige, was auf dem Opferaltar war, das Ganzopfer samt den Fettstücken. Das gesamte Volk sah es. Sie machten ein Freudengeschrei und fielen auf ihr Angesicht. **10** ^{1}Die Söhne Aharons aber, Nadaw und Awihu, hatten jeder seine Rauchpfanne genommen, Feuer hineingetan und Weihrauch daraufgelegt. Sie brachten also vor den Ewigen fremdes Feuer, welches er ihnen nicht befohlen hatte. ^{2}Als nun die Flamme von dem Ewigen herausfuhr, verzehrte sie dieselben und sie starben vor der Erscheinung des Ewi-

gen. ³Mosche sprach zu Aharon (der darüber bestürzt war): »Dies
ist es, was der Ewige gesprochen hatte: ›Durch die, welche sich mir
nahen, will ich geheiligt und vor dem Angesicht der gesamten Nation
verherrlicht sein.‹« Und Aharon beruhigte sich. ⁴Mosche rief Mischael
und Elzafan, die Söhne Usiels, der Aharons Onkel war. Er sprach zu
ihnen: »Tretet hinzu! Tragt eure Vettern vor dem Heiligtum weg aus
dem Lager hinaus.« ⁵Sie traten hinzu und trugen sie in ihren Leibröcken aus dem Lager hinaus, wie Mosche gesprochen hatte. ⁶Mosche
sprach zu Aharon und El'asar und Itamar, seinen Söhnen: »Ihr sollt
euer Haupthaar nicht wild wachsen lassen (wie die Leidtragenden es
tun) und eure Kleider nicht zerreißen, damit ihr nicht sterbet und er
(nämlich Gott) über die ganze Nation zürne. Eure Brüder aber, das
gesamte Haus Jisraels, sollen den Brand beweinen, den der Ewige
angezündet hat. ⁷Und von dem Eingang des Stiftszeltes sollt ihr nicht
weggehen. Ihr könntet sonst sterben. Denn das Salböl des Ewigen ist
auf eurem Haupt.« Sie taten, wie Mosche gesprochen hatte. ¶

⁸Der Ewige sprach zu Aharon wie folgt: ⁹»Wein oder sonst etwas
Berauschendes sollst du und deine Söhne nicht trinken, wenn ihr in
das Stiftszelt geht, damit ihr nicht sterbet. Es sei ein ewiges Gesetz
bei euren Nachkommen, ¹⁰ damit ihr auch Heiliges und Gemeines,
Reines und Unreines unterscheidet ¹¹sowie auch die Kinder Jisraels
all die Gesetze lehren könnt, welche ihnen der Ewige durch Mosche
hat sagen lassen.« ¶

Vierter / Jahr II

¹²Mosche sagte zu Aharon und seinen noch übrigen Söhnen, El'asar
und Itamar: »Nehmt das Speiseopfer, das von den Feueropfern des
Ewigen übrig geblieben ist, und esst es als ungesäuertes Brot neben
dem Altar. Denn es ist ein Allerheiligstes. ¹³Ihr müsst es also an einem heiligen Ort essen. Es ist der für dich und deine Söhne von den
Feueropfern des Ewigen bestimmte Teil. Denn so ist mir befohlen
worden. ¹⁴Die Brust der Wendung und das Schulterstück der Hebe
aber esst nur an einem reinen Ort (auch wenn er nicht heilig ist), und
zwar sowohl du als auch deine Söhne und Töchter mit dir. Denn es

ist der für dich und deine Söhne von den Freudenopfern der Kinder Jisraels bestimmte Teil. [15]Das Schulterstück der Hebe und die Brust der Wendung bringe man mit den als Feueropfer bestimmten Fettstücken dar, um eine Wendung vor dem Ewigen damit zu machen. Sie seien aber dir und deinen Söhnen auf ewig zum Anteil bestimmt, wie es der Ewige befohlen hat.«

Fünfter

[16]Nach dem Sündenopferbock erkundigte sich Mosche, und siehe, er war verbrannt. Da zürnte Mosche über El'asar und Itamar, die noch übrigen Söhne Aharons, und sprach: [17]»Warum habt ihr nicht an einem heiligen Ort das Sündenopfer gegessen, obwohl es doch ein Allerheiligstes ist und Gott es euch gegeben hat, um die Sünde des Volkes zu übernehmen vor dem Ewigen, nämlich um sie zu versöhnen? [18]Das Blut davon ist ja nicht in das Heiligtum gebracht worden. Also hättet ihr es wohl an einem heiligen Orte essen sollen, wie ich es befohlen hatte.« [19]Aharon sprach zu Mosche:»Siehe, heute haben sie (meine Söhne nämlich) ihr Sündenopfer und ihr Ganzopfer dargebracht vor dem Ewigen. Und solches ist mir widerfahren. Hätte ich nun Sündenopfer heute gegessen, würde dies dem Ewigen wohl gefallen?« [20]Mosche hörte dies, und es gefiel ihm.֍

Sechster / Jahr III

11 [1]Der Ewige sprach zu Mosche und Aharon, sprach nämlich zu ihnen: [2]»Redet zu den Kindern Jisraels wie folgt: ›Dies ist das Getier, welches ihr unter den vierfüßigen Tieren auf der Erde essen dürft. [3]Was unter den vierfüßigen Tieren geteilte Klauen hat, wovon nämlich die Klauen ganz durchgespalten sind, und was wiederkäuend ist, das dürft ihr essen. [4]Folgende sollt ihr von dem wiederkäuenden Vieh und von dem Vieh mit gespaltenen Klauen nicht essen: das Kamel, denn es ist zwar wiederkäuend, hat aber keine gespaltenen Klauen. Dieses soll euch unrein sein. [5]Auch nicht das Kaninchen, denn es ist zwar wiederkäuend, hat aber keine gespaltenen Klauen. Dieses soll euch unrein sein. [6]Wie auch nicht den Hasen, denn er ist zwar wiederkäuend, hat aber keine gespaltenen Klauen. Dieser soll euch unrein sein. [7]Endlich auch nicht das Schwein, denn es hat zwar geteilte Klauen, und seine Klauen sind durchgespalten, es käut aber nicht wieder. Dieses soll euch unrein sein. [8]Von ihrem Fleisch sollt ihr nicht essen und ihr Aas nicht anrühren (zu der Zeit nämlich, wenn ihr euch rein halten müsst). Diese sollen euch unrein sein. [9]Folgendes dürft ihr von dem, was im Wasser lebt, essen: Was im Wasser Flossen und Schuppen hat, sowohl in Seen als auch in Flüssen, dies dürft ihr essen. [10]Was aber in Seen oder Flüssen nicht Flossen und Schuppen hat von allem, was im Wasser auskriecht oder sonst im Wasser lebendig ist, sei euch ein Gräuel [11]und soll euch jederzeit ein Gräuel bleiben. Von ihrem Fleisch sollt ihr nicht essen und vor ihrem Aas sollt ihr Abscheu haben. [12]Was im Wasser nicht Flossen und Schuppen hat, soll euch ein Gräuel sein. [13]Folgende Arten von Geflügel sollt ihr scheuen, sie sollen nicht gegessen werden, sie sind ein Gräuel: den Adler, den Beinbrecher und den schwarzen Adler, [14]den weißen Habicht, den schwarzen Habicht nach allen Arten desselben, [15]den Raben nach allen seinen Arten, [16]den Straußvogel, die Schwalbe (andere übersetzen: Falke), das Meerhuhn und den Sperber nach allen seinen Arten, [17]den Uhu, den Fischreiher und die Nachteule, [18]die Fledermaus, den Pelikan und den Grünspecht, [19]den Storch, den Bergfalk (andere übersetzen: Häher) nach allen Arten, den Auerhahn und den Wiedehopf. [20]Jedes kriechende Geflügel, das auf Vieren geht, soll euch ein Gräuel sein. [21]Doch dürft ihr Folgendes vom vierfüßigen Geflügel essen: was zwei Springfüße hat oberhalb der rechten Füße, um damit auf der Erde zu hüpfen. [22]Folgende dürft ihr also davon essen: Arbeh, Sol'am, Chargol und Chagaw nach allen Arten derselben. [23]Alles übrige kriechende Geflügel, das bloß vier Füße hat (und keine Springfüße), soll euch ein Gräuel sein. [24]An Folgendem könnt ihr euch verunreinigen, nämlich wer das Aas davon berührt, soll bis zum Abend unrein sein, [25]und wer etwas von ihrem Aas trägt, muss seine Kleider waschen und bis zum Abend unrein sein. [26]Überhaupt alle vierfüßigen Tiere, die geteilte, aber nicht durchgespaltene Klauen haben oder nicht wiederkäuend sind, diese sollen euch unrein sein. Wer sie (nach ihrem Tode) berührt, soll unrein sein. [27]Was unter vierfüßigen Tieren auf Tatzen geht, diese sollen euch unrein sein. Wer das Aas davon berührt, soll bis zum Abend unrein sein. [28]Wer von ihrem Aas trägt, muss seine Kleider waschen und bis zum Abend unrein sein. Diese also sollen euch unrein sein. • [29]Folgendes soll euch unrein sein unter den Kriechtieren, die auf der Erde kriechen: das Wieselchen, die Maus und der Laubfrosch (andere übersetzen: Schildkröte) nach allen Arten, [30]der Igel, der Koach und die Eidechse, die Blindschleiche (andere übersetzen: Schnecke) und der Maulwurf. [31]Diese sollen euch unrein sein unter den Kriechtieren. Wer sie nach ihrem Tode berührt, soll bis zum Abend unrein sein. [32]Und alles, worauf etwas von ihnen nach ihrem Tode fallen wird, soll unrein sein, es sei hölzernes Gerät, Gewand, Fell oder Sack, alles Gerät, womit man etwas verrichten kann. Es muss in Wasser getan werden und bleibt unrein bis zum Abend. Hernach ist es rein.

Siebter

[33]Wenn etwas davon in irdenes Geschirr fallen wird, dann soll alles, was darin ist, unrein sein und das Geschirr selbst müsst ihr zerbrechen. [34]Etwas von allen Speisearten, die genossen werden und woran Wasser gekommen ist, soll unrein sein. Auch alles Getränk, das getrunken wird, soll in allerlei Gefäß unrein werden können. [35]Alles, worauf etwas von ihrem Aas fällt, soll unrein sein. Backofen und Herd muss abgebrochen werden, sie sind unrein. Diese also sollen euch unrein sein. [36]Aber Quelle und Zisterne, worin Wasser aufbewahrt wird, soll rein bleiben. Was hingegen das Aas berührt, soll unrein sein. [37]Fällt etwas von ihrem Aas auf Samen, der zum Aussäen bestimmt ist, ist er rein. [38]Ist aber Wasser an den Samen gebracht worden, und es fällt von ihrem Aas drauf, so soll er euch unrein sein. • [39]Wenn von dem Vieh, das euch zu Essen erlaubt ist, eins von selbst stirbt, wer das Aas davon berührt, soll bis zum Abend unrein sein. [40]Wer von ihrem Aas isst, muss seine Kleider waschen und bis zum Abend unrein sein. Wer von ihrem Aas trägt, muss seine Kleider waschen und bis zum Abend unrein sein. [41]Alles Kriechtier, das auf der Erde kriecht, ist ein

Gräuel, soll nicht gegessen werden. [42]Was auf dem Bauch[a] schleicht oder auf Vieren geht, bis hin zu jedem Vielfüßigen, überhaupt alles Kriechende, das nahe an der Erde kriecht, sollt ihr nicht essen, denn sie sind ein Gräuel. [43]Macht eure Seelen nicht zum Gräuel durch kriechende Tiere. Verunreinigt euch nicht mit denselben, denn ihr könnt selbst durch sie unreine Geschöpfe werden. [44]Ich bin der Ewige, euer Gott. Ihr müsst euch also heilig halten, so werdet ihr heilige Geschöpfe sein, denn ich bin der Heilige. Ihr müsst euch also ja nicht durch kriechende Tiere verunreinigen.

Maftir

[45]Denn ich bin der Ewige, welcher euch aus Mizrajim geführt hat, um von euch als euer Gott verehrt zu sein. Ihr müsst also heilig sein, denn ich bin der Heilige.‹« [46]Dies ist das Gesetz von vierfüßigen Tieren und vom Geflügel, von allem Lebendigen, das sich im Wasser regt, sowie von allem Beseelten, das auf der Erde kriecht, [47]wonach zu unterscheiden ist zwischen dem Reinen und dem Unreinen und zwischen dem lebendigen Wesen, das zu essen erlaubt ist, und zwischen dem lebendigen Wesen, das zu essen verboten ist.¶

Haftarat Schemini: 2. Samuel 6,1-7,17 (S. 498); nciht jedoch an Schabbat Para (S. 585), Schabbat Hachodesch (S. 587) oder Erev Rosch Chodesch Ijar (S. 618).

Psalm des Schabbat nach Seder Avodat Israel: Ps 128

---

a *Lev 11,42: Der Buchstabe Waw in dem hebräischen Wort für »Bauch« (gachon) ist größer geschrieben. Er markiert die Mitte der Tora in Bezug auf die Buchstaben.*

27. Tasria (Lev 12,1-13,59)

[INHALT: Geburt * Zara'at (Aussatz) an Menschen und Kleidern]

12 ¹Der Ewige sprach zu Mosche wie folgt: ²»Rede mit den Kindern Jisraels wie folgt: ›Wenn eine Frau **Nachkommen zur Welt bringt** *(tasria)* und gebärt ein mänliches Kind, dann soll sie sieben Tage unrein sein, so lange wie sie bei ihren monatlichen Schmerzen abgesondert bleiben muss. ³Am achten Tag soll man ihm die Vorhaut abschneiden. ⁴Hernach soll sie dreiunddreißig Tage mit dem reinen Blutabgang zubringen, nicht Heiliges berühren und nicht in das Heiligtum kommen, bis ihre Reinigungszeit vorüber ist. ⁵Gebiert sie aber ein weibliches Kind, so soll sie zwei Wochen, so wie bei ihrer gewöhnlichen Absonderung, unrein sein und sechsundsechzig Tage in reinem Blutabgang zubringen. ⁶Wenn ihre Reinigungstage vorüber sind, für einen Sohn oder für eine Tochter, soll sie dem Priester vor dem Eingange des Stiftsgezelts ein einjähriges Lamm zum Ganzopfer bringen und eine junge Taube oder eine Turteltaube zum Sündenopfer. ⁷Dieser soll es vor dem Ewigen darbringen und sie versöhnen, und alsdann soll sie von ihrem Blutfluss rein sein. Dies ist das Gesetz für eine Gebärende, wenn sie ein männliches oder weibliches Kind zur Welt bringt. ⁸Hat sie nicht so viel Vermögen, dass es zu einem Lamm hinreicht, dann soll sie zwei Turteltauben oder zwei junge Tauben, eine als Ganzopfer und die andere als Sündenopfer, nehmen. Der Priester soll sie versöhnen und sie soll rein sein.‹«¶

13 ¹Der Ewige sprach zu Mosche und Aharon wie folgt: ²»Wenn sich an der Haut eines Menschen eine erhaben scheinende oder angelaufene Stelle oder ein Flecken zeigen wird und es könnte an der Haut zum Schaden des Aussatzes werden, dann soll man ihn zum Priester Aharon oder zu einem von den Priestern, seinen Söhnen, bringen. ³Wenn nun der Priester den Schaden an der Haut besieht und findet, dass das Haar am Schaden weiß geworden ist und der Schaden tiefer zu sein scheint als die übrige Haut, dann ist es der Schaden des Aussatzes. Sobald der Priester dies sieht, soll er ihn für unrein erklären. ⁴Ist es aber ein weißer Flecken in der Haut, der Schein ist hingegen doch nicht tiefer als die übrige Haut, auch ist das Haar nicht weiß geworden, dann soll der Priester den Schaden sieben Tage einschließen lassen. ⁵Wenn ihn nun der Priester am siebten Tag wieder besieht und findet, dass der Schaden geblieben ist, wie er war, und sich nicht in der Haut ausgebreitet hat, dann soll ihn der Priester nochmals sieben Tage einschließen lassen.

Zweiter

⁶Am siebten Tage besehe ihn der Priester nochmals. Findet er, dass der Schaden seinen Glanz verloren hat und sich nicht in der Haut ausgebreitet hat, dann soll ihn der Priester rein sprechen. Es ist eine angelaufene Stelle. Er soll seine Kleider waschen und rein sein. ⁷Wenn sich aber die angelaufene Stelle, nachdem sie der Priester zur Reinsprechung besehen hat, dennoch in der Haut ausgebreitet hat, dann soll sie wiederum dem Priester gezeigt werden. ⁸Sieht nun der Priester, dass sich die angelaufene Stelle in der Haut ausgebreitet hat, dann soll der Priester ihn für unrein erklähren. Es ist der Aussatz.¶

⁹Wenn der Schaden des Aussatzes an einem Menschen sich zeigt und vor den Priester gebracht wird ¹⁰und der Priester sieht, dass eine weiße erhabene Stelle in der Haut ist, die das Haar weiß gemacht hat, oder dass mitten in dieser erhabenen Stelle gesundes Fleisch hervorgequollen ist, ¹¹so ist es ein alter Aussatz in der Haut des Fleisches. Der Priester soll ihn für unrein erklären. Er braucht ihn nicht einschließen zu lassen, denn er ist unrein. ¹²Wenn aber der Aussatz in der Haut ausblüht und bedeckt die ganze schadhafte Haut vom Kopf bis zu den Füßen, so weit der Priester sehen kann, ¹³und der Priester sieht, dass der Aussatz das ganze Fleisch bedeckt, dann soll er den Schaden rein sprechen. Wenn alles weiß geworden ist, so ist er rein. ¹⁴Sobald sich aber gesundes Fleisch darin zeigt, ist er unrein. ¹⁵Sowie der Priester des gesunden Fleischs gewahr wird, muss er ihn für unrein erklären.

Das gesunde Fleisch ist unrein. Es ist der Aussatz. ¹⁶Wenn aber das gesunde Fleisch sich wieder verändert und weiß wird, dann soll es vor den Priester kommen. ¹⁷Wenn der Priester erkennt, dass der Schaden weiß geworden ist, dann soll er ihn rein sprechen, dann ist er rein.¶

Dritter

¹⁸Wenn jemand in seiner Haut eine Entzündung hat und sie wird geheilt, ¹⁹an dem Ort der Entzündung aber entsteht eine weiße erhabene Stelle oder ein hochrot und weißer Fleck, dann muss es dem Priester gezeigt werden. ²⁰Sieht der Priester, dass der Schein davon tiefer ist als die übrige Haut, und das Haar ist weiß geworden, dann soll ihn der Priester für unrein erklären. Es ist der Schaden des Aussatzes, der an der Entzündung ausgeblüht ist. ²¹Sieht aber der Priester, dass kein weißes Haar darin ist, der Schein ist auch nicht tiefer als die übrige Haut und sie hat keinen Glanz, dann soll ihn der Priester sieben Tage einschließen lassen. ²²Wenn es sich in der Haut ausbreitet, dann soll der Priester es für unrein erklären. Es ist der Schaden des Aussatzes. ²³Bleibt aber der Flecken an seiner Stelle und hat sich nicht ausgebreitet, so ist es bloß die Narbe der Entzündung. Der Priester soll ihn rein sprechen. •

Vierter (Zweiter)

²⁴Wenn jemand ein Brandgeschwür an seiner Haut hat und nach der Heilung des Brandgeschwürs entsteht ein hochrot und weißer oder ein weißer Flecken, ²⁵der Priester sieht, dass das Haar in dem Flecken weiß geworden ist, und er scheint tiefer zu sein als die übrige Haut, so ist es der Aussatz, der an der Stelle des Brandgeschwürs ausgeblüht ist. Der Priester soll ihn für unrein erklären. Es ist der Schaden des Aussatzes. ²⁶Sieht aber der Priester, dass kein weißes Haar in dem Flecken ist, der Schein ist nicht tiefer als die übrige Haut, und er hat keinen Glanz, dann soll ihn der Priester sieben Tage einschließen lassen. ²⁷Der Priester besehe ihn am siebten Tage wieder. Hat sich derselbe in der Haut ausgebreitet, dann soll ihn der Priester für unrein erklären. Es ist der Schaden des Aussatzes. ²⁸Bleibt aber der Flecken an seiner Stelle,

hat sich nicht ausgebreitet in der Haut und hat keinen Glanz, so ist es bloß die vom Brandgeschwür erhabene Stelle. Der Priester soll es rein sprechen, denn es ist die Narbe des Brandgeschwürs.¶

Fünfter

²⁹Eine männliche oder weibliche Person, die einen Schaden am Kopf oder am Bart hat, ³⁰wenn der Priester ihn besieht und er scheint tiefer zu sein als die übrige Haut und es ist dünnes goldgelbes Haar daran, dann soll ihn der Priester für unrein erklären. Es ist der böse Grind, der Aussatz am Kopf oder am Bart. ³¹Wenn aber der Priester den Schaden des Grindes besieht und findet, dass zwar sein Schein nicht tiefer ist als die übrige Haut, es ist aber auch kein schwarzes Haar daran, dann soll der Priester den Schaden des Grindes sieben Tage einschließen lassen. ³²Am siebten Tage besehe der Priester den Schaden wieder. Findet er, dass der Schaden des Grindes sich nicht ausgebreitet hat, auch kein dünnes goldgelbes Haar daran ist und der Schein des Grindes nicht tiefer ist als die übrige Haut, ³³so soll derselbe sich scherenª lassen. Die Stelle, wo der Grind ist, muss er aber nicht scheren. Und der Priester soll den Grind nochmals sieben Tage einschließen lassen. ³⁴Am siebten Tag besehe er ihn. Findet er, dass der Grind sich nicht in der Haut ausgebreitet hat und der Schein nicht tiefer ist als die übrige Haut, dann soll ihn der Priester rein sprechen. Er wasche seine Kleider und ist rein. ³⁵Verbreitet sich aber der Grind in der Haut, nachdem er rein gesprochen worden ist, ³⁶der Priester besieht ihn und findet, dass der Grind sich ausgebreitet, so braucht der Priester nicht erst nach dem goldgelben Haar zu sehen. Er ist unrein. ³⁷Ist der Grind so geblieben, wie er war, und es ist schwarzes Haar daran gewachsen, dann ist der Grind geheilt. Er ist rein. Der Priester soll ihn rein sprechen. • ³⁸Eine männliche oder weibliche Person, die an ihrer Haut Flecken hat, weiße Flecken, ³⁹wenn der Priester sieht, dass in der Haut weiße Flecken sind, die keinen Glanz haben, dann ist es ein Frieselausschlag, der in der Haut aufgeblüht ist. Er ist rein. •

---

a   *Der Buchstabe gimmel in dem hebräischen Wort für »scheren« (wehitgalach) ist größer geschrieben. Er markiert dieses Wort, welches die Mitte der Tora ist in Bezug auf die Worte.*

⁴⁰Wenn jemandem die Haare ausfallen, dann ist er ein Kahlkopf. Er ist rein. 41Fallen ihm auf der Seite seines Angesichts die Haare aus, dann ist er ein Vorderkahlkopf. Er ist rein. ⁴²Zeigt sich an der kahlen Hinter- oder Vorderseite ein dunkelrot- und weißer Schaden, dann ist es der Aussatz, der an der kahlen Hinter- oder Vorderseite ausgebrochen ist. ⁴³Wenn ihn der Priester besieht und findet, dass eine dunkelrot- und weiße Stelle sich an der kahlen Hinter- oder Vorderseite erhoben hat, die so aussieht wie der Aussatz in der Haut, ⁴⁴so ist der Mann aussätzig. Er ist unrein. Der Priester muss ihn unrein sprechen. Er hat seinen Schaden am Kopf. ⁴⁵Ein Aussätziger, der den Schaden hat, soll zerrissene Kleider tragen, sein Haupthaar wild wachsen lassen, bis über den Lippenbart eingehüllt gehen und ›Unrein!‹ ausrufen. ⁴⁶Solange er den Schaden an sich hat, der unrein macht, soll er auch unrein sein. Er soll einsam bleiben, seine Wohnung soll außerhalb des Lagers sein. •

⁴⁷Ein Gewand, in welchem der Schaden des Aussatzes entsteht, ein wollenes oder leinenes Gewand ⁴⁸oder im Gewebe oder im Einschlag von Leinen oder Wolle oder an Leder oder an Arbeit aus Leder, ⁴⁹die schadhafte Stelle sieht dunkelgrün aus oder dunkelrot im Gewand oder im Leder in Gewebe oder Einschlag sowie an allerlei ledernem Gerät, dann ist es der Schaden des Aussatzes und muss dem Priester gezeigt werden. ⁵⁰Der Priester besehe den Schaden und muss ihn sieben Tage verschließen lassen. ⁵¹Am siebenten Tage besehe er ihn wieder. Findet er, dass der Schaden sich ausgebreitet hat im Gewand, Gewebe oder Einschlag oder im Leder, in allen Kunstarbeiten, wozu das Leder gebraucht wird, dann ist es ein schädlicher Aussatz. Er ist unrein. ⁵²Man soll das Kleid, Gewebe oder den Einschlag in Wolle oder Leinen sowie das lederne Gerät, woran der Schaden sein wird, verbrennen. Es ist ein schädlicher Aussatz, er muss verbrannt werden. ⁵³Sieht der Priester aber, dass der Schaden im Gewand, Gewebe oder Einschlag oder ledernem Gerät sich nicht ausgebreitet hat, ⁵⁴so soll der Priester befehlen, dass man das Stück, woran der Schaden ist, wasche und man soll es nochmals sieben Tage verschließen.

Siebter (Vierter)

⁵⁵Findet der Priester, nachdem der Schaden gewaschen worden ist, daß er seine Farbe nicht verwandelt hat und sich auch nicht ausgebreitet hat, dann ist das Stück unrein und muss verbrannt werden. Es ist ein Schwund an der Rückseite oder an der Vorderseite. ⁵⁶Sieht aber der Priester, dass der Schaden den Glanz verloren hat, nachdem er gewaschen worden ist, dann soll er ihn aus dem Gewand oder aus dem Leder, aus Gewebe oder Einschlag herausreißen.

Maftir

⁵⁷Zeigt er sich hernach wieder an dem Gewand, Gewebe oder Einschlag oder auch am ledernen Gerät, dann ist es ein Schaden, der wieder aufgeblüht ist, dann musst du das Stück, worin der Schaden ist, verbrennen. ⁵⁸Das Gewand, Gewebe, der Einschlag oder das lederne Gerät, welches man gewaschen hat und der Schaden ist ausgegangen, soll nochmals gewaschen werden und rein sein.« ⁵⁹Dies ist die Verordnung vom Schaden des Aussatzes in wollenem oder leinenem Gewand, in Gewebe oder Einschlag oder in allerlei ledernem Geräte, wie er für rein und unrein zu erklären ist.¶

Haftarat Tasria: 2. Könige 4,42-5,19 (S. 501); Wenn Tasria und Mezora zusammenfallen, liest man Haftarat Mezora (S. 503). Andere Haftarot liest man an Schabbat Hachodesch (S. 587), an Erev Rosch Chodesch (S. 619) oder Rosch Chodesch Nissan (S. 618).

Psalm des Schabbat nach Seder Avodat Israel: Ps 106

28. Mezora (Lev 14,1-15,33)

[INHALT: Kultische Reinigungsrituale * Zaraat an Häusern * Kultische Rein- und Unreinheit bei Mann und Frau]

Erster / Jahr I

14   ¹Der Ewige sprach zu Mosche wie folgt: ²»Dies soll die Verordnung für den **Aussätzigen** *(mezora)* sein, wenn er wieder rein wird. Er soll vor den Priester gebracht werden. ³Nämlich der Priester geht hinaus außerhalb des Lagers. Sieht der Priester nun, dass der Schaden des Aussatzes an dem Aussätzigen geheilt ist, ⁴dann lasse er für den Reinzusprechenden zwei gesunde, reine Vögel bringen, auch Zedernholz und hochrote Wolle und das Kraut Ysop. ⁵Auf des Priesters Befehl schlachte jemand den einen Vogel in ein irdenes Gefäß über frischem Wasser. ⁶Hierauf nehme er den lebenden Vogel samt dem Zedernholz, der hochroten Wolle und dem Ysop, tunke dies alles nebst dem lebenden Vogel in das Blut des geschlachteten Vogels, welches unter dem frischen Wasser ist. ⁷Er besprenge den Reinzusprechenden damit siebenmal, reinige ihn und lasse den Vogel aufs Feld fliegen. ⁸Derjenige, der reingesprochen werden soll, wasche hierauf seine Kleider, schere sich alle seine Haare ab, bade sich in Wasser und wird rein. Er darf nämlich hernach ins Lager kommen. Doch muss er sich noch sieben Tage außerhalb seines Zeltes aufhalten. ⁹Am siebten Tag aber schere er sich alle seine Haare ab, sowohl vom Kopf als auch vom Bart, die Augenbrauen, überhaupt alles Haar schere er ab, wasche seine Kleider, bade sich in Wasser und wird rein. ¹⁰Am achten Tage bringe er zwei Schafe ohne Fehler und ein einjähriges Schaf weiblichen Geschlechts ohne Fehler, drei Zehntel feinen Mehls als Speiseopfer mit Öl angeknetet und ein Log Öl. ¹¹Der reinigende Priester stelle den Mann, der gereinigt wird, und die Opferschafe vor den Ewigen an den Eingang des Stiftszeltes. ¹²Hierauf nehme der Priester das eine Schaf, bringe es zum Schuldopfer nebst dem Log Öl. Er mache nämlich mit beiden eine Wendung vor dem Ewigen.

Zweiter

¹³Er schlachte hernach das Schaf an dem Ort, wo man das Sündenopfer und das Ganzopfer schlachtet, nämlich an dem heiligen Ort. Denn das Schuldopfer hat der Priester anzusehen wie ein Sündenopfer, es ist ein Allerheiligstes. ¹⁴Der Priester nehme von dem Blut des Schuldopfers, bringe es an den hervorragenden Knorpel am rechten Ohr desjenigen, der gereinigt wird, und auf den Daumen seiner rechten Hand und auf den großen Zeh seines rechten Fußes. ¹⁵Hierauf nehme der Priester von dem Log Öl und gieße davon in des Priesters linke Hand. ¹⁶Er tunke seinen rechten Zeigefinger in das Öl, das er in der linken Hand hat, und sprenge etwas davon siebenmal vor dem Ewigen. ¹⁷Von dem übrigen Öl in seiner Hand bringe er etwas an den rechten Ohrknorpel desjenigen, der gereinigt wird, an den Daumen seiner rechten Hand und an den großen Zeh seines rechten Fußes über das Blut des Schuldopfers. ¹⁸Was in seiner Hand noch an Öl zurückbleibt, bringe er auf das Haupt desjenigen, der gereinigt wird. So versöhne der Priester ihn vor dem Ewigen. ¹⁹Der Priester mache hierauf das Sündenopfer zurecht, versöhne den Reinzusprechenden und schlachte dann das Ganzopfer. ²⁰Zuletzt bringe der Priester das Ganzopfer nebst dem Speiseopfer auf den Altar. So versöhne der Priester ihn und hiermit ist er rein. •

Dritter (Fünfter)

²¹Wenn er aber arm ist und sein Vermögen nicht hinreicht, so nehme er ein Schaf zum Schuldopfer, zur Wendung, damit er versöhnt werde, ein Zehntel feinen Mehls, mit Öl angeknetet als Speiseopfer und ein Log Öl, ²²zwei Turteltauben oder zwei junge Tauben — wozu sein Vermögen hinreicht —. Davon sei eines zum Sündenopfer und eines zum Ganzopfer. ²³Am achten Tag seiner Reinigung bringe er sie dem Priester vor den Eingang des Stiftszeltes, vor dem Ewigen. ²⁴Der Priester nehme das Schaf zum Schuldopfer und das Log Öl und er, der Priester nämlich, mache damit eine Wendung vor dem Ewigen. ²⁵Man schlachte das Schaf des Schuldopfers. Der Priester nehme etwas von dem Blut des Schuldopfers, bringe es an den rechten Ohrknorpel desjenigen, der gereinigt wird, an den Daumen seiner rechten Hand und an den großen Zeh seines rechten Fußes. ²⁶Von dem Öl gieße

er in seine, des Priesters, linke Hand, [27]sprenge mit seinem rechten Finger etwas von dem Öl, das in seiner linken Hand ist, siebenmal vor dem Ewigen, [28]bringe etwas von dem Öl, das in seiner Hand ist, an den rechten Ohrknorpel desjenigen, der gereinigt wird, an den Daumen seiner rechten Hand und an den großen Zeh seines rechten Fußes, an dieselbe Stelle, wo das Blut des Schuldopfers ist. [29]Was von dem Öl auf der Hand des Priesters noch übrig ist, bringe er auf das Haupt desjenigen, der gereinigt wird, um ihn vor dem Ewigen zu versöhnen. [30]Alsdann soll er eine von den Turteltauben oder jungen Tauben zurechtmachen — nachdem nämlich das Vermögen hinreichend war —. [31]Was sein Vermögen aufgebracht hat, davon werde eines zum Sündenopfer und das andere zum Ganzopfer genommen nebst dem Speiseopfer, wodurch der Priester den zu Reinigenden vor dem Ewigen versöhnt.«¶

[32]Dies ist die Lehre für denjenigen, der den Aussatz an sich hat, wenn sein Vermögen nicht hinreicht und er rein werden soll.

Vierter (Sechster) / Jahr III

[33]Der Ewige sprach zu Mosche und Aharaon wie folgt:»Wenn ihr in das Land Kenaan kommt, das ich euch zum Eigentum gebe und ich in einem Haus eures eigentümlichen Landes den Aussatz entstehen lasse, [35]dann soll derjenige, dem das Haus gehört, kommen, dem Priester berichten und sprechen:›Es zeigt sich etwas in meinem Haus wie der Aussatz.‹ [36]Der Priester soll befehlen, dass man das Haus räume, bevor er kommt, um den Schaden zu besichtigen — damit nicht alles unrein werde, was im Haus ist —. Hernach komme der Priester, um das Haus zu besehen. [37]Wenn er nun den Schaden betrachtet und findet solchen so beschaffen, dass sich an den Wänden des Hauses dunkelgrüne oder dunkelrote Vertiefungen zeigen, ihr Schein nämlich ist tiefer als die übrige Wand, [38]dann soll der Priester aus dem Haus herausgehen, vor den Eingang des Hauses treten und solches für sieben Tage verschließen. [39]Wenn der Priester am siebten Tag wiederkommt und sieht, dass der Schaden in den Wänden des Hauses zugenommen hat, [40]so soll er befehlen, dass man die Steine herauszieht, an welchen der Schaden

ist. Diese wirft man außerhalb der Stadt an einen unreinen Ort. *⁴¹*Das Haus aber soll er inwendig um den Aussatz herum abkratzen lassen und die Kalkerde, die man abkratzt, schütte man außerhalb der Stadt an einen unreinen Ort. *⁴²*Man soll andere Steine nehmen und statt der ausgebrochenen Steine einsetzen, auch andere Kalkerde nehmen und das Haus tünchen. *⁴³*Blüht dann der Schaden wiederum am Haus auf, nachdem man die Steine herausgezogen hat, nachdem das Haus abgekratzt und getüncht worden ist, *⁴⁴*der Priester kommt und sieht, dass der Schaden an dem Haus zugenommen hat, so ist es ein verderblicher Aussatz am Haus. Es ist unrein. *⁴⁵*Man muss das Haus einreißen, nämlich die Steine, das Holz und allen Kalk des Hauses auseinander nehmen und außerhalb der Stadt an einen unreinen Ort bringen. *⁴⁶*Wer in das Haus kommt, so lange man es verschlossen hat, soll bis zum Abend unrein sein. *⁴⁷*Wer in dem Haus schläft, muss auch seine Kleider waschen. Wer in dem Haus isst, muss seine Kleider waschen. *⁴⁸*Wenn aber der Priester kommt und sieht, dass der Schaden im Haus nicht zugenommen hat, nachdem man das Haus getüncht hat, so soll der Priester das Haus rein sprechen, denn der Schaden ist geheilt. *⁴⁹*Um das Haus zu entsündigen nehme man zwei Vögel, auch Zedernholz, hochrote Wolle und Ysop, *⁵⁰*schlachtet den einen Vogel in ein irdenes Gefäß über frischem Wasser. *⁵¹*Hierauf nehme man das Zedernholz, den Ysop, den hochroten Faden und den lebenden Vogel, tunke alles in das Blut des geschlachteten Vogels und in das frische Wasser und besprenge das Haus siebenmal, *⁵²*entsündige das Haus mit dem Blut des Vogels und dem frischen Wasser, auch mit dem lebenden Vogel, nebst dem Zedernholz, Ysop und der hochroten Wolle, *⁵³*und lasse den lebenden Vogel außerhalb der Stadt aufs Feld fliegen. Hiermit versöhnt er auf das Haus und es wird rein.

Fünfter

*⁵⁴*Dies ist die Lehre für allen Schaden des Aussatzes und für den Grind, *⁵⁵*für den Aussatz im Gewand und im Haus, *⁵⁶*bei einer erhabenen, angelaufenen oder fleckigen Stelle, *⁵⁷*danach zu urteilen, wann etwas rein oder wann es unrein ist. Dies ist die Lehre für den Aussatz.❡

15 ¹Der Ewige sprach zu Mosche und Aharon wie folgt. ²»Redet mit den Kindern Jisraels und sagt ihnen: ›Wenn jemand an seinem Glied den Fluss hat, so soll sein Ausfluss unrein sein. ³Mit seiner Unreinigkeit wegen des Flusses soll es folgende Beschaffenheit haben: Das Glied mag den Fluss triefen lassen oder verstopft sein vom Fluss, so ist seine Unreinigkeit in beiden Fällen gleich. ⁴Jede Lagerstätte, worauf der Flusssüchtige zu liegen pflegt, soll unrein sein, und jedes Gerät, darauf er zu sitzen pflegt, soll auch unrein sein. ⁵Wenn jemand seine Lagerstätte berührt, soll er seine Kleider waschen, sich in Wasser baden und bis zum Abend unrein sein. ⁶Wer auf dem Gerät sitzt, worauf der Flusssüchtige zu sitzen pflegt, soll seine Kleider waschen, sich in Wasser baden und bis zum Abend unrein sein. ⁷Wer den bloßen Leib des Flusssüchtigen berührt, soll seine Kleider waschen, sich in Wasser baden und bis zum Abend unrein sein. ⁸Wenn der Flusssüchtige an einen reinen Menschen Speichel wirft, soll dieser seine Kleider waschen, sich in Wasser baden, und bis zum Abend unrein sein. ⁹Was zum Reitzeug gehört, worauf der Flusssüchtige zu reiten pflegt, soll unrein sein. ¹⁰Wer etwas berührt, das jener unter sich zu haben pflegt, soll bis zum Abend unrein sein. Wer diese Dinge trägt, muss seine Kleider waschen, sich in Wasser baden und bis zum Abend unrein sein. ¹¹Derjenige, den der Flußsüchtige berührt, bevor er sich die Hände abgewaschen hat (das heißt, bevor er sich zur Reinigung gebadet hat), soll seine Kleider waschen, sich in Wasser baden und bis zum Abend unrein sein. ¹²Ein irdenes Gerät, das der Flusssüchtige berührt, muss zerbrochen und alles hölzerne in Wasser ausgewaschen werden. ¹³Wenn der Flusssüchtige von seinem Fluss befreit wird, so zähle er sieben Tage nach seinem Befreitwerden, wasche seine Kleider, bade seinen bloßen Leib in frischem Wasser und soll dadurch rein werden. ¹⁴Am achten Tage soll er zwei Turteltauben oder zwei junge Tauben nehmen, zum Eingang des Stiftszeltes vor den Ewigen kommen und solche dem Priester geben. ¹⁵Der Priester soll eine als ein Sündenopfer, die andere als ein Ganzopfer zurechtmachen und ihn vor dem Ewigen versöhnen wegen seines Flusses. •

*16*Wenn von jemanden der Samen entgeht, bade er seinen ganzen Leib und sei bis zum Abend unrein. *17*Jedes Gewand oder Leder, woran Samen gekommen ist, soll in Wasser gewaschen werden und bis zum Abend unrein sein. *18*Wenn jemand einer Frau fleischlich beigewohnt hat, so sollen sich beide in Wasser baden und bis zum Abend unrein sein.֍

*19*Wenn eine Frau ihren Fluss hat, nämlich dass ihr Abfluss wirkliches Blut ist in ihrer Scheide, so soll sie sieben Tage in ihrer Absonderung bleiben, und wer sie berührt, soll bis zum Abend unrein sein. *20*Alles, worauf sie während der Absonderung liegt, soll unrein sein. Alles, worauf sie sitzt, soll unrein sein. *21*Wer ihre Lagerstätte berührt, soll seine Kleider waschen, sich in Wasser baden und bis zum Abend unrein sein. *22*Wer ein Gerät berührt, auf welchem sie zu sitzen pflegt, soll seine Kleider waschen, sich baden und bis zum Abend unrein sein. *23*Ist es auf der Lagerstätte oder auf dem Gerät, auf welchem sie sitzt, indem er es berührt, soll er bis zum Abend unrein sein. *24*Wenn jemand mit ihr schläft und ihre Absonderung also auch an ihn kommt, soll er sieben Tage unrein sein. Die Lagerstätte, worauf er liegt, soll unrein sein. • *25*Wenn einer Frau das Blut viele Tage außer der Zeit ihrer Absonderung abfließt oder es fließt ihr ab über die gewöhnliche Absonderungszeit, solange ihr die Unreinigkeit abfließt, soll sie sein wie in ihrer Absonderungszeit, sie ist unrein. *26*Jede Lagerstätte, worauf sie in den Tagen ihres Flusses zu liegen pflegt, soll von ihr gehalten werden wie die Lagerstätte in ihrer Absonderung. Alles Gerät, worauf sie sitzt, soll unrein sein wie die Unreinigkeit ihrer Absonderung. *27*Wer diese Dinge berührt, soll unrein sein, seine Kleider waschen, sich baden und bis zum Abend unrein sein. *28*Wenn sie von ihrem Fluss frei wird, so muss sie sieben Tage zählen. Hernach soll sie rein sein.

Siebter

²⁹Am achten Tag nehme sie zwei Turteltauben oder zwei junge Tauben, bringe sie zum Priester vor den Eingang des Stiftsgezelts. ³⁰Der Priester soll die eine als Sündenopfer, die andere als ein Ganzopfer zurechtmachen und sie vor dem Ewigen versöhnen wegen des Flusses ihrer Unreinigkeit.‹

Maftir

³¹Ihr sollt die Kinder Jisraels abhalten von Verunreinigung, damit sie sich nicht durch Verunreinigung den Tod zuziehen, wenn sie nämlich meine Residenz verunreinigen, welche unter ihnen ist.« ³²Dies ist die Verordnung für den Flusssüchtigen und denjenigen, dem der Samen entgeht und der dadurch unrein ist, ³³und wie sich die Schmerzleidende in ihrer Absonderung zu verhalten hat, sowie der Flußsüchtige, es sei eine männliche oder weibliche Person, wegen ihres Flusses und für den Mann, der mit einer Unreinen zusammenliegt.

Haftarat Mezora: 2. Könige 7,3-20 (S. 503); nicht jedoch an Schabbat Rosch Chodesch Ijar (S. 618) oder Schabbat Hagadol (S. 590).

Psalm des Schabbat nach Seder Avodat Israel: Ps 120

[INHALT: *Versöhnung für das Heiligtum und das Volk* * *Verbot wilden Opfers und von Blutgenuss* * *Verbotene intime Beziehungen*]

Erster / Jahr I / (Jom Kippur Morgen V. 1-34)

16 ¹Der Ewige sprach zu Mosche, **nachdem** die beiden Söhne Aharons **das Leben verloren hatten** *(achare mot)*, als sie nämlich vor den Ewigen hintraten und starben, ²da sagte der Ewige zu Mosche: »Rede mit deinem Bruder Aharon, dass er nicht zu jeder Zeit in das Heiligtum innerhalb des Vorhangs komme, nämlich vor den Deckel, welcher auf der Lade liegt, damit er nicht umkomme. Denn ich werde in einer Wolke über dem Deckel erscheinen. ³Mit Folgendem soll Aharon in das Heiligtum kommen: mit einem jungen Stier zum Sündenopfer und mit einem Widder zum Ganzopfer. ⁴Einen Leibrock von Leinwand des Heiligtums soll er anziehen und leinene Beinkleider an seinem Leibe haben, mit einem leinenen Gürtel sich umbinden und einen leinenen Bund aufsetzen. Es sind heilige Kleider, daher soll er sich vorher baden und sie hernach anlegen. ⁵Von der Gemeinde der Kinder Jisraels soll er zwei Ziegenböcke zum Sündenopfer und einen Widder zum Ganzopfer nehmen. ⁶Zuerst soll Aharon seinen Stier als Sündenopfer darbringen und sich und sein Haus versöhnen. ⁷Er nehme die beiden Böcke, stelle sie vor den Ewigen hin am Eingang des Stiftszeltes, ⁸lege auf die beiden Böcke zwei Lose, ein Los für den Ewigen und ein Los für Asasel. ⁹Aharon bringe den Bock, auf welchen das Los für den Ewigen gefallen ist, dar und mache ihn zum Sündenopfer. ¹⁰Der Bock, auf welchen das Los für Asasel gefallen ist, soll lebendig vor dem Ewigen hingestellt werden, um über denselben zu versöhnen (um nämlich die Sünden der Kinder Jisraels darauf zu bekennen) und ihn hernach zum Asasel in die Wüste zu schicken. ¹¹Hierauf soll Aharon seinen Stier zum Sündenopfer darbringen, um für sich und sein Haus zu versöhnen. Er schlachte nämlich seinen Stier zum Sündenopfer, ¹²nehme die Rauchpfanne voll glühender

Kohlen vom Altar, der vor dem Ewigen steht, und beide Hände voll kleingestoßenen Rauchwerks und bringe es innerhalb des Vorhangs. [13]Daselbst vor dem Ewigen lege er das Rauchwerk auf das Feuer, sodass die Wolke von dem Rauchwerk den Deckel, der auf dem Zeugnis liegt, ganz verhülle, damit er nicht umkomme. [14]Hierauf nehme er von dem Blut des Stieres, sprenge etwas davon mit seinem Finger oben gegen die Vorderseite des Deckels hin und unten vor dem Deckel sprenge er siebenmal mit seinem Finger etwas von dem Blut. [15]Alsdann schlachte er den Bock zum Sündenopfer für das Volk, bringe sein Blut innerhalb des Vorhangs und behandele dieses Blut, wie er das Blut des Stiers behandelt hat, sprenge nämlich davon oben gegen den Deckel und unten vor den Deckel. [16]Dadurch versöhne er das Heiligtum wegen der Unreinigkeiten der Kinder Jisraels und wegen ihrer Übertretungen, in allen ihren Sünden. Ebenso mache er es mit dem Stiftszelt, das mitten unter ihren Unreinigkeiten dasteht. [17]Niemand soll in dem Stiftszelt sein, wenn er hineingeht, um im Heiligtum zu versöhnen, bis er wieder herauskommt. So soll er sich, sein Haus und die ganze Versammlung Jisraels versöhnen.

Zweiter

[18]Hierauf gehe er hervor vor den Altar, der vor dem Ewigen steht, und versöhne darauf. Er nehme nämlich etwas von dem Blut des Stiers und des Bockes, bringe etwas davon an die Ecken des Altars rings umher, [19]sprenge etwas vom Blut mit dem Finger siebenmal darauf, reinige es und heilige es dadurch wegen der Unreinigkeit der Kinder Jisraels. [20]Wenn er dann damit fertig ist, das Heiligtum, das Stiftszelt und den Altar zu versöhnen, so führe man den lebendigen Bock her. [21]Aharon drücke seine beiden Hände auf den Kopf des lebendigen Bockes und bekenne darauf alle Missetaten der Kinder Jisraels, alle ihre Verbrechen, ihre Sünden in jeder Hinsicht. Diese bringe er dadurch auf den Kopf des Bockes und schicke ihn durch einen dazu bestellten Mann in die Wüste. [22]Der Bock trägt also alle ihre Missetaten in ein verwünschtes Land. So schickt er den Bock in die Wüste. [23]Wenn Aharon wieder in das Stiftszelt hineingeht (nämlich um das Räuchergeschirr abzuholen, das er daselbst hat stehen lassen), so ziehe er die leinenen

Kleider aus, die er angezogen hatte, als er in das Heiligtum gehen wollte, und verwahre sie daselbst. ²⁴Er bade seinen Leib in Wasser an einem heiligen Ort, ziehe seine gewöhnlichen Amtskleider an, gehe hinaus, bringe sein Ganzopfer und des Volkes Ganzopfer. So soll er sich und das Volk versöhnen.

Dritter (Zweiter)

²⁵Das Fett des Sündenopfers lasse er auf dem Altar in Rauch aufsteigen. ²⁶Der, welcher den Ziegenbock zum Asasel gebracht hat, wasche seine Kleider, bade seinen Leib in Wasser. Hernach kann er wieder in das Lager kommen. ²⁷Den Stier zum Sündenopfer und den Bock zum Sündenopfer, deren Blut in das Heiligtum gebracht worden war, um zu versöhnen, soll man nach außerhalb des Lagers heraustragen und ihr Fell, Fleisch und Mist in Feuer verbrennen. ²⁸Der, welcher sie verbrennt, wasche seine Kleider, bade seinen Leib in Wasser. Hernach kann er wieder in das Lager kommen. ²⁹Dies soll euch zum ewigen Gesetz sein: Am zehnten Tag des siebten Monats sollt ihr fasten und gar kein Werk verrichten, der Einheimische und der Fremde, der sich bei euch aufhält. ³⁰Denn an diesem Tage versöhnt man euch, um euch zu reinigen. Von allen euren Sünden sollt ihr vor dem Ewigen rein werden. ³¹Es sei für euch ein Ruhetag von der ersten Klasse. Ihr müsst aber auch an demselben fasten. Dies sei ein ewiges Gesetz. ³²Künftig versöhne derjenige Priester, den man salben und in das Amt einsetzen wird an seines Vaters Stelle, um den Dienst zu versehen. Dieser soll auch die leinenen Kleider, die Kleider des Heiligtums, anziehen. ³³Er versöhne nämlich das Allerheiligste, versöhne das Stiftszelt und den Altar und versöhne auch die Priester und das ganze Volk der Versammlung. ³⁴Dies sei euch ein ewiges Gesetz, die Kinder Jisraels wegen aller ihrer Sünden zu versöhnen, einmal im Jahr.« Man tat, wie der Ewige dem Mosche befohlen hatte.❡

Vierter / (Jahr II)

17   ¹Der Ewige sprach zu Mosche wie folgt: ²»Sprich zu Aharon, seinen Kindern und allen Kindern Jisraels und sage ihnen: ›Dies hat der Ewige befohlen. ³Jederman aus dem Hause Jisraels, der einen Ochsen oder ein Lamm oder eine Ziege im Lager oder außerhalb des Lagers schlachtet, ⁴es aber nicht vor den Eingang des Stiftszeltes gebracht hat, um dem Ewigen zu Ehren vor seiner Wohnung ein Opfer darzubringen, demjenigen soll das Blut, welches er vergossen hat, als Blutschuld angerechnet werden und er soll aus seiner Nation ausgerottet werden, ⁵damit die Kinder Jisraels ihr Schlachtvieh, das sie bisher auf dem Feld geschlachtet haben, dem Ewigen zu Ehren vor den Eingang des Stiftszeltes dem Priester bringen und als Freudenopfer dem Ewigen zu Ehren schlachten. ⁶Der Priester soll das Blut auf den Altar des Ewigen, der am Eingange des Stiftszeltes steht, sprengen, und das Fett zum angenehmen Geruch dem Ewigen zu Ehren in Rauch aufsteigen lassen, ⁷und so sollen sie ihr Schlachtvieh nicht mehr den Se'irim-Dämonen opfern, denen sie in verbuhlter Weise nachhängen. Dies soll ein ewiges Gesetz für eure Nachkommen sein.‹

Fünfter (Dritter) / Jahr II

⁸Ferner sollst du ihnen sagen: ›Jederman aus dem Hause Jisraels oder ein Fremder, der sich bei euch aufhält, der ein Ganzopfer oder ein Mahlopfer darbringt ⁹und es nicht vor den Eingang des Stiftszeltes führen wird, um es dem Ewigen zu Ehren zurichten zu lassen, derselbe soll aus seiner Nation ausgerottet werden. ¹⁰Und wenn ein Mann aus dem Hause Jisraels oder ein Fremder, der sich bei euch aufhält, etwas Blut isst, so will ich meinen Zorn auf die blutessende Person legen und sie aus ihrer Nation ausrotten. ¹¹Denn der Lebensgeist allen Fleisches (das heißt das Persönliche der lebendigen Geschöpfe) ist im Blut. Ich habe daher verordnet, dass es für euch auf den Altar kommen soll, um eure Lebensgeister (das heißt eure Person) zu versöhnen. Denn das Blut ist es, welches den Lebensgeist (das heißt die Person) versöhnt. ¹²Darum habe ich zu den Kindern Jisraels gesagt: Keine Person von euch soll Blut essen. Auch der Fremde, der sich bei euch aufhält, soll kein Blut essen. ¹³Jederman von den Kindern Jisraels oder ein Fremder, welcher sich bei ihnen aufhält, der ein Wildbret, es sei ein Tier oder einen Vogel, fängt, welches gegessen werden soll, muss das Blut davon auslaufen lassen und mit Erde bedecken. ¹⁴Denn das mit

dem Lebensgeist verbundene Blut ist das Persönliche alles lebendigen Fleisches. Ich habe zu den Kindern Jisraels gesagt: Ihr sollt das Blut von keinem lebendigen Fleisch essen. Denn der Lebensgeist (oder das Persönliche) alles lebendigen Fleisches ist eins mit seinem Blute. Wer es isst, soll augerottet werden. ¹⁵Jede Person, ein Einheimischer oder Fremder, der von einem gefallenen oder zerrissenen Vieh essen wird, soll seine Kleider waschen, sich baden und bis zum Abend unrein sein. Hernach ist er rein. ¹⁶Wäscht er aber seine Kleider nicht oder badet sich nicht, so hat er für seine Missetat zu büßen.«¶

(Jom Kippur Nachmittag traditionell V. 1-30)

18 ¹Der Ewige sprach zu Mosche wie folgt: ²»Rede mit den Kindern Jisraels und sage ihnen: ›Ich, der Ewige, euer Gott (befehle euch dies): ³Ihr sollt nicht so tun wie im Land Mizrajim geschieht, wo ihr gewohnt habt, auch nicht so, wie im Land Kenaan geschieht, wohin ich euch führen werde. Nach ihren Gesetzen sollt ihr nicht wandeln. ⁴Meine Rechte sollt ihr ausüben und meine Gesetze sollt ihr beachten, um danach euren Lebenswandel einzurichten. Ich bin der Ewige, euer Gott! ⁵Beachtet meine Gesetze und meine Rechte, durch die der Mensch, wenn er sie ausübt, ewiges Leben erhält. Ich, der Ewige (versichere dies)! •

Sechster

⁶Niemand soll sich einer blutsverwandten Person nahen, um ihre Blöße aufzudecken. Ich, der Ewige (verbiete dies)! • ⁷Du sollst die Blöße deines Vaters, (das heißt) die Blöße deiner Mutter nicht aufdecken. Sie ist deine Mutter, du sollst ihre Blöße nicht aufdecken. • ⁸Du sollst die Blöße deiner Stiefmutter nicht aufdecken. Es ist zugleich die Blöße deines Vaters. • ⁹Die Blöße deiner Schwester, sie sei deines Vaters oder deiner Mutter Tochter, im Hause geboren oder außer Haus geboren, ihre Blöße sollst du nicht aufdecken. • ¹⁰Die Blöße der Tochter deines Sohnes oder deiner Tochter sollst du nicht aufdecken, denn sie sind deine eigene Blöße. • ¹¹Die Blöße der Tochter deiner Stiefmutter, die von deinem Vater gezeugt und also deine Schwester ist,

ihre Blöße sollst du nicht aufdecken. • *12*Die Blöße der Schwester deines Vaters sollst du nicht aufdecken. Sie ist eine Blutsverwandte deines Vaters. • *13*Die Blöße der Schwester deiner Mutter sollst du nicht aufdecken, denn sie ist eine Blutsverwandte deiner Mutter. • *14*Die Blöße des Bruders deines Vaters sollst du nicht aufdecken. Du sollst nämlich seiner Frau nicht beiwohnen, sie ist deine Tante. • *15*Die Blöße deiner Schwiegertochter sollst du nicht aufdecken. Sie ist die Frau deines Sohnes, ihre Blöße sollst du nicht aufdecken. • *16*Die Blöße der Frau deines Bruders sollst du nicht aufdecken. Es ist die Blöße deines Bruders. • *17*Die Blöße einer Frau und ihrer Tochter sollst du nicht aufdecken. Du sollst ihres Sohnes oder ihrer Tochter Tochter nicht nehmen, um ihre Blöße aufzudecken. Sie sind Blutsverwandtschaft. Das wäre Unzucht. *18*Du sollst nicht eine Frau neben ihrer Schwester nehmen, um Eifersucht zu erregen neben ihr, und zu ihrer Lebzeit auch ihrer Schwester Blöße aufdecken. *19*Einer Frau, die in ihrer unreinen Absonderung ist, sollst du nicht beiwohnen, um ihre Blöße aufzudecken. *20*Mit der Frau deines Mitmenschen sollst du dich nicht fleischlich vermischen, um durch sie unrein zu werden. *21*Von deinem Samen sollst du nicht hingeben dem Götzen Molech zu Ehren, um durch das Feuer zu führen und den Namen deines Gottes dadurch entheiligen, ich, der Ewige (verbiete dies)!

Siebter (Vierter)

*22*Einer männlichen Person sollst du nicht auf weibliche Weise beiwohnen. Es ist ein Gräuel. *23*Mit keinem Vieh sollst du dich fleischlich vermischen, um durch dasselbe unrein zu werden. Auch eine Frau soll nicht dem Vieh hinhalten zur Schändung, es ist eine Vermischung (der Naturarten). *24*Verunreinigt euch nicht mit diesen Dingen, denn mit diesen Dingen haben sich die Völker verunreinigt, die ich vor euch austreibe. *25*Das Land ist dadurch unrein geworden. Ich habe die Missetaten, die darauf geschehen sind, geahndet und das Land hat seine Bewohner ausgespien.

Maftir (süddt.)

²⁶Beachtet also meine Gesetze und meine Rechte und begeht keine von diesen Abscheulichkeiten, weder der Einheimische noch der Fremde, der sich bei euch aufhält. ²⁷Denn alle die Abscheulichkeiten haben die Einwohner des Landes vor eurer Zeit begangen und das Land ist dadurch unrein geworden.

Maftir

²⁸Damit das Land euch nicht ausspeie, wenn ihr es verunreinigt, so wie es das Volk ausgespien hat, das vor euch darin gewesen ist. ²⁹Denn wer von diesen Abscheulichkeiten eine begeht, die Personen, die solches begangen haben, sollen aus ihrer Nation ausgerottet werden. ³⁰Beachtet also, was ich euch vorschreibe, um keines von den abscheulichen Gesetzen auszuüben, die vor euch ausgeübt worden sind. Verunreinigt euch nicht durch dieselben. Ich, der Ewige, euer Gott, (befehle euch dies)!«»¶

Haftarat Achare Mot: Ezechiel 7,3-20 (S. 505). Wenn Achare Mot und Kedoschim zusammenfallen, liest man Haftarat Kedoschim (S. 506). Andere Haftarot werden gelesen an Schabbat Hagadol (S. 590) und Erev Rosch Chodesch Ijar (S. 618).

Psalm des Schabbat nach Seder Avodat Israel: Ps 26

30. Kedoschim (Lev 19,1-20,27)

*[INHALT: Soziale Regeln * Verbotene intime Beziehungen]*

Erster / Jahr I / (Jom Kippur Nachmittag liberal V. 1-18)

19 ¹Der Ewige sprach ferner zu Mosche wie folgt: ²»Rede mit der Gemeinde der Kinder Jisraels, sage ihnen nämlich: ›Ihr müsst **heilig** *(kedoschim)* werden, denn ich, der Ewige, euer Gott, bin heilig. ³Ein jeder habe Ehrfurcht gegen Vater und Mutter und beachte meine Ruhetage. Ich, der Ewige, euer Gott! ⁴Haltet euch nicht zu den Götzen und macht euch keine Abgötter aus Erz. Ich, der Ewige, euer Gott! ⁵Wenn ihr ein Freudenmahl dem Ewigen zu Ehren haltet, so haltet es so, dass es euch zur Gnade angenommen werde. ⁶An dem Tag eures Freudenmahls und tags darauf mag davon gegessen werden. Was aber bis zum dritten Tag übrig bleibt, werde verbrannt. ⁷Sollte aber am dritten Tage noch davon gegessen worden sein, so ist es verworfen und wird nicht in Gnade angenommen. ⁸Wer davon isst, hat seine Schuld zu tragen, denn er hat ein Heiligtum des Ewigen entweiht. Dieselbe Person soll aus ihrer Nation ausgerottet werden. ⁹Wenn ihr euer Feld erntet, sollst du das Ende deines Feldes nicht vollends abernten, auch was einzeln von der Ernte abfällt nicht auflesen. ¹⁰In deinem Weinberg sollst du keine Nachlese halten und die einzelnen Trauben deines Weinbergs nicht auflesen. Dem Armen und dem Fremden sollst du sie lassen. Ich, der Ewige, euer Gott! ¹¹Ihr sollt nicht stehlen, auch einer dem anderen nichts ableugnen und nicht lügen. ¹²Ihr sollt bei meinem Namen nicht falsch schwören und dadurch den Namen deines Gottes entheiligen. Ich, der Ewige! ¹³Du sollst deinem Nächsten nichts vorenthalten, nichts rauben. Du sollst den Lohn des Tagelöhners nicht über Nacht bei dir bleiben lassen bis zum Morgen. ¹⁴Du sollst keinem Tauben fluchen, keinem Blinden Anstoß in den Weg legen, sondern dich vor deinem Gott fürchten. Ich, der Ewige!

¹⁵Tut kein Unrecht im Gericht! Verschone den Armen nicht und achte nicht das Ansehen eines Vornehmen, sondern richte deinen Nächsten nach der Gerechtigkeit. ¹⁶Gehe nicht als ein Verleumder in deinem Volk herum. Stehe nicht zurück bei der Gefahr deines Nächsten. Ich, der Ewige! ¹⁷Hasse deinen Bruder nicht im Herzen! Du darfst deinem Nächsten Verweise geben (wenn er dich beleidigt hat), trage ihm aber das Vergehen nicht nach. ¹⁸Du sollst dich nicht rächen, auch nicht Zorn halten gegen die Kinder deines Volkes. Liebe deinen Nächsten so, wie du dich selbst liebst. Ich, der Ewige. ¹⁹Beachtet meine Gesetze! Dein Vieh sollst du nicht in vermischte Gattungen zusammenbringen, deinen Acker nicht mit vermischtem Samen besäen und kein Kleid an dich kommen lassen, das aus Leinen und Wolle vermengt ist. ²⁰Wenn jemand eine Frau beschläft, sie ist aber eine Leibeigene, die einem Mann eigen ist und nicht losgekauft worden ist, auch nicht sonstwie ihre Freiheit erhalten hat, so steht die Geißelzucht darauf. Sterben aber sollen sie nicht, denn sie ist nicht frei gewesen. ²¹Er soll auch dem Ewigen zu Ehren vor dem Eingang des Stiftszeltes sein Schuldopfer bringen, einen Widder nämlich als Schuldopfer. ²²Der Priester soll ihn vor dem Ewigen mit dem Widder des Schuldopfers versöhnen wegen der Sünde, die er begangen hat. Dann wird ihm die begangene Sünde erlassen werden.¶

Dritter

²³Wenn ihr ins Land kommt und allerlei Obstbäume pflanzt, so sollt ihr die Frucht davon als eine Vorhaut ansehen. Drei Jahre soll sie euch als Vorhaut anzusehen sein und nicht gegessen werden. ²⁴Alle Frucht des vierten Jahres sei ein Heiligtum, zur Danksagung dem Ewigen zu Ehren. ²⁵Im fünften Jahr aber könnt ihr die Frucht verzehren. Dadurch soll der Ertrag vermehrt werden. Ich bin der Ewige, euer Gott. ²⁶Ihr sollt beim Blut keine Mahlzeit halten. Achtet nicht auf Schlangenbewegung, auch nicht auf den Zug der Wolken (das heißt: haltet euch an keine abergläubische Vorausdeutung und seid keine Tagewähler). ²⁷Ihr sollt das Haar nicht rund am Haupt nebst den Vorderecken abnehmen. Auch sollst du die Ecken deines Bartes nicht glatt stutzen. ²⁸Um eines

Toten willen sollt ihr euch keinen Schnitt ins Fleisch machen, auch kein eingeätztes Mal an euch machen. Ich, der Ewige! ²⁹Entweihe deine Tochter nicht, um sie zur Unzucht zu verführen, damit das Land nicht unzüchtig und voller Schandtat werde. ³⁰Beachtet meine Ruhetage und habt Ehrfurcht vor meinem Heiligtum. Ich, der Ewige! ³¹Haltet euch nicht an Totenbeschwörer und Zeichendeuter. Sucht euch nicht durch dieselben zu verunreinigen. Ich, der Ewige, euer Gott! ³²Vor einem grauen Haupt sollst du aufstehen, um das Ansehen eines Alten zu ehren und dadurch Ehrfurcht zu bezeigen vor deinem Gott. Ich, der Ewige! •

Vierter (Dritter)

³³Wenn ein Fremder sich in eurem Land aufhält, so dürft ihr ihn nicht bedrücken. ³⁴Der Fremdling, welcher sich bei euch aufhält, soll euch so wie ein Einheimischer sein. Du sollst ihn lieben, wie du dich selbst liebst. Denn auch ihr seid Fremdlinge gewesen im Land Mizrajim. Ich, der Ewige, euer Gott! ³⁵Ihr sollt kein Unrecht tun im Gericht, im Maß der Flächen, im Gewicht und im Maß des Haufens, ³⁶richtige Waage, richtiges Gewicht, richtiges Scheffelmaß und richtiges Kannenmaß müsst ihr haben. Ich, der Ewige, euer Gott, der ich euch aus dem Land Mizrajim geführt habe! ³⁷Beachtet alle meine Gesetze und alle meine Rechte und haltet sie. Ich, der Ewige!‹«¶

Fünfter

20 ¹Der Ewige sprach ferner zu Mosche wie folgt: ²»Sage auch dies den Kindern Jisraels: Derjenige von den Kindern Jisraels oder ein Fremder, der sich unter dem Volk Jisrael aufhält und der etwas von seinem Samen dem Götzen Molech gibt, soll getötet werden. Das gemeine Volk soll ihn mit Steinen zu Tode werfen. ³Ich selbst werde auch meinen Zorn auf einen solchen Menschen legen und ihn aus seinem Volk ausrotten, darum dass er von seinem Samen dem Molech gegeben hat, um mein Heiligtum zu verunreinigen und meinen heiligen Namen zu entweihen. ⁴Wenn also das gemeine Wesen seine Augen von einem solchen Mann abwendet, der von seinem Samen dem Molech gibt, um ihn nicht umzubringen, ⁵dann werde ich meinen Zorn auf einen solchen Menschen und seine Familie richten und ihn samt allen, die seiner Unzucht folgen, um dem Götzen Molech anzuhängen, aus ihrer Nation ausrotten. ⁶Die Person, welche sich an Totenbeschwörer und Zeichendeuter halten wird, um ihnen anzuhängen, auf dieselbe Person werde ich meinen Zorn richten und sie aus ihrer Nation ausrotten. ⁷Haltet euch heilig, so werdet ihr heilig sein, denn ich, der Ewige, bin euer Gott!

Sechster (Siebter)

⁸Beachtet meine Gesetze und haltet sie. Ich bin der Ewige, der euch heiligt! ⁹Der Mann, welcher seinen Vater oder seine Mutter verfluchen wird, soll des Todes sein. Er hat Vater oder Mutter verflucht und dadurch sein Leben verwirkt. Seine Blutschuld liegt an ihm. (Er hat es sich selbst zuzuschreiben). ¹⁰Wenn jemand mit einer Ehefrau Ehebruch treibt, mit der Frau seines Nächsten Ehebruch begeht, dann sollen der Ehebrecher und die Ehebrecherin des Todes sein. ¹¹Wer mit seiner Stiefmutter schläft, der hat seines Vaters Blöße aufgedeckt. Sie sollen beide des Todes sein. Sie haben ihr Leben verwirkt. ¹²Wenn jemand mit seiner Schwiegertochter schläft, so sollen sie beide des Todes sein. Sie haben eine schändliche Vermischung begangen und ihr Leben verwirkt. ¹³Wenn jemand einer männlichen Person auf eine weibliche Art beiwohnt, dann haben sie beide einen Gräuel begangen. Sie sollen des Todes sein. Sie haben das Leben verwirkt. ¹⁴Wer eine Frau und ihre Mutter heiratet, der hat Schandtat getrieben. Man soll ihn und sie verbrennen, damit keine Schandtat unter euch geduldet werde. ¹⁵Wenn jemand einem Vieh beischläft, soll er des Todes sein, und das Vieh sollt ihr auch umbringen. ¹⁶Wenn eine Frau sich zu einem Vieh hält, dass es ihr beiwohne, so sollt ihr die Frau und das Vieh umbringen. Sie sollen des Todes sein. Sie haben ihr Leben verwirkt. ¹⁷Wenn jemand seine Schwester nimmt, seine Halbschwester von väterlicher oder mütterlicher Seite, und sie lassen sich einer des anderen Blöße gelüsten, so ist es Blutschande. Sie sollen vor den Augen ihrer Nation ausgerottet werden. Er hat die Blöße seiner Schwester aufgedeckt, verdient seine Strafe. ¹⁸Wenn jemand mit einer Frau schläft, die ihre Reinigung hat, er deckt ihre Blöße auf und berührt ihre Blutquelle, und sie willigt darin ein, ihre Blutquelle aufzudecken, so sollen sie beide aus ihrer Nation ausgerottet werden. ¹⁹Die Blöße der Schwester deiner Mutter oder der Schwester deines Vaters sollst du nicht aufdecken,

das heißt die Blöße einer Blutsverwandten berühren. Die müssen ihre Strafe leiden. ²⁰Wenn jemand mit der Frau des Bruders seines Vaters schläft, dann hat er die Blöße des Bruders seines Vaters aufgedeckt. Sie müssen ihre Strafe leiden, sollen kinderlos sterben. ²¹Wenn jemand die Frau seines Bruders nimmt, die wie eine Frau in der Reinigung anzusehen ist, dann hat er die Blöße seines Bruders aufgedeckt. Sie sollen kinderlos bleiben. ²²Beachtet alle meine Gesetze und Rechte und haltet sie, damit das Land, in welches ich euch führe, um darin zu wohnen, euch nicht ausspeie.

Siebter

²³Folgt nicht den Gesetzen des Volkes, welches ich vor euch austreibe. Denn eben weil sie dies alles getan haben, ekelte es mich ihrer. ²⁴Und deswegen sprach ich zu euch: Ihr sollt jenes Erdreich einnehmen. Ich will es euch zum Besitz geben, das Land, worin Milch und Honig fließt. Ich bin der Ewige, euer Gott, der zwischen euch und anderen Völkern einen Unterschied macht.

Maftir

²⁵Ihr müsst also auch einen Unterschied machen zwischen reinem und unreinem Vieh, zwischen unreinem und reinem Geflügel und euch nicht selbst zum Gräuel machen durch Vieh, Geflügel oder auf Erden Kriechendes, das ich euch als etwas Verunreinigendes ausgesondert habe. ²⁶Ihr müsst mir geheiligt sein, denn ich, der Ewige, bin ein heiliges Wesen. Und ich habe euch von allen Nationen abgesondert, damit ihr mein sein sollt. ²⁷Mann oder Frau unter ihnen, die Totenbeschwörer oder Zeichendeuter sein werden, sollen des Todes sein. Man soll sie steinigen. Sie haben das Leben verwirkt.«

Haftarat Kedoschim: Amos 9,7-15 (S. 506); nicht jedoch an Rosch Chodesch Nissan (S. 618).

Psalm des Schabbat nach Seder Avodat Israel: Ps 15

[INHALT: Regelungen für Priester * Die Feste: * Schabbat * Pessach * Omer * Schawuot * Tag des Lärmblasens (Jom teru'a) * Jom haKippurim * Sukkot und Schemini Atzeret * Öl, Kuchen, Räucherzeug * Sch'lomit bat Diwris Sohn * Lästerung des Gottesnamens * »Auge um Auge«]

Erster / Jahr I

21 ¹Der Ewige sprach zu Mosche:»**Rede** *(emor)* mit den Priestern, den Söhnen Aharons, und sage ihnen, man solle sich an keiner Leiche in seiner Nation verunreinigen. ²Nur an seinem Blutsfreund, der ihm nahe verwandt ist, an seiner Mutter, seinem Vater, an seinem Sohn, seiner Tochter und seinem Bruder ³und an seiner Schwester, wenn sie noch Jungfrau und im Hause ist, dass sie nämlich noch keinem Manne zugehört hat, an ihr soll er sich verunreinigen. ⁴Sonst aber darf das Haupt der Nation sich niemals verunreinigen und dadurch sein Ansehen schwächen. ⁵Sie sollen sich auf ihrem Kopf keine kahle Platte scheren, auch nicht die Ecken des Bartes stutzen und an ihrem Leib keine Einschnitte machen. ⁶Sie sollen ihrem Gott heilig sein und den Namen ihres Gottes nicht entweihen. Denn sie sind Personen, welche die Feueropfer des Ewigen, die Opferspeise ihres Gottes darbringen, daher müssen sie heilig sein. ⁷Keine Hure, keine entweihte Person sollen sie heiraten, auch keine Frau, die von ihrem Mann verstoßen worden ist, sollen sie heiraten, denn ein solcher Mann ist seinem Gott heilig. ⁸Du musst ihn heilig halten, denn er soll die Opferspeise deines Gottes darbringen. Er muss dir heilig sein, denn ich, der Ewige, der euch heiligt, bin selbst heilig. ⁹Die Tochter eines Priesters, die sich der Hurerei ergibt, hat ihren Vater entweiht; sie soll verbrannt werden.   •   ¹⁰Der Priester aber, welcher unter seinen Brüdern der Vornehmste ist, auf dessen Haupt Salböl gegossen und der in sein Amt eingesetzt worden ist, damit er die oberpriesterliche Kleidung tragen darf, der soll bei einem Trauerfall sein Haupthaar nicht wild wachsen lassen, seine Kleider nicht zerreißen ¹¹und zu

keiner Leiche kommen, selbst an Vater und Mutter sich nicht verunreinigen, [12]auch deswegen nicht aus dem Heiligtum gehen, damit
er das Heiligtum seines Gottes nicht entweihe. Denn die Krone, das
Salböl deines Gottes, ist auf seinem Haupt. Ich, der Ewige! [13]Er soll
eine Frau in ihrer Jungfräulichkeit heiraten. [14]Eine Witwe, Verstoßene, Entweihte oder eine Hure, solche Personen soll er nicht heiraten,
sondern eine Jungfrau aus seiner Nation soll er heiraten. [15]Er soll
seinen Samen nicht unter der Nation entweihen, denn ich bin der
Ewige, der ihn heiligt.« •

Zweiter

[16]Der Ewige redete ferner mit Mosche wie folgt: [17]»Sage Aharon
folgendes: ›Wenn jemand von deinen Nachkommen in künftigen
Zeiten einen Leibesfehler haben wird, soll er nicht herbeikommen,
um Opferspeise seines Gottes darzubringen. [18]Denn es geziemt sich
nicht, dass ein Mann, der einen Leibesfehler hat, herbeikomme. Ein
Mann, der blind oder lahm ist, der ein eingedrücktes Nasenbein
oder ein Glied zu lang hat, [19]ein Mann, der den Fuß oder die Hand
gebrochen hat, [20]ein Buckliger oder Zwerg, einer, bei dem das Weiße
im Auge mit dem Schwarzen vermischt ist, wer die trockene oder
feuchte Krätze an sich hat oder wem die Hoden zerdrückt sind, [21]wer
von den Nachkommen Aharons einen Leibesfehler hat soll nicht
hinzutreten, um die Feueropfer Gottes darzubringen. Er hat einen
Leibesfehler, darf nicht hinzutreten, um die Opferspeise seines Gottes
darzubringen. [22]Er kann zwar die Opferspeise seines Gottes sowohl
vom Allerheiligsten als auch vom Heiligen essen, [23]nur soll er nicht
hinter den Vorhang kommen und nicht zum Altar hintreten, denn
er hat einen Leibesfehler. Er soll meine Heiligtümer nicht entweihen,
denn ich, der Ewige, habe sie geheiligt.« [24]Mosche trug dies dem
Aharon, seinen Söhnen und allen Kindern Jisraels vor.

22 [1]Der Ewige sprach ferner zu Mosche wie folgt: [2]»Sage Aharon und seinen Söhnen, dass sie sich zuweilen der Heiligtümer der
Kinder Jisraels enthalten — damit sie meinen heiligen Namen nicht
entweihen —, welche sie nämlich mir heiligen, ich, der Ewige! [3]Sage

ihnen: ›Wer sich in zukünftigen Zeiten von euren Nachkommen den Heiligtümern, welche die Kinder Jisraels mir heiligen, naht (das heißt: und davon isst), solange eine Unreinigkeit an ihm ist, dieselbe Person soll vor meinen Augen ausgerottet werden. Ich, der Ewige! ⁴Der Mann von den Nachkommen Aharons, welcher den Aussatz oder Samenfluss hat, soll von den Heiligtümern nichts essen, bis er rein wird. Wer etwas berührt, das an einer Leiche unrein geworden, oder wem der Samen abgegangen ist ⁵und wer ein kriechendes Tier berührt, das ihn unrein machen kann, oder einen Menschen, der ihn auf irgendeine Art unrein machen kann, ⁶die Person, welche eine solche Unreinigkeit berührt, soll bis zum Abend unrein sein und nicht eher von den Heiligtümern genießen, bis sie sich vorher gebadet hat. ⁷Wenn dann die Sonne untergegangen ist, soll er rein sein und nachher wieder von den Heiligtümern essen dürfen, denn dies ist seine Speise. ⁸Gefallenes und Zerrissenes soll er nicht essen und dadurch unrein werden. Ich, der Ewige! ⁹Sie sollen das sorgfältig beachten, was ich ihnen auftrage, damit sie sich keine Schuld aufladen und daran sterben, wenn sie solches entweihen. Ich, der Ewige, heilige sie! ¹⁰Kein gewöhnlicher Mensch soll etwas Heiliges essen. Der Hausdiener eines Priesters und der Lohndiener soll nichts Heiliges essen. ¹¹Wenn aber ein Priester eine Person für Geld gekauft hat, so kann sie davon essen. Auch in seinem Haus geborene Sklaven können von seiner Speise mitessen. ¹²Wenn eines Priesters Tochter einen gewöhnlichen Menschen heiratet, so darf sie nicht mehr von den heiligen Gaben essen. ¹³Wenn aber die Tochter eines Priesters Witwe wird oder geschieden wird und hat keine Kinder, so kann sie wieder in ihres Vaters Haus zurückkehren wie in ihrer Jugend und von ihres Vaters Speise essen. Kein gewöhnlicher Mensch aber darf davon essen. ¹⁴Wenn jemand etwas Heiliges aus Irrtum genießt, so soll er den fünften Teil dazu legen und so dem Priester das Heilige erstatten. ¹⁵Sie selbst sollen die Heiligtümer der Kinder Jisraels nicht entweihen, welche sie nämlich dem Ewigen zu Ehren aufnehmen, ¹⁶und nicht Verschuldung auf sich selbst lassen, indem sie ihre Heiligtümer verzehren. Denn ich, der Ewige, heilige sie.‹‹«❡

¹⁷Ferner sprach der Ewige zu Mosche wie folgt: ¹⁸»Rede mit Aharon, mit seinen Söhnen und mit allen Kindern Jisraels und sage ihnen: ›Der Mann aus dem Hause Jisraels oder ein Fremder in Jisrael, der ein Opfer bringen will, sei es wegen eines Gelübdes oder als freiwillige Geschenke, dass sie nämlich ein Ganzopfer dem Ewigen zu Ehren darbringen wollen: ¹⁹um in Gnade aufgenommen zu werden, muss es ohne Leibesfehler sein, männlichen Geschlechts, von Rindvieh, Schafen oder Ziegen. ²⁰Was einen Fehler hat, dürft ihr nicht darbringen, denn es wird nicht in Gnade aufgenommen werden. ²¹Bringt jemand ein Freudenopfer dem Ewigen zu Ehren als ein besonderes Gelübde oder als freiwilliges Geschenk von Rindvieh oder Kleinvieh, so sei es ohne Mangel, wenn es gnädig aufgenommen werden soll. Es darf gar keinen Leibesfehler haben. ²²Was mit Blindheit behaftet ist, gebrechlich ist, verstümmelt ist, was Warzen hat, mit trockener oder feuchter Krätze behaftet ist, solche Stücke dürft ihr nicht dem Ewigen zu Ehren darbringen und dürft kein Feueropfer davon dem Ewigen zu Ehren auf den Altar legen. ²³Einen Ochsen oder ein Lamm, das ein Glied zu lang oder zu kurz hat, kannst du wohl zum freiwilligen Geschenk machen, aber für ein Gelübde wird es nicht wohl aufgenommen werden. ²⁴Ein Stück, dessen Hoden zerdrückt, zerquetscht, abgerissen oder verschnitten sind, sollt ihr nicht dem Ewigen zu Ehren darbringen. In eurem Land sollt ihr solches nicht machen ²⁵und von der Hand eines Ausländers dergleichen nicht annehmen, um es als Opferspeise eures Gottes darzubringen. Sie haben eine Verstümmlung an sich, also einen Leibesfehler, und können euch nicht zur Gnade aufgenommen werden.‹« •

(Sukkot 1.u.2. Tag; 2. Tag Pessach 22,26-23,44)

²⁶Der Ewige sprach zu Mosche wie folgt: ²⁷»Ein Ochs-Kalb, Schaflamm oder Ziegenlamm, das geboren wird, soll sieben Tage bei seiner Mutter bleiben. Vom achten Tage aber an und weiter wird es tüchtig zum Feueropfer, dem Ewigen zu Ehren. ²⁸Ihr dürft auch von Rind oder Schaf niemals das Vieh nebst seinem Jungen an einem Tage schlachten. ²⁹Wenn ihr dem Ewigen zu Ehren ein Dankopfer schlachtet,

so schlachtet es, dass es euch in Gnade aufgenommen werde. ³⁰An demselben Tage soll es gegessen werden. Ihr dürft nichts davon auf den folgenden Tag stehen lassen. Ich, der Ewige! ³¹Beachtet meine Gebote und haltet sie. Ich, der Ewige! ³²Entweiht meinen heiligen Namen nicht. Ich will geheiligt sein unter den Kindern Jisraels. Ich bin der Ewige, der euch heiligt, ³³der euch aus dem Land Mizrajim geführt hat, um euer Gott zu sein. Ich, der Ewige!«❡

Vierter

23 ¹Der Ewige sprach zu Mosche wie folgt: ²»Rede mit den Kindern Jisraels und sage ihnen: ›Die Festtage des Ewigen, an welchen ihr heilige Versammlung verkündigen sollt, sind folgende: ³Sechs Tage kann allerlei Kunstarbeit verrichtet werden. Am siebten aber ist der höchste Feiertag zur heiligen Verkündigung. Keine Kunstarbeit sollt ihr an demselben verrichten. Es ist ein Feiertag dem Ewigen zu Ehren, an allen euren Wohnplätzen.❡

⁴Dies aber sind die Feste des Ewigen, an welchen ihr heilige Versammlung verkündigen sollt, jedes zu seiner Zeit: ⁵Im ersten Monat am vierzehnten Tag des Monats zwischen beiden Abenden wird das Pessach dargebracht, dem Ewigen zu Ehren. ⁶Am fünfzehnten Tag dieses Monats beginnen die Feiertage des ungesäuerten Brotes, dem Ewigen zu Ehren. Sieben Tage müsst ihr ungesäuertes Brot essen, ⁷am ersten Tage heilige Versammlung verkündigen und keine Handwerksarbeit verrichten ⁸und sieben Tage hindurch dem Ewigen Feueropfer bringen, am siebten abermals heilige Versammlung verkündigen und keine Handwerksarbeit verrichten.‹«❡

⁹Ferner sprach der Ewige zu Mosche wie folgt: ¹⁰»Rede mit den Kindern Jisraels und sage ihnen: ›Wenn ihr in das Land kommen werdet, das ich euch geben will, und Ernte halten werdet, dann sollt ihr ein Omer, die Erstlinge eurer Ernte, dem Priester bringen. ¹¹Dieser soll mit dem Omer eine Wendung machen vor dem Ewigen, um euch Gnade zu erwirken. Den Tag nach dem Fest soll der Priester damit die Wendung machen. ¹²An dem Tag, an dem dies geschieht, sollt ihr dem Ewigen zu Ehren ein einjähriges Lamm ohne Leibesfehler als Ganzopfer dar-

bringen, [13]dazu das Speiseopfer: zwei Zehntel feinen Mehls, mit Öl eingerührt als ein Feueropfer, dem Ewigen zu Ehren, zum angenehmen Geruch, dazu das Trankopfer: ein Viertel Hin Wein. [14]Brot, geröstete Körner und grüne Körner dürft ihr nicht essen bis an ebendiesem Tag, bis ihr das Opfer eures Gottes dargebracht habt. Dies sei ein ewiges Gesetz für eure Nachkommen in allen euren Wohnplätzen. • [15]Ihr zählt alsdann vom anderen Tag des Feiertages, von dem Tag, an dem ihr das Omer der Wendung dargebracht habt, sieben ganze Wochen. [16]Bis auf den Tag nach der siebten Woche zählt ihr fünfzig Tage und bringt dann neue Speiseopfer, dem Ewigen zu Ehren. [17]Aus euren Wohnplätzen bringt ihr zwei Brote zur Wendung. Von zwei Zehntel feinen Mehls müssen sie sein und als gesäuertes Brot gebacken werden. Dies sind Erstlinge, dem Ewigen zu Ehren. [18]Nebst diesem opfert ihr sieben einjährige Lämmer ohne Leibesfehler, ein junges Ochsenrind und zwei Widder. Diese sollen Ganzopfer sein, dem Ewigen zu Ehren, nebst ihrem Speiseopfer und Trankopfer, vom Feuer zu verzehren, zum angenehmen Geruch, dem Ewigen zu Ehren. [19]Ihr macht auch einen Ziegenbock zum Sündenopfer und zwei einjährige Lämmer zu Freudenopfern. [20]Der Priester soll samt dem Brot der Erstlinge vor dem Ewigen eine Wendung machen mit den zwei Lämmern. Sie sollen dem Ewigen geheiligt und des Priesters sein. [21]An ebendiesem Tag sollt ihr ein Fest verkündigen, heilige Verkündigung soll es euch sein, und ihr sollt keine Handwerksarbeit verrichten. Dies sei ein ewiges Gesetz in allen euren Wohnplätzen für eure Nachkommen. [22]Während ihr aber in eurem Land Ernte haltet, sollst du weder die Winkel deines Feldes völlig abmähen noch zur Nachlese die einzelnen Ähren aufsuchen, sondern dies alles dem Armen und Fremdling überlassen. Ich, der Ewige, euer Gott!‹«¶

Fünfter / Jahr III

[23]Ferner sprach der Ewige zu Mosche wie folgt: [24]»Sage den Kindern Jisraels folgendes: ›Am ersten Tage des siebten Monats soll ein Ruhetag sein, an welchem zum Andenken geblasen und heilige Festverkündigung gehalten wird. [25]Keine Handwerksarbeit sollt ihr verrichten und dem Ewigen zu Ehren Feueropfer bringen.‹« • [26]Ferner sprach der Ewige zu Mosche wie folgt: [27]»Hingegen am zehnten Tage

dieses siebten Monats — es ist der Versöhnungstag — sollt ihr eine heilige Festverkündigung und einen Fasttag halten, auch ein Feueropfer dem Ewigen zu Ehren darbringen. ²⁸An diesem Tage sollt ihr keinerlei Kunstarbeit verrichten, denn es ist der Versöhnungstag, an welchem ihr versöhnt werdet vor dem Ewigen, eurem Gott. ²⁹Denn jede Person, welche an diesem Tage nicht fastet, soll aus ihrer Nation ausgerottet werden. ³⁰Und eine jede Person, die an ebendiesem Tage irgendeine Kunstarbeit verrichtet, dieselbe Person will ich aus ihrer Nation vertilgen. ³¹Gar keinerlei Kunstarbeit sollt ihr an demselben tun. Dies sei ein ewiges Gesetz an allen euren Wohnplätzen. ³²Es sei euch ein großer Ruhetag und ihr sollt fasten. Am neunten des Monats sollt ihr des Abends anfangen und von Abend bis Abend euren Ruhetag halten.«¶

Sechster

³³Ferner sprach der Ewige zu Mosche wie folgt: ³⁴»Sage den Kindern Jisraels wie folgt: ›Am fünfzehnten Tag dieses siebten Monats ist das Laubhüttenfest, sieben Tage, dem Ewigen zu Ehren. ³⁵Am ersten Tag ist feierliche Festverkündigung, und da sollt ihr keine Handwerksarbeit verrichten. ³⁶Sieben Tage hindurch bringt ihr Feueropfer dem Ewigen zu Ehren. Am achten Tage sei wiederum feierliche Festverkündigung, bei der ihr dem Ewigen zu Ehren Feueropfer bringen sollt. Es ist ein Enthaltungstag (an welchem man sich aller Geschäfte enthalten muss). Ihr sollt keine Handwerksarbeit an demselben verrichten. ³⁷Dies sind die Festtage des Ewigen, an welchen ihr heilige Verkündigung zu halten habt. Dem Ewigen zu Ehren werden Feueropfer dargebracht, Ganzopfer, Speiseopfer, Schlacht- und Trankopfer, jedes an seinem Tage, ³⁸außer den Schabbattagen des Ewigen, außer den Gaben, außer allen Gelübden und außer allen freiwilligen Geschenken, die ihr dem Ewigen widmet. ³⁹Doch ist noch Folgendes zu beachten: Wenn ihr die Früchte des Landes eingesammelt habt, sollt ihr vom fünfzehnten Tag an das Fest des Ewigen sieben Tage auf folgende Weise feiern: Am ersten Tage ist ein Ruhetag und am achten Tage darauf ist abermals ein Ruhetag. ⁴⁰Am ersten Tage nehmt ihr die Frucht vom Baum Hadar (Etrog), Palmzweige, einen Ast vom Baum Awot (Hadas, auf deutsch Myrte) und Bachweiden und seid fröhlich vor dem Ewigen, eurem

NISAN   **259**

Gott, sieben Tage. *41*Dies Fest habt ihr dem Ewigen jedes Jahr sieben Tage zu feiern. Als ein ewiges Gesetz für eure Nachkommen, im siebten Monat müsst ihr es feiern. *42*Sieben Tage sollt ihr in Laubhütten wohnen. Wer einheimisch ist in Jisrael, soll in Laubhütten wohnen, *43*damit eure Nachkommen es wissen, dass ich die Kinder Jisraels habe in Hütten wohnen lassen, als ich sie aus Mizrajim geführt habe. Ich, der Ewige, euer Gott!‹« *44*Mosche machte hierauf die Feste des Ewigen den Kindern Jisraels bekannt.¶

Zu den Haftarot für Feiertage und Feste (S. 551).

Siebter

24   *1*Ferner sprach der Ewige zu Mosche wie folgt: *2*»Befiehl den Kindern Jisraels, dass sie dir klares, gestoßenes Öl bringen zur Beleuchtung, damit stets Licht unterhalten werde. *3*Draußen vor dem Vorhang des Zeugnisses im Stiftszelt soll Aharon es zurechtmachen, damit es vor dem Ewigen alle Zeit vom Abend bis zum Morgen brenne, ein ewiges Gesetz für eure Nachkommen. *4*Auf dem Leuchter von reinem Gold soll er die Lampen vor dem Ewigen jederzeit zurecht machen.¶

*5*Auch nimmst du feines Mehl, backst davon zwölf Kuchen. Jeder Kuchen soll zwei Zehntel haben. *6*Diese legst du in zwei Schichten, sechs auf eine Schicht auf den Tisch von reinem Gold vor den Ewigen. *7*Auf jede Schicht legst du lauteren Weihrauch. Dieser Weihrauch diene dem Brot als Verduftung, ein Feueropfer dem Ewigen zu Ehren. *8*Alle Zeit, jedesmal am Schabbat, soll er es zurechtlegen vor dem Ewigen. Die Kinder Jisraels müssen es hergeben. Dies ist ein ewiger Bund. *9*Es gehört aber Aharon und seinen Söhnen. Die verzehren es an heiligem Ort. Denn es ist ein Heiligtum der ersten Klasse, das ihm als ein beständiges Recht von den Opfern des Ewigen zufällt.« •   *10*Einst ging der Sohn einer Jisraelit, aber eines mizrischen Mannes unter den Kindern Jisraels aus und geriet im Lager in Streit, dieser Sohn einer Jisraelit mit einem Jisrael. *11*Der Sohn der Jisraelit sprach den Namen aus und lästerte. Man brachte ihn vor Mosche. Seine Mutter hieß Sch'lomit, die Tochter Diwris, aus dem Stamm Dan. *12*Man tat ihn ins

Gefängnis, bis ihnen Bescheid gebracht werde im Namen des Ewigen.¶

¹³Hierauf sprach der Ewige zu Mosche wie folgt: ¹⁴»Lasst den Lästerer aus dem Lager hinausführen. Alle, die es gehört haben, sollen ihre Hände auf seinen Kopf legen und die ganze Gemeinde soll ihn steinigen. ¹⁵Den Kindern Jisraels mache Folgendes bekannt: ›Wer seine Gottheit lästert, soll für sein Verbrechen büßen. ¹⁶Wer aber den Namen des Ewigen mit Lästerung ausspricht, der soll getötet werden. Die ganze Gemeinde soll ihn steinigen. Sowohl ein Fremder als auch ein Einheimischer, wer den Namen zur Lästerung ausspricht, soll des Todes sein. ¹⁷Wer irgendeinen Menschen erschlägt, soll getötet werden. ¹⁸Wer ein Vieh erschlägt, soll es bezahlen, Leib für Leib. ¹⁹Wer seinen Mitmenschen verletzt, dem gebührt, wie er getan hat: ²⁰Bruch für Bruch, Auge für Auge, Zahn für Zahn. Wie er einen verletzt hat, so sollte ihm wieder geschehen.

Maftir

²¹Wer ein Vieh erschlägt, muss es bezahlen, und wer einen Menschen erschlägt, wird getötet. ²²Gleiches Recht sollt ihr alle haben, der Fremde wie der Einheimische, denn ich bin der Ewige, euer Gott!‹« ²³Mosche machte dies den Kindern Jisraels bekannt, worauf man den Lästerer aus dem Lager hinausführte und ihn mit Steinen zu Tode bewarf. Die Kinder Jisraels taten so, wie der Ewige dem Mosche befohlen hatte.¶

Haftarat Emor: Ezechiel 44,15-31 (S. 507)

Psalm des Schabbat nach Seder Avodat Israel: Ps 42

32. Behar (Lev 25,1-26,2)

*[INHALT: Regelungen für das Land * Schabbatjahr * Joveljahr * Hilfe für
Verschuldete (Erlösung)]*

Erster / Jahr I

25   ¹Der Ewige hatte zu Mosche **auf dem Berge** *(behar)* Sinai
wie folgt gesprochen: ²»Rede mit den Kindern Jisraels und sage ihnen:
›Wenn ihr in das Land kommt, das ich euch gebe, dann soll das Land
dem Ewigen zu Ehren eine Feier halten. ³Sechs Jahre hindurch kannst
du nämlich dein Feld besäen, in ebender Zeit deinen Weinberg beschneiden und die Früchte davon einsammeln. ⁴Im siebten Jahr aber
soll das Land eine hohe Feier halten, eine Feier dem Ewigen zu Ehren.
Dein Feld sollst du nicht besäen, deinen Weinberg nicht beschneiden.
⁵Was von deiner vorigen Ernte nachwächst, darfst du nicht einernten,
auch die Trauben der unbeschnittenen Weinstöcke nicht einlesen. Es
soll in dem Land ein Feierjahr sein. ⁶Was dieses Feierjahr bringt, soll
euch allen frei sein zu essen, dir, deinem Knecht, deiner Magd, deinem
Lohnknecht und dem Einwohner, welcher sich bei dir aufhält. ⁷Auch
deinem Vieh und dem Gewild in deinem Land muss der Ertrag dieses
Jahres zum Essen überlassen werden. • ⁸Du zählst sieben solcher
Feierjahre, nämlich siebenmal sieben Jahre, sodass diese sieben Feierjahre zusammen eine Zeit von neunundvierzig Jahren ausmachen.
⁹Am zehnten Tag des siebenten Monats darauf sollst du in die Trompete stoßen. Am Versöhnungstag nämlich sollt ihr die Trompete hören
lassen durch euer ganzes Land. ¹⁰Das fünfzigste Jahr sollt ihr also
heiligen und im Land allen Einwohnern Freiheit ausrufen. Dies soll
euch ein Joweljahr sein, an welchem jedermann zu seinem Eigentum
und jedermann zu seinem Geschlecht zurückkehrt. ¹¹Das fünfzigste
Jahr soll euch alle Zeit ein Joweljahr sein. Ihr sollt nicht säen, auch
den Nachwuchs nicht ernten und die unbeschnittenen Weinstöcke

nicht ablesen. *12*Denn weil es ein Joweljahr ist, so muss es euch heilig sein. Den Ertrag davon könnt ihr vom Feld verzehren. *13*In diesem Joweljahr gelangt ein jeder von euch wieder zu seinem Eigentum.

Zweiter

*14*Sooft ihr also einer dem andern etwas verkauft oder einer vom andern etwas kauft, so dürft ihr euch einander nicht übervorteilen. *15*Nach Anzahl der Jahre, welche nach dem Jowel verstrichen sind, musst du von deinem Nächsten kaufen, jener aber dir nach Anzahl der Erntejahre, die du zu erwarten hast, verkaufen. *16*Je größer die Menge der Jahre, desto mehr kannst du für den Kauf geben, und je geringer die Menge der Jahre, desto weniger musst du dafür geben. Denn man verkauft dir ja nur eine Anzahl von Ernten. *17*Übervorteilt einer den anderen nicht, sondern fürchte dich vor deinem Gott, denn ich, der Ewige, bin euer Gott. *18*Haltet meine Gesetze, beachtet meine Rechte und befolgt sie. So werdet ihr in dem Land sicher wohnen können.

Dritter (Zweiter)

*19*Das Land wird seine Früchte hergeben und ihr werdet zur Genüge zu essen haben und sicher wohnen können. *20*Ihr werdet vielleicht sagen: ›Was sollen wir denn im siebten Jahr essen? Wir sollen ja nicht aussäen und die Ernte nicht einbringen.‹ *21*So will ich aber meinem Segen verhelfen im sechsten Jahr, dass es eine Ernte hervorbringe auf drei Jahre. *22*Wenn ihr das achte Jahr wieder aussät, sollt ihr noch von der alten Ernte zehren. Bis im neunten Jahr die Frucht davon einkommt, sollt ihr noch von der alten Frucht zehren. *23*Grundstücke sollen nicht auf ewig verkauft werden, denn das Land ist mein. Ihr aber seid nur Fremdlinge und Geduldete auf meinem Boden. *24*In dem ganzen Land, das euer Eigentum ist, soll bei Grundstücken das Wiedereinlösen stattfinden. •

Vierter

*25*Wenn dein Bruder sein Vermögen verliert und etwas von seinem Eigentum verkauft, so kann sein nächster Verwandter kommen und das wieder einlösen, was sein Bruder verkauft hat. ²⁶Hat jemand keinen Wiedereinlöser, er selbst aber kommt wieder zu Vermögen und erwirbt so viel, wie zum Wiedereinlösen nötig ist, ²⁷so soll er die Jahre seit dem Verkauf abrechnen, den Überrest demjenigen erstatten, dem er es verkauft hat, und wieder zu seinem Eigentum gelangen. ²⁸Ist er nicht vermögend, um ihm wieder zu bezahlen, so bleibt das verkaufte Land in den Händen des Käufers bis zum Joweljahr. Im Joweljahr aber wird es wieder frei und er gelangt wieder zu seinem Eigentum. •

Fünfter (Dritter) / (Jahr II)

²⁹Wenn jemand ein Wohnhaus in einer ummauerten Stadt verkauft, so dauert das Wiedereinlösungsrecht das ganze Jahr nach dem Verkauf. Ein volles Jahr lang soll es wieder eingelöst werden können. ³⁰Wird es aber innerhalb eines vollen Jahres nicht eingelöst, so bleibt das Haus in der ummauerten Stadt dem Käufer für seine Nachkommen auf ewig und wird im Joweljahr nicht frei. ³¹Häuser in Dörfern, die mit keiner Mauer umgeben sind, werden zu Ackerstücken gerechnet. Es findet Wiedereinlösung statt und im Jowel wird das Verkaufte frei. ³²Was die Städte der Levijim betrifft, nämlich die Häuser in ihren Eigentumsstädten, so sollen die Levijim ein ewiges Einlösungsrecht haben. ³³Wenn jemand von den Levijim selbst etwas einlöst, so wird das verkaufte Haus und die Eigentumsstadt im Jowel wieder frei, denn die Häuser in den Städten der Levijim sind ihr Eigentum unter den Kindern Jisraels. ³⁴Ein Feld, das in der Nähe an ihren Städten liegt, soll gar nicht verkauft werden können, sondern ihr ewiges Eigentum bleiben. • ³⁵Wenn dein Bruder neben dir verarmt und seine Hand sinken lässt, so sollst du ihn unterstützen, sodass auch der Fremde und Geduldete bei dir leben möge. ³⁶Du sollst weder Zins noch Überschuss von ihm nehmen, sondern dich vor deinem Gott fürchten und deinen Bruder neben dir leben lassen. ³⁷Gib ihm dein Geld nicht auf Zins und deinen Mundvorrat nicht auf Überschuss. ³⁸Ich bin der Ewige, euer Gott, der euch aus dem Land Mizrajim geführt hat, um euch das Land Kenaan zu geben und euer Gott zu sein. •

³⁹Wenn dein Bruder neben dir verarmt und sich dir verkauft, so sollst du ihn nicht wie einen Leibeigenen arbeiten lassen. ⁴⁰Wie ein Tagelöhner, ein geduldeter Häusler soll er bei dir sein und bis zum Joweljahr dienen. ⁴¹Alsdann aber zieht er mit seinen Kindern von dir weg, kehrt zu seinem Geschlecht zurück und gelangt wieder zum Eigentum seiner Eltern. ⁴²Denn sie sind meine Knechte, weil ich sie aus Mizrajim geführt habe. Sie dürfen nicht wie Sklaven verkauft werden. ⁴³Du darfst nicht mit Härte über ihn herrschen und musst dich vor deinem Gott fürchten. ⁴⁴Knecht und Magd, die völlig dir leibeigen sind, kannst du von den Völkern, die um dich herum wohnen, (nehmen), aus ihnen kannst du Knecht und Magd kaufen. ⁴⁵Auch aus den Kindern der Geduldeten, die sich bei euch aufhalten, aus ihnen könnt ihr kaufen und aus ihrem Geschlecht, das bei euch ist, das sie nämlich in eurem Land gezeugt haben. Diese können euer Eigentum werden. ⁴⁶Ihr könnt sie auch euren Kindern als ein Erbgut hinterlassen und also auf ewig als Sklaven gebrauchen. Unter euren Brüdern, den Kindern Jisraels, aber soll einer über den anderen nicht mit Strenge herrschen. •

Siebter

⁴⁷Wenn ein Fremder oder Geduldeter bei dir zu Vermögen kommt, dein Bruder aber verarmt und sich an den Fremden verkauft, der bei dir wohnt, oder an einen, der von einer ausländischen Familie abstammt, ⁴⁸nachdem er verkauft worden ist, findet das Einlösungsrecht statt. Einer von seinen Brüdern löst ihn wieder ein, ⁴⁹oder der Bruder des Vaters oder der Sohn des Bruders des Vaters oder auch sonst ein Blutsverwandter aus seinem Geschlecht kann ihn einlösen, wie auch wenn er selbst zu Vermögen kommt, so löst er sich wieder ein. ⁵⁰Er rechnet alsdann mit dem Käufer von dem Jahr an, in dem er ihm verkauft worden ist, bis zum Jowel und das Kaufgeld teilt er nach Anzahl der Jahre ein, als wenn er als ein Tagelöhner so lange hätte bei ihm sein sollen. ⁵¹Sind nun noch viele Jahre bis dahin, so muss er in eben dem Verhältnis von seinem Kaufgeld als Einlösegeld zurückgeben. ⁵²Sind aber nur wenig Jahre noch übrig bis zum Jowel, so

wird es in Rechnung gebracht. Nach den Jahren gibt er ihm Lösegeld. ⁵³Wie ein Dienstbote, den man auf Jahre mietet, soll er angesehen werden. Du darfst nicht zulassen, dass er ihn vor deinen Augen mit Strenge beherrsche. ⁵⁴Wird er auf keine von diesen Arten ausgelöst, so geht er im Joweljahr aus dem Dienst, er und seine Kinder mit ihm.

Maftir

⁵⁵Denn die Kinder Jisraels sind mir leibeigen, meine Leibeigenen sind sie, weil ich sie aus Mizrajim geführt habe. Ich bin der Ewige, euer Gott! **26**   ¹Macht euch keine Götzen, errichtet euch kein Bild, kein Denkmal und duldet in eurem Land keinen Stein mit Bilderschrift zur Verehrung. Denn ich bin der Ewige, euer Gott. ²Beachtet meine Feierzeiten und habt Ehrfurcht vor meinem Heiligtum. Ich, der Ewige!ף

Haftarat Behar: Jeremia 32,6-27 (S. 509); Wenn Behar und Bechuko-taj zusaammenfallen, liest man Haftarat Bechukotaj (S. 510).

Psalm des Schabbat nach Seder Avodat Israel: Ps 112

33. Bechukotaj (Lev 26,3-27,34)

*[INHALT: Segnungen und Flüche * Gelübde]*

Erster / Jahr I

³Wenn ihr **nach meinen Gesetzen** *(bechukotaj)* wandelt, meine Gebote beachtet und sie haltet, ⁴so will ich immer den Regen zur rechten Zeit geben, der Boden soll sein Gewächs und der Baum auf dem Feld seine Frucht hergeben. ⁵Eure Dreschzeit soll bis an die Weinlese und die Weinlese bis an die Aussaat reichen. Ihr werdet Lebensmittel zur Genüge zu essen haben und sicher in eurem Land wohnen.

Zweiter

⁶Ich werde nämlich eurem Land Frieden geben, sodass ihr liegt und niemand euch stört. Das reißende Gewild will ich aus eurem Land ausrotten und kein Kriegsschwert durch euer Land ziehen lassen. ⁷Euren Feinden werdet ihr vielmehr nachsetzen und sie sollen vor eurem Schwert hinfallen. ⁸Fünf von euch sollen ihrer hundert und hundert von euch zehntausend in die Flucht treiben. So sollen eure Feinde vor eurem Schwert hinfallen! ⁹Ich werde mich zu euch wenden, euch fruchtbar machen, euch vermehren und meinen Bund mit euch halten.

Dritter (Fünfter) Der Vortrag ist leise und schnell.

¹⁰Ihr werdet alsdann den Überfluss von vielen Jahren genießen und das Alte immer vor dem Neuen wegzuräumen haben. ¹¹Ich will meine Residenz unter euch aufschlagen und mein Wesen soll an euch kein Missfallen haben. ¹²Ich werde unter euch herumwandeln, euer Gott sein, und ihr sollt meine Nation sein. ¹³Ich bin der Ewige, euer Gott, der euch aus dem Land Mizrajim geführt hat, um nicht länger ihre Knechte zu sein. Der die Stangen eures Jochs zerbrochen hat und gemacht hat, dass ihr aufrecht gehen könnt.¶

¹⁴Wenn ihr mir aber nicht gehorcht und haltet alle diese Gebote nicht, ¹⁵wenn ihr meine Gesetze verachtet und an meinen Rechten einen solchen Widerwillen habt, dass ihr alle meine Gebote nicht haltet und den Bund mit mir brecht, ¹⁶so will ich auch solches gegen euch tun und mit Entsetzen über euch bestellen auszehrendes Fieber und hitzige Krankheit, welche die Augen nach Genesung schmachten lassen und das Gemüt betrüben. Ihr werdet vergeblich euren Samen säen, denn eure Feinde werden den Genuss haben. ¹⁷Ich will meinen Zorn gegen euch richten, dass ihr geschlagen werdet von euren Feinden. Eure Hasser werden über euch Gewalt ausüben. Ihr werdet fliehen, obwohl euch niemand verfolgt. ¹⁸Werdet ihr mir alsdann noch nicht gehorchen, so werde ich fortfahren euch wegen eurer Sünden siebenfach zu züchtigen, ¹⁹bis ich endlich euren trotzigen Hochmut gebrochen habe. Den Himmel werde ich euch wie Eisen und die Erde wie Erz sein lassen. ²⁰Eure Kraft soll vergebens verschwendet werden, denn euer Boden soll sein Gewächs und der Baum des Landes seine Frucht nicht hergeben. ²¹Wandelt ihr mir zuwider und wollt mir nicht gehorchen, so lege ich euch immermehr siebenfach Plage auf, um eurer Sünden willen. ²²Die wilden Tiere lasse ich über euch los. Die sollen euch kinderlos machen, euer Vieh auffressen und euch selbst aufreiben, dass eure Heerstraßen öde werden. ²³Wenn ihr dadurch noch nicht gezüchtigt werdet und mir immer noch zuwider wandelt, ²⁴so werde auch ich fortfahren, euch zuwider zu wandeln, werde auch ich fortfahren euch wegen eurer Sünden siebenfach zu plagen. ²⁵Ich werde das Rachschwert über euch bringen, das den Bund rächen soll, sodass ihr werdet in die festen Plätze ziehen müssen. Daselbst werde ich die Pest unter euch senden, dass ihr euren Feinden dennoch in die Hände fallen müsst, ²⁶werde ich euren Brotstab zerbrechen (das heißt, Hungersnot unter euch senden). So sollen zehn Frauen euer Brot in einem Ofen backen und das Brot nach dem Gewicht heimbringen und ihr wedet essen und nicht satt werden.   •   ²⁷Gehorcht ihr mir dennoch nicht und wandelt mir zuwider, ²⁸so will ich euch im Zorn entgegen wandeln. Ich will euch züchtigen siebenfach wegen eurer Sünden. ²⁹Ihr sollt das Fleisch eurer Söhne verzehren und das Fleisch eurer Töchter verzehren. ³⁰Ich werde eure Götzenhöhen vertilgen,

eure Sonnenbilder ausrotten und eure Leichen auf die Leichen eurer Kotgötzen werfen und mein Wesen wird Ekel an euch haben. ³¹Ich werde eure Städte wüst machen, eure Heiligtümer zerstören und eure lieblichen Gerüche nicht riechen (das heißt, nicht annehmen). ³²Ja, ich will das Land dergestalt zerstören, dass selbst eure Feinde, die es besitzen werden, sich darüber entsetzen sollen. ³³Euch aber will ich unter die Völker zerstreuen und das Schwert hinter euch ausziehen. Wenn dann euer Land wird wüst und eure Städte öde sein, ³⁴so wird das Land seine Feierzeiten erstatten, solange es nämlich wüst sein wird und ihr euch in dem Land eurer Feinde aufhalten werdet. Da wird das Land feiern und seine Feierzeiten erstatten. ³⁵Solange es verwüstet liegen wird, wird es feiern, dafür dass es eure Feierzeiten nicht gehalten hat, so lange ihr darin gewohnt habt. ³⁶Was diejenigen betrifft, die von euch übrig bleiben, so will ich ihnen Feigheit in das Herz legen in den Ländern ihrer Feinde. Die Stimme eines rauschenden Blattes wird sie verfolgen und sie werden fliehen, wie man das Schwert flieht, und fallen, obwohl sie niemand verfolgt. ³⁷Einer soll über den anderen stürzen, als wenn das Schwert hinter ihm wäre, obwohl doch niemand nachsetzt. Ihr werdet vor euren Feinden nicht standhalten. ³⁸Unter den Völkern werdet ihr umkommen. Das Land eurer Feinde wird euch verzehren. ³⁹Die Übrigen von euch werden zum Teil durch eigene Sünde hinschwinden in dem Land eurer Feinde so wie auch zum Teil durch die Sünde ihrer Eltern mit ihnen hinschwinden. ⁴⁰Alsdann werden sie ihre und ihrer Eltern Sünde bekennen, dass sie treulos an mir gehandelt haben und mir zuwider gewandelt sind. ⁴¹Wenn ich alsdann auch ihnen zuwider wandeln und sie in Feindes Land bringen werde, so wird ihr verstocktes Herz schon gedemütigt werden und sie werden für ihre Sünde genugtun. ⁴²Ich aber werde an meinen Bund mit Jaakow und an meinen Bund mit Jizchak und an meinen Bund mit Awraham denken und das Land bedenken. ⁴³Denn das Land wird von ihnen verlassen sein, damit es für die Feierzeiten genugtue, solange sie es wüst liegen lassen, und damit sie selbst für ihre Sünden genugtun. Weil und insofern sie meine Rechte verworfen haben und meiner Gesetze überdrüssig geworden sind. ⁴⁴Selbst dann, wenn sie sich schon im Land ihrer Feinde aufhalten, werde ich sie deswegen nicht verwerfen, auch ihrer nicht überdrüssig werden, um sie aufzureiben oder um meinen Bund mit ihnen völlig aufzuheben. Denn ich bleibe der Ewige, ihr Gott. [45]Daher werde ich mich an den Freundschaftsbund mit ihren Vorfahren alle Zeit erinnern. So wie ich sie vor dem Angesicht der Völker aus Mizrajim geführt habe, um ihr Gott zu sein. Ich, der Ewige!«« [46]Dies sind die Gesetze, Rechte, und Lehren, die der Ewige auf dem Berg Sinai durch Mosche gegeben hat als einen Bund zwischen ihm und den Kindern Jisraels.⁋

Vierter (Sechster) / (Jahr III)

27 [1]Der Ewige sprach zu Mosche wie folgt: [2]»Rede mit den Kindern Jisraels und sage ihnen: ›Wenn jemand ein besonderes Gelübde tut, die Schätzung gewisser Personen, dem Ewigen zu Ehren, von seinem Vermögen auszusetzen, [3]betrifft die Schätzung eine männliche Person vom zwanzigsten bis zum sechzigsten Jahr, so wird die Schätzung auf fünfzig Schekel Silber gesetzt, nach dem Schekel des Heiligtums. [4]Ist es aber eine weibliche Person, so wird die Schätzung auf dreißig Schekel gesetzt. [5]Wenn die Person zwischen fünf Jahren und zwanzig Jahren alt ist, so wird die Schätzung der männlichen Person auf zwanzig Schekalim und der weiblichen Person auf zehn Schekalim gesetzt. [6]Ist sie aber von einem Monat bis fünf Jahren, so wird die Schätzung der männlichen Person auf fünf Schekalim Silber, die Schätzung der weiblichen Person aber auf drei Schekalim gesetzt. [7]Ist die Person sechzig Jahre oder darüber, so wird die Schätzung einer männlichen Person auf fünfzehn Schekel und einer weiblichen Person auf zehn Schekalim gesetzt. [8]Ist er aber zu unvermögend, diese Schätzung zu bezahlen, so stelle man die Person vor den Priester, dass der Priester sie schätze. Nach dem Vermögen des Gelobenden soll der Priester schätzen. • [9]Ist es ein Vieh, welches man dem Ewigen zu Ehren opfern darf, so soll dasjenige Stück, welches er dem Ewigen zu Ehren hingegeben hat, selbst heilig sein. [10]Er darf es nicht verwechseln oder vertauschen, weder das Gute mit einem Schlechten noch das Schlechte mit einem Guten. Wenn er aber ein Stück Vieh mit dem anderen vertauscht, so soll es selbst nebst dem dafür gegebenen Stück heilig sein. [11]Ist es aber ein Stück unreines Vieh, das man dem

Ewigen zu Ehren nicht zum Opfer bringen darf, so soll man das Vieh vor den Priester bringen. ¹²Der Priester soll es schätzen, wie gut oder schlecht es sei. Bei der Schätzung des Priesters soll es bleiben. ¹³Will er es alsdann loskaufen, so muss er zu der Schätzung den fünften Teil hinzulegen. ¹⁴Wenn jemand sein Haus als ein Heiligtum dem Ewigen zu Ehren widmet, so soll es der Priester schätzen, wie gut oder schlecht es sei. Wie der Priester es schätzt, so soll es bleiben. ¹⁵Will der Heiligende sein Haus loskaufen, so muss er den fünften Teil der Schätzung noch hinzulegen, dann ist es wieder sein.

Fünfter (Siebter) / Jahr II

¹⁶Wenn jemand von seinem erbeigentümlichen Feld ein Stück dem Ewigen zu Ehren heiligt, so richtet sich die Schätzung nach der Aussaat. Die Aussat von einem Chomer Gerste für fünfzig Schekel Silber. ¹⁷Hat er sein Feld gleich nach dem Joweljahr geheiligt, so bleibt es bei dieser Schätzung. ¹⁸Hat er es später nach dem Joweljahr geheiligt, so rechnet der Priester das Geld nach den Jahren, die noch bis zum Joweljahr übrig sind, und also geht von der Schätzung etwas ab. ¹⁹Wenn nun derjenige, der das Feld geheiligt hat, es wieder einlösen will, so muss er den fünften Teil der Schätzung noch hinzutun, dann bleibt es sein. ²⁰Löst er es aber nicht ein oder man verkauft das Feld an einen andern, so kann es nicht mehr eingelöst werden. ²¹Wenn also das Feld im Joweljahr wieder frei wird, so ist es dem Ewigen heilig, wie ein Feld der Verbannung (»nämlich ein Feld, das man völlig dahingegeben hat, wovon weiter vorkommen wird). Dem Priester soll dies als sein Eigentum zufallen.

Sechster

²²Hat er aber dem Ewigen zu Ehren ein Feld geheiligt, das er gekauft hat und das nicht sein Erbeigentum ist, ²³so rechnet ihm der Priester die Summe der Schätzung bis zum Joweljahr und er gibt diese Schätzung also gleich als ein Heiligtum dem Ewigen zu Ehren. ²⁴Im Joweljahr aber fällt das Feld wieder demjenigen zu, von welchem er es gekauft hat, nämlich dessen eigentümliches Grundstück es ist. ²⁵Alle Schätzungen geschehen nach dem Schekel des Heiligtums, zwanzig Gera auf jeden Schekel gerechnet. ²⁶Das erstgeborene Stück, welches

durch die Erstgeburt dem Ewigen gewidmet ist, kann niemand heiligen. Es sei Rind oder Kleinvieh, so gehört es ohnehin dem Ewigen. [27]Ist es ein unreines Vieh, so wird es um den Schätzungspreis losgekauft. Man legt aber den fünften Teil dazu. Wird es aber nicht eingelöst, so kann man es für den Schätzungspreis verkaufen. [28]Alles Verbannte aber, welches jemand dem Ewigen zu Ehren an Menschen, Vieh oder eigentümlichem Grundstück als verbanntes Gut widmet, soll weder verkauft noch eingelöst werden. Alles Verbannte ist ein Heiligtum der ersten Klasse und ist des Ewigen.

Siebter

[29]Ein jeder Mensch, der als ein Verbannter verurteilt worden ist, kann nicht losgekauft werden, sondern muss sterben. [30]Alle Zehnten des Landes von Saat und Baumfrüchten sind des Ewigen, als ein Heiligtum, dem Ewigen zu Ehren. [31]Will jemand von seinem Zehnten etwas loskaufen, so muss er den fünften Teil hinzusetzen.

Maftir

[32]Die Zehnten vom Rindvieh und Kleinvieh: so wie es unter dem Stabe durchgeht, soll das zehnte Stück dem Ewigen geheiligt sein. [33]Man soll keinen Unterschied machen zwischen Guten und Schlechten und nichts umtauschen. Tauscht man es aber um, so muss es selbst und das dafür getauschte Stück heilig bleiben und nicht losgekauft werden.«« [34]Dies sind die Gebote, welche der Ewige am Berge Sinai dem Mosche für die Kinder Jisraels aufgetragen hat.ꕔꕔꕔꕔ

CHASAK

Haftarat Bechukotaj: Jeremia 16,19-17,14 (S. 510)

Psalm des Schabbat nach Seder Avodat Israel: Ps 105

34. Bemidbar (Num 1,1-4,20)

*[INHALT: Volkszählung * Levijim * Regeln zum Aufschlagen des Lagers * Die Stammesfürsten]*

Erster / Jahr I

1 ¹Am ersten Tage des zweiten Monats im zweiten Jahr ihres Auszugs aus Mizrajim redete der Ewige mit Mosche, **in der Wüste** *(bemidbar)* Sinai, im Stiftszelt und sprach: ²»Nehmt die Summe der ganzen Gemeinde der Kinder Jisraels auf, nach ihren Geschlechtern und Familien mit Anzeige der Namen, alles Männliche, Haupt für Haupt. ³Von zwanzig Jahren an und darüber, was Dienst tun kann in Jisrael, sollt ihr mustern, du und Aharon, nach ihren Heeren. ⁴Von jedem Stamm soll euch ein Mann in diesem Geschäfte beistehen, ein Mann, der das Haupt seiner Familie ist. ⁵Dies sind die Namen der Männer, die euch beistehen sollen: vom Stamm Re'uwen: Elizur, Sohn Schede'urs; ⁶vom Stamm Schim'on: Schlumi'el, Sohn Zurischadais; ⁷vom Stamm Jehuda: Nachschon, Sohn Aminadaws; ⁸vom Stamm Jissachar: Netan'el, Sohn Zuars; ⁹vom Stamm Sewulun: Eliaw, Sohn Chelons; ¹⁰von den Kindern Josefs, von Efrajim: Elischama, Sohn Amihuds; von Menasche: Gamli'el, Sohn Pedahzurs; ¹¹vom Stamm Binjamin: Awidan, Sohn Gid'onis; ¹²vom Stamm Dan: Achi'eser, Sohn Amischadais; ¹³vom Stamm Ascher: Pag'i'el, Sohn Ochrans; ¹⁴vom Stamm Gad: Eljasaf, Sohn De'u'els; ¹⁵vom Stamm Naftali: Achira, Sohn Enans.« ¹⁶Dies sind die Verordneten der Gemeinde, die Fürsten ihrer väterlichen Stämme. Sie waren die Häupter der Nation. ¹⁷Mosche und Aharon nahmen also die Männer, die mit Namen hier benannt worden waren, zu Hilfe. ¹⁸Sie ließen die ganze Gemeinde am ersten Tage des zweiten Monats zusammen kommen, dass sie sich angäben nach ihren Geschlechtern und Familien mit Anzeige ihrer Namen von zwanzig Jahren an und darüber, Haupt für Haupt. ¹⁹So wie es der Ewige dem Mosche befohlen hatte, so mustere er sie in der Wüste Sinai. •

Zweiter

²⁰Da waren die Nachkommen Re'uwens, des Erstgeborenen Jisraels nach ihrer Herkunft, ihren Geschlechtern und Familien, mit Anzeige der Namen, Haupt für Haupt, alles Männliche von zwanzig Jahren an und darüber, was Dienst tun kann: ²¹die Gemusterten vom Stamm Re'uwen: sechsundvierzigtausend-fünfhundert.⁋

²²Von den Nachkommen Schim'ons nach ihrer Herkunft, ihren Geschlechtern und Familien, die Gemusterten mit Anzeige der Namen, Haupt für Haupt, alles Männliche von zwanzig Jahren an und darüber, was Dienst tun kann: ²³die Gemusterten vom Stamm Schim'on: neunundfünfzigtausend-dreihundert.⁋

²⁴Von den Nachkommen Gads nach ihrer Herkunft, ihren Geschlechtern und Familien, mit Anzeige der Namen von zwanzig Jahren an und darüber, was Dienst tun kann: ²⁵die Gemusterten vom Stamm Gad: fünfundvierzigtausend-sechshundertundfünfzig.⁋

²⁶Von den Nachkommen Jehudas nach ihrer Herkunft, ihren Geschlechtern und Familien, mit Anzeige der Namen, von zwanzig Jahren an und darüber, was Dienst tun kann: ²⁷die Gemusterten vom Stamm Jehuda: vierundsiebzigtausend-sechshundert.⁋

²⁸Von den Nachkommen Jissachars nach ihrer Herkunft, ihren Geschlechtern und Familien, mit Anzeige der Namen, von zwanzig Jahren an und darüber, was Dienst tun kann: ²⁹die Gemusterten vom Stamm Jissachar: vierundfünfzigtausend-vierhundert.⁋

³⁰Von den Nachkommen Sewuluns nach ihrer Herkunft, ihren Geschlechtern und Familien, mit Anzeige der Namen, von zwanzig Jahren an und darüber, was Dienst tun kann: ³¹die Gemusterten vom Stamm Sewulun: siebenundfünfzigtausend-vierhundert.⁋

³²Von den Nachkommen Josefs, von den Kindern Efrajims nach ihrer Herkunft, ihren Geschlechtern und Familien, mit Anzeige der

Namen, von zwanzig Jahren an und darüber, was Dienst tun kann: [33]die Gemusterten vom Stamm Efrajim: vierzigtausend-fünfhundert.¶

[34]Von den Nachkommen Menasches nach ihrer Herkunft, ihren Geschlechtern und Familien, mit Anzeige der Namen, von zwanzig Jahren an und darüber, was Dienst tun kann: [35]die Gemusterten vom Stamm Menasche: zweiunddreißigtausend-zweihundert.¶

[36]Von den Nachkommen Binjamins nach ihrer Herkunft, ihren Geschlechtern und Familien, mit Anzeige der Namen, von zwanzig Jahren an und darüber, was Dienst tun kann: [37]die Gemusterten vom Stamm Binjamin: fünfunddreißigtausend-vierhundert.¶

[38]Von den Nachkommen Dans nach ihrer Herkunft, ihren Geschlechtern und Familien, mit Anzeige der Namen von zwanzig Jahren an und darüber, was Dienst tun kann: [39]die Gemusterten vom Stamm Dan: zweiundsechzigtausend-siebenhundert.¶

[40]Von den Nachkommen Aschers nach ihrer Herkunft, ihren Geschlechtern und Familien, mit Anzeige der Namen von zwanzig Jahren an und darüber, was Dienst tun kann: [41]die Gemusterten vom Stamm Ascher: einundvierzigtausend-fünfhundert.¶

[42]Von den Nachkommen Naftalis nach ihrer Herkunft, ihren Geschlechtern und Familien, mit Anzeige der Namen von zwanzig Jahren an und darüber, was Dienst tun kann: [43]die Gemusterten vom Stamm Naftali: dreiundfünfzigtausend-vierhundert.¶

[44]Dies sind die Musterungen, die Mosche und Aharon nebst den zwölf Fürsten Jisraels, von jeder Familie einer, vorgenommen. [45]Also waren alle Gemusterten der Kinder Jisraels nach ihren Familien, von zwanzig Jahren an und darüber, was in Jisrael Dienst zu tun taugt. [46]Alle diese Gemusterten zusammen waren sechshundertunddreitausend-fünfhundertund fünfzig. [47]Die Levijim aber nach ihren Familien sind unter ihnen nicht mit gemustert worden,¶

⁴⁸denn der Ewige hatte zu Mosche wie folgt gesagt: ⁴⁹»Doch den Stamm Levi sollst du nicht mustern und ihre Anzahl nicht aufnehmen unter den Kindern Jisraels. ⁵⁰Du sollst hingegen den Levijim das Amt auftragen über die Wohnung des Zeugnisses, über alle Geräte derselben und alles, was dazu gehört. Sie sollen die Wohnung und alles dazu gehörige Gerät tragen, ihre Dienste verrichten und sich um die Wohnung lagern. ⁵¹Wenn die Wohnung fortgebracht wird, sollen die Levijim sie auseinander nehmen, und wenn sie irgendwo bleiben soll, müssen die Levijim sie aufschlagen. Ein Gewöhnlicher, der hinzutritt, soll des Todes sein. ⁵²Die Kinder Jisraels sollen sich lagern, jedermann bei seiner Truppe und bei seiner Fahne nach ihren Heeren. ⁵³Die Levijim aber sollen sich um die Wohnung des Zeugnisses herum lagern, damit kein Zorn auf die Kinder Jisraels komme. Die Levijim sollen die Geschäfte bei der Wohnung des Zeugnisses zu versorgen haben.« ⁵⁴Die Kinder Jisraels taten so. Wie der Ewige Mosche befohlen hatte, so taten sie.¶

Dritter / Jahr II

2 ¹Der Ewige redete mit Mosche und Aharon und sprach: ²»Jederman von den Kindern Jisraels soll sich bei seiner Fahne nach dem Zeichen seiner Familie halten. In einiger Entfernung sollen sie sich um das Stiftszelt herum lagern. ³Gegen Morgen und Sonnenaufgang lagern sich die, die zur Fahne des Lagers Jehuda gehören, nach ihren Heeren. Der Stammfürst der Kinder Jehudas ist Nachschon, Sohn Aminadaws. ⁴Sein Heer, nämlich seine Gemusterten, waren vierundsiebzigtausend-sechshundert an der Zahl. ⁵Neben ihm liegen die zum Stamm Jissachars gehören. Der Stammfürst der Kinder Jissachars: Netanel, Sohn Zuars. ⁶Sein Heer, nämlich seine Gemusterten: vierundfünfzigtausend-vierhundert an der Zahl. ⁷Dann der Stamm Sewulun. Der Stammfürst der Kinder Sewuluns: Eliaw, Sohn Chelons. ⁸Sein Heer, nämlich seine Gemusterten: siebenundfünfzigtausend-vierhundert an der Zahl. ⁹Alle Gemusterten des Lagers Jehudas: hundertsechsundachzigtausend-vierhundert an der Zahl nach ihren Heeren. Diese sollen beim Zug die ersten sein. • ¹⁰Die Fahne des Lagers Re'uwens lagert sich gegen Mittag nach ihren Heeren. Der Stammfürst der Kinder Re'uwens ist Elizur, Sohn Schede'urs. ¹¹Sein

Heer, nämlich seine Gemusterten: sechsundvierzigtausend-fünfhundert an der Zahl. ¹²Neben ihm lagert sich der Stamm Schim'on. Der Stammfürst der Kinder Schim'ons: Schlumi'el, Sohn Zurischadais. ¹³Sein Heer, nämlich die Gemusterten: neunundfünfzigtausend-dreihundert an der Zahl. ¹⁴Und der Stamm Gad, der Stammfürst der Kinder Gads: Eljasaf, Sohn Re'u'el. ¹⁵Sein Heer, nämlich die Gemusterten desselben: fünfundvierzigtausend-sechshundertundfünfzig an der Zahl. ¹⁶Alle Gemusterten des Lagers Re'uwens: hunderteinundfünfzigtausend-vierhundertundfünfzig an der Zahl nach ihren Heeren. Sie sollen beim Zug die zweiten sein. • ¹⁷Hierauf zieht das Stiftszelt, nämlich das Lager der Levijim mitten in den Lagern. So wie sie liegen, so sollen sie ziehen, jeder an seinem Ort unter ihren Fahnen. • ¹⁸Die Fahne des Lagers Efrajims: nach ihren Heeren lagern sie sich gegen Abend. Der Stammfürst der Kinder Efrajims: Elischama, Sohn Amihuds. ¹⁹Sein Heer, nämlich die Gemusterten desselben: vierzigtausend-fünfhundert an der Zahl. ²⁰Neben ihm der Stamm Menasche. Der Stammfürst der Kinder Menasches: Gamli'el, Sohn Pedahzurs. ²¹Sein Heer, nämlich die Gemusterten desselben: zweiunddreißigtausend-zweihundert an der Zahl. ²²Und der Stamm Binjamin. Der Stammfürst der Kinder Binjamins: Awidan, Sohn Gid'onis. ²³Sein Heer, nämlich die Gemusterten desselben: fünfunddreißigtausend-vierhundert an der Zahl. ²⁴Alle Gemusterten des Lagers Efrajims: hundertundachttausend-einhundert nach ihren Heeren. Diese sind beim Zug die dritten. • ²⁵Die Fahne des Lagers Dans lagert sich gegen Mitternacht nach ihren Heeren. Der Stammfürst der Kinder Dans: Achi'eser, Sohn Amischadais. ²⁶Sein Heer, nämlich die Gemusterten desselben: zweiundsechzigtausend-siebenhundert an der Zahl. ²⁷Neben ihm lagert sich der Stamm Ascher. Der Stammfürst der Kinder Ascher: Pag'i'el, Sohn Ochrans. ²⁸Sein Heer, nämlich die Gemusterten desselben: einhundertvierzigtausend-fünfhundert an der Zahl. ²⁹Und der Stamm Naftali. Der Stammfürst der Kinder Naftali: Achira, Sohn Enans. ³⁰Sein Heer, nämlich die Gemusterten desselben: dreiundfünfzigtausend-vierhundert an der Zahl. ³¹Alle Gemusterten des Lagers Dans: hundertsiebenundfünfzigtausend-sechshundert an der Zahl. Diese sind bei ihrem Zug unter ihren Fahnen die letzten.«¶

³²Dies sind die Musterungen der Kinder Jisraels nach ihren Familien. Alle Gemusterten der Lager nach ihren Heeren zusammen: sechshundertunddreitausend-fünfhundertundfünfzig an der Zahl. ³³Die Levijim sind nicht mit gemustert worden, so wie der Ewige Mosche befohlen hatte. ³⁴Die Kinder Jisraels taten alles. Wie der Ewige Mosche befohlen hatte, so lagerten sie sich unter ihren Fahnen und so zogen sie aus, jeder nach seinem Geschlecht und bei seiner Familie.¶

Vierter

3 ¹Folgendes sind die Geschlechtsregister Aharons und Mosches, zu der Zeit, als der Ewige mit Mosche redete auf dem Berge Sinai. ²Dies sind die Namen der Söhne Aharons: der Erstgeborene Nadaw, dann Awihu, El'asar und Itamar. ³Dies sind die Namen der Kinder Aharons, die zu Priestern gesalbt waren, die er nämlich zum Priesteramt eingesetzt hat. ⁴Es starben aber Nadaw und Awihu vor dem Ewigen, als sie vor ihm in der Wüste Sinai gewöhnliches Feuer brachten, und hinterließen keine Kinder. El'asar und Itamar verwalteten also das Priesteramt unter ihrem Vater Aharon.¶

⁵Nun redete der Ewige mit Mosche und sprach: ⁶»Lass den Stamm Levi herzutreten und stelle ihn vor den Priester Aharon, dass sie ihm dienen. ⁷Sie sollen sein Geschäft und das Geschäft der ganzen Gemeinde vor dem Stiftszelt verrichten und den Dienst bei der Wohnung versehen, ⁸alles Gerät des Stiftszelts in Obacht nehmen und an der Stelle der Kinder Jisraels das Geschäft übernehmen, den Dienst bei der Wohnung zu versehen. ⁹Die Levijim sollst du dem Aharon und seinen Söhnen zuordnen. Sie sollen ihm von den Kindern Jisraels als geschenkt zugeordnet sein. ¹⁰Aharon und seinen Söhnen aber sollst du das Amt auftragen, dass sie das Priestertum wahrnehmen. Ein Gewöhnlicher, der hinzutritt, soll des Todes sein.«¶

¹¹Ferner sprach der Ewige zu Mosche wie folgt: ¹²»Meinerseits habe ich die Levijim aus den Kindern Jisraels genommen an Stelle alles Erstgeborenen der ersten Leibesfrucht unter den Kindern Jisraels, sodass die Levijim mir gehören. ¹³Denn mir gehört alles Erstgeborene.

Als ich im Land Mizrajim alles Erstgeborene schlug, habe ich mir alles Erstgeborene in Jisrael vom Menschen bis zum Vieh geheiligt. Sie sind also mein, ich, der Ewige.«¶

Fünfter / Jahr III

¹⁴Weiter redete der Ewige mit Mosche in der Wüste Sinai und sprach: ¹⁵»Mustere die Kinder Levis nach ihren Familien und Geschlechtern. Alles Männliche von einem Monat an und darüber sollst du mustern.« ¹⁶Mosche musterte sie auf dem Befehl des Ewigen, wie ihm geboten worden war. ¹⁷Dies waren die Kinder Levis mit Namen: Gerschon, Kehat und Merari. ¹⁸Die Namen der Kinder Gerschons nach ihren Geschlechtern waren: Liwni und Schim'i. ¹⁹Die Namen der Kinder Kehats nach ihren Geschlechtern waren: Amram, Jizhar, Chewron und Usi'el. ²⁰Die Kinder Meraris nach ihren Geschlechtern: Machli und Muschi. Dies sind die Geschlechter des Stammes Levi nach ihren Familien. ²¹Von Gerschon kam das Liwnische und Schim'ische Geschlecht. Dies sind die Gerschun'schen Geschlechter. ²²Sie wurden gemustert nach der Zahl, nämlich alles Männliche von einem Monat und darüber. Und die Gemusterten waren siebentausendundfünfhundert. ²³Die Gerschunischen Geschlechter lagern sich hinter der Wohnung gegen Abend. ²⁴Das Familienhaupt der Gerschuner war Eljasaf, Sohn La'els. ²⁵Ihre Zuständigkeit am Stiftszelt waren die Teppiche der Wohnung und des Zeltes, die Decken desselben und der Vorhang vor dem Eingange des Stiftszeltes, ²⁶die Umhänge des Vorhofs und die Decke am Eingang des Vorhofs, der die Wohnung und den Altar einschließt nebst allen Stricken, die zu seinem Dienst gehören.   •   ²⁷Von Kehat kam das Amramische, Jizhar'sche, Chewron'sche und Usi'elische Geschlecht. Dies sind die Kehatischen Geschlechter. ²⁸Alles Männliche von einem Monat an und darüber: achttausendundsechshundert, die beim Heiligtum den Dienst versahen. ²⁹Die Geschlechter der Kinder Kehats lagern sich auf der Seite der Wohnung gegen Mittag. ³⁰Das Familienhaupt der Kehatischen Geschlechter war: Elizafan, Sohn Usi'els. ³¹Ihrer Zuständigkeit wird anvertraut die Lade, der Tisch, der Leuchter, die Altäre und die heiligen Geräte, die zum Dienst gebraucht werden, der innere Vorhang und was dazu gebraucht wird. ³²Das

Oberhaupt aller Familienhäupter des Stammes Levi war El'asar, Sohn des Priesters Aharon. Er stand über denjenigen, welche den Dienst beim Heiligtum zu versehen verordnet waren. ³³Von Merari komt das Machlische und das Muschische Geschlecht. Dies sind die Merarischen Geschlechter. ³⁴Ihre Musterung: Alles Männliche von einem Monat an und darüber an der Zahl sechstausendundzweihundert. ³⁵Das Familienhaupt der Merarischen Geschlechter war Zuri'el, Sohn Awichajils. Sie lagern sich auf der Seite der Wohnung gegen Mitternacht. ³⁶Das Amt und die Zuständigkeit der Kinder Merari waren die Bretter der Wohnung, die Riegel, Säulen, Füße und die übrigen Geräte und was zu seinem Dienst gehört, ³⁷die Säulen des Vorhofs umher, die Füße, Nägel, Stricke. ³⁸Vor der Wohnung, nämlich auf der Morgenseite des Stiftszelts, lagern Mosche, Aharon und seine Söhne, welche das Amt des Heiligtums zu verwalten hatten im Namen der Kinder Jisraels. Ein Gewöhnlicher, der hinzutritt, soll des Todes sein. ³⁹Alle Musterungen der Levijim, die Mosche und Aharon[a] auf Befehl des Ewigen gemustert hatten, alles Männliche von einem Monat an und darüber, waren zweiundzwanzigtausend. •

Sechster

⁴⁰Der Ewige sprach zu Mosche:»Mustere alles Erstgeborene männlichen Geschlechts bei den Kindern Jisraels von einem Monat an und darüber und nimm Anzahl und Namen auf. ⁴¹Und sondere mir, dem Ewigen, die Levijim aus an Stelle alles Erstgeborenen bei den Kindern Jisraels, und das Vieh der Levijim an Stelle alles Erstgeborenen beim Vieh der Kinder Jisraels.« ⁴²Wie ihm der Ewige befohlen hatte, musterte Mosche alles Erstgeborene bei den Kindern Jisraels. ⁴³Da war alles Erstgeborene männlichen Geschlechts mit Anzeigung der Namen von einem Monat an und darüber: zweiundzwanzigtausend-zweihundertdreiundsiebzig an der Zahl.ꟙ

⁴⁴Da redete der Ewige mit Mosche und sprach: ⁴⁵»Nimm die Levijim an Stelle alles Erstgeborenen bei den Kindern Jisraels und das Vieh der Levijim an Stelle ihres Viehs, und lass die Levijim mir zu eigen

---

a   *Num 3,39: In einer Torarolle ist das gesamte Wort »Aharon« gepunktet.*

sein, ich, der Ewige. [46]Zum Lösegeld der zweihundertdreiundsiebzig Erstgeborenen bei den Kindern Jisraels, die mehr sind als die Levijim, [47]nimm für jedes Haupt fünf Schekalim nach dem Gewicht des Heiligtums, den Schekel zu zwanzig Gera. [48]Dieses Geld gibst du dem Aharon und seinen Söhnen als ein Lösegeld für die Überzähligen unter jenen.« [49]Mosche nahm das Silber zum Lösegeld von den Überzähligen über die durch die Levijim Ausgelösten. [50]Von den Erstgeborenen der Kinder Jisraels nahm er das Silber, nämlich tausend-dreihundertfünfundsechzig Schekel nach dem Gewicht des Heiligtums. [51]Dieses Silber, das ein Lösegeld war, gab Mosche dem Aharon und seinen Söhnen auf Befehl des Ewigen, wie der Ewige Mosche geboten hatte.¶

Siebter

4 [1]Der Ewige redete mit Mosche und Aharon und sprach: [2]»Nehmt die Anzahl der Kinder Kehats unter den Kindern Levis besonders auf, nach ihren Geschlechtern und Familien, [3]vom dreißigsten Jahr an und darüber bis zum fünfzigsten Jahr, wer zum Dienst tüchtig ist, um beim Stiftszelt eine Verrichtung zu haben. [4]Dem Dienst der Kinder Kehats beim Stiftszelt soll das Allerheiligste anvertraut werden. [5]Aharon und seine Söhne kommen, wenn das Lager aufbrechen will, nehmen den inneren Vorhang ab und bedecken damit die Lade des Zeugnisses, [6]schlagen sie ferner ein in eine Decke von Tachaschfell, breiten oben darüber noch ein Tuch von dunkelblauer Wolle und legen die Stangen an. [7]Über den Tisch zu den Schaubroten breiten sie ein Tuch von dunkelblauer Wolle, legen die Schüsseln, Schalen, Stützen und die bedeckenden Halbröhren darauf. Das tägliche Brot aber soll auf dem Tisch liegen. [8]Sie breiten darüber ein dunkelrotes Tuch, schlagen es in eine Decke von Tachaschfell ein und legen die Stangen an. [9]Sie nehmen ein dunkelblaues Tuch, wickeln darein den Leuchter, die Lampen, die Zangen, die Aschgefäßlein und alle Ölgefäße, die dazu gebraucht werden, [10]tun den Leuchter und alles Gerät desselben in eine Decke von Tachaschfell und legen es auf eine Trage. [11]Über den goldenen Altar breiten sie ein dunkelblaues Tuch, wickeln ihn in eine Decke von Tachaschfell und legen die Stangen an, [12]nehmen alles Dienstgerät, womit man im Heiligtum den Dienst versieht, legen es in ein dunkelblaues Tuch, wickeln solches ein in eine Decke von Tachaschfell und legen es auf eine Trage. *13*Alsdann sollen sie die Asche vom Altar fegen und ein purpurfarbenes Tuch darüber breiten, *14*alle seine Gefäße darauf legen, mit welchen man auf demselben den Dienst versieht, Pfannen, Gabeln, Schaufeln, Becken, alles Gerät des Altars, eine Bedeckung von Tachaschfell darüber breiten und die Stangen anlegen. *15*Wenn das Lager aufbrechen soll, so müssen Aharon und seine Söhne erst das Einwickeln des Heiligtums und aller heiligen Geräte beendet haben. Hernach sollen die Kinder Kehats herbeikommen, um zu tragen, damit sie das Heiligtum nicht unmitelbar anrühren und sterben.« Dies ist das Tragegeschäft der Kinder Kehats beim Stiftszelt. *16*El'asar, Sohn des Priesters Aharon, hatte die Aufsicht über das Öl zum Leuchten, über das Räucherwerk, das tägliche Opfer und das Salböl, außer der Oberaufsicht über die ganze Wohnung und was darinnen ist, das Heiligtum und seine Geräte.❡

Maftir

*17*Ferner redete der Ewige mit Mosche und Aharon und sprach: *18*»Lasst den Stamm der Kehatischen Geschlechter unter den Levijim nicht verderben. *19*Tut dies mit ihnen, damit sie erhalten werden und nicht sterben, wenn sie dem Allerheiligsten sich nahen: Aharon und seine Söhne sollen zuerst hineingehen und einem jeden seine Verrichtung und seine Last anweisen. *20*Sie aber lasst nicht hineingehen zu schauen, wenn das Heiligtum eingehüllt wird. Sie würden des Todes sein.«❡

Haftarat Bemidbar: Hosea 2,1-22 (S. 512)

Psalm des Schabbat nach Seder Avodat Israel: Ps 122

35. Nasso (Num 4,21-7,89)

*[INHALT: Die Levijim * Eifersuchtsritual (Sota) * Der Mystiker (Nasir) * Priestersegen * Die Gaben der Stammesfürsten]*

Erster / Jahr I

²¹Ferner redete der Ewige mit Mosche und sprach: ²²»**Nimm** *(nasso)* auch die Anzahl der Kinder Gerschons **auf** nach ihren Familien und Geschlechtern. ²³Von dreißig Jahren an und darüber bis zum fünfzigsten Jahre sollst du sie mustern, alles was zum Dienst tüchtig ist und Arbeit verrichten kann beim Stiftszelt. ²⁴Dies ist die Arbeit der Gerschun'schen Geschlechter, was sie nämlich zu tun und zu tragen haben. ²⁵Sie tragen die Teppiche der Wohnung und des Stiftszeltes, den Überzug und die oberste Decke von Tachaschfell und den Vorhang vor dem Eingang des Stiftszeltes, ²⁶die Umhänge des Vorhofs, den Vorhang vor dem Eingang am Tor des Vorhofs, welcher die Wohnung und den Altar umgibt, die Stricke und alles Geräte, das dazu gebraucht wird. Was dabei zu tun ist, sollen sie verrichten. ²⁷Nach dem Befehl Aharons und seiner Söhne soll die Arbeit der Gerschun'schen Kinder eingerichtet werden, was sie zu tragen und zu tun haben, und ihr sollt ihnen alles, was sie zu tragen haben, zur Obhut anvertrauen. ²⁸Dies ist die Verrichtung der Geschlechter der Gerschun'schen Kinder beim Stiftszelt. Die Verwaltung steht unter der Aufsicht Itamars, des Sohnes des Priesters Aharon. • ²⁹Die Kinder Meraris sollst du mustern nach ihren Geschlechtern und Familien. ³⁰Von dreißig Jahren an und darüber bis zum fünfzigsten Jahr sollst du sie mustern, was zum Dienst taugt, den Dienst des Stiftszeltes zu verrichten. ³¹Dies ist ihre Verrichtung, was sie nämlich tragen oder sonst beim Stiftszelt tun sollen: die Bretter der Wohnung, die Riegel, die Säulen und die Füße, ³²die Säulen des Vorhofs ringsumher, die Füße, Nägel und Stricke nebst allen Geräten und was daran zu tun ist. Ihr müsst ihnen jedem namentlich das Gerät anweisen, das er zu beobachten und zu tragen hat.« ³³Dies ist die Verrichtung der Geschlechter der Merarischen

Kinder beim Stiftszelt unter der Aufsicht des Itamar, des Sohnes des Priesters Aharon. ³⁴Mosche, Aharon und die Fürsten der Gemeinde musterten die Kehatischen Kinder nach ihren Geschlechtern und Familien, ³⁵vom dreißigsten Jahr an und darüber bis zum fünfzigsten Jahr, was zum Dienst taugt, beim Stiftszelte etwas zu verrichten. ³⁶Die Anzahl der Gemusterten nach ihren Geschlechtern war: zweitausend-siebenhundertundfünfzig. ³⁷So viel waren die Gemusterten der Kehatischen Geschlechter, die beim Stiftszelt Verrichtung hatten, welche Mosche und Aharon auf Befehl des Ewigen durch Mosche gemustert hatten. •

Zweiter

³⁸Die Gemusterten der Kinder Gerschons nach ihren Geschlechtern und Familien, ³⁹vom dreißigsten Jahre an und darüber bis zum fünfzigsten Jahr, wer zum Dienste taugt, zur Arbeit beim Stiftszelt. ⁴⁰Diese Gemusterten nach Geschlechtern und Familien waren an der Zahl: zweitausend-sechshundertunddreißig. ⁴¹So viel waren die Gemusterten vom Geschlecht der Kinder Gerschons, alle, die am Stiftszelt Arbeit zu verrichten hatten, welche Mosche und Aharon auf Befehl des Ewigen gemustert hatten. ⁴²Die Gemusterten der Geschlechter der Merarischen Kinder nach Geschlechtern und Familien, ⁴³vom dreißigsten Jahre an und darüber bis zum fünfzigsten Jahr, wer zum Dienste taugt, um beim Stiftszelt Arbeit zu verrichten. ⁴⁴Diese Gemusterten nach ihren Geschlechtern waren an der Zahl: dreitausendundzweihundert. ⁴⁵So viel waren die Gemusterten der Geschlechter der Merarischen Kinder, welche Mosche und Aharon auf Befehl des Ewigen durch Mosche gemustert hatten. ⁴⁶Alle Gemusterten zusammen, die Mosche, Aharon und die Fürsten Jisraels bei den Levijim gemustert hatten, nach ihren Geschlechtern und Familien, ⁴⁷vom dreißigsten Jahre an und darüber bis zum fünfzigsten Jahr, wer eine Arbeit verrichten oder eine Last tragen kann beim Stiftszelt, ⁴⁸alle diese Gemusterten zusammen waren an der Zahl: achttausend-fünfhundertundachtzig. ⁴⁹Nach dem Befehl des Ewigen durch Mosche hatte man jedem seine Arbeit und seine Last angewiesen und die Musterungen verrichtet, die der Ewige dem Mosche befohlen hatte.¶

Dritter

5 ¹Der Ewige redete mit Mosche und sprach: ²»Gebiete den Kindern Jisraels, dass sie aus dem Lager schaffen jeden Aussätzigen, jeden, der mit dem bösen Fluss behaftet ist oder sich an einer Leiche verunreinigt hat. ³Es mag eine männliche oder eine weibliche Person sein, so müsst ihr sie fortschaffen, nämlich aus dem Lager hinausschicken, damit sie nicht ihr Lager verunreinigen, in welchem ich unter ihnen Residenz halte.« ⁴Die Kinder Jisraels taten so und schafften dergleichen Personen aus dem Lager fort. Wie es der Ewige dem Mosche befohlen hatte, so taten die Kinder Jisraels.

⁵Ferner redete der Ewige mit Mosche und sprach: ⁶»Sage den Kindern Jisraels: Wenn ein Mann oder eine Frau sich auf irgendeine Weise an ihrem Mitmenschen versündigt und dadurch ein Verbrechen gegen den Ewigen begeht, die Person aber ihre Schuld erkennt, ⁷so soll man die Sünde, welche sie getan hat, öffentlich bekennen, die Hauptsumme der Verschuldung rückerstatten nebst dem fünften Teil darüber. Dies muss er demjenigen geben, an dem er sich verschuldet hat. ⁸Wenn aber der Mann keinen Verwandten hat, dem das Verschuldete ausgehändigt werden könnte, so gehört das verschuldete Gut, das um des Ewigen willen erstattet wird, dem Priester, und zwar alles dies außer dem Versöhnungswidder, mit welchem er versöhnt wird. ⁹Alle Hebe, so wie überhaupt alle von den Kindern Jisraels geheiligten Dinge, die sie dem Priester gebracht haben, sind seine. ¹⁰Was jemand heiligt, ist zwar noch das seinige, was er aber dem Priester gegeben hat, ist des Priesters.«

Vierter / Jahr II

¹¹Ferner redete der Ewige mit Mosche und sprach: ¹²»Rede mit den Kindern Jisraels und sage ihnen: Wenn jemand eine Frau hat, die sich vergeht und gegen ihn treulos handelt, ¹³nämlich jemand schliefe mit ihr, es würde aber vor den Augen des Mannes verborgen bleiben, sie habe es verheimlicht, sei indessen entehrt, es wäre aber kein Zeuge gegen sie aufzubringen, sie sei auch nicht gewaltsamer Weise dazu gebracht worden, ¹⁴wenn den Mann der Geist der Eifersucht ergreift,

sei es, dass er eifersüchtig auf seine Frau wird und sie ist wirklich entehrt, oder sei es, dass ihn der Geist der Eifersucht ergriffe, sodass er zwar eifersüchtig auf seine Frau wird, aber sie ist in Wirklichkeit nicht entehrt, ¹⁵so soll der Mann seine Frau zum Priester führen und ihretwegen ein Zehntel Efa Gerstenmehl zum Opfer bringen. Er soll kein Öl drauf gießen noch Weihrauch darauf tun, denn es ist ein Opfer der Eifersucht, ein Rügeopfer, das Missetat in Andenken bringt. ¹⁶Der Priester soll sie herzuführen und vor den Ewigen stellen. ¹⁷Vorher soll der Priester geheiligtes Wasser nehmen in einem irdenen Gefäß und von dem Staub auf dem Boden der Wohnung nehmen und in das Wasser tun. ¹⁸Alsdann stellt er die Frau vor den Ewigen, bindet ihr das Haupthaar los, legt das Rügeopfer, das ein Opfer der Eifersucht ist, ihr auf die Hände und in seiner Hand hält der Priester die ekelhaften Wasser der Verfluchung. ¹⁹Alsdann beschwört sie der Priester und spricht zu der Frau: ›Wenn niemand mit dir geschlafen und du dich nicht in Unzucht an deinem Ehemann vergangen hast, so sollst du unbeschädigt bleiben von diesem ekelhaften Fluchwasser. ²⁰Hast du dich aber gegen deinen Mann vergangen und bist entehrt worden, wenn nämlich ein anderer Mann außer deinem Ehemann mit dir geschlafen hat, ²¹dann beschwört der Priester die Frau mit dem Eid der Verfluchung und spricht zur Frau: So mache dich der Ewige zur Verfluchungs- und Eidesformel bei deiner Nation, indem er deine Hüften schwinden und deinen Leib aufschwellen lasse. ²²Dieses Fluchwasser komme in deine Eingeweide zum Aufschwellen des Leibes und zum Schwinden der Hüfte.‹ Die Frau spreche: ›Es sei so. Dies geschehe!‹ ²³Der Priester schreibt dann diese Verfluchungen auf einen Zettel, wäscht es ab in das ekelhafte Wasser hinein ²⁴und gibt der Frau das ekelhafte Verfluchungswasser zu trinken, dass es in sie hineingehe zum abscheulichen Ekel. ²⁵Der Priester nimmt vorher der Frau das Eifersuchtsopfer aus der Hand, macht damit eine Wendung vor dem Ewigen und bringt es zum Altar ²⁶nimmt von dem Mehlopfer eine Handvoll zum Verduften, lässt es auf dem Altar in Rauch aufgehen und hernach gibt er der Frau das Wasser zu trinken. ²⁷Wenn er ihr das Wasser zu trinken gegeben hat, so wird der Erfolg dieser sein: Hat sie sich verunehrt und ist ihrem Manne untreu gewesen, so geht das Fluchwasser in sie zum abscheulichen Ekel hinein. Ihr Leib wird aufschwellen, ihre Hüfte schwinden, und die Frau wird zur Verfluchungsformel unter ihrer Nation werden. ²⁸Hat sie sich aber nicht verunehrt und ist rein, so wird es ihr nicht schaden und sie wird vielmehr darauf fruchtbar werden.« ²⁹Dies ist die Vorschrift für die Eifersucht: Wenn eine Frau sich gegen ihren Mann vergeht und verunehrt wird ³⁰oder wenn der Eifergeist einen Eheman ergreift, dass er eifersüchtig auf seine Frau wird, so bringt er die Frau vor den Ewigen und der Priester handelt mit ihr nach dieser Vorschrift. ³¹Alsdann ist der Mann frei von aller Schuld, die Frau aber wird ihre Schuld zu büßen haben.

6 ¹Der Ewige redete ferner mit Mosche und sprach: ²»Rede mit den Kindern Jisraels und sage ihnen: Wenn ein Mann oder eine Frau sich durch ein Gelübde der Enthaltsamkeit hervortut, sich dem Ewigen zu Ehren nämlich mancher Dinge zu enthalten gelobt, ³so muss er sich des Weines und anderer starker Getränke enthalten, keinen Essig von Wein oder von anderem starken Getränk trinken, auch keine andere Flüssigkeit von Trauben trinken und weder Weinbeeren noch Rosinen essen. ⁴Die ganze Zeit seiner Enthaltung soll er nichts genießen, das vom Weinstock vom Kern bis zu den Hülsen verfertigt wird. ⁵Solange das Gelübde der Enthaltsamkeit dauert, soll kein Schermesser über sein Haupt fahren. Er soll heilig sein und das Haupthaar frei wachsen lassen, bis die Zeit um ist, die er dem Ewigen zu Ehren zur Enthaltung bestimmt hat. ⁶Die ganze Zeit hindurch soll er auch zu keiner Leiche gehen, ⁷sich an Vater, Mutter, Bruder, Schwester, wenn sie tot sind, nicht verunreinigen, weil er die göttliche Krone der Enthaltsamkeit auf seinem Haupte trägt. ⁸Die ganze Zeit seiner Enthaltung ist er dem Ewigen geheiligt. ⁹Wenn jemand vor ihm unversehens plötzlich stirbt und das Haupt seiner Enthaltung verunreinigt, so soll er am Tage seiner Reinigung sein Haupt scheren, am siebten Tage nämlich soll er es scheren. ¹⁰Am achten Tage aber bringt er zwei Turteltauben oder zwei junge Tauben zum Priester vor den Eingang des Stiftszeltes. ¹¹Der Priester macht eine zum Sündenopfer und eine zum Ganzopfer, versöhnt ihn, dass er sich an einer Leiche versündigt hat, und heiligt also sein Haupt wiederum von neuem. ¹²Nun muss er dem Ewigen zu Ehren seine Enthaltungstage wiederum anfangen und zum Ende ein einjähriges Lamm zum Schuldopfer bringen. Die vorigen Tage aber sollen nicht gerechnet werden, weil die Enthaltung durch Unreinheit unterbrochen worden ist. ¹³Dies ist die Vorschrift für den Enthaltsamen. Wenn die Zeit seiner Enthaltung um ist, bringe man ihn vor den Eingang des Stiftszeltes. ¹⁴Da soll er dem Ewigen zu Ehren als Opfer bringen ein einjähriges Lamm ohne Fehler zum Ganzopfer, ein einjähriges Schaf ohne Fehler zum Sündenopfer und einen Widder ohne Fehler zum Freudenopfer, ¹⁵ferner einen Korb mit ungesäuerten Kuchen vom feinsten Mehl mit Öl eingerührt und ungesäuerten, mit Öl bestrichenen Fladen nebst ihrem gewöhnlichen Opfermehl und Opferwein. ¹⁶Der Priester bringe dies vor den Ewigen und verrichte das Sündenopfer und das Ganzopfer. ¹⁷Den Widder aber mache er zum Freudenopfer, dem Ewigen zu Ehren, samt dem Korb mit ungesäuertem Brot. Er bringe auch das Mehl und das Weinopfer. ¹⁸Der Enthaltsame soll sich vor dem Eingang des Stiftszelts sein geweihtes Haupthaar abscheren lassen. Er soll dies sein geweihtes Haupthaar nehmen und auf das Feuer legen, das unter dem Freudenopfer ist. ¹⁹Der Priester nimmt den Unterschenkel, wenn er gekocht ist, vom Widder ab, dazu einen ungesäuerten Kuchen aus dem Korb und einen ungesäuerten Fladen und legt es dem Enthaltsamen auf die Hände, nachdem er sich die Krone der Enthaltung hat abscheren lassen. ²⁰Der Priester macht damit eine Wendung vor den Ewigen. Es ist ein Heiligtum, das dem Priester gehört, außer der Wendungsbrust und der Hebeschulter. Hernach kann der Enthaltsame wieder Wein trinken. ²¹Dies ist die Lehre für einen, der Enthaltung gelobt, für sein Opfer dem Ewigen zu Ehren wegen seiner Enthaltung, außer dem, was er etwa sonst nach seinem Vermögen angelobt hat. Was er gelobt hat, muss er halten, außer der Vorschrift für die Enthaltung.⸖

²²Der Ewige redete ferner mit Mosche und sprach: ²³»Rede mit Aharon und seinen Söhnen und sage ihnen: Auf folgende Weise sollt ihr die Kinder Jisraels segnen, mit diesen Worten sollt ihr sie anreden: • ²⁴›Der Ewige segne dich und behüte dich. • ²⁵Der Ewige lasse sein

Antlitz dir leuchten und sei dir gnädig. • ^{26}Der Ewige wende sein Antlitz dir zu und gebe dir Glückseligkeit.' • ^{27}So sollen sie meinen Namen über die Kinder Jisraels aussprechen und ich werde sie segnen.« •

Fünfter / Jahr III

7 ^{1}Als Mosche die Aufrichtung der Wohnung vollendet und sie gesalbt und geheiligt wie auch den Altar mit seinen Geräten zustande gebracht hatte, als er dies alles eingesalbt und geheiligt hatte, ^{2}da brachten die Fürsten Jisraels, nämlich die Familienhäupter oder die Stammfürsten, welche den Musterungen beigewohnt hatten, ^{3}diese brachten ihre Gabe vor den Ewigen, sechs bedeckte Wagen und zwölf Rinder, je zwei Fürsten einen Wagen und jeder einen Ochsen. Diese brachten sie vor die Wohnung. ^{4}Der Ewige sprach zu Mosche wie folgt: ^{5}»Nimm solches von ihnen an. Es soll zum Dienste bei dem Stiftszelt gebraucht werden, und du sollst es den Levijim übergeben, jedem nach seinem Dienste.« ^{6}Mosche nahm die Wagen und das Rindvieh an und gab sie den Levijim, ^{7}nämlich zwei Wagen und vier Rinder gab er den Kindern Gerschons nach ihrem Dienste ^{8}und vier Wagen nebst acht Rindern gab er den Kindern Merari nach ihrem Dienste, unter der Aufsicht Itamars, des Sohnes des Priesters Aharon. ^{9}Den Kindern Kehats aber gab er nichts, denn sie hattten ihren Dienst beim Heiligtum und mussten es auf den Schultern tragen. ^{10}Die Stammfürsten brachten bei der Salbung des Altars das Einweihungsopfer. Als sie, die Stammfürsten nämlich, ihre Gabe zum Altar brachten, ^{11}sagte der Ewige zu Mosche: »Jeder Fürst soll an einem Tag die Gabe bringen zur Einweihung des Altars.« • ^{12}Der am ersten Tage seine Gabe darbrachte, war Nachschon, Sohn Aminadaws, vom Stamm Jehudah. ^{13}Und seine Gabe war eine silberne Schüssel, hundertunddreißig Schekel schwer, eine silberne Schale, siebzig Schekel schwer nach dem Schekel des Heiligtums, beide voll feinstem Mehl mit Öl eingerührt zum Mehlopfer, ^{14}ein goldener Löffel, zehn Schekel schwer, voll Rauchwerk, ^{15}ein Stier, nämlich ein junges Rind, ein Widder und ein einjähriges Lamm zum Ganzopfer, ^{16}ein Ziegenbock zum Sündenopfer, ^{17}zum Freudenopfer zwei Rinder, fünf Widder, fünf Böcke und fünf einjährige Lämmer. Dies war die Gabe Nachschons, des Sohnes Aminadaws.¶

[18]Am zweiten Tag brachte dar Netan'el, Sohn Zuars, Fürst des Stammes Jissachar. [19]Dieser brachte zur Gabe eine silberne Schüssel, hundertunddreißig Schekel schwer, eine silberne Schale, siebzig Schekel schwer nach dem Schekel des Heiligtums, beide voll feinstem Mehl mit Öl eingerührt zum Mehlopfer, [20]einen goldenen Löffel, zehn Schekel schwer, voll Rauchwerk, [21]einen Stier, nämlich ein junges Rind, einen Widder, ein einjähriges Lammm zum Ganzopfer, [22]einen Ziegenbock zum Sündenopfer, [23]zum Freudenopfer zwei Rinder, fünf Widder, fünf Böcke, fünf jährige Lämmer. Dies war die Gabe Netan'els, des Sohnes Zuars.

[24]Am dritten Tag: der Fürst der Kinder Sewuluns, Eliaw, Sohn Chelons. [25]Seine Gabe war: eine silberne Schüssel, hundertunddreißig Schekel schwer, eine silberne Schale, siebzig Schekel schwer nach dem Schekel des Heiligtums, beide voll feinstem Mehl mit Öl eingerührt zum Mehlopfer, [26]ein goldener Löffel, zehn Schekel schwer, voll Rauchwerk, [27]ein Stier, nämlich ein junges Rind, ein Widder, ein einjähriges Lamm zum Ganzopfer, [28]ein Ziegenbock zum Sündenopfer, [29]zum Freudenopfer zwei Rinder, fünf Widder, fünf Böcke, fünf einjährige Lämmer. Dies war die Gabe Eliaws, des Sohnes Chelons.

[30]Am vierten Tag: der Fürst der Kinder Re'uwens, Elizur, Sohn Schede'urs. [31]Seine Gabe war: eine silberne Schüssel, hundertunddreißig Schekel schwer, eine silberne Schale, siebzig Schekel schwer nach dem Schekel des Heiligtums, beide voll feinstem Mehl mit Öl eingerührt zum Mehlopfer, [32]ein goldener Löffel, zehn Schekel schwer voll Rauchwerk, [33]ein Stier, nämlich ein junges Rind, ein Widder, ein einjähriges Lamm zum Ganzopfer, [34]ein Ziegenbock zum Sündenopfer, [35]zum Freudenopfer zwei Rinder, fünf Widder, fünf Böcke, fünf einjährige Lämmer. Dies war die Gabe Elizurs, des Sohnes Schede'urs.

[36]Am fünften Tag: der Fürst der Kinder Schim'ons: Schlumi'el, Sohn Zurischadais. [37]Seine Gabe war: eine silberne Schüssel, hundert und dreißig Schekel schwer, eine silberne Schale, siebzig Schekel schwer nach dem Schekel des Heiligtums, beide voll feinstem Mehl mit Öl

eingerührt zum Mehlopfer, ³⁸ein goldener Löffel, zehn Schekel schwer voll Rauchwerk, ³⁹ein Stier, nämlich ein junges Rind, ein Widder, ein einjähriges Lamm zum Ganzopfer, ⁴⁰ein Ziegenbock zum Sündenopfer, 41zum Freudenopfer zwei Rinder, fünf Widder, fünf Böcke, fünf einjährige Lämmer. Dies war die Gabe Schlumïels, des Sohnes Zurischadais.¶

Sechster

⁴²Am sechsten Tag: der Fürst der Kinder Gads, Eljasaf, Sohn De'u'els.

⁴³Seine Gabe war: eine silberne Schüssel, hundertunddreißig Schekel schwer, eine silberne Schale, siebzig Schekel schwer nach dem Schekel des Heiligtums, beide voll feinstem Mehl mit Öl eingerührt zum Mehlopfer, ⁴⁴ein goldener Löffel, zehn Schekel schwer voll Rauchwerk, ⁴⁵ein Stier, nämlich ein junges Rind, ein Widder, ein einjähriges Lamm zum Ganzopfer, 46ein Ziegenbock zum Sündenopfer, ⁴⁷zum Freudenopfer zwei Rinder, fünf Widder, fünf Böcke, fünf einjährige Lämmer. Dies war die Gabe Eljasafs, des Sohnes De'u'els.¶

⁴⁸Am siebten Tag: der Fürst der Kinder Efrajims, Elischama, Sohn Amihuds. ⁴⁹Seine Gabe war: eine silberne Schüssel, hundertunddreißig Schekel schwer, eine silberne Schale, siebzig Schekel schwer nach dem Schekel des Heiligtums, beide voll feinstem Mehl mit Öl eingerührt zum Mehlopfer, ⁵⁰ein goldener Löffel, zehn Schekel schwer, voll Rauchwerk, ⁵¹ein Stier, nämlich ein junges Rind, ein Widder, ein einjähriges Lamm zum Ganzopfer, ⁵²ein Ziegenbock zum Sündenopfer, ⁵³zum Freudenopfer zwei Rinder, fünf Widder, fünf Böcke, fünf einjährige Lämmer. Dies war die Gabe Elischamas, des Sohnes Amihuds.¶

⁵⁴Am achten Tag: der Fürst der Kinder Menasches, Gamlïel, Sohn Pedahzurs. ⁵⁵Seine Gabe war: eine silberne Schüssel, hundertunddreißig Schekel schwer, eine Schale siebzig Schekel schwer nach dem Schekel des Heiligtums, beide voll feinstem Mehl mit Öl eingerührt zum Mehlopfer, ⁵⁶ein goldener Löffel, zehn Schekel schwer voll Rauchwerk, ⁵⁷ein Stier, nämlich ein junges Rind, ein Widder, ein einjähriges Lamm zum Ganzopfer, ⁵⁸ein Ziegenbock zum Sündenopfer, ⁵⁹zum

Freudenopfer zwei Rinder, fünf Widder, fünf Böcke, fünf einjährige Lämmer. Dies war die Gabe Gamliëls, des Sohnes Pedahzurs.¶

⁶⁰Am neunten Tag: der Fürst der Kinder Binjamins, Awidan, Sohn Gidʼonis. ⁶¹Seine Gabe war: eine silberne Schüssel, hundertunddreißig Schekel schwer, eine silberne Schale, siebzig Schekel schwer nach dem Schekel des Heiligtums, beide voll feinstem Mehl mit Öl eingerührt zum Mehlopfer, ⁶²ein goldener Löffel, zehn Schekel schwer voll Rauchwerk, ⁶³ein Stier, nämlich ein junges Rind, ein Widder, ein einjähriges Lamm zum Ganzopfer, ⁶⁴ein Ziegenbock zum Sündenopfer, ⁶⁵zum Freudenopfer zwei Rinder, fünf Widder, fünf Böcke, fünf einjährige Lämmer. Dies war die Gabe Awidans, des Sohnes Gidʼonis.¶

⁶⁶Am zehnten Tag: der Fürst der Kinder Dans, Achiʼeser, Sohn Amischadais. ⁶⁷Seine Gabe war: eine silberne Schüssel hundertunddreißig Schekel schwer, eine silberne Schale siebzig Schekel schwer nach dem Schekel des Heiligtums, beide voll feinstem Mehl mit Öl eingerührt zum Mehlopfer, ⁶⁸ein goldener Löffel, zehn Schekel schwer voll Rauchwerk, ⁶⁹ein Stier, nämlich ein junges Rind, ein Widder, ein einjähriges Lamm zum Ganzopfer, ⁷⁰ein Ziegenbock zum Sündenopfer, ⁷¹zum Freudenopfer zwei Rinder, fünf Widder, fünf Böcke, fünf einjährige Lämmer. Dies war die Gabe Achiʼesers, des Sohnes Amischadais.¶

Siebter

⁷²Am elften Tag: der Fürst der Kinder Aschers, Pagʼiʼel, Sohn Ochrans. ⁷³Seine Gabe war: eine silberne Schüssel, hundertunddreißig Schekel schwer, eine silberne Schale, siebzig Schekel schwer nach dem Schekel des Heiligtums, beide voll feinstem Mehl mit Öl eingerührt zum Mehlopfer, ⁷⁴ein goldener Löffel, zehn Schekel schwer voll Rauchwerk, ⁷⁵ein Stier, nämlich ein junges Rind, ein Widder, ein einjähriges Lamm zum Ganzopfer, ⁷⁶ein Ziegenbock zum Sündenopfer, ⁷⁷zum Freudenopfer zwei Rinder, fünf Widder, fünf Böcke, fünf einjährige Lämmer. Dies war die Gabe Pagʼiʼels, des Sohnes Ochrans.¶

⁷⁸Am zwölften Tag: der Fürst der Kinder Naftalis, Achira, Sohn Enans.

SIWAN   **293**

⁷⁹Seine Gabe war: eine silberne Schüssel, hundertunddreißig Schekel schwer, eine silberne Schale, siebzig Schekel schwer nach dem Schekel des Heiligtums, beide voll feinstem Mehl mit Öl eingerührt zum Mehlopfer, ⁸⁰ein goldener Löffel, zehn Schekel schwer voll Rauchwerk, ⁸¹ein Stier, nämlich ein junges Rind, ein Widder, ein einjähriges Lamm zum Ganzopfer, ⁸²ein Ziegenbock zum Sündenopfer, ⁸³zum Freudenopfer zwei Rinder, fünf Widder, fünf Böcke, fünf einjährige Lämmer. Dies war die Gabe Achiras, des Sohnes Enans.¶

⁸⁴So war das Einweihungsgeschenk des Altars zur Zeit, als es gesalbt worden ist von den Stammfürsten Jisraels: zwölf silberne Schüsseln, zwölf silberne Schalen, zwölf goldene Löffel, ⁸⁵jede Schüssel hundertunddreißig und jede Schale siebzig Schekel schwer, also das Silber der Gefäße zusammen zweitausendundvierhundert Schekel nach dem Gewicht des Heiligtums, 86zwölf goldene Löffel voll Rauchwerk, jeder zehn Schekel nach dem Gewicht des Heiligtums, also das Gold der Löffel zusammen hundertundzwanzig Schekalim.

Maftir

⁸⁷Alles Rindvieh zum Ganzopfer war zusammen zwölf Stiere, zwölf Widder, zwölf einjährige Lämmer nebst ihrem Opfermehl und zwölf Ziegenböcke zum Sündenopfer. ⁸⁸Alles Rindvieh zum Freudenopfer war zusammen vierundzwanzig Stiere, sechzig Widder, sechzig Böcke, sechzig einjährige Lämmer. Hiermit wurde der Altar eingeweiht, nachdem er gesalbt worden war. ⁸⁹Wenn Mosche in das Stiftszelt kam, um mit ihm zu reden, so hörte er die Stimme vom Deckel der Lade des Zeugnisses zwischen den beiden Cherubim herunter, um sich mit ihm zu unterreden, und so wurde ihm Befehl erteilt.¶

Haftarat Nasso: Richter 13,2-25 (S. 513)

Psalm des Schabbat nach Seder Avodat Israel: Ps 67

36. Beha'alotcha (Num 8,1-12,16) בְּהַעֲלֹתְךָ

[INHALT: Leuchter * Levijim * Zweites Pessach * Berührung einer Leiche *
Feuer- und Wolkensäule * Silberne Trompeten * Aufbruch vom Sinai * La-
desprüche (Wajehi binsoa haAron ... Uw'nucho jomar ...) * Sehnsucht nach
Ägypten und Wachteln * Eldad und Medad und der prophetische Geist *
Miriam und Aharon lästern über Mosches Frau]

Erster / Jahr I

8 ¹Der Ewige redete mit Mosche und sprach:»²Rede mit Aharon und sprich: ›**Wenn du** die Lampen **anzündest** *(beha'alotcha)*, so
lasse alle sieben Lampen vorwärts dem Leuchter gegenüber ihr Licht
werfen.‹« ³Aharon tat auch so. Gegen die Vorderseite des Leuchters
ließ er die Lampen brennen, wie es der Ewige dem Mosche befohlen
hatte. ⁴Der Leuchter aber war folgender Gestalt gearbeitet: Er war
von Gold, aus einem Stück getrieben, von Schaft bis Blume war er aus
einem Stück, wie das Modell, welches der Ewige dem Mosche gezeigt
hatte, so hat er den Leuchter verfertigen lasen.¶

⁵Ferner redete der Ewige mit Mosche und sprach: ⁶»Nimm die Levijim
aus den Kindern Jisraels und reinige sie. ⁷Dies aber sollst du mit ihnen
vornehmen um sie zu reinigen: besprenge sie mit Entsündigungs-
wasser. (Zuvor aber) lasse sie mit einem Schermesser sich ihren ganzen
Leib abscheren und ihre Kleider waschen, so sind sie rein. ⁸Sie sollen
ferner ein Stierkalb nehmen nebst dem dazugehörigen Mehlopfer
vom feinsten Weizenmehl mit Öl eingerührt und noch ein zweites
Stierkalb zum Sündenopfer. ⁹Du mögest alsdann die Levijim hintreten
lassen vor das Stiftszelt und die ganze Gemeinde der Kinder Jisraels
möge sich versammeln. ¹⁰Wenn nun die Levijim hinkommen vor den
Ewigen, so legen die Kinder Jisraels ihre Hände auf sie. ¹¹Und nachdem Aharon die Levijim vor dem Ewigen die Wendung hat machen
lassen zum Zeichen, dass sie von den Kindern Jisraels abgesondert
sein sollen, sollen sie dem Dienst für den Ewigen gewidmet sein. ¹²Die

Levijim legen nämlich ihre Hände auf den Kopf der Stiere. Und man bringt dem Ewigen zu Ehren einen zum Sündenopfer und einen zum Ganzopfer, um die Levijim zu versöhnen. ¹³Du stellst die Levijim vor Aharon und vor seine Söhne und lässt sie eine Wendung machen, um sich dem Ewigen zu widmen. ¹⁴Dadurch werden die Levijim von den Kindern Jisraels abgesondert und sind mein eigen.

Zweiter

¹⁵Die Levijim sollen hernach in das Stiftszelt gehen, um ihren Dienst anzutreten, sobald du sie hast reinigen lassen und mit ihnen eine Wendung hast machen lassen. ¹⁶Denn sie sind mir geschenkt, aus den Kindern Jisraels mir geschenkt, und ich habe sie angenommen für alle Erstlinge des Mutterleibes, für alles Erstgeborene unter den Kindern Jisraels. ¹⁷Denn alles Erstgeborene unter den Kindern Jisraels von Menschen und Vieh gehört mir. Als ich im Land Mizrajim alles Erstgeborene sterben ließ, habe ich sie mir geheiligt. ¹⁸Nun nehme ich die Levijim an für alles Erstgeborene unter den Kindern Jisraels ¹⁹und gebe diese Levijim wiederum dem Aharon und seinen Söhnen zum Geschenk aus den Kindern Jisraels, dass sie anstatt der Kinder Jisraels den Dienst beim Stiftszelt versehen und als ein Lösegeld für sie sein mögen, damit die Kinder Jisraels sich keine Strafe zuziehen, wenn sie sich dem Heiligtum nähern.« ²⁰Mosche, Aharon und die ganze Gemeinde der Kinder Jisraels taten dies mit den Levijim. Wie der Ewige dem Mosche im Blick auf die Levijim befohlen hatte, so taten ihnen die Kinder Jisraels. ²¹Die Levijim entsündigten sich und wuschen ihre Kleider. Aharon ließ sie vor dem Ewigen sich wenden. Auch versöhnte sie Aharon zu ihrer völligen Reinigung. ²²Hernach gingen die Levijim hin, um ihr Amt im Stiftszelt anzutreten in Gegenwart Aharons und seiner Söhne. Wie der Ewige dem Mosche im Blick auf die Levijim befohlen hatte, so wurde mit ihnen getan. • ²³Der Ewige redete ferner mit Mosche und sprach: ²⁴»Dies ist im Blick auf die Levijim noch zu beachten: wer fünfundzwanzig Jahre alt ist, der ist tüchtig zum Dienst für die Arbeit am Stiftszelt. ²⁵Sobald er fünfzig Jahre alt ist, wende er sich ab vom Dienst der Arbeit und verrichte solche nicht mehr. ²⁶Er helfe zwar noch seinen Brüdern dabei, die Aufsicht beim

Stiftszelt zu haben. Arbeit aber verrichte er nicht mehr. So sollst du es im Blick auf die Levijim halten bei ihrem Amt.«¶

9 ¹Ferner redete der Ewige mit Mosche in der Wüste Sinai im ersten Monat des zweiten Jahres nach ihrem Ausgang aus dem Land Mizrajim und sprach: ²»Die Kinder Jisraels sollen das Pessach verrichten zur gesetzten Zeit. ³Am vierzehnten Tag dieses Monats zwischen beiden Abenden sollt ihr es verrichten zur bestimmten Zeit. Nach allen Gesetzen und Vorschriften desselben müsst ihr es vernichten.« ⁴Mosche befahl den Kindern Jisraels das Pessach zu verrichten ⁵und sie taten es am vierzehnten Tag des ersten Monats zwischen beiden Abenden in der Wüste Sinai. Wie der Ewige dem Mosche befohlen hatte, so machten es die Kinder Jisraels. ⁶Nun waren einige Leute unter ihnen, die sich an einem Leichnam verunreinigt hatten und an demselben Tage das Pessach nicht mit verrichten konnten. Diese Männer traten an demselben Tag vor Mosche und vor Aharon ⁷und sprachen zu ihm:»Wir sind jetzt durch einen Leichnam verunreinigt. Warum sollen wir aber deswegen geringer sein und das Opfer des Ewigen nicht zur gesetzten Zeit mit den übrigen Kindern Jisraels bringen können?« ⁸Mosche antwortete ihnen:»Harret! Ich will vernehmen, was der Ewige euretwegen gebieten wird.«¶

⁹Der Ewige aber sprach zu Mosche wie folgt: ¹⁰»Rede mit den Kindern Jisraels und sage ihnen: ›Wenn jemand von euch jetzt oder in künftigen Zeiten durch Berührung einer Leiche unrein geworden ist oder auf einer weiten Reise ist und dem Ewigen zu Ehren das Pessach verrichten möchte, ¹¹so soll man es im zweiten Monat am vierzehnten Tag zwischen den beiden Abenden verrichten und mit ungesäuertem Brot und bitteren Kräutern essen. ¹²Man soll nichts davon bis zum anderen Morgen stehen lassen, auch kein Bein daran zerbrechen. Nach allen Gesetzen des Pessach soll man damit verfahren. ¹³Ist aber jemand rein und auch nicht auf der Reise und unterlässt es dennoch, das Pessach zu machen, so soll dieselbe Person aus ihrer Nation ausgerottet werden, weil sie das Opfer des Ewigen nicht zur gesetzten

Zeit dargebracht hat. Derselbe Mann hat für seine Sünde zu büßen. ¹⁴Wenn ein Religionsverwandter sich bei euch aufhält und das Pessach mitmachen will, so muss er es nach dem Gesetz und der Vorschrift des Pessach halten. Ihr habt einerlei Gesetz für Religionsverwandte und Eingeborene des Landes.‹« •

Vierter / Jahr II

¹⁵Als die Wohnung aufgerichtet wurde, bedeckte die Wolke die Wohnung über dem Zelt des Zeugnisses und abends war es über der Wohnung wie Feuersglut bis zum Morgen. ¹⁶So war es beständig. Die Wolke bedeckte sie. Und des Nachts war Feuersglut. ¹⁷Sowie sich die Wolke von dem Zelt erhob, brachen die Kinder Jisraels auf, und wo sich die Wolke niederließ, da ruhten sie auch. ¹⁸Auf Befehl des Ewigen brachen die Kinder Jisraels auf und auf Befehl des Ewigen ruhten sie. Solange nämlich die Wolke über der Wohnung blieb, lagen sie still. ¹⁹Blieb die Wolke lange Zeit über der Wohnung, so richteten sich die Kinder Jisraels nach dem Andeuten des Ewigen und zogen nicht weiter. ²⁰Zuweilen blieb die Wolke nur wenige Tage über der Wohnung. Sowie sie auf Befehl des Ewigen ruhten, so brachen sie auch auf dessen Befehl wieder auf. ²¹Ja zuweilen blieb die Wolke nur von Abend bis zum Morgen an einer Stelle. Sowie sie sich des Morgens erhob, so brachen sie auf. Oder sie blieb Tag und Nacht, alsdann erhob sie sich und sie brachen auf. ²²Oder zwei Tage oder einen Monat oder auch ein ganzes Jahr, solange die Wolke fortfuhr, über der Wohnung zu ruhen, lagen die Kinder Jisraels still und zogen nicht weiter, und sobald sie sich erhob, brachen sie auf. ²³Auf Befehl des Ewigen lagen sie stille und auf Befehl desselben setzten sie ihren Zug fort. Sie richteten sich völlig nach dem Andeuten des Ewigen, wie derselbe es durch Mosche verordnet hatte.¶

10 ¹Der Ewige redete ferner mit Mosche und sprach: ²»Lass dir zwei silberne Trompeten machen. Von getriebener Arbeit sollst du sie verfertigen lassen. Diese sollen dir beim Zusammenrufen der Gemeinde dienen und beim Aufbruch der Lager. ³Wenn in beide gestoßen wird, so versammle sich die ganze Gemeinde bei dir vor dem Eingang des Stiftszelts. ⁴Wird nur in eine gestoßen, so mögen die Fürsten, die obersten Feldherren Jisraels, bei dir zusammenkommen. ⁵Wenn Lärm geblasen wird, brechen die Lager auf, die gegen Morgen liegen. ⁶Wenn zum zweiten Mal Lärm geblasen wird, so brechen die Lager auf, die gegen Süden liegen. Beim Aufbruch wird allezeit Lärm geblasen. ⁷Wenn aber eine Versammlung zusammenberufen werden soll, so wird in einem Ton fort, aber nicht Lärm geblasen. ⁸Die Priester, Aharons Söhne, sollen die Trompeten blasen. Und dies soll für eure Nachkommen ein beständiges Gesetz bleiben. ⁹Wenn ihr in eurem Land gegen einen Tyrannen, der euch bedrückt, zu Felde zieht, so sollt ihr mit den Trompeten Lärm blasen. Dadurch werdet ihr vor dem Ewigen, eurem Gott, in Erinnerung kommen und Beistand erhalten gegen euren Feind. ¹⁰An Freudentagen, Festen und Neumonden sollt ihr mit den Trompeten blasen bei euren Ganzopfern und Freudenopfern. So sollen sie euch zum Andenken sein vor eurem Gott, ich, der Ewige euer Gott.⸗

Fünfter

¹¹Es war im zweiten Jahr, am zwanzigsten des zweiten Monats, als sich die Wolke von der Wohnung des Zeugnisses erhob. ¹²Die Kinder Jisraels brachen hierauf in verschiedenen Zügen von der Wüste Sinai auf und die Wolke ließ sich in der Wüste Paran wieder nieder. ¹³Dies war das erste Mal, dass sie nach Verordnung des Ewigen durch Mosche aufgebrochen sind. ¹⁴Zuerst brach die Fahne des Lagers der Kinder Jehudas auf mit ihren Heeren. Der Heerführer dieses Stammes war Nachschon, Sohn Aminadaws.

V. 15-27, „die Heerführer», werden in einer besonderen Melodie vorgetragen.

¹⁵Der Heerführer des Stammes der Kinder Jissachars war Netan'el, Sohn Zuars. ¹⁶Und der Heerführer des Stammes der Kinder Sewuluns: Eliaw, Sohn Chelons. ¹⁷Inzwischen wurde die Wohnung auseinander genommen und die Kinder Gerschons und Meraris, die sie trugen, brachen alsdann auf. ¹⁸Hernach brach die Fahne des Stammes Re'uwens auf mit ihren Heeren. Der Heerführer des Stammes war Elizur, Sohn

Schede'urs. ¹⁹Der Heerführer des Stammes der Kinder Schim'ons war Schlumi'el, Sohn Zurischadais. ²⁰Und der Heerführer des Stammes der Kinder Gads: Eljasaf, Sohn De'u'els. ²¹Nunmehr brachen die Kehatim auf, die das Heiligtum trugen, damit jene die Wohnung wieder aufschlagen konnten, bevor diese ankamen. ²²Dann brach die Fahne des Lagers der Kinder Efrajims auf nach ihren Heeren. Der Heerführer dieses Stammes war Elischama, Sohn Amihuds. ²³Der Heerführer des Stammes der Kinder Menascheh war Gamli'el, Sohn Pedahzurs. ²⁴Und der Heerführer des Stammes der Kinder Binjamin: Awidan, Sohn Gid'onis. ²⁵Zuletzt brach die Fahne der Kinder Dans auf und bildeten mit ihren Heeren den Nachtrupp der Feldlager. Der Heerführer dieses Stammes war Achi'eser, Sohn Amischadais. ²⁶Der Heerführer der Kinder Aschers: Pagi'el, Sohn Ochrans. ²⁷Und der Heerführer der Kinder Naftalis: Achira, Sohn Enans. ²⁸In dieser Ordnung brachen die Heere der Kinder Jisraels auf und so setzten sie ihren Zug fort. •

²⁹Zu seinem Schwiegervater (oder Schwager) Chowaw, dem Sohn des Midjaners Re'u'el, sprach Mosche:»Jetzt ziehen wir an den Ort, von dem der Ewige gesprochen hat: ›Ich will ihn euch geben.‹ Komm mit uns. Wir wollen dir wohltun. Denn der Ewige hat der Nation viel Gutes verheißen.« ³⁰Er aber antwortete:»Ich werde nicht mitgehen, sondern in mein Land zu meiner Verwandtschaft zurückkehren.« ³¹Jener sprach:»Verlass uns doch nicht! Du kennst die Gelegenheit in der Wüste, wo wir liegen werden, und kannst uns statt der Augen dienen (das heißt: von allem gute Nachricht geben). ³²Wenn du mit uns ziehst, so wollen wir dich alles Gute, das uns der Ewige erzeigen wird, mit genießen lassen.« ³³Sie brachen auf von dem Berg des Ewigen und machten drei Tagereisen, und auf diesen drei Tagreisen zog die Bundeslade des Ewigen vor ihnen her, um ihnen zu zeigen, wo sie ruhen sollten. ³⁴Die Wolke des Ewigen war immer des Tages über ihnen, wenn sie aus dem Lager zogen.

ו**35**Wenn die Lade zog, sprach Mosche:»Auf, o Ewiger! Lass deine Feinde zerstreut und die, die dich hassen, vor dir flüchtig werden!« *36* Und wenn sie niedergesetzt wurde, sprach er:»Ruhe nunmehr, o Ewiger, unter der Menge der Tausende Jisraels!« ו ¶

11 *1*Das Volk war aber missgestimmt und beklagte sich auf eine dem Ewigen missfällige Weise. Der Ewige vernahm es. Sein Zorn ergrimmte. Das Feuer des Ewigen entzündete sich unter ihnen und verzehrte schon das Ende des Lagers. *2*Das Volk schrie zu Mosche. Dieser betete zum Ewigen und das Feuer verschwand. *3*Man nannte denselben Ort Taw'erah, weil das Feuer des Ewigen sich unter ihnen entzündet hatte. *4*Das fremde Gesindel unter ihnen hatte mancherlei lüsterne Begierden. Dadurch fingen die Kinder Jisraels auch wieder an zu weinen und sprachen:»Wer uns doch Fleisch zu essen gäbe! *5*Wir denken noch an die Fische, die wir in Mizrajim umsonst gegessen haben, die Gurken (oder Kürbisse), Melonen, Lauch, Zwiebeln und Knoblauch. *6*Jetzt müssen wir darben und an allem Mangel leiden. Bloß zum Man ist unsere Zuversicht.« *7*Das Man war wie Koriandersamen und an Farbe glich es dem Erz Bedolach. *8*Die Leute streiften herum, sie sammelten es, zermalten es in Handmühlen und zerstießen es in Mörsern, kochten es in Töpfen oder machten Aschenkuchen davon und es schmeckte wie der beste Ölkuchen. *9*Sowie des Nachts der Tau auf das Lager fiel, so fiel das Man oben darauf. *10*Mosche hörte das Volk nach seinen Geschlechtern jedes im Eingang seines Zeltes so weinen. Der Zorn des Ewigen entbrannte sehr und Mosche wurde betrübt. *11*Er sprach zum Ewigen:»Warum hast du deinem Knecht dies zuleide getan und warum habe ich nicht Gnade vor deinen Augen gefunden, dass du mir die Last dieses ganzen Volkes aufgelegt hast? *12*Habe ich denn all dieses Volk empfangen oder geboren, dass du zu mir sprichst:›Trage es auf deinen Armen, wie der Wärter den Säugling trägt und bringe es in das Land, das ich seinen Eltern zugeschworen habe‹? *13*Woher soll ich Fleisch nehmen, um es diesem ganzen Volk zu geben, das um mich her weint und spricht:›Gib uns Fleisch, dass wir essen!‹? *14*Ich allein vermag es nicht, diese ganze Nation zu ertragen.

Es fällt mir zu schwer. ¹⁵Hast du dies über mich verhängt, so bringe mich lieber um, wenn ich Gnade vor deinen Augen gefunden habe. Nur lass mich nicht so mein Unglück sehen.«¶

¹⁶Der Ewige sprach zu Mosche:»Lass mir die siebzig Ältesten der Nation zusammenkommen, von denen dir bekannt ist, dass sie die Ältesten des Volkes und dessen Beamten sein können. Führe sie vor das Stiftszelt und lass sie dort neben dir stehen. ¹⁷Ich werde mich daselbst herablassen um mit dir zu reden und ich werde etwas von dem Geist nehmen, der auf dir ist, und auf sie legen, damit sie dir die Last des Volkes tragen helfen und du nicht alles allein zu tragen hast. ¹⁸Dem Volk aber mache dies bekannt: ,Haltet euch auf morgen bereit. Ihr sollt Fleisch zu essen bekommen, weil ihr doch geweint habt, dass es der Ewige vernommen hat: ›Wenn uns doch jemand Fleisch gäbe! Wir hatten es in Mizrajim besser!‹ So wird euch nun der Ewige Fleisch zu essen geben. ¹⁹Nicht nur auf einen Tag sollt ihr solches zu essen haben, auch nicht etwa auf zwei, fünf oder zehn oder zwanzig Tage, ²⁰sondern auf einen ganzen Monat, bis es euch wieder zur Nase herausgehen und zum Ekel werden wird. Denn ihr habt den Ewigen verschmäht, der unter euch ist, und vor ihm weinend die Worte ausgestoßen: ›Warum sind wir doch aus Mizrajim gegangen?‹.« ²¹Mosche sprach:»Das Volk, worunter ich bin, ist sechsmal hunderttausend Mann Fußvolk, und du sprichst, ich soll ihnen Fleisch zu essen geben auf einen ganzen Monat? ²²Soll man Schafe und Rinder schlachten, dass sie genug haben? Oder sollen alle Fische aus der See herbeigeschafft werden, dass sie genug haben?«¶

²³Aber der Ewige sprach zu Mosche:»Sollte die Hand des Ewigen zu kurz (dass heißt, seine Macht zu gering sein) sein? Du sollst bald sehen, ob mein Wort dir nach Wunsch eintreten wird oder nicht.« ²⁴Mosche ging heraus und machte der Nation die Worte des Ewigen bekannt. Er ließ siebzig Männer von den Ältesten des Volkes zusammenkommen und stellte sie um das Zelt herum. ²⁵Der Ewige ließ sich in einer Wolke herab, redete mit ihm, nahm etwas von dem Geist, der auf ihm war, und legte es auf die siebzig ältesten Männer. Sobald der Geist auf

ihnen ruhte, weissagten sie, jedoch nicht mehr als dieses Mal. *26*Zwei Männer von ihnen blieben im Lager zurück, der eine hieß Eldad, der andere Medad. Auch auf diesen ruhte der Geist, denn sie waren mit aufgezeichnet, waren aber nicht mit hinausgegangen vor das Zelt. Sie weissagten also im Lager. *27*Ein Knabe lief um dies dem Mosche zu berichten und sprach:»Eldad und Medad weissagen im Lager.« *28*Jehoschua, Sohn Nuns, von Jugend auf treuer Diener des Mosche, fing an und sprach:»Mosche! Mein Herr! Verwehre es ihnen!« *29*Mosche aber antwortete ihm:»Bist du für mich eifernd? Ich wünschte, dass das ganze Volk des Ewigen lauter Propheten würde, dass der Ewige nämlich seinen Geist auf sie legte.«

Siebter

*30*Hierauf ging Mosche neben den Ältesten der Gemeinde in das Lager zurück. *31*Ein Wind fuhr aus von dem Ewigen, jagte Wachteln vom Ufer des Meeres und streute sie um das Lager, eine Tagereise lang auf jeder Seite rund um das Lager her, wohl zwei Ellen hoch über der Erde. *32*Das Volk machte sich auf, denselben ganzen Tag, die ganze Nacht und den folgenden Tag und sammelte Wachteln. Wer am wenigsten hatte, brachte doch zehn Chomer zusammen. Diese breiteten sie aus um das Lager herum. *33*Das Fleisch war noch zwischen ihren Zähnen; bevor es verzehrt war, brach schon der Zorn des Ewigen über das Volk aus und der Ewige schlug das Volk mit einer entsetzlichen Plage. *34*Man nannte daher den Ort»die Gräber der Lüsternheit«, weil man daselbst das lüsterne Volk begraben hat. *35*Von den Gräbern der Lüsternheit zog die Nation weiter nach Chazerot und blieb einige Zeit zu Chazerot.ꟻ

12   *1*Mirjam und Aharon redeten nachteilig von Mosche wegen der Frau aus Kusch, die er geheiratet hatte, denn er hatte eine Kuschit zur Frau genommen. *2*Sie sprachen untereinander:»Hat der Ewige etwa mit Mosche nur allein geredet? Hat er nicht vielmehr auch mit uns geredet?« Dies vernahm der Ewige. *3*Denn Mosche selbst war ein sehr geduldiger Mann, mehr als irgendein Mensch auf dem Erdboden.   •   *4*Plötzlich sprach der Ewige zu Mosche, Aharon und Mirjam:»Geht alle drei hinaus in das Stiftszelt!« Sie gingen alle drei hinaus. ⁵Der Ewige ließ sich in einer Wolkensäule hernieder, stand im Eingang des Zeltes und rief Aharon und Mirjam. Sie gingen beide heraus. ⁶Er sprach:»Hört meine Worte! Einem Propheten eures gleichen gebe ich, der Ewige, mich in einem Gesicht zu erkennen, rede mit ihm im Traum. ⁷Nicht so mein Knecht Mosche. Er ist ein treuer Verwalter in meinem ganzen Hause. ⁸Von Mund zu Mund rede ich mit ihm mit völliger Deutlichkeit, nicht im Rätsel, und er schaut die Gestalt des (erscheinenden) Ewigen. Wieso habt ihr euch nicht gefürchtet, gegen meinen Knecht, gegen Mosche, nachteilige Reden zu führen?« ⁹Der Zorn des Ewigen entbrannte über sie, und er wandte sich weg. ¹⁰Die Wolke wich von dem Zelt, und Mirjam war vom Aussatz weiß wie der Schnee. Aharon wandte sich zu Mirjam und sah, dass sie aussätzig war. ¹¹Da sprach Aharon zu Mosche:»Ich bitte, Herr! Rechne es uns nicht zur Sünde, dass wir so töricht gewesen und uns so vergangen haben. ¹²Lass sie doch nicht wie eine tote Geburt sein, die kaum aus dem Mutterleib kommt und schon halb verwest ist.« ¹³Und Mosche schrie zu dem Ewigen und sprach:»Ach Gott! Lass sie doch wieder genesen!«❡

Maftir

¹⁴Der Ewige sprach zu Mosche:»Wenn ihr Vater ihr in das Angesicht gespien hätte, sollte sie sich nicht wenigstens sieben Tage schämen? Sieben Tage soll sie außerhalb des Lagers eingesperrt bleiben, hernach soll sie wieder aufgenommen werden.« ¹⁵Mirjam wurde also sieben Tage außerhalb des Lagers eingesperrt und das Volk brach nicht eher auf, bis Mirjam wieder aufgenommen worden war. ¹⁶Hernach brach das Volk von Chazerot auf und ruhte in der Wüste Paran.❡

Haftarat Beha'alotcha: Sacharja 2,14-4,7 (S. 515)

Psalm des Schabbat nach Seder Avodat Israel: Ps 68

37. Schelach Lecha (Num 13,1-15,41) לְךָ שְׁלַח

[INHALT: Die 12 Kundschafter * Chala (Mehlopfer) * Der Holzsamm-
ler am Schabbat * Zizit (Quasten) * Wajomer adonai el mosche (der 3.
Abschnitt des Sch'ma)]

13 ¹Der Ewige redete mit Mosche und sprach: ²»**Du kannst**
Leute **schicken** *(schelach lecha)*, um das Land Kenaan, welches ich
den Kindern Jisraels geben will, auszukundschaften. Aus jedem Familienstamm könnt ihr einen schicken, und zwar eine angesehene
Person unter ihnen.« ³Mosche sandte sie von der Wüste Paran aus,
auf Erlaubnis des Ewigen, lauter Männer, welche Häupter der Kinder
Jisraels waren. ⁴Dies sind ihre Namen: vom Stamm Re'uwen: Scha-
mua, Sohn Sakurs, ⁵vom Stamm Schim'on: Schafat, Sohn Choris,
6vom Stamm Jehudah: Kalew, Sohn Jefunehs, ⁷vom Stamm Jissachar:
Jig'al, Sohn Josefs, 8vom Stamm Efrajim: Hoschea, Sohn Nuns, ⁹vom
Stamm Binjamin: Palti, Sohn Rafus, ¹⁰vom Stamm Sewulun: Gadi'el,
Sohn Sodis, ¹¹vom Stamm Josef, nämlich vom Stamm Menascheh:
Gadi, Sohn Sussis, ¹²vom Stamm Dan: Ami'el, Sohn Gemalis, ¹³vom
Stamm Ascher: Setur, Sohn Micha'els, ¹⁴vom Stamm Naftali: Nachbi,
Sohn Wofsis, ¹⁵vom Stamm Gad: Ge'u'el, Sohn Machis. ¹⁶Dies sind
die Namen der Männer, welche Mosche losgeschickt hat, um das
Land auszukundschaften. Dem Hoschea, Sohn Nuns, gab Mosche den
Namen Jehoschua. ¹⁷Als Mosche sie schickte, um das Land Kenaan
auszukundschaften, sprach er zu ihnen:»Bereist hier die mittägliche
Seite und geht den Berg hinauf. ¹⁸Beseht das Land, wie es beschaffen
ist, und das Volk, das in demselben wohnt, ob es stark oder schwach,
gering oder zahlreich ist, ¹⁹was es für ein Land ist, in welchem sie
wohnen, ob es gut oder schlecht ist, wie die Städte beschaffen sind,
in welchen sie wohnen, ob in offenen oder festen Ortschaften, ²⁰was
es für ein Boden ist, ob er fett oder mager ist, ob Fruchtbäume darin

vorkommen oder nicht. Wagt es auch, einige Früchte des Landes mitzubringen.« Es war eben um die Zeit der ersten Weintrauben.

Zweiter

²¹Sie zogen hinauf und erkundeten das Land von der Wüste Zin bis Rechow auf dem Weg nach Chamat. ²²Sie bereisten den mittäglichen Teil des Landes und kamen bis Chewron, wo Achiman, Scheschai und Talmai, die Söhne des Riesen Anak, waren. Chewron ist sieben Jahre eher erbaut worden als Zoan in Mizrajim. ²³Als sie an das Tal Eschkol kamen, schnitten sie eine Rebe ab nebst einer Weintraube und ließen sie von zweien auf einer Bahre tragen. Sie nahmen auch etwas von den Granatäpfeln und Feigen mit. ²⁴Diesen Ort nennt man Nachal Eschkol (das Tal der Traube), wegen der Traube, welche die Kinder Jisraels daselbst abgeschnitten hatten. ²⁵Nach vierzig Tagen kehrten sie von der Erkundigung des Landes zurück ²⁶und reisten und kamen bei Mosche, Aharon und der ganzen Gemeinde der Kinder Jisraels zu Kadesch in der Wüste Paran an. Sie statteten ihnen und der ganzen Gemeinde Bericht ab und zeigten ihnen die Frucht des Landes, ²⁷erzählten ihm und sprachen: »Wir sind in das Land gekommen, dahin du uns sandtest. Es ist ein Land, das von Milch und Honig fließt, und dies ist seine Frucht. ²⁸Doch das Volk, welches darin wohnt, ist mächtig. Die Städte sind sehr fest und groß und wir haben auch einige von den Nachfahren Anaks daselbst angetroffen. ²⁹Amalek wohnt gegen Mittag, der Chitti, Jewusi und Emori wohnt auf dem Gebirge und der Kenaani am Meer und am Jarden.« ³⁰Kalew beruhigte zwar die Nation gegen Mosche und sprach: »Wir können immer hinaufziehen und das Land einnehmen. Wir werden uns dessen schon bemächtigen.« ³¹Doch die Männer, welche mit ihm gereist waren, sprachen: »Wir können es nicht wagen, gegen diese Nation hinaufzuziehen, denn sie ist stärker als wir.« ³²Sie überbrachten den Kindern Jisraels von dem Land, das sie ausgekundschaftet hatten, falschen und widrigen Bericht. Bald sprachen sie: »Das Land, welches wir durchreist haben, um es zu erkunden, verzehrt seine Einwohner.« Bald: »Alle Leute, welche wir darin gesehen haben, sind von großer Statur. ³³Wir haben auch Riesen daselbst gesehen, Kinder Anaks von

dem Riesengeschlecht. Wir kamen uns selbst wie Heuschrecken gegen sie vor und haben ihnen auch so vorkommen müssen.« **14** *1*Die ganze Gemeinde fuhr auf und schrie und das Volk weinte dieselbe Nacht. *2*Alle Kinder Jisraels murrten über Mosche und Aharon, und die Gemeinde sprach zu ihnen:»Wären wir doch lieber in Mizrajim gestorben oder stürben noch in dieser Wüste! *3*Warum führt uns der Ewige in jenes Land, in welchem wir durch das Schwert umkommen werden? Unsere Frauen und Kinder werden zur Beute werden! Ist es nicht besser für uns, wir kehren nach Mizrajim zurück?« *4*Sie sprachen schon wirklich einer zum andern:»Wir wollen ein Oberhaupt wählen und nach Mizrajim zurückkehren!« *5*Mosche und Aharon fielen auf ihr Angesicht vor der ganzen Versammlung der Gemeinde der Kinder Jisraels. *6*Jehoschua, Sohn Nuns und Kalew, Sohn Jefunehs, die mit unter den Kundschaftern des Landes gewesen waren, zerrissen ihre Kleider *7*und sprachen zur gesamten Gemeinde der Kinder Jisraels wie folgt:»Das Land, welches wir durchreist haben, um es zu erkunden, dieses Land ist sehr vortrefflich.

Dritter / Jahr II

*8*Wenn der Ewige Gefallen an uns hat, so wird er uns in dieses Land bringen und uns solches geben, ein Land, in dem Milch und Honig fließt. *9*Seid nur nicht widerspenstig gegen den Ewigen, so dürft ihr euch vor dem Volk dieses Landes nicht fürchten. Wir werden sie wie Brot verzehren. Ihr Schatten ist von ihnen gewichen (sie haben nämlich keinen Schutz mehr), und mit uns ist der Ewige. Ihr habt sie nicht zu fürchten.« *10*Aber die ganze Gemeinde sprach, man solle sie steinigen. Indessen erschien die Herrlichkeit des Ewigen im Stiftszelt allen Kindern Jisraels¶

*11*und der Ewige sprach zu Mosche:»Wie lange soll mich dieses Volk noch erzürnen? Wie lange noch wollen sie nicht an mich glauben bei allen Wunderzeichen, die ich unter ihm getan habe? *12*Mit der Pest will ich es schlagen und vertilgen, dich hingegen zu einem größeren und mächtigeren Volke machen als dieses ist.« *13*Mosche aber sprach zum Ewigen:»Und wenn die Mizrajim, aus deren Mitte du dieses Volk so mächtig ausgeführt hast, dies hören, *14*was werden sie zu dem Einwohner dieses Landes sagen? Sie hören, dass du, Ewiger, unter diesem Volk bist, dass du den Augen sichtbar erscheinst, o Ewiger, dass deine Wolke über ihnen steht und dass du in einer Wolkensäule des Tags und in einer Feuersäule des Nachts vor ihnen hergehst. [15]Wenn du nun dieses Volk wie einen Mann tötest, so werden die Völker, die diese Nachricht von dir hören, sagen: [16]»Weil der Ewige nicht vermögend war, dieses Volk in das Land zu führen, das er ihnen zugeschworen hatte, schlachtete er sie in der Wüste. [17]Lass doch, o Herr, die Größe deiner Kraft sich zeigen[a], wie du gesprochen hast, nämlich: [18]Der Ewige ist langmütig, von unendlicher Gnade, vergibt Missetat und Abfall, lässt aber nichts ohne Ahndung, sondern sucht die Missetat der Eltern heim an Kindern, Enkeln und Urenkeln. [19]So verzeihe doch die Missetat dieses Volkes nach deiner großen Gnade und wie du von Mizrajim aus bis jetzt schon so oft Nachsicht mit dieser Nation gehabt hast.« [20]Der Ewige sprach: »Ich verzeihe, wie du gesagt hast. [21]Doch so wahr ich lebe und die ganze Erde von der Herrlichkeit des Ewigen voll ist, [22]so wahr sollen alle die Männer, die meine Herrlichkeit und die Zeichen gesehen haben, die ich in Mizrajim und in der Wüste gezeigt habe, und die mich schon zehnmal auf die Probe gestellt haben und die mir nicht gehorchen wollen, [23]das Land nicht sehen, das ich ihren Eltern zugeschworen habe. Alle, die mich erzürnt haben, sollen es nicht sehen. [24]Meinen Knecht Kalew aber, weil ein anderer Geist in ihm war und er mir treulich nachgefolgt ist, will ich wieder in das Land bringen, in welchem er gewesen ist. Seine Nachkommen soll es einnehmen. [25]Der Amaleki und der Kenaani wohnen dort im Tal! Morgen wendet euch und geht wieder in die Wüste in Richtung des Binsensees zurück.«¶

Vierter

[26]Der Ewige redete mit Mosche und Aharon und sprach: [27]»Wie lange wird es dieser bösen Rotte noch so gewährt werden, dass sie gegen mich solches Murren erregen? Die Klagen der Kinder Jisraels, die sie

---

a   *Num 14,17: Der erste Buchstabe des Verbs (jigdal-na »lass sich zeigen«) ist in einer Torarolle großgeschrieben.*

gegen mich aufgebracht haben, habe ich gar wohl vernommen. ²⁸Sage ihnen: ›So wahr ich lebe, spricht der Ewige, wie ihr in meine Ohren gesprochen habt, so will ich euch tun. ²⁹In dieser Wüste sollen eure Körper verfallen, so viel der Gemusterten unter euch sind in eurer vollen Anzahl von zwanzig Jahren an und darüber, die ihr gegen mich Klagen erregt habt. ³⁰Ihr sollt wahrlich nicht in das Land kommen, für welches ich, um es euch zur Wohnung zu geben, meine Hand emporgehoben habe. Kalew, Sohn Jefunehs, und Jehoschua, Sohn Nuns, ausgenommen. ³¹Was eure Kinder betrifft, von denen ihr gesagt habt, sie werden zur Beute werden, diese will ich hineinbringen, dass sie das Land kennen lernen, das ihr so verwerft. ³²Eure Körper aber sollen in dieser Wüste verfallen ³³und eure Kinder sollen vierzig Jahre in der Wüste herumwandern und die Strafe eurer Treulosigkeit tragen bis eure Körper in der Wüste alle dahin sind. ³⁴Nach Anzahl der Tage, in welchen ihr das Land erkundschaftet habt, nämlich vierzig Tage, auf jeden Tag ein Jahr gerechnet, also vierzig Jahre sollt ihr für eure Missetat büßen und erfahren, was es ist, wenn ich meine Hand abziehe. ³⁵Ich, der Ewige, habe dies gesprochen und wahrlich, ich werde es auch an dieser ganzen bösen Rotte, die sich gegen mich empört, ausüben. In dieser Wüste sollen sie aufgerieben werden und daselbst sterben.‹« ³⁶Die Männer, welche Mosche gesandt hatte, das Land auszukundschaften, und die bei ihrer Rückkehr üble Nachrichten von dem Land ausgestreut und die ganze Gemeinde gegen Mosche aufgebracht hatten, ³⁷alle Männer, die solche böse Nachricht fälschlich aufgebracht hatten, starben auch wirklich in einer Plage, die der Ewige über sie verhängte. ³⁸Nur Jehoschua, Sohn Nuns, und Kalew, Sohn Jefunehs, blieben von allen den Leuten, die gegangen waren, um das Land zu erkundschaften, am Leben. ³⁹Als Mosche alle diese Worte den Kindern Jisraels vortrug, trauerten die Leute sehr, ⁴⁰machten sich des Morgens auf, um die Höhe des Gebirges zu besteigen, und sprachen: »Wir sind bereit, an den Ort hinaufzuziehen, davon der Ewige gesprochen hat, denn wir erkennen, dass wir gesündigt haben.« ⁴¹Mosche aber sprach: »Warum wollt ihr schon wieder den Befehl des Ewigen übertreten? Es wird nicht gelingen! ⁴²Zieht nicht hinauf, denn der Ewige ist nicht unter euch, damit ihr nicht von euren Feinden geschlagen werdet. ⁴³Ihr findet dort den Amaleki und den Kenaani vor euch und werdet in das Schwert fallen, denn weil ihr von dem Ewigen abgewichen seid, so wird er nicht mit euch sein.« [44]Aber sie bestanden blindlings darauf, die Höhe des Gebirges zu besteigen. Indessen wichen die Bundeslade des Ewigen und Mosche nicht aus dem Lager. [45]Der Amaleki und der Kenaani, die auf dem Gebirge wohnten, kamen herab, schlugen sie und verfolgten sie bis nach Chormah.¶

15 [1]Der Ewige redete mit Mosche und sprach: [2]»Rede mit den Kindern Jisraels und sage ihnen: ›Wenn ihr in das Land eurer Wohnung kommt, das ich euch geben will, [3]und wollt dem Ewigen zu Ehren ein Feueropfer bringen, es sei ein Ganzopfer oder ein Mahlopfer zum besonderen Gelübde oder als freiwillige Gabe oder auch ein Festopfer, um dem Ewigen zu Ehren vom Rindvieh oder vom Kleinvieh einen angenehmen Geruch aufsteigen zu lassen, [4]so soll derjenige, welcher ein solches Opfer dem Ewigen zu Ehren darbringt, auch ein Mehlopfer, nämlich ein Zehntel feines Mehl mit einem Viertel Hin Öl eingerührt, darbringen, [5]auch Wein zum Trankopfer, ein Viertel Hin zu jedem Ganzopfer oder Mahlopfer, nämlich auf jedes Lamm. [6]Wird aber ein Widder dargebracht, so werden zum Mehlopfer zwei Zehntel feines Mehl genommen, eingerührt mit einem Drittel Hin Öl. [7]Nebst einem Drittel Hin Wein zum Trankopfer soll dies in lieblichem Geruch dem Ewigen zu Ehren aufsteigen.

Fünfter / Jahr III

[8]Bringst du aber ein junges Rind zum Ganzopfer oder zum Mahlopfer als ein besonderes Gelübde oder Freudenopfer dem Ewigen zu Ehren, [9]so bringt man zum jungen Rind ein Mehlopfer von drei Zehntel feinem Mehl, eingerührt mit einem halben Hin Öl [10]nebst einem halben Hin Wein zum Trankopfer. Es sei ein Feueropfer lieblichen Geruchs dem Ewigen zu Ehren. [11]So soll es geschehen bei jedem Ochsen, Widder oder Schaf von Lämmern oder Ziegen. [12]Nach Anzahl der Stücke, die ihr darbringt, muss einem jeden das Verordnete hinzugefügt werden. [13]Jeder Einheimische, der dem Ewigen zu Ehren ein Feueropfer lieblichen Geruches darbringen will, hat sich nach dieser Vorschrift zu richten, [14]und wenn sich ein Fremder bei euch niederlässt oder

sich unter euch bei euren Nachkommen aufhält und dem Ewigen zu Ehren ein Feueropfer lieblichen Geruchs darbringen will, so muss er es ebenso machen wie ihr. ¹⁵Euch, Versammlung des Volkes, ist einerlei Gesetz vorgeschrieben für euch und für den Fremden, der sich niederlässt. Eine ewige Satzung sei dies euren Nachkommen, dass ihr und der Fremde vor dem Ewigen gleich seid. ¹⁶Einerlei Lehre und einerlei Recht habt ihr und der Fremde, der bei euch wohnt.«¶

Sechster

¹⁷Der Ewige redete mit Mosche und sprach: ¹⁸»Rede mit den Kindern Jisraels und sage ihnen: ›Wenn ihr in das Land kommt, dahin ich euch bringen will, ¹⁹und von dem Brot des Landes esst, so müsst ihr dem Ewigen eine Hebe bringen, ²⁰nämlich als Erstling eures Teiges sollt ihr ein Stück Speiseteig zur Hebe bringen. Wie die Hebe von der Scheune, so soll auch diese gebracht werden. ²¹Vom Erstling eures Teiges müsst ihr zu allen Zeiten dem Ewigen eine Hebe bringen. ²²Wenn ihr aus Irrtum (ein Hauptverbrechen begeht) und gegen alle diese Gebote handelt, welche der Ewige zu Mosche geredet hat, ²³es betrifft nämlich überhaupt alles, was der Ewige euch durch Mosche geboten hat von dem Tag an, an dem der Ewige solches geboten hat und in der Folge bei euren Nachkommen, ²⁴dann soll es folgender Gestalt gehalten sein: Ist solches vor den Augen der Gemeinde verborgen aus Irrtum widerfahren, so bringt die ganze Gemeinde ein junges Rind zum Ganzopfer, zum lieblichen Geruch dem Ewigen zu Ehren nebst dem dazugehörigen Mehl- und Trankopfer nach Vorschrift, und einen Ziegenbock zum Sündenopfer. ²⁵Der Priester versöhnt die ganze Gemeinde der Kinder Jisraels, womit ihnen vergeben sein soll. Denn es war ein Irtum und sie haben wegen dieses Irrtums dem Ewigen zu Ehren ihr Feueropfer wie auch ihr Sündenopfer dargebracht. ²⁶Sowohl der ganzen Gemeinde als auch dem Fremden, der sich unter ihnen aufhält, soll dadurch vergeben sein. Denn der Irrtum wird der ganzen Gemeinde zugerechnet. •

Siebter

²⁷Sündigt eine einzelne Person aus Irrtum, so bringt sie eine einjährige Ziege zum Sündenopfer. ²⁸Der Priester versöhnt die Person, die sich

aus Irrtum vergangen hat vor dem Ewigen, damit sie versöhnt sei und ihr vergeben werde. ²⁹Einerlei Lehre sollt ihr haben für den, der sich aus Irrtum vergeht, er sei ein Einheimscher unter den Kindern Jisraels oder ein Fremder, der unter ihnen wohnt. ³⁰Wenn aber eine Person, es sei Einheimscher oder Fremder, sich aus Frevel vergeht, so hat sie den Ewigen gelästert und dieselbe Person soll aus ihrer Nation ausgerottet werden. ³¹Denn sie hat aus Verachtung vor des Ewigen Wort sein Gebot übertreten. Eine solche Person werde ausgerottet, die Schuld liegt bei ihr.«¶

³²Als die Kinder Jisraels in der Wüste waren, fanden sie einen Mann, der am Schabbat Holz sammelte. ³³Die ihn Holz sammeln fanden, brachten ihn vor Mosche, Aharon und die ganze Gemeinde. ³⁴Man tat ihn in Haft, denn es war nicht deutlich entschieden, was ihm geschehen sollte. • ³⁵Der Ewige aber sprach zu Mosche:»Der Mann soll getötet werden. Die ganze Gemeinde soll ihn außerhalb des Lagers steinigen.« ³⁶Die Gemeinde führte ihn daraufhin zum Lager hinaus und man bewarf ihn mit Steinen zu Tode, wie es der Ewige dem Mosche befohlen hatte.¶

Maftir

³⁷Ferner sprach der Ewige zu Mosche wie folgt: ³⁸»Rede mit den Kindern Jisraels und sage ihnen, sie sollen bei allen ihren Nachkommen Schaufäden an die Ecken ihrer Kleider machen und an diesen Schaufäden eine Schnur von dunkelblauer Wolle befestigen. ³⁹Diese sollen euch zu Schaufäden dienen, dass ihr sie seht und euch aller Gebote des Ewigen erinnert und sie haltet, nicht aber eurem Herzen und euren Augen nachwandelt, die euch auf Abwege verführen. ⁴⁰Ihr werdet dadurch meiner Gebote eingedenk sein um sie zu halten und eurem Gott heilig sein. ⁴¹Ich bin der Ewige, euer Gott, der ich euch aus Mizrajim geführt habe um euer Gott zu sein. Ich, der Ewige, euer Gott!«¶

Haftarat Schelach Lecha: Josua 2,1-24 (S. 517)

Psalm des Schabbat nach Seder Avodat Israel: Ps 64

38. Korach (Num 16,1-18,32)

[INHALT: *Die Revolte von Korach samt Datan und Awiram * Aharons Stab * Unterhalt der Levijim]*

16 ¹Einst empörte sich **Korach**, Sohn Jizhars, Sohn Kehats, Sohn Levis samt Datan und Awiram, den Söhnen Eliaws, und On, Sohn Pelets von den Nachkommen Re'uwens. ²Sie traten auf vor Mosche nebst zweihundertundfünfzig Männern aus den Kindern Jisraels, Fürsten der Gemeinde, Gliedern der Ratsversammlung, Männern von Ansehen. ³Sie versammelten sich gegen Mosche und Aharon und sprachen zu ihnen:»Ihr maßt euch zu viel an! Die ganze Gemeinde besteht aus lauter Heiligen, denn der Ewige ist unter ihnen. Warum erhebt ihr euch über die Versammlung des Ewigen?« ⁴Als Mosche dies hörte, fiel er auf sein Angesicht ⁵und sprach zu Korach und zu seinem ganzen Anhang wie folgt:»Morgen wird der Ewige bekannt machen, wer ihm angehört und wer so heilig ist, dass er ihn vor sich kommen lasse. Wen er erwählt, den wird er vor sich kommen lassen. ⁶Tut dies: Korach und seine Leute, nehmt Rauchpfannen! ⁷Tut Feuer hinein und legt morgen vor dem Ewigen Rauchwerk darauf. Wen der Ewige alsdann erwählen wird, der sei geheiligt. Ihr maßt euch zu viel an, ihr Söhne Levis!« ⁸Mosche sagte zu Korach:»Hört, ihr Kinder Levis! ⁹Ist dies euch zu wenig, dass der Gott Jisraels euch hat von der Gemeinde ausgesondert und vor sich kommen lassen, um den Dienst bei der Wohnung des Ewigen zu versehen und vor die Gemeine zu treten, um sie zu bedienen? ¹⁰Dich und alle deine Brüder, die Söhne Levis, hat er dazu berufen, vor ihn zu kommen. Und ihr strebet nun auch nach dem Priestertum? ¹¹Nimm dich in Acht, du und dein ganzer Anhang, die ihr euch gegen den Ewigen empört! Denn was ist Aharon, dass ihr euch über ihn beschweren solltet?« ¹²Mosche schickte hin und ließ Datan und Awiram, die Söhne Eliaws, rufen. Sie sprachen aber:»Wir kommen nicht hinauf! ¹³Ist es nicht genug, dass du uns aus einem Land, wo Milch und Honig fließt, hinausgeführt hast, um uns in der Wüste umzubringen? Dass du dir noch gar über uns Herrschaft anmaßen willst?

Zweiter

¹⁴Du hast uns doch wohl nicht in ein Land gebracht, wo Milch und Honig fließt, und uns Acker und Weinberg zum Besitz gegeben? Willst du diesen Leuten die Augen ausstechen? Wir kommen nicht hinauf.« ¹⁵Da ergrimmte Mosche sehr und sprach zu dem Ewigen:»Sieh ihre Opfergaben nicht gnädig an! Nicht einem von ihnen habe ich seinen Esel genommen, nicht einen von ihnen habe ich beleidigt.« ¹⁶Mosche sprach zu Korach:»Du und deine Leute, stellt euch vor den Ewigen, du und sie und Aharon, morgen. ¹⁷Nehmt jeder seine Rauchpfanne, legt Rauchwerk darauf und jeder bringt seine Pfanne vor den Ewigen, zweihundertundfünfzig Pfannen, du und Aharon auch jeder seine Pfanne.« ¹⁸Sie nahmen jeder seine Pfanne, legten Feuer hinein, taten Räucherwerk darauf und stellten sich vor den Eingang des Stiftszeltes, wie auch Mosche und Aharon. ¹⁹Korach brachte die ganze Gemeinde gegen sie zusammen vor den Eingang des Stiftszelts. Darauf erschien die Herrlichkeit des Ewigen der ganzen Gemeinde. •

Dritter / Jahr II

²⁰Und der Ewige redete mit Mosche und Aharon und sprach: ²¹»Trennt euch von dieser Gemeinde, dass ich sie augenblicklich vertilge.« ²²Sie fielen auf ihr Angesicht und sprachen:»Gott! Der du ein Gott bist aller Geister, alles Fleisches! Wenn einer sündigt, wolltest du über die ganze Gemeinde zürnen?« •   ²³Woraufhin der Ewige zu Mosche sprach: ²⁴Sage zur Gemeinde: ›Entfernt euch ringsumher von der Wohnung Korachs, Datans und Awirams.‹« ²⁵Mosche stand auf und ging zu Datan und Awiram, und die Ältesten Jisraels folgten ihm. ²⁶Er redete die Gemeinde an und sprach: Weicht doch von den Zelten dieser frevelhaften Menschen und rührt nichts von dem Ihrigen an. Ihr könntet durch die Größe ihrer Sünden mit umkommen.« ²⁷Sie entfernten sich ringsumher von der Wohnung Korachs, Datans und Awirams. Datan und Awiram aber traten vor den Eingang ihrer Zelte nebst ihren Frauen und den großen und kleinen Kindern. ²⁸Mosche sprach:»Daran sollt ihr erkennen, dass mich der Ewige gesandt hat

um alle diese Handlungen zu verrichten und dass ich sie nicht aus eigenem Herzenstriebe getan habe. ²⁹Wenn diese Leute hier wie andere Menschen sterben und das Verhängnis aller Menschen über sie verhängt ist, so hat mich der Ewige nicht gesandt. ³⁰Wenn aber der Ewige etwas Neues hervorbringt, dass nämlich die Erde sich auftut und sie samt allem Ihrigen verschlingt, sodass sie lebendig in die Gruft sinken, so werdet ihr erkennen, dass diese Leute den Ewigen erzürnt haben.« ³¹Er hatte diese Worte kaum ausgeredet, da zerriss der Erdboden unter ihnen, ³²die Erde öffnete sich und verschlang sie samt ihren Familien, alle Leute, die Korach angehörten, und alles Gut. ³³Sie sanken nämlich samt allem Ihrigen lebendig in die Gruft. Die Erde bedeckte sie und sie verschwanden aus der Versammlung. ³⁴Ganz Jisrael, das um sie her war, sie flohen bei ihrem Geschrei, denn sie dachten:»Die Erde könnte uns mit verschlingen«. ³⁵Und ein Feuer fuhr aus von dem Ewigen und verzehrte die zweihundertundfünfzig Mann, die das Rauchwerk dargebracht hatten. • **17** ¹Der Ewige redete mit Mosche und sprach: ²»Sage dem El'asar, Sohn des Priesters Aharon, dass er die Pfannen aus dem Brand hole und das Feuer herauswerfe, denn sie sind nun einmal geheiligt, ³nämlich die Pfannen dieser Sünder, die an ihrem Untergang selbst schuld sind. Man soll sie zu Blechen schlagen und den Altar damit belegen, denn sie haben sie dem Ewigen dargebracht und also sind sie heilig. Sie sollen den Kindern Jisraels zum Denkzeichen dienen.« ⁴Der Priester El'asar nahm die Pfannen, welche die Verbrannten dargebracht hatten, und schlug sie zu Blechen, um den Altar zu belegen, ⁵zum Denkzeichen für die Kinder Jisraels, damit kein gewöhnlicher Mensch, der nicht von den Nachkommen Aharons ist, sich nähern möge, um dem Ewigen zu Ehren Rauchwerk zu bringen, und es ihm nicht wie Korach und seinen Anhängern ergehe, wie ihm der Ewige durch Mosche hat sagen lassen.¶

⁶Des Morgens darauf murrte die ganze Gemeinde der Kinder Jisraels über Mosche und Aharon und sie sprachen:»Ihr habt des Ewigen Volk getötet!« ⁷Als sie über Mosche und Aharon zusammenliefen, wandten sie sich zum Stiftszelt und siehe, die Wolke hatte es bedeckt und die Herrlichkeit des Ewigen erschien. ⁸Mosche und Aharon traten vor das Stiftszelt. •

Vierter

⁹Und der Ewige sprach zu Mosche wie folgt: ¹⁰»Erhebt euch aus dieser Gemeinde! Ich will sie augenblicklich vertilgen.« Woraufhin sie auf ihr Angesicht fielen. ¹¹Mosche sprach aber zu Aharon:»Nimm die Pfanne, tu Feuer vom Altar hinein, leg Rauchwerk darauf, bring es eilends zur Gemeinde und versöhne sie, denn der Zorn des Ewigen ist schon ausgebrochen, die Seuche hat angefangen.« ¹²Aharon nahm, was ihm Mosche gesagt hatte, lief in die Versammlung und siehe, das Sterben hatte wirklich unter den Leuten angefangen. Er legte das Rauchwerk auf und versöhnte das Volk. ¹³Nun stand er zwischen den Toten und den Lebendigen und das Sterben hatte aufgehört. ¹⁴Die Anzahl der in dieser Seuche Gestorbenen ist vierzehntausendundsiebenhundert, ohne die, die bei der Begebenheit mit Korach umgekommen waren. ¹⁵Nachdem das Sterben aufgehört hatte, kehrte Aharon zu Mosche vor den Eingang des Stiftszelts zurück.¶

Fünfter

¹⁶Und der Ewige redete mit Mosche und sprach: ¹⁷»Rede mit den Kindern Jisraels, dass dir jeder Familienstamm einen Stab bringe, nämlich alle Fürsten ihrer Familienstämme, also zusammen zwölf Stäbe, und schreibe eines jeden Namen auf seinen Stab. ¹⁸Auf den Stab Levi schreibe Aharons Namen, denn die Familien desselben haben ein Oberhaupt und bekommen nur einen Stab. ¹⁹Lege sie in das Stiftzelt vor das gestiftete Zeugnis, wo ich bestimmt habe, mich euch sehen zu lassen. ²⁰Welchen Mann ich erwählen werde, dessen Stab soll blühen. Dadurch will ich endlich die Beschwerden der Kinder Jisraels stillen, die sie euretwegen gegen mich führen.« ²¹Mosche redete mit

den Kindern Jisraels, und alle Fürsten ihrer Stammfamilien brachten ihm pro Stammfürst einen Stab, zusammen zwölf Stäbe. Und Aharons Stab war unter ihren Stäben. ²²Mosche legte alle Stäbe vor den Ewigen im Zelt des Zeugnisses nieder. ²³Des anderen Morgens, als Mosche in das Zelt des Zeugnisses kam, siehe, da hatte der Stab Aharons, der dem Hause Levi zugehörte, geblüht. Er brachte nämlich eine Knospe hervor, diese brach in eine Blume auf und reifte zu Mandeln. ²⁴Mosche trug alle Stäbe von dem Ort, wo der Ewige erscheint, heraus zu den Kindern Jisraels. Diese besahen sie und jeder nahm seinen Stab.֧

Sechster / Jahr III

²⁵Der Ewige aber sprach zu Mosche: »Lege den Stab Aharons wieder vor das Zeugnis hin, dass er diesen ungehorsamen Kindern zum Zeichen aufbehalten werde, damit ihr Gemurre gegen mich ein Ende nehme und sie nicht umkommen.« ²⁶Mosche tat dies. Wie ihm der Ewige befohlen hatte, so tat er.֧

²⁷Die KinderJisraels sprachen zu Mosche wie folgt: »Siehe! Wir verderben, wir kommen um, wir alle kommen um! ²⁸Wer sich der Wohnung des Ewigen im Geringsten naht, der stirbt. Sollen wir denn völlig vergehen?« • **18**　¹Aber der Ewige sprach zu Aharon: »Du, deine Söhne und deine ganze Familie mit dir, ihr sollt die Schuld des Heiligtums übernehmen. Du und deine Söhne nämlich, ihr sollt die Schuld des Priesteramts übernehmen, ²deine Brüder aber vom Stamm Levi, die mit dir von einem Vater abstammen, sollst du zu dir nehmen, dass sie bei dir bleiben und dir dienen, indem du nebst deinen Söhnen vor dem Zelt des Zeugnisses bist. ³Sie sollen deinen Dienst abwarten und den Dienst des ganzen Zeltes, aber dem heiligen Gerät und dem Altar sollen sie sich nicht nahen. Dies würde sowohl ihnen als auch euch den Tod zuziehen. ⁴Sondern sie sollen bei dir sein, um das Stiftszelt zu bewachen und alle Arbeit dabei zu verrichten, damit kein gewöhnlicher Mensch sich euch nähere. ⁵Ihr aber habt das Heiligtum und den Altar zu bewachen, damit kein Zorn mehr ausbreche über die Kinder Jisraels. ⁶Ich, der ich mir eure Brüder, die Levijim, aus den Kindern Jisraels genommen habe, ich übergebe sie euch als

ein Geschenk zum Dienst des Ewigen, um die Arbeit beim Stiftszelt zu verrichten. ⁷Du und deine Söhne aber, ihr sollt das Priesteramt versehen in allen Geschäften des Altars und innerhalb des Vorhangs, die ihr zu verrichten habt. Das Priestertum gebe ich euch als ein Geschenk zum Amt und der gewöhnliche Mensch, der hinzutritt, soll des Todes sein.«¶

⁸Ferner sprach der Ewige zu Aharon:»Ich übergebe dir auch die Aufsicht über meine Hebeopfer. Alle Heiligtümer der Kinder Jisraels sind dir und deinen Söhnen übergeben, und ihr bekommt davon zu allen Zeiten euren Anteil als herrschaftlichen Anteil. ⁹Dies sollst du von dem Allerheiligsten, das dem Feuer bestimmt ist, haben: alle ihre Gaben, Mehlopfer, Sündenopfer und Schuldopfer, die sie mir herbeibringen, sollen als ein Allerheiligstes dir und deinen Söhnen gehören. ¹⁰An dem heiligsten Ort sollt ihr es verzehren. Jede männliche Person kann davon essen, es soll euch heilig sein. ¹¹Dies aber soll dein sein von ihren Hebeopfern und von allen Wendegaben der Kinder Jisraels, nämlich dir nebst deinen Söhnen und Töchtern zu ewigen Zeiten als euren Anteil bestimmt bleiben, und jeder in deinem Hause, der rein ist, darf davon essen. ¹²Alles beste Öl, aller bester Most und alles Korn, nämlich die ersten Gaben, welche sie dem Ewigen widmen, sollen dir geschenkt sein. ¹³Die ersten Früchte ihres Landes, die sie dem Ewigen bringen, sollen dein sein. Was in deinem Hause rein ist, kann davon essen. ¹⁴Alles Verbannte in Jisrael soll dein sein. ¹⁵Alles Erstgeborene an Menschen und Vieh, das sie dem Ewigen bringen, soll dir gehören. Doch musst du eine Auslösung gestatten, die Erstgeburt vom Menschen und vom unreinen Vieh musst du auslösen lassen. ¹⁶Die Auslösung geschieht so: Wenn es einen Monat alt ist, so ist der Preis, um welchen es ausgelöst wird, fünf Schekel Silber nach dem Schekel des Heiligtums, der zwanzig Gera hält. ¹⁷Hingegen die Erstgeburt eines Ochsen, eines Lammmes oder einer Ziege sollst du nicht auslösen lassen, sondern ihr Blut auf den Altar sprengen und ihr Fett in Rauch aufsteigen lassen als ein Feueropfer zum angenehmen Geruch, dem Ewigen zu Ehren. ¹⁸Das Fleisch davon soll dir gehören, so wie die Wendebrust und die rechte Schulter dir gehört. ¹⁹Alle

heiligen Gaben, die die Kinder Jisraels dem Ewigen widmen, gebe ich dir nebst deinen Söhnen und Töchtern zu eurem Anteil auf ewige Zeiten. Dies sei ein ewiger unverweslicher Bund vor dem Ewigen für dich und deinen Samen neben dir.« ²⁰Ferner sprach der Ewige zu Aharon:»In ihrem Land sollst du kein Erbgut besitzen und keinen Teil unter ihnen haben. Ich bin dein Teil und dein Erbgut unter den Kindern Jisraels. •

Siebter

²¹Den Kindern Levis gebe ich alle Zehnten in Jisrael zu ihrem Erbgut für den Dienst, den sie zu versorgen haben beim Stiftszelt, ²²damit die Kinder Jisraels sich fortan nicht mehr dem Stiftszelt nähern und dadurch Sünde auf sich laden, die ihnen den Tod zuzieht. ²³So sollen jene, indem der Levi den Dienst beim Stiftszelt verrichtet, die Schuld der Kinder Jisraels übernehmen. Dies sei für eure Nachkommen ein ewiges Gesetz. Unter den Kindern Jisraels aber sollen sie kein Erbgut besitzen, ²⁴denn den Zehnten, welche die Kinder Jisraels dem Ewigen als eine Hebe widmen, diesen gebe ich den Levijim zum Erbgut. Und ich sage ihnen deswegen, dass sie unter den Kindern Jisraels kein Erbgut besitzen sollen.«¶

²⁵Der Ewige redete mit Mosche und sprach: ²⁶»Mit den Levijim sollst du sprechen und ihnen sagen: ›Wenn ihr von den Kindern Jisraels den Zehnten nehmt, den ich euch statt eures Erbgutes gegeben habe, so müsst ihr davon zur Hebe des Ewigen den Zehnten von dem Zehnten absondern. ²⁷Eure Hebe wird nämlich geachtet wie Korn aus der Scheune oder Getränke aus der Kelter. ²⁸So müsst auch ihr die Hebe des Ewigen von allen Zehnten, die ihr von den Kindern Jisraels nehmt, absondern und solche dem Priester Aharon bringen. ²⁹Von allem, was euch gegeben wird, müsst ihr die Hebe des Ewigen absondern, von allem Besten den geheiligten Teil davon.‹

Maftir

³⁰Sage ihnen aber auch: ›Wenn ihr den besten Teil davon abgesondert habt, so ist das Übrige wie das Einkommen eurer Scheune und eurer Kelter anzusehen. ³¹Ihr dürft es essen an allen Orten, ihr und eure Leute, denn es ist euer Lohn für eure Dienste beim Stiftszelt. ³²Wenn ihr das Beste davon abgesondert habt, so ladet ihr keine Sünde auf euch, entweiht auch nicht die Heiligtümer der Kinder Jisraels, wodurch ihr euch den Tod zuziehen könntet.‹«❡

Haftarat Korach: 1. Samuel 11,14-12,22 (S. 519); nicht jedoch an Rosch Chodesch Tammus (S. 618).

Psalm des Schabbat nach Seder Avodat Israel: Ps 5

39. Chukat (Num 19,1-22,1)

[INHALT: Rote Kuh (Para) * Tod von Miriam und Aharon * Kein Wasser
in Meriwa und Verfehlung Mosches * Schlangen * die Reiserouten * Brun-
nenlied * Sichon und Og]

Erster / Jahr I

Maftir für Schabbat Para: V. 1-14 (22)

19 ¹Der Ewige redete mit Mosche und Aharon und sprach:
²»Dies ist eine **Verordnung** *(chukat)* des Gesetzes, die der Ewige
befiehlt, nämlich sage den Kindern Jisraels, dass sie dir eine rote Kuh
bringen, die keine Flecken, auch keine Leibesfehler hat und auf welche
noch kein Joch gekommen ist. ³Diese gebt dem Priester El'asar. Man
führe sie zum Lager hinaus und schlachte sie in seiner Gegenwart.
⁴Der Priester El'asar nehme mit seinem Finger etwas von ihrem Blut
und sprenge es gegen die Vorderseite des Stiftszeltes, siebenmal. ⁵Man
verbrenne alsdann die Kuh vor seinen Augen. Ihr Fell, Fleisch, Blut
und Mist soll man verbrennen. ⁶Der Priester nehme Zedernholz,
Ysop und einen hochroten Faden und werfe es auf die brennende
Kuh. ⁷Hierauf wasche der Priester seine Kleider, bade seinen Leib in
Wasser und komme in das Lager zurück. Bis zum Abend aber soll er
unrein sein. ⁸Der, der die Kuh verbrannt hat, soll die Kleider waschen,
seinen Leib baden und bis zum Abend unrein sein. ⁹Ein reiner Mann
aber soll die Asche von der Kuh sammeln und außerhalb des Lagers
an eine reine Stätte aufschütten. Daselbst soll sie für die Gemeinde
der Kinder Jisraels verwahrt werden zum Sprengwasser. Es ist ein
Entsündigungsopfer. ¹⁰Der, der die Asche der Kuh sammelt, wasche seine Kleider und sei bis Abend unrein. Dies sei für die Kinder
Jisraels und für die Fremden (das heißt: Religionsverwandten), die
unter ihnen wohnen, ein ewiges Gesetz. ¹¹Wer den toten Leichnam
einer menschlichen Person berührt, ist sieben Tage unrein. ¹²Dieser
soll sich hiermit am dritten und siebten Tage entsündigen, so wird
er wieder rein. Wenn er sich aber nicht am dritten und siebten Tage

entsündigt, so wird er nicht rein. ¹³Wer den toten Leichnam einer menschlichen Person berührt, sich nicht entsündigen lässt und die Wohnung des Ewigen verunreinigt, dieselbe Person soll aus ihrer Nation ausgerottet werden. Denn solange er nicht mit Sprengewasser besprengt worden ist, ist er immer noch unrein und die Unreinigkeit haftet noch an ihm. ¹⁴Wenn jemand in einem Zelt stirbt so ist folgendes verordnet: Wer in das Zelt hineingeht und alles, was im Zelte ist, soll sieben Tage unrein sein. ¹⁵Ein offenes Gefäß, daran der Deckel nicht fest anschließt, ist unrein. ¹⁶Wer auch auf dem freien Feld einen Erschlagenen oder Verstorbenen oder eines Menschen Knochen oder Grab berührt, sei sieben Tage unrein. ¹⁷Für einen solchen Unreinen nehme man Asche von der verbrannten Kuh und tue fließend Wasser darauf in einem Gefäß.

Zweiter

¹⁸Ein reiner Mann nehme Ysop, tunke es in dieses Wasser und besprenge damit das Zelt und alles Geräte und alle Personen, die darin gewesen, oder denjenigen, der eines Toten Knochen, einen Erschlagenen, einen Verstorbenen oder ein Grab berührt hat. ¹⁹Der Reine nämlich besprengt den Unreinen am dritten und am siebten Tag. Wenn er ihn am siebten Tag entsündigt hat, wäscht er seine Kleider, badet sich in Wasser und ist am Abend rein. ²⁰Wenn aber jemand unrein wird und sich nicht entsündigen lässt, so soll dieselbe Person aus der Versammlung ausgerottet werden, weil sie nämlich das Heiligtum des Ewigen verunreinigt hat, kein Sprengewasser hat auf sich sprengen lassen und also unrein geblieben ist. ²¹Dies sei ihnen ein ewiges Gesetz. Der, der das Sprengewasser sprengt, soll seine Kleider waschen, und wer das Sprengewasser anrührt, soll bis zum Abend unrein sein. ²²Was ein Unreiner berührt, ist unrein. Auch eine Person, die ihn berührt, ist unrein bis zum Abend.ﭏ

Zur Haftara für Schabbat Para (S. 585).

20 ¹Die Kinder Jisraels kamen, die ganze Gemeinde, im ersten Monat in die Wüste Zin und das Volk lagerte bei Kadesch. Daselbst starb Mirjam und wurde auch dort begraben. ²Der Gemeinde fehlte es an Wasser. Da liefen sie über Mosche und Aharon zusammen ³und das Volk haderte mit Mosche und sprach diese Worte: »Wären wir doch lieber beim Untergang unserer Brüder vor dem Ewigen mit umgekommen! ⁴Was führt ihr das Volk des Ewigen in diese Wüstenei, wo wir samt unserem Vieh sterben müssen? ⁵Und warum habt ihr uns aus Mizrajim geführt, um uns an diesen elenden Ort zu bringen, wo man nicht säen kann, wo weder Feigenbäume noch Weinstöcke noch Granatäpfel sind, nicht einmal Wasser zum Trinken?« ⁶Mosche und Aharon entfernten sich von der Sammlung weg zum Eingang des Stiftszelts, fielen auf ihr Angesicht und die Herrlichkeit des Ewigen erschien ihnen.¶

Dritter (Zweiter)

⁷Der Ewige redete mit Mosche und sprach: ⁸»Nimm den Stab, versammle die Gemeinde, du und dein Bruder Aharon, und redet den Felsen vor ihren Augen an, dass er Wasser hergebe. Auf diese Weise wirst du ihnen Wasser aus dem Felsen bringen und die Gemeinde nebst ihrem Vieh tränken.« ⁹Mosche nahm den Stab, der vor dem Ewigen lag, wie er ihm befohlen. ¹⁰Dann ließen Mosche und Aharon die Nation zusammenkommen vor dem Felsen und er sprach zu ihnen: »Hört, ihr Ungehorsamen! Werden wir euch aus diesem Felsen Wasser schaffen?« ¹¹Mosche hob seine Hand empor und schlug den Felsen zweimal mit seinem Stab. Da kam viel Wasser heraus, sodass die Gemeinde nebst ihrem Vieh zu trinken hatte. • ¹²Der Ewige aber sprach zu Mosche und zu Aharon: »Weil ihr nicht das Vertrauen zu mir hattet, mich vor den Augen der Kinder Jisraels zu heiligen, darum sollt ihr auch dieses Volk nicht in das Land bringen, das ich ihnen zu geben beschlossen habe.« ¹³Dies sind die Haderwasser, weil die Kinder Jisraels mit dem Ewigen haderten und er geheiligt wurde an ihnen. •

Vierter

¹⁴Von Kadesch aus sandte Mosche Botschafter an den König zu Edom (und ließ ihm entbieten): »So spricht dein Bruder Jisrael! Du weißt, was für Mühseligkeit uns betroffen hat. ¹⁵Unsere Vorfahren kamen nach Mizrajim, wir wohnten lange Zeit in Mizrajim, doch Mizrajim verfuhr mit uns und unseren Vorfahren sehr übel. ¹⁶Wir schrien zum

Ewigen, dieser erhörte unsere Stimme und sandte einen Botschafter, der uns aus Mizrajim führte. ¹⁷Lass uns durch dein Land ziehen! Wir wollen nicht durch Äcker und Weinberge ziehen und kein Wasser aus Zisternen trinken. Wir wollen auf der Heerstraße bleiben, werden weder rechts noch links davon abweichen, bis wir über deine Grenzen hinaus sind.« ¹⁸Edom aber ließ ihm sagen:»Du sollst nicht durch mein Land ziehen oder ich gehe dir mit dem Schwert entgegen.« ¹⁹Die Kinder Jisraels schlugen ihm zwar vor:»Wir wollen auf gebahntem Wege bleiben. Wenn ich oder mein Vieh von deinem Wasser trinken sollte, so will ich es bezahlen. Ich will dir nicht schaden, nur zu Fuß meinen Durchzug nehmen.« ²⁰Er blieb aber dabei:»Du sollst nicht durchziehen!« Ja Edom zog ihm wirklich mit mächtigem Volk und starker Hand entgegen. ²¹Als Edom dem Volk Jisrael den Durchzug nicht gestatten wollte, wich Jisrael von ihm ab.¶

Fünfter (Dritter) / Jahr III

²²Von Kadesch brachen sie auf und die ganze Gemeinde kam zum Berge Hor. ²³Bei diesem Gebirge Hor an der Grenze des Landes Edom sprach der Ewige zu Mosche und Aharon wie folgt: ²⁴»Aharon soll zu seinem Volk eingetan werden, denn er soll in das Land, das ich den Kindern Jisraels gebe, nicht kommen, weil ihr meinem Befehl nicht nachgekommen seid bei dem Haderwasser. ²⁵Nimm also Aharon und seinen Sohn El'asar und führe sie auf das Gebirge Hor. ²⁶Zieh Aharon seine Kleider aus und lege sie seinem Sohne El'asar an. Aharon soll eingetahn werden und daselbst sterben.« ²⁷Mosche tat, wie es der Ewige befohlen hatte. Sie gingen vor den Augen der ganzen Gemeinde auf das Gebirge Hor. ²⁸Mosche zog Aharon seine Kleider aus, legte sie seinem Sohn El'asar an, Aharon starb auf dem Gipfel des Berges, Mosche aber und El'asar kamen herab vom Berg. ²⁹Die ganze Gemeinde sah, dass Aharon verschieden war. Es beweinte ihn das ganze Haus Jisrael dreißig Tage. • **21** ¹Der kenaanische König Arad, der gegen Mittag wohnt, erfuhr, dass Jisrael heranzog auf dem Weg der Kundschafter. Er griff Jisrael an und machte einige Gefangene. ²Da tat Jisrael dem Ewigen ein Gelübde und sprach:»Wenn du mir dieses Volk

in meine Gewalt gibst, so will ich seine Städte bannen.« ³Der Ewige hörte die Stimme Jisraels, übergab ihm den Kenaani, und er bannte sie samt ihren Städten. Man nannte den Ort Chormah.¶

⁴Vom Gebirge Hor brachen sie auf, wandten sich wieder dem Weg zum Binsensee zu, um das Land Edom zu umgehen. Doch das Volk wurde der beschwerlichen Reise überdrüssig. ⁵Sie führten widrige Reden gegen Gott und Mosche:»Warum habt ihr uns aus Mizrajim geführt, dass wir in der Wüstenei umkommen sollen, wo weder Brot noch Wasser ist und uns vor der elenden Speise ekelt?« ⁶Der Ewige aber sandte giftige Schlangen (Serafim genannt) unter das Volk, die das Volk bissen, sodass viele Leute von Jisrael starben. ⁷Da kam das Volk zu Mosche und sprach:»Wir haben gesündigt, dass wir gegen den Ewigen und dich geredet haben. Bitte den Ewigen, dass er die Schlangen von uns abwende.« Mosche bat für das Volk, ⁸und der Ewige sprach zu Mosche:»Mache einen Seraf und setze ihn auf eine Stange zum Zeichen. Wer gebissen worden ist, sehe diesen an, so soll er am Leben bleiben.« ⁹Mosche machte eine kupferne Schlange und setzte sie auf eine Stange zum Zeichen. Wenn jemand von einer Schlange gebissen wurde, schaute er hinauf zur kupfernen Schlange und blieb am Leben.

Sechster

¹⁰Die Kinder Jisraels brachen auf und lagerten sich zu Owot. ¹¹Von Owot brachen sie auf und lagerten sich in der unbewohnten Gegend zu Awarim in der Wüste, die an die Morgenseite des Landes Moaw stößt. ¹²Von da brachen sie auf und lagerten sich im Tal Sared. ¹³Von da brachen sie auf und lagerten sich jenseits des Flusses Arnon, der in der Wüste fließt und über die Grenzen des Emori hinausgeht, denn der Fluss Arnon ist die Grenze Moaws zwischen Moaw und Emori. ¹⁴Daher findet man in der Geschichte der Kriege des Ewigen: Wahew in Sufah und unter den Bächen Arnon ¹⁵und der Bäche Abfluss, der sich wendet zum Wohnplatz Ar und an die Grenze Moaws stößt. ¹⁶Von da zum Brunnen, jenem Brunnen, wo der Ewige zu Mosche sprach: »Versammle das Volk, ich will ihnen Wasser geben.« • ¹⁷Da sang Jisrael dieses Lied:»Komme herauf, Brunnen! Singt ihm den Wech-

selgesang! [18]Brunnen, den Fürsten gegraben, die Edlen des Volkes eröffnet, mit dem gesetzgebenden Stabe.«Von Midbar gen Matanah, [19]von Matanah gen Nachali'el und von Nachali'el gen Bamot, [20]von Bamot nach Gal, das in der Ebene von Moaw liegt, zur Anhöhe Pisgah, welche Aussicht hat zur Wüste hin.¶

Siebter (Vierter)

[21]Jisrael sandte Botschafter an Sichon, König Emoris, und ließ ihm entbieten: [22]»Lass mich durch dein Land ziehen! Wir wollen weder in Äcker noch in Weingärten ausweichen, auch kein Wasser aus der Zisterne trinken, sondern auf der Heerstraße bleiben, bis wir über deine Grenze hinaus sind.« [23]Sichon aber wollte Jisrael nicht durch seine Grenzen ziehen lassen. Er versammelte all sein Volk und ging Jisrael entgegen bis in die Wüste. Als er nach Jahaz kam, griff er Jisrael an. [24]Aber Jisrael schlug ihn mit der Schärfe des Schwertes (auf das Haupt) und eroberte sein Land vom Arnon bis zum Jabbok, bis zu den Kindern Amons, denn die Grenze der Kinder Amons war fest. [25]Jisrael nahm also alle diese Städte ein und ließ sich in allen Städten des Emori nieder, in Cheschbon und seinen Landstädten. [26]Denn die Stadt Cheschbon gehörte dem Sichon, König Emoris. Er hatte nämlich mit dem vorigen Könige von Moaw Krieg geführt und ihm sein Land abgenommen bis an den Arnon. [27]Darum sagen die Dichter:»Kommt hin nach Cheschbon; die Stadt Sichons werde erbaut und errichtet. [28]Denn Feuer ging aus aus Cheschbon, Flammme aus Sichons Stadt, verzehrte Ar der Moawim, Besitzer der Höhen am Arnon. [29]Weh dir Moaw, Volk des Götzen Kemosch! Du bist verloren! Seine Söhne ließ er flüchtig werden, seine Töchter gefangen dem König Emori Sichon zuführen. [30]Hin ist ihre Herrlichkeit von Cheschbon bis Diwon. Wir haben sie verwüstet bis gen Nofach, das bis Medewa reicht.« [31]Jisrael ließ sich also in dem Land Emori nieder. [32]Mosche sandte Leute, um Ja'ser auszukundschaften. Sie nahmen die Landstädte ein und man vertrieb den Emori, der daselbst war. [33]Sie wandten sich und zogen hinauf den Weg nach Baschan. Und Og, König zu Baschan, zog ihnen mit seinem ganzen Volk entgegen nach Edre'i zum Krieg.

³⁴Der Ewige aber sprach zu Mosche: »Fürchte ihn nur nicht, denn ich gebe ihn, sein ganzes Volk und sein Land in deine Gewalt. Du wirst ihm tun, was du dem Sichon, König Emoris, getan, der in Cheschbon wohnte.« ³⁵Sie schlugen auch ihn nebst seinen Söhnen und seinem ganzen Volk, sodass nichts von ihm übrig blieb, und eroberten sein Land. **22** ¹Die Kinder Jisraels brachen auf und lagerten sich in der Ebene von Moaw am Jarden, gegenüber von Jericho.

Haftarat Chukat: Richter 11,1-33 (S. 521); wenn Chukat und Balak zusammenfallen, liest man Haftarat Balak (S. 524). Eine andere Haftara liest man jedoch an Rosch Chodesch Tammus (S. 618).

Psalm des Schabbat nach Seder Avodat Israel: Ps 95

40. Balak (Num 22,2-25,9)

[INHALT: Balaks Furcht, der Zauberer Bilʼam und sein Esel * Ma Towu * Pinchasʼ Eifer]

Erster / (Fortsetzung Vierter) / Jahr I

²Als **Balak**, Sohn Zippors, die Taten erfuhr, welche Jisrael gegen den Emori ausgeübt hatte, ³geriet Moaw in heftige Furcht vor der Nation, die so groß war, dass ihm graute vor den Kindern Jisraels. ⁴Er sprach daher zu den Ältesten des Volkes Midjan:»Dieser Haufe wird die ganze Gegend umher abfressen wie der Ochs das Kraut vom Felde abfrisst.« Balak, Sohn Zippors, war damals König über Moaw. ⁵Dieser sandte Boten an Bilʼam, Sohn Beʼors, nach Petor, welches am Fluss liegt, in das Land seiner Heimat, um ihn einzuladen, und ließ ihm sagen:»Es ist ein Volk aus Mizrajim gegangen, das bedeckt die ganze Erde, so weit man sehen kann. Es liegt jetzt mir gegenüber. ⁶So komm doch und verfluche mir dieses Volk, denn es ist mir zu mächtig. Vielleicht kann ich es dann schlagen und aus dem Land treiben, denn ich weiß: wen du segnest, der ist gesegnet, und wen du verfluchst, der bleibt verflucht.« ⁷Die Ältesten von Moaw und die Ältesten von Midjan reisten zusammen und hatten Zaubergerätschaft bei sich. Sie kamen zu Bilʼam und richteten aus, was Balak gesagt hatte. ⁸Er gab ihnen zur Antwort:»Bleibt die Nacht hier, so will ich euch Bescheid geben, wie der Ewige mir sagen wird.« Die Vornehmen Moaws blieben also bei Bilʼam. ⁹Ein göttliches Wesen kam zu Bilʼam und sprach:»Wer sind die Leute, die du bei dir hast?« ¹⁰Bilʼam antwortete dem göttlichen Wesen:»Balak, Sohn Zippors, König zu Moaw lässt mir sagen: ¹¹Dieses Volk, das aus Mizrajim gegangen ist, bedeckt die Erde so weit man sehen kann. So gehe doch hin und verwünsche es mir. Vielleicht kann ich es alsdann bekriegen und wegtreiben.« ¹²Das göttliche Wesen sprach zu Bilʼam:»Geh nicht mit ihnen, verfluche auch das Volk nicht, denn es soll gesegnet sein.«

328 TAMMUS

Zweiter (Fünfter)

¹³Als Bil'am des Morgens aufstand, sprach er zu den vornehmen Leuten des Balak: »Reist nur wieder in euer Land, denn der Ewige will nicht erlauben, dass ich mit euch reise.« ¹⁴Die Vornehmen Moaws machten sich also auf und kamen zu Balak und sprachen: »Bil'am hat es abgeschlagen, mit uns zu reisen.« ¹⁵Da sandte Balak abermals mehrere und vornehmere Adlige als diese. ¹⁶Sie kamen zu Bil'am und sprachen: »Balak, Sohn Zippors, lässt dir entbieten: ›Es lasse dich doch nichts abhalten, dass du zu mir kommst, ¹⁷denn ich werde dir gar viel Ehre erzeigen, und was du mir sagen wirst, will ich tun. Nur komm und verwünsch mir dieses Volk!‹« ¹⁸Bil'am antwortete und sprach zu den Bediensteten des Balak: »Wenn Balak mir auch sein ganzes Haus voll Silbers und Goldes gäbe, so könnte ich doch den Befehl des Ewigen, meines Gottes, nicht übertreten, etwas Geringes oder Wichtiges vorzunehmen. ¹⁹Indessen bleibt diese Nacht gleichfalls bei mir, so werde ich erfahren, was der Ewige weiter mit mir reden wird.« ²⁰Das göttliche Wesen kam des Nachts zu Bil'am und sprach zu ihm: »Sind die Männer gekommen, um dich zu rufen, so kannst du mit ihnen gehen, doch was ich dir sagen werde, musst du tun.«

Dritter

²¹Bil'am stand des Morgens auf, sattelte seine Eselin und machte sich mit den Vornehmen aus Moaw auf die Reise. ²²Doch der Zorn des göttlichen Wesens entbrannte, dass er so entschlossen zur Reise war, und ein Engel des Ewigen stellte sich auf den Weg, ihm hinderlich zu sein. Er aber ritt auf seiner Eselin, und zwei Burschen waren mit ihm. ²³Die Eselin sah den Engel des Ewigen auf dem Weg stehen mit einem bloßen Schwert in der Hand und wich vom Weg ab und ging auf das Ackerfeld. Bil'am schlug sie, um sie wieder in den Weg zu lenken. ²⁴Da trat der Engel des Ewigen auf einen Pfad zwischen Weinbergen, wo auf beiden Seiten Wände waren. ²⁵Als die Eselin den Engel des Ewigen sah, drängte sie sich an die Mauer und klemmte Bil'ams Fuß an die Mauer, worüber er sie abermals schlug. ²⁶Der Engel des Ewigen ging weiter voraus, stellte sich an einen so engen Ort, wo kein Weg war, rechts oder links auszuweichen. ²⁷Als die Eselin den Engel des

Ewigen sah, legte sie sich unter Bil'am nieder. Bil'am wurde zornig und schlug sie mit dem Stock. ²⁸Der Ewige tat der Eselin den Mund auf und sie sprach zu Bil'am:»Was habe ich dir getan, dass du mich schon dreimal geschlagen hast?« ²⁹Bil'am sprach zur Eselin:»Weil du mich so höhnst. Hätte ich ein Schwert, so wollte ich dich umbringen!« ³⁰Die Eselin sprach zu Bil'am:»Bin ich nicht deine Eselin, auf welcher du geritten bist von jeher bis auf diesen Tag? Bin ich etwa gewohnt gewesen, dir dies zu tun?« Er antwortete:»Nein!« ³¹Währenddessen öffnete der Ewige dem Bil'am die Augen, und er sah den Engel des Ewigen auf dem Weg stehen mit bloßem Schwert in der Hand. Er neigte sich und verbeugte sich mit seinem Angesicht. ³²Der Engel des Ewigen sprach zu ihm:»Warum hast du deine Eselin schon dreimal geschlagen? Ich bin eigentlich ausgegangen als Hindernis, denn die mir verhasste Reise war zu schleunig beschlossen.« ³³Die Eselin sah mich und wich dreimal vor mir aus. Wäre sie nicht ausgewichen, so hätte ich dich ums Leben gebracht und sie verschont. ³⁴Bil'am sprach zu dem Engel des Ewigen:»Ich habe gesündigt! Denn ich wusste nicht, dass du mir entgegenstehst auf dem Weg. Noch jetzt, wenn es dir missfällt, so will ich umkehren.« ³⁵Der Engel des Ewigen aber sprach zu Bil'am:»Du kannst mit den Leuten gehen, doch sprich nur dasjenige, was ich dir sagen werde!« Also reiste Bil'am mit den Vornehmen des Balak. ³⁶Als Balak erfuhr, dass Bil'am kam, ging er ihm entgegen in eine Stadt Moaws, welche am Arnon liegt an der äußersten Grenze. ³⁷Balak sprach zu Bil'am:»Habe ich nicht zu dir geschickt, um dich einladen zu lassen? Warum wolltest du nicht kommen? Meinst du etwa, ich könnte dir nicht Ehre erzeigen?« ³⁸Bil'am antwortete dem Balak:»Siehe, ich bin zu dir gekommen; doch steht es deswegen in meinem Vermögen, was ich sprechen will? Was Gott mir in den Mund legt, das muss ich sprechen.«

Vierter (Sechster) / Jahr III

³⁹Bil'am ging mit Balak und sie kamen nach Kirjat Chuzot. ⁴⁰Balak schlachtete großes und kleines Vieh und schickte dem Bil'am davon nebst den Vornehmen, die bei ihm waren. ⁴¹Des Morgens nahm Balak den Bil'am, führte ihn auf die Höhen Baal und zeigte ihm von da einen Teil des Volkes. **23** ¹Bil'am sagte zu Balak:»Baue mir hier

sieben Altäre und stelle mir hierher sieben Stiere und sieben Widder.« ²Balak tat, wie Bil'am gesprochen, woraufhin Balak und Bil'am auf jedem Altar einen Stier und einen Widder opferten. ³Bil'am sprach zu Balak:»Bleibe du hier bei deinen Opfern! Ich will weggehen, vielleicht tritt der Ewige mir entgegen. Was er mir zeigen wird, das will ich dir wieder berichten.« Er ging auf eine Bergspitze. ⁴Das göttliche Wesen trat tatsächlich dem Bil'am entgegen, und dieser sprach:»Ich habe sieben Altäre errichten lassen und auf jedem Altar einen Stier und einen Widder geopfert.« ⁵Der Ewige legte dem Bil'am eine Antwort in den Mund und sprach:»Geh nun zu Balak zurück und rede so.« ⁶Er ging zu ihm zurück, und dieser stand noch bei seinem Opfer, er nebst den vornehmen Herren aus Moaw. ⁷Jener hub seine Gleichnisrede an und sprach:»Von Aram ließ Balak mich kommen, der König zu Moaw vom Gebirge des Aufganges. ›Komm! Verfluch mir Jaakow! Komm! Schilt auf Jisrael!‹ ⁸Soll ich verwünschen, den Gott nicht verwünscht? Soll ich schelten, wo der Ewige nicht schilt? ⁹Ich sehe es vom Gipfel der Felsen, beschaue es von Hügeln herab. Das Volk wird abgesondert wohnen. Man wird es nicht zu Heiden rechnen. ¹⁰Wer zählt die Menge Jaakows, die wie Staub ist, bestimmt den vierten Teil Jisraels? O dass ich stürbe der Gerechten Tod! Dass mein Ende wie das ihrige sei!« ¹¹Da sprach Balak zu Bil'am:»Was tust du mir da? Ich habe dich komen lassen, um meine Feinde zu verwünschen, und du segnest ja!« ¹²Jener antwortete aber und sprach:»Muss ich nicht dasjenige treulich nachreden, was mir der Ewige in den Mund legt?«

Fünfter

¹³Balak sprach zu ihm:»So komme denn mit mir an einen anderen Ort, wo du das Volk sehen kannst, doch nur einen Teil davon, aber nicht das ganze wirst du überblicken können, und verwünsche mir es von da aus.« ¹⁴Er nahm ihn mit auf den Gipfel des Berges Pisgah in das Gebiet der Hochwächter, baute sieben Altäre und brachte auf jeden Altar einen Stier und einen Widder. ¹⁵Jener sprach zu Balak:»Bleibe hier bei deinen Opfern. Ich will dort einer Erscheinung entgegensehen.« ¹⁶Der Ewige trat tatsächlich zu Bil'am, legte ihm die Antwort in den Mund und sprach:»Kehre zu Balak zurück und sprich so.« ¹⁷Als er zu ihm kam, stand er noch bei seinem Opfer nebst

den Vornehmen aus Moaw. Balak sagte zu ihm:»Was hat der Ewige gesprochen?«¹⁸Er hob seine Gleichnisrede an und sprach:»Wohlan, o Balak, merke auf! Sohn Zippors, hör mir zu! ¹⁹Gott ist kein Mensch, dass er betröge, kein Sohn Adams, dass er sich bedenke. Sollte er wohl sprechen und nicht tun, reden und nicht halten? ²⁰Zum Segnen habe ich Befehl. Er hat gesegnet. Ich kann's nicht wenden. ²¹Man schaut kein Unglück für Jaakow. Man sieht kein Elend für Jisrael. Der Ewige, sein Gott, ist mit ihm, hält königliche Residenz bei ihm. ²²Die Macht, die aus Mizrajim sie geführt, hat eines Wildstiers hochstrebende Gewalt. ²³Wider Jaakow hilft nicht Zauberei, Ahnungskunst nicht gegen Jisrael. Jaakow und Jisrael erfahren zur Zeit, was ihretwegen Gott getan. ²⁴Sieh das Volk! Wie ein Leopard sich aufmacht, wie der Löwe sich erhebt, er legt sich nicht wieder hin, bis er Raub verzehrt, getrunken der Erschlagenen Blut.«²⁵Balak sprach zu Bil'am:»Wenn du das Volk nicht verwünschen willst, so segne es wenigstens nicht.« ²⁶Bil'am aber antwortete und sprach zu Balak:»Habe ich dir nicht gesagt:›Was der Ewige spricht, das muss ich tun?‹«

Sechster (Siebter)

²⁷Balak sagte zu Bil'am:»Komm! Ich will dich noch an einen anderen Ort mitnehmen. Vielleicht gefällt es Gott, dass du mir es von da aus verwünschst.« ²⁸Balak führte also den Bil'am auf die Spitze des Peor, wo man die Aussicht gegen die Wüste zu hat. ²⁹Bil'am sprach zu Balak: »Bau mir hier sieben Altäre und stelle mir sieben Stiere und sieben Widder her.« ³⁰Balak machte es so, wie Bil'am gesagt hatte, und brachte auf jeden Altar einen Stier und einen Widder. **24** ¹Da Bil'am aber zur Genüge erkannt hatte, dass es der Ewige gut fand, Jisrael zu segnen, so ging er nicht mehr wie bis her nach Zaubergesichten aus, sondern wandte sein Gesicht gerade zur Wüste, ²hob seine Augen auf und sah Jisrael gelagert nach seinen Stämmen. Da kam ein göttlicher Geist auf ihn. ³Er hob seine Gleichnisrede an und sprach:»So spricht Bil'am, Sohn Beors, so spricht der Mann scharfsichtigen Auges, ⁴so spricht der Hörer göttlicher Worte, der die Erscheinung des Allmächtigen schaut, hinfallend mit offenen Augen: ⁵Wie schön sind deine Zelte, Jaakow, deine Wohnungen, Jisrael! ⁶Wie Bäche langgestreckt, wie Gärten am Flusse, wie Aloe, vom Ewigen gepflanzt, wie Zedern am Gewässer.

⁷Aus seinen Eimern rieselt Wasser, sein Samen fällt in feuchten Boden. Mächtiger als Agag wird sein König und sein Reich erhaben sein. ⁸Die Macht, die aus Mizrajim ihn geführt, eines Wildstiers hochragende Gewalt, sie frisst die Völker, seine Verfolger, zermalmt ihre Gebeine, so zerschmettert sie sein Geschoss! ⁹Er kniet, legt sich hin wie ein Löwe und ein Leopard. Wer reizt ihn aufzustehen? Gesegnet, wer dich segnet. Verflucht, wer dich verflucht.« ¹⁰Da entzündete sich der Zorn Balaks über Bil'am dermaßen, dass er seine Hände zusammenschlug. Und Balak sprach zu Bil'am:»Meinen Feind zu verwünschen hab ich dich kommen lassen, und du hast nun schon dreimal gesegnet. ¹¹Nun eile und kehre wieder nach Hause. Ich dachte dir Ehre zu erzeigen, doch der Ewige hat dir Ehre verweigert.« ¹²Bil'am aber antwortete dem Balak:»Habe ich nicht gleich zu deinen Boten, die du mir geschickt hast, die Worte gesprochen: ¹³›Wenn Balak mir sein ganzes Haus voll Silber und Gold gäbe, so könnte ich doch den Befehl des Ewigen nicht übertreten, um aus eigenem Sinne Gutes oder Böses zu tun. Was der Ewige redet, würde auch ich reden.‹

Siebter

¹⁴Jetzt reise ich wieder zu meinem Volk zurück. Ich will dir aber vorher Rat erteilen darüber, was dieses Volk dem deinigen in künftigen Zeiten tun wird.« ¹⁵Er hob seine Gleichnisrede an und sprach:»So spricht Bil'am, Sohn Beors, so spricht der Mann scharfsichtigen Auges, ¹⁶so spricht der Hörer göttlicher Worte, der der den Sinn des Höchsten weiß, des Allmächtigen Erscheinung schaut, hinfallend mit offenen Augen. ¹⁷Ich sehe ihn, noch ist er nicht, erblicke ihn, aber nicht nahe. Ein Stern aus Jaakow tritt hervor, ein Zepter erhebt sich aus Jisrael, zerschmettert die Häupter Moaws, zertrümmert alle festen Mauern. ¹⁸Edom wird Eroberung, Se'ir seiner Feinde Eroberung und Jisrael wird siegreich sein. ¹⁹Aus Jaakow wird der Herrscher kommen. Ein Rächer bringt um, was übrig ist.« ²⁰Als er Amalek erblickte, hob er seine Gleichnisrede an und sprach:»Amalek ist der Völker erstes, seine Zukunft aber ist Untergang.« ²¹Als er den Keni sah, hob er seine Gleichnisrede an und sprach:»Fest ist dein Sitz, dein Nest auf Felsen angelegt. ²²Dennoch wird Kajin ausgeräumt, wohin wird Aschur dich treiben?« ²³Hob ferner seine Gleichnisrede an und sprach:»Ach! Wer

kann sich erhalten, wenn Gott ihm's zugedacht! [24]Kriegsschiffe von der Küste Kitim plagen Aschur, plagen Ewer, gehen endlich selbst zu Grunde.« [25]Hierauf machte sich Bil'am auf und kehrte an seinen Ort zurück, und Balak zog seinen Weg.ף

25 [1]Als Jisrael zu Schittim lagerte, fing das Volk an, mit den Töchtern Moaws Hurerei zu treiben. [2]Diese luden das Volk ein zu den Opfermahlen ihrer Götter. Die Leute aßen und verehrten ihre Götter. [3]Jisrael hing also dem Baalpeor an, worüber der Zorn des Ewigen gegen Jisrael entbrannte. [4]Der Ewige sprach zu Mosche:»Nimm alle Häupter der Nation zusammen und lass diese am hellen Tag dem Ewigen zur Ehre aufhängen. So wird sich sein Zorn von Jisrael abwenden.« [5]Mosche sprach zu den Richtern der Nation:»Jeder erwürge seine Leute, die sich an Baalpeor gehängt haben.« [6]Währenddessen kam ein Mann von den Kindern Jisraels und führte eine Midjanitin zu seinen Brüdern vor den Augen Mosches und der ganzen Gemeinde der Kinder Jisraels, die im Eingang des Stiftszelts weinten.

Maftir

[7]Pinchas, Sohn El'asars, des Sohnes des Priesters Aharon, sah dies, stand auf aus der Gemeinde, nahm einen Spieß, [8]ging dem Mann aus Jisrael nach in das Schlafzimmer und durchstach sie beide, sowohl den Mann aus Jisrael als auch die Frau durch ihren Bauch. Hierdurch wurde die Seuche abgewendet von den Kindern Jisraels. [9]Die in dieser Seuche starben, waren an der Zahl vierundzwanzigtausend.ף

Haftarat Balak: Micha 5,6-6,8 (S. 524)

Psalm des Schabbat nach Seder Avodat Israel: Ps 79

41. Pinchas (Num 25,10-30,1)

[INHALT: Pinchas' Lohn * Volkszählung und Landverteilung * Die Töchter Zelofhads und Erbschaftsgesetze * Jehoschua * Tägliche Opfer und Festtagsopfer: * Schabbat * Neumond * Fest der ungesäuerten Kuchen (chag haMazzot) * Tag der Erstlinge (Schawuot) * Tag des Lärmblasens (jom hateru'a) * Jom haKippurim * Sukkot * Schemini Atzeret]

10Der Ewige redete mit Mosche und sprach: **11**»**Pinchas**[a], Sohn El'asars, des Sohnes des Priesters Aharon, hat durch seinen Eifer für mich meinen Zorn von den Kindern Jisraels abgewendet und ist die Ursache, dass ich die Kinder Jisraels in meinem Eifer nicht aufgerieben habe. **12**Darum vermelde ihm: ›Ich gebe ihm hiermit meinen Bund der Glückseligkeit[b]. **13**Er und seine Nachkommen sollen den Bund des ewigen Priestertums zum Lohn haben, weil er für seinen Gottt Eifer gezeigt und die Kinder Jisraels versöhnt hat.‹« **14**Der Mann von Jisrael, der mit der Midjanitin umkam, hieß Simri, Sohn Salus, ein Familienfürst aus dem Stamm Schim'on. **15**Und die midjanitische Frau, die umkam, hieß Kosbi, Tochter Zurs, der auch ein Familienhaupt unter den Völkerschaften zu Midjan war.❡

16Der Ewige redete hierauf mit Mosche und sprach: **17**»Übt Feindseligkeit gegen die Midjanim aus und schlagt sie, **18**denn sie haben feindselig gegen euch gehandelt, indem sie euch mit Hinterlist nachgestellt haben durch den Abgott Peor und durch ihre Schwester Kosbi, die Tochter des midjanischen Fürsten, die am Tage der Seuche wegen Peor umgekommen ist.« **19**Es war nach der Seuche.❡

26 **1**Da sprach der Ewige zu Mosche und zu El'asar, Sohn des Priesters Aharon, wie folgt: **2**»Nehmt die Anzahl der ganzen Gemein-

---

a Num 25,10: Der Buchstabe i (hebr. jod) kann in einer Torarolle kleingeschrieben werden.
b Num 25,12: Der Buchstabe waw im Wort schalom (Glückseligkeit) ist gespalten.

de der Kinder Jisraels auf, von zwanzig Jahren an und darüber, nach ihren Familien, so viel ihrer Dienste tun können in Jisrael.« ³Mosche und der Priester El'asar redete mit ihnen deshalb in der Ebene Moaws am Jarden gegenüber von Jericho und sprach: ⁴»Von zwanzig Jahren an und darüber (soll alles gezählt werden), wie der Ewige (schon ehedem) dem Mosche und den Kindern Jisraels befohlen hat, die aus Mizrajim gezogen sind.

Zweiter

⁵Re'uwen, der Erstgeborene Jisraels. Die Kinder Re'uwens waren: Chanoch und das Chanochische Geschlecht, von Falu das Faluische Geschlecht, ⁶von Chezron das Chezron'sche Geschlecht, von Karmi das Karmische Geschlecht. ⁷Dies sind die Geschlechter des Re'uwen'schen Stammes, und die Gemusterten derselben waren an der Zahl dreiundvierzigtausend-siebenhundertunddreißig. ⁸Die Söhne Falus waren: Eliaw. ⁹Die Söhne Eliaws: Nemu'el, Datan und Awiram. Diese, Datan und Awiram, waren die Verordneten der Gemeinde, die sich gegen Mosche und Aharon auflehnten von dem Anhang des Korach, als sie sich gegen den Ewigen auflehnten, ¹⁰da denn die Erde sich auftat und sie nebst Korach verschlang, als auch der übrige Anhang umkam, indem das Feuer die zweihundertundfünfzig Mann verzehrte, die dadurch zum Strafexempel wurden. ¹¹Die Söhne des Korach aber sind nicht umgekommen. • ¹²Die Söhne Schim'ons nach ihren Geschlechtern: von Nemu'el das Nemu'el'sche Geschlecht, von Jamin das Jamin'sche Geschlecht, von Jachin das Jachin'sche Geschlecht, ¹³von Serach das Sarchische Geschlecht, von Scha'ul das Scha'ul'sche Geschlecht. ¹⁴Dies sind die Geschlechter des Schim'on'schen Stammes, zusammen zweiundzwanzigtausendundzweihundert. • ¹⁵Die Söhne Gads nach ihren Geschlechtern: von Zfon das Zfon'sche Geschlecht, von Chagi das Chagische Geschlecht, von Schuni das Schunische Geschlecht, ¹⁶von Osni das Osnische Geschlecht, von Eri das Erische Geschlecht, ¹⁷von Arod das Arod'sche Geschlecht, von Ar'eli das Ar'elische Geschlecht. ¹⁸Die Geschlechter der Kinder Gad enthalten an Gemusterten vierzigtausendundfünfhundert. • ¹⁹Die Söhne Jehudas: Er und Onan. Doch Er und Onan starben im Land Kenaan. ²⁰Und nun waren noch die Söhne Jehudahs nach ihren Geschlechtern:

von Schelah das Schelansche Geschlecht, von Perez das Parzische Geschlecht, von Serach das Sarchische Geschlecht. ²¹Die Söhne des Perez waren: Von Chezron das Chezron'sche Geschlecht, von Chamul das Chamul'sche Geschlecht. ²²Diese Geschlechter Jehudah enthalten an Gemusterten sechsundsiebzigtausendfünfhundert. • ²³Die Söhne Jissachars nach ihren Geschlechtern: Tola nebst dem Tolaischen Geschlechte, von Puwah das Punische Geschlecht, ²⁴von Jaschuw das jaschuw'sche Geschlecht, von Schimron das Schimron'sche Geschlecht. ²⁵Diese Geschlechter des Jissachar enthalten an Gemusterten vierundsechzigtausendunddreihundert. • ²⁶Die Söhne Sewuluns nach ihren Geschlechtern: von Sered das Sardische Geschlecht, von Elon das Elon'sche Geschlecht, von Jachle'el das Jachle'el'sche Geschlecht. ²⁷Diese Geschlechter des Sewulonschen Stammes enthalten an Gemusterten sechzigtausendundfünfhundert. • ²⁸Die Söhne Josefs nach ihren Geschlechtern: Menascheh und Efrajim. ²⁹Die Söhne Menaschehs: von Machir das Machirische Geschlecht. Machir zeugte Gil'ad. Von Gil'ad kam das Gil'adische Geschlecht. ³⁰Die Söhne Gil'ads: I'eser mit dem I'esrischen Geschlecht, von Chelek das Chelkische Geschlecht, ³¹von Asri'el das Asri'el'sche Geschlecht, von Schechem das Schichmische Geschlecht, ³²von Schemida das Schemida'ische Geschlecht, von Chefer das Chefrische Geschlecht. ³³Zelofchad, Sohn Chefers, hatte keine Söhne, sondern Töchter. Die Töchter Zelofchads hießen Machlah, Noah, Choglah, Milkah und Tirzah. ³⁴Die Geschlechter des Menascheh enthalten an Gemusterten zweiundfünfzigtausendsiebenhundert. • ³⁵Folgendes sind die Söhne Efrajims nach ihren Geschlechtern: von Schutelach das Schutalchische Geschlecht, von Becher das Bachrische Geschlecht, von Tachan das Tachanische Geschlecht ³⁶und dies sind die Söhne des Schutelach: von Eran das Eranische Geschlecht. ³⁷Die Geschlechter der Söhne Efrajim enthalten an Gemusterten zweiunddreißigtausendfünfhundert. Dies sind die Söhne Josefs nach ihren Geschlechtern. • ³⁸Die Söhne Binjamins nach ihren Geschlechtern: von Bela das Bal'ische Geschlecht, von Aschbel das Aschbelische Geschlecht, von Achiram das Achiram'sche Geschlecht, ³⁹von Schefufam das Schefufam'sche Geschlecht, von Chufam das Chufam'sche Geschlecht. ⁴⁰Die Söhne des Bela waren Ard und Naaman. Von diesen kam das Ardische und das Naamische Geschlecht. ⁴¹Dies sind die Kinder Binjamins nach ihren Geschlechtern: ihre Gemusterten waren an der Zahl fünfundvierzigtausendundsechshundert. • ⁴²Folgendes sind die Söhne Dans nach ihren Geschlechtern: von Schucham das Schucham'sche Geschlecht. Dies sind die Geschlechter des Dan, von denen hernach mehrere Geschlechter herkamen. ⁴³Alle Geschlechter, die von Schucham herkamen, enthielten an Gemusterten vierundsechzigtausendundvierhundert. • ⁴⁴Die Söhne Aschers nach ihren Geschlechtern: von Jimnah das Jimnah'sche Geschlecht, von Jischwi das Jischwische Geschlecht, von Beri'ah das Beri'ische Geschlecht. ⁴⁵Von den Söhnen Beri'ahs kam Chewer: das Chewrische Geschlecht. Von Malki'el das Malki'el'sche Geschlecht. ⁴⁶Aschers Tochter hieß Sarach. ⁴⁷Die Geschlechter der Söhne Ascher enthalten an Gemusterten dreiundfünfzigtausendundvierhundert. • ⁴⁸Die Söhne Naftalis nach ihren Geschlechtern: von Jachzeel das Jachzeel'sche Geschlecht, von Guni das Gunische Geschlecht, ⁴⁹von Jezer das Jizrische Geschlecht, von Schilem das Schilem'sche Geschlecht. ⁵⁰Dies sind die Geschlechter des Naftali nach ihren verschiedenen Abteilungen: ihre Gemusterten waren an der Zahl fünfundvierzigtausendundvierhundert. ⁵¹Alle Gemusterten der Kinder Jisraels waren an der Zahl sechshundertundeinstausend-siebenhundertunddreißig. ꝗ

Dritter / Jahr II

⁵²Der Ewige redete mit Mosche und sprach: ⁵³»Diesen soll das Land nach Anzahl der Namen zum Erbgut ausgeteilt werden. ⁵⁴Die zahlreiche Familie bekommt ein größeres Erbgut und die schwächere Familie ein kleineres Erbgut, jedem wird nach der Anzahl seiner Gemusterten ein Erbgut gegeben, ⁵⁵doch soll das Land durch das Los verteilt werden, und es soll ihnen nach dem Namen ihrer väterlichen Stämme ihr Erbe angewiesen werden. ⁵⁶Durch das Los soll jedem sein Erbgut zugeteilt werden, je nachdem die Familie zahlreich oder schwach ist.« • ⁵⁷Folgendes sind die Gemusterten des Stammes Lewi nach ihren Geschlechtern: von Gerschon das Gerschunsche Geschlecht, von Kehat das Kehatische Geschlecht, von Merari das Merarische Geschlecht. ⁵⁸Folgendes sind die Geschlechter des Stammes Lewi: der Liwnische Stamm, der Chewron'sche Stamm, derMachlische Stamm,

der Muschische Stamm, der Korchische Stamm. Kehat zeugte Amram. [59]Amrams Frau hieß Jochewed, Tochter Lewis, die ihm in Mizrajim geboren worden war. Diese gebar dem Amram Aharon, Mosche und deren Schwester Mirjam. [60]Dem Aharon wurde geboren Nadaw, Awihu, El'asar und Itamar. [61]Nadaw und Awihu kamen um, als sie gewöhnliches Feuer vor den Ewigen brachten. [62]Ihre Gemusterten, nämlich alle männlichen Personen von einem Monat an und darüber, beliefen sich auf dreiundzwanzigtausend, denn unter den Kindern Jisraels sind sie nicht mit gemustert worden, weil sie kein Erbgut unter den Kindern Jisraels bekamen. [63]Dies sind also die Musterungen, welche Mosche und der Priester El'asar in der Ebene Moaws am Jarden gegenüber von Jericho mit den Kindern Jisraels vorgenommen haben. [64]Unter diesen war kein Mann von der vorigen Musterung, welche Mosche und der Priester Aharon in der Wüste Sinai mit den Kindern Jisraels vorgenommen hatte, [65]denn der Ewige hatte über sie den Ausspruch getan, sie sollten in der Wüste sterben. Es blieb also kein Mann von ihnen übrig außer Kalew, Sohn Jefunehs, und Jehoschua, Sohn Nuns. • **27** [1]Die Töchter Zelofchads, des Sohnes Chefers, Sohnes Gil'ads, Sohnes Machirs, Sohnes Menaschehs von den Geschlechtern Menaschehs, Sohnes Josefs, diese seine Töchter, welche Machlah, Noah, Choglah, Milkah und Tirzah hießen, kamen herzu, [2]traten auf vor Mosche, vor dem Priester El'asar nebst allen Fürsten und der ganzen Gemeinde, vor den Eingang des Stiftszeltes und sprachen: [3]»Unser Vater ist in der Wüste gestorben. Er ist aber nicht unter dem Anhang des Korach gewesen, die sich gegen den Ewigen empört haben, sondern starb in seiner Sünde und hat keine Söhne hinterlassen. [4]Warum soll der Name unseres Vaters, weil er keinen Sohn hat, in dem Geschlechtsregister ausgehen? Gib uns vielmehr ein Eigentum unter den Brüdern unseres Vaters.« [5]Mosche brachte ihre[a] Rechtssache vor den Ewigen.

Vierter

---

a   *Num 27,5: Der letzte Buchstabe dieses Wortes im Hebräischen (mischpatan »ihre Rechts-
    sache«) wird groß geschrieben.*

TAMMUS   **339**

⁶Und der Ewige sprach zu Mosche wie folgt: ⁷»Die Töchter Zelofchads haben recht geredet. Du sollst ihnen ein eigentümliches Erbgut einräumen unter ihres Vaters Brüdern und so das Erbgut ihres Vaters an sie bringen. ⁸Den Kindern Jisraels aber mache folgendes bekannt: Wenn jemand stirbt und keinen Sohn hinterlässt, so sollt ihr sein Erbe an seine Tochter bringen. ⁹Hat er keine Tochter, so sollt ihr sein Erbe seinen Brüdern geben. ¹⁰Hat er keine Brüder, so übergebt sein Erbgut seines Vaters Brüdern. ¹¹Wenn aber auch der Vater keine Brüder hat, so übergebt sein Erbgut dem nächsten Anverwandten aus seinem Geschlecht, dass dieser es besitze.« Dies soll den Kindern Jisraels eine Rechtsverordnung sein, wie es der Ewige dem Mosche befohlen hat.ſ

¹²Ferner sprach der Ewige zu Mosche:»Steige auf diesen Berg Awarim und besieh von da das Land, welches ich den Kindern Jisraels gebe. ¹³Wenn du es besehen hast, so sollst auch du zu deinem Volke eingetan werden, wie schon dein Bruder Aharon eingetan worden ist, ¹⁴weil ihr mir zuwider gehandelt habt in der Wüste Zin beim Hader der Gemeinde, wo ihr mich bei dem Wasser hättet vor ihren Augen heiligen sollen.« Dies sind die Haderwasser zu Kadesch in der Wüste Zin.   •
¹⁵Mosche aber sprach zum Ewigen: ¹⁶»Der Ewige, Gott aller Geister, alles Fleisches, geruhe einen Mann über die Gemeinde zu setzen, ¹⁷der vor ihnen her aus- und eingehe und sie aus- und einführe, damit die Gemeinde des Ewigen nicht wie Schafe ohne Hirten bleiben möge.« ¹⁸Der Ewige sprach zu Mosche:»Nimm Jehoschua, Sohn Nuns, zu dir, einen Mann, der Geist hat, und lege deine Hand auf ihn. ¹⁹Stelle ihn dann vor den Priester El'asar und vor die ganze Gemeinde und erteile ihm Befehle vor ihren Augen, ²⁰lege einen Teil von deiner Majestät auf ihn, dass ihm die ganze Gemeinde der Kinder Jisraels gehorche. ²¹Er soll vor den Priester El'asar treten und ihn um den Ausspruch der Urim befragen vor dem Ewigen. Nach dessen Bescheid soll er und alle Kinder Jisraels mit ihm so wie die ganze Gemeinde aus- und eingehen.« ²²Mosche tat, wie ihm der Ewige befohlen hatte, nahm Jehoschua, stellte ihn vor den Priester El'asar und vor die ganze Gemeinde, ²³legte seine Hand auf ihn und erteilte ihm Befehle, wie es der Ewige durch Mosche verordnet hatte.ſ

28 ¹Der Ewige redete mit Mosche und sprach: ²»Gebiete den Kindern Jisraels und sprich zu ihnen: ›Mit meinem Opfer, nämlich meiner Speise, die mein Feuer verzehrt mir zum angenehmen Geruch, müsst ihr sorgfältig sein, jedes zu seiner Zeit darzubringen.‹ ³Sage ihnen so: Dies ist das Feueropfer, das ihr dem Ewigen zu bringen habt: einjährige Lämmer ohne Leibesfehler, jeden Tag zwei zum Ganzopfer und dies beständig. ⁴Das eine Lamm bringst du des Morgens und das andere zwischen beiden Abenden, ⁵dazu ein Zehntel Efa feines Mehl zum Mehlopfer, eingerührt mit einem Viertel Hin gestoßenem Baumöl. ⁶Das tägliche Opfer, wie es bereits am Berge Sinai gebracht und dem Ewigen zu Ehren zum angenehmen Geruch vom Feuer verzehrt wurde. ⁷Zu jedem Lamm gehört ein Viertel Hin Trankopfer. Auf das Heilige soll der unvermischte Opferwein dem Ewigen zu Ehren ausgegossen werden. ⁸Das andere Lamm bringst du zwischen beiden Abenden mit eben dem Mehlopfer und Trankopfer wie des Morgens, dem Feuer bestimmt, ein angenehmer Geruch, dem Ewigen zu Ehren.¶

⁹Am Schabbattag zwei einjährige Lämmer ohne Fehler und zum Mehlopfer zwei Zehntel feines Mehl mit Öl eingerührt nebst dem Trankopfer dazu. ¹⁰Dies ist das Ganzopfer für jeden Schabbat, außer dem täglichen Ganzopfer nebst dem Weinopfer dazu.¶

¹¹An den ersten Tagen der Monate bringt ihr zum Ganzopfer dem Ewigen zu Ehren zwei junge Stiere, einen Widder, sieben einjährige Lämmer ohne Fehler. ¹²Zu jedem Stier gehört ein Mehlopfer von drei Zehntel feinem Mehl, mit Öl eingerührt, und zu jedem Widder ein Mehlopfer von zwei Zehntel feinem Mehl, mit Öl eingerührt. ¹³Zu jedem Lamm ein Zehntel feinem Mehl, mit Öl eingerührt, zum Mehlopfer. Dies ist ein Ganzopfer süßen Geruchs, das dem Ewigen zu Ehren vom Feuer verzehrt wird. ¹⁴Die dazugehörigen Trankopfer sind zu jedem Stier ein halbes Hin, zu jedem Widder ein Drittel Hin und zu jedem Lamm ein Viertel Hin Wein. Dies ist das Ganzopfer in jedem Neumond für alle Monate des Jahres, ¹⁵dabei noch einen Ziegenbock zum Sündenopfer, dem Ewigen zu Ehren. Außer dem

täglichen Ganzopfer nebst seinem Trankopfer soll dies alles gebracht werden. •

Zu den Haftarot für Feiertage und Feste (S. 551).

Sechster / Jahr III

[16]Am vierzehnten Tag des ersten Monats wird das Pessach dargebracht, dem Ewigen zu Ehren. [17]Am fünfzehnten Tag dieses Monats ist ein Fest und es wird sieben Tage lang ungesäuertes Brot gegessen. [18]Am ersten Tag ist heilige Verkündigung, und da sollt ihr keine Kunstarbeit verrichten [19]und dem Ewigen zu Ehren zum Ganzopfer, vom Feuer zu verzehren, darbringen zwei junge Stiere, einen Widder, sieben einjährige Lämmer, die euch alle ohne Fehler sein müssen. [20]Ihr Mehlopfer sei von feinem Mehl, mit Öl eingerührt, drei Zehntel zu jedem Stier, zwei Zehntel zu jedem Widder, [21]ein Zehntel zu jedem Lamm, und so zu allen sieben Lämmern, [22]ferner einen Bock zum Sündenopfer, euch zur Versöhnung. [23]Dies alles müsst ihr bringen, außer dem Morgenopfer, welches als ein tägliches Ganzopfer dargebracht wird. [24]Jeden Tag von den sieben Tagen habt ihr diese Opfer zu machen und dem Ewigen zu Ehren zum angenehmen Geruch dem Feuer zur Speise zu übergeben, und zwar außer dem täglichen Ganzopfer nebst seinem Trankopfer. [25]Am siebten Tag habt ihr abermals heilige Verkündigung und sollt keine Kunstarbeit verrichten. •

[26]Am Tag der Erstlinge, wenn ihr dem Ewigen zu Ehren ein neues Mehlopfer darbringt, nämlich wenn eure Wochen zu Ende sind, soll euch heilige Verkündigung sein und ihr dürft keine Kunstarbeit verrichten. [27]Dabei habt ihr dem Ewigen zu Ehren als ein Ganzopfer zum angenehmen Geruch darzubringen zwei Stiere, einen Widder, sieben einjährige Lämmer, [28]zum Mehlopfer dazu etwas vom feinsten Mehl, mit Öl eingerührt, drei Zehntel auf jeden Stier, zwei Zehntel auf jeden Widder, [29]ein Zehntel zu jedem Lamm von den sieben Lämmern, [30]dazu einen Ziegenbock, um euch zu versöhnen. [31]Dies bringt ihr dar außer dem täglichen Ganzopfer. Alles muss ohne Fehler sein und dazu das dazugehörige Trankopfer.⸮

Zu den Haftarot für Feiertage und Feste. (S. 551)

29 ¹Am ersten Tage des siebten Monats sollt ihr heilige Verkündigung halten und keine Kunstarbeit verrichten. Dies soll euch ein Tag des Lärmblasens sein. ²Ihr habt dem Ewigen zu Ehren als ein Ganzopfer zum angenehmen Geruch darzubringen einen Stier, einen Widder, sieben einjährige Lämmer ohne Leibesfehler, ³dazu ihr Mehlopfer vom feinsten Mehl, mit Öl eingerührt, drei Zehntel zum Stier, zwei Zehntel zum Widder, ⁴ein Zehntel zu einem Lamm und so zu allen sieben Lämmern, ⁵einen Ziegenbock zum Sündenopfer, um euch zu versöhnen; ⁶neben dem neumonatlichen Ganzopfer nebst seinem Mehlopfer wie auch dem täglichen Ganzopfer nebst seinem Mehlopfer und dem zu beiden gehörigen Trankopfer nach ihrer Vorschrift wird dies dem Ewigen zu Ehren zum angenehmen Geruch dem Feuer zu verzehren gegeben.   •   ⁷Am zehnten Tag dieses siebten Monats sollt ihr heilige Verkündigung halten und euch kasteien, auch keinerlei Kunstverrichtung vornehmen ⁸und dem Ewigen zu Ehren ein Ganzopfer zum angenehmen Geruch darbringen, nämlich einen jungen Stier, einen Widder, sieben Lämmer. Alle müssen ohne Fehler sein. ⁹Zum Speiseopfer dazu vom feinsten Mehl, mit Öl eingerührt, zum Stier drei Zehntel und zum Widder zwei Zehntel, ¹⁰zu jedem Lamm ein Zehntel und so zu allen sieben Lämmern, ¹¹einen Ziegenbock als Sündenopfer außer dem Sündenopfer des Versöhnungstages, außer dem täglichen Opfer nebst seinem Mehlopfer und dem dazu gehörigen Trankopfer.   •

Zu den Haftarot für Feiertage und Feste (S. 551).

Siebter

¹²Am fünfzehnten Tag dieses siebten Monats sollt ihr heilige Verkündigung halten und keine Kunstarbeit verrichten. Sieben Tage habt ihr dem Ewigen zu Ehren ein Fest zu feiern ¹³und sollt an diesem ersten derselben dem Ewigen zu Ehren ein Ganzopfer zum angenehmen Geruch dem Feuer übergeben, nämlich dreizehn junge Stiere, zwei Widder, vierzehn einjährige Lämmer, die ohne Fehler sein müssen, ¹⁴zum Mehlopfer dazu feines Mehl, mit Öl eingerührt, zu jedem Stier

drei Zehntel und so zu allen dreizehn Stieren, zwei Zehntel zu einem Widder und so zu beiden Widdern, [15]ein Zehntel zu einem Lamm und so zu allen vierzehn Lämmern, [16]einen Ziegenbock zum Sündenopfer außer dem täglichen Ganzopfer nebst seinem Mehl und Trankopfer. • [17]Am zweiten Tage zwölf junge Stiere, zwei Widder, vierzehn einjährige Lämmer ohne Fehler, [18]dazu das Mehl und die Trankopfer nach Anzahl der Stiere, Widder und Lämmer wie die Verordnung mitbringt, [19]auch einen Ziegenbock als Sündenopfer außer dem täglichen Ganzopfer nebst dem Mehl und den Trankopfern dazu. • [20]Am dritten Tag elf Stiere, zwei Widder, vierzehn einjährige Lämmer ohne Fehler, [21]dazu das Mehl und die Trankopfer nach Anzahl der Stiere, Widder, Lämmer wie die Verordnung bestimmt, [22]auch einen Ziegenbock als Sündenopfer außer dem täglichen Ganzopfer nebst dem Mehl- und Trankopfer dazu. • [23]Am vierten Tag zehn Stiere, zwei Widder, vierzehn junge Lämmer ohne Fehler, [24]dazu das Mehl und die Trankopfer nach Anzahl der Stiere, Widder und Lämmer, wie die Verordnung bestimmt, [25]auch einen Ziegenbock als Sündenopfer außer dem täglichen Ganzopfer nebst dem Mehl und Trankopfer dazu. • [26]Am fünften Tage neun Stiere, zwei Widder, vierzehn junge Lämmer ohne Fehler, [27]dazu das Mehl und die Trankopfer nach Anzahl der Stiere, Widder und Lämmer, wie die Verordnung bestimmt, [28]auch einen Ziegenbock als Sündenopfer außer dem täglichen Ganzopfer nebst dem Mehl und Trankopfer dazu. • [29]Am sechsten Tag acht Stiere, zwei Widder, vierzehn junge Lämmer ohne Fehler, [30]dazu das Mehl und die Trankopfer nach Anzahl der Stiere, Widder und Lämmer, wie die Verordnung bestimmt, [31]auch einen Ziegenbock als Sündenopfer außer dem täglichen Ganzopfer nebst dem Mehlopfer und den Trankopfern dazu. • [32]Am siebten Tag sieben Stiere, zwei Widder, vierzehn junge Lämmer ohne Fehler, [33]dazu das Mehl und die Trankopfer nach Anzahl der Stiere, Widder und Lämmer, wie die Verordnung bestimmt, [34]auch einen Ziegenbock als Sündenopfer außer dem täglichen Ganzopfer nebst dem Mehl und Trankopfer dazu. •

Zu den Haftarot für Feiertage und Feste (S. 551).

Maftir

³⁵Am achten Tag sollt ihr das Beschlussfest feiern und keine Kunstarbeit verrichten. ³⁶Zum Ganzopfer gebt ihr dem Ewigen zu Ehren zum angenehmen Geruch dem Feuer zu verzehren einen Stier, einen Widder, sieben einjährige Lämmer ohne Fehler, ³⁷dazu das Mehl und Trankopfer zum Stier, zum Widder und nach Anzahl der Lämmer wie vorgeschrieben, ³⁸auch einen Ziegenbock zum Sündenopfer außer dem täglichen Ganzopfer nebst seinem Mehl- und Trankopfer. ³⁹Diese Opfer sollt ihr dem Ewigen zu Ehren an den bestimmten Festtagen darbringen außer euren Gelübden und milden Gaben an Ganzopfern nebst dazugehörigen Mehl- und Trankopfern wie auch Freudenopfern.« **30** ¹Mosche sagte den Kindern Jisrael alles so, wie es ihm der Ewige aufgetragen hatte.

Haftarat Pinchas: 1. Könige 18,46-19,21 (S. 525) wenn Schabbat Pinchas vor dem 17. Tammus ist. Ist er danach, liest man die erste Haftara der Mahnung (S. 527).

Zu den Haftarot für Feiertage und Feste (S. 551).

Psalm des Schabbat nach Seder Avodat Israel: Ps 50

42. Matot (Num 30,2-32,42)

*[INHALT: Gelübde * Krieg gegen Midian * Das Land der Stämme Reuwen und Gad jenseits des Jarden]*

Erster / Jahr I

²Mosche redete ferner mit den **Stammhäuptern** *(matot)* der Kinder Jisraels und sprach:»Dies hat der Ewige befohlen: ³Wenn ein Mann dem Ewigen etwas gelobt oder schwört einen Eid, wodurch er sich etwas versagt, so soll er sein Wort nicht gering achten, sondern so tun, wie aus seinem Mund gegangen ist. ⁴Wenn aber eine weibliche Person dem Ewigen etwas gelobt oder sich eine Entsagung auferlegt und ist noch in ihres Vaters Haus unverheiratet in ihren Mädchenjahren, ⁵der Vater hört das Gelübde oder die Entsagung, die sie sich auferlegt hat und schweigt dazu, so sind ihre Gelübde gültig und die Entsagung, die sie übernommen hat, muss bleiben. ⁶Wenn es ihr aber der Vater an dem Tag, an dem er es vernommen hat, verwehrt, so sind alle ihre Gelübde und die Entsagungen, die sie sich auferlegt hat, nicht gültig. Der Ewige wird ihr verzeihen, denn ihr Vater hat es ihr verwehrt. ⁷Wenn sie einen Mann nimmt und hat ein Gelübde auf sich oder etwas, das ihren Lippen entfahren ist, wodurch sie sich etwas versagt hat, ⁸und der Mann vernimmt solches eines Tages und schweigt ihr gegenüber dazu, so sind ihre Gelübde gültig und ihre Entsagungen müssen bleiben. ⁹Hat es ihr aber der Mann an dem Tag, an dem er es vernommen hat, verwehrt, so hat er die Gelübde, die sie auf sich hat oder was ihren Lippen entfahren ist, wodurch sie sich etwas versagt hat, aufgehoben und der Ewige wird ihr verzeihen. ¹⁰Das Gelübde einer Witwe oder geschiedenen Frau, auch alles was sie sich versagt hat, ist für sie gültig. ¹¹Wenn sie aber in ihres Mannes Haus ein Gelübde tut oder durch einen Eid sich etwas versagt, ¹²der Mann vernimmt es und schweigt dazu, verwehrt es ihr nicht, so sind ihre Gelübde gültig und was sie sich versagt hat, muss bleiben. ¹³Hat sie aber der Mann an dem Tag, an dem er es vernommen hat, aufgehoben, so gilt nichts, was

346　　　　　　　　　　　　　　　　TAMMUS / AW

aus ihren Lippen gegangen ist, wodurch sie etwas gelobt oder sich untersagt hat. Ihr Ehemann hat solches aufgehoben und der Ewige wird ihr verzeihen. ¹⁴Alle Gelübde und eidlichen Entsagungen, die den Leib kasteien, kann der Ehemann bekräftigen oder aufheben. ¹⁵Schweigt aber der Eheman ihr gegenüber dazu von einem Tag zum andern, so hat er ihre Gelübde oder Entsagungen, die sie auf sich hat, bekräftigt, weil er an dem Tag, an dem er sie erfahren hat, dazu geschwiegen hat. ¹⁶Will er sie nach der Zeit seines Vernehmens dennoch aufheben, so soll er die Schuld seiner Frau tragen.« ¹⁷Dies sind die Verordnungen, die der Ewige dem Mosche befohlen hat zwischen Mann und Frau wie auch zwischen Vater und Tochter, solange sie in ihren Mädchenjahren in ihres Vaters Hause (unverheiratet) ist.¶

Zweiter

31   ¹Der Ewige redete mit Mosche und sprach: ²»Räche die Kinder Jisraels an den Midjanim. Hernach sollst du zu deinem Volk eingetan werden.« ³Mosche sprach so zum Volk: »Rüstet unter euch Männer zum Heer aus, die gegen die Midjanim ausziehen sollen, um für den Ewigen Rache an ihnen auszuüben, ⁴aus jedem Stamm tausend. Aus allen Stämmen Jisraels müsst ihr ins Heer senden.« ⁵Da wurden aus allen Truppen Jisraels aus jedem Stamm tausend ausgemustert, zusammen zwölftausend zum Heer gerüstet. ⁶Mosche sandte diese tausend aus jedem Stamm in das Feld, sie nebst Pinchas, Sohn des Priesters El'asar, der das heilige Gerät und die Posaunen zum Lärmblasen bei sich hatte. ⁷Sie zogen gegen Midjan aus, wie es der Ewige dem Mosche befohlen hatte, und erschlugen alles Männliche. ⁸Unter den Erschlagenen brachten sie auch die Könige von Midjan um, die fünf Könige von Midjan: Ewi, Rekem, Zur, Chur und Rewa. Auch Bil'am, Sohn Beors, töteten sie mit dem Schwert. ⁹Die Kinder Jisraels nahmen die Frauen von Midjan und ihre Kinder gefangen, nahmen all ihr Vieh, ihre sämtlichen Herden und ihr übriges Vermögen zur Beute hin, ¹⁰verbrannten alle ihre Wohnstädte und ihre Paläste, ¹¹nahmen alle Beute und was sie wegbringen konnten an Menschen und Vieh ¹²und brachten es vor Mosche, den Priester El'asar und die Gemeinde der Kinder Jisraels in das Lager in der Ebene Moaws am Jarden gegenüber von Jericho, sowohl die Gefangenen als auch das, was sie an Vieh mitgenommen oder sonst erbeutet hatten. •

Dritter (Zweiter)

¹³Mosche, der Priester El'asar und alle Fürsten der Gemeinde gingen vor das Lager hinaus, ihnen entgegen. ¹⁴Mosche wurde zornig über die Befehlshaber des Heeres, die Obersten über Tausende und Hunderte, die vom Feldzug zurückkamen, ¹⁵und sprach zu ihnen:»Habt ihr alle weiblichen Personen am Leben gelassen? ¹⁶Diese sind es ja gewesen, welche die Kinder Jisraels auf Anraten des Bil'am wegen Peor zur Treulosigkeit gegen den Ewigen verführt haben, woraus das Sterben bei der Gemeinde des Ewigen entstanden ist. ¹⁷Tötet also alle Kinder männliches Geschlechts, tötet jede Frau, die einen Mann zum Beischlaf erkannt hat! ¹⁸Kinder weiblichen Geschlechts aber, die keiner männlichen Person beigewohnt haben, könnt ihr für euch erhalten. ¹⁹Bleibt im Übrigen sieben Tage außerhalb des Lagers. Wer einen Menschen umgebracht oder einen Erschlagenen berührt hat, sowohl von euch als auch von euren Gefangenen, soll sich am dritten und am siebten Tag entsündigen. ²⁰Auch müsst ihr alles Gewand, lederne Gerät, alles, was von Ziegenhaar verfertigt wird, und hölzernes Geschirr entsündigen.« • ²¹Der Priester El'asar sprach zu den Kriegsleuten, die mit zu Felde gewesen waren:»Dies ist eine Verordnung des Gesetzes, welches der Ewige dem Mosche befohlen hat, ²²und zwar Gold, Silber, Kupfer, Eisen, Zinn und Blei. ²³Alles, was am Feuer gebraucht wird, bringt ihr in das Feuer, so ist es rein. Doch muss es durch Sprengwasser entsündigt werden. Was aber nicht am Feuer gebraucht wird, bringt ihr in das Wasser. ²⁴Am siebten Tage wascht ihr eure Kleider und seid rein. Alsdann könnt ihr in das Lager kommen.« •

Vierter

²⁵Der Ewige sprach zu Mosche wie folgt: ²⁶»Du und der Priester El'asar und die Familienhäupter der Gemeinde, ihr sollt die Summe der Beute und der Gefangenen an Menschen und Vieh aufnehmen. ²⁷Dann teile die Beute zu gleichen Teilen zwischen den Kriegern, die in das Feld gezogen sind, und der übrigen Gemeinde, ²⁸nimm aber auch einen

Tribut davon dem Ewigen zu Ehren von den Kriegsleuten, die in das Feld gezogen sind, von fünf Hunderten Eines an Menschen, Rindern, Eseln und an kleinem Vieh. ²⁹Dies sollt ihr von ihrer Hälfte nehmen und dem Priester El'asar geben als eine Hebe für den Ewigen. ³⁰Von der Hälfte der Kinder Jisraels aber nimm von Fünfzig Eines, wie es gegriffen wird, von Menschen, Rindern, Eseln und kleinem Vieh aller Arten und gib solches den Levijim, die der Wohnung des Ewigen zu warten haben.« ³¹Mosche und der Priester El'asar taten, wie es der Ewige dem Mosche befohlen hatte. ³²Die Ausbeute, nämlich was von der Plünderung der Kriegsleute übrig war, betrug an kleinem Vieh sechshundertfünfundsiebzigtausend, ³³an Rindern zweiundsiebzigtausend, ³⁴an Eseln einundsechzigtausend, ³⁵an menschlichen Personen, nämlich an Frauen, die keinen Mann durch Beiwohnung erkannt hatten, zweiunddreißigtausend. ³⁶Also betrug die Hälfte, nämlich der Anteil derjenigen, die ins Feld gezogen waren, an kleinem Vieh: dreihundertsiebenunddreißigtausendfünfhundert Stück, ³⁷davon der Tribut dem Ewigen zu Ehren: sechshundertundfünfundsiebzig Stück. ³⁸An Rindern: sechsunddreißigtausend Stück, und der Tribut davon dem Ewigen zu Ehren: zweiundsiebzig Stück. ³⁹An Eseln: dreißigtausendundfünfhundert, und der Tribut davon dem Ewigen zu Ehren: einundsechzig Stück. ⁴⁰An menschlichen Personen: sechszehntausend, und der Tribut davon dem Ewigen zu Ehren: zweiunddreißig Personen. ⁴¹Diesen Tribut oder die Hebe des Ewigen gab Mosche dem Priester El'asar, wie es der Ewige dem Mosche befohlen hatte.

Fünfter

⁴²Von der Hälfte der Kinder Jisraels aber, denen Mosche nämlich von denienigen, die zu Felde waren, die Hälfte abgeben ließ, ⁴³die also zu ihrer Hälfte bekamen an kleinem Vieh dreihundertsiebenunddreißigtausendfünfhundert, ⁴⁴an Rindern sechsunddreißigtausend, ⁴⁵an Eseln dreißigtausendfünfhundert ⁴⁶und an menschlichen Personen sechszehntausend. ⁴⁷Von dieser Hälfte der Kinder Jisraels ließ Mosche je ein Stück von fünfzig ergreifen an Menschen und Vieh und gab solches den Levijim, die die Wohnung des Ewigen zu warten hatten, wie es der Ewige dem Mosche befohlen hatte. ⁴⁸Die Hauptleute der

verschiedenen Truppen des Kriegsvolkes, die nämlich, die über Tausende und die über Hunderte gesetzt waren, traten vor Mosche ⁴⁹und sprachen zu ihm:»Wir, deine Knechte, haben die Zahl der uns anvertrauten Kriegsmänner aufgenommen und es fehlt von uns nicht einer. ⁵⁰Darum bringen wir dem Ewigen ein Geschenk, was jeder an güldenem Geschmeide bekommen hat, Fußbänder, Handschlösser, Ringe, Kugeln und Armknöpfe, um vor dem Ewigen für unsere Personen zu versöhnen.« ⁵¹Mosche und der Priester El'asar nahmen das Gold von ihnen, allerlei verfertigtes Geschmeide; ⁵²die ganze Hebe, die sie dem Ewigen zu Ehren hergegeben hatten, betrug an Gold: sechszehntausendsiebenhundertundfünfzig Schekalim, und zwar von den Hauptleuten über Tausende und über Hunderte. ⁵³Die gewöhnlichen Krieger aber hatten jeder für sich geplündert. ⁵⁴Mosche und der Priester El'asar nahmen von den Hauptleuten über Tausende und über Hunderte das Gold an und brachten es in das Stiftszelt zum Andenken der Kinder Jisraels vor dem Ewigen.⸶

Sechster (Dritter) / Jahr II

32 ¹Die Söhne Re'uwens und die Söhne Gads hatten überaus starke Herden. Diese sahen das Land Ja'ser und das Land Gil'ad und fanden die Plätze zur Viehzucht bequem. ²Da kamen sie, nämlich die Söhne Gads und die Söhne Re'uwens, und brachten vor Mosche, den Priester El'asar und die Fürsten der Gemeinde folgenden Antrag: ³»Atarot, Diwon, Jaser, Nimrah, Cheschbon, El'aleh, Sewam, Newo und Beon, ⁴das Land, welches der Ewige vor der Gemeinde Jisraels geschlagen hat, ist zur Viehzucht bequehm und deine Knechte haben Herden.   •   ⁵Wenn wir also in deinen Augen Gnade gefunden haben«, fuhren sie fort, »so mag dieses Land deinen Knechten zum Eigentum übergeben werden. Führe uns also nicht über den Jarden.« ⁶Mosche sprach zu den Söhnen Gads und den Söhnen Re'uwens: eure Brüder sollen in den Krieg gehen und ihr wollt hier bleiben? ⁷Warum wolt ihr das Gemüt der Kinder Jisraels abwendig machen, dass sie nicht in das Land ziehen sollen, dass der Ewige ihnen gegeben? ⁸Ebenso haben es eure Eltern gemacht, als ich sie von Kadesch Barnea aussandte, um das Land zu besehen. ⁹Sie zogen hinauf bis in das Tal

Eschkol, besahen das Land und machten das Gemüt der Kinder Jisraels abwendig, dass sie nicht in das Land kommen mochten, das ihnen der Ewige gegeben.« [10]Damals entbrannte der Zorn des Ewigen. Er schwur und sprach: [11]›So sollen auch alle die Männer, die von Mizrajim heraufgekommen sind, von zwanzig Jahren an und darüber, das Land nicht zu sehen bekommen, das ich ihren Eltern Awraham, Jizchak und Jaakow zugeschworen habe, darum, dass sie mir nicht treulich nachgefolgt sind, [12]ausgenommen Kalew, Sohn Jefunehs, der Kenisi und Jehoschua, Sohn Nuns, denn diese sind dem Ewigen treulich nachgefolgt.‹ [13]So entbrannte der Zorn des Ewigen über Jisrael und er führte sie vierzig Jahre in der Wüste herum, bis das ganze Geschlecht vergangen war, welches das Böse in den Augen des Ewigen getan hatte. [14]Nun tretet ihr, Zucht sündiger Männer, an eurer Väter Stelle auf und wollt den Zorn des Ewigen über Jisrael vermehren! [15]Wenn ihr euch von ihm abwendet, so wird er sie noch länger in der Wüste lassen und ihr bringt diesem ganzen Volk Verderben.« • [16]Sie traten näher und sprachen:»Wir wollen nur für unsere Herden Schafhürden hier bauen und Städte für unsere Kinder. [17]Wir aber ziehen ohne zu säumen vor den Kindern Jisraels her, bis wir sie an ihre Stelle gebracht haben. Unterdessen mögen unsere Kinder in festen Städten wohnen, um vor den Einwohnern des Landes sicher zu sein. [18]Wir wollen nicht eher zu unseren Häusern zurückkehren, bis die Kinder Jisraels jedes sein Erbgut in Besitz genommen haben, [19]denn wir verlangen keinen Anteil jenseits des Jardens, nachdem uns zur Morgenseite des Jardens unser Erbgut wird zugefallen sein.«¶

Siebter (Vierter)

[20]Mosche antwortete ihnen hierauf:»Wenn ihr dies tut, wenn ihr euch vor dem Ewigen zum Krieg rüstet [21]und, wer gerüstet unter euch ist, über den Jarden vor dem Ewigen zu Felde zieht bis dieser seine Feinde vor sich ausgetrieben haben wird [22]und das Land vor dem Ewigen gänzlich erobert sein wird, hernach aber erst umkehrt und euch also eurer Schuldigkeit entledigt gegen den Ewigen und gegen Jisrael, so soll euch dieses Land zum Eigentum bleiben vor dem Ewigen. [23]Tut ihr dies aber nicht, so sündigt ihr gegen den Ewigen

und werdet erfahren, was auf diese Sünde folgen wird. ²⁴Baut euch Städte für eure Kinder und Hürden für euer Kleinvieh und haltet euer Versprechen.« ²⁵Die Söhne Gads und die Söhne Re'uwens sprachen zu Mosche wie folgt:»Deine Knechte werden so tun, wie der Herr es befiehlt. ²⁶Unsere Kinder, Frauen, Herden und all unser Vieh sollen in den Städten Gil'ads bleiben, ²⁷deine Knechte aber wollen gerüstet zum Streit vor dem Ewigen in den Krieg gehen, wie der Herr spricht.« ²⁸Mosche gab dem Priester El'asar, dem Jehoschua, Sohn Nuns, und den Familienhäuptern der Kinder Jisraels ihretwegen Verhaltungsmaßregeln. ²⁹Mosche sprach nämlich zu ihnen:»Wenn die Söhne Gads und die Söhne Re'uwens mit euch über den Jarden und vor dem Ewigen gerüstet ins Feld ziehen werden, und ihr werdet das Land untertan gemacht haben werdet, so sollt ihr ihnen das Land Gil'ad zum Eigentum geben. ³⁰Wenn sie aber nicht gerüstet mit euch ziehen, so mögen sie ihr Eigentum unter euch im Land Kenaan erwerben.« ³¹Die Söhne Gad und die Söhne Re'uwen antworteten und sprachen:»Wie der Ewige zu deinen Knechten geredet hat, so wollen wir tun. ³²Wir wollen gerüstet vor dem Ewigen in das Land Kenaan hinüberziehen. Unser eigentümliches Erbgut aber bleibt uns diesseits des Jardens.« ³³Mosche übergab also den Söhnen Gads, den Söhnen Re'uwens und dem halben Stamm Menascheh, Sohn Josefs, das Reich Sichons, Königs zu Emori, das Reich Ogs, Königs zu Baschan, das Land nebst den Städten, die in ihren Grenzen lagen, alle Landstädte in dem Bezirk umher. ³⁴Die Söhne Gads bauten Diwon, Atarot und Aro'er, ³⁵Atrot, Schofan, Ja'ser und Jogbehah, ³⁶Bet Nimrah und Bet Haran. Sie legten feste Städte und Schafhürden an. ³⁷Die Söhne Re'uwens bauten Cheschbon, El'ale und Kirjatajim, ³⁸auch Newo und Baal Meon, deren Namen verändert wurden, und Siwmah und gaben den Städten, die sie bauten, die alten Namen wieder. ³⁹Die Söhne Machirs, Sohn Menaschehs, gingen nach Gil'ad, nahmen es ein und vertrieben den Emori, der darin war.

Maftir

⁴⁰Da übergab Mosche die Landschaft Gil'ad dem Machir, Sohn Menaschehs, und dieser ließ sich daselbst nieder. ⁴¹Ja'ir, Sohn Menaschehs,

ging hin, nahm ihre Dörfer ein und nannte sie »die Dörfer Ja'irs«.
⁴²Nowach ging hin und nahm Kenat ein nebst den dazugehörigen
Plätzen und nannte sie nach seinem Namen »Nowach«.¶

Haftarat Matot: Jeremia 1,1-2,3 (S. 527); wenn Matot und Mase
zusammenfallen, liest man Haftarat Mase.

Psalm des Schabbat nach Seder Avodat Israel: Ps 111

43. Mase (Num 33,1-36,13)

[INHALT: *Die Reiserouten* * *Asylstädte* * *Erlösung* * *Landbesitz der Stämme*]

33 ¹Dies sind die **Reisen** *(mase)* der Kinder Jisraels, welche aus Mizrajim gezogen sind durch Mosche und Aharon, nach ihren verschiedenen Heereszügen. ²Mosche verzeichnete auf Befehl des Ewigen ihren Auszug nach ihren Reiseordnungen, und diese geschahen wie folgt: ³Von Ra'mses brachen sie auf am fünfzehnten Tage des ersten Monats. Am Tag nach dem Pessach zogen die Kinder Jisraels öffentlich vor den Augen von ganz Mizrajim aus. ⁴Die Mizrajim begruben indessen die Erstgeborenen unter ihnen, die der Ewige alle geschlagen hatte, selbst an ihren Göttern hatte der Ewige Gerichte ausgeübt. ⁵Sie brachen von Ra'mses auf und lagerten sich zu Sukkot, ⁶von Sukkot brachen sie auf und lagerten sich zu Etam, wo die Wüste anfängt, ⁷von Etam brachen sie auf wandten sich gegen Pi Hachirot, welches vor Baal Zfon liegt, und lagerten sich vor Migdol, ⁸von Pi Hachirot brachen sie auf, gingen durch das Meer in die Wüste, machten in der Wüste Etam drei Tagereisen und lagerten sich zu Marah.

Zweiter

Zahlreiche Verse in diesem Abschnitt „Die Reiserouten»
werden mit einer besonderen Melodie vorgetragen.

⁹Von Marah brachen sie auf und kamen nach Elim. Zu Elim waren zwölf Quellen und siebzig Palmbäume, daselbst lagerten sie sich. ¹⁰Von Elim brachen sie auf und lagerten sich am Schilfmeer. ¹¹Vom Schilfmeer brachen sie auf und lagerten sich in der Wüste Sin. ¹²Von der Wüste Sin brachen sie auf und lagerten sich zu Dofkah. ¹³Von Dofkah brachen sie auf und lagerten sich zu Alusch. ¹⁴Von Alusch brachen sie auf und lagerten sich zu Refidim, wo das Volk kein Wasser

zu trinken hatte. [15]Von Refidim brachen sie auf und lagerten sich in der Wüste Sinai. [16]Von der Wüste Sinai brachen sie auf und lagerten sich zu Kiwrot Hata'wah. [17]Von Kiwrot Hata'wah brachen sie auf und lagerten sich zu Chazerot. [18]Von Chazerot brachen sie auf und lagerten sich zu Ritmah. [19]Von Ritmah brachen sie auf und lagerten sich zu Rimon Parez. [20]Von Rimon Parez brachen sie auf und lagerten sich zu Liwnah. [21]Von Liwnah brachen sie auf und lagerten sich zu Rissah. [22]Von Rissah brachen sie auf und lagerten sich zu Kehelatah. [23]Von Kehelatah brachen sie auf und lagerten sich zu Hat Schafer. [24]Von Hat Schafer brachen sie auf und lagerten sich zu Charadah. [25]Von Charadah brachen sie auf und lagerten sich zu Makhelot. [26]Von Makhelot brachen sie auf und lagerten sich zu Tachat. [27]Von Tachat brachen sie auf und lagerten sich zu Tarach. [28]Von Tarach brachen sie auf und lagerten sich zu Mitkah. [29]Von Mitkah brachen sie auf und lagerten sich zu Chaschmonah. [30]Von Chaschmonah brachen sie auf und lagerten sich zu Moserot. [31]Von Moserot brachen sie auf und lagerten sich zu Bene Jaakan. [32]Von Bene Jaakan brachen sie auf und lagerten sich zu Chor Hagidgad. [33]Von Chor Hagidgad brachen sie auf und lagerten sich zu Jotwatah. [34]Von Jotwatah brachen sie auf und lagerten sich zu Awronah. [35]Von Awronah brachen sie auf und lagerten sich zu Ezjon Gawer. [36]Von Ezjon Gawer brachen sie auf und lagerten sich in der Wüste Zin oder Kadesch. [37]Von Kadesch brachen sie auf und lagerten sich am Gebirge Hor, an der Grenze des Landes Edom. [38]Hier ging der Priester Aharon auf Befehl des Ewigen auf den Berg Hor und starb daselbst. Dies geschah im vierzigsten Jahr des Auszugs der Kinder Jisraels aus Mizrajim, am ersten Tag des fünften Monats. [39]Aharon war hundertunddreiundzwanzig Jahre alt, als er auf dem Gebirge Hor starb. • [40]Um eben diese Zeit erfuhr der Kenaani, König zu Arad, der an der Mittagsseite des Landes Kenaan wohnte, die Ankunft der Kinder Jisraels. [41]Von dem Gebirge Hor brachen sie auf und lagerten sich zu Zalmonah. [42]Von Zalmonah brachen sie auf und lagerten sich zu Funon. [43]Von Funon brachen sie auf und lagerten sich zu Owot. [44]Von Owot brachen sie auf und lagerten sich zu Ije Haawarim an der Grenze Moaws. [45]Von Ijim brachen sie auf und lagerten sich zu Diwon Gad. [46]Von Diwon Gad brachen sie auf und lagerten sich zu Almon Diwlatajemah. ⁴⁷Von Almon Diwlatajemah brachen sie auf und lagerten sich am Gebirge Awarim dem Newo gegenüber. ⁴⁸Vom Gebirge Awarim brachen sie auf und lagerten sich in der Ebene Moaws, am Jarden gegenüber von Jericho. ⁴⁹Ihr Lager erstreckte sich in der Ebene Moaws am Jarden von Bet Haj'schimot bis nach Awel Haschittim. •

Dritter (Fünfter) / Jahr II

⁵⁰In dieser Ebene Moaws, am Jarden gegenüber von Jericho, redete der Ewige mit Mosche und sprach: ⁵¹»Rede mit den Kindern Jisraels und sage ihnen: ›Ihr werdet nun über den Jarden gehen und in das Land Kenaan kommen. ⁵²Daselbst sollt ihr alle Einwohner des Landes austreiben, die Schaubilder ihrer Götzen zerstören, ihre gegossenen Bildsäulen zerstören und ihre Opferhöhen vernichten. ⁵³Wenn ihr auf diese Weise die Einwohner ausgetrieben habt, so lasst euch daselbst nieder, denn ich übergebe euch dieses Land, um es einzunehmen. ⁵⁴Durch das Los sollt ihr das Land nach den Familien verteilen, die stärkere Familie bekommt mehr und die schwächere weniger Land. An derjenigen Stelle, wohin ihr Los gefallen ist, da wird ihr solches angewiesen, doch so, dass die Familienstämme zusammenbleiben. ⁵⁵Wenn ihr aber die Einwohner des Landes nicht austreibt, so werden diejenigen, die ihr übrig lasst, euch Dornen in den Augen und Stacheln in der Seite werden und euch in dem Land, in welchem ihr wohnt, immer feindlich behandeln. ⁵⁶Alsdann werde ich euch geschehen lassen, was ich beschlossen hatte, ihnen zu tun.«¶

34   ¹Der Ewige redete mit Mosche und sprach: ²»Gebiete den Kindern Jisraels und sage zu ihnen: ›Da ihr jetzt in das Land Kenaan kommt, so ist dies das Land, das euch als ein Erbgut zufallen soll, das Land Kenaan nach seinen Grenzen. ³Die Ecke gegen Mittag ist an der Wüste Zin bei Edom, die südliche Grenze soll vom Ende des Salzmeeres anfangen, nämlich zur Morgenseite desselben. ⁴Von da wendet sie sich zur mittäglichen Seite der Höhe Akrabim, nach Zin weicht sie aus zur mittäglichen Seite von Kadesch Barnea, nach Chazar Adar, von da nach Azmon. ⁵Von Azmon wendet sich die Grenze nach dem Bach

Mizrajim und reicht bis an das Meer. ⁶Dann die Grenze gegen Abend: hier soll das große Meer eure Grenze sein. Dies allein sei zur Abendseite eure Grenze. ⁷Zur Mitternachtseite habt ihr folgende Grenze: vom großen Meer an zieht ihr eine Grenzlinie nach dem Berge Hor. ⁸Vom Berge Hor zieht ihr die Grenzlinie nach Chamat. Von da geht die Grenze hinaus nach Zedad. ⁹Von da weicht sie aus nach Sifron und zieht sich bis Chazar Enan. Dies sei eure Grenze zur Mitternachtseite. ¹⁰Zur Grenze auf der Morgenseite zieht ihr eine Linie von Chazar Enan nach Schefam. ¹¹Von da geht die Grenze hinab auf der Morgenseite der Stadt Ajin, bis nach Riwlah und noch weiter hinunter, berührt den See Kinneret an seiner Küste zur Morgenseite, ¹²zieht sich hinab zum Jarden und endet beim Salzmeer. Dies sei der Umfang eures Landes nach seinen Grenzen ringsum.« ¹³Mosche gab den Kindern Jisraels folgenden Befehl:»Dieses ist das Land, welches ihr unter euch durch das Los verteilen sollt, welches nämlich der Ewige befohlen hat neun Stämmen und einem halben Stamm zu geben, ¹⁴denn der Stamm der Kinder Re'uwens nach ihren Familien, der Stamm der Kinder Gads nach ihren Familien und der halbe Stamm Menascheh haben ihren Anteil schon bekommen. ¹⁵Diese dreieinhalb Stämme haben ihren Anteil hingenommen diesseits des Jardens gegenüber von Jericho, nämlich auf der Morgenseite.«❡

Vierter (Sechster)

¹⁶Der Ewige redete mit Mosche und sprach: ¹⁷»Dies sind die Namen der Männer, welche für euch das Land in Besitz nehmen sollen: der Priester El'asar und Jehoschuah, Sohn Nuns, ¹⁸und von jedem Stamm sollt ihr einen Stammfürsten hinzutun, um das Land in Besitz zu nehmen. ¹⁹Dies sind die Namen der Männer: Vom Stamm Jehuda: Kalew, Sohn Jefunehs, ²⁰vom Stamm der Kinder Schim'ons: Schmu'el, Sohn Amihuds, ²¹vom Stamm Binjamin: Elidad, Sohn Kislons, ²²vom Stamm der Kinder Dans: der Stammfürst Bukki, Sohn Joglis, ²³von den Nachkommen Josefs, vom Stamm der Kinder Menaschehs: der Stammfürst Chani'el, Sohn Efods, ²⁴und vom Stamm der Kinder Efrajim: der Stammfürst Kemu'el, Sohn Schiftan, ²⁵vom Stamm der Kinder Sewuluns: der Stammfürst Elizafan, Sohn Parnachs, ²⁶vom

Stamm der Kinder Jissachars: der Stammfürst Palti'el, Sohn Asans, [27]vom Stamm der Kinder Aschers: der Stammfürst Achihud, Sohn Schelomis, [28]vom Stamm der Kinder Naftalis: der Stammfürst Pedah'el, Sohn Amihuds.« [29]Diese sind es, denen der Ewige aufgetragen hat, den Kindern Jisraels ihr Erbe zu geben im Land Kenaan.¶

Fünfter

35 [1]Ferner redete der Ewige mit Mosche in der Ebene Moaws am Jarden gegenüber von Jericho und sprach: [2]»Gebiete den Kindern Jisraels, dass sie den Levijim von ihrem eigentümlichen Erbgut Städte abgeben zur Wohnung, dazu einen freien Platz um die Städte herum. [3]Die Städte sollen ihnen zur Wohnung dienen, die freien Plätze aber zu ihrem Vieh, zu ihrem Hauswesen und anderen Lebensnotwendigkeiten. [4]Diese freien Plätze vor den Städten, die ihr den Levijim einräumt habt, sollen außerhalb der Stadtmauer auf allen Seiten tausend Ellen halten. [5]Ferner messt ihr ausserhalb der Stadt an der Morgenseite zweitausend Ellen[a], an der mittäglichen Seite zweitausend Ellen, an der Abendseite zweitausend Ellen, an der mitternächtlichen Seite zweitausend Ellen und die Stadt in der Mitte. Dies sollen ihre freien Plätze um die Stadt herum sein. [6]Die Städte, die ihr den Levijim geben sollt, sind die sechs Freistädte, die ihr hergeben müsst, dass einer, der einen Totschlag begangen hat, dahin fliehe, und überdies noch zweiundvierzig Städte, [7]also zusammen achtundvierzig Städte, die ihr den Levijim einzuräumen habt, nebst ihren freien Vorplätzen. [8]Zu den Städten, die von dem Besitz der Kinder Jisraels abgegeben werden, soll der Stamm, der viel Land besitzt, mehr, und derjenige, der wenig Land besitzt, weniger hergeben; nach Verhältnis des Erbguts, das jeder bekommt, muss er von seinen Städten den Levijim abgeben.«¶

Sechster (Siebter)

[9]Ferner redete der Ewige mit Mosche und sprach: [10]»Rede mit den Kindern Jisraels und sage ihnen: ›Wenn ihr über den Jarden in das

---

a   Num 35,5: Dieses Wort wird mit einer Melodiefolge vorgetragen, die sonst nirgends in der Tora vorkommt (Pazer Gadol [Qarne Fara] and Galgal [yareah ben yomo].¶

Land Kenaan kommt, ¹¹müsst ihr taugliche Städte aussuchen, die euch zu Freistädten dienen sollen, dahin einer, der unversehens einen Totschlag begangen hat, fliehen könnte. ¹²Diese Städte sollen zum Schutz dienen vor dem Bluträcher, damit der Totschläger nicht umkomme, bevor er vor der Gemeinde zum Gericht gestanden ist. ¹³Die Städte, die ihr solchergestalt zu Freistädten bestimmt, sollen sechs an der Zahl sein, ¹⁴drei Städte diesseits des Jardens, und drei Städte gebt ihr im Land Kenaan. Diese sollen Freistädte sein ¹⁵sowohl den Kindern Jisraels als auch den Fremden und Angesessenen unter euch sollen diese sechs Städte zum Schutz dienen, sodass jeder, der eine Person unversehens umgebracht hat, dahin fliehen könnte. ¹⁶Hat er einen mit einem eisernen Gefäß geschlagen, dass er gestorben ist, so ist er ein Mörder. Der Mörder soll umgebracht werden. ¹⁷Wer einen Stein, mit welchem man umgebracht werden kann, in die Hand nimmt und jemanden schlägt, dass er stirbt, der ist ein Mörder. Der Mörder muss getötet werden. ¹⁸Oder er nimmt ein Holz in die Hand, mit welchem man umgebracht werden kann, und schlägt jemanden, dass er stirbt, der ist ein Mörder. Der Mörder muss getötet werden. ¹⁹Der Bluträcher kann den Mörder umbringen. Wo er ihn antrifft, kann er ihn umbringen. ²⁰Stößt jemand den anderen aus Hass oder wirft hämischerwelse (mit Nachstellung) etwas auf ihn, dass er stirbt, ²¹oder schlägt ihn aus Feindschaft mit der Hand, dass er stirbt, so muss der Schläger getötet werden. Er ist ein Mörder. Der Bluträcher kann den Mörder, wo er ihn antrifft, wieder umbringen. ²²Hat er ihn aber von ungefähr ohne Feindschaft gestoßen oder etwas auf ihn geworfen ohne Nachstellung ²³oder hat ohne ihn zu sehen einen Stein, mit welchem man zu Tode geworfen werden kann, auf ihn fallen lassen, davon jener stirbt, ohne dass er sein Feind gewesen oder ihm zu schaden verlangt hätte, ²⁴so soll die Gemeinde zwischen dem Totschläger und dem Bluträcher nach diesen Gesetzen das Urteil fällen, ²⁵den Totschläger von der Hand des Bluträchers erretten und ihn wieder in die Freistadt zurück bringen lassen, wohin er geflohen war. Daselbst soll er bleiben, bis der Hohe Priester stirbt, den man mit dem heiligen Öl gesalbt hat. ²⁶Geht aber der Totschläger über die Grenze der Freistadt hinaus, dahin er geflohen ist, ²⁷der Bluträcher findet ihn außerhalb der Grenze seiner Freistadt und bringt den Totschläger um, so hat er keine Blutschuld auf sich, [28]denn er soll in seiner Freistadt bleiben, bis der Hohe Priester stirbt. Nach dem Tod des Hohen Priesters mag der Totschläger zurückkehren in das Land seiner Besitzung. [29]Dies soll die Verordnung eures Rechtes sein bei euren Nachkommen in allen euren Wohnsitzen. [30]Wenn jemand einen umbringt, so soll man nach Aussage der Zeugen den Mörder wieder umbringen. Ein Zeuge allein kann nicht gegen eine Person zeugen, dass sie zum Tode verurteilt werde. [31]Für die Person eines Mörders, der zum Tode verurteilt worden ist, sollt ihr kein Lösegeld annehmen, sondern das Todesurteil muss an ihm vollzogen werden. [32]Auch sollt ihr kein Lösegeld annehmen für das Fliehen in die Freistadt, dass ihr etwa erlaubtet, nach Hause zu kommen, bevor der Hohe Priester stirbt. [33]Ihr sollt das Land nicht schänden, in welchem ihr wohnt, denn Blut schändet ein Land und das Land kann wegen darin vergossenem Blut nicht anders versöhnt werden als durch das Blut dessen, der es vergossen hat. [34]Verunreinigt euer Land nicht, in welchem ihr wohnt, in welchem ich Residenz halte, denn ich, der Ewige, residiere unter den Kindern Jisraels.«ᘓ

Siebter

36 [1]Die Familienhäupter aus dem Geschlecht des Gil'ad, des Sohnes Machirs, des Sohnes Menaschehs, von den Geschlechtern der Kinder Josefs, traten auf und redeten vor Mosche, den Fürsten und Familienhäuptern der Kinder Jisraels, [2]sprachen nämlich:»Meinem Herrn hat der Ewige befohlen, das Land durch das Los den Kindern Jisraels zum Erbgut geben zu lassen. Zugleich aber ist meinem Herrn von dem Ewigen befohlen, das Erbgut unseres Bruders Zelofchad seinen Töchtern zu geben. [3]Wenn diese nun einen aus den übrigen Stämmen der Kinder Jisraels heiraten, so geht ihr Gut von dem Erbgut unserer Väter ab und kommt zu dem Erbgut desjenigen Stammes hinzu, in welchen sie heiraten, also wird das Los unseres Erbgutes verringert. [4]Wenn auch die Kinder Jisraels ein Joweljahr haben, so bleibt dies Erbgut immer noch bei dem Stamm, in welchen sie heiraten, und dem Erbgut unseres väterlichen Stammes entzogen.« [5]Mosche gebot den Kindern Jisraels auf Befehl des Ewigen und sprach:»Der Stamm der Söhne Josef redet recht. [6]Der Ewige also verordnet den Töchtern Zelofchads und spricht: ›Sie können heiraten, wen sie wollen, doch müssen sie innerhalb des Geschlechts ihres väterlichen Stammes freien, [7]damit kein Erbgut der Kinder Jisraels aus einem Stamm in den anderen übergehe, sondern jeder von den Kindern Jisraels dem Erbgut seines väterlichen Stammes anhange. [8]Eine jede Tochter, die erbfähig ist unter den Stämmen der Kinder Jisraels, muss einen aus ihrem väterlichen Stamm heiraten, damit die Kinder Jisraels jeder sein väterliches Gut erbe [9]und kein Erbgut von einem Stamm zum anderen übergehe, sondern die Stämme der Kinder Jisraels jeder seinem Erbgut anhangen.« [10]Wie der Ewige dem Mosche befohlen, so taten die Töchter Zelofchads. [11]Machlah, Tirzah, Choglah, Milkah und Noah, die Töchter Zelofchads, heirateten die Kinder ihrer Vettern, [12]heirateten also aus den Geschlechtern der Söhne Menaschehs, des Sohnes Josefs, und dadurch blieb ihr Erbgut bei dem Stamm ihres väterlichen Geschlechts. [13]Dies sind die Gebote und Verordnungen, welcher der Ewige den Kinder Jisraels durch Mosche in der Ebene Moaws am Jarden gegenüber von Jericho befohlen hat.֍֍֍֍

CHASAK

Haftarat Mase: Jeremia 2,4-28; 3,4 (S. 529)

Psalm des Schabbat nach Seder Avodat Israel: Ps 49

44. Dewarim (Dtn 1,1-3,22)

1 ¹Dies sind die **Reden** *(dewarim)*, welche Mosche an ganz Jisrael gehalten hat, diesseits des Jardens, nämlich in der Wüste, in der Gegend gegenüber dem Schilfmeer, zwischen Paran, Tofel, Lawan, Chazerot und Di Sahaw, ²elf Tagereisen von Chorew über das Gebirge Se'ir nach Kadesch Barnea. ³Es war im vierzigsten Jahr am ersten Tag des elften Monats, als Mosche mit den Kindern Jisrael redete, so wie es ihm der Ewige für sie aufgetragen hatte. ⁴Nachdem er den Sichon, König Emoris, der in Cheschbon wohnte, und Og, König zu Baschan, der in Aschtarot wohnte, diesen nämlich zu Edre'i, geschlagen hatte ⁵diesseits des Jardens im Land Moaw, fing Mosche an, folgende Lehre deutlich vorzutragen und sprach: ⁶»Der Ewige, unser Gott, hat am Chorew mit uns geredet und gesprochen: ›Ihr habt euch lange genug bei diesem Gebirge aufgehalten. ⁷Macht euch auf und setzt euren Zug fort. Dringt in das Emor'sche Gebirge und die benachbarten Gegenden ein, in die Ebene, das Gebirge und in die Gründe, in das Südland und die Seeküste, in das Land des Kenaani und ins Land Lewanon bis an den großen Strom Prat. ⁸Sieh da! Ich habe euch dieses Land preisgegeben. Geht hin und nehmt das Land ein, das der Ewige euren Vätern Awraham, Jizchak und Jaakow geschworen hat ihnen und ihrem Samen nach ihnen zu geben.‹ ⁹Um diese Zeit sagte ich zu euch: ›Ich allein kann euch nicht ertragen. ¹⁰Der Ewige, euer Gott, hat euch vermehrt, sodass ihr jetzt den Sternen am Himmel an Menge gleich seid. — ¹¹Ich wünsche, dass der Ewige, der Gott eurer Eltern, eurer noch tausendmal so viel werden lasse und euch segne, wie er eurethalben verheißen hat. —

V. 12 wird in der Vortragsmelodie der Klagelieder (Echa) vorgetragen.

¹²Aber ach! Wie kann ich allein eure Mühe, Last und Hader ertragen? ¹³Schafft euch aus allen Stämmen weise, verständige und bekannte Männer, so will ich sie zu Richtern über euch setzen.‹ ¹⁴Ihr antwortetet mir und spracht: ›Was du vorgeschlagen hast, lässt sich gar wohl tun.‹ ¹⁵Ich nahm daher die Vornehmsten aus euren Stämmen, lauter weise und wohl bekannte Männer und setzte sie über euch als Oberste über Tausend, über Hundert, über Fünfzig und über Zehn, auch Beamte für eure Stämme. ¹⁶Diesen euren Richtern gab ich damals Verhaltensmaßregeln wie folgt: ›Hört genau an, was zwischen euren Brüdern vorgefallen ist, und urteilt nach Gerechtigkeit zwischen jedem Mann, der mit seinem Bruder oder mit seinem Fremdling eine Streitsache hat. ¹⁷Lasst kein Ansehen der Person im Gericht gelten. Hört den Geringen so gut wie den Vornehmen. Fürchtet euch vor keinem Mann, denn das Gericht ist Gottes Sache. Was euch zu schwer ist zu entscheiden, lasst an mich kommen, dass ich mir die Sache vornehme.‹ ¹⁸So verordnete ich euch damals, was ihr zu beachten habt. ¹⁹Wir brachen von Chorew auf und zogen durch die große und fürchterliche Wüste, die ihr gesehen habt, über das Emor'sche Gebirge, wie es uns der Ewige, unser Gott, befohlen hat, und kamen bis Kadesch Barnea. ²⁰Ich sagte damals zu euch: ›Ihr seid nun an das Emor'sche Gebirge gekommen, das uns der Ewige, unser Gott, geben will. ²¹Siehe! Der Ewige hat dir ein Land preisgegeben. Zieh hinauf und nimm es ein, wie es der Ewige, dein Gott, dir verheißen hat. Fürchte dich nicht und sei nicht zaghaft!‹

Dritter

²²Ihr kamt aber alle zu mir und spracht: ›Wir wollen lieber Leute voraussenden, die uns das Land auskundschaften und uns Nachricht bringen, welchen Weg wir zu gehen haben und in was für Städte wir kommen würden.‹ ²³Dieser Vorschlag gefiel mir. Ich nahm aus euch zwölf Männer, aus jedem Stamm einen. ²⁴Diese gingen davon, bestiegen das Gebirge, kamen bis in das Tal Eschkol, besahen das Land, ²⁵nahmen von den Früchten desselben, brachten sie uns mit, statteten uns Bericht ab und sprachen: ›Das Land, welches der Ewige, unser

Gott, uns geben will, ist vortrefflich.‹ ²⁶Ihr aber wolltet nicht hinaufziehen, sondern wart dem Befehl des Ewigen, eures Gottes, ungehorsam, ²⁷murrtet in euren Zelten und spracht: ›Aus Hass gegen uns hat uns der Ewige aus Mizrajim geführt, um uns dem Emori in die Hände zu liefern, der uns vertilgen soll. ²⁸Wohin sollen wir da gehen? Unsere Brüder haben unsere Herzen verzagt gemacht und gesagt: Das Volk ist zahlreicher und von höherer Statur als wir. Die Städte sind groß und befestigt bis in die Wolken. Ja, wir haben auch Söhne des Anak daselbst angetroffen.‹ ²⁹Ich sprach zu euch: ›Seid nicht kleinmütig und fürchtet euch nicht vor ihnen. ³⁰Der Ewige, euer Gott, der vor euch hergeht, wird für euch streiten, wie er für euch mit Mizrajim getan hat vor euren Augen. ³¹In dieser Wüste, die du gesehen hast, hat dich der Ewige, dein Gott, getragen, wie ein Mann seinen Sohn trägt, diesen ganzen Weg, den ihr gereist seid, bis ihr an diesen Ort gekommen seid.‹ ³²Doch ihr hattet bei all dem kein Vertrauen zu dem Ewigen, eurem Gott, ³³der auf der Reise vor euch hergeht, um euch den Ort auszusuchen, wo ihr euch lagern könnt, des Nachts in einem Feuer, um euch den Weg zu zeigen, den ihr geht, und des Tags in einer Wolke. ³⁴Der Ewige hörte eure Reden, wurde zornig und schwur: ³⁵›So soll doch auch niemand von diesen Leuten von diesem bösen Geschlecht das vortreffliche Land zu sehen bekommen, das ich geschworen habe euren Eltern zu geben, ³⁶ausgenommen Kalew, Sohn Jefunehs, der soll es zu sehen bekommen, und ihm und seinen Nachkommen will ich das Land geben, das er bereist hat, weil er dem Ewigen treulich gefolgt ist.‹ ³⁷So geschah es auch euretwegen, dass der Ewige über mich zürnte und sprach: ›Auch du sollst nicht dahin kommen. ³⁸Jehoschua, Sohn Nuns, der dich bedient, soll dahin kommen. Stärke seinen Mut, denn er soll das Land an Jisrael zum Besitz geben.‹

Vierter

³⁹Was eure jungen Leute betrifft, von denen ihr sagtet, sie würden zur Beute werden, eure Söhne nämlich, die jetzt Gutes und Böses noch nicht zu unterscheiden wissen, diese sollen in das Land kommen. Ihnen will ich es geben und sie sollen es besitzen. ⁴⁰Ihr aber, wendet euch zurück und reist in der Wüste in Richtung des Binsensees.‹ ⁴¹Ihr

antwortetet mir und spracht: ›Wir haben gegen den Ewigen gesündigt. Wir wollen hinaufziehen und Krieg führen, wie der Ewige, unser Gott, befohlen hat.‹ Ihr legtet jeder seine Waffen an und wart im Begriff, den Berg hinaufzugehen. ⁴²Der Ewige sprach aber zu mir: ›Sage ihnen: Geht nicht hinauf und fangt keinen Krieg an, denn ich bin nicht unter euch, dass ihr nicht geschlagen werdet von euren Feinden.‹ ⁴³Ich sagte es euch zwar, doch ihr wolltet nicht hören, wart dem Befehl des Ewigen ungehorsam und vermessen genug, den Berg hinaufzugehen. ⁴⁴Aber der Emori, der auf demselben Berge wohnt, ging euch entgegen. Sie verfolgten euch wie die Bienenschwärme, schlugen euch zu Se'ir bis gegen Chormah. ⁴⁵Als ihr zurückkamt, weintet ihr vor dem Ewigen. Doch der Ewige beachtete eure Stimme nicht und gab euch kein Gehör. ⁴⁶Ihr bliebt also in Kadesch die lange Zeit, die ihr daselbst habt verweilen müssen. **2** ¹Wir wandten uns darauf wieder zur Wüste in Richtung des Binsensees, wie es der Ewige mir befohlen hatte, und zogen lange Zeit um das Gebirge Se'ir herum. •

Fünfter / Jahr II

²Der Ewige sprach endlich zu mir: ³›Ihr habt dieses Gebirge lange genug umzogen. Wendet euch nun gegen Mitternacht. ⁴Dem Volk aber gib folgenden Befehl: Ihr kommt an die Grenze eurer Brüder, der Söhne Esaws, die in Se'ir wohnen. Sie fürchten sich vor euch. Doch hütet euch wohl. ⁵Greift sie nicht an! Ich werde euch von ihrem Land nicht einen Fußbreit einnehmen lassen, denn ich habe das Gebirge Se'ir dem Esaw zum Erbteil gegeben. ⁶Speise, die ihr essen wollt, müsst ihr von ihnen für Geld kaufen und Wasser, das ihr trinken wollt, mit Geld bezahlen, ⁷denn der Ewige hat dich in allen Werken deiner Hände gesegnet und bei deinem Zug durch diese große Wüste für dich gesorgt. Diese vierzig Jahre lang ist der Ewige, dein Gott, mit dir gewesen, sodass dir nichts gemangelt hat.‹ ⁸Wir gingen also weg von unseren Brüdern, den Söhnen Esaws, die in Se'ir wohnen, weg von dem Weg durch die Ebene von Elat und Ezjon Gewer, wendeten uns und zogen zur Wüste Moaws. • ⁹Der Ewige sprach zu mir: ›Handle nicht feindselig gegen Moaw und greife ihn nicht an. Ich werde dir von seinem Land nichts zum Erbteil geben, denn ich habe

es den Nachkommen Lots zum Erbteil gegeben.‹ —¹⁰Vormals hatten daselbst die Emim gewohnt, ein großes zahlreiches Volk von hoher Statur wie die Anakim. ¹¹Sie wurden auch wie die Anakim unter die Riesen gerechnet und die Moawim nanten sie »Emim« (»furchtbare Leute«).— ¹²In Se'ir wohnten vormals die Chorim. Die Söhne Esaws aber trieben sie aus, vertilgten sie und wohnten an ihrer Stelle wie Jisrael es mit dem Erbland macht, das ihm der Ewige gegeben hat. ¹³›Brecht nun auf und geht über den Bach Sared.‹ Wir gingen also über den Bach Sared. ¹⁴Auf der Reise von Kadesch Barnea aus, bis wir über den Bach Sered gingen, brachten wir achtunddreißig Jahre zu, bis alle Kriegsleute aus unserem Lager gestorben waren, wie es ihnen der Ewige geschworen hatte. ¹⁵Auch war die Hand des Ewigen gegen sie, um sie aus dem Lager fortzuschaffen, bis sie völlig dahin waren. ¹⁶Als nun alle Kriegsleute aus dem Volk gestorben waren,   •
¹⁷redete der Ewige mit mir und sprach: ¹⁸›Du gehst nunmehr an dem Gebiet Moaws an Ar vorbei ¹⁹und nahst dich den Kindern Amons. Behandle sie nicht feindselig und greife sie nicht an. Von dem Land der Kinder Amons sollst du nichts zum Erbteil bekommen, denn ich habe es den Söhnen Lots zum Erbteil gegeben. ²⁰Auch dies wird unter die Länder der Riesen gerechnet. Auch vormals haben Riesen darin gewohnt. Die Amonim nannten sie »Samsumim« (»schlimme Leute«), ²¹ein Volk, groß, zahlreich und von hoher Statur wie die Anakim. Der Ewige aber vertilgte sie vor ihnen. Sie vertrieben sie und wohnten an ihrer Stelle. ²²Ebenso wie er mit den Söhnen Esaws getan, die in Se'ir wohnen, wo er den Chori vor ihnen ausgerottet hat, dass diese sie austrieben und an ihrer Stelle bis auf diesen Tag wohnen. ²³Die Awim, die auf dem platten Land wohnten bis gen Asah, wurden von den Kaftorim, die aus Kaftor kamen, vertrieben und diese wohnten an ihrer Stelle. ²⁴Macht euch auf und geht über den Arnon. Ich gebe dir den Emorischen König Sichon zu Cheschbon samt seinem Land in die Hände. Hier mach den Anfang der Eroberung. Greif ihn feindselig an. ²⁵Nunmehr will ich anfangen allen Völkern unter dem Himmel Angst und Furcht vor dir einzuflößen. Die nur deinen Ruf hören, sollen zittern und beben vor dir.‹ ²⁶Von der Wüste Kedemot aus hatte ich eine Gesandtschaft an Sichon, König zu Cheschbon, mit

dem friedlichen Antrag geschickt: [27]›Erlaube mir den Durchzug durch dein Land. Ich will auf der Heerstraße bleiben, weder rechts noch links davon abweichen. [28]Speise, die ich essen will, sollst du mir für Geld verkaufen und Wasser, das ich trinken will, für Geld geben. Lass mich nur zu Fuß durchziehen, —[29]so wie mir die Söhne Esaw getan haben, die in Se'ir wohnen, und die Moawim, die in Ar wohnen — bis ich über den Jarden in das Land gehen werde, das der Ewige, unser Gott, uns geben will.‹ [30]Doch Sichon, König zu Cheschbon, wollte uns den Durchzug nicht gestatten, denn der Ewige, dein Gott, verhärtete seinen Sinn und stärkte seinen Mut, um ihn dir in die Hände zu liefern, wie jetzt wirklich geschehen ist. •

Sechster / Jahr III

[31]Der Ewige sprach zu mir: ›Siehe! Ich mache hiermit den Anfang und gebe dir Sichon und sein Land preis. Mach du den Anfang, solches zu erobern.‹ [32]Auch Sichon rückte uns mit seiner ganzen Kriegsmacht nach Jahaz entgegen zur Schlacht [33]und der Ewige, unser Gott, gab ihn in unsere Gewalt. Wir schlugen ihn, seine Söhne und sein ganzes Volk, [34]nahmen zu gleicher Zeit alle seine Städte ein, bannten alles, was in diesen Städten war, Männer, Frauen, Kinder, ließen nichts übrig, [35]bloß das Vieh nahmen wir uns und die Beute der Städte, die wir eingenommen hatten. [36]Von Aro'er an, das am Ufer des Baches Arnon liegt, bis nach Gil'ad war uns keine Stadt zu mächtig, denn unser Gott gab uns alles preis, [37]nur das Land der Kinder Amons berührtet ihr nicht, den ganzen Strich am Bach Jabbok, die Städte auf dem Gebirge und alles, was uns der Ewige, unser Gott, verboten hatte. **3** [1]Wir wandten uns und zogen hinauf nach Baschan. Da rückte uns Og, König zu Baschan, mit seiner ganzen Macht entgegen nach Edre'i zur Schlacht. [2]Der Ewige aber sprach: ›Fürchte ihn nicht! Ich gebe ihn, sein ganzes Volk und sein Land in deine Gewalt. Du sollst ihm tun wie du dem Sichon, König Emoris, getan, der zu Cheschbon wohnt.‹ [3]So gab der Ewige, unser Gott, auch den Og, König zu Baschan und sein ganzes Volk in unsere Gewalt. Wir schlugen ihn auf das Haupt, sodass ihm nichts übrig blieb. [4]Alle seine Städte nahmen wir ein. Da blieb kein Ort zurück, den wir ihnen nicht abnahmen. Sechzig Städte,

den ganzen Strich Argow, welches das Reich des Og zu Baschan ausmacht. ⁵Alle diese Städte waren befestigt, hatten hohe Mauern, Tore und Riegel, außer den offenen Plätzen, deren sehr viel waren. ⁶Wir bannten sie ebenso, wie wir dem Sichon, König zu Cheschbon, getan hatten, bannten nämlich alles Volk in der Stadt, Frauen, Kinder ⁷und das Vieh nebst aller Beute aus den Städten plünderten wir. ⁸Auf diese Weise eroberten wir damals das Land der beiden Emor'schen Könige, welches auf dieser Seite des Jardens liegt, vom Bach Arnon an bis an den Berg Chermon; ⁹diesen Berg Chermon nennen die Zidonim »Sirjon« und der Emori nennt ihn »Snir«, ¹⁰alle Städte in der Ebene, ganz Gil'ad, ganz Baschan bis Salchah und Edre'i, welche zum Reich Ogs zu Baschan gehören. ¹¹Dieser Og war der einzige, der noch von den Riesen übrig war. Sein Bettgestell von Eisen ist noch zu Rabah der Kinder Amons zu sehen, die Länge desselben hat neun Ellen und die Breite vier Ellen, jede so groß als der Vorderarm eines Mannes. ¹²Dieses Land nahmen wir damals in Besitz. Von Aro'er, das am Bach Arnon liegt, das halbe Gebirge Gil'ad nebst allen Städten gab ich dem Re'uwen'schen und Gad'schen Stamm. ¹³Das übrige Gil'ad und ganz Baschan, wo Og regierte, gab ich dem halben Stamm Menascheh, nämlich den ganzen Strich Argow, der zu Baschan gehörte. Dies wurde das Riesenland genannt. ¹⁴Doch Ja'ir, Sohn Menaschehs, nahm den ganzen Strich Argow ein bis an das Gebiet des Geschuri und Ma'achati und nannte das ganze Baschan »Ja'irs Dorfschaften«, nach seinem Namen, welchen Namen es auch behalten hat.

Siebter

¹⁵Dem Machir gab ich Gil'ad, ¹⁶dem Re'uwen'schen und Gad'schen Stamm aber gab ich einen Teil von Gil'ad bis zum Bach Arnon, sodass die Mitte des Arnon die Grenze sein sollte, und bis zum Bach Jabbok, der Grenze der Kinder Amons, ¹⁷ferner die Ebene und den Jarden, der ihre Grenze sein sollte vom See Kinneret bis an den See in der Ebene oder den »Salzsee« und bis zum Fuß des Berges Pisgah gegen Morgen. ¹⁸Ich gab euch damals folgenden Befehl: ›Der Ewige, euer Gott, hat euch nun dieses Land zum Besitz gegeben. Ihr müsst aber alle streitbaren Männer unter euch gerüstet vor euren Brüdern, den

Kindern Jisraels, herziehen lassen, ¹⁹bloß eure Frauen, Kinder und
das Vieh — denn ich weiß, dass ihr viel Vieh habt — sollen in den
Städten bleiben, die ich euch gegeben habe,

Maftir

²⁰bis der Ewige eure Brüder so wie euch zur Ruhe bringt und sie das
Land einnehmen, das der Ewige, euer Gott, ihnen auf jener Seite des
Jardens geben wird. Alsdann könnt ihr jeder zu seinem Besitztum,
das ich ihm gegeben habe, zurückkehren.‹ ²¹Dem Jehoschua gab
ich damals folgenden Befehl: ›Du hast nun mit deinen Augen alles
gesehen, was der Ewige, euer Gott, diesen beiden Königen getan hat.
Ebenso wird derselbe allen übrigen Reichen tun, dahin du kommst.
²²Fürchtet euch nicht vor ihnen, denn der Ewige, euer Gott, ist es, der
für euch streitet.‹ •

Haftara Chason: Jesaja 1,1-27 (S. 531)

Psalm des Schabbat nach Seder Avodat Israel: Ps 137

45. Wa'etchanan (Dtn 3,23-7,11)

*[INHALT: Jehoschua * Gegossenes Kalb und Sinai/Chorew-Offenbarung * Zweite Fassung des Zehnworts * Sch'ma, We'ahawta... („du sollst lieben...») * Mischehen]*

Erster / Jahr I

²³Bevor dies geschah, **hatte ich zum Ewigen gefleht** *(wa'etchanan)* und gesprochen: ²⁴›Herr! O Ewiger! Du hast angefangen, deinem Diener deine Größe und deine Allmacht zu zeigen, denn wo ist ein göttliches Wesen im Himmel oder auf Erden, das solche Taten und Wunder tun könnte wie du? ²⁵O, lass mich über den Jarden ziehen, damit ich das vortreffliche Land zu sehen bekomme, das jenseits des Jardens ist, besonders jenen vortrefflichen Berg und den Lewanon.‹ ²⁶Doch der Ewige war euretwillen über mich erzürnt und erhörte mich nicht. Er sprach vielmehr zu mir: ‚Lass genug sein! Rede mir von dieser Sache nicht mehr! ²⁷Steige auf die Spitze des Pisgah, erhebe deine Augen gegen Abend, Mitternacht, Mittag und Morgen und sieh dich um, denn über den Jarden sollst du nicht gehen. ²⁸Dem Jehoschua erteile Befehle, dass er kühn und tapfer sei, denn er soll vor diesem Volk hergehen und ihnen das Land zum Besitz austeilen, welches du sehen wirst.‹ ²⁹Wir lagen damals im Tal gegenüber von Bet Peor.⸰

4 ¹Also Jisrael! Gehorche den Gesetzen und Rechten, die ich euch lehre, damit ihr lebt und in das Land, welches der Ewige, euer Gott, euch geben will, hinkommt und es einnehmt. ²Tut zu dem, was ich euch gebiete, nichts hinzu und nehmt nichts davon, sondern haltet die Gebote des Ewigen, eures Gottes, so wie ich sie euch gebiete. ³Eure Augen haben gesehen, was der Ewige beim Vorfall mit Baal Peor getan hat. Wo nur einer dem Baal Peor nachgegangen war, den hat der Ewige, euer Gott, aus euch ausgerottet. ⁴Die ihr aber dem Ewigen, euren Gott, anhingt, ihr alle lebt heutigen Tages.

372   AW

Zweiter

⁵Siehe! Ich habe euch Gesetze und Rechte gelehrt, wie es mir der Ewige, mein Gott, befohlen hat, dass ihr sie ausübt in dem Land, wohin ihr kommt, um es in Besitz zu nehmen. ⁶Beachtet sie wohl und übt sie aus, denn dies wird eure Weisheit und Vernunft sein bei den Völkern. Wenn sie diese verschiedenen Gesetze hören, so sprechen sie: Diese große Nation ist nur weise und verständig! ⁷Denn wo ist eine Nation, sie mag noch so groß sein, zu der die Götter so nahe sich zeigen wie der Ewige, unser Gott, sooft wir ihn anrufen? ⁸Und wo ist eine Nation, sie mag noch so groß sein, die solche gerechten Verordnungen und Gesetze hätte wie diese Lehre hier, die ich euch jetzt vorlege? ⁹So hüte dich denn und nimm dich wohl in Acht, dass du die Dinge nicht vergisst, die deine Augen gesehen haben, und dass sie dir dein Leben lang nicht aus dem Herzen kommen. Mache sie deinen Kindern und Enkeln bekannt, ¹⁰an dem Tag nämlich, als du vor dem Ewigen, deinem Gott am Chorew standest, als der Ewige zu mir sprach: ›Versammle mir das Volk. Ich will sie meine Worte hören lassen, damit sie lernen, mich Zeit ihres Lebens auf Erden zu fürchten und solches auch ihre Kinder lehren.‹ ¹¹Ihr tratet hinzu und standet unten am Berg. Der Berg brannte und die Flamme schlug bis mitten an den Himmel. Unten herum war Finsternis, Wolken und düsteres Gewitter. ¹²Mitten aus dem Feuer redete der Ewige mit euch. Ihr hörtet vernehmliche Worte, wurdet aber außer dem Schall keiner Gestalt gewahr. ¹³Er trug euch selbst sein Bündnis vor, das er euch zu halten befohlen, nämlich die zehn Gebote, die er nachher selbst auf zwei steinerne Tafeln verzeichnete. ¹⁴Mir aber befahl der Ewige damals, euch noch andere Gesetze und Rechte zu lehren, die ihr in dem Land, dahin ihr geht, um es einzunehmen, ausüben sollt. ¹⁵Nehmt euch in Acht, so lieb euch euer Leben ist. Ihr habt keine Figur gesehen, als der Ewige vom Berge Chorew aus dem Feuer mit euch redete. ¹⁶Dass ihr also nicht auf Abwege geratet, euch einen Götzen zu machen, eine bildliche Gestalt, die Figur eines Mannes oder einer Frau, ¹⁷die Figur eines vierfüßigen Tieres auf dem Erdboden, die Figur eines der Vögel, die oben in der Luft fliegen, ¹⁸die Figur eines Gewürms, das auf der Erde kriecht, die Figur eines der Fische, die unter der Erde im

Wasser sind! [19]Oder dass du etwa deine Augen gen Himmel höbest,
sähest die Sonne, den Mond, die Sterne, das ganze Heer des Himmels
und dich verleiten ließest, sie zu verehren und ihnen Gottesdienst zu
erweisen! Weil doch der Ewige, dein Gott, sie für alle übrige Völker
unter dem ganzen Himmel zwar zugelassen hat, [20]euch aber hat der
Ewige genommen und aus dem Eisenofen, nämlich aus Mizrajim geführt, dass ihr sein eigentümliches Volk werden möget, wie ihr jetzt
wirklich seid. [21]Auf mich ist der Ewige euretwegen zornig geworden
und hat geschworen, dass ich nicht über den Jarden gehen und nicht
in das herrliche Land kommen soll, das der Ewige, dein Gott, dir zum
Erbgut geben will, [22]dass ich also in diesem Land sterben und nicht
über den Jarden kommen werde, ihr aber werdet hinübergehen und
jenes vortreffliche Land einnehmen. [23]Hütet euch also wohl, dass ihr
den Bund nicht vergesst, den der Ewige, euer Gott, mit euch gemacht
hat, und euch Götzenbilder von irgendeiner Gestalt verfertigt, die
der Ewige, dein Gott, dir verboten hat. [24]Denn der Ewige, dein Gott,
ist ein verzehrendes Feuer (er straft nach der Schärfe), ein eifervoller
Gott (der keine Götzen neben sich duldet).¶

(Tischa beAw Schacharit V. 25-40)

[25]Wenn ihr nun einst lange in dem Land gewohnt habt, Kinder und
Enkel zeugt, und dann auf den Abweg geratet, euch ein Götzenbild
in irgendeiner Gestalt zu machen, und also das tut, was dem Ewigen,
deinem Gott, missfällig ist, ihm zum Verdruss, [26]so rufe ich jetzt Himmel und Erde zu Zeugen an, dass ihr gar bald aus dem Land werdet
zerstreut werden, welches einzunehmen ihr über den Jarden geht. Ihr
werdet nicht lange mehr darin bleiben, sondern vertilgt werden. [27]Der
Ewige wird euch unter andere Nationen zerstreuen und ihr werdet
in geringer Anzahl unter den Völkern übrig bleiben, dahin euch der
Ewige treiben wird. [28]Daselbst werdet ihr Göttern dienen, die das
Werk menschlicher Hände sind, Holz und Stein, das nicht sehen,
nicht hören, nicht essen, nicht riechen kann. [29]Da werdet ihr dann
den Ewigen, euren Gott, suchen und auch wieder finden, wenn ihr ihn
nämlich von ganzem Herzen und von ganzer Seele verlangen werdet,
[30]wenn du in der Enge sein wirst und dich alles dies wird betroffen

haben. Am Ende der Tage wirst du endlich zu dem Ewigen, deinem Gott, zurückkehren und seiner Stimme gehorchen, [31]denn der Ewige, dein Gott, ist ein barmherziger Gott. Er wird seine Hand nicht von dir abziehen und dich nicht zu Grunde gehen lassen, er wird des Bundes nicht vergessen, den er deinen Eltern geschworen hat. [32]Erkundige dich nur nach den alten Zeiten, die vor dir gewesen sind, von dem Tage an, als Gott den Menschen auf der Erde erschaffen hat, von einem Ende des Himmels zum anderen Ende, ob jemals eine so große Tat geschehen oder dergleichen gehört worden ist, [33]ob jemals eine Nation die Stimme einer aus dem Feuer redenden Gottheit vernommen hat, wie du sie vernommen hast, und wäre am Leben geblieben. [34]Oder hat je eine Gottheit unternommen hinzugehen, um sich mitten aus einem anderen Volk ein Volk herauszunehmen, durch Versuchungen, Zeichen, Wunder, Krieg mit starker Macht und ausgestrecktem Arm und durch allerlei furchtbare Taten wie diejenigen, welche der Ewige, dein Gott, an Mizrajim vor deinen Augen ausgeübt hat? [35]All dies ist dir gezeigt worden, damit du weißt, dass der Ewige wahrer Gott und außer ihm keiner ist. [36]Vom Himmel herab hat er dich seine Stimme hören lassen, um dich Zucht zu lehren, und auf der Erde hat er dir sein großes Feuer gezeigt und du hast seine Rede vernommen mitten aus dem Feuer. [37]Darum, weil er deine Eltern liebte und ihren Samen nach ihnen erwählte, hat er euch mit seiner großen Kraft vor sich her aus Mizrajim geführt, [38]um Völker vor euch zu vertreiben, die größer und mächtiger sind als ihr, euch aber hinzuführen und euch ihr Land zum Erbgut zu geben, wie sich jetzt schon zu zeigen angefangen hat. [39]Erkennt also und nehmt euch wohl zu Herzen, dass der Ewige, er allein, Gott ist, oben im Himmel und unten auf der Erde, und sonst keiner. [40]Hüte also seine Verordnungen und Gebote, die ich dir jetzt vorlege, damit es dir und deinen Kindern nach dir wohlergehe und damit du lange Jahre auf dem Erdreich bleibst, das der Ewige dir auf ewig schenken will.«❡

Dritter / (Jahr II)

[41]Damals sonderte Mosche drei Städte auf der Morgenseite des Jardens aus, [42]dass ein Totschläger dahin seine Zuflucht nehme. Wer seinen

Nächsten umbringt unversehens, ohne dass er vorher sein Feind gewesen ist, der fliehe in eine von diesen Städten und erhalte sein Leben: [43]Bezer in der Wüste, in der Ebene, die dem Re'uwenischen Stamm gehört, Ramot in Gil'ad, das dem Gadischen Stamm gehört, und Golan in Baschan, das dem Menaschischen Stamm gehört. [44]Folgendes ist die Lehre, welche Mosche den Kindern Jisraels vorgelegt hat. [45]Dies sind die Zeugnisse, Verordnungen und Rechte, welche Mosche den Kindern Jisraels nach ihrem Ausgang aus Mizrajim bekannt gemacht hat, [46]diesseits des Jardens im Tal, gegenüber von Bet Peor, im Land Sichons, König Emoris, der in Cheschbon saß, welchen Mosche und die Kinder Jisraels, als sie aus Mizrajim gingen, geschlagen haben. [47]Sie eroberten sein Land und das Land des Og, König zu Baschan, also der beiden Könige von Emori diesseits des Jardens gegen Morgen, [48]von Aro'er an, welches am Ufer des Arnons liegt, bis an den Berg Sion, der auch Chermon heißt, [49]das ganze flache Feld auf der Morgenseite des Jardens bis an das Meer in dieser Gegend, am Fuß des Berges Pisgah. ¶

Vierter / Jahr II (Jahr III)

Die Verse ab V. 6 werden stehend gehört bis zum Ende des Aufrufs.

5   [1]Mosche rief dem gesamten Volke Jisrael zu und sprach: »Vernimm, o Jisrael, die Verordnungen und Rechte, die ich jetzt vor euren Ohren rede. Begreift sie wohl und behaltet sie, um danach zu handeln. [2]Der Ewige, unser Gott, hat einen Bund mit uns gemacht zu Chorew. [3]Nicht nur mit unseren Eltern hat der Ewige diesen Bund gemacht, sondern mit uns, die wir alle hier am Leben sind. [4]Von Angesicht zu Angesicht hat der Ewige auf dem Berg mitten aus dem Feuer mit euch geredet — [5]Ich stand als Mittelsperson zwischen dem Ewigen und euch, um euch das Wort des Ewigen kundzumachen, denn ihr fürchtetet euch vor dem Feuer und gingt nicht auf den Berg — und er sprach: • [6]›Ich bin der Ewige, dein Gott, der ich dich aus Mizrajim geführt habe, aus dem Hause der Sklaven. [7]Du sollst keine anderen Götter haben vor meinem Angesicht. [8]Du sollst dir kein Götzenbild machen, keine ähnliche Gestalt von dem, was oben im Himmel oder unten auf der Erde oder im Wasser unter der Erde ist. [9]Du sollst dich vor ihnen nicht verbeugen und sie nicht gottesdienstlich verehren, denn ich, der Ewige, dein Gott, bin ein eifervoller Gott (der keinen anderen neben sich leiden kann), der das Verbrechen der Eltern ahndet an Kindern, Enkeln und Urenkeln, nämlich bei denen, die mich hassen, [10]der aber Gnade erzeigt bis in das tausendste Geschlecht denen, die mich lieben und meine Gebote halten.   •   [11]Du sollst den Namen des Ewigen nicht bei einer Unwahrheit aussprechen (nämlich um sie zu bekräftigen), denn der Ewige wird denjenigen nicht frei machen, welcher seinen Namen bei einer Unwahrheit ausspricht.   •   [12]Nimm den Ruhetag wohl in Acht, dass du ihn heiligst, wie es der Ewige, dein Gott, dir befohlen hat. [13]Sechs Tage kannst du arbeiten und alle deine Geschäfte verrichten. [14]Der siebte Tag aber ist ein Ruhetag, dem Ewigen, deinem Gott, zu Ehren. Du sollst kein Handwerk verrichten, weder du selbst noch dein Sohn, deine Tochter, dein Sklave, deine Sklavin, dein Ochse, dein Esel und all dein Vieh wie auch der Fremde, der sich in deinen Toren aufhält, damit dein Sklave und deine Sklavin ruhe gleich wie du. [15]Denn du musst bedenken, dass auch du Sklave gewesen bist in Mizrajim, und der Ewige, dein Gott, hat dich von da herausgeführt mit starker Hand und ausgestrecktem Arm. Darum gebietet dir der Ewige, dein Gott, den Ruhetag zu halten.   •   [16]Ehre deinen Vater und deine Mutter, wie es dir der Ewige, dein Gott, befohlen hat, damit du lange lebest und es dir wohlgehe auf dem Erdreich, welches der Ewige, dein Gott, dir gibt.   •   [17]Du sollst nicht morden   •   und nicht ehebrechen   •   und nicht stehlen,   •   auch gegen deinen Nächsten nicht als falscher Zeuge auftreten.   •   [18]Du sollst dich nicht gelüsten lassen deines Nächsten Frau   •   und keine Begierde haben zu deines Nächsten Haus, Feld, Sklave, zu seiner Sklavin, seinem Ochsen, Esel oder was sonst deinem Nächsten gehört.‹   •

Fünfter

[19]Diese Worte redete der Ewige zu eurer Gemeinde auf dem Berg aus Feuer, Wolken und düsterem Gewitter mit lauter Stimme, und mehr nicht. Er schrieb sie aber auf zwei steinerne Tafeln und diese gab er mir. [20]Als ihr diese Stimme aus der dunklen Wolke vernahmt, während der Berg in Feuer stand, kamt ihr, alle eure Stammhäupter

AW

und Ältesten, zu mir ²¹und sprach: ›Der Ewige, unser Gott, hat uns nunmehr seine Herrlichkeit und Größe sehen lassen und wir haben seine Stimme aus dem Feuer vernommen. Wir sehen nunmehr wohl ein, dass Gott mit einem Menschen redet und dieser lebendig bleibt. ²²Aber warum sollen wir am Ende dennoch umkommen, wenn diese große Flammme uns ergreift? Wenn wir fortfahren die Stimme des Ewigen, unseres Gottes, zu hören, so sind wir sicherlich des Todes. ²³Denn wo hat je ein fleischliches Wesen die Stimme des lebendigen Gotttes aus der Flammme redend vernommen wie wir und das Leben behalten? ²⁴Tritt du hinzu, höre alles, was der Ewige, unser Gott, sagen wird. Berichte uns alsdann wieder alles, was der Ewige, unser Gott, mit dir reden wird, so wollen wir solches annehmen und danach handeln.‹ ²⁵Als der Ewige die Worte vernahm, die ihr zu mir spracht, sagte er zu mir: ›Ich habe die Worte vernommen, die das Volk zu dir gesprochen hat. Sie haben wohl geredet! ²⁶Wenn dieser Sinn nur bei ihnen beständig bliebe, mich zu fürchten und alle meine Gebote jederzeit zu halten, damit es ihnen und ihren Nachkommen beständig wohl ergehen möge. ²⁷Geh hin, sage ihnen: ›Kehrt nun in eure Zelte zurück.‹ ²⁸Du aber stehe hier vor mir, so will ich dir alle Gebote, Gesetze und Rechte beibringen, die du sie lehren sollst, dass sie solche in dem Land, das ich ihnen einzunehmen gebe, ausüben mögen. ²⁹Behaltet also und tut, wie der Ewige, euer Gott, es euch befohlen hat. Weicht davon weder zur Rechten noch zur Linken ab. ³⁰Wandelt in allen Wegen, die der Ewige, euer Gott, euch befohlen hat, so werdet ihr leben, es wird euch wohl ergehen und ihr werdet in dem Land, das ihr einnehmen sollt, lange Jahre bleiben.‹ **6** ¹Dies sind die Gebote, Gesetze und Rechte, die der Ewige, euer Gott, befohlen hat, euch zu lehren, damit ihr sie ausübt in dem Land, welches einzunehmen ihr über den Jarden geht, ²auf dass du den Ewigen, deinen Gott, fürchtest und sowohl du als auch dein Sohn und dein Enkel, solange ihr lebt, alle seine Verordnungen und Gebote halten und lange leben möget. ³Gehorche also, Jisrael, und beachte wohl, solches zu tun! So wird es dir wohl ergehen und du wirst dich sehr vermehren, wie es der Ewige, der Gott deiner Eltern, dir verheißen hat im Land, wo Milch und Honig fließt.¶

⁴Höre Jisrael! Der Ewige, unser Gott, ist ein einiges[b], ewiges Wesen. ⁵Du sollst den Ewigen, deinen Gott, lieben von ganzem Herzen, ganzer Seele und ganzem Vermögen. ⁶Die Worte, die ich dir jetzt befehle, sollen dir stets im Herzen bleiben. ⁷Du sollst sie deinen Kindern einschärfen und immer davon reden, wenn du zu Hause sitzt oder auf Reisen bist, wenn du dich niederlegst und wenn du aufstehst. ⁸Binde sie zum Zeichen an deine Hand. Trage sie als Stirnbinde zwischen deinen Augen ⁹und schreibe sie auf die Pfosten deines Hauses und an deine Tore. • ¹⁰Wenn dich nun der Ewige, dein Gott, in das Land bringt, das er dir zu geben deinen Eltern Awraham, Jizchak und Jaakow geschworen hat, du große und vortreffliche Städte findest, die du nicht erbaut hast, ¹¹Häuser alles Guten voll, die du nicht angefüllt hast, ausgehauene Zisternen, die du nicht ausgehauen hast, Wein- und Ölberge, die du nicht angelegt hast, und dies alles in Überfluss genießt, ¹²so nimm dich in Acht, dass du nicht des Ewigen vergessest, der dich aus dem Land Mizrajim, aus dem Sklavenhaus, geführt hat. ¹³Den Ewigen, deinen Gott, sollst du fürchten, ihn gottesdienstlich verehren und bei seinem Namen schwören. ¹⁴Folgt nicht fremden Göttern von den Göttern der Völker, die um euch her sind, ¹⁵denn ein eifervoller Gott, der Ewige, dein Gott, ist unter dir, dass sein Zorn nicht über dich entbrenne und er dich vom Erdboden vertilge. • ¹⁶Stellt den Ewigen, euren Gott, nicht auf die Probe, wie ihr es zu Massah getan habt. ¹⁷Haltet alle Gebote des Ewigen, eures Gottes, seine Zeugnisse und Gesetze, die er euch vorgeschrieben hat. ¹⁸Tue, was in den Augen des Ewigen recht und gut ist, so wird es dir wohl ergehen, du wirst hinkommen und das vortreffliche Land einnehmen, das der Ewige deinen Eltern zugeschworen hat, ¹⁹wobei der Ewige verheißen hat, deine Feinde vor dir her zu verjagen. • ²⁰Wenn dein Sohn dich künftig fragt: ›Was für eine Bewandtnis hat es mit den Zeugnissen, Gesetzen und Rechten, die euch der Ewige geboten hat?‹, ²¹so antworte

---

a   Dtn 6,4: Der erste Buchstabe dieses Wortes (schema »höre«) wird in einer Torarolle groß geschrieben.
b   Dtn 6,4: Der letzte Buchstabe dieses Wortes (echad »eins«) wird in einer Torarolle groß geschieben.

deinem Sohn: ›Wir waren in Mizrajim Sklaven des Pharao. Der Ewige aber hat uns mit starker Hand aus Mizrajim geführt. [22]Dabei hat der Ewige an Mizrajim, an Pharao selbst und an seinen Bedienten vor unseren Augen große Zeichen und Wunder zur Strafe getan [23]und uns von da hinweggeführt, um uns hierher zu bringen und uns das Land zu geben, das er unseren Eltern zugeschworen hat. [24]Da gebot uns der Ewige, unser Gott, nach allen diesen Gesetzen zu leben, ihn, den Ewigen, unseren Gott, zu fürchten, damit es uns zu allen Zeiten wohl ergehe und wir so leben mögen, wie es jetzt geschieht. [25]Auch wird es uns dabei zur Gottseligkeit gerechnet, wenn wir vor dem Ewigen, unserem Gott, alle die Gebote halten, wie er sie uns vorgeschrieben hat. •

Siebter

7 [1]Wenn der Ewige, dein Gott, dich in das Land bringt, dahin du jetzt gehst, um es einzunehmen, und große Nationen vor dir vertreibt, den Chitti, Girgaschi, Emori, Kenaani, Perisi, Chiwi und Jewusi, sieben Nationen, die zahlreicher und mächtiger sind als du [2]der Ewige, dein Gott, sie in deine Gewalt gibt, dass du sie schlägst, so sollst du sie bannen. Mache keinen Bund mit ihnen und lass ihnen keine Gnade widerfahren. [3]Verschwägere dich nicht mit ihnen. Gib deine Tochter nicht seinem Sohn und nimm seine Tochter nicht für deinen Sohn, [4]denn er würde deinen Sohn von mir wegführen, dass sie anderen Göttern dienten. So würde der Zorn des Ewigen gegen euch entbrennen und dich gar bald ausrotten. [5]Ihr müsst vielmehr folgender Gestalt mit ihnen verfahren: ihre Altäre umreißen, ihre Bildsäulen zerschlagen, ihre Haine umhauen und ihre geschnitzten Bilder verbrennen. [6]Denn du bist ein dem Ewigen, deinem Gott, geheiligtes Volk. Dich hat der Ewige, dein Gott, erwählt, sein leibeigenes Volk zu sein, aus allen Völkern, die auf der Erde sind. [7]Nicht weil ihr etwa zalreicher als andere Völker wäret, hat euch der Ewige angenommen und erwählt, denn in Wahrheit seid ihr die wenigsten unter allen Völkern, [8]sondern bloß, weil der Ewige euch liebt und den Eid halten will, den er euren Eltern geschworen hat, hat er euch mit starker Hand aus Mizrajim geführt und aus dem Sklavenhause, von der Hand Pharaos, Königs zu Mizrajim, errettet.

Maftir

⁹Erkenne also, dass der Ewige, dein Gott, wahrer Gott sei, ein treuer Gott, der seinen Bund hält und Gnade erzeigt denen, die ihn lieben und seine Gebote halten, bis in das tausendste Geschlecht. ¹⁰Seinen Hassern aber vergilt er vor ihren Augen (auf der Stelle) und reibt sie auf. Er trägt es seinem Hasser nicht lange nach, sondern vergilt ihm vor seinem Angesicht. ¹¹Beachte also das Gebot, die Gesetze und Rechte, die ich dir jetzt zur Ausübung vorschreibe.⁊

Haftara Nachamu: Jesaja 40,1-26 (S. 533)

Psalm des Schabbat nach Seder Avodat Israel: Ps 90

46. Ekew (Dtn 7,12-11,25)

[INHALT: *Beachtung der Gebote* * *Bewohner des Landes* * *Dank nach dem Essen* * *Demut* * *Gegossenes Kalb und Moses Fürbitte* * *Die Tafeln und die Lade des Bundes* * *Was fordert der Ewige?* * *Wehaja im schamoa tischme'u (der 2. Abschnitt des Sch'ma)*]

Erster / Jahr I

¹²**Wenn** *(ekev)* ihr diese Rechte annehmt, sie beobachtet und ausübt, so wird der Erfolg sein, dass der Ewige, dein Gott, auch den Bund und die Gnade halten wird, die er deinen Eltern geschworen hat. ¹³Er wird dich lieben, segnen und vermehren. Er wird auf dem Erdreich, das er dir zu geben deinen Eltern geschworen hat, die Früchte deines Leibes und deines Feldes, dein Getreide, deinen Most und dein Öl wie auch deine Rinderzucht und Kleinviehherden segnen. ¹⁴Du wirst die gesegnetste unter allen Nationen sein. Es wird unter dir kein Unfruchtbarer und keine Unfruchtbare sein, auch nicht unter deinem Vieh. ¹⁵Alle Krankheit wird der Ewige von dir abwenden und die bösen Seuchen von Mizrajim, die euch bekannt sind, dir nicht auflegen, sondern auf deine Feinde kommen lassen. ¹⁶Aufreiben sollst du alle Völker, die der Ewige, dein Gott, dir geben wird. Du darfst ihrer nicht schonen, damit du nicht ihren Göttern dienst, denn dies würde ein Fallstrick für dich sein.   •   ¹⁷Du wirst vielleicht in deinem Herzen sprechen: ›Diese Völker sind größer als ich. Wie kann ich sie austreiben?‹ ¹⁸Fürchte dich aber nicht vor ihnen! Bedenke nur, was der Ewige, dein Gott, an Pharao und ganz Mizrajim getan hat, ¹⁹die großen Versuchungen, die deine Augen gesehen haben, die Zeichen und Wunder, die starke Hand und den ausgestreckten Arm, mit welchem der Ewige, dein Gott, dich herausgeführt hat. Ebenso wird der Ewige, dein Gott, allen Völkern tun, vor denen du dich fürchtest. ²⁰Er, der Ewige, dein Gott, wird auch ein verzehrendes Übel (eine Art giftiges Ungeziefer) unter sie schicken, dass auch die umkommen, die noch übrig sind und sich vor dir verborgen haben. ²¹Lass dir vor ihnen nicht bange werden, denn der

Ewige, dein Gott, ist unter dir ein großer und furchtbarer Gott. [22]Nach und nach wird der Ewige, dein Gott, diese Völker verscheuchen. Zu schnell kannst du sie nicht aufreiben, sonst könnten die wilden Tiere sich gegen dich vermehren. [23]Der Ewige, dein Gott, wird sie dir aber preisgeben und eine große Bestürzung unter sie schicken, bis sie völlig aufgerieben sind. [24]Ihre Könige wird er dir in die Hände geben und du wirst ihre Namen unter dem Himmel vertilgen. Niemand wird dir Widerstand leisten können, bis du sie völlig ausgerottet hast. [25]Die Schnitzbilder ihrer Götter müsst ihr verbrennen. Lass dich des Goldes und Silbers daran nicht gelüsten, um es für dich zu behalten. Es könnte dein Unglück sein, denn es ist ein Gräuel vor dem Ewigen, deinem Gott. [26]Bringe keinen Gräuel in dein Haus, sonst kommt der Bann auf dich, wie er auf ihm ist. Du musst Abscheu und Gräuel davor haben, denn der Bann ruht darauf.❡

8   [1]Alle Gebote, die ich dir jetzt vorschreibe, müsst ihr beachten, um sie auszuüben, damit ihr lebt, euch vermehrt und hinzieht, um das Land einzunehmen, das der Ewige euren Eltern geschworen hat. [2]Denke an den Weg, den dich der Ewige jetzt vierzig Jahre lang in der Wüste geführt hat, um dir Widerwärtigkeit zuzuschicken und dich dadurch zu versuchen, damit an den Tag komme, was du im Herzen hast, ob du sein Gebot halten willst oder nicht. [3]Er ließ dich in Widerwärtigkeit geraten, ließ dich Hunger leiden und speiste dich mit Man, einer Speise, die dir und deinen Eltern unbekannt war, damit du erfahrest, dass der Mensch nicht allein vom Brot lebt, sondern von allem, was der Ewige verordnet. [4]Deine Kleider sind dir nicht veraltet am Leib und deine Füße sind nicht geschwollen in diesen vierzig Jahren. [5]Du wirst daher in deinem Herzen erkennen, dass der Ewige, dein Gott, dich züchtigt, wie ein Vater sein Kind züchtigt, [6]wirst also die Gebote des Ewigen, deines Gottes, halten, in seinen Wegen wandeln und ihn fürchten, [7]denn der Ewige, dein Gott, bringt dich in ein vortreffliches Land, ein Land, in welchem Flüsse anzutreffen sind, Quellen und Tiefen, die im Tal und im Gebirge entspringen, [8]ein Land, welches Weizen, Gerste, Wein, Feigen, Granatäpfel, ein Land, welches Oliven und Dattelhonig hervorbringt, [9]ein Land, in welchem du nicht in Armut Brot essen (kümmerlich leben) wirst, in welchem an nichts Mangel sein wird, ein Land, dessen Steine Eisen sind und aus dessen Bergen du Erz hauen wirst. ¹⁰Wenn du nun gegessen und dich gesättigt haben (im Überfluss leben) wirst, so musst du dem Ewigen, deinem Gott, danken für das vortreffliche Land, das er dir gegeben hat.

Zweiter

¹¹Hüte dich aber, dass du den Ewigen, deinen Gott, nicht insoweit vergisst, dass du die Gebote, Rechte und Gesetze nicht hältst, die ich dir jetzt vorschreibe. ¹²Es könnte kommen, wenn du zu essen im Überfluss hast, schöne Häuser baust und sie bewohnst, ¹³viel großes und kleines Vieh, viel Silber und Gold besitzt und überhaupt an Vermögen aller Art zunimmst, ¹⁴dass dein Herz sich erhöhe (dass du übermütig würdest) und du den Ewigen, deinen Gott, vergäßest, der dich aus dem Land Mizrajim, aus dem Sklavenhause geführt hat, ¹⁵der dich in dieser großen fürchterlichen Wüste geleitet hat, wo giftige Schlangen, Skorpione, wo eitel Dürre, nirgend Wasser zu finden ist, der aus dem härtesten Kiesel dir Wasser fließen ließ, ¹⁶der dich in dieser Wüste mit Man speiste, davon deine Eltern nichts gewusst haben, um dich durch Widerwärtigkeit zu versuchen und dir am Ende wohlzutun, ¹⁷und sprächest etwa in deinem Herzen: ›Meine Macht und Tapferkeit hat mir all dieses Vermögen erworben.‹ ¹⁸Doch du musst an den Ewigen, deinen Gott, denken, denn er ist es, der dir die Macht gibt, dieses Vermögen zu erwerben, damit er seinen Bund halte, den er deinen Eltern geschworen hat, wie heutigen Tages geschieht.ף

¹⁹Wirst du aber den Ewigen, deinen Gott, vergessen und anderen Göttern nachfolgen, ihnen gottesdienstliche Ehre erzeigen und sie anbeten, so bezeuge ich heute über euch, dass ihr zu Grunde gehen werdet; ²⁰so wie die Nationen, welche der Ewige vor euch zu Grunde richtet, so werdet ihr zu Grunde gehn. Dies wird der Erfolg sein, wenn ihr der Stimme des Ewigen, eures Gotttes, nicht gehorsam sein werdet.ף

9 ¹Höre Jisrael! Du bist im Begriff, über den Jarden zu gehen, um dort Nationen zu besiegen, die größer und mächtiger sind als du, große und himmelhoch befestigte Städte, ²ein zahlreiches Volk von hoher Statur, die Söhne der Anakim, von denen du weißt und oft hast sagen hören: ›Wer kann den Kindern des Anak widerstehen?‹ ³Du musst aber bedenken, dass der Ewige, dein Gott, der vor dir hergeht wie ein verzehrendes Feuer, sie zum Teil vertilgen, zum Teil aber so vor dir demütigen wird, dass du sie gar leicht wirst besiegen und aufreiben können, so wie es der Ewige dir verheißen hat.

Dritter / Jahr II

⁴Wenn aber der Ewige, dein Gott, sie ausgestoßen haben wird vor dir, so darfst du nicht in deinem Herzen denken: ›Um meines rechtschaffenen Wandels willen hat mich der Ewige geführt, dieses Land einzunehmen so wie er in der Tat diese Völker um ihrer Ruchlosigkeit willen vor dir austreibt. ⁵Nicht um deiner Rechtschaffenheit und der Aufrichtigkeit deines Herzens willen kommst du hin, ihr Land einzunehmen, sondern weil der Ewige, dein Gott, diese Völker wegen ihrer Ruchlosigkeit vertreibt, so will er zugleich das Versprechen halten, das er deinen Eltern Awraham, Jizchak und Jaakow geschworen hat. ⁶Du kannst leicht einsehen, dass der Ewige, dein Gott, dir nicht um deiner Rechtschaffenheit willen dieses vortreffliche Land einzunehmen gibt, denn du bist ein halsstarriges Volk. ⁷Erinnere dich und vergiss nie, wie du den Ewigen, deinen Gott, in der Wüste erzürnt hast, seitdem du aus Mizrajim gegangen bist. Bis ihr hierher gekommen seid, habt ihr euch als Rebellen gegen den Ewigen betragen. ⁸Auch am Gebirge Chorew habt ihr den Ewigen erzürnt und er wurde so aufgebracht gegen euch, dass er euch ausrotten wollte. ⁹Ich war damals auf den Berg gegangen, um die steinernen Tafeln, die Tafeln des Bundes, den der Ewige mit euch gemacht hat, in Empfang zu nehmen. Ich verweilte vierzig Tage und vierzig Nächte auf dem Berg, ohne Speise oder Trank zu mir zu nehmen. ¹⁰Da gab mir der Ewige die beiden steinernen Tafeln, mit dem Finger Gottes beschrieben. Auf denselben waren alle Worte verzeichnet, die der Ewige auf dem Berg am Tag der Versammlung aus dem Feuer mit euch geredet hatte. ¹¹Als nämlich vierzig Tage und vierzig Nächte zu Ende waren, gab mir der Ewige die beiden steinernen Tafeln, die Tafeln des Bundes, ¹²und sprach zu mir: ›Auf! Geh eilends von hier hinab! Denn das Volk, welches du

aus Mizrajim geführt hast, hat sich schwer versündigt. Sie sind gar bald von dem Weg abgewichen, den ich ihnen befohlen hatte. Sie haben sich ein Götzenbild gegossen!‹ [13]Der Ewige fuhr fort zu mir zu sprechen: ›Ich sehe wohl, dass dieses Volk ein halsstarriges Volk ist. [14]Halte mich nicht ab (flehe nicht für sie)! Ich will sie aufreiben und ihren Namen unter dem Himmel austilgen, dich aber zu einer mächtigeren und zahlreicheren Nation machen als sie sind.‹ [15]Ich wandte mich, ging hinab von dem Berg, der oben brannte, und hatte die beiden Tafeln des Bundes auf meinen beiden Händen. [16]Als ich sah, wie ihr euch gegen den Ewigen, euren Gott, versündigt und euch ein gegossenes Kalb gemacht hattet, wie ihr also gar bald von dem Weg abgewichen wart, den euch der Ewige geboten hatte, [17]da ergriff ich beide Tafeln, warf sie von meinen beiden Händen und zerbrach sie vor euren Augen. [18]Vor dem Ewigen aber warf ich mich nieder, wieder wie vorhin vierzig Tage und vierzig Nächte, ohne Speise oder Trank zu mir zu nehmen, um aller eurer Sünden willen, die ihr begangen habt, weil ihr dem Ewigen zum Verdruss dasjenige getan habt, was in seinen Augen missfällig ist, [19]denn mir war bange wegen des Zorns und des Grimms, mit welchem der Ewige über euch aufgebracht war, dass er euch vertilgen wollte. Aber der Ewige erhörte mich auch dieses Mal. [20]Auch über Aharon war der Ewige sehr zornig, sodass er ihn vertilgen wollte. Doch ich legte auch für Aharon damals Fürbitte ein. [21]Euer Sündenwerk aber, das Kalb, das ihr gemacht hattet, nahm ich, kalzinierte es in Feuer, zerschlug und zermalte es, bis es ein feiner Staub wurde, und warf diesen Staub in den Bach, der von dem Berg herab fließt. [22]Zu Taw'erah, Massah und Kiwrot Hata'awah habt ihr gleichfalls den Ewigen erzürnt, [23]und als euch der Ewige von Kadesch Barnea aussandte und sprach: ›Zieht hinauf, um das Land einzunehmen, das ich euch gegeben habe!‹, wart ihr dem Befehl des Ewigen, eures Gottes, ungehorsam, vertrautet ihm nicht und wolltet ihm nicht gehorchen. [24]Ihr seid Rebellen[a] gegen den Ewigen gewesen, solange ich euch kenne. [25]Als ich mich die vierzig Tage und vierzig Nächte vor dem Ewigen niederwarf, die ich vor ihm gelegen hatte, weil

---

a   *Dtn 9,24: Der erste Buchstabe dieses Wortes im Hebräischen (mamrim) kann in einer Torarolle klein geschrieben werden.*

der Ewige euch zu vertilgen drohte, ²⁶betete ich zu dem Ewigen und sprach: ›Herr! O Ewiger! Vertilge dein Volk und deine dir eigentümliche Nation nicht, die du durch deine Größe erlöst hast, die du mit starker Hand aus Mizrajim geführt hast. ²⁷Denke an deine Knechte Awraham, Jizchak und Jaakow! Sieh nicht auf das hartnäckige, ruchlose Wesen und auf die Sünde dieses Volkes. ²⁸Man könnte in dem Land, aus welchem du uns geführt hast, sprechen, der Ewige habe das Vermögen nicht gehabt sie in das Land zu bringen, das er ihnen verheißen hat, oder er habe sie aus Hass gegen sie hinausgeführt, um sie in der Wüste umzubringen. ²⁹Gleichwohl sind sie dein Volk und deine dir eigentümliche Nation, die du mit deiner großen Macht und mit deinem ausgestrecktem Arme hinausgeführt hast.‹¶

Vierter

10 ¹Um dieselbe Zeit sprach der Ewige zu mir: ›Haue dir zwei steinerne Tafeln, wie die ersten waren. Komm zu mir herauf auf den Berg und mach dir eine Lade aus Holz. ²Auf die Tafeln will ich die Worte schreiben, die auf den vorigen Tafeln gestanden haben, die du zerbrochen hast, und du sollst sie in die Lade legen.‹ ³Ich machte eine Lade aus Schittimholz, hieb zwei Tafeln wie die vorigen, ging auf den Berg und hatte beide Tafeln in der Hand. ⁴Da schrieb der Ewige auf die Tafeln wie die erste Schrift, nämlich die zehn Worte, die der Ewige auf dem Berg aus dem Feuer am Tage der Versammlung zu euch geredet hat, und die Tafeln gab er mir. ⁵Ich wandte mich, ging vom Berg hinunter und legte die Tafeln in die Lade, die ich gemacht hatte, wo sie bleiben sollen, wie es der Ewige mir befohlen hat.« ⁶Die Kinder Jisraels brachen von den Brunnen, die zu Bne Ja'akan gehören, auf nach Moserah. In derselben Gegend starb Aharon. Daselbst wurde er begraben und sein Sohn El'asar trat den priesterlichen Dienst an seiner Stelle an. ⁷Von da ging der Zug nach Gudgod, von Gudgod nach Jotwah, ein Land, das an Bächen keinen Mangel hat. ⁸Um dieselbe Zeit sonderte der Ewige den Stamm Levi aus, um die Bundeslade des Ewigen zu tragen, um vor ihm zu stehen, ihm zu dienen und in seinem Namen den Segen zu erteilen, so wie es jetzt noch ist. ⁹Darum bekommt der Stamm keinen Teil und kein Erbgut unter seinen Brüdern. Sein Erbgut ist der Ewige, wie der Ewige, dein

AW   **387**

Gott, ihm verheißen hat. *¹⁰*»Ich stand also im Gebet vor dem Ewigen so lange als wie zuvor, vierzig Tage und vierzig Nächte, und der Ewige erhörte mich auch dieses Mal, sodass er euch nicht aufreiben wollte. *¹¹*Er sprach vielmehr zu mir: ›Auf! Geh zu dem Zug vor dem Volk her, dass sie hingehen und das Land einnehmen, das ich ihren Eltern geschworen habe ihnen zu geben.¶

Fünfter / Jahr III

*¹²*Und nun Jisrael! Was fordert der Ewige von dir, als dass du von ganzem Herzen und ganzer Seele vor dem Ewigen, deinem Gott, Ehrfurcht haben, in allen seinen Wegen wandeln, ihn lieben und ihm dienen sollst, *¹³*das heißt, die Gebote des Ewigen und seine Gesetze, die ich dir jetzt gebe, halten sollst, und dies zu deinem eigenen Besten? *¹⁴*Siehe! Der Himmel und aller Himmel Himmel, die Erde und alles was darauf ist, das ist des Ewigen, deines Gottes. *¹⁵*Doch er hat ein Wohlgefallen an deinen Eltern gehabt und sie dergestalt geliebt, dass er aus allen Nationen euch, ihre Nachkommen, erwählt hat, wie sich jetzt zeigt. *¹⁶*Ihr müsst daher die Vorhaut eueres Herzens beschneiden und nicht mehr so hartnäckig sein, *¹⁷*denn der Ewige, euer Gott, ist der Gott aller Götter und der Herr aller Herren, der große, mächtige und furchtbare Gott, der nicht nach Ansehen der Person richtet und keine Bestechung annimmt, *¹⁸*der dem Waisen und der Witwe Recht verschafft und den Fremdling liebt, um ihm Speise und Kleider zu geben. *¹⁹*Ihr müsst gleichfalls den Fremdling lieben, denn im Land Mizrajim seid auch ihr Fremdlinge gewesen. *²⁰*Vor dem Ewigen, deinem Gott, musst du Ehrfurcht haben, ihm dienen. Ihm musst du anhangen und bei seinem Namen schwören. *²¹*Er ist dein Ruhm und er ist dein Gott, der um deinetwillen diese großen und fürchterlichen Dinge getan hat, die du mit den Augen gesehen hast. *²²*Mit siebzig Personen sind deine Vorfahren nach Mizrajim gekommen und jetzt hat der Ewige, dein Gott, dich so viel sein lassen als Sterne im Himmel sind.

Sechster.

11 *¹*Liebe also den Ewigen, deinen Gott. Beachte seine Vorschrift, seine Gesetze, seine Rechte und seine Gebote zu allen Zeiten. *²*Bedenkt wohl, die ihr jetzt vor mir steht, dass ich nicht zu euren Nachkommen rede, welche die Züchtigung des Ewigen, eures Gottes, weder kennen

noch gesehen haben, seine Größe, seine starke Hand und seinen ausgestreckten Arm, ³die Zeichen und Taten, die er mitten in Mizrajim
an Pharao, König von Mizrajim, und an seinem Land getan hat, ⁴was
er an dem Heer von Mizrajim, seiner Reiterei und seinen Wagen getan
hat, wo er das Wasser des Schilfmeers über sie herströmen ließ, als sie
euch nachsetzten, und sie so zu Grunde richtete, dass niemand mehr
von ihnen zu sehen ist, ⁵was er euch in der Wüste getan hat, bis ihr
hierher gekommen seid, ⁶was er ferner an Datan und Awiram, den
Söhnen Eliaws, Re'uwens Sohn, getan hat, als die Erde sich auftat und
sie nebst ihren Leuten, Zelten und allem, was ihnen gehörte, mitten
in Jisrael verschlang. ⁷Mit euch rede ich, die ihr mit euren Augen die
große Taten gesehen habt, die der Ewige getan hat. ⁸Beachtet also alle
Gebote, die ich euch jetzt gebe, so werdet ihr gestärkt werden und
das Land wirklich einnehmen, welches einzunehmen ihr über den
Jarden gehen sollt, ⁹und werdet lange Jahre bleiben auf dem Erdreich,
das der Ewige euren Eltern, ihnen und ihren Nachkommen zu geben
geschworen hat, in dem Land, wo Milch und Honig fließt.

Siebter

¹⁰Denn das Land, in welches du hinkommst, um es einzunehmen, ist
nicht wie das Land Mizrajim, davon ihr ausgezogen seid, wo du deinen
Samen aussäst und mit deiner Füße Arbeit das Land anfeuchten musst
wie einen Kohlgarten. ¹¹Das Land, das ihr einzunehmen über den
Jarden geht, hat Berge und Täler und bekommt sein Wasser durch Regen vom Himmel, ¹²ein Land, auf welches der Ewige, dein Gott, Acht
hat. Die Vorsehung des Ewigen, deines Gottes, ist beständig darauf
gerichtet, vom Anfang des Jahres bis ans Ende. • ¹³Werdet ihr also
meinen Geboten gehorchen, die ich euch jetzt gebe, um den Ewigen,
euren Gott, von eurem ganzen Herzen und von eurer ganzen Seele zu
lieben und ihm zu dienen, ¹⁴so will ich eurem Land Regen geben zur
rechten Zeit, Frühregen und Spätregen, damit du dein Getreide, Most
und Öl einsammelst, ¹⁵und will für dein Vieh Gras wachsen lassen
auf deinem Feld, dass du zu essen habest in Überfluss. ¹⁶Hütet euch
aber, dass euer Herz nicht verführt werde, dass ihr etwa abweicht und
anderen Göttern dient und sie anbetet. ¹⁷Der Zorn des Ewigen würde
über euch entbrennen. Er würde den Himmel verschließen, dass kein

Regen komme. Die Erde würde ihr Gewächs nicht hervorbringen und ihr würdet gar bald zu Grunde gehen, fern von dem vortrefflichen Land, das euch der Ewige geben will. [18]Nehmt euch also diese Worte zu Herzen und zu Gemüte, bindet sie auch zum Zeichen auf die Hand und tragt sie als Stirnbinde zwischen euren Augen. [19]Lehrt sie eure Söhne, um beständig davon zu sprechen, wenn du zu Hause sitzt oder auf der Reise bist, wenn du dich hinlegst und wenn du aufstehst. [20]Schreibe sie auf die Pfosten deines Hauses und an deine Tore, [21]damit ihr und eure Kinder auf dem Erdreich, das der Ewige euren Eltern geschworen hat es ihnen zu geben, lange bleiben möget, so lange der Himmel über der Erde sein wird. •

Maftir

[22]Denn wenn ihr alle die Gebote halten werdet, die ich euch zu tun gebiete, nämlich den Ewigen, euren Gott, zu lieben, in seinen Wegen zu wandeln und ihm anzuhängen, [23]so wird der Ewige alle diese Völker vor euch austreiben und ihr werdet Völker erben, die zahlreicher und mächtiger sind als ihr. [24]Jeder Ort, wohin ihr euren Fuß setzt, soll euer sein, von der Wüste bis zum Lewanon, vom Strom Prat bis zum äußersten Meer soll eure Grenze reichen. [25]Niemand soll euch Widerstand leisten könen. Schrecken und Furcht vor euch wird der Ewige, euer Gott, auf alle Länder, die ihr betretet, kommen lassen, wie er euch verheißen hat. •

Haftarat Ekew: Jesaja 49,14-51,3 (S. 535)

Psalm des Schabbat nach Seder Avodat Israel: Ps 75

47. Re'eh (Dtn 11,26-16,17)

[INHALT: *Segen und Fluch * Zentrales Heiligtum * Wie erkennt man falsche Propheten? * Erlaubte und verbotene Tiere * Der Zehnte * Erlassjahr * Heiligung der Erstgeburt * Fest und Feiertage (Pessach, Schawuot, Sukkot)*]

Erster / Jahr I

²⁶**Siehe!** *(re'eh)* Ich lege euch heute vor Segen und Fluch: ²⁷den Segen, wenn ihr den Geboten des Ewigen, eures Gottes, gehorcht, die ich euch jetzt gebiete, ²⁸den Fluch aber, wenn ihr den Geboten des Ewigen, eures Gottes, nicht gehorcht und von dem Weg abweicht, den ich euch jetzt vorschreibe, dass ihr nämlich anderen Göttern nachfolgt, von welchen ihr gar nichts wisst. • ²⁹Wenn der Ewige, dein Gott, dich in das Land bringt, dahin du gehst, um es einzunehmen, so sollst du den Segen auf dem Berg Gerisim und den Fluch auf dem Berg Ewal aussprechen lassen. ³⁰Diese Berge liegen jenseits des Jardens, weit hinüber gegen Sonnenuntergang in der Landschaft des Volkes Kenaan, das auf dem platten Land wohnt, gegenüber von Gilgal, neben dem Hain Moreh. ³¹Wenn ihr über den Jarden gegangen sein werdet, um das Land einzunehmen, das der Ewige, euer Gott, euch gibt, es eingenommen und euch darin niedergelassen haben werdet, ³²dann beachtet sorgfältig alle die Gesetze und Rechte, die ich euch heute vorlege. **12** ¹Dies sind die Gesetze und die Rechte, die ihr sorgfältig zu beachten habt in dem Land, das der Ewige, der Gott eurer Eltern, dir einzunehmen gibt, zu allen Zeiten, solange ihr auf diesem Erdreich leben werdet. ²Ihr müsst alle die Stellen zerstören, wo die Völker, die ihr austreibt, ihren Götter gedient haben, auf hohen Bergen, auf Hügeln und unter jedem grünen Baum. ³Reißt ihre Altäre ein, zerbrecht ihre Standsäulen, verbrennt ihre Haine, haut die geschnitzten Bilder ihrer Götter um und vertilgt ihren Namen von demselben Orte. ⁴Dem Ewigen, eurem Gott, sollt ihr auf diese Weise nicht dienen, ⁵sondern zu dem Ort hin, den er aus allen euren Stämmen erwählen wird, um seinen Namen dahin zu setzen, zu dieser

seiner Residenz sollt ihr pilgern, dorthin sollst du kommen, [6]dorthin sollt ihr eure Ganzopfer und andere Schlachtopfer, eure Zehnten, eure milde Hebe, eure Gelübde und freiwilligen Gaben wie auch die Erstgeburten eures Groß- und Kleinviehs bringen, [7]daselbst vor dem Ewigen, eurem Gott, verzehren und euch nebst euren Leuten ein Vergnügen machen mit dem, was ihr durch den Segen des Ewigen, eures Gottes, erworben habt. [8]Ihr dürft dort nicht so tun, wie wir jetzt hier tun, ein jeder was ihm beliebt, [9]denn noch seid ihr nicht zu der Ruhe und zu dem Besitz gekommen, den der Ewige, dein Gott, dir geben wird. [10]Ihr werdet aber über den Jarden gehen und in dem Land wohnen, das der Ewige, euer Gott, euch zum Erbe geben will. Er wird euch Ruhe verschaffen vor allen euren Feinden ringsum und ihr werdet sicher und ruhig wohnen.

Zweiter

[11]Alsdann sollt ihr an den Ort, den der Ewige, euer Gott, erwählen wird, um seinen Namen daselbst residieren zu lassen, dorthin sollt ihr alles dasjenige bringen, was ich euch gebiete, eure Ganzopfer und andere Schlachtopfer, eure Zehnten und die milde Hebe und die auerlesenen Gelübde, die ihr dem Ewigen zu Ehren geloben werdet. [12]Daselbst sollt ihr vergnügt sein vor dem Ewigen, eurem Gott, ihr, eure Söhne und Töchter, Knechte und Mägde wie auch der Levi, der in euren Toren ist, denn dieser wird kein Teil und kein Erbgut unter euch bekommen. [13]Hüte dich, dass du deine Opfer nicht an jedem Ort, der dir in die Augen fällt, darbringst, [14]sondern an den Ort, den der Ewige in einem deiner Stämme erwählen wird, dorthin sollst du deine Ganzopfer bringen und daselbst alles verrichten, was ich dir gebiete. [15]Doch kannst du in allen deinen Toren nach eigenem Belieben schlachten und Fleisch essen nach dem Segen des Ewigen, deines Gottes, den er dir beschieden hat. Daselbst kann der Unreine mit dem Reinen essen, ein Reh sowie einen Hirsch. [16]Nur das Blut sollt ihr nicht essen, sondern auf die Erde gießen wie Wasser. [17]Doch den Zehnten von deinem Getreide, Most und Öl, die Erstgeburten deines Groß- und Kleinviehs und alle Gelübde, die du geloben wirst, alle freiwilligen Geschenke und die milde Hebe darfst du in deinen Städten nicht verzehren, [18]sondern an dem Ort, den der Ewige, dein

Gott, erwählen wird, sollst du solches verzehren, du, dein Sohn und
deine Tochter, dein Knecht, deine Magd und der Levi, der in deinen
Toren ist, und dir vor dem Ewigen, deinem Gott, mit dem, was deine
Hände erworben haben, ein Vergnügen machen. ¹⁹Hüte dich, dass
du den Levi nicht verlässt, solange du auf deinem Erdreich lebst. •
²⁰Wenn der Ewige, dein Gott, deine Grenzen erweitern wird, wie er
dir verheißen hat, und du sprichst: Ich möchte Fleisch essen, weil
dir etwa die Lust gekommen ist, welches zu essen, so kannst du nach
Wohlgefallen Fleisch essen. ²¹Der Ort, den der Ewige, dein Gott,
erwählen wird, um seinen Namen dahin zu setzen, dürfte zu weit ab
von dir sein. Du kannst daher von deinem Groß- und Kleinvieh, das
dir der Ewige gegeben hat, so schlachten, wie ich es dir befohlen habe
und nach Herzens Lust in deinen Städten verzehren, ²²doch wird es
gegessen, wie man Reh oder Hirsch isst: der Unreine isst mit dem
Reinen zusammen. ²³Nur sei darin sorgfältig, dass du das Blut nicht
isst, denn das Blut ist der Lebensgeist und du sollst den Lebensgeist
nicht mit dem Fleisch verzehren. ²⁴Du sollt es nicht essen, sondern
wie Wasser auf die Erde gießen. ²⁵Wenn du das Blut nicht isst, so tust
du, was in den Augen des Ewigen recht ist, so wird es dir und deinen
Kindern nach dir wohl ergehn. ²⁶Dahingegen was du von geheiligten Sachen hast und deine Gelübde musst du aufladen und damit an
den Ort kommen, den der Ewige erwählen wird. ²⁷Daselbst sollst du
deine Brandopfer, sowohl das Fleisch als auch das Blut auf dem Altar
des Ewigen, deines Gottes, darbringen. Von den andern Opfern aber
soll das Blut, auf den Altar des Ewigen, deines Gottes, gegossen und
das Fleisch verzehrt werden. ²⁸Merke und befolge alle diese Worte,
die ich dir gebiete, damit es dir und deinen Nachkommen auf ewig
wohl ergehe, wenn du das tust, was in den Augen des Ewigen, deines
Gottes, gut und recht ist. •

Dritter / Jahr II

²⁹Wenn der Ewige, dein Gott, diese Völker, welche du zu vertreiben
hingehst, vor dir ausrotten wird, du ihr Land einnehmen und darin
wohnen wirst, ³⁰so hüte dich, dass du ihnen, nachdem sie vor dir
vertilgt sind, nicht nachwankst, dass du nicht ihren Göttern nachfor-
schest und sprichst: ›Wie diese Völker ihren Göttern gedient haben,

so will auch ich es tun.‹ *31*Du sollst dem Ewigen, deinem Gott, auf diese Weise nicht dienen, denn sie haben ihren Göttern getan, was dem Ewigen ein Gräuel ist und von ihm gehasst wird, sie verbrennen sogar ihre Söhne und Töchter, den Göttern zu Ehren. **13** *1*Alles, was ich euch befehle, sollt ihr genau beachten, nichts hinzutun, nichts davonnehmen.❡

*2*Wenn ein Prophet oder Träumer unter euch aufsteht und gibt dir ein Vorzeichen oder Wunder, *3*das Vorzeichen oder Wunder trifft auch ein, davon er dir gesagt hat, wenn er dabei aber spricht: ›Lasst uns anderen Göttern folgen, die ihr nicht kennt, und ihnen Gottesdienst erweisen *4*dann sollst du den Worten dieses Propheten und Träumers nicht gehorchen, denn der Ewige, euer Gott, will euch auf die Probe stellen, um an den Tag zu bringen, ob ihr ihn den Ewigen, euren Gott von ganzem Herzen und von ganzer Seele liebt. *5*Dem Ewigen, eurem Gott, sollt ihr nachfolgen, vor ihm Ehrfurcht haben, seine Gebote halten, seiner Stimme gehorchen, ihm dienen und ihm anhangen. *6*Jener Prophet oder Träumer aber soll getötet werden, weil er Abfall gelehrt hat vor dem Ewigen, eurem Gott, der euch aus dem Land Mizrajim geführt und aus dem Sklavenhaus erlöst hat, (und weil er die Absicht gehabt hat), dich von dem Weg wegzuführen, den dir der Ewige, dein Gott, zu gehen geboten hat. Auf solche Weise sollst du den Bösen wegschaffen.   •   *7*Wenn dein leiblicher Bruder, dein Sohn, deine Tochter, deine Frau in deinen Armen oder dein Herzensfreund dich heimlich verführen will und spricht: ›Komm! Wir wollen anderen Göttern dienen, die weder du noch deine Eltern gekannt haben‹, *8*von den Göttern der Völker, die um euch her wohnen, sie mögen euch nahe oder entfernt von euch sein, von einem Ende der Erde bis zum anderen, *9*dann willige ihm nicht ein und gib ihm kein Gehör. Auch soll dein Auge seiner nicht schonen. Du sollst kein Erbarmen mit ihm haben und die Sache nicht bedecken, *10*sondern umbringen sollst du ihn. Deine Hand sei zuerst an ihm, um ihn zu töten, und dann die Hand des ganzen Volkes. *11*Steinigen musst du ihn, dass er sterbe, weil er dich von dem Ewigen, deinem Gott, hat wegführen wollen, der dich aus dem Land Mizrajim, aus dem Sklavenhaus geführt hat,

¹²damit die gesamte Nation es höre und sich fürchte und niemand unter euch ferner dergleichen Böses unternehme. • ¹³Wenn du von einer der Städte, die der Ewige, dein Gott, dir zur Wohnung gibt, die Nachricht hörst, ¹⁴es sei ein ruchloses Gesindel von dir selbst ausgegangen und habe die Einwohner seiner Stadt verführt und gesprochen: ›Kommt, wir wollen anderen Göttern dienen, die ihr nicht kennt‹, ¹⁵und wenn du genau untersuchen, nachforschen und nachfragen wirst und findest, dass der Bericht wahr und gewiss und diese Schandtat unter euch geschehen ist, ¹⁶dann sollst du die Einwohner derselben Stadt mit der Schärfe des Schwertes niederhauen, die Stadt nebst allem, was darinnen ist, bis auf das Vieh zur Schärfe des Schwertes verdammen, ¹⁷die sämtliche Beute der Stadt aber sollst du mitten auf der Straße zusammenwerfen und dann die Stadt mit ihrer ganzen Beute anzünden und dem Ewigen, deinem Gott, zu Ehren völlig verbrennen lassen. Sie soll ewig ein Steinhaufen bleiben und niemals wieder erbaut werden. ¹⁸Von dem Gebannten lass nicht das Mindeste in deinen Händen bleiben, damit der Ewige von seinem Zorn ablasse und dir Barmherzigkeit schenke, sodass er sich deiner erbarme und dich wieder vermehre, wie er deinen Eltern geschworen hat, ¹⁹insofern du der Stimme des Ewigen, deines Gottes, gehorchst und seine Gebote, die ich dir jetzt vortrage, hältst, dass du also tust, was in den Augen des Ewigen, deines Gottes, recht ist. •

Vierter

14 ¹Ihr seid Kinder des Ewigen, eures Gottes. Ihr dürft euch also bei einer Leiche keine Wunden einschneiden, auch keine Platte zwischen den Augen scheren, ²denn du bist ein dem Ewigen, deinem Gott, heiliges Volk und dich hat der Ewige unter allen Völkern auf dem Erdboden erwählt, um seine leibeigene Nation zu sein. • ³Du sollst nichts Scheuenswürdiges essen. ⁴Von den vierfüßigen Tieren könnt ihr essen: Ochsen, Schafe, Ziegen, ⁵Hirsche, Rehe, das Tier Jachmur, den Steinbock, das Tier Dischon, den Auerochsen und das Tier Samer, ⁶überhaupt ein vierfüßiges Tier, das abgeteilte Klauen hat, das nämlich den Fuß in zwei Klauen ganz durchspaltet und wiederkäuend ist, könnt ihr essen. ⁷Folgende aber, die bloß wiederkäuen oder bloß durchgespaltene Klauen haben, sollt ihr nicht essen:

das Kamel, den Hasen und das Kaninchen (andere übersetzen: die Bergmaus und andere übersetzen: das Stachelschwein), denn sie sind zwar wiederkäuend, haben aber keine abgeteilten Klauen, sind euch also unrein: [8]das Schwein, denn es hat zwar abgeteilte Klauen, ist aber nicht wiederkäuend und euch also unrein. Von ihrem Fleisch sollt ihr nicht essen und ihr Aas nicht berühren (zu der Zeit nämlich, wenn ihr euch rein halten müsst). • [9]Von allem, was im Wasser lebt, dürft ihr folgendes essen: alles, was Flossen und Schuppen hat. [10]Was aber nicht Flossen und Schuppen hat, sollt ihr nicht essen. Es ist euch unrein. • [11]Alle reinen Vögel dürft ihr essen. [12]Folgendes aber sollt ihr nicht essen: den Adler, den Beinbrecher und den schwarzen Adler, [13]den weißen Habicht, den schwarzen Habicht und den Geier mit seiner Art, [14]den Raben nach seinen Arten, [15]den Straußvogel, die Schwalbe, das Meerhuhn und den Sperber nach seiner Art, [16]den Uhu, die Nachteule und die Fledermaus, 17den Pelikan, den Grünspecht und den Fischreiher, [18]den Storch, den Häher mit seiner Art, den Auerhahn und die Schwalbe. [19]Alles kriechende Geflügel soll euch unrein sein und nicht gegesen werden. [20]Alles reine Geflügel aber dürft ihr essen. [21]Ihr sollt kein Aas essen, sondern es dem Fremden, der bei dir geduldet wird, zu essen geben oder einem Auswärtigen verkaufen, denn du bist ein dem Ewigen, deinem Gott, geheiligtes Volk. Du sollst das Böckchen nicht in seiner Mutter Milch kochen.¶

Fünfter / (Schemini Atzeret u. 8. Tag Pessach am Schabbat 14,22-16,17)

[22]Den Ertrag deiner Aussaat, die nämlich jährlich auf das Feld gebracht wird, sollst du verzehnten, [23]und den Zehnten von deinem Getreide, Most und Öl wie auch die Erstgeburten deines Groß- und Kleinviehs vor dem Ewigen, deinem Gott, an dem Ort verzehren, den er erwählen wird, um seinen Namen daselbst residieren zu lassen, damit du lernst, vor dem Ewigen, deinem Gott, zu allen Zeiten Ehrfurcht zu haben. [24]Wäre dir aber die Reise zu beschwerlich und du könntest solches nicht fortbringen, weil der Ort, den der Ewige, dein Gott, erwählen wird, um seinen Namen dahin zu setzen, etwa weit von dir entfernt sein und der Ewige, dein Gott, dich reichlich gesegnet haben dürfte, [25]so kannst du es zu Geld machen und das Geld einbinden und mit

an den Ort nehmen, den der Ewige, dein Gott, erwählen wird. ²⁶Dort kannst du dieses Geld hingeben für alles, was dich gelüstet, für großes und kleines Vieh, Wein und anderes Getränk, überhaupt für alles, was deine Seele wünscht. Dies sollst du daselbst vor dem Ewigen, deinem Gott, verzehren und dir mit deinen Leuten eine Freude machen. ²⁷Den Levi, der in deinen Toren ist, darfst du dabei nicht verlassen, denn er bekommt keinen Teil und kein Erbe bei euch.   •   ²⁸Alle drei Jahre sollst du den Zehnten deines Einkommens in demselben Jahre absondern und in deinen Toren lassen. ²⁹Der Levi, der keinen Teil und kein Erbe bei dir bekommt, der Fremde, die Waise und die Witwe, die in deinen Toren sind, sollen dies verzehren und sich sättigen, damit der Ewige, dein Gott, dich bei aller Arbeit, die du vorhast, segnen möge.   •

Sechster / Jahr III

15   ¹Alle sieben Jahre sollst du ein Erlassjahr halten. ²Mit dem Erlassjahr hat es folgende Bewandtnis: Was ein Schuldherr seinem Nächsten geborgt hat, soll er erlassen und seinen Nächsten und Bruder nicht zur Bezahlung anhalten, sobald das Erlassjahr dem Ewigen zu Ehren ausgerufen ist. ³Den Ausländer kannst du zur Bezahlung anhalten. Was du aber von deinem Bruder zu fordern hast, musst du erlassen. ⁴Es sollte zwar keinen Bedürftigen bei dir geben, denn der Ewige wird dich in dem Land, das er dir als ein Erbgut zum Besitz gibt, segnen. ⁵Doch nur dann, wenn du der Stimme des Ewigen, deines Gottes, gehorchst und alle diese Gebote, die ich dir jetzt vorlege, sorgfältig beachtest, ⁶wird der Ewige, dein Gott, dich segnen, wie er dir verheißen hat. Du wirst vielen Völkern leihen, aber nichts entlehnen, du wirst über viele Völker herrschen und über dich werden sie nicht herrschen.   •   ⁷Wo aber in dem Land, das der Ewige, dein Gott, dir gibt, in irgendeiner Stadt einer von deinen Brüdern bedürftig sein wird, so verhärte dein Herz nicht und verschließe deine Hand nicht gegen deinen bedürftigen Bruder. ⁸Tu ihm deine Hand auf und leihe ihm, so viel er bedarf, so weit sein Mangel reicht. ⁹Hüte dich, dass nicht der niederträchtige Gedanke in deinem Herzen aufsteige, das siebte Jahr, nämlich das Erlassjahr, sei nahe, dass du deshalb gegen deinen dürftigen Bruder so übel gesinnt würdest, ihm nichts zu geben. Wenn er über dich zum Ewigen riefe, so würde es dir zur Sünde gerechnet werden. [10]Geben sollst du ihm und es dich nicht verdrießen lassen, dass du ihm gibst, denn dafür wird der Ewige, dein Gott, dich in aller deiner Arbeit und in deinem Gewerbe segnen, [11]denn es wird in dem Land doch nicht an Beürftigen mangeln. Darum gebiete ich dir, für den Armen und bedürftigen Bruder in deinem Land deine Hand aufzutun.   •   [12]Wenn dein Bruder, der Iwri oder eine Iwrijah, dir verkauft wird, so soll er dir sechs Jahre dienen. Im siebten Jahr aber sollst du ihn von dir freilassen [13]und wenn du ihn los gibst, so lass ihn nicht leer von dir ziehen. [14]Gib ihm ein Geschenk mit von deinem Kleinvieh, von deiner Tenne und von deiner Kelter nach dem, womit der Ewige, dein Gott, dich gesegnet hat, sollst du ihn beschenken. [15]Du musst bedenken, dass auch du ein Knecht gewesen bist im Land Mizrajim, der Ewige, dein Gott, aber hat dich erlöst. Darum gebe ich dir jetzt dieses Gebot. [16]Sollte er aber zu dir sprechen: ›Ich will nicht von dir ziehen‹, aus Liebe für dich und dein Haus, weil es ihm bei dir wohl ergangen ist, [17]so nimm eine Pfrieme und durchbohre sein Ohr an der Haustür und er soll dein beständiger Knecht bleiben (das heißt bis zum allgemeinen Freiheitsjahr). Mit deiner Magd sollst du es auch also halten (in Bezug auf die Geschenke). [18]Wenn du ihn frei wegziehen lässt, soll es dir nicht verdrießlich sein, dass er dir die sechs Jahre um den zweifachen Lohn eines Mitknechtes gedient hat, denn dafür wird der Ewige dich segnen in allem, was du tust.¶

Siebter / (8. Tag Pessach Wochentag u. 2. Tag Schawuot 15,19-16,17)

[19]Alle männliche Erstgeburt, die unter deinem Groß- und Kleinvieh geboren wird, sollst du dem Ewigen, deinem Gott, heiligen. Mit einem erstgeborenen Ochsen sollst du keine Arbeit verrichten und ein erstgeborenes Schaf nicht scheren. [20]Vor dem Ewigen, deinem Gott, sollst du solches Jahr für Jahr verzehren an dem Ort, den der Ewige erwählen wird, du und deine Leute. [21]Wenn es einen Leibesfehler hat, ist lahm oder blind oder hat sonst einen bösen Fehler, so sollst du es nicht dem Ewigen, deinem Gott, opfern, [22]sondern in deinen Toren verzehren, der Unreine mit dem Reinen zusammen, wie ein Reh und Hirsch, [23]doch sein Blut darfst du nicht essen, sondern musst es auf

die Erde gießen wie Wasser. ¶

16 ¹Achte auf den Ährenmonat, dass du in demselben dem Ewigen, deinem Gott, zu Ehren das Pessach verrichtest, denn im Ährenmonat hat dich der Ewige, dein Gott, in einer Nacht aus Mizrajim entlassen. ²Zum Pessachfest schlachtest du dem Ewigen zu Ehren an dem Ort, den er erwählen wird, um seinen Namen daselbst residieren zu lassen, verschiedene Opfer vom Kleinvieh oder Rindvieh. ³Dabei sollst du nichts Gesäuertes essen. Sieben Tage sollst du lauter ungesäuertes Brot des Elends essen, denn du bist mit Eilfertigkeit aus Mizrajim gegangen, damit du also zeit deines Lebens dich des Tages erinnerest, an dem du aus Mizrajim gezogen bist. ⁴Sieben Tage soll in allen deinen Grenzen kein Sauerteig gesehen werden. Auch soll von dem Fleisch, das du am Abend des ersten Tages opferst, nichts über Nacht bis zum Morgen bleiben. ⁵Du darfst aber das Pessachopfer nicht in irgendeinem der Tore verrichten, die der Ewige, dein Gott, dir gibt, ⁶sondern an dem Ort, den der Ewige dein Gott erwählen wird, um seinen Namen residieren zu lassen, dort sollst du das Pessachopfer halten des Abends bei Sonnenuntergang um die Zeit, in der du aus Mizrajim entlassen worden bist. ⁷Du sollst es nämlich gar machen und verzehren an dem Ort, den der Ewige, dein Gott, erwählen wird. Des Morgens drauf kannst du dich wenden und nach Hause reisen. ⁸Nachdem du sechs Tage ungesäuertes Brot gegessen hast, feierst du zum Beschluss den siebten Tag dem Ewigen, deinem Gott, zu Ehren und darfst keine Arbeit verrichten. • ⁹Sieben Wochen sollst du zählen, und zwar von dem Tag an, an dem zuerst die Sichel an die Saat gebracht wird, fängst du an, sieben Wochen zu zählen. ¹⁰Alsdann sollst du dem Ewigen, deinem Gott, zu Ehren das Wochenfest feiern und nach Maßgabe des Vermögens, mit welchem dich der Ewige, dein Gott, segnen wird, eine freiwillige Gabe bringen ¹¹und vor dem Ewigen, deinem Gott, fröhlich sein, du, dein Sohn und deine Tochter, dein Knecht und deine Magd wie auch der Levi, der in deinen Toren ist, und der Fremde, Waise, und die Witwe, die bei dir sind, und zwar an dem Ort, den der Ewige, dein Gott, erwählen wird, um seinen Namen residieren zu lassen. ¹²Bedenke, dass du in Mizrajim Knecht gewesen bist, und halte sorgfältig alle diese Gesetze.ף

Maftir

¹³Das Fest der Laubhütten sollst du sieben Tage feiern, wenn du aus deiner Tenne und aus deiner Kelter eingesammelt haben wirst. ¹⁴An deinem Fest sollst du fröhlich sein, du, dein Sohn, deine Tochter, dein Knecht, deine Magd wie auch der Levi, die Waise und die Witwe, die in deinen Toren sind. ¹⁵Sieben Tage sollst du dem Ewigen, deinem Gott, zu Ehren an dem Ort, den er erwählen wird, feiern, denn der Ewige, dein Gott, wird dich segnen in dem Einkommen deiner Landfrüchte und in aller Arbeit deiner Hände, sodass du dich dem Vergnügen wirst überlassen können. ¹⁶Dreimal im Jahr soll alles Männliche bei dir vor dem Ewigen, deinem Gott, erscheinen an dem Ort, den er erwählen wird, nämlich am Fest des ungesäuerten Brotes, am Wochenfest und am Laubhüttenfest. Man soll aber vor dem Ewigen nicht leer erscheinen, ¹⁷jeder nach seiner Gabe, nach Verhältnis des Segens, den der Ewige, dein Gott, dir geschenkt haben wird.   •

Haftarat Re'eh: Jesaja 54,11-55,5 (S. 537)

Psalm des Schabbat nach Seder Avodat Israel: Ps 97

Zu den Haftarot für Feiertage und Feste (S. 551).

48. Schoftim (Dtn 16,18-21,9)

[INHALT: *Rechtsprechung* * *König* * *Levijim, Priester und Propheten* *
Asylstädte * *Krieg* * *Schutz der Bäume* * *ungeklärter Mord*]

Erster / Jahr I

¹⁸Richter *(schoftim)* und Beamte nach den Stämmen sollst du in alle
Tore der Städte setzen, die der Ewige, dein Gott, dir geben wird, dass
sie das Volk nach Gerechtigkeit richten. ¹⁹Du sollst das Recht nicht
beugen, kein Ansehen der Person achten und keine Bestechung annehmen, denn die Bestechung macht weise Leute blind und verkehrt
die Worte der Gerechten. ²⁰Der Gerechtigkeit, der Gerechtigkeit
sollst du nachtrachten. So wird es dir wohlergehen und du wirst das
Land behalten, das der Ewige, dein Gott, dir gibt.   •   ²¹Du sollst bei
dem Altar des Ewigen, deines Gottes, den du errichten wirst, keinen
Hain, überhaupt keinen Baum pflanzen. ²²Du sollst dir auch keine
Standsäule errichten, die dem Ewigen, deinem Gott, verhasst ist.   •
17   ¹Du sollst dem Ewigen, deinem Gott, zu Ehren keinen Ochsen
oder Lamm schlachten, das einen Leibesfehler, das irgend etwas Böses
an sich hat, denn dies ist dem Ewigen, deinem Gott, ein Gräuel.   •
²Wenn in den Toren irgendeiner deiner Städte, die der Ewige, dein
Gott, dir geben wird, sich ein Mann oder eine Frau finden sollte,
der oder die das täte, was in den Augen des Ewigen, deines Gottes,
missfällig ist, er überträte nämlich sein Gesetz, ³ginge hin und diente
anderen Göttern und betete sie an, Sonne, Mond oder sonst ein Gestirn
am Himmel, welches ich verboten habe, ⁴es würde dir angezeigt, du
würdest es vernehmen, hättest scharfe Untersuchung angestellt und
gefunden, dass die Sache gewiss wahr und in Jisrael dieser Gräuel
geschehen sei, ⁵so sollst du den Mann oder die Frau, welche diese böse
Tat begangen haben, zum Tor deiner Stadt hinausführen, es sei Mann
oder Frau, und sie mit Steinen zu Tode werfen. ⁶Auf die Aussage zweier
oder dreier Zeugen soll der sterben, der den Tod verdient, nicht aber
auf die Aussage eines einzigen Zeugen. ⁷Die Zeugen müssen zuerst

Hand an ihn legen, um ihn umzubringen, und dann soll die Hand des ganzen Volkes folgen. Auf solche Art sollst du den Bösewicht aus dir wegschaffen. ¶

⁸Wenn dir ein Rechtshandel zu schwer fallen sollte vor Gericht, es sei eine Sache, die das Leben oder das Eigentum oder eine leibliche Beschädigung betrifft oder sonst eine Streitsache, die in deinen Toren vorfallen könnte, so sollst du dich aufmachen und an den Ort hinaufgehen, den der Ewige, dein Gott, erwählen wird, ⁹daselbst zu den Priestern aus dem Stamm Levi oder zu dem Richter kommen, der dann sein wird, und sie fragen, dann werden sie dir sagen, was rechtens ist. ¹⁰Du musst aber so verfahren, wie man an dem Ort, den der Ewige erwählen wird, den Urteilsspruch fällt, und sorgfältig beachten, was man dich daselbst lehren wird. ¹¹Nach der Lehre, die man dir geben, und nach dem Recht, das man dir anzeigen wird, sollst du handeln und von dem, was man dir sagen wird, weder rechts noch links abweichen. ¹²Wer aber aus Frevel dem Priester, der daselbst des Ewigen, deines Gottes, Dienst versieht, oder dem Richter nicht gehorchen wird, derselbe soll des Todes sein. Du musst den Bösewicht aus Jisrael wegschaffen, ¹³dass es die ganze Nation erfahre, sich fürchte und nicht mehr frevelmütig handle. •

Zweiter

¹⁴Wenn du in das Land kommst, das der Ewige, dein Gott, dir gibt, du nimmst es ein, hast es in Besitz und sprichst: Ich will einen König über mich setzen wie alle Völker es um mich her tun, ¹⁵so kannst du einen König über dich setzen, welchen der Ewige, dein Gott, alsdann erwählen wird. Du musst aber einen von deinen Brüdern zum König erwählen und darfst keinen Ausländer, der nicht dein Bruder ist, über dich setzen. ¹⁶Doch soll er nicht zu viele Pferde halten und nicht das Volk wieder nach Mizrajim führen, um viele Pferde anzuschaffen, weil der Ewige euch gesagt hat: ihr sollt diesen Weg niemals wieder betreten. ¹⁷Er soll auch nicht zu viele Frauen nehmen, damit sein Herz nicht abweiche. Desgleichen soll er nicht übermäßig Silber und Gold sammeln. ¹⁸Wenn er auf dem Thron sitzt, soll er sich von dieser Lehre

eine Abschrift in einem Buch verfertigen, aus demjenigen, welches bei den Priestern aus dem Stamm Levi aufbewahrt wird. ¹⁹Diese soll er bei sich haben und lebenslang darin lesen, damit er lerne, den Ewigen, seinen Gott, zu fürchten, um alle Worte dieser Lehre und diese Gesetze genau zu beachten, ²⁰dass sein Herz sich nicht erhebe über seine Brüder und dass er nicht abweiche von dem Gebot zur Rechten oder zur Linken, damit er und seine Nachkommen lange Jahre an der Regierung bleiben mögen in Jisrael. •

Dritter

18 ¹Die Priester aus dem Stamm Levi und der ganze Stamm Levi soll kein Teil und kein Erbe unter Jisrael bekommen. Von den Opfern des Ewigen und seinem Erbteil sollen sie Unterhalt haben. ²Eigentum soll er unter seinen Brüdern nicht besitzen. Der Ewige ist sein eigentümliches Erbgut, wie er ihm verheißen hat. • ³Dies ist die Gebühr für die Priester vom Volk: Wenn jemand sich einen Ochsen oder ein Schaf schlachtet, so gibt er dem Priester das Schulterstück, die Kinnbacken und den Magen. ⁴Ferner sollst du ihm die Erstlinge von deinem Getreide, deinem Most und deinem Öl wie auch die Erstlinge von der Schur deines Kleinviehs geben, ⁵denn ihn hat der Ewige, dein Gott, aus allen deinen Stämmen erwählt, dass er nebst seinen Nachkommen zu allen Zeiten im Namen des Ewigen im Amt stehe. •

Vierter / Jahr II

⁶Wenn ein Levi aus irgendeiner Stadt in Jisrael, wo er sich aufhält, nach eigenem Belieben an den Ort kommt, den der Ewige erwählen wird, ⁷so kann er den Dienst im Namen des Ewigen, seines Gottes, verwalten so wie seine Brüder, die Levijim, welche daselbst im Amt stehen vor dem Ewigen. ⁸Gleichen Teils soll er mit ihnen zu genießen haben, außer seinen Einkünften von zu Hause, die er verkaufen kann. • ⁹Wenn du in das Land kommst, das der Ewige dir gibt, so lerne nicht, solche abscheulichen Dinge zu tun wie diese Nationen tun. ¹⁰Niemand sei unter dir zu finden, der seinen Sohn oder seine Tocher durch das Feuer führt, der Ahnungskünste treibt, Zeitwähler (Wolkenbefrager),

Vogeldeuter (Schlangenbeschwörer) oder Zauberer, [11]Tierbeschwörer, Schwarzkünstler, Zeichendeuter oder Totenbefrager sei. [12]Denn wer dies tut, ist dem Ewigen ein Gräuel, und eben um dieser Gräuel willen treibt der Ewige, dein Gott, jene vor dir aus.

Fünfter

[13]Du musst dich ganz an den Ewigen, deinen Gott, halten. [14]Jene Völker, die du vertreibst, hören freilich allerlei Zeitwähler und Ahnungskünstler. Du aber, dir hat der Ewige, dein Gott, solches nicht beschieden. [15]Einen Propheten aus deiner Mitte, aus deinen Brüdern, wie ich bin, wird er dir stellen, dem ihr gehorchen sollt. [16]So wie du am Berg Chorew, am Tag der Versammlung, den Ewigen, deinen Gott, gebeten und gesprochen hast: ›Lass mich die Stimme des Ewigen, meines Gottes, nicht mehr hören und dieses entsetzliche Feuer nicht mehr sehen, sonst bin ich des Todes.‹ [17]Da denn der Ewige zu mir sprach: ›Sie haben wohl geredet! [18]Ich will ihnen auch einen Propheten aus ihren Brüdern, wie du bist, stellen. Diesem will ich mein Wort in den Mund legen und er soll ihnen vortragen, was ich ihm befehle. [19]Wer dann meinem Wort ungehorsam ist, das der Prophet in meinem Namen vorträgt, von dem will ich es fordern, [20]doch ein Prophet, der Frevel begeht in meinem Namen, um zu verkündigen, was ich ihm nicht befohlen habe oder um im Namen anderer Götter zu verkündigen, derselbe Prophet soll sterben.‹ [21]Würdest du aber in deinem Herzen sprechen: ›Wie kann ich erkennen, welches Wort der Ewige nicht gesprochen hat?‹ [22]Wenn der Prophet im Namen des Ewigen etwas verkündigt und es geschieht nicht und trifft nicht ein, so hat der Ewige dieses Wort nicht gesprochen. Der Prophet hat es aus Frevelmut erdacht und du darfst dich vor ihm nicht scheuen. •

19 [1]Wenn der Ewige, dein Gott, die Völker ausrotten wird, deren Land er dir geben will, du sie eingenommen haben wirst und in ihren Städten und Häusern wohnen wirst, [2]sollst du dir in dem Land, das der Ewige, dein Gott, dir einzunehmen geben wird, drei Städte aussondern, [3]die Straßen zu denselben in guten Stand setzen und die Grenze des Landes, das dir der Ewige, dein Gott, zu besitzen geben wird (durch diese Städte) in drei gleiche Kreise abteilen, sodass der

Totschläger bequem dahin fliehen kann. ⁴So muss aber der Totschläger beschaffen sein, der durch seine Flucht dahin das Leben behalten soll: Er muss seinen Nächsten umgebracht haben ohne Vorsatz, ohne ihn vorher gehasst zu haben. ⁵Er geht etwa mit seinem Nächsten in den Wald um Bäume zu fällen, und indem er mit der Axt in der Hand ausholt um den Baum zu fällen, fährt das Eisen vom Stiel ab und trifft den andern, dass er daran stirbt, ein solcher kann in eine von diesen Städten seine Flucht nehmen und sich das Leben retten. ⁶Sonst dürfte der Bluträcher in der ersten Hitze seines Gemütes den Totschläger verfolgen und, wenn der Weg lang wäre, auch einholen und umbringen, weil er doch den Tod nicht verdient, indem er gegen die Person keine Feindschaft vorher gehabt hat. ⁷Darum gebe ich dir den Befehl: du sollst dir drei Städte aussondern, ⁸wenn der Ewige, dein Gott, deine Grenze erweitert, wie er deinen Eltern geschworen, und gibt dir das ganze Land, das er deinen Eltern zu geben versprochen hat, ⁹wenn du nämlich das Gebot genau beachtest, das ich dir jetzt gebe: den Ewigen, deinen Gott, zu lieben und jederzeit in seinen Wegen zu wandeln, so sollst du noch drei Städte zu diesen dreien hinzutun, ¹⁰damit in dem Land, welches der Ewige, dein Gott, dir zum Erbgut gibt, kein unschuldig Blut vergossen werde und dadurch Blutschuld auf dich komme.⁊

¹¹Hat aber jemand Hass auf seinen Nächsten, lauert ihm auf, fällt über ihn her und bringt ihn um und flieht in eine dieser Städte, ¹²dann sollen die Ältesten seiner Stadt hinschicken, ihn von da abholen lassen und dem Bluträcher in die Hände liefern. ¹³Du darfst seiner nicht schonen, sondern musst Jisrael von Vergießung unschuldigen Blutes reinigen, so wird es dir wohlergehen. •

Sechster / Jahr III

¹⁴In dem Erbgut, das du in dem Land, welches der Ewige, dein Gott, dir einzunehmen gibt, besitzen wirst, sollst du die Grenzen deines Nachbarn, die von den Alten gezogen worden sind, nicht von der Stelle rücken. • ¹⁵Ein einziger Zeuge soll nicht gültig sein gegen eine Person, das Verbrechen oder die Sünde mag sein von welcher Art man wolle. Durch die Aussage zweier oder dreier Zeugen muss

die Sache bekräftigt werden. ¹⁶Wenn ein falscher Zeuge gegen jemand aufgekommen ist, um ihn einer Übertretung zu beschuldigen, ¹⁷so sollen beide Männer, die den Rechtsstreit haben, vor dem Ewigen stehen, nämlich vor den Priestern und Richtern, die dann sein werden. ¹⁸Die Richter sollen genau untersuchen. Wenn der Zeuge falsch ausgesagt und gegen seinen Bruder falsches Zeugnis gegeben hat, ¹⁹dann sollt ihr ihm tun, was er seinem Bruder zu tun ersann, und den Bösewicht aus euch wegschaffen, ²⁰damit die übrigen es hören, sich fürchten und nicht mehr dergleichen böse Dinge vornehmen mögen bei dir. ²¹Du darfst nicht Schonung üben, denn Leben gehört für Leben, Auge für Auge, Zahn für Zahn, Hand für Hand, Fuß für Fuß. • **20** ¹Wenn du gegen deine Feinde zu Felde ziehst und siehst Ross und Wagen eines Volkes, das zahlreicher ist als du, so fürchte dich nicht vor ihnen, denn der Ewige, dein Gott, der dich aus Mizrajim geführt hat, steht dir bei. ²Wenn ihr nun zum Kampf herannaht, so soll der Priester hervortreten, das Volk anreden ³und zu ihnen sagen: ›Höre Jisrael! Ihr zieht jetzt gegen eure Feinde in den Krieg. Euer Herz verzage nicht. Fürchtet euch nicht! Seid nicht mutlos oder niedergeschlagen vor ihnen! ⁴Denn der Ewige, euer Gott, ist es, der mit euch geht, um für euch mit euren Feinden zu streiten und euch Hilfe zu leisten.‹ ⁵Hierauf sollen die Amtleute folgende Anrede an das Volk halten: ›Der Mann, der ein Haus neu erbaut und noch nicht bezogen hat, der gehe und kehre um nach Hause, dass er nicht im Krieg umkomme und ein anderer es beziehe. ⁶Der Mann, der einen Weinberg gepflanzt und die erste Weinlese noch nicht gehalten hat, der gehe und kehre um nach Hause, dass er nicht im Krieg umkomme und ein anderer die erste Weinlese halte. ⁷Der Mann, der sich mit einer Frau verlobt hat, die Heirat aber nicht vollzogen hat, der gehe und kehre um nach Hause, dass er nicht im Krieg umkomme und ein anderer sie heirate.‹ ⁸Die Amtleute sollen fortfahren an das Volk zu reden, und sprechen: ›Der Mann, der furchtsam und verzagten Herzens ist, der gehe und kehre um nach Hause, dass er das Herz seiner Brüder nicht so feige mache, wie das seinige ist.‹ ⁹Wenn die Amtleute ihre Rede an das Volk beendet haben, dann sollen einige Heerführer an die Spitze des Volkes treten und die Musterung vornehmen. •

¹⁰Wenn du vor eine Stadt kommst, um sie zu bekriegen, so musst du ihr zuerst den Frieden anbieten. ¹¹Antwortet sie dir nun auch friedlich und öffnet sich dir, dann soll alles Volk, das darin gefunden wird, dir zinsbar und untertan sein. ¹²Will sie sich aber nicht friedlich ergeben, sondern mit dir streiten, so belagere sie. ¹³Wenn sie dir der Ewige, dein Gott, in deine Hand gibt, dann bringe alles Männliche in derselben mit dem Schwert um, ¹⁴Frauen aber, Kinder, Vieh und was sonst in der Stadt als Beute anzutreffen ist, kannst du plündern und die Beute der Feinde, die dir der Ewige, dein Gott, in die Hände geliefert hat, verzehren. ¹⁵So sollst du verfahren mit den Städten der Völker, welche sehr weit von dir entfernt sind und nicht zu den Städten dieser Völker hier gehören. ¹⁶Hingegen in den Städten dieser Völker, welche der Ewige, dein Gott, dir zum Erbgut gibt, sollst du keine Seele am Leben lassen, ¹⁷sondern alle bannen: den Chiti, Emori, Kenaani, Perisi, Chiwi und Jewusi, wie der Ewige, dein Gott, es dir geboten hat, ¹⁸damit sie euch nicht lehren, solche Gräuel auszuüben, wie sie ihren Göttern zu Ehren ausgeübt haben, wodurch ihr euch gegen den Ewigen, euren Gott, versündigen würdet. • ¹⁹Wenn du vor einer Stadt lange Zeit liegen musst, um sie zu bekriegen und zu erobern, so sollst du die Bäume nicht verderben und mit der Axt daran fahren, denn du kannst ja Früchte davon genießen und musst sie also nicht ausrotten. Ist denn das Holz auf dem Feld wie ein Mensch, den man durch Bollwerk einschränken muss? (Die Bäume sind ja nicht eure Feinde, denen ihr zu schaden suchen müsst). ²⁰Doch solch ein Baum, von welchem du versichert bist, dass er nichts Essbares trägt, den kannst du verderben und umhauen, um ein Bollwerk um die Stadt zu bauen, die mit dir Krieg führt, bis sie daniederliegt.ף

21 ¹Wenn man in dem Land, das der Ewige, dein Gott, dir zum Besitz geben will, einen Erschlagenen findet, der auf dem Feld liegt, ohne dass man weiß, wer ihn erschlagen hat, ²dann sollen deine Ältesten und Richter hinausgehen und die Strecke bis an die Städte messen, die um den Erschlagenen herum liegen. ³Welche Stadt nun die nächste an dem Erschlagenen ist, deren Älteste sollen ein Rindskalb nehmen, welches noch nicht zur Arbeit gebraucht worden ist und an keinem Joch gezogen hat. ⁴Diese Kuh sollen die Ältesten der Stadt in einen harten Talgrund führen, der nicht bearbeitet und besät werden kann, und ihr hier das Genick brechen. ⁵Dann sollen die Priester aus dem Stamm Levi hinzutreten. (Denn sie hat der Ewige, dein Gott, erwählt, um seinen Dienst zu versehen und in seinem Namen den Segen auszusprechen, und nach ihrem Ausspruch werden alle Streitsachen und Verletzungen entschieden.) ⁶Und alle Ältesten derjenigen Stadt, welche dem Erschlagenen am nächsten ist, sollen über der Kuh, der im Tal das Genick gebrochen worden ist, die Hände waschen,

Maftir

⁷und (diese, nämlich die Ältesten) sollen zueinander sprechen: ›Unsere Hände haben dieses Blut nicht vergossen und unsere Augen es nicht gesehen‹, ⁸(jene, nämlich die Priester, erwidern): ›Vergib, o Ewiger, dem Volk Jisrael, das du erlöst hast, und rechne es ihm nicht als unschuldig vergossenes Blut zu.‹ Alsdann ist ihnen dieses Blut versöhnt. ⁹Du aber hast auf diese Weise die Anklage unschuldigen Blutes von dir weggeschafft, wenn du das getan, was in den Augen des Ewigen recht ist. •

Haftarat Schoftim: Jesaja 51,12-52,12 (S. 538)

Psalm des Schabbat nach Seder Avodat Israel: Ps 17

49. Ki Teze (Dtn 21,10-25,19)

[INHALT: Sozialgesetzgebung (Erstgeburt, ungehorsamer Sohn, Jungfräulichkeit, Ehebruch, Vergewaltigung) * Tierschutz * Das Vogelnest * Gebäuderichtlinien * Heiligkeit des Lagers Israels * Scheidung * dem Ochsen, der drischt, sollst du nicht das Maul verbinden * Schwagerehe (Levirat) * Amalek]

Erster / Jahr I

¹⁰**Wenn du** gegen Feinde zu Felde **ziehst** *(ki teze)*, der Ewige, dein Gott, ihn dir in deine Hand gibt, dass du von ihm Gefangene wegführst, ¹¹du unter den Gefangenen eine weibliche Person von schöner Gestalt erblickst und du Lust zu ihr hast, sie dir zur Frau zu nehmen, ¹²so sollst du sie vorher in dein Haus bringen, daselbst soll sie sich ihr Haupthaar abscheeren und die Nägel schneiden, ¹³das Kleid ihrer Gefangenschaft ablegen, in deinem Hause bleiben und einen Monat lang ihren Vater und ihre Mutter beweinen. Alsdann kannst du zu ihr kommen, ihr beiwohnen und sie deine Frau sein lassen. ¹⁴Wenn du aber keinen Gefallen mehr an ihr finden solltest, dann musst du sie verabschieden und sich selbst überlassen. Verkaufen darfst du sie nicht. Du darfst sie nicht zur Sklavin machen, weil du sie geschwächt hast. • ¹⁵Wenn ein Mann zwei Frauen hat, die eine wird geliebt, die andere gehasst, und beide gebären ihm Söhne, die geliebte und die gehasste, aber so, dass der Erstgeborene der Sohn der Verhassten ist, ¹⁶und die Zeit kommt, dass er seinen Kindern verteilen will, was er als Vermögen hat, dann kann er den Sohn der Geliebten nicht zum Erstgeborenen machen und dem wirklichen erstgeborenen Sohn der Gehassten vorziehen, ¹⁷sondern muss den Erstgeborenen der verhassten Frau anerkennen, um ihm von allem, was vorhanden ist, einen zweifachen Anteil zu geben. Denn dieser ist Erstling seiner Kraft, ihm gebührt das Recht der Erstgeburt. • ¹⁸Wenn jemand einen ungehorsamen, widerspenstigen Sohn hat, der der Stimme seines Vaters und seiner Mutter nicht gehorcht, sie haben ihn auch

gezüchtigt und er will dennoch nicht gehorchen, [19]dann sollen ihn Vater und Mutter ergreifen und vor die Ältesten der Stadt in das Tor seines Ortes bringen [20]und zu den Ältesten seiner Stadt sprechen: ›Dieser unser Sohn ist ungehorsam und widerspenstig, will uns nicht folgen, ist ein liederlicher Schlemmer und Trunkenbold.‹ [21]Dann sollen ihn alle Leute der Stadt mit Steinen zu Tode werfen. Auf solche Weise sollst du den Bösewicht aus deiner Mitte schaffen, damit es ganz Jisrael höre und sich fürchte. •

Zweiter

[22]Wenn jemand ein Verbrechen begangen hat, worauf die Todesstrafe steht, und wird hingerichtet und an ein Holz gehängt, [23]dann soll sein Leichnam nicht über Nacht am Holz bleiben, sondern du musst ihn am selben Tag begraben, denn ein Gehängter ist eine Geringschätzung Gottes und du darfst das Erdreich, das der Ewige, dein Gott, dir zum Besitz gibt, nicht verunreinigen. • **22** [1]Wenn du deines Bruders Ochse oder Schaf siehst, das sich verlaufen hat, so darfst du dich ihnen nicht entziehen, sondern sollst sie zu deinem Bruder zurückführen. [2]Ist aber dein Bruder von dir entfernt oder du weißt nicht, wem es gehört, so nimm es zu dir in dein Haus und lass es bei dir sein, bis dein Bruder danach fragt, damit du es ihm wiedergeben kannst. [3]Ebenso sollst du tun mit seinem Esel, ebenso mit seinem Gewand, ebenso mit allem Verlorenen, das deinem Bruder von Händen gekommen und von dir gefunden worden ist. Du kannst dich nicht entziehen. • [4]Siehst du deines Bruders Esel oder seinen Ochsen auf dem Weg hinfallen, so darfst du dich ihnen nicht entziehen, sondern musst ihm helfen, sich aufzurichten. • [5]Keine weibliche Person soll Geräte eines Mannes tragen und keine männliche Person das Gewand einer Frau antun, denn wer dies tut, ist ein Gräuel vor dem Ewigen, deinem Gott.ק

[6]Wenn du auf dem Weg auf ein Vogelnest mit Küchlein oder Eiern stößt am Baum oder auf der Erde, wo die Mutter auf den Küchlein oder Eiern sitzt, dann sollst du nicht beide, die Mutter samt den Jungen, ausheben. [7]Die Mutter musst du fliegen lassen und die Jungen kannst du dir nehmen, damit es dir wohlergehe und du lange lebest. •

Dritter / Jahr II

⁸Wenn du ein neues Haus baust, so mach ein Geländer oben um die Altane, damit du nicht Blutschuld auf dein Haus bringst, wenn etwa jemand herunterfiele. ⁹Du sollst deinen Weinberg nicht mit vermischten Arten besäen, sonst würde sowohl die Frucht des Samens, den du aussäst, als auch der Ertrag des Weinbergs dir verboten sein. • ¹⁰Du sollst nicht mit einem Ochsen und einem Esel zugleich ackern. ¹¹Du sollst kein Gewebe tragen, worin Wolle und Leinen vermischt ist. • ¹²Schnüre sollst du dir machen an den vier Ecken deines Mantels, mit welchem du dich bedeckst. • ¹³Wenn jemand eine Frau nimmt und wohnt ihr bei, wird ihr aber nachher gram, ¹⁴legt ihr falsche Beschuldigungen auf und bringt sie in üblen Ruf, spricht nämlich: ›Diese Frau habe ich genommen, und als ich mich zu ihr begab, fand ich das Zeichen der Jungfernschaft nicht‹ ¹⁵dann sollen der Vater und die Mutter der Jungfrau die Beweise ihrer Jungfernschaft nehmen und vor die Ältesten der Stadt ins Tor bringen. ¹⁶Der Vater der Jungfrau soll zu den Ältesten sprechen: ›Meine Tochter habe ich diesem Mann zur Frau gegeben. Er ist ihr aber gram geworden. ¹⁷Nunmehr bürdet er ihr falsche Beschuldigungen auf und spricht: ›Ich habe bei deiner Tochter das Zeichen der Jungfernschaft nicht gefunden.‹ Hier aber sind die Beweise von meiner Tochter Jungfernschaft.‹ Hiermit soll man das Betttuch vor den Ältesten der Stadt ausbreiten. ¹⁸Dann sollen die Ältesten der Stadt sich den Mann vornehmen und ihn züchtigen, ¹⁹außerdem auch um hundert Schekel bestrafen und sie dem Vater der Jungfrau geben, darum dass er eine Jungfrau in Israel in schlechten Ruf gebracht hat, auch muss sie seine Frau bleiben und er soll sie zeitlebens nicht verstoßen können. • ²⁰Wäre es aber wahr, dass bei der Jungfrau die Zeichen der Jungfernschaft nicht gefunden worden wären, ²¹so soll man die Jungfrau vor die Haustür ihres Vaters führen und die Stadtleute sollen sie zu Tode steinigen, dass sie die Schandtat begangen hat, in ihres Vaters Haus Unzucht zu treiben. So sollst du das Böse aus deiner Mitte wegschaffen. • ²²Wenn jemand entdeckt wird, der bei einer Frau schläft, die einen Ehemann hat, so sollen sie beide sterben, der Mann, welcher bei der Frau geschlafen hat, samt der Frau. So sollst du das Böse von Jisrael wegschaffen. • ²³Wenn ein

jungfräuliches Mädchen mit jemanden verlobt ist, es findet sie aber ein anderer in der Stadt und schläft bei ihr, [24]dann sollt ihr sie beide in das Tor derselben Stadt führen und mit Steinen zu Tode werfen, das Mädchen, weil es nicht um Hilfe gerufen hat, weil es in der Stadt geschah, und den Mann, weil er die Frau seines Nächsten geschwächt hat. Das Böse musst du von dir wegschaffen. • [25]Hat aber der Mann das verlobte Mädchen auf dem Feld angetroffen, sie ergriffen und bei ihr geschlafen, so soll der Mann, der bei ihr gelegen hat, allein sterben. [26]Dem Mädchen aber sollst du nichts tun. Das Mädchen hat den Tod nicht verschuldet. Denn eben so, als wenn jemand über seinen Mitmenschen herfiele und brächte ihn um, so ist dies auch. [27]Er traf sie auf dem Feld an, die verlobte Jungfrau kann wohl gerufen haben, ohne dass ihr jemand zu Hilfe kommen konnte. • [28]Wenn jemand ein jungfräuliches Mädchen, das nicht verlobt ist, antrifft, ergreift und mit ihr schläft und sie werden entdeckt, [29]dann soll der Mann, der mit dem Mädchen geschlafen hat, ihrem Vater fünfzig Schekel Silber geben und sie soll seine Frau sein, weil er sie geschwächt hat. Er soll sie sein Leben lang nicht verstoßen können.¶

23 [1]Niemand soll seines Vaters Frau heiraten und seines Vaters Decke aufdecken (d.h. die Ehrerbietigkeit gegen seinen Vater verletzen). • [2]Wer zerriebene oder ausgeschnittene Hoden hat, soll nicht in die Gemeinde des Ewigen kommen. • [3]Ein Schandfleck (der in Ehebruch oder Blutschande erzeugt worden ist) soll nicht in die Gemeinde des Ewigen kommen, selbst nach dem zehnten Glied soll er nicht in die Gemeinde des Ewigen kommen können. • [4]Kein Amoni oder Moawi soll in die Gemeinde des Ewigen kommen, selbst nach dem zehnten Glied soll nimmermehr jemand von ihnen in die Gemeinde des Ewigen kommen, [5]weil sie euch nicht entgegengekommen sind mit Brot und Wasser auf dem Weg, als ihr aus Mizrajim gingt, und weil er den Bil'am, Sohn Beors aus Petor in Aram Naharajim, gegen dich gedungen hat, um dich zu verfluchen. [6]Aber der Ewige, dein Gott, wollte dem Bil'am kein Gehör geben und verwandelte dessen Fluch in Segen, denn der Ewige, dein Gott, liebt dich. ⁷Darum sollst du niemals ihr Glück und Wohl zu befördern suchen, dein Leben lang. •

Vierter

⁸Den Adomi sollst du nicht scheuen, denn er ist dein Bruder. Den Mizri sollst du nicht scheuen, den du bist ein Fremdling in seinem Land gewesen. ⁹Die Kinder, die sie im dritten Glied zeugen, sollen in die Gemeinde des Ewigen kommen können. • ¹⁰Wenn du in einem Lager gegen die Feinde zu Felde liegst, dann musst du dich vor allem Schädlichen hüten. ¹¹Wenn jemand durch nächtlichen Zufall unrein geworden ist, so muss er hinaus vor das Lager gehen und darf nicht wieder hineinkommen. ¹²Gegen Abend soll er sich baden, und wenn die Sonne untergeht, darf er wieder ins Lager kommen. ¹³Draußen vor dem Lager sollst du eine Gelegenheit haben, dahin du zur Not gehen kannst, ¹⁴und du sollst neben deiner Feldrüstung auch ein Schäuflein haben. Wenn du nun außerhalb des Lagers dich setzen willst, sollst du damit graben und hernach zuscharren, was von dir gegangen ist, ¹⁵denn der Ewige, dein Gott, wandelt in deinem Lager, um dir Hilfe zu leisten und deine Feinde dir in die Hände zu liefern. Darum muss dein Lager heilig gehalten werden, damit er nicht etwas Unanständiges bei dir gewahr werde und sich von dir abkehre. • ¹⁶Du sollst keinen Knecht seinem Herrn ausliefern, der bei dir vor seinem Herrn Schutz sucht. ¹⁷Lass ihn bei dir wohnen, an welchem Ort es ihm gefällt, in einer deiner Städte, wo es ihm beliebt. Du sollst ihn nicht bedrücken. • ¹⁸Unter den Töchtern Jisraels soll keine öffentliche Hure und unter den Söhnen Jisraels kein öffentlicher Hurer geduldet werden. ¹⁹Keinen Hurenlohn noch Hundegeld sollst du in das Haus des Ewigen, deines Gottes, als ein Gelübde bringen, denn beides ist dem Ewigen, deinem Gott, ein Gräuel. • ²⁰Du sollst von deinem Bruder keinen Zins nehmen, weder von Geld noch von Frucht noch sonst ein Zins, der zum Schaden gereicht. ²¹Von einem Ausländer darfst du Zinsen nehmen, aber nicht von deinem Bruder, damit der Ewige dich in dem Land, dahin du kommst, um es zu besitzen, in allem deinem Gewerbe segne. • ²²Wenn du dem Ewigen, deinem Gott, ein Gelübde machst, so versäume die Zeit nicht, solches zu entrich-

ten, denn der Ewige, dein Gott, fordert es von dir und es wird dir zur Sünde gerechnet. [23]Wenn du das Geloben unterlässst, tust du keine Sünde. [24]Was aber einmal von deinen Lippen gegangen ist, musst du sorgfältig beachten, so wie du dem Ewigen, deinem Gott, freiwillig gelobt hast, nämlich mit dem Mund gesprochen hast. •

Fünfter

[25]Wenn du in deines Nächsten Weinberg kommst, so kannst du Trauben essen, so viel du willst, bis du satt bist, aber in dein Gefäß darfst du nichts tun. • [26]Wenn du in deines Nächsten Saatfeld kommst, so kannst du mit der Hand Ähren abrupfen, aber die Sichel darfst du nicht an deines Nächsten Saat bringen. • **24** [1]Wenn jemand eine Frau nimmt und ehelicht, sie verliert aber nachher seine Gunst, indem er etwas Schändliches an ihr wahrgenommen hat, er ihr einen Scheidebrief schreibt, ihr in die Hand gibt und sie aus seinem Haus lässt, [2]sie verlässt sein Haus, geht hin und wird eines anderen Frau, [3]dieser zweite Mann wird ihr auch gram, schreibt ihr einen Scheidebrief, gibt solchen ihr in die Hand und lässt sie aus seinem Haus, oder der zweite Mann stirbt, der sie zur Frau genommen hat, [4]dann darf sie der erste Mann, der sie von sich gelassen hat, nicht wieder zu sich nehmen, dass sie seine Frau werde, nachdem sie sich hat verunreinigen lassen, denn dies ist vor dem Ewigen ein Gräuel und du sollst das Land, das dir der Ewige, dein Gott, zum Besitz gibt, nicht mit Sünden beflecken. •

Sechster

[5]Wenn jemand kürzlich eine Frau genommen hat, so soll er nicht mit dem Heer zu Felde ziehn, auch zu keinem anderen öffentlichen Dienst angehalten werden. Ein ganzes Jahr soll er für sein Haus frei sein, damit er die Frau, die er geheiratet hat, erfreue. [6]Man soll den unteren oder oberen Mühlenstein nicht als Pfand nehmen, denn das hieße, das Leben als Pfand zu nehmen. • [7]Wird jemand entdeckt, der eine Person von seinen Brüdern, nämlich von den Kindern Jisraels, gestohlen, zum Sklaven gemacht und verkauft hat, dann soll der Dieb

sterben. Das Böse sollst du von dir wegschaffen.　•　⁸Sei sorgfältig bei der Plage des Aussatzes, alles genau zu beachten und zu befolgen. Wie euch die Priester aus dem Stamm Levi nach meiner Verordnung unterweisen werden, so sollt ihr zu tun bedacht sein. ⁹Denke daran, was der Ewige, dein Gott, der Mirjam getan hat auf dem Weg, als ihr aus Mizrajim gingt.　•　¹⁰Wenn du deinem Nächsten etwas als Darlehen gegeben hast, so darfst du nicht zu ihm ins Haus gehen, um ihm ein Pfand abzunehmen. ¹¹Draußen sollst du stehen bleiben und der Mann, dem du leihst, soll dir das Pfand herausbringen. ¹²Wenn er ein armer Mann ist, sollst du dich nicht niederlegen und das Pfand bei dir behalten, ¹³sondern mit Sonnenuntergang ihm das Pfand wiedergeben, damit er unter seiner Decke schlafe und dich segne. Dir wird es von dem Ewigen, deinem Gott, als Almosen gerechnet werden.　•

Siebter / Jahr III

¹⁴Dem armen und dürftigen Tagelöhner, er sei von deinen Brüdern oder ein Fremder, der in deinem Land und in deinem Tor wohnt, sollst du den Lohn nicht vorenthalten. ¹⁵Am selben Tag sollst du ihm seinen Lohn geben, dass die Sonne nicht darüber untergehe, denn er ist arm und wartet mit Verlangen auf den Lohn, damit er nicht über dich zum Ewigen riefe und es dir zur Sünde gerechnet werde.　•　¹⁶Eltern sollen nicht für Kinder und Kinder nicht für Eltern hingerichtet werden. Jeder soll für sein eigenes Verbrechen hingerichtet werden.　•　¹⁷Das Recht des Fremden und der Waise sollst du nicht beugen und von einer Witwe nicht das Kleid zum Pfand nehmen. ¹⁸Bedenke, dass du ein Sklave gewesen bist in Mizrajim und der Ewige, dein Gott, hat dich von dort erlöst. Darum befehle ich dir, so zu tun.　•　¹⁹Wenn du auf deinem Ackerfelde erntest und vergisst daselbst eine Garbe, so kehre nicht um, dieselbe zu holen, sondern lass sie dem Fremden, der Waise und der Witwe stehen, damit dich der Ewige, dein Gott, in allen deinen Verrichtungen segne.　•　²⁰Wenn du deinen Ölbaum schüttelst, so pflücke nicht nach. Lass solches dem Fremden, der Waise und der Witwe stehen. ²¹Wenn du eine Weinlese hältst, so stelle keine Nachlese an. Lass es dem Fremden, der Waise und der Witwe stehen. ²²Bedenke, dass du ein Sklave gewesen bist in

Mizrajim. Darum befehle ich dir, so zu handeln. • **25** ¹Wenn Leute einen Streit miteinander haben und kommen vor Gericht, wo sie gerichtet werden, man spricht den Gerechten los und verurteilt den Ungerechten, ²wenn nun der Ungerechte Geißelzucht verdient, so soll ihn der Richter in seiner Gegenwart hinlegen und ihm nach seinem Verbrechen eine bestimmte Anzahl Geißelschläge geben lassen. ³Vierzig Streiche soll er ihm geben lassen, aber nicht mehr, damit er nicht über diese Zahl zu sehr geißeln lasse und dein Bruder vor deinen Augen gar zu verächtlich gehalten werde. • ⁴Verbinde dem Ochsen das Maul nicht, wenn er drischt. ⁵Wenn Brüder zusammen wohnen und einer von ihnen stirbt, ohne einen Sohn zu hinterlassen, so soll die Frau des Verstorbenen keinen Fremden außerhalb der Familie heiraten. Ihr Schwager soll ihr beiwohnen, sie zur Frau nehmen und die Bruderehe vollziehen. ⁶Der erste Sohn, den sie gebärt, soll den Namen des verstorbenen Bruders beibehalten, damit dessen Name nicht in Jisrael untergehe. ⁷Will aber der Mann seine Schwägerin nicht heiraten, so geht sie hinauf ins Tor zu den Ältesten und spricht: ›Mein Schwager weigert sich, seines Bruders Namen in Jisrael zu erhalten. Er will mich nicht zur Bruderehe.‹ ⁸Die Ältesten der Stadt sollen ihn rufen lassen und mit ihm reden. Wenn er dann auftritt und spricht: ›Ich mag sie nicht nehmen‹, ⁹dann trete die Schwägerin hinzu im Angesicht der Ältesten, ziehe ihm den Schuh vom Fuß ab, speie vor ihm aus und spreche: ›So geschehe demjenigen, der seines Bruders Haus nicht erbauen will!‹ ¹⁰Alsdann soll er in Jisrael den Namen führen ›das Haus des Barfüßers‹ • ¹¹Wenn zwei Männer im Zank heftig aneinander geraten und die Frau des einen will ihren Mann von der Hand des Schlägers retten, geht hin und ergreift diesen bei der Scham, ¹²so haue ihr ohne Verschonen die Hand ab. • ¹³Halte in deiner Tasche nicht zweierlei Gewicht, großes und kleines. ¹⁴Halte in deinem Hause nicht zweierlei Scheffel, großen und kleinen. ¹⁵Volles und richtiges Gewicht wie auch volles und richtiges Maß sollst du haben, damit du lange auf dem Erdreich lebest, das der Ewige, dein Gott, dir gibt. ¹⁶Denn welcher dies tut, wer Ungerechtigkeit verübt, ist dem Ewigen, deinem Gott, ein Gräuel.¶

Maftir

Maftir für Schabbat Sachor

¹⁷Denke daran, was dir Amalek getan hat auf dem Weg, als ihr aus Mizrajim zogt, ¹⁸wie er dich auf dem Wege überfiel und hinter dir her die Schwachen erschlug, die zurückbleiben mussten, eben als du verschmachtet und müde warst, und fürchtete Gott nicht. ¹⁹Wenn dir nun der Ewige, dein Gott, in dem Land, das er dir zum Besitz geben will, von allen deinen Feinden umher Ruhe verschafft haben wird, sollst du das Andenken Amaleks austilgen unter dem Himmel. Dies vergiss nicht.⸗

Zur Haftara für Schabbat Sachor.

Haftarat Ki Teze: Jesaja 54,1-10 (S. 540)

Psalm des Schabbat nach Seder Avodat Israel: Ps 32

50. Ki Tawo (Dtn 26,1-29,8)

*[INHALT: Bikkurim (die ersten Früchte/ Schawuot) * Aufschreiben der Tora * Mahnungen und Verwarnungen]*

26 ¹**Wenn du** in das Land **kommst** *(ki tawo)*, das der Ewige, dein Gott, dir zum Erbgut geben wird, du es eingenommen und besetzt haben wirst, ²dann sollst du von den ersten Landfrüchten allerlei Art, die du von dem Land einbringst, das der Ewige, dein Gott, dir gibt, nehmen, in einen Korb legen, damit an den Ort hingehen, den der Ewige, dein Gott, erwählen wird, um seinen Namen daselbst residieren zu lassen, ³und zu dem Priester kommen, der zu der Zeit sein wird, und zu ihm sprechen: ›Ich komme hiermit, um vor dem Ewigen, deinem Gott, zu bekennen, dass ich in das Land gekommen bin, das der Ewige unseren Eltern geschworen hat uns zu geben.‹ ⁴Der Priester soll dir den Korb aus der Hand nehmen und vor dem Altar des Ewigen, deines Gottes, niedersetzen. ⁵Hierauf sollst du vor dem Ewigen, deinem Gott, folgende Rede halten: ›Mein Vater, der zu Aram wohnte, musste herumirren, zog nach Mizrajim, lebte daselbst als Fremdling mit einer kleinen Familie und wurde zu einer großen, mächtigen und zahlreichen Nation. ⁶Die Mizrajim aber behandelten uns übel, unterdrückten uns und legten uns schwere Arbeit auf. ⁷Wir schrien zu dem Ewigen, dem Gott unserer Vorfahren. Der Ewige erhörte unsere Stimme und hatte ein Einsehen in unser Elend, unsere Mühseligkeit und unsere Drangsal, ⁸führte uns aus Mizrajim heraus mit starker Hand, mit ausgestrecktem Arm, mit großer und furchtbarer Tat, durch Zeichen und Wunder, ⁹brachte uns an diesen Ort und gab uns dieses Land, ein Land, wo Milch und Honig fließt. ¹⁰Nunmehr bringe ich hiermit die ersten Früchte des Erdreichs dar, dass du, o Ewiger, mir gegeben hast.‹ Hiermit legst du es vor dem Ewigen, deinem Gott, nieder, betest feierlich an, ¹¹und alsdann sollst du vergnügt sein mit allem Guten, das der Ewige, dein Gott, dir und den Deinigen gegeben hat, du und der Levi nebst dem Fremdling, der bei dir wohnt. •

Zweiter / Jahr II

¹²Wenn du im dritten Jahr, das ist im Zehntjahr, alle Zehnten deines Einkommens völlig abgetragen hast und dem Lewi, dem Fremdling, der Waise und der Witwe gegeben hast, diese haben es in deinen Toren verzehrt und sich davon gesättigt, ¹³dann sollst du vor dem Ewigen, deinem Gott, sprechen: ›Ich habe das Heilige aus dem Hause weggeschafft. Ich habe auch solches dem Lewi, dem Fremdling, der Waise und der Witwe gegeben, ganz nach dem Gebot, das du mir geboten hast, ich habe von deinen Befehlen nichts übertreten und nichts vergessen, ¹⁴ich habe nichts davon in meiner Trauer verzehrt, nichts davon zu unreinem Gebrauch verwendet, auch dem Toten nichts davon gegeben. Ich bin der Stimme des Ewigen, meines Gottes, gehorsam gewesen. Ich habe alles getan, wie du es mir geboten hast. ¹⁵Schau herab von deiner heiligen Wohnung, vom Himmel, und segne dein Volk Jisrael und das Erdreich, das du uns gegeben hast, wie du es unseren Eltern geschworen hast, ein Land, wo Milch und Honig fließt.‹ •

Dritter

¹⁶An diesem heutigen Tage befiehlt dir der Ewige, dein Gott, alle diese Gesetze und Rechte zu beachten, dass du sie von ganzem Herzen und ganzer Seele auszuüben bedacht sein sollst. ¹⁷Du hast es heute bewirkt, dass der Ewige das gegenseitige Bündnis eingegangen ist, wie er dir Gott sei, du aber in seinen Wegen wandeln, seine Gesetze, Verordnungen und Rechte beachten und seiner Stimme gehorchen wollest, ¹⁸so wie der Ewige von seiner Seite bewirkt hat, dass du darauf eingegangen bist sein eigentümliches Volk zu sein, wie er es dir verheißen hat und seine Gebote alle zu beachten, ¹⁹dass er dich unter allen Nationen, die er gemacht hat, an Ruhm, Ansehen und Würde wolle die höchste und seiner Verheißung gemäß eine dem Ewigen, deinem Gott, heilige Nation sein lassen.«¶

27 ¹Mosche und die Ältesten Jisraels gaben dem Volk folgenden Befehl:»Bewahrt alle die Gebote, die ich euch heute gebiete. ²Wenn ihr über den Jarden hinüberkommt und das Land betretet, das der Ewige, dein Gott, dir geben will, so richte dir große Steine auf und überziehe sie mit Kalk. ³Sobald du hinübergegangen bist, schreibe darauf alle Worte dieser Lehre, so wirst du in das Land kommen, das der Ewige, dein Gott, dir gibt, ein Land, wo Milch und Honig fließt, wie es der Ewige, der Gott deiner Vorfahren, dir verheißen hat. ⁴Wenn ihr über den Jarden gegangen seid, dann richtet diese Steine, die ich euch jetzt befehle, auf dem Berge Ewal auf und überziehe sie mit Kalk. ⁵Daselbst baue dem Ewigen, deinem Gott, zu Ehren einen Altar aus Steinen. Bring aber kein eisernes Werkzeug daran. ⁶Aus ganzen Steinen sollst du den Altar des Ewigen, deines Gottes, bauen und auf demselben dem Ewigen, deinem Gott, zu Ehren Ganzopfer darbringen, ⁷auch Freudenopfer schlachten und daselbst verzehren und vor dem Ewigen, deinem Gott, vergnügt sein. ⁸Auf die Steine sollst du alle Worte dieser Lehre mit deutlicher Schrift verzeichnen.« • ⁹Ferner sprach Mosche und die Priester aus dem Stamm Levi zu der gesamten Nation:»Vernimm und merke es, Jisrael! Heute bist du eine dem Ewigen, deinem Gott, gewidmete Nation geworden. ¹⁰Du musst also der Stimme des Ewigen, deines Gottes, gehorchen und seine Gebote und Gesetze, die ich dir heute gebe, beachten.« •

¹¹Mosche gab dem Volk am selben Tag noch folgenden Befehl: ¹²»Folgende Stämme sollen auf dem Berg Gerisim stehen, um dem Volk den Segen zu erteilen, wenn ihr über den Jarden gegangen sein werdet: Schimon, Levi, Jehuda, Jissachar, Josef und Binjamin. ¹³Folgende aber sollen zur Verfluchung auf dem Berge Ewal stehen: Re'uwen, Gad, Ascher, Sewulun, Dan und Naftali. ¹⁴Die Levijim sollen mit lauter Stimme wechselsweise gegen jedermann von Jisrael ausrufen: • ¹⁵›Verflucht sei, wer ein gehauenes oder gegossenes Bild, einen Gräuel des Ewigen, ein Werk der Hände eines Künstlers verfertigt und an einen verborgenen Ort setzt.‹ Und das ganze Volk soll darauf antworten

und sprechen: ›Es werde wahr!‹ • *16)*Verflucht sei, wer Vater und Mutter verächtlich hält!‹ Und das Volk spreche: ›Es werde wahr!‹ •
*17)*Verflucht, wer seines Nächsten Grenze verrückt!‹ Und das Volk spreche: ›Es werde wahr!‹ • *18)*Verflucht, wer einen Blinden irreführt auf dem Weg!‹ Und das Volk spreche: ›Es werde wahr!‹ •
*19)*Verflucht, wer das Recht des Fremden, der Waise und der Witwe beugt!‹ Und das Volk spreche: ›Es werde wahr!‹ *20)*Verflucht, wer seines Vaters Frau beschläft, denn er deckt seines Vaters Kleid auf (handelt gegen die Ehrfurcht, die er seinem Vater schuldig ist)!‹ Und das Volk spreche: ›Es werde wahr!‹ • *21)*Verflucht, wer bei irgendeinem Vieh liegt!‹ Und das Volk spreche: ›Es werde wahr!‹ • *22)*Verflucht, wer mit seiner Schwester schläft, seines Vaters oder seiner Mutter Tochter!‹ Und das Volk spreche: ›Es werde wahr!‹ • *23)*Verflucht, wer mit seiner Schwiegermutter schläft!‹ Und das Volk spreche: ›Es werde wahr!‹ • *24)*Verflucht, wer seinen Nächsten heimlich schlägt!‹ Und das Volk spreche: ›Es werde wahr!‹ • *25)*Verflucht, wer Bestechung annimmt, um eine unschuldige Person zum Tod zu verurteilen!‹ Und das Volk spreche: ›Es werde wahr!‹ • *26)*Verflucht, wer die Worte dieser Lehre nicht annimmt, um sie zu beachten!‹ Und das Volk spreche: ›Es werde wahr!‹ ¶

28   *1*Wenn du nun der Stimme des Ewigen, deines Gottes, gehorchen und alle Gebote, die ich dir jetzt gebe, sorgfältig beachten wirst, so wird dich der Ewige, dein Gott, zur höchsten aller Nationen auf Erden machen. *2*Alle diese Segenswünsche werden über dich kommen und dich treffen, wenn du der Stimme des Ewigen, deines Gottes, gehorchen wirst: *3*Gesegnet wirst du sein in der Stadt und gesegnet auf dem Felde, *4*gesegnet die Frucht deines Leibes, die Frucht deines Erdreiches und die Frucht deines Viehs, die Zucht deiner Rinder und der Zuwachs deines Kleinviehs, *5*gesegnet dein Korb und dein Backtrog, *6*gesegnet wirst du sein, wenn du ankommst, und gesegnet, wenn du ausgehst.

Sechster

*7*Der Ewige wird machen, dass die Feinde, die gegen dich aufstehen, vor dir her geschlagen werden. Wenn sie auf einem Weg gegen dich ausziehen, werden sie in sieben Wegen vor dir fliehen. ⁸Auf des Ewigen Befehl wird der Segen kommen in deine Vorratskammern und in alles Gewerbe, das du dir vornimmst, sodass du in dem Land, das der Ewige, dein Gott, dir gibt, lauter Segen haben wirst. ⁹Der Ewige wird dich zu einer heiligen Nation aufrichten, wie er dir geschworen hat. Wenn du die Gebote des Ewigen, deines Gottes, beachtest und in seinen Wegen wandelst, ¹⁰werden alle Völker der Erde sehen, dass du nach dem Namen des Ewigen genannt wirst, und sich vor dir fürchten. ¹¹Der Ewige wird dir an allem Guten Überfluss geben, an Frucht deines Leibes, deines Viehs und deines Erdreichs, in dem Land, das der Ewige deinen Eltern geschworen hat dir zu geben. ¹²Der Ewige wird dir sein wohltätiges Behältnis, den Himmel, auftun, deinem Land zur rechten Zeit Regen geben und alles Werk deiner Hände segnen, sodass du vielen Völkern wirst vorschießen können und nichts zu borgen nötig haben wirst. ¹³Auf diese Weise wird dich der Ewige alle Zeit eine gebietende und niemals eine abhängige Nation sein lassen, du wirst immer die Oberhand haben und niemals unterliegen, so lange du die Gebote des Ewigen, die ich dir jetzt sorgfältig zu beachten gebe, befolgst ¹⁴und von den Worten, die ich dir heute gebiete, weder rechts noch links abweichst, um etwa anderen Göttern nachzuwandeln und ihnen zu dienen.ᶴ

Der Vortrag ist leise und schnell

¹⁵Wenn du aber der Stimme des Ewigen, deines Gottes, nicht gehorchst und seine Verordnungen und Gesetze, die ich dir jetzt vortrage, nicht genau beachtest, so werden alle diese Flüche über dich kommen und dich treffen. ¹⁶Du wirst verflucht sein in der Stadt und verflucht auf dem Feld, ¹⁷verflucht wird sein dein Korb und dein Backtrog, ¹⁸verflucht die Frucht deines Leibes und deines Erdreichs, die Zucht deiner Rinder und der Zuwachs deines Kleinviehs, ¹⁹verflucht wirst du sein bei deinem Ankommen und verflucht bei deinem Ausgehen. ²⁰Zu allem Gewerbe, das du dir vornimmst, wird der Ewige Unglück, Zerrüttung und Verderben senden, sodass du gar bald wirst aufgerieben werden und wirst zu Grunde gehen müssen, um der bösen Tat willen, dass du mich verlassen hast. ²¹Der Ewige wird dir die Pest anhängen,

die dich völlig ausrotten wird aus dem Land, das du einzunehmen ziehst. [22]Der Ewige wird dich mit Geschwulst, Entzündung, Fieber, Brand, Dürre, Schwindsucht und Gelbsucht plagen, die dich verfolgen werden, bis du zu Grunde gehst. [23]Der Himmel über deinem Haupt wird ehern und die Erde unter dir eisern sein. [24]Deinem Land wird der Ewige Staub und Sand statt Regen geben. Vom Himmel (aus der oberen Luft) wird er über dich herabfallen, bis du vertilgt wirst. [25]Vor deinem Feinde her wird der Ewige dich geschlagen werden lassen. Wenn du auf einem Weg gegen ihn ausziehst, wirst du in sieben Wegen vor ihm fliehen und wirst allen Reichen auf Erden zum Entsetzen werden. [26]Dein Leichnam wird allem Gevögel des Himmels und dem Vieh der Erde zur Speise dienen und niemand wird da sein, der sie verscheuche. [27]Der Ewige wird dich plagen mit den bösen Geschwüren von Mizrajim, mit Feuchtwarzen, Grind und Krätze, davon du nicht sollst heil werden können. [28]Er wird dich plagen mit Wahnsinn, Blindheit und Bestürzung. [29]Am hellen Mittag wirst du herumtappen wie ein Blinder im Finstern herumtappt und wirst auf allen deinen Wegen kein Glück haben. Unterdrückt und beraubt wirst du sein zu allen Zeiten und niemand wird dir helfen. [30]Du wirst dir eine Frau antrauen lassen und ein anderer wird mit ihr schlafen. Du wirst ein Haus bauen und nicht darin wohnen, einen Weinberg pflanzen und nicht die erste Weinlese halten. [31]Dein Ochse wird vor deinen Augen geschlachtet werden und du wirst nichts davon essen. Dein Esel wird vor deinem Angesicht mit Gewalt hinweggeführt und dir nicht wieder zurückgebracht werden. Dein Kleinvieh wird deiner Feinde Beute sein und dir wird niemand helfen. [32]Deine Söhne und Töchter werden einem anderen Volk preisgegeben sein, deine Augen werden zusehen und nach ihnen täglich schmachten, aber du wirst keine Macht haben. [33]Die Früchte deines Erdreichs und aller deiner Arbeit werden Leute genießen, die du nicht kennst. Du wirst zu allen Zeiten Unrecht und Gewalt leiden müssen. [34]Über diesen Anblick, der dir vor Augen sein wird, wirst du von Sinnen kommen. [35]Der Ewige wird dich mit bösen Geschwüren plagen an den Knien und Hüften, von der Fußsohle bis zum Scheitel, davon du nicht wirst geheilt werden könen. [36]Der Ewige wird dich und deinen König, den du über dich setzen wirst, unter ein Volk treiben, das du und deine Vorfahren nie gekannt haben. Da wirst du alsdann fremden Göttern dienen, von Holz und Stein. *37*Allen Völkern, unter welche der Ewige dich verstoßen wird, wirst du zum Erstaunen, zum Beispiel und zur Warnung sein. *38*Du wirst viel Samen auf den Acker bringen und wenig einsammeln, denn die Heuschrecken werden es abfressen. *39*Du wirst Weinberge pflanzen und bearbeiten, aber den Wein weder trinken noch einlegen, denn der Wurm wird ihn verzehren. *40*Ölbäume wirst du haben in allen deinen Grenzen, aber du wirst dich nicht mit Öl salben, denn dein Ölbaum wird die Beeren abwerfen. *41*Söhne und Töchter wirst du zeugen, aber nicht haben, denn sie werden in die Gefangenschaft gehen müssen. *42*Alle deine Bäume und Landfrüchte wird das Ungeziefer verderben. *43*Der Fremde, der sich bei dir aufhält, wird sich über dich immer mehr erheben und du wirst immer mehr herunterkommen. *44*Er wird dir leihen, du aber nicht ihm. Er wird der herrschende und du der abhängige Teil sein. *45*Alle diese Flüche werden über dich kommen, dich verfolgen und einholen, bis du vertilgt wirst, weil du der Stimme des Ewigen, deines Gottes, nicht hast gehorchen wollen, die Verordnungen und Gesetze zu beachten, die er dir vorgeschrieben hat. *46*Diese Flüche werden an dir und deinen Nachkommen zu ewigen Zeiten zum Zeichen und Beweis dienen. *47*Da du dem Ewigen, deinem Gott, nicht wolltest mit Vergnügen und fröhlichem Gemüte dienen, als du in allem Überflusse lebtest, *48*so wirst du nunmehr deinem Feind, dem dich der Ewige überliefern wird, in Hunger, Durst, Blöße und Mangel an allem dienen müssen. Dieser wird ein eisernes Joch dir auf den Hals legen, bis er dich vertilgt haben wird. *49*Der Ewige wird von ferne, vom Ende der Erde, ein Volk so schnell wie der Adler fliegt über dich herführen, ein Volk, dessen Sprache du nicht verstehen wirst, *50*ein freches Volk, das die Person des Alten nicht ansieht und sich des Jungen nicht erbarmt. *51*Dies wird die Frucht deines Viehs und deines Landes bis zu deiner Vertilgung verzehren. Es wird dir weder Getreide, Most noch Öl, weder Rinderzucht noch Junge des Kleinviehs übriglassen, sondern dich völlig zu Grunde richten. *52*In allen deinen Toren wird es dich belagern, bis die hohen und festen Mauern, auf welche du dich verlässt, in deinem Land daniederliegen werden. So wird es dich ängstigen in allen Toren deines Landes, das dir der Ewige, dein Gott, gegeben haben wird. ⁵³In der Belagerung und Enge, in welche dein Feind dich treiben wird, wirst du deine eigene Leibesfrucht, das Fleisch der Söhne und Töchter, die dir der Ewige, dein Gott gegeben haben wird, fressen müssen. ⁵⁴Der weichlichste und wollüstigste Mann unter euch wird gegen seinen Bruder, seine geliebte Frau und gegen die Kinder, die er übrig lässt, missgünstig sein ⁵⁵und keinem von ihnen von dem Fleisch seiner Kinder, das er verzehren wird, geben wollen, weil ihm sonst nichts übrig bleibt in der Belagerung und Enge, in welche dich der Feind in allen Toren bringen wird. ⁵⁶Die weichlichste und wollüstigste Frau, die aus Verzärtelung und Weichlichkeit ihre Fußsohlen niemals auf die Erde zu setzen versucht hat, wird gegen ihren geliebten Ehemann, ihren Sohn und ihre Tochter so missgünstig sein, ⁵⁷dass sie ihre Nachgeburt, die ihr aus dem Leibe kommt, und die Kinder, die sie gebärt, aus Mangel an allem heimlich auffressen wird in der Belagerung und Enge, in welche der Feind dich in deinen Toren bringen wird. ⁵⁸Wenn du nicht alle Worte dieser Lehre, die in diesem Buch verzeichnet sind, sorgfältig beachten wirst, diesen verherrlichten und furchtbaren Namen, den Ewigen, deinen Gott, zu fürchten, ⁵⁹so wird der Ewige dir und deinen Nachkommen außerordentliche Plagen schicken, schwere und anhaltende Plagen, böse und anhaltende Krankheiten, ⁶⁰alle Seuchen Mizrajims, vor welchen du dich scheust, wird er dir wieder zuwenden, dass sie dir anhängen, ⁶¹auch alle Arten von Krankheit und Plage, die in dem Buch dieser Lehre nicht erwähnt worden sind, wird der Ewige über dich kommen lassen bis zu deiner völligen Vertilgung. ⁶²Eine geringe Anzahl wird von euch übrig bleiben, obwohl ihr vorhin an Menge den Sternen im Himmel gleich wart, darum dass du der Stimme des Ewigen, deines Gottes, wirst ungehorsam gewesen sein. ⁶³So wie sich der Ewige zuvor freute, euch Gutes zu tun und euch zu vermehren, eben so wird er sich freuen, euch zu Grunde zu richten und zu vertilgen. Ihr werdet aus dem Erdreich, das du jetzt einzunehmen hinziehest, mit der Wurzel herausgerissen ⁶⁴und von dem Ewigen unter alle Völker vom einem Ende der Erde bis zum anderen verstreut werden, wo du fremden Göttern von Holz und Stein dienen wirst, die dir und deinen Vorfahren unbekannt waren. [65]Dazu wirst du unter diesen Völkern selbst keine bleibende Stätte und für deine Fußsohlen keinen Ruheplatz finden, sondern der Ewige, dein Gott, wird auch daselbst dein Herz unruhig, deine Augen verschmachtend und deine Seele voller Kummer sein lassen, [66]dein Leben wird dir gegenüberschweben, du wirst Nacht und Tag in Furcht sein und dein Leben niemals für gesichert halten. [67]Des Morgens wirst du sagen: ›Ach wäre es doch schon Abend!‹ und des Abends: ›Ach wäre es doch schon Morgen!‹ So voller Furcht wird dein Herz und so schrecklich der Anblick sein, den du vor Augen haben wirst. [68]Mit Schiffen voll wird der Ewige dich wieder nach Mizrajim führen lassen, auf dem Weg, davon ich dir versprochen hatte, du solltest ihn niemals wiedersehen. Daselbst werdet ihr euch euren Feinden zu Sklaven und Sklavinnen feilbieten, es wird aber kein Käufer da sein.« • [69]Dies sind die Worte des Bundes, den der Ewige dem Mosche befohlen hat mit den Kindern Jisraels im Land Moaw zu schließen, außer dem Bund, den er mit ihnen am Chorew geschlossen hatte.֍

Siebter

29 [1]Mosche hielt eine Rede an ganz Jisrael und sprach zu ihnen: »Ihr habt alles gesehen, was der Ewige in Mizrajim an Pharao, seinen Bedienten und seinem ganzen Land vor euren Augen getan hat, [2]die großen Versuchungen, davon du Augenzeuge warst, jene großen Zeichen und Wunderwerke. [3]Aber bis auf den heutigen Tag habt ihr durch göttliches Verhängnis kein Herz gezeigt, das verständig wäre, keine Augen, welche sehen, keine Ohren, welche hören. [4]Ich habe euch nun mehr vierzig Jahre in der Wüste herumgeführt. Die Kleider sind euch indessen nicht vom Leibe gefallen und die Schuhe nicht von den Füßen, [5]Brot habt ihr nicht gegessen, auch keinen Wein oder anderes starkes Getränke getrunken. Aus diesen Umständen sollt ihr erkennen dass ich, der Ewige , euer Gott bin.

Maftir

⁶Als ihr in dieser Gegend ankammt, zog Sichon, König zu Cheschbon, und Og, König zu Baschan, gegen uns zu Felde, doch wir schlugen sie, ⁷nahmen ihr Land ein und gaben es den Stämmen Re'uwen und Gad wie auch dem halben Stamm Menascheh zum Erbgut. ⁸Beachtet also die Worte dieses Bundes und handelt danach, so werdet ihr Glück haben in allem, was ihr euch vornehmt.⸗

Haftarat Ki Tawo: Jesaja 60,1-22 (S. 541)

Psalm des Schabbat nach Seder Avodat Israel: Ps 51

51. Nizawim (Dtn 29,9-30,20)　

[INHALT: *Öffentliche Lesung der Tora (Bund in Moaw)* * *Verpflichtung für die Zukunft* * *Die Zugänglichkeit der Tora]*

Erster / Jahr I

[9]**Ihr steht** *(nizawim)* jetzt alle vor dem Ewigen, eurem Gott, Stammhäupter der Geschlechter, Älteste und Amtleute, auch jeder gewöhnliche Mensch in Jisrael, [10]eure Kinder, Frauen und der Fremde, der im Lager bei euch ist, vom Holzhauer bis zum Wasserschöpfer, [11]dass du durch die Stücke des Bündnisses gehest (den Bund annehmest) und den Vereidigungsfluch (im Übertretungsfall) übernehmest, mit welchem der Ewige dich heute verpflichtet,

Zweiter

[12]um dich hiermit als sein Volk anzunehmen und dein Gott zu sein, wie er dir verheißen hat und deinen Vorfahren Awraham, Jizchak und Jaakow geschworen hat. [13]Nicht mit euch allein setze ich diesen Bund und diesen Vereidigungsfluch fest, [14]sondern mit dem, welcher hier vor dem Ewigen, unserem Gott, mit uns zugegen ist und auch mit demjenigen, der hier nicht zugegen ist.

Dritter

[15]Ihr erinnert euch noch, wie wir uns in Mizrajim aufgehalten haben und hernach zwischen verschiedenen Völkern gereist sind, die ihr angetroffen habt. [16]Ihr habt ihre Gräuel und die abscheulichen Götzenbilder von Holz, Stein, Silber und Gold, die sie hatten, gesehen. [17]Sollte etwa ein Mann oder eine Frau, ein Geschlecht oder Stamm unter euch sein, dessen Herz sich schon jetzt von dem Ewigen, unseren Gott, abgewandt hätte, den Göttern dieser Völker nachzuwandeln und ihnen zu dienen? Sollte eine Wurzel unter euch sein, die so giftiges und bitteres Kraut hervorbrächte? [18]Ein Mensch, der, wenn er diesen

Vereidigungsfluch hört, sich selbst im Herzen segnet und spricht:
›Mir wird es wohl sein, wenn ich dem Dünkel meines Herzens nach-
wandle und die Völlerei auf den Durst häufe (die natürliche Begierden mit Übermütigen vermehre)‹, [19]einem solchen wird der Ewige
nimmermehr vergeben wollen. Vielmehr wird der Zorn des Ewigen
und sein Eifer über einen solchen Mann rauchen, alle Verfluchung,
die in diesem Buch steht, wird sich auf ihn legen und der Ewige wird
seinen Namen unter dem Himmel austilgen. [20]Ihn wird er aus allen
Geschlechtern Jisraels zum Unglück aussondern, nach Inhalt aller
Vereidigungsflüche, die in diesem Buch der Lehre verzeichnet sind.
[21]In der spätesten Zukunft, wenn die Kinder, die nach euch leben
werden, und der Ausländer, der aus entferntem Land kommt, die
Plagen dieses Landes und die Seuchen wahrnehmen, mit welchen der
Ewige solches beladen hat, [22]den Erdboden, der durch den Brand wie
in Schwefel und Salz verwandelt ist, nicht besät werden kann, nichts
hervorbringt, auch nicht einmal Unkraut aufschießen lässt, und dem
Sedom, Amorah, Admah und Zewojim gleicht, die der Ewige im Zorn
und Grimm zerstört hat, [23]dann werden alle Völker fragen: ›Warum
hat der Ewige diesem Land so getan? Woher dieser große, grimmige
Zorn?‹ [24]Und man wird antworten: ›Weil sie den Bund verließen, den
der Ewige, der Gott ihrer Vorfahren, mit ihnen geschlossen hat, als er
sie aus dem Land Mizrajim führte, [25]sie hingingen, anderen Göttern
dienten und sie anbeteten, Götter, die sie nicht kannten, die er ihnen
auch nicht zugewiesen hat. [26]Darum ist der Zorn des Ewigen über
dieses Land so entbrannt, dass er alle Flüche auf dasselbe kommen
ließ, die in diesem Buch geschrieben stehn. [27]Darum stieß sie der
Ewige aus ihrem Land mit Zorn, Grimm und großer Ungnade und
warf[a] sie in ein anderes Land, wie es jetzt geschehen ist.‹ [28]Verbor-
gene Dinge sind dem Ewigen, unserem Gott, vorbehalten. Was aber
offenbar wird, geht[b] uns und unsere Kinder an, dass wir nämlich tun
sollen alle Worte dieser Lehre. •

---

a   Dtn 29,27: Ein Buchstabe in der Mitte dieses Wortes (wajaschlichem) – das lamed – ist
in einer Torarolle größer geschrieben.
b   Dtn 29,28: In einer Torarolle sind die beiden hebräischen Wörter lanu ulevanenu (»uns
und unsere Kinder«) punktiert.

Vierter (Zweiter) / Jahr II

30 ¹Wenn nun künftig alle diese Dinge eintreten, Segen und Fluch, wie ich sie dir vorgelegt habe, du nimmst es dir unter den Völkern, dahin dich der Ewige, dein Gott, verstoßen hat, zu Herzen, ²bekehrst dich zu dem Ewigen, deinem Gott, und gehorchst seiner Stimme, wie ich dir heute gebiete, du und deine Kinder, von ganzem Herzen und ganzer Seele, ³dann wird der Ewige, dein Gott, sich auch deiner erbarmen und dich aus der Gefangenschaft zurückführen. Aus allen Völkern, unter welche dich der Ewige, dein Gott, zerstreut hat, wird er dich wieder versammeln. ⁴Wärst du bis an das Ende des Himmels verstoßen, so würde dich der Ewige, dein Gott, von daher sammeln und holen, ⁵in das Land zurückbringen, das deine Vorfahren besessen haben, dass du es wieder besitzt, und wird dich glücklicher und zahlreicher machen, als es deine Vorfahren gewesen sind. ⁶Der Ewige, dein Gott, wird auch dein und deiner Nachkommen Herz beschneiden (die ausschweifenden Begierden und Neigungen des Herzens wie einen wilden Auswuchs ausrotten), dass du den Ewigen, deinen Gott, von ganzem Herzen und von ganzer Seele liebst, um deiner Erhaltung willen.

Fünfter (Dritter)

⁷All diese Verfluchungen aber wird der Ewige, dein Gott, auf deine Feinde und Hasser legen, die dich verfolgt haben. ⁸Du wirst alsdann fortfahren, der Stimme des Ewigen zu gehorchen und alle seine Gebote zu halten, die ich dir heute gebiete, ⁹und der Ewige, dein Gott, wird dir in allem deinem Vorhaben an Frucht deines Leibes, deines Viehs und deines Erdreichs im Guten einen Vorzug geben, denn er wird sich wieder freuen, dir wohlzutun, so wie er sich über deine Vorfahren gefreut hat, ¹⁰wenn du nämlich der Stimme des Ewigen, deines Gottes, gehorsam sein wirst und seine Gebote und Gesetze, die in diesem Buch der Lehre verzeichnet sind, beachten wirst und dich von ganzem Herzen und mit ganzer Seele zu dem Ewigen, deinem Gott, bekehren wirst. •

Sechster

¹¹Denn dieses Gebot, das ich dir jetzt gebe, ist dir nicht verborgen, auch nicht ferne. ¹²Es ist nicht im Himmel, dass du etwa sagen müsstest: ›Wer steigt für uns in den Himmel hinauf, um es herunterzuholen und uns bekannt zu machen, so wollen wir es halten.‹ ¹³Es ist auch nicht jenseits des Meeres, dass du etwa sagen müsstest: ›Wer reist für uns über das Meer, um solches herüberzuholen und uns bekannt zu machen, so wollen wir es halten.‹ ¹⁴Sondern das Wort ist dir ganz nahe. Du hast es im Mund und den Begriff davon im Herzen, wie solches zu beachten sei. •

Siebter (Vierter)

¹⁵Siehe, Ich lege dir jetzt Leben und Glück, Tod und Unglück vor. ¹⁶Denn ich habe dir geboten, den Ewigen, deinen Gott, zu lieben, in seinen Wegen zu wandeln und seine Gebote, Gesetze und Rechte zu halten, in welchem Falle du dein Leben erhalten und zunehmen wirst und der Ewige, dein Gott, dich in dem Land, dahin du gehst, um es einzunehmen, segnen wird. ¹⁷Wenn sich aber dein Herz abwenden und ungehorsam sein wird, wenn du auf Abwege gerätst, andere Götter anbetest und ihnen gottesdienstliche Ehre erzeigst,

Maftir

¹⁸dann verkündige ich euch hiermit, dass ihr umkommen und nicht lange in dem Land bleiben werdet, dahin du über den Jarden gehst, um solches einzunehmen. ¹⁹Himmel und Erde rufe ich hiermit zu Zeugen über euch an, dass ich dir Leben und Tod vorgelegt habe, Segen und Fluch. Wähle das Leben, damit du und deine Nachkommen erhalten bleiben. ²⁰Liebe den Ewigen, deinen Gott, gehorche seiner Stimme, halte dich an ihn, denn hierauf beruht deine Erhaltung und dein langes Leben, dass du auf dem Erdreich bleibst, welches der Ewige deinen Vorfahren Awraham, Jizchak und Jaakow geschworen hat ihnen zugeben.«¶

Haftarat Nizawim: Jesaja 61,10-63,9 (S. 543); auch wenn Nizawim und Wajelech zusammenfallen, wird diese Haftara gelesen.

Psalm des Schabbat nach Seder Avodat Israel: Ps 81

52. Wajelech (Dtn 31,1-30)

*[INHALT: Moses Abschied * Jehoschua * die Vorlesung der Tora]*

Erster / (Fortsetzung Dritter) / Jahr I

31 ^1Mosche **ging hin** *(wajelech)* und hielt noch ferner folgende Rede an ganz Jisrael. ²Er sprach zu ihnen:»Ich bin nunmehr hundertundzwanzig Jahre alt und kann nicht mehr vor euch aus und eingehen (also euer Anführer sein). Auch hat der Ewige zu mir gesagt:›Du sollst nicht über den Jarden gehen.‹ ³Der Ewige, dein Gott, wird selbst vor dir herziehen. Er wird diese Völker vor dir her vertilgen, dass du ihr Land in Besitz nehmest. Jehoschua wird euer Anführer sein, wie der Ewige gesprochen hat.

Zweiter

⁴Der Ewige wird ihnen (diesen Völkern) tun, wie er Sichon und Og, den beiden Königen von Emori, und ihrem Land getan, die er vertilgt hat. ⁵So wird der Ewige auch diese Nationen vor euch hingeben und ihr werdet mit ihnen verfahren nach dem Gebot, das ich euch gegeben habe. ⁶Seid beherzt und tapfer! Füchtet euch nicht und lasst euren Mut nicht sinken vor ihnen! Denn der Ewige, dein Gott, er selbst zieht mit dir. Er wird die Hand nicht von dir abziehen und dich nicht verlassen.« •

Dritter (Vierter) / Jahr III

⁷Dem Jehoschua rief Mosche zu und sagte ihm in Gegenwart ganz Jisraels:»Sei beherzt und tapfer, denn du wirst mit diesem Volk in das Land kommen, das der Ewige ihren Eltern geschworen hat ihnen zugeben, und du wirst sie daselbst einsetzen. ⁸Der Ewige selbst ist es, der vor dir herzieht, er wird dir beistehen, wird seine Hand nicht von

dir zurückziehen und dich nicht verlassen. Fürchte dich nicht und sei unerschrocken!« ⁹Mosche schrieb diese ganze Lehre auf, überlieferte sie den Priestern, den Söhnen Lewis, die des Ewigen Bundeslade trugen, und allen Ältesten von Jisrael

Vierter

¹⁰und gab ihnen dabei folgenden Befehl:»Am Ende von sieben Jahren, zur Zeit des Freijahres am Hüttenfest, ¹¹wenn ganz Jisrael vor dem Ewigen, deinem Gott, an den Ort kommt, den er erwählen wird zu erscheinen, sollst du diese Lehre im Beisein von ganz Jisrael laut vorlesen. ¹²Das ganze Volk musst du daselbst zusammenkommen lassen, Männer, Frauen und Kinder nebst dem Fremdling, der sich in deinen Toren aufhält, damit sie hören und lernen, vor dem Ewigen, eurem Gott, Ehrfurcht haben und alle Worte dieser Lehre auf das genauste beobachten ¹³und damit auch die Kinder, die noch unwissend sind, hören und lernen vor dem Ewigen, eurem Gott, Ehrfurcht zu haben, solange ihr in dem Land lebt, wohin ihr jetzt über den Jarden gehen werdet, um es einzunehmen.«¶

Fünfter (Sechster)

¹⁴Der Ewige sprach zu Mosche:»Nunmehr ist deine Zeit herangekommen, dass du sterbest. Ruf den Jehoschua und stellt euch beide in das Stiftszelt, dass ich ihm meine Befehle erteile.« Mosche und Jehoshua gingen hin und stellten sich in das Stiftszelt. ¹⁵Der Ewige erschien im Zelt in einer Wolkensäule. Die Wolkensäule stand am Eingang der Hütte ¹⁶und der Ewige sprach zu Mosche:»Wenn du bei deinen Vorfahren ruhen wirst, so wird einst dieses Volk sich auflehnen und den Göttern der barbarischen Einwohner des Landes, dahin es mitten unter sie kommt, nachbuhlen. Es wird mich verlassen und den Bund brechen, den ich mit ihm gemacht habe. ¹⁷Dann wird mein Zorn gegen es entflammen. Ich werde sie verlassen und mein Antlitz von ihnen abwenden. Es wird von anderen verzehrt werden, und wenn es denn von vielen Unglücksfällen und Drangsalen wird heimgesucht werden, so wird es dereinst zur Erkenntnis kommen und sprechen:

›Haben mich nicht alle diese Unglücksfälle betroffen, weil mein Gottt nicht mehr bei mir ist?‹ [18]Ich aber werde desselben Tages mein Antlitz vor ihm verbergen wegen all des Bösen, das es getan hat, dass es sich nämlich zu anderen Göttern gewendet hat. [19]Schreibt euch also folgenden Gesang auf, lehrt ihn die Kinder Jisraels, dass sie solchen auswendig lernen, damit mir dieser Gesang ein Zeuge sei gegen die Kinder Jisraels.

Sechster (Siebter)

[20]Denn ich werde das Volk in das Land bringen, das ich seinen Vorfahren zugeschworen habe, welches von Milch und Honig fließt, es wird daselbst im Überfluss zu essen haben und in Wollust leben und sich alsdann zu anderen Göttern wenden, um ihnen gottesdienstliche Ehre zu erzeigen, es wird mir Verdruss machen wollen und seinen Bund brechen. [21]Wenn es alsdann von großen Unglücksfällen und Drangsalen wird heimgesucht werden, so mag dieser Gesang als Zeuge gegen dasselbe sprechen, denn er wird von seinen Nachkommen niemals vergessen werden. Ich kenne gar wohl seine Neigung, die es schon jetzt gezeigt hat, bevor ich es noch in das Land bringe, das ich geschworen habe.« [22]Mosche schrieb also folgenden Gesang auf und lehrte ihn die Kinder Jisraels. [23]Jehoschua aber, dem Sohn Nuns, befahl er (der Ewige) und sprach: »Sei beherzt und tapfer, denn du sollst die Kinder Jisraels in das Land bringen, das ich ihnen zugeschworen habe, und ich will mit dir sein.« [24]Als Mosche die Worte dieser Lehre völlig aufgeschrieben hatte in ein Buch, bis zu ihrem Ende,

Siebter

[25]da gab er den Levijim, welche die Bundeslade des Ewigen trugen, folgenden Befehl: [26]»Nehmt dieses Buch der Lehre, legt es zur Seite der Bundeslade des Ewigen, eures Gottes, wo es Zeuge gegen dich sein soll. [27]Denn ich kenne deine Widerspenstigkeit und Hartnäckigkeit. Da ihr euch jetzt, während ich lebe und mit euch bin, gegen den Ewigen widerspenstig bezeigt, wie viel mehr nach meinem Tod?

²⁸Versammelt alle Ältesten eurer Stämme und eure Amtleute zu mich. Ich will ihnen diese Worte vorlesen, und Himmel und Erde wird sie als Zeugen nehmen. ²⁹Mir ist wohl bekannt, dass ihr nach meinem Tod ins Verderben stürzen und von dem Weg abkommen werdet, den ich euch geboten habe. So wird euch denn das Unglück treffen in der späteren Zeit, wenn ihr tun werdet, was in den Augen des Ewigen böse ist und ihn beleidigen durch eurer Hände Arbeit.« ³⁰Mosche las der ganzen Versamlung Jisraels folgenden Gesang vor bis zum Ende.❡

Haftarat Wajelech: Jesaja 55,6-56,8 (S. 545); wenn es nicht Schabbat Schuwa ist (S. 556).

Psalm des Schabbat nach Seder Avodat Israel: Ps 65

53. Ha'asinu (Dtn 32,1-52)

*[INHALT: Moses Lied * Mose schaut das Land]*

32 ¹**Höret** *(ha'asinu)* ihr Himmel, ich rede!
Erde vernimm meines Mundes Worte!
²Meine Lehre triefe wie Regen
meine Rede fließe wie Tau,
wie Sturmgüsse aufs Grüne,
wie Platzregen aufs Gras.
³Wenn ich des Ewigen Namen anrufe,
erkennt die Größe unseres Gottes.
⁴Der Felsenschutz! Sein Tun ist ohne Fehl,
denn recht ist all sein Verfahren.
Ein Gott der Treue ohne Krümme,
gerecht und redlich ist er.
⁵Der Schandfleck seiner Kinder, ist er ihm?
O nein! Ihnen zum Verderben. Verkehrtes tückisches Geschlecht!
⁶Dankstᵃ du so dem Ewigen,
nichtswürdiges, unweises Volk?
Ist er nicht dein Vater, der dich erworben,
der dich gemacht, der dich bereitet hat?

⁷Gedenke der uralten Zeiten
betrachtet die Jahre voriger Geschlechter!
Frag deinen Vater, er wird dir verkündigen,

---

a   *Dtn 32,6: Der erste Buchstabe dieses Verses, heh, wird in einer Torarolle groß geschrieben und vom Rest des Wortes abgesetzt.*

deine Alten, sie werdens dir sagen:
8Als der Höchste Nationen einsetzte,
   als er die Söhne Adams verteilte,
setzte er die Grenzen der Völker
   nach Anzahl der Kinder Jisraels.
9Denn des Ewigen Anteil ist sein Volk.
   Jaakow, die Schnur seines Erbreichs.
10Er stand ihm bei in wüstem Lande,
   in der Einöde grässlichen Geheuls,
umringt es, gibt Acht darauf,
   bewahrt es wie das Augenbild.
11Wie der Adler sein Nest bewacht,
   über seinen Jungen schwebt,
breitet seine Flügel aus,
   nimmt und trägt es hoch auf seinen Schwingen,
12so führt der Ewige dies Volk,
   er allein, kein fremder Gott mit ihm.

Dritter

13Er ließ ihn die Höhen des Erdballs ersteigen,
   die Früchte der Felder verzehren,
Honig aus dem Felsen saugen,
   Öl aus hartem Kiesel,
14Rahm von Kühen, Milch von Schafen,
   feiste Lämmer, Widder Baschans
und Böcke mit dem Nierenfett vom Weizen.
   Du trankest Wein   von Traubenblut.
15Da Jeschurun fett wurde, schlug es aus
   – du wurdest feist und dick und wohlbeleibt!–.
Es verließ den Gott, der es gemacht,
   verachtete den Felsen seines Heils,
16ereifert ihn durch fremde Wesen,
   kränkt ihn durch Scheusale.
17Sie schlachten den Teufeln, Ungöttern,
   göttlichen Wesen, die sie nicht kannten,
Neuankömmlingen seit kurzem,

TISCHRI   **437**

die eure Eltern nie gefürchtet,
[18]dachtest an den Felsen nicht, der dich gebar,
vergaßest[a] Gott, der dich hervorgebracht.

Vierter

[19]Dies sah der Ewige, ergrimmte,
gekränkt von seinen Söhnen und Töchtern.
[20]Sprach:»Mein Antlitz will ich ihnen verbergen
und sehen, was ihr Ende sei!
Denn sie sind verkehrter Art,
Kinder ohne Redlichkeit.
[21]Sie reizten mich mit Ungöttern,
kränkten mich mit ihrem Aberglauben.
Ich reize sie mit einem Unvolk,
kränke sie mit unverständigem Gesindel.
[22]Entglommen ist das Feuer meines Zorns,
brennt bis in die unterste Hölle,
verzehrt Erdreich und Gewächs,
entzündet der Berge Grundfesten.
[23]Alles Unglück will ich über sie verhängen,
meine Pfeile gegen sie verschießen alle,
[24]von Hunger verschmachtet, vom Fieber verzehrt
und von giftgen Seuchen.
Den Zahn des Raubtiers reize ich gegen sie
samt dem Grimm der Kriechenden im Staube.
[25]Draußen soll das Schwert aufreiben
und in den Zimmern Todesangst
den Jüngling und die Jungfrau,
den Säugling und den grauen Alten.
[26]Ich dachte: ›Vernichten will ich sie,
ihr Andenken unter Menschen vertilgen.‹
[27]Doch ich scheue die Kränkung des Feindes,
die Gegner würden die Wahrheit verkennen,

---

a Dtn 32,18: *Der letzte Buchstabe dieses Wortes (teschi), ein jod, wird in einer Torarolle klein geschrieben.*

würden sprechen: ›Unsere Macht ist hoch,
　　der Ewige tat dies alles nicht.‹
²⁸Denn es ist ein Volk von schädlichen Anschlägen,
　　und keine Vernunft ist bei ihnen.

Fünfter

²⁹Wären sie weise, sie würden bedenken
　　und den Ausgang überlegen.
³⁰Wie könnte einer tausend jagen,
　　zwei Myriaden flüchtig machen,
hätt' ihr Felsenschutz sie nicht verkauft,
　　der Ewige sie nicht preisgegeben?
³¹Ihr Felsen ist ja nicht wie unser Fels,
　　selbst unsre Feinde mögen Richter sein!
³²Ihr Weinstock ist der Weinstock Sedoms
　　und vom verderbten Gefilde Amorah.
Ihre Beeren giftiger Art,
　　sie tragen vergiftende Trauben.
³³Wut der Drachen ist ihr Wein,
　　grausame Galle der Ottern.
³⁴In meinem Ratschluss liegt verborgen,
　　in meinen Schätzen liegt versiegelt,
³⁵mein ist Rächen und Vergelten,
　　wenn ihr Fuß wird gleiten sollen.
Denn ihr Unglückstag wird kommen,
　　ihre Zukunft eilt herbei.
³⁶Wenn der Ewige seines Volkes sich annimt
　　und wegen seiner Diener sich bedenkt,
Wenn er sieht, dass alle Macht zerronnen,
　　dahin ist Bewahrtes und Befestigtes,
³⁷dann wird er sprechen: »Wo sind nun ihre Götter,
　　der Felsenschutz, auf den sie trauten?«
³⁸Die ihrer Opfer Fett verzehrten
　　und tranken ihren Opferwein,
sie mögen aufstehn und euch helfen,
　　mögen euch Bedeckung sein.

TISCHRI

³⁹Erkennt nun, dass ich, ich allein es bin,
und neben mir kein Gott.
Ich kann töten und beleben,
kann verwunden und auch heilen.
Von meiner Hand errettet niemand.

Sechster

⁴⁰Ich hebe meine Hand gen Himmel empor
und spreche: ›So wahr ich ewig lebe!
⁴¹Wenn ich mein blitzendes Schwert gewetzt,
wenn meine Hand nach Gerechtigkeit greift,
so übe ich Rache an meinen Gegnern
und vergelte meinen Hassern,
⁴²mache mein Geschoss vom Blute trunken,
mein Schwert soll Fleisch verzehren,
von Erschlagener und Gefangener Blut,
vom entblößtem Schädel des Feindes.‹
⁴³Heiden! Preist glücklich sein Volk!
Denn er rächt seiner Diener Blut,
übt Rache an seinen Gegnern,
ist dem Erdreiche und dem Volk versöhnt.«¶

Siebter

⁴⁴Mosche kam und trug alle Worte dieses Gesanges der Nation vor, er und Hoschea, Sohn Nuns. ⁴⁵Als er diese Worte an die ganze Nation ausgeredet hatte, ⁴⁶setzte er hinzu:»Nehmt die Reden wohl zu Herzen, mit welchen ich euch heute vermahnt habe, damit ihr sie euren Kindern einschärft, dass sie sie bewahren und tun nach den Worten dieser Lehre. ⁴⁷Denn es ist keine Sache, daran euch etwa wenig gelegen ist, sondern euer glückliches Leben hängt davon ab und nur dadurch könnt ihr in dem Land lange bleiben, welches einzunehmen ihr jetzt über den Jarden gehen werdet.«¶

Maftir

⁴⁸An ebendiesem Tage sprach der Ewige zu Mosche: ⁴⁹»Geh auf das Gebirge Awarim, auf den Berg Newo, der im Land Moaw gegenüber

von Jericho liegt, und besieh das Land Kenaan, welches ich den Kindern Jisraels zum Eigentum geben will. ⁵⁰Auf diesem Berg, den du besteigst, sollst du alsdann sterben und zu deinem Volk eingetan werden, so wie Aharon auf dem Berge Hor gestorben und zu seinem Volk eingetan worden ist, ⁵¹weil ihr euch gegen mich vergangen habt mitten unter der Nation bei dem Streitwasser Kadesch in der Wüste Zin, indem ihr mich nicht verherrlicht habt vor den Kindern Jisraels. ⁵²So sollst du das Land von ferne sehen, aber nicht hinkommen in das Land, das ich den Kindern Jisraels geben will.«¶

Haftarat Ha'asinu: 2. Samuel 22,1-32 (S. 546); nicht jedoch an Schabbat Schuwa (S. 556).

Psalm des Schabbat nach Seder Avodat Israel: Ps 71

54. Wesot Habracha
(Dtn 33,1-34,12)

וְזֹאת הַבְּרָכָה

*[INHALT: Segen für die zwölf Stämme * Moses Tod * Moses Bedeutung]*

Erster / Jahr I, II und III (Diese Parascha wird an Simchat Tora gelesen.)

33 ¹**Dies ist der Segen** *(wesot habracha)*, welchen Mosche, der göttliche Mann, den Kindern Jisraels vor seinem Tod erteilte. ²Er sprach:»Ewiger!« — Von Sinai wandelte er einher, von Se'ir ging er ihnen auf, vom Berge Paran strahlte er und kam aus heiligen Myriaden, aus seiner Rechten Feuersglutreligion, ³welche die Völker verpflichtet, alle Heiligen in deine Gewalt, hingestreckt zu deinen Füßen empfangen sie dein Wort, ⁴die Lehre, die Mosche uns gebot zum Erbteil der Gemeinde Jaakows. ⁵Da wurde er König über Jeschurun, als die Häupter des Volkes versammelt, als einmütig waren die Stämme Jisraels —. ⁶ »O, dass Re'uwen glücklich lebe, niemals untergehe, dass seiner Mannschaft Anzahl sich erhalte!« • ⁷Und dies für Jehuda er sprach:»Erhöre, Ewiger, Jehudas Stimme, und bring ihn zu seiner Nation. Seine Macht sei ihm genug und du ihm Hilfe gegen den Feind.«¶

Zweiter

⁸Von Levi sprach er:»Deine Tumim und Urim geziemen dem Frommen, den du zu Massah versuchtest, mit dem du hadertest am Haderwasser. ⁹Der von Vater und Mutter spricht: ich sah ihn nicht. Der nicht kennt seine Brüder, nichts weiß von seinen Söhnen, — sie halten bloß dein Wort und hüten deinen Bund —, ¹⁰die nur unterweisen Jaakow in deine Rechte und Jisrael in deine Lehre, die nur legen Räucherwerk vor deine Nase, Ganzopfer auf deinen Altar. ¹¹Segne, Ewiger, sein Vermögen, lass dir sein Tun gefallen! Zerhau seiner Gegner Lenden, nie mögen seine Hasser aufkommen!« • ¹²Von Binjamin sprach er:»Des Ewigen Liebling! Durch ihn gesichert wird er ruhig wohnen. Er beschützt ihn alle Zeit, wohnt zwischen seinen Schultern.« •

Dritter

¹³Von Josef sprach er: »Von Gott gesegnet ist sein Land, fruchtbar durch den Tau des Himmels und Wässerung aus der Tiefe, ¹⁴mit Früchten, die die Sonne reift, mit Früchten von dem Trieb der Monde, ¹⁵mit den Gewürzen uralter Berge, mit den Früchten ewiger Hügel, ¹⁶mit Früchten eines segenvollen Landes, von der Gnade dessen, der mir im Dornbusch erschienen. Diese komme auf das Haupt Josefs, auf die Scheitel des Gekrönten unter den Brüdern. ¹⁷Sein erstgeborener Stier, von majestätischem Ansehn. Seine Hörner sind wie des Wildstiers Hörner, mit ihnen stößt er die Völker zuhauf bis an das Ende des Landes. Sie sind die Myriaden Efrajims und die Tausende des Stammes Menascheh.« •

Vierter

¹⁸Zu Sewulun sprach er: »Freu dich, Sewulun, bei deinem Auszug, und du, Jissachar, in deinen Hütten. ¹⁹Sie laden Völker ein zum Berge. Dort schlachten sie schuldlose Opfer. Denn sie saugen Überfluss der Meere und verborgene Schätze des Sandes.« • ²⁰Zu Gad sprach er: »Gelobt sei, der Gad weite Grenzen gab. Er legt sich hin wie eine Löwin, verzehrt Arm und Scheitel. ²¹Schon hat er den Anfang sich ersehn zum Erbteil vom Gesetzgeber, den er verehrt, zieht dem Volke voran, übt Gerechtigkeit des Ewigen, erfüllt gegen Jisrael seine Pflicht.« •

Fünfter

²²Von Dan sprach er: »Dan ist wie ein junger Löwe, der vom Baschan herabspringt.« ²³Von Naftali sprach er: »Naftali hat des Ewigen Gnade und seines Segens Überfluss. Abend und Mittag ist sein Besitz.« • ²⁴Von Ascher sprach er: »Von allen Söhnen wird Ascher gesegnet, beliebt bei seinen Brüdern, tunkt seinen Fuß in Öl. ²⁵Eisen und Erz sei dein Riegel! Dein Alter sei wie deine Jugend. ²⁶Nichts gleicht deinem Gott, Jeschurun! Die Himmel regiert er, dir zu helfen, lenkt mit seiner erhabenen Macht die Wolken.

Sechster

²⁷— Die Wohnung des uralten Gottes — und die ewigen Arme der Unterwelt, treibt Feinde vor dir aus, spricht: ›Rotte aus!‹« ²⁸Und Jisrael

wohnt sicher, abgesondert Jaakows Quelle, in einem Land von Korn und Most, dessen Himmel triefen von Tau. [29]Wohl dir Jisrael! Wer ist dir gleich? Volk, dem der Ewige Beistand leistet! Er ist deiner Hilfe Schild, ist deiner erhabenen Siege Schwert. Deine Feinde schmeicheln dir, du trittst einher auf ihren Höhen.« •

Siebter

34 [1]Mosche ging hierauf von der Ebene Moaws auf den Berg Newo, die Spitze des Pisgah, welche gegenüber von Jericho liegt. Und der Ewige ließ ihn das ganze Land sehen, Gil'ad bis Dan, [2]ganz Naftali, das Land Efrajim und Menascheh und das ganze Land Jehudah bis an das äußerste Meer, [3]die mittäglichen Länder, den Kreis des Jardens, das Tal von Jericho, der Palmenstadt, bis Zoar. [4]Und der Ewige sprach zu ihm: »Dies ist das Land, von dem ich Awraham, Jizchak und Jaakow geschworen habe und gesagt: ›Deinem Samen will ich es geben.‹ Ich habe es dich mit deinen Augen sehen lassen, aber hinkommen sollst du nicht.« [5]So starb Mosche, Diener des Ewigen, im Land Moaw nach dem Befehl des Ewigen. [6]Er begrub ihn im Tal, im Land Moaw, gegenüber von Bet Peor, und niemand hat bis auf diesen Tag sein Grabmal wahrgenommen. [7]Mosche war hundertundzwanzig Jahr alt, als er starb. Sein Auge war nicht dunkel und die Lebenssäfte hatten nicht abgenommen. [8]Die Kinder Jisraels weinten um Mosche in der Ebene Moaws dreißig Tage. Dann war die Trauerzeit um Mosche zu Ende. [9]Jehoschua, Sohn Nuns, war mit dem Geist der Weisheit erfüllt, denn Mosche hatte seine Hände auf ihn gelegt. Die Kinder Jisraels gehorchten und folgten ihm, wie es der Ewige dem Mosche befohlen hatte. [10]Es stand aber in Jisrael kein Prophet wieder auf, wie Mosche war, mit dem der Ewige von Antlitz zu Antlitz umgegangen wäre, [11]in Ansehung der Zeichen und Wunder, die ihn der Ewige gesandt hatte, sie in dem Land Mizrajim auszuführen gegen Pharao, seine Diener und sein ganzes Land [12]und in Ansehung aller mächtigen und fürchterlichen Taten, die Mosche getan hat vor den Augen ganz Jisraels.ׁׁׁׁ

CHASAK

Haftarat Wesot Habracha: Josua 1,1-18 (S. 549)

Psalm des Schabbat nach Seder Avodat Israel: Ps 12

Prophetenlesungen

HAFTAROT/PROPHETEN

1. Haftarat Bereschit (Jesaja 42,5-43,10)

[Zu Parascha Bereschit *(S. 3)*]

42 ⁵So spricht Gott, der Ewige, der den Himmel erschaffen und ihn ausgespannt hat, der die Erde ausgedehnt hat mit ihren Sprößlingen, der Atem gibt allen Geschöpfen auf ihr, Lebenshauch denen, die auf ihr wandeln: ⁶Ich, der Ewige, berufe dich zum Heil und fasse deine Hand. Ich schütze dich und setzte dich ein zum Volk meines Bundes, zum Licht von Nationen, ⁷um blinde Augen zu öffnen, um den Gefesselten aus dem Kerker herauszuführen, die Bewohner der Finsternis aus dem Gefängnishaus. ⁸Ich, der Ewige, das ist mein Name, und meine Herrlichkeit gebe ich keinem anderen, meinen Ruhm nicht den Götzenbildern. ⁹Siehe, das Frühere ist eingetroffen und ich verkünde Neues. Ehe es hervorkeimt, mache ich es euch kund. ¹⁰Singt dem Ewigen ein neues Lied, (verkündet) seinen Ruhm am Ende der Erde, ihr alle, die ihr das Meer befahrt und was es erfüllt, die Inseln und ihre Bewohner! ¹¹Laut möge die Wüste jubeln und ihre Städte, die Gehöfte, die der Araber bewohnt. Es mögen jauchzen die Bewohner der Felsen, vom Gipfel der Berge her werden sie aufschreien. ¹²Sie geben dem Ewigen die Ehre und seinen Ruhm verkünden sie den Inseln. ¹³Der Ewige zieht aus wie ein Held, wie ein Kriegsmann entfacht er Eifer, er lärmt, erhebt auch Kriegsgeschrei, erweist sich mächtig gegen seine Feinde. ¹⁴Ich habe lange geschwiegen, war still, hielt mich zurück. Nun aber will ich wie eine Gebärende schreien, schnaufen und anschnauben unaufhörlich. ¹⁵Ich will verwüsten Berge und Hügel, all ihr Grün vertrocknen lassen. Ich lasse Ströme sich in Inseln verwandeln und Teiche trockne ich aus. ¹⁶Ich führe Blinde auf einem Weg, den sie nicht gekannt, auf unbekannten Bahnen leite ich sie. Ich verwandle Finsternis vor ihnen in Licht und Krümmungen in Ebenen. Das sind Dinge, die ich oft getan habe und auch jetzt nicht unterlassen werde. ¹⁷Alle, die auf ein Bild vertrauen, treten zurück.

Beschämt sind die, die zum Gußwerk sprechen: »Ihr seid unsere Götter«. ¹⁸Ihr Tauben hört und ihr Blinden schaut auf, dass ihr seht! ¹⁹Wer ist blind, wenn nicht mein Knecht, wer ist so taub wie mein Bote, den ich gesandt habe? Wer ist so blind wie der, der mir ergeben sein sollte, so blind wie der Knecht des Ewigen? ²⁰Vieles schaust du, aber beachtest es nicht. Mit offenen Ohren hört er nicht. ²¹Um seiner Liebe willen begehrt der Ewige seine Lehre groß zu machen und zu verherrlichen. ¶

Sefardim enden hier.

²²Aber es ist ein beraubtes, geplündertes Volk, verweht in Höhlen liegen sie alle und in Gefängnissen sind sie versteckt. Sie sind zur Beute geworden und niemand rettet, sind geplündert und niemand spricht: »Gib zurück!« ²³Wer unter euch mag solches vernehmen, hören und aufhorchen für die Zukunft? ²⁴Wer hat Jaakow der Plünderung preisgegegen und Jisrael den Räubern? Doch nur der Ewige, gegen den wir gesündigt und in dessen Wegen sie nicht wandeln wollten und dessen Lehre sie nicht gehorchten. ²⁵Da schüttete er die Glut seines Zornes und des Krieges Gewalt über ihn aus. Es flammte auf rings um ihn herum. Er aber merkte nichts. Es brannte an ihm, er aber nahm es sich nicht zu Herzen.

43 ¹Nun aber, so spricht der Ewige, dein Schöpfer, Jaakow, und dein Bildner, Jisrael: Fürchte dich nicht, denn ich habe dich erlöst, dich beim Namen gerufen: Du gehört mir. ²Wenn du Gewässer durchschreitest, bin ich bei dir, und wenn (es) durch Ströme (geht), werden sie dich nicht überfluten. Wenn du durch Feuer gehst, wirst du nicht versengt werden und die Flamme brennt dich nicht an. ³Denn ich bin der Ewige, dein Gott, der Heilige Jisraels, dein Retter. Ich gab Mizrajim als dein Lösegeld, Nubien und Abessinien an deiner Statt. ⁴Weil du teuer bist in meinen Augen und geehrt und weil ich dich liebe, gebe ich (viele andere) Menschen statt deiner hin, Nationen für dein Leben. ⁵Fürchte dich nicht, denn ich bin mit dir. Von Osten her bringe ich deine Kinder und von Westen her sammle ich dich. ⁶Ich befehle dem Norden: »Gib (die Kinder Jisraels) her«, und dem Süden: »Halte sie nicht zurück! Bringe meine Söhne aus der Ferne und meine

Töchter vom Ende der Erde, [7]jeden, der sich zu meinem Namen bekennt, den ich zu meiner Ehre geschaffen, gebildet und bereitet habe. [8]Gib sie heraus, Volk, das blind ist, aber Augen hat, Taube, obwohl sie Ohren haben.« [9]Alle Völker sind versammelt, die Nationen sind zusammengekommen; wer unter ihnen kann solches erzählen und uns die (kommenden Ereignisse) zuvor verkünden? Mögen sie ihre Zeugen bringen und sich rechtfertigen, und dann hören und sagen: Es ist wahr! [10]Ihr (Kinder Jisraels), ihr seid meine Zeugen, spricht der Ewige, und mein Knecht, den ich erwählt habe, damit ihr (Völker der Welt) erkennt und mir glaubt und einseht, dass ich es bin. Vor mir wurde kein Gott gebildet und nach mir wird keiner sein.

Zu den Lobsprüchen nach der Haftara (S. 655)

2. Haftarat Noach (Jesaja 54,1-55,5)

[Zu Parascha Noach *(S. 12)*]

54 [1]Jubele, die du wie eine Unfruchtbare bist, die nicht geboren hat. Brich in Jubel aus und jauchze, du, die einer gleicht, die nie gekreißt! Denn zahlreicher sind die Kinder der Einsamen als die Kinder der Erwählten, spricht der Ewige. [2]Erweitere den Raum deines Zeltes; spann die Vorhänge deiner Wohnung auseinander. Spare nicht, zieh lang die Seile und befestige deine Pflöcke. [3]Denn nach rechts und links wirst du dich ausbreiten. Deine Kinder werden Völker vertreiben und verödete Städte bevölkern. [4]Fürchte dich nicht, denn du wirst nicht zu Schanden werden. Sei nicht verschüchtert, denn du sollst nicht schamvoll erröten. Die Schmach deiner Jugend wirst du vergessen. Der Schande deines Witwentums wirst du nicht mehr gedenken. [5]Denn dein Schöpfer ist dein Gatte,»Gott, Herrscher aller Geschöpfe« ist sein Name, und »dein Erlöser«, »der Heilige Jisraels«, der einst der »Gott der ganzen Erde« genannt wird. [6]Wie eine verlassene Frau, die deswegen tief betrübt ist, hat dich der Ewige zurückgerufen; denn: »Sollte die Jugendgeliebte für immer verabscheut sein?« spricht dein

Gott. [7]»Für eine kleine Weile hatte ich dich verlassen, aber mit großer Barmherzigkeit nehme ich dich wieder auf. [8]In überschäumendem Zorn hatte ich mein Antlitz eine Weile vor dir verborgen, doch mit ewiger Huld erbarme ich mich deiner«, spricht dein Erlöser, der Ewige. [9]»Denn dies ist mir wie die Wasserflut Noachs. Da habe ich geschworen, das Wasser Noachs (die Sintflut) werde die Erde nie wieder überschwemmen. So habe ich auch geschworen, nie wieder über dich zu zürnen und dich nie wieder zu züchtigen. [10]Die Berge mögen weichen und die Hügel wanken, aber meine Huld wird niemals von dir weichen und mein Friedensbund nicht wanken«, spricht der Ewige, der sich deiner erbarmt. ٤

Sefardim enden hier.

[11]»Du Arme, Beunruhigte, Ungetröstete, siehe, ich lege in Bleiglanz deine Steine und gründe dich mit Saphiren. [12]Ich mache Rubine zu deinen Zinnen, deine Tore zu Karfunkelsteinen und dein ganzes Gebiet zu Edelsteinen. [13]Alle deine Kinder sind Zöglinge des Ewigen und groß ist das Heil deiner Kinder. [14]Durch Gerechtigkeit wirst du aufgerichtet werden. Bleib fern von Bedrückung, denn du hast nichts zu fürchten, und vom Schrecken, denn er naht dir nicht. [15]Nur der muss sich fürchten, der von mir abgefallen ist. Wer dir einst Schrecken eingeflößt hat, wird jetzt zu dir übergehen. [16]Ich habe den Schmied erschaffen, der in die Kohlenglut bläst und ein Werkzeug herausbringt für sein Geschäft, und ich habe den Verderber erschaffen, um zu vernichten. [17]Jedes Gerät, gegen dich geschmiedet, wird nichts ausrichten und jede Zunge, die gegen dich vor Gericht auftritt, wirst du schuldig sprechen. Dies ist der Anteil der Diener des Ewigen und ihr Verdienst von mir«, spricht der Ewige.

55 [1]»O all ihr Durstigen, geht zum Wasser, auch der, der kein Geld hat. Geht, schafft Vorrat und esst! Geht, schafft Vorrat ohne Geld, ohne Kaufpreis Wein und Milch. [2]Warum wägt ihr Geld ab, ohne Brot zu erhalten? Warum gebt ihr euren Erwerb für das, was nicht sättigt? Hört mir zu, ihr sollt Gutes genießen und eure Seele soll sich am Mark erquicken. [3]Neigt euer Ohr und kommt zu mir! Hört, und eure Seele soll aufleben! Ich will mit euch einen ewigen Bund schließen

– die bewährten Gnadenverheißungen Davids. ⁴Zum Verwarner der Völker habe ich ihn bestellt, zum Fürsten und Gebieter der Nationen. ⁵Ein Volk, das du nicht kennst, wirst du herbeirufen, und ein Volk, das dich nicht kannte, wird auf deinen Ruf zu dir hineilen, um des Ewigen, deines Gottes, willen und wegen des Heiligen Jisraels. Denn er hat dich verherrlicht. ⁶Sucht den Ewigen, da er sich finden lässt, ruft ihn an, da er nahe ist. ⁷Der Frevler verlasse seinen Wandel und der Schlechtgesinnte seine Gedanken; er kehre zum Ewigen zurück, der sich seiner erbarmen wird, zu unserem Gott, denn er wird viel vergeben.

Zu den Lobsprüchen nach der Haftara (S. 655).

3. Haftarat Lech Lecha (Jesaja 40,27-41,16)

[Zu Parascha Lech Lecha *(S. 21)*]

40 ²⁷Warum sprichst du, o Jaakow, und redest, du o Jisrael: »Mein Weg ist vor dem Ewigen verborgen, mein Recht geht an meinem Gott vorüber.« ²⁸Du hast es doch erfahren und gemerkt: Ein Gott für immerdar ist der Ewige, der die Enden der Erde erschaffen hat. Er ermattet nicht und ermüdet nicht. Grenzenlos ist seine Einsicht. ²⁹Dem Müden verleiht er Kraft und dem Ohnmächtigen gibt er große Stärke. ³⁰Junge Leute ermatten und ermüden und Jünglinge straucheln! ³¹Aber die, die auf den Ewigen hoffen, legen neue Kraft an, treiben Schwingen gleich den Adlern. Sie rennen und ermüden nicht. Sie gehen und ermatten nicht.

41 ¹Schweigt vor mir, ihr (Einwohner der fernen) Inseln und Völker, die neue Kraft schöpfen. Sie mögen herbeikommen, dann reden, zusammen wollen wir hintreten zum Gericht. ²Wer hat (Cyrus) von Osten herbeigerufen, wer ihn mit Sieg in seinem Gefolge berufen, um Völker vor ihm niederzuwerfen und Könige zu unterjochen? Sein Schwert macht alles zu Staub, sein Bogen (alles) zu wehenden

Stoppeln. ³Er verfolgt sie. Er zieht unversehrt einen Pfad, den sein
Fuß nie betreten. ⁴Wer hat es gewirkt und vollbracht? – Der, der die
Menschengeschlechter von Anbeginn an berief. Ich, der Ewige, bin
der Erste, und bei den Zukünftigen bin ich derselbe. ⁵Dies schauen
die (Einwohner der) fernen Inseln und schauern, die Enden der
Erde erzittern; sie nahen und kommen heran. ⁶Sie stehen einer dem
andern bei und jeder spricht zu seinem Genossen: »Sei stark!« ⁷Der
Schmied ermutigt den Schmelzer, und der, welcher mit dem Hammer
glättet, denjenigen, der den Amboss schlägt. Er sagt von der Lötung,
sie sei gut, und befestigt sie mit Nägeln, damit sie nicht wankt. ⁸Du
aber, Jisrael, mein Knecht, Jaakow, den ich erwählt habe, Nachkomme Awrahams, meines Freundes, ⁹du, den ich erwählt habe aus den
vornehmsten Völkern der Erde, – von ihren Edlen rief ich dich her
und sprach zu dir: »Mein Knecht bist du. Dich habe ich erwählt und
nicht verschmäht. ¹⁰Fürchte dich nicht, denn ich bin mit dir. Sei nicht
verzagt, denn ich bin dein Gott. Ich kräftige dich, auch steh ich dir
bei. Ich fasse dich mit meiner siegreichen Rechten.« ¹¹Zu Schanden
und zur Schmach werden alle, die dich reizen. Vernichtet und vertilgt
werden die, die mit dir streiten. ¹²Du wirst sie suchen und wirst sie
nicht finden, die, welche mit dir haderten. Zunichte und völlig verschwinden werden die, welche dich bekriegten. ¹³Denn ich, der Ewige,
dein Gott, fasse deine Rechte. Ich bin es, der zu dir spricht: »Fürchte
dich nicht, ich stehe dir bei. ¹⁴Fürchte nichts, Wurm Jaakow, Häuflein
Jisrael, ich stehe dir bei«, spricht der Ewige, dein Erlöser, der Heilige
Jisraels. ¹⁵Ich mache ich zu einem Dreschwagen, einem scharfen,
neuen, vielschneidigen: Du zerstampfst und zermalmst Berge, Hügel
machst du zu Spreu. ¹⁶Du streust sie hin und ein Wind entführt sie,
ein Sturm zerstiebt sie. Du aber frohlockst in dem Ewigen, rühmst
dich des Heiligen Jisraels.

Zu den Lobsprüchen nach der Haftara (S. 655)

4. Haftarat Wajera (2. Könige 4,1-37)

[Zu Parascha Wajera *(S. 30)*]

4 [1]Eine Frau von den Frauen der Prophetenjünger schrie einst zu Elischa und sprach:»Dein Knecht, mein Mann, ist gestorben. Du weißt, dass dein Knecht den Ewigen fürchtete. Nun ist der Schuldherr gekommen, um meine beiden Kinder (für die Schulden meines Mannes) als Sklaven zu nehmen.« [2]Elischa fragte sie:»Was soll ich für dich tun? – Sage mir, was hast du im Hause?« Sie antwortete:»Deine Dienerin hat nichts im Hause außer einer Salbenflasche mit Öl.« [3]Er sprach darauf:»Geh, borge dir draußen von all deinen Nachbarinnen leere Gefäße, spare nicht. [4]Dann geh hinein, verschließ die Tür hinter dir und hinter deinen Söhnen und gieße (Öl) in all diese Gefäße. Was voll ist, rücke hinweg.« [5]Sie ging (ins Haus), verschloss die Tür hinter sich und ihren Söhnen. Diese reichten ihr zu und sie goss (das Öl). [6]Als alle Gefäße voll waren, sprach sie zu ihrem Sohn:»Reiche mir noch ein Gefäß!« Aber er sagte:»Es ist kein Gefäß mehr da«. Da hörte das Öl auf zu fließen. [7]Sie ging und berichtete es dem Mann Gottes. Der riet ihr:»Geh, verkauf das Öl und bezahle damit dein Darlehen. Von dem Übrigen lebe, du mit deinen Söhnen.«

[8]Eines Tages ging Elischa nach Schunem. Dort lebte eine angesehene Frau. Sie nötigte ihn, bei ihr zu essen. Sooft er durch (die Stadt) zog, kehrte er dort ein, um zu essen. [9]Sie sprach eines Tages zu ihrem Mann:»Ich weiß, dass es ein heiliger Gottesmann ist, der oft bei uns einkehrt. [10]Lass uns doch ein kleines Obergemach an die Mauer machen. Wir wollen ihm ein Bett, einen Tisch, einen Stuhl und einen Leuchter darein setzen, damit, wenn er dann zu uns kommt, er dort einkehren möge." [11]Eines Tages kam er dorthin. Er kehrte im Obergemach ein und schlief dort. [12]Darauf sprach er zu seinem Diener Gehasi: «Ruf diese Schunammitin.« Er rief sie, und sie kam. [13](Elischa) beauftragte (den Diener), sie zu fragen:»Du hast dir unseretwegen all diese Unruhe gemacht, was kann man für dich tun? Brauchst du eine Fürsprache bei dem König oder bei dem Heerführer?« Sie antwortete:

453

»Unter meinen Stammverwandten wohne ich (und erfreue mich ihres Schutzes).« [14]Da fragte (der Prophet):»Was ist nun für sie zu tun?« Gehasi erwiderte:»Sie hat doch keinen Sohn und ihr Mann ist alt.« [15]Darauf befahl (der Prophet):»Ruf sie!« (Der Diener) rief sie und sie stand an der Tür. [16](Elischa) verhieß ihr:»Zu dieser Frist um dieselbe Zeit umarmst du einen Sohn.« Sie entgegnete:»Nicht doch, mein Herr, Mann Gottes, täusche nicht deine Dienerin.« [17]Aber die Frau wurde schwanger und gebar einen Sohn zu dieser Frist um dieselbe Zeit, wie Elischa ihr verheißen hatte. [18]Das Kind wuchs heran. Eines Tages ging es hinaus mit seinem Vater zu den Schnittern. [19]Plötzlich klagte es seinem Vater:»Mein Kopf! Mein Kopf!« Da sprach er zu einem Burschen:»Trage (das Kind) zu seiner Mutter.« [20]Er trug es und brachte es seiner Mutter. Es saß auf ihrem Schoß bis zum Mittag und starb dann. [21]Sie stieg hinauf und legte es auf das Bett des Gottesmannes, schloss hinter ihm zu, ging hinaus, [22]rief ihren Mann und sprach:»Schicke mir doch einen von den Burschen und eine Eselin, damit ich zu dem Gottes-mann eile und bald wiederkomme.« [23]Er fragte:»Warum willst du heute zu ihm gehen, heute ist doch weder Neumond noch Schabbat?« Sie erwiderte bloß »Schalom«. ¶

Sefardim enden hier.

[24]Sie ließ die Eselin satteln und sprach zu ihrem Burschen:»Treib an immerfort! Halte mich im Reiten nicht auf, als ob ich es dir gesagt hätte.« [25]Und so ging sie und kam zu dem Gottesmann an den Berg Karmel. Als der Gottesmann sie von fern erblickte, sprach er zu seinem Diener Gehasi:»Da kommt ja die Schunammitin! [26]Lauf ihr doch entgegen und frage sie:›Geht es dir gut? Geht es deinem Mann gut? Geht es dem Kind gut?‹« (Der Diener tat dies) und sie antwortete: »Alles wohlauf!« [27]Sie ging aber zu dem Gottesmann an den Berg und umfasste seine Füße. Da trat Gehasi herzu, um sie wegzustoßen. Aber der Gottesmann befahl:»Lass sie, denn ihr Gemüt ist betrübt. Der Ewige hat es vor mir verborgen und mir nicht gesagt (was ihr widerfahren ist).« [28]Darauf sprach sie:»Hab ich denn einen Sohn erbeten bei meinem Herrn? Hab ich nicht vielmehr gesagt: Mache mir keine trügerische Hoffnung?« [29](Der Prophet) befahl Gehasi:»Gürte deine Lenden, nimm deinen Stab in deine Hand und geh. Wenn

du jemanden triffst, grüß ihn nicht, und wenn dich jemand grüßt, antworte ihm nicht. Lege meinen Stab auf das Gesicht des Knaben.« [30]Da sprach die Mutter des Knaben: »So wahr der Ewige lebt und bei deinem Leben, ich lasse dich nicht.« Also machte er sich selbst auf und ging ihr nach. [31]Gehasi ging voraus vor ihnen her und legte den Stab auf das Gesicht des Knaben. Aber da war kein Laut und da war nichts zu vernehmen. Er kam zurück ihm entgegen und berichtete ihm: »Der Knabe ist nicht erwacht.« [32]Als Elischa ins Haus kam, lag der Knabe tot auf seinem Bett. [33]Er ging hinein, verschloss die Tür hinter ihnen beiden und betete zum Ewigen. [34]Er stieg hinauf und legte sich auf das Kind, Mund auf Mund, Augen auf Augen, Hände auf Hände und streckte sich so über ihn, bis der Körper des Kindes erwärmte. [35]Dann ging er wieder im Haus auf und ab, stieg wieder hinauf und streckte sich über ihn. Da nieste der Knabe siebenmal und der Knabe tat seine Augen auf. [36](Der Prophet) rief Gehasi und befahl: »Ruf diese Schunammitin!« Er rief sie und sie kam zu ihm. Da sprach (Elischa): »Nimm deinen Sohn auf!« [37]Da fiel sie zu seinen Füßen und verbeugte sich zur Erde und nahm ihren Sohn auf und ging hinaus.

Zu den Lobsprüchen nach der Haftara (S. 655)

5. Haftarat Chaje Sara (1. Könige 1,1-31)

[Zu Parascha Chaje Sara (S. 40)]

1 [1]Der König David war alt und betagt geworden. Sie bedeckten ihn mit Kleidern, aber es wurde ihm nicht warm. [2]Da sprachen seine Diener zu ihm: »Man suche für den König, unseren Herrn, ein jungfräuliches Mädchen, damit sie dem König aufwarte und ihm eine Pflegerin sei. Sie möge auch an deiner Brust liegen, damit es unserm Herrn, dem König, warm werde.« [3]Man suchte im ganzen Gebiet Jisraels nach einem schönen Mädchen und fand die Schunammitin Abischag und brachte sie dem König. [4]Das Mädchen war sehr schön. Also wurde sie dem König eine Pflegerin und bediente ihn. Der König aber kam ihr nicht sexuell nahe. [5]In jener Zeit erhob sich Adonija, der Sohn der Haggit, und dachte:»Ich werde (nach dem Tod meines Vaters) König sein.«Er schaffte sich Wagen und Reiter an sowie fünfzig Mann, die vor ihm herliefen. [6]Sein Vater hatte ihn im Leben nie gekränkt und etwa gesprochen:»Warum tust du solches?«Er war auch sehr schön von Gestalt. Er war als Zweiter geboren nach Abschalom (und rechnete nach dessen Tod auf die Thronfolge). [7]Er hatte sich verabredet mit Joaw, dem Sohn Zerujas, und mit dem Priester Ewjatar und sie unterstützten Adonija. [8]Doch der Priester Zadok sowie Benajahu, Sohn Jehojadas, und der Prophet Natan und Schimei und Re'i und die Helden Davids hielten es nicht mit Adonija. [9]Adonija schlachtete an dem Stein Sochelet, der neben En Rogel liegt, Schafe, Rinder und Mastkälber und lud dazu ein alle seine Brüder, die Söhne des Königs, und alle Männer Judas, die Diener des Königs. [10]Doch den Propheten Natan und Benajahu und die Helden und seinen Bruder Sch'lomo lud er nicht ein. [11]Da sprach Natan zu Batschewa, der Mutter Sch'lomos, so:»Du hast wohl gehört, dass Adonija, der Sohn der Haggit, König werden soll, ohne dass David, unser Herr, es weiß. [12]Komm, ich will dir einen Rat geben, damit du dein Leben und das Leben deines Sohnes Sch'lomo rettest. [13]Geh hinein zu König David und sprich zu ihm: ›Du hast doch, mein Herr und König, deiner Dienerin geschworen und gesprochen: Dein Sohn Sch'lomo wird nach mir König sein. Er wird auf meinem Thron sitzen! – Warum ist nun Adonija König geworden?‹ [14]Während du dort noch mit dem König redest, werde ich nachkommen und deine Reden bekräftigen.« [15]Da ging Batschewa zu dem König in das Gemach. Der König war damals sehr alt. Die Schunammitin Abischag bediente den König. [16]Batschewa verneigte sich und warf sich vor dem König nieder. Der König frage sie:»Was ist dir?« [17]Sie sprach zu ihm:»Mein Herr, du hast deiner Dienerin geschworen bei dem Ewigen, deinem Gott: Dein Sohn Sch'lomo wird König sein nach mir. Er wird auf meinem Thron sitzen. [18]Nun aber will Adonija König werden. Du mein Herr, o König, du weißt es wohl nicht. [19]Er hat eine Menge Stiere, Mastvieh und Schafe geschlachtet und dazu eingeladen alle Söhne des Königs und den Priester Ewjatar und den Heerführer Joaw. Doch deinen Knecht Sch'lomo hat er nicht eingeladen. *20*Auf dich aber, mein Herr, o König, sind die Augen ganz Jisraels gerichtet, dass du ihnen kund tust, wer sitzen soll auf dem Tron meines Herrn, des Königs, nach ihm. 21Wenn mein Herr, der König, sich dereinst zu seinen Vätern legen wird, werden ich und mein Sohn Sch'lomo dem Tod verfallen sein.« *22*Sie redete noch zu dem König, als der Prophet Natan kam. *23*Man meldete dem König:»Der Prophet Natan ist da.« Er kam vor den König und warf sich vor dem König auf sein Angesicht zur Erde. *24*Natan hob an:»Mein Herr und König, hast du angeordnet:›Adonija soll König sein nach mir, er soll sitzen auf meinem Thron?‹ *25*Denn er ist heute gegangen und hat eine Menge Stiere, Mastvieh und Schafe geschlachtet. Er hat alle Söhne des Königs eingeladen, die Oberen des Heeres und den Priester Ewjatar. Sie essen und trinken vor ihm und rufen:›Es lebe der König Adonija!‹ *26*Aber mich, deinen Knecht, und den Priester Zadok und Benajahu, den Sohn Jehojadas, und deinen Knecht Sch'lomo hat er nicht eingeladen. – *27*Ist es von Seiten meines Herrn, des Königs, geschehen, ohne dass du deinen Knecht hast wissen lassen, wer auf dem Thron meines Herrn des Königs nach ihm sitzen soll?« *28*Da rief König David und sprach: »Ruft mir Batschewa« (die inzwischen hinausgegangen war). Sie kam zum König hinein und stand vor dem König. *29*Da schwor der König und sprach:»So wahr der Ewige lebt, der mich aus jeglicher Not erlöst hat, *30*es sei, wie ich dir geschworen habe bei dem Ewigen, dem Gott Jisraels, und gesprochen habe: Dein Sohn Sch'lomo wird König sein nach mir. Er wird auf meinem Thron sitzen an meiner Statt! – So werde ich es noch heute tun.« *31*Da verneigte sich Batschewa mit dem Angesicht zur Erde, warf sich nieder vor dem König und sprach:»Es lebe mein Herr, der König David, lange Zeit!«

Zu den Lobsprüchen nach der Haftara (S. 655)

457

6. Haftarat Toledot (Maleachi 1,1-2,7)

[Zu Parascha Toledot *(S. 48)*]

1 ¹Vortrag des Wortes des Ewigen an Jisrael durch Maleachi.

²Ich habe euch geliebt, spricht der Ewige. Und solltet ihr fragen: worin hast du uns denn geliebt? – Nun, war Esaw nicht ein Bruder Jaakows, spricht der Ewige. Aber ich liebte nur Jaakow. ³Esaw verabscheute ich und machte seine Berge zur Öde, gab seinen Besitz den Schakalen der Wüste. ⁴Wenn die Idumäer auch sprechen:»Wir sind geplündert, aber wir werden die Trümmer wiederum aufbauen« – so erwidert darauf der Ewige, der Herrscher aller Geschöpfe:»Sie mögen bauen, ich aber werde niederreißen.« Man wird sie bezeichnen als das Gebiet des Frevels und als das Volk, das der Ewige in Ewigkeit verworfen hat. ⁵Eure Augen werden es sehen und ihr werdet sprechen:»Erhaben ist der Ewige auch über Jisraels Gebiet hinaus.« ⁶»Der Sohn ehrt den Vater und der Knecht seinen Herrn. Wenn ich nun euer Vater bin, wo ist meine Verehrung? Und wenn ich euer Herr bin, wo ist die Furcht vor mir?« spricht der Ewige, der Herrscher aller Geschöpfe, zu euch, ihr Priester, Verächter meines Namens. Ihr fragt wohl:»Womit haben wir denn deinen Namen verachtet?« – ⁷»Ihr bringt auf meinem Altar unreines Brot dar.« – Ihr fragt:»Womit haben wir dich verunreinigt?« –»Nun, indem ihr sprecht, der Tisch des Ewigen ist verächtlich. ⁸Wenn ihr ein blindes (Tier) zum Opfer darbringt, so sei dies nicht schlimm, und wenn ihr ein lahmes und krankes (Tier) darbringt, sei es ebenfalls nicht schlimm. Bring es doch deinem Landpfleger, ob er dich gnädig aufnimmt oder ob er dich freundlich empfängt?« spricht der Ewige, der Herrscher aller Geschöpfe. ⁹»Und nun betet ihr noch den Ewigen damit an, dass er euch gnädig sei. Aus eurer Hand kommt solches (unwürdige Opfer). Soll er es freundlich von euch annehmen?« spricht der Ewige, der Herrscher aller Geschöpfe. ¹⁰»Wenn doch jemand von euch die Tür verschließen könnte, dass ihr nicht vergebens auf meinem Altar Feuer unterhieltet. Ich habe an euch keinen Gefallen«, spricht der Ewige, der Herrscher aller Geschöpfe,»und eine Opfergabe nehme

ich aus eurer Hand nicht gnädig an. ¹¹Denn von Sonnenaufgang bis zu ihrem Untergang ist mein Name groß unter den Völkern. An jedem Ort wird geräuchert, wird meinem Namen ein Opfer dargebracht, reine Opfergabe, denn groß ist mein Name unter den Völkern«, spricht der Ewige, der Herrscher aller Geschöpfe. ¹²»Ihr aber entweiht ihn, indem ihr sprecht: ›Der Tisch des Ewigen darf unrein sein‹, mit der Rede: ›Verächtlich ist seine Speise‹. ¹³Ihr sprechet: ›Ach, welche Last!‹ Ihr behandelt es geringschätzig«, spricht der Ewige, der Herrscher aller Geschöpfe, »und bringt Geraubtes oder Lahmes oder Krankes. So bringt ihr die Opfergabe – soll ich sie gnädig annehmen aus eurer Hand?« spricht der Ewige. ¹⁴»Verflucht sei, wer betrügt, wenn in seiner Herde ein Männliches ist, er aber gelobt und dem Ewigen ein Fehlerhaftes schlachtet. Denn ein großer König bin ich«, spricht der Ewige, der Herrscher aller Geschöpfe, »und mein Name ist fruchtbar unter den Völkern.

2 ¹Und nun, euch betrifft dieses Gebot, ihr Priester! ²Wenn ihr nicht hört und euch nicht vornehmt, Ehre zu geben meinem Namen«, spricht der Ewige, der Herrscher aller Geschöpfe, »so werde ich über euch den Fluch kommen lassen. Ich verfluche eure Geschenke – ja, ich habe sie bereits verflucht, weil ihr es euch nicht zu Herzen nehmt. ³Ich schelte die Saat und streue Unrat auf euer Angesicht, den Unrat eurer Festopfer, und lege euch darauf. ⁴Ihr werdet erkennen, dass ich dieses Gebot an euch gesandt habe, dass mein Bund stets mit dem Stamm Levi war«, spricht der Ewige, der Herrscher aller Geschöpfe. ⁵»Mein Bund war mit ihm, Leben und Frieden. Ich gab sie ihm in Ehrfurcht, damit er mich fürchte und sich vor meinem Namen beuge. ⁶In seinem Mund war die Lehre der Wahrheit und auf seinen Lippen wurde kein Falsch gefunden. In Friede und in Redlichkeit wandelte er vor mir und brachte viele von Sünde ab. ⁷Denn die Lippen des Priesters sollen die Erkenntnis fördern. Die Lehre soll man in seinem Mund suchen, denn ein Bote des Ewigen, des Herrschers aller Geschöpfe, soll er sein.«

Zu den Lobsprüchen nach der Haftara (S. 655)

7. Haftarat Wajeze (Hosea 12,13-14,10)

[Zu Parascha Wajeze *(S. 56)*]

12   ¹³Jaakow flüchtete einst in die Landschaft Aram. Jisrael diente da um eine Frau, um eine Frau hütete er (die Schafe). ¹⁴Durch einen Propheten führte der Ewige Jisrael aus Mizrajim, durch einen Propheten wurde es gehütet.¹⁵Efrajim reizte (Gott) mit Kränkungen; sein Herr wird sein Blut auf ihn schütten und ihm seine Schmach heimzahlen.

13   ¹Einst redete Efrajim erschauernd. Er war groß in Jisrael. Dann aber lud er Schuld auf sich durch den Baaldienst und starb. ²Jetzt fahren sie fort zu sündigen und machen sich gegossene Bilder aus ihrem Silber, kunstvolle Götzen, ganz ein Werk von Künstlern. Von ihnen darf man sagen: Menschen schlachten sie, doch Kälber küssen sie. ³Wahrlich, sie werden sein wie eine Morgenwolke, wie der verschwindende Frühtau, wie Spreu, die aus der Tenne verweht wird und wie Rauch aus einer Lücke. ⁴Ich bin der Ewige, dein Gott, seit (deinem Auszug) aus Mizrajim. Keinen Gott außer mir sollst du kennen. Kein Retter ist da außer mir. ⁵Ich habe auf dich geachtet in der Wüste, im Land der Gluthitze. ⁶Als sie weideten, da wurden sie satt. Sie wurden satt und ihr Sinn wurde stolz. Darum vergaßen sie mich. ⁷Deshalb wurde ich ihnen wie ein Löwe. Wie ein Leopard lauerte ich auf dem Weg. ⁸Ich will sie anfallen wie eine Bärin, die ihrer Jungen beraubt wurde, und den Verschluss ihres Herzens zerreißen. Ich will sie sofort fressen wie eine Löwin. Das Wild des Feldes soll sie zerreißen. ⁹Es ist dein Verderben, Jisrael, dass du außer mir Beistand gesucht hast. ¹⁰Wo ist nun dein König, dass er dir helfe in all deinen Städten? Wo sind deine Richter, da du gesagt hast: Gib mir einen König und Fürsten? ¹¹Ich gab dir einen König in meinem Zorn und werde ihn nehmen in meiner Wut. ¹²Die Missetat Efrajims ist festgehalten, seine Sünde ist aufbewahrt. ¹³Geburtswehen sollen ihn überkommen. Er ist ein dummer Sohn. Zu der Zeit, wenn die Geburt durchbricht, wird er nicht standhalten. ¹⁴Sollte ich sie aus der Gewalt der Scheol loskaufen, sie vom Tod erlösen? – Ich will deine Seuche sein, Tod, will

460

deine Pest sein, Scheol! Mitleid kenne ich nicht. [15]Unter den Brüdern wurde (Efrajim) mächtig. Jetzt aber kommt ein Ostwind. Ein mächtiger Wind steigt aus der Wüste empor, sodass sein Born versiegt, seine Quellen vertrocknen. Den Schatz aller köstlichen Dinge tritt er nieder.

14 [1]Schomron ist schuldbeladen, denn es war widerspenstig gegen seinen Gott. Durch das Schwert werden sie fallen. Ihre Kleinkinder werde zerschmettert und die Schwangeren aufgeschlitzt werden. – [2]Kehre zurück, Jisrael, zum Ewigen, deinem Gott, denn du bist über deine Verbrechen gestürzt. [3]Nehmt Worte mit euch und kehrt zum Ewigen zurück, sagt ihm:»Vergib alle Schuld und greife zur Güte. Wir werden mit dem Gebet unserer Lippen die gelobten Stiere zahlen. [4]Aschur kann uns nicht helfen, auf Rossen wollen wir nicht reiten und das Werk unserer Hände nicht mehr als ›unseren Gott‹ bezeichnen. Nur bei dir findet die Waise Liebe.« [5](Gott spricht:)»Ich will ihre Abtrünnigkeit heilen. Ich will sie aus freiem Antrieb lieben, denn mein Zorn ist von ihm gewichen. [6]Ich will für Jisrael sein wie der Tau. Es blühe wie eine Lilie und schlage Wurzeln gleich (dem Gewächs) auf dem Lewanon. [7]Seine Triebe mögen sich ausbreiten, dass seine Krone werde wie die eines Ölbaums und gleich dem Lewanon dufte. [8]Die, welche einst in seinem Schatten gesessen, mögen zu ihm zurückkehren. Sie mögen gedeihen wie Korn und blühen wie der Weinstock, seine Frucht sei wie vom Lewanon. [9]Efrajim (wird dann sagen):»Wozu dienen mir noch die Götzenbilder?« Ich, ich antworte ihm und achte auf ihn. Ich bin wie eine frisch grünende Zypresse, von mir geht deine Frucht hervor. – [10]Wer weise ist, der möge dies verstehen. Wer einsichtig ist, der möge es erkennen! Denn die Wege des Ewigen sind gerade. Gerechte wandeln darauf und Missetäter kommen auf ihnen zu Fall.

Zu den Lobsprüchen nach der Haftara (S. 655)

8a. Haftarat Wajischlach (aschkenas. Hosea 11,7-12,12)

[Zu Parascha Wajischlach *(S. 66)*]

11 ⁷Das von mir abrünnige Volk schwankt noch. Wenn man es nach oben (zur Rückkehr zu Gott) ruft, erhebt es sich nicht gemeinsam. – ⁸Wie könnte ich dich hingeben, Efrajim, dich ausliefern, Jisrael? Wie könnte ich dich machen wie Adama, dich zurichten wie Zebo'im? Mein Sinn wandelte sich. Mein Mitleid ist erregt. ⁹Ich will nicht nach meiner Zornesglut verfahren, will Efrajim nicht wieder verderben. Denn ein Gott bin ich und kein Mensch, in deiner Mitte der Heilige. Ich will nicht verheerend kommen. ¹⁰Dem Ewigen werden sie folgen, wenn er wie ein Löwe brüllt. Wenn er brüllen wird, dann eilen die (zerstreuten) Söhne vom Westen herbei. ¹¹Sie eilen herbei wie Vögel von Mizrajim und wie Tauben vom Land Aschur. Ich werde sie wohnen lassen in ihren Häusern, spricht der Ewige.

12 ¹Mit Lüge haben mich die Efrajimiten umringt und mit Verrat das Haus Jisrael. Nur Jehuda ist noch Gott ergeben und dem Heiligen treu geblieben. ²Efrajim weidet Wind und jagt dem Osten nach. Den ganzen Tag häuft es Trug und Verderben. Sie schließen mit Aschur einen Bund und Öl wird nach Mizrajim geführt. ³Doch auch mit Jehuda führt der Ewige einen Rechtsstreit, um Jaakows Wandel zu ahnden, um ihm nach seinen Handlungen zu vergelten. ⁴Im Mutterleib überwältigte er seinen Bruder und in seiner Manneskraft besiegte er ein göttliches Wesen. ⁵Er kämpfte mit dem Engel und siegte. Dieser weinte und flehte vor ihm: Zu Bet El werde er ihn finden und dort werde er mit uns reden. ⁶Der Ewige, Gott, Herrscher aller Geschöpfe, der Ewige ist sein Angedenken. ⁷Dass du doch zu deinem Gott zurückkehrest, Liebe und Recht wahrest und auf deinen Gott beständig hoffest! ⁸Der Kaufmann hält in seiner Hand trügerische Waagschale. Er liebt Übervorteilung. ⁹Und doch spricht Efrajim: Ich bin ja reich, habe mir Vermögen erworben. Bei all meinem Erwerb findet man keine Schuld, die eine Sünde wäre. ¹⁰Ich, der Ewige, dein Gott (seit dem Auszug) aus Mizrajim, werde dich wieder in Hütten wohnen lassen wie zur Zeit der Stiftung. ¹¹Ich redete zu den Propheten und erschien ihnen in vielen Gesichtern. Durch die Propheten erschien ich. ¹²Wenn in Gil'ad jetzt Nichtiges herrscht – nun, da war ja stets Lüge, in Gil'ad opferten sie immer (den Götzen) Stiere; ihrer Altäre sind so viele wie Haufen auf den Feldfurchen.

Zu den Lobsprüchen nach der Haftara (S. 655)

8b. Haftarat Wajischlach (sefard. Owadja 1,1-21)

1   ¹Die prophetische Rede Owadjas.
So spricht Gott, der Ewige, über Edom:
Eine Kunde haben wir vom Ewigen vernommen
    und ein Bote ist unter die Völker gesandt:

Auf! Dass wir es mit Krieg überziehen!
²Denn klein habe ich dich unter den Völkern gemacht,
    sehr verachtet bist du.
³Aber dein trotziger Sinn hat dich verleitet. —
    [Edom] weilt auf hohen Bergfelsen,
in der Höhe seines Sitzes dachte es deshalb:
    Wer könnte mich zur Erde stürzen? —
⁴Magst du hoch wie der Adler steigen
    und zwischen Sterne dein Nest anbringen,
    von da stürze ich dich herab, spricht der Ewige.

⁵Wie bist du zu Grunde gerichtet worden!
Sind Diebe zu dir gekommen, nächtliche Einbrecher –
    sie hätten ja nur so viel gestohlen, als sie davontragen können!
Sind Winzer über dich gekommen,
    ließen sie keine Nachlese?
⁶Wie wurden Esaws Schätze entdeckt und erforscht!
    ⁷Bis an die Grenze haben dich geleitet all deine

463

Bundesfreunde;
verleitet und dann überwältigt haben dich deine Freunde;
deine Söldner legten dir Fallen unter. Keine Einsicht ist darin!
[8]Denn an jenem Tage, spricht der Ewige,
vernichte ich die Weisen aus Edom
und die Einsicht vom Berg Esaw.
[9]Deine Helden werden zagen, Teman,
damit jeglicher ausgerottet werde vom Berg Esaw,
bei der Niedermetzlung.

[10]Ob der Gewalttat gegen deinen Bruder Jaakow
wird dich Schande bedecken;
du wirst ausgerottet sein für ewig:
[11]Am Tage, da du ruhig zusahst,
am Tage, da Fremde seinen Erwerb plünderten,
als Fremde in seine Tore drangen
und um Jerusalem das Los warfen,
da warst auch du wie einer von jenen.

[12]Du hättest nicht ruhig zusehen sollen
an dem Tage deines Bruders,
am Tage seines Elends,
und dich nicht freuen über die Söhne Jehudas
am Tage ihres Untergangs,
und nicht hochmütige Reden führen
am Tage ihrer Not.
[13]Du hättest nicht eindringen sollen in das Tor meines Volkes am
Tage seines Sturzes,
nicht ruhig mit ansehen sein Unglück am Tage seines Sturzes
und nicht Hand legen an sein Gut am Tage seines Sturzes.
[14]Du durfestest nicht an der Wegscheide halten,
seine Flüchtlinge niederzumachen,
und nicht ausliefern seine Übriggebliebenen
am Tage der Not.

¹⁵Denn nah ist der Tag des Ewigen über alle Völker;
so wie du getan, wird dir getan,
dein Werk kehrt zurück auf dein Haupt!
¹⁶Denn so wie ihr getrunken habt auf meinem heiligen Berg,
werden alle Völker immer trinken;
sie werden trinken und taumeln und werden,
als ob sie niemals gewesen wären.

¹⁷Aber auf dem Berge Zijon wird eine Zufluchtsstätte entstehen,
er wird heilig sein, und das Haus Jaakow
wird sein Erbe in Besitz nehmen.
¹⁸Das Haus Jaakow wird wie Feuer
und das Haus Josef eine Flamme,
aber das Haus Esaw wird zu Stoppeln,
und jene zünden sie an und verzehren sie,
und es bleibt keiner übrig dem Hause Esaw,
denn der Ewige hat es verheißen.
¹⁹Im Süden werden sie den Berg Esaw in Besitz nehmen,
und die Niederung Philistäa;
auch das Gefilde Efraim und das Gefilde Samaria
und Benjamin mitsamt Gilead werden sie in Besitz nehmen.
²⁰Und die Verbannten dieses Heeres von den Kindern Jisrael,
die unter den Kanaanitern bis Zorfat,
und die Verbannten Jeruschalajims, die in Sefarad wohnen,
sollen die Stätte des Südens in Besitz nehmen.

²¹Es kommen die Sieger auf den Berg Zijon,
zu richten den Berg Esaw,
und die Regierung wird dem Ewigen sein.

Zu den Lobsprüchen nach der Haftara (S. 655)

465

9. Haftarat Wajeschew (Amos 2,6-3,8)

[Zu Parascha Wajeschew *(S. 76)*]

(nicht an Schabbat Chanukka (S. 574)

2 ⁶Also spricht der Ewige: Wegen der drei Verbrechen Jisraels und wegen der vier sollt ich ihm nicht vergelten? Dass sie um Silber den Gerechten verkauften und den Bedürftigen um ein paar Schuhe. ⁷Die die Köpfe der Armen in den Staub niedertreten und das Recht der Sanftmütigen beugen. Mancher geht mit seinem Vater zur Dirne, um meinen heiligen Namen zu entweihen. ⁸Sie liegen hingestreckt auf verpfändeten Kleidern bei jedem Altar und trinken den Wein der Straferpressten im Haus ihres Gottes. ⁹Ich habe ja den Emori vor ihnen vertilgt, der hoch war wie die Zedern und mächtig wie die Eichen. Ich tilgte seine Krone von oben und seine Wurzeln von unten. ¹⁰Ich habe euch aus Ägypten herausgeführt und führte euch vierzig Jahre durch die Wüste, damit ihr dann das Land des Emori in Besitz nehmen konntet. ¹¹Von euren Söhnen machte ich einige zu Propheten und von euren Jünglingen einige zu Nasiräern – oder ist dem nicht so, Kinder Jisraels? spricht der Ewige. ¹²Aber ihr gabt den Nasiräern Wein zu trinken und den Propheten habt ihr befohlen: »Prophezeit nicht!« ¹³Ich drücke euch nun nieder, so wie ein Wagen voller Ähren niederdrückt. ¹⁴Der Leichtfüßige wird nicht flüchten können. Der Starke wird seine Kraft nicht anwenden können und der Tapfere wird sein Leben nicht retten. ¹⁵Der Bogenschütze wird nicht standhalten, der Leichtfüßige nicht entrinnen und der, der auf dem Ross reitet, sein Leben nicht retten. ¹⁶Der Mutigste unter den Helden wird an jenem Tag nackt fliehen, spricht der Ewige.

3 ¹Hört dies Wort, das der Ewige über euch, Kinder Jisraels, geredet hat und über das ganze Geschlecht, das ich aus Mizrajim herausgeführt habe: ²Von allen Geschlechtern der Erde habe ich nur euch erwählt. Darum werde ich auch nur an euch all eure Sünden ahnden. ³Gehen zwei zusammen, ohne dass sie sich verabredet haben?

⁴Brüllt der Löwe im Wald, ohne dass er Beute hat? Lässt der Junglöwe seine Stimme erschallen aus seinem Versteck, ohne dass er einen Fang getan hat? ⁵Fällt ein Vogel in der Schlinge zur Erde, ohne dass ihm eine Falle gelegt wurde? Springt die Klappfalle vom Boden auf und sie hätte nichts gefangen? ⁶Wird in der Stadt in die (Kriegs-)Posaune gestoßen und das Volk sollte nicht erschrecken? Oder kommt ein Unheil über die Stadt, das der Ewige nicht herbeigeführt hat? ⁷Ebenso wird Gott, der Ewige, nichts tun, ohne seinen Ratschluss zuvor seinen Dienern, den Propheten, zu offenbaren. ⁸Wenn der Löwe brüllt, wer sollte sich nicht fürchten? Ebenso wenn Gott, der Ewige, redet, wer sollte nicht weissagen?

Zu den Lobsprüchen nach der Haftara (S. 655)

10. Haftarat Mikez (1. Könige 3,15-4,1)

(nicht an Schabbat Chanukka (S. 574)

[Zu Parascha Mikez *(S. 84)*]

3 ¹⁵Sch'lomo erwachte. Es war ein Traum. Er ging nach Jeruschalajim und stellte sich vor die Bundeslade des Ewigen. Dort opferte er Ganzopfer und Mahlopfer und bereitete allen seinen Dienern ein Mahl. – ¹⁶Damals kamen zwei Dirnen vor den König und standen nun vor ihm. ¹⁷Die eine Frau sprach:»Bitte, mein Herr, ich und diese Frau wohnen in einem Haus. Da gebar ich mit ihr zusammen im Hause. ¹⁸Am dritten Tage nach meinem Gebären gebar auch diese Frau. Wir waren beisammen, kein Fremder wohnte mit uns im Hause, nur wir beide waren im Haus. ¹⁹Da starb der Sohn dieser Frau nachts, weil sie (im Schlaf) auf ihm gelegen hat. ²⁰Nun stand sie auf mitten in der Nacht und nahm meinen Sohn von meiner Seite, als deine Dienerin schlief, und legte ihn an ihren Busen. Den Toten legte sie an meinen Busen. ²¹Ich stand am Morgen auf, um meinen Sohn zu stillen, da war er tot. Aber als ich ihn am Morgen betrachtete, war es nicht mein Sohn, den ich geboren hatte.« ²²Die andere Frau sprach hingegen:»Nicht so! Mein Sohn ist der Lebende und dein Sohn ist der Tote.« Diese wiederum sprach:»Nicht so! Dein Sohn ist der Tote und mein Sohn ist der Lebende.« Und so stritten sie vor dem König. ²³Der König sprach:»Diese spricht: ›Der Lebende ist mein Sohn und dein Sohn ist der Tote‹, und diese spricht: ›Nicht so! Dein Sohn ist der Tote und mein Sohn ist der Lebende.‹« ²⁴Der König befahl:»Bringt mir ein Schwert!« Man brachte das Schwert vor den König. ²⁵Nun sprach der König:»Haut das lebende Kind entzwei und gebt eine Hälfte der einen und eine Hälfte der anderen.« ²⁶Da sprach die Frau, deren Sohn der Lebende war, zum König – denn es erglühte ihre Liebe für ihren Sohn:»Bitte, Herr, gebt ihr das lebende Kind, nur tötet es nicht!« Aber jene sprach:»Weder mein noch dein sei es. Zerhaut es!« ²⁷Da rief der König:»Ihr gebt das lebende Kind. Tötet es nicht! Diese ist die Mutter.« ²⁸Als ganz Jisrael den Ausspruch hörte, den der König getan hatte, da hatten sie Ehrfurcht vor dem König, denn sie sahen, dass die Weisheit Gottes in ihm war, um Recht zu üben. **4** ¹König Sch'lomo herrschte über ganz Jisrael.

Zu den Lobsprüchen nach der Haftara (S. 655)

11. Haftarat Wajigasch (Ezechiel 37,15-28)

[Zu Parascha Wajigasch *(S. 94)*]

37 ¹⁵Es erging das Wort des Ewigen an mich so: ¹⁶»Nimm dir, o Menschenkind, ein Holz und schreibe darauf: ›Für Jehuda und für die Stämme Jisraels, seine Genossen‹. Nimm dann ein anderes Holz und schreibe darauf: ›Für Josef‹ – das ist das Holz Efrajims – ›und für das gesamte Haus Jisrael, seine Genossen‹. ¹⁷Füge dann das eine zu dem andern, dass es dir zu einem Holz werde. Sie sollen eins bleiben in deiner Hand. ¹⁸Und wenn deine Volkgenossen dich fragen sollten: ›Willst du uns nicht sagen, was dir diese bedeuten?‹, ¹⁹so antworte ihnen:›So spricht mein Herr, der Ewige: Ich nehme das Holz Josefs, das

in der Hand Efrajims ist, und die Stämme Jisraels, seine Genossen, und
lege darauf das Holz Jehudas. Ich mache sie zu einem einzigen Holz,
sodass sie eins sind in meiner Hand.‹ ²⁰Behalte also die Hölzer, auf die
du geschrieben hast, in deiner Hand vor ihren Augen ²¹und rede zu
ihnen: ›So spricht mein Herr, der Ewige: Ich nehme die Kinder Jisraels
aus den Völkern heraus, wohin sie ausgewandert sind. Ich sammle sie
von allen Seiten und bringe sie auf ihren Boden zurück ²²und mache sie zu einem einzigen Volk im Land auf den Bergen Jisraels. Ein
einziger König soll über alle König sein, sodass sie nicht mehr zwei
Völker sind und sich nicht mehr in zwei Königreiche spalten. ²³Sie
sollen sich auch nicht mehr verunreinigen durch ihre Götzen und
Scheusale und durch all ihre Missetaten. Ich erlöse sie aus all ihren
Wohnsitzen, in welchen sie gesündigt haben, und reinige sie. Sie sollen
mein Volk sein und ich bin ihr Gott. ²⁴Mein Knecht David soll König
über sie sein, ein einziger Hirte für alle. Nach meinen Rechten sollen
sie wandeln und meine Satzungen wahren und sie tun. ²⁵Sie sollen
in dem Land bleiben, das ich meinem Knecht Jaakow gegeben habe,
worin eure Eltern gewohnt haben. Sie sollen darin wohnen, sie und
ihre Nachkommen für ewige Zeiten. Mein Knecht David sei Regent
über sie für immer. ²⁶Ich schließe mit ihnen einen Bund des Friedens.
Ein ewiger Bund sei es mit ihnen. Ich erhalte sie und vermehre sie und
setze mein Heiligtum in ihre Mitte für immer. ²⁷Meine Wohnung wird
bei ihnen bleiben. Ich werde ihr Gott sein und sie mein Volk. ²⁸Alle
Völker werden erkennen, dass ich, der Ewige, Jisrael heilige, wenn
mein Heiligtum unter ihnen sein wird für immer.‹«

Zu den Lobsprüchen nach der Haftara (S. 655)

12. Haftarat Wajechi 1. Könige 2,1-12

[Zu Parascha Wajechi (S. 102)]

2 ¹Als nun der Sterbetag Davids herankam, da gebot er seinem
Sohn Sch'lomo und sprach: ²»Ich gehe den Weg aller Welt. Sei mutig

und sei ein Mann! [3]Beachte die Vorschrift des Ewigen, deines Gottes, damit du auf seinen Wegen gehst, seine Satzungen, seine Gebote, seine Rechte und seine Zeugnisse wahrst, wie es in der Lehre Mosches geschrieben ist, damit du glücklich bist in allem, was du tust, und überall, wohin du dich wendest, [4]damit der Ewige seine Zusage bestätigt, die er über mich ausgesprochen hat mit den Worten: ›Wenn deine Söhne auf ihren Weg achten, um zu wandeln vor mir in Wahrhaftigkeit mit ihrem ganzen Herzen und mit ihrer ganzen Seele, so verheiße ich: Von deinem Geschlecht soll es niemals an einem Mann auf dem Thron Jisraels fehlen.‹ [5]Du weißt, was mir Joaw, der Sohn Zerujas, einst getan hat, was er getan hat den beiden Herrführern Jisraels: Abner, dem Sohn Ners, und Amasa, dem Sohn Jeters, die er erschlagen hat. Er vergoß Blut des Krieges im Frieden und brachte Blut des Krieges an seinen Gurt, der an seinen Hüften ist, und an das Schuhwerk, das an seinen Füßen ist. [6]Verfahre also (mit ihm) nach deiner Weisheit. Lass ihn nicht ergraut und in Frieden sterben. [7]Aber den Söhnen Barsillais aus Gil'ad erweise Liebe. Sie sollen unter deinen Tischgenossen sein. Denn so nahten sie sich mir, als ich vor deinem Bruder Abschalom floh. [8]Da ist bei dir auch Schimei, der Sohn Geras, der Benjaminite aus Bachurim. Er schmähte mich sehr schimpflich am Tag meiner Flucht nach Machanajim. Er kam mir aber dann am Jordan entgegen und ich schwor ihm bei dem Ewigen: Ich werde dich nicht töten mit dem Schwert. [9]Nun aber, lass ihn nicht straflos ausgehen, denn du bist ein weiser Mann und du wirst wissen, was du ihm tun sollst, dass du sein greises Haupt mit Blut in die Gruft senkst.« [10]David legte sich zu seinen Vätern. Er wurde begraben in der Stadt Davids. [11]David regierte über Jisrael vierzig Jahre. In Hebron regierte er sieben Jahre und in Jeruschalajim regierte er dreiunddreißig Jahre. [12]Sch'lomo saß dann auf dem Thron seines Vaters David und sein Königtum war sehr gesichert.

Zu den Lobsprüchen nach der Haftara (S. 655)

13. Haftarat Schemot (Jesaja 27,6-28,13; 29,22-23)

(in sefardischen Gemeinden liest man jedoch Jeremia 1,1-2,3 (S. 527).)

[Zu Parascha Schemot *(S. 110)*]

27 ⁶Dann schlüge Jaakow in Zukunft Wurzeln, Jisrael würde Knospen hervorbringen und blühen. Sie würden die Fläche des Erdkreises mit Pflanzentrieben erfüllen. ⁷Schlug denn (Gott Jisrael), wie er dessen Schläger schlug? Oder wurde es gleich dem Morde seiner Gemordeten niedergemacht? ⁸In vollem Maße hast du es durch Verstoßen (in die Verbannung) gerichtet, es weggeräumt durch einen gewaltigen Sturm am Tage des Ostwinds. ⁹Darum sei die Schuld Jaakows dadurch (dass er so viel gelitten hat) gesühnt, und dies seine Frucht – dass er seine Sünde tilge –, indem er die Altarsteine (für die Götzen) wie zerbröckelte Kalksteine mache und nicht mehr Haine und Sonnenbilder errichte. ¹⁰Denn die befestigte Stadt ist einsam, die Wohnstätte ist entvölkert und verlassen, einer Wüste gleich. Dort weidet und lagert das Kalb und vernichtet ihr Laub. ¹¹Sind ihre Zweige dürr, werden sie abgebrochen. Frauen kommen und zünden sie an. Weil es kein einsichtiges Volk ist, darum erbarmt sich seiner sein Schöpfer nicht, und sein Bildner begnadigt es nicht. ¹²An jenem Tage schüttelt der Ewige (die Früchte) von der Strömung des Stromes (Euphrat) bis zum Bach Ägyptens. Ihr aber werdet einzeln aufgelesen, Kinder Jisraels. ¹³An jenem Tage wird in die große Posaune gestoßen werden, die Verlorenen im Land Aschur und die Verstoßenen im Land Mizrajim werden herbeikommen und sich verbeugen vor dem Ewigen auf dem heiligen Berg in Jeruschalajim.

28 ¹Weh über den stolzen Kranz der Trunkenen Efrajims und die welke Blume, seinen prächtigen Schmuck, auf dem Gipfel des üppigen Tales, der vom Weine Betäubten! ²Es kommt vom Ewigen ein gewaltiger, starker, vernichtender Sturm wie Hagelwetter. Gleich dem Guss mächtiger daherflutender Gewässer lässt er es mit Gewalt zur Erde stürzen. ³Mit Füßen werde er getreten – der stolze Kranz

471

der Trunkenen Efraims. ⁴Sein prächtiger Schmuck auf dem Gipfel des üppigen Tales wird sein wie eine welke Blume. Gleich einer frühreifen Frucht im Vorsommer, die, wer sie erblickt, verschlingt, kaum ist sie in seiner Hand. ⁵An jenem Tage wird der Ewige, der Herrscher aller Geschöpfe, zum prächtigen Kranz werden und zur herrlichen Krone für den Rest seines Volkes (für Jehuda), ⁶zum Rechtssinn für den, der zum Gericht sitzt, zur Tapferkeit für die, die den Angriff abweisen am Tor. ⁷Aber auch diese (die Judäer nämlich) taumeln im Weine und schwanken vom Rauschtrank umher, taumeln beim (prophetischen) Geist, wanken im Richterspruch. ⁸Denn alle Tische sind voll von Gespei, von Kot, kein reiner Platz mehr da. ⁹Wem soll man jetzt Einsicht vermitteln, wen Kunde lehren? Nur den, der eben von der Milch entwöhnt wurde, den man gerade von der Brust nahm (die unverdorbenen Kinder)! ¹⁰(Was nützt bei jenen) Gebot an Gebot, Gebot an Gebot, Maß an Maß, Maß an Maß – hier ein wenig, dort ein wenig? ¹¹Als ob man in unklarer Rede und in fremder Zunge zu diesem Volke redete! ¹²Da man zu ihnen doch nur spricht: Dies ist die Ruhe, gebt Ruhe dem Müden, und dies ist die Rast. Sie aber wollten nicht hören. ¹³Das Wort des Ewigen wurde ihnen Gebot an Gebot, Gebot an Gebot, Maß an Maß, Maß an Maß, hier ein wenig, dort ein wenig (das heißt, sie tun alles gedankenlos ohne sittliche Folgen), auf dass sie im Gehen stürzen und zerschmettert werden, damit sie umgarnt werden und gefangen.

29   ²²Fürwahr, so spricht der Ewige zum Hause Jaakow – er, der erlöst hat Awraham: Nicht mehr soll Jaakow sich schämen und nicht mehr soll sein Angesicht erblassen. ²³Denn wenn seine Kinder meiner Hände Werk in seiner Mitte sehen, heiligen sie meinen Namen. Sie heiligen den Heiligen Jaakows und den Gott Jisraels verherrlichen sie.

Zu den Lobsprüchen nach der Haftara (S. 655)

14. Haftarat Wa'era (Ezechiel 28,25-29,21)

[Zu Parascha Wa'era *(S. 120)*]

28 ²⁵So spricht mein Herr, der Ewige:»Wenn ich das Haus Jisrael sammle aus den Völkern, unter die sie zerstreut worden sind, so werde ich an ihnen geheiligt werden vor den Augen der Völker. Sie werden wohnen auf ihrem Boden, den ich meinem Knecht Jaakow gegeben. ²⁶Sie werden dann sicher darauf wohnen, dort Häuser bauen und Weinberge pflanzen und ungestört wohnen, wenn ich das Strafgericht übe an allen, die sie anfallen aus ihrer Umgebung. Sie werden erfahren, dass ich, der Ewige, ihr Gott bin.«

29 ¹Im zehnten Jahr, am zwölften des zehnten Monats, erging das Wort des Ewigen an mich folgendermaßen: ²»Menschenkind, richte dein Angesicht auf Pharao, König von Mizrajim, und weissage über ihn und über ganz Mizrajim. ³Rede und sprich:›So spricht mein Herr, der Ewige: Ich will (Hand) an dich (legen), Pharao, König von Mizrajim, du großes Krokodil, das in seinen Strömen lagert, das da spricht:›Mein ist der Nil; ich habe ihn mir gemacht‹. ⁴Ich lege Haken in deine Kiefern und hänge die Fische deiner Flüsse an deine Schuppen. Ich bringe dich herauf aus deinen Strömen samt allen Fischen deiner Ströme, die an deinen Schuppen hängen. ⁵Ich werde dich in die Wüste hinausstoßen, dich und alle Fische deiner Ströme. Auf freiem Felde wirst du liegen. Du wirst nicht eingebracht und wirst nicht eingesammelt. Den Tieren des Landes und den Vögeln des Himmels gebe ich dich zum Fraß. ⁶Alle Bewohner Mizrajims werden erfahren, dass ich der Ewige bin, weil sie eine Stütze von Schilfrohr waren dem Hause Jisrael. ⁷Da sie dich mit der Hand berührten, knicktest du zusammen und rissest ihnen die ganze Schulter auf, und wenn sie sich auf dich stützten, brachst du und verrenktest ihnen die ganze Hüfte. ⁸Wahrlich‹, spricht mein Herr, der Ewige, ›ich bringe über dich das Schwert und vertilge aus dir Menschen und Vieh. ⁹Das Land Mizrajim wird zur Öde werden und zu Trümmern, und sie werden erfahren, dass ich der Ewige bin. Weil er gesprochen: Der Nil ist mein; ich habe ihn gemacht,

¹⁰wahrlich, ich will (Hand) an dich (legen) und an deine Ströme, und ich mache das Land Mizrajim zu Trümmern deiner Wüste und Öde, von Migdol bis Sewene und bis an die Grenze von Kusch. ¹¹Kein Fuß eines Menschen soll es jemals betreten, der Fuß eines Tieres soll nicht mehr hindurchziehn und es wird nicht bewohnt werden vierzig Jahre. ¹²Ich mache das Land Mizrajim zur Öde mitten unter den verödeten Ländern, seine Städte werden mitten unter den verwüsteten Städten vierzig Jahre lang Öde sein. Die Mizrijim versprenge ich unter die Völker; ich zerstreue sie unter die Länder.‹ ¹³Denn so spricht mein Herr, der Ewige, ›nach Verlauf von vierzig Jahren werde ich Mizrajim aus den Völkern sammeln, wohin es versprengt worden. ¹⁴Ich will Mizrajim wieder herstellen und (die Zerstreuten) zurückführen in das Land Patros, in das Land ihres Ursprungs. Dort werden sie ein unbedeutendes Königreich sein. ¹⁵Es soll niedriger sein als alle Königreiche, dass es sich ferner nicht mehr erhebe über die Völker. Ich werde sie vermindern, damit sie nicht Völker beherrschen, ¹⁶damit das Haus Jisrael sich nicht mehr auf sie verlässt, es an die Schuld erinnert, wenn es sich nach jenen wendet. Und sie werden erfahren, dass ich Gott, der Herr, bin.‹« ¹⁷Im siebenundzwanzigsten Jahr am ersten des ersten Monats erging das Wort des Ewigen an mich folgendermaßen: ¹⁸»Menschenkind! Nebukadnezar, König von Bawel, hat sein Heer schwere Arbeit tun lassen vor Tyrus. Jedes Haupt ist kahl geworden und jede Schulter wurde gerieben. Aber ihm und seinem Heer ist von Tyrus keine Belohnung zuteil geworden für den Dienst, den er davor getan. ¹⁹Wahrlich«, spricht mein Herr, der Ewige, »ich gebe Nebukadnezar, dem König von Bawel, das Land Mizrajim, dass er seinen Reichtum fortschaffe und dass er Beute mache und seinen Raub plündere, und das wird der Lohn sein für sein Heer. ²⁰Als Arbeitslohn, um den er arbeitet, gebe ich ihm das Land Mizrajim, weil er für mich gearbeitet hat«, spricht mein Herr, der Ewige. ²¹»An jenen Tagen lasse ich dem Hause Jisrael ein Horn aufsprießen (ich gebe ihm Kraft). Und dir öffne ich den Mund unter ihnen, damit sie erkennen, dass ich der Ewige bin.«

Zu den Lobsprüchen nach der Haftara (S. 655)

15. Haftarat Bo (Jeremia 46,13-28)

[Zu Parascha Bo *(S. 129)*]

46   ¹³Das Wort, welches der Ewige geredet hat zu dem Propheten Jirmejahu bei der Ankunft Nebukadnezars, des Königs von Bawel, um das Land Mizrajim zu bezwingen: ¹⁴»Verkündet in Mizrajim, ruft aus in Migdol, ruft auch aus in Nof und in Tachpanches, sprecht: Stell dich auf und richte dich (zum Verteidigungskampf), denn um dich her frisst das Schwert. ¹⁵Warum ist deine Heldenschar gestürzt? Sie hält nicht stand, denn der Ewige warf sie nieder. ¹⁶Viele stürzen, einer fällt über den andern, sie sagen: Los, lasst uns zurückkehren zu unserem Volk, in unser Geburtsland vor dem grausigen Schwert. ¹⁷Seitdem nennt man den Pharao, den König von Mizrajim, ›Prahler‹, denn er hat stets die Zeit versäumt. ¹⁸So wahr ich lebe, ist des Königs Spruch, ›der Ewige, Herrscher aller Geschöpfe‹ ist sein Name: (Der Feind) soll mächtig werden wie der Tabor unter den Bergen und wie der Karmel am Meer heranzieht. ¹⁹Mach dir Geräte zur Auswanderung, o Einwohnerschaft und Nation von Mizrajim; denn Nof wird eine Öde werden, verwüstet und seiner Einwohner beraubt. ²⁰Du allerschönstes Kälbchen Mizrajim, vom Norden her wird dir das Joch auferlegt werden. ²¹Auch den Söldlingen, die bei ihr sind, ergeht es wie den Mastkälbern. Auch sie wenden sich und fliehen alle. Sie halten nicht stand. Denn der Tag ihres Sturzes kommt über sie, die Zeit, wo es an ihnen geahndet wird. ²²Ihre Stimme gleicht dem Wimmern einer Schlange. Denn mit Kriegsmacht ziehen sie heran und mit Äxten kommen sie über sie wie Holzhauer. ²³Sie hauen um ihren Wald, ist des Ewigen Spruch, sei er auch undurchdringlich . Obgleich sie zahlreicher als Heuschrecken sind, obgleich sie zahllos sind, ²⁴zu Schanden geworden ist die mizrische Nation, gegeben in die Hand des Volks aus dem Norden. ²⁵Es spricht der Ewige, der Herrscher aller Geschöpfe, der Gott Jisraels: Ich ahnde an Amon von No, an Pharao und an Mizrajim, an ihren Göttern und ihren Königen, wie an Pharao so an denen, die auf ihn vertrauen. ²⁶Ich gebe sie in die Hände derer, die ihnen nach dem Leben trachten, in die Hand Nebukadnezars, des

Königs von Bawel, und in die Hand seiner Diener. Hernach aber soll es bewohnt sein wie in den Tagen der Vorzeit, spricht der Herr. ²⁷Du aber fürchte nichts, mein Knecht Jaakow, und zage nicht, Jisrael! Denn ich erlöse dich aus der Ferne und deine Nachkommen aus dem Land ihrer Gefangenschaft. Jaakow wird zurückkehren und ruhig bleiben und sorgenlos. Niemand soll ihn stören. ²⁸Fürchte nichts, mein Knecht Jaakow, spricht der Ewige! Denn ich bin mit dir. Wenn ich auch alle Völker, unter welche ich dich verstoßen, vernichte, dich vernichte ich nicht! Ich werde dich züchtigen mit Maß, um es dir nicht straflos hingehen zu lassen.«

Zu den Lobsprüchen nach der Haftara (S. 655)

16. Haftarat für Schabbat Schira (Richter 4,4-5,31)

[Zu Parascha Beschallach *(S. 138)*]

4   ⁴Deworah, eine Prophetin, die Gattin Lappidots, richtete Jisrael in jener Zeit. ⁵Sie saß unter der Deworah-Palme zwischen Rama und Bet El auf dem Gebirge Efraim. Die Kinder Jisraels zogen zu ihr hinauf zu Gericht. ⁶Sie ließ sich rufen den Barak, Sohn Awinoams aus Kedesch-Naftali, und sprach zu ihm:»Der Ewige, der Gott Jisraels, hat befohlen:›Geh, zieh zum Berg Tabor und nimm mit dir zehntausend Mann von den Söhnen Naftalis und von den Söhnen Sewuluns. ⁷Ich werde dir zuführen zum Fluss Kischon den Sisra, Heerführer Jawins, seine Wagen und seine Volksmenge und ihn in deine Hand geben.‹« ⁸Barak sprach zu ihr:»Wenn du mit mir gehst, so gehe ich, wenn du aber nicht mit mir gehst, gehe ich nicht.« ⁹Sie sprach:»Ich will mit dir gehen, doch dann wird es nicht dein Ruhm sein auf dem Weg, den du gehst. Denn der Ewige wird den Sisra in die Hand einer Frau liefern.« Deworah machte sich auf und ging mit Barak nach Kedesch. ¹⁰Barak entbot Sewulun und Naftali nach Kedesch. Zehntausend Mann kamen unter seiner Leitung hinauf. Auch Deworah kam mit ihm hinauf. ¹¹Der Kenite Chewer hatte sich von Kajin getrennt, von den Söhnen Chowaws, der mit Mosche verschwägert war, und spannte sein Zelt auf bis Elon-Bezaananim, das bei Kedesch liegt. ^{12}Als man Sisra berichtete, dass Barak, der Sohn Awinoams, zum Berg Tabor hinaufgegangen war, ^{13}da entbot Sisra all seine neunhundert eisernen Wagen und all das Volk, das bei ihm war, von Charoschet Hagojim bis zum Fluss Kischon. ^{14}Deworah sprach zu Barak: »Los, denn dies ist der Tag, an dem der Ewige Sisra in deine Hand gibt. Der Ewige zieht vor dir her.« Da ging Barak herab vom Berg Tabor und zehntausend Mann ihm nach. ^{15}Der Ewige brachte Sisra, alle Wagen und das ganze Lager in Verwirrung mit der Schärfe des Schwertes vor Barak her. Sisra stieg vom Wagen hinab und floh zu Fuß. ^{16}Barak jagte dem Wagen nach und dem Lager bis Charoschet Hagojim. Das ganze Lager Sisras fiel durch die Schärfe des Schwertes; auch nicht einer blieb übrig. ^{17}Sisra floh zu Fuß ins Zelt Jaels, der Gattin des Keniten Chewer, denn es war Friede zwischen Jawin, dem König von Chazor, und dem Hause des Keniten Chewer. ^{18}Da ging Jael dem Sisra entgegen und sprach zu ihm: »Kehre ein, mein Herr! Kehre ein bei mir, fürchte nichts!« Er kehrte bei ihr ein in das Zelt. Sie bedeckte ihn mit einer Decke. ^{19}Er sprach zu ihr: »Lass mich doch ein wenig Wasser trinken, denn ich habe Durst«. Sie öffnete den Milchschlauch, ließ ihn trinken und deckte ihn zu. ^{20}Da sprach er zu ihr: »Stelle dich in den Eingang den Zeltes, und wenn einer kommt und dich fragt: ›Ist hier ein Mann?‹ so antworte: ›Nein‹«. ^{21}Da nahm Jael, die Gattin Chewers, den Zeltnagel, tat den Hammer in ihre Hand, trat leise zu ihm hin, stieß den Nagel in seine Schläfe, er drang durch in die Erde. (Sisra) aber lag betäubt, wurde ohnmächtig und starb. ^{22}Unterdessen verfolgte Barak den Sisra. Da kam Jael ihm entgegen und sprach zu ihm: »Komm, ich will dir den Mann zeigen, den du suchst.« Und er kam zu ihr. Sisra lag tot, der Nagel in seiner Schläfe. ^{23}So demütigte Gott an jenem Tag den Jawin, König von Kenaan, vor den Kindern Jisrael. ^{24}Seitdem lag die Hand der Kinder Jisraels immer schwerer auf Jawin, dem König von Kenaan, bis zur völligen Vernichtung des Jawin, Königs von Kenaan.

5 ^{1}An jenem Tag sang Deworah und Barak, Sohn Awinoams:[3]

²Zerrüttung war in Jisrael,
und kühn erhebt sich Feimut wieder:
So dankt dem Ewigen dafür!
³Vernehmet, Könige! Fürsten, merket auf!
Ich will dem Ewigen, Ihm will ich singen,
dem Retter Jisraels ein Danklied singen.
⁴Als du von Se'ir ausgingst, Ewiger,
einherzogst von der Ebene Edoms,
erbebte die Erde, die Himmel trieften,
Gewässer triefte die Wolken herab.
⁵Die Berge flossen vor dem Ewigen,
der Sinai vor dem Ewigen dah in.

⁶In Schamgars, Sohnes Anats, Tagen,
in trauervollen Tagen Jaels
verödeten gebahnte Straßen,
der Wandrer suchte krumme Pfade.
⁷Verödet lagen Jisraels Täler,
bis ich, Deworah, aufstand,
ich aufstand, die Mutter in Jisrael.
⁸Neue Götter hatten sie gewählt,
da war an Toren Kriegeswut:
zur Wehr nicht Schild, nicht Lanze,
bei vierzigtausenden in Jisrael.

⁹Euch, wackere Männer Jisraels,
die kühner Freimut wieder beseelt,
euch weihet sich mein Mutterherz!
Lobpreiset den Ewigen mit mir!
¹⁰Die ihr auf schimmernden Eselinnen reitet,
die ihr auf Richterstühlen sitzt,
und ihr, Wandrer auf befreiten Straßen,
¹¹stimmt ein zum Siegessang! Stimmt ein
zum Freudensang der Hirten,
die zwischen Tränken sicher die Herden verteilen.

Dort preisen sie des Ewigen Wohltun,
    der Triften Jisraels Befreier.
Als von den Höhen des Ewigen Volk
    herab an die Tore sich wagte.

^{12}Wohlauf, Deworah, wohlauf!
    Erwecke den Geist zum Kriegesgesang!
Zieh hin, Barak! Führe sie fort,
    die Beute des Krieges, Sohn Awinoams!
^{13}Ein Häuflein trat das mächt'ge Volk,
    ein schwacher Rest zertrat die Helden.
^{14}Amaleks Besieger kam von Efrajim;
    dir folgte Binjamin auf Heereszügen;
gesetzerfahrne Weise kamen von Machir
    und von Sewulun Schreibekunstverständige.
^{15}Aber mit Deworah zogen Fürsten Jissachars,
    Baraks Feste und Stütze war Jissachar.
Wie stürzten die Füße ins Schlachttal!

Tiefgrübelnde Bedenklichkeit
    hielt Reuwen ab, uns beistzustehn.
^{16}Was lauerst du zwischen Herden,
    horchend auf der Herde Blöken?
Zaudernde Bedenklichkeit
    zog Reuwen ab, uns beizustehen.
^{17}Gil'ad weilet an des Jardens Ufer;
    und Dan, was flüchtet der auf Schiffen?
Ascher sitzt an des Meeres Küste,
    genießt der Ruh in sichern Häfen.

Sewulun, kühnes Volk, so wie Naftali,
    wagt sein Leben in hohem Schlachtgefilde.
^{19}Dort kamen die Könige zum Streite;
    der Kenaaniten Häupter traten ins Feld,
zu Tanach, am Strom Megiddos.

Aber sie trugen nicht Silber zur Beute davon.
²⁰Vom Himmel herab wurde für uns gestritten,
von ihrer Laufbahn stritten die Sterne mit Sisra.
²¹Der Strom Kischon schwemmte sie fort;
der Kischon, uralter Strom!
Tritt unaufhaltsam weiter, mein Geist!
²²So schlagen die Hufe des Rosses im Trabe,
im Trabe rascher Pferdebezwinger.
²³Verfluchet Meros, spricht des Ew'gen Bote,
verdammender Fluch auf seine Bewohner!
Sie kamen nicht zur Hilfe des Ewigen,
zur göttlichen Hilfe, unter die Helden.
²⁴Gesegnet Jael unter den Frauen,
die Frau des Keniten Chewer,
unter Zeltbewohnerinnen gesegnet!

²⁵Er (Sisra) wünscht Wasser, sie reicht Milch,
bringt ihm Rahm in köstlicher Schale,
²⁶doch ihre Hand greift nach dem Pflock,
des Hammers Last, mit ihrer Rechten,
schlägt ihn dem Wüterich ins Haupt,
treibt hinein, durchbohrt seine Schläfe.
²⁷Wie krümmt er sich zu ihren Füßen! fällt,
liegt hingestreckt zu ihren Füßen,
wo er sich krümmte. Da lag er entseelt.

²⁸Am Fenster schaut die Mutter Sisras,
und jammert zum Gitter hinaus:
»Wie weilet sein Wagen, kommt noch nicht!
Was zaudern die rollenden Räder des Siegers?«
²⁹Und weise Kammerfrauen trösten,
sie selbst bestraft den eitlen Kummer:
³⁰»So sollen sie nicht Beute holen, Beute teilen?
Jedem Streiter ein, zwei Mädchen zum Lohne?
Buntgesticktes Zeug dem Sisra,

köstlich Gewand, zur Siegesbeute
um den Hals eroberter Schönen.«

[31] Alle deine Feinde, Ewiger
	müssen so zu Grunde gehn!
Die ihn aber lieben,
	strahlen wie die Sonne
hoch am Firmament.

Das Land hatte vierzig Jahre Ruhe.

Zu den Lobsprüchen nach der Haftara (S. 655)

17. Haftarat Jitro (Jesaja 6,1-7,6; 9,5-6)

[Zu Parascha Jitro *(S. 148)*]

6 [1] Im Todesjahr des Königs Usija sah ich den Ewigen sitzen auf hohem und erhabenem Thron, und seine Schleppen erfüllten den Tempel. [2] Serafim standen hoch neben ihm, je sechs Flügel hatte ein jeder. Mit zweien bedeckt er sein Antlitz, mit zweien bedeckt er seine Füße und mit zweien fliegt er. [3] Und einer rief dem andern zu und sprach: »kadosch, kadosch, kadosch: Heilig, heilig, heilig ist der Ewige, der Herrscher aller Geschöpfe, die ganze Erde ist von seiner Herrlichkeit erfüllt!« [4] Da erbebten die Säulen der Pfosten vor der rufenden Stimme und das Haus wurde vom Rauch erfüllt. [5] Ich sprach: »Weh mir! Ich vergehe, denn ein Mann unreiner Lippen bin ich und ich weile unter einem Volk unreiner Lippen – den König, den Ewigen, den Herrscher aller Geschöpfe, haben meine Augen gesehen.« [6] Da flog einer der Serafim zu mir. In seiner Hand hielt er einen glühenden Stein, den er mit der Zange vom Altar genommen hatte. [7] Er berührte damit meinen Mund und sprach: »Dies hat berührt deine Lippen, und so weicht deine Schuld und deine Sünde ist gesühnt.« [8] Da hörte ich die Stimme des Herrn fragen: »Wen soll ich schicken (zu Jisrael) und

wer wird gehen für uns?« Ich sprach: »Ich bin bereit, schick mich!«
⁹(Gott) sprach darauf: »Geh hin und sprich zu diesem Volk: ›Hört
nur immer und seht nicht ein! Seht nur immer und erkennt nicht!
¹⁰Denn verstockt bleibt das Herz dieses Volks, seine Ohren schwer und
seine Augen stumpf. (Es fürchtet) wohl, es könnte mit seinen Augen
sehen, mit seinen Ohren hören und mit seinem Herzen erkennen und
dann wieder genesen.‹« ¹¹Ich fragte: »Wie lange, o Herr, (wird es so
bleiben)?« Und er erwiderte: »Bis dass die Städte verödet sind, leer
von Bewohnern werden, die Häuser menschenleer, der Boden zur
Wüste verödet sein wird, ¹²bis der Ewige die Menschen weggeführt
haben wird, sodass groß wird die Verlassenheit im Land. ¹³Wenn ein
Zehntel noch da bleibt – wenn (das Land) der Vernichtung nahe ist,
wie jene Terebinthe und Eiche (am Tor) Schalechet , an welcher der
Stamm geblieben, so bleibt ein Stamm der heiligen Samen.

7   ¹In den Tagen des Ahas, des Sohnes Jotams, Sohnes Usijahus,
des Königs von Jehuda, da zog Rezin, der König von Aram, und Pe-
kach, Sohn Ramaljahus, der König von Jisrael, gegen Jeruschalajim,
um es zu bekämpfen, aber sie konnten es nicht erobern. ²Dem Haus
David war zuvor so gemeldet worden: »Aram lagert in Efrajim, (und
beide bereiten sich vor, Jehuda anzugreifen).« Da bebte das Herz (des
Ahas) und das Herz seines Volkes wie die Waldbäume vor dem Sturm.
³Der Herr sprach aber zu Jeschajahu: »Geh doch dem Ahas entgegen,
du und dein Sohn Schear-Jaschuw (›Ein Rest wird umkehren‹), an das
Ende der Wasserleitung des oberen Teichs zur Straße zum Walkerfeld,
⁴und sprich zu ihm: ›Sei ruhig, halte dich still, fürchte nichts, und dein
Herz möge nicht verzagen vor diesen beiden Stümpfen rauchender
Feuerbrände, vor dem hass-schnaubenden Rezin aus Aram und dem
Sohne Remaljahus, ⁵weil Aram gegen dich Böses gesonnen, Efrajim
und der Sohn Remaljas – nämlich: ⁶Wir wollen gegen Jehuda ziehen
und es bedrängen und es mit Gewalt uns erschließen. Dann wollen
wir zum König darin einsetzen den Sohn Tabeals.‹« […]

9   ⁵Denn ein Kind ist uns geboren, ein Sohn uns gegeben, die
Herrschaft ist auf seiner Schulter, man darf ihn nennen: Pele-Joez

El-Gibbor-Awiad-Sar-Schalom (›Wundervoll vom mächtigen Gott beraten, vom Vater der Ewigkeit, ein Friedefürst.‹)² ⁶Seine Macht wird gemehrt; des Friedens ist kein Ende auf dem Thron Davids und in seinem Königreich. Es wird aufgerichtet und gestützt durch Tugend und Gerechtigkeit, von nun an bis auf ewig. Der Eifer des Ewigen, des Herrschers aller Geschöpfe, tut solches.

Zu den Lobsprüchen nach der Haftara (S. 655)

18. Haftarat Mischpatim (Jeremia 34,8-22; 33,25-26)

[Zu Parascha Mischpatim *(S. 154)*]

34 ⁸Das Wort, welches vom Ewigen an Jirmejahu erging, nachdem der König Zidkijahu einen Bund mit dem ganzen Volk geschlossen hatte, das in Jeruschalajim war, um unter sich Freiheit auszurufen: ⁹Dass ein jeder von ihnen seinen hebräischen Sklaven und seine hebräische Sklavin freilasse, dass niemand unter ihnen seinen judäischen Stammesgenossen Sklavenarbeit verrichten lasse. ¹⁰Anfangs gehorchten alle Oberen und das ganze Volk, das den Bund eingegangen war, dass jeder seinen Knecht und jeder seine Magd freilasse und nicht mehr mit ihnen arbeite. Sie gehorchten also und entließen sie. ¹¹Doch später nahmen sie die Knechte und Mägde wieder zurück, die sie freigelassen hatten, und machten sie mit Gewalt zu Sklaven und Sklavinnen. ¹²Da erging das Wort des Ewigen an Jirmejahu also: ¹³»So spricht der Ewige, Gott Jisraels: Ich habe einen Bund mit euren Eltern geschlossen an dem Tage, an dem ich sie herausgeführt habe aus dem Lande Mizrajim, aus dem Hause der Sklaven, der besagte: ¹⁴›Zu Beginn des siebten Jahres soll jeder seinen hebräischen Bruder, der sich dir verkaufen wird, entlassen. Er soll dir nur sechs Jahre dienen, dann lasse ihn frei von dir.‹ Aber eure Eltern hörten nicht auf mich und neigten nicht ihr Ohr. ¹⁵Heute seid ihr umgekehrt und habt getan, was recht ist in meinen Augen, nämlich Freiheit auszurufen einer dem anderen, und ihr habt einen

Bund geschlossen vor mir in dem Haus, über das mein Name genannt ist. [16]Nun aber entweiht ihr meinen Namen wieder und nehmt eure Knechte und Mägde zurück, die ihr freigelassen habt, und zwingt sie wieder Sklaven und Sklavinnen bei euch zu sein. [17]Darum spricht der Ewige folgendermaßen: Ihr habt mir nicht gehorcht, habt nicht einer dem andern Freiheit ausgerufen. Ich rufe über euch Freiheit aus, spricht der Ewige: dem Schwert, der Pest und dem Hunger, und mache euch zum Entsetzen aller Königreiche der Erde. [18]Ich mache die Männer, die meinen Bund übertreten, die nicht gehalten die Worte des Bundes, den sie vor mir geschlossen, dem Kalb gleich, das sie entzweigeschnitten und zwischen dessen Stücken sie durchgingen. [19]Die Vornehmen Jehudas und die Vornehmen Jeruschalajims, die Hofbediensteten und die Priester und das ganze Volk des Landes, die zwischen den Stücken des Kalbes durchgegangen sind, [20]sie gebe ich in die Hand ihrer Feinde und in die Hand derer, die ihnen nach dem Leben trachten. Ihr Leichnam wird zum Fraß für die Vögel des Himmels und das Vieh der Erde. [21]Auch Zidkijahu, den König von Jehuda, und seine Fürsten gebe ich in die Hand ihrer Feinde und in die Hand derer, die ihnen nach dem Leben trachten, in die Hand des Heeres des Königs von Bawel, das (jetzt) von euch abgezogen ist. [22]Ich gebiete, spricht der Ewige, und bringe sie zurück nach dieser Stadt, dass sie sie angreifen und einnehmen und sie in Feuer verbrennen. Alle Städte Jehudas werde ich zur Öde machen, leer an Bewohnern.«

33 [25]Aber der Ewige spricht folgendermaßen: »Hab' ich nicht meinen Bund mit Tag und Nacht, die Gesetze des Himmels und der Erde gemacht? [26]So werde ich die Nachkommen Jaakows und meines Dieners David nicht verwerfen, dass ich nicht nehme von seinen Nachkommen Herrscher für die Nachkommen Awrahams, Jizchaks und Jaakows. Denn ich stelle sie wieder her und erbarme mich ihrer.«

Zu den Lobsprüchen nach der Haftara (S. 655)

19. Haftarat Teruma (1. Könige 5,26-6,13)

[Zu Parascha Teruma (S. 163)]

5 ²⁶Der Ewige verlieh Sch'lomo Weisheit, wie er ihm verheißen hatte. Es war Friede zwischen Chiram und Sch'lomo. Sie schlossen einen Bund miteinander. ²⁷Sch'lomo rekrutierte Fronarbeiter von ganz Jisrael. Die Fronarbeiter waren dreißigtausend Mann. ²⁸Er schickte sie auf den Libanon, zehntausend im Monat wechselweise. Einen Monat waren sie auf dem Libanon und zwei Monate zu Hause. Über den Fronarbeitern war Adoniram. ²⁹Sch'lomo hatte siebzigtausend Lastträger und achtzigtausend Steinhauer im Gebirge. ³⁰Ohne die Oberen, die von Sch'lomo über das Werk gesetzt waren, waren es dreitausend und dreihundert, die über das Volk walteten, das an dem Werk arbeitete. ³¹Der König gebot, dass sie große und schwere Steine brachten, um das Haus auf behauenen Steinen zu gründen. ³²Die Bauleute Sch'lomos und die Bauleute Chirams und die Gibläer behauten und richteten das Holz und die Steine, um das Haus zu bauen.

6 ¹Im vierhundertundachtzigsten Jahr nach dem Auszug der Kinder Jisraels aus dem Land Mizrajim, im vierten Jahr im Monat Siw – das ist der zweite Monat – der Regierung Sch'lomos über Jisrael, baute er das Haus des Ewigen. ²Das Haus, das König Sch'lomo dem Ewigen baute, war sechzig Ellen lang, zwanzig Ellen breit und dreißig Ellen hoch. ³Die Halle vor dem Tempel des Hauses war zwanzig Ellen lang und zehn Ellen breit nach der Vorderseite des Hauses. ⁴Und er machte an dem Haus Fenster, geschlossen, aber durchsichtig (Glasfenster). ⁵Er baute um die Mauer des Hauses einen Gang, an dem Tempel und an der heiligen Stätte, und machte Seitengemächer ringsum. ⁶Der unterste Gang war fünf Ellen breit, der mittlere sechs Ellen breit, der dritte sieben Ellen breit. Denn er hatte Absätze um das Haus von außen gemacht, damit sie nicht eingriffen in die Mauer des Hauses. ⁷Das Haus wurde während des Bauens nur aus im Steinbruch bereits völlig zugehauenen Steinen gebaut. Spitzhämmer und Äxte, irgend ein eisernes Gerät, wurde in dem Haus nicht gehört, während

485

daran gebaut wurde. [8]Die Türe des Seitengemachs des mittleren (Gangs) war an der rechten Seite des Hauses und auf Wendeltreppen stieg man zu dem mittleren und von dem mittleren zum dritten. [9]Er vollendete den Bau des Hauses und bedeckte das Haus mit Balken und Dielenreihen aus Zedern. [10]Er baute den Gang um das ganze Haus fünf Ellen hoch und befestigte ihn durch Zedernholz an dem Haus. [11]Der Ewige verkündete dem Sch'lomo Folgendes: [12]»Du errichtest hier ein Heiligtum – ja, wenn du nach meinen Satzungen wandeln wirst und meine Rechte tun wirst und wahren wirst alle meine Gebote, nach ihnen zu wandeln, so werde ich aufrecht halten mein Wort an dir, das ich deinem Vater David verheißen habe. [13]Ich werde thronen unter den Kindern Jisrael und mein Volk Jisrael nicht verlassen.«

Zu den Lobsprüchen nach der Haftara (S. 655)

20. Haftarat Tezawe (Ezechiel 43,10-27)

[Zu Parascha Tezawe *(S. 170)*]

43 [10]Aber du, Menschenkind, zeige dem Hause Jisrael das Haus an – damit sie sich ihrer Sünden schämen, während sie den Grundriss abmessen. [11]Und wenn sie sich alles dessen schämen, was sie getan haben, dann lass sie die Form des Hauses wissen und seine Einrichtung, seine Ausgänge und seine Eingänge, all seine Formen mit allen Zeichnungen und alle Formen mit allen Entwürfen. Schreib es auf vor ihren Augen, damit sie seine ganze Form und all seine Zeichnungen beachten und sie ausführen. [12]Das ist die Vorschrift für das Haus: auf der Höhe des Berges ist das ganze Gebiet rundherum hochheilig. Das ist die Vorschrift für das Haus. [13]Und das ist das Maß des Altars nach Ellen, die Elle um eine Spanne länger: die Vertiefung eine Elle, und eine Elle die Breite, und die Einfassung am Rand ringsum eine Spanne. Das war der Rücken des Altars. [14]Von der Vertiefung der Fläche bis zum unteren Absatz zwei Ellen und die Breite eine Elle. Vom kleinen Absatz bis zum großen Absatz vier Ellen und die Breite einer Elle, ^{15}das Altardach vier Ellen, und oberhalb der Opferstätte ragen vier Hörner. ^{16}Die Opferstätte war zwölf Ellen lang und zwölf Ellen breit, geviert an seinen vier Seiten. ^{17}Der Absatz war vierzehn Ellen lang und vierzehn Ellen breit an den vier Seiten. Die Einfassung rings um denselben war eine halbe Elle und es war eine Vertiefung daran von einer Elle ringsum, dann dessen Stufen gegen Osten. ^{18}Er sprach zu mir: »Menschenkind, so spricht Mein Herr, der Ewige: Das sind die Satzungen des Altars, wenn er fertig ist, damit darauf geopfert und Blut gesprengt wird. ^{19}Du sollst den Priestern von den levitischen Geschlechtern, den Abkömmlingen Zadoks, die mir nahe sind – ist der Spruch Gottes, des Herrn – um mir zu dienen, einen jungen Stier zum Sühnopfer geben. ^{20}Nimm von seinem Blut und tue etwas davon an seine vier Hörner und an die vier Ecken des Absatzes und an die Einfassung ringsum und entsündige ihn und versöhne ihn. ^{21}Nimm dann den Jungstier der Sühne, damit man ihn verbrenne an einem vorbehaltenen Ort des Hauses außerhalb des Heiligtums. ^{22}Am zweiten Tag sollst du einen Ziegenbock ohne Fehl zum Sühnopfer darbringen. Damit sollen sie den Altar entsündigen, so wie sie mit dem Jungstier entsündigt haben. ^{23}Bist du mit der Entsündigung fertig, bringe einen jungen Stier ohne Fehl dar und einen Widder von den Schafen ohne Fehl. ^{24}Bringe sie hin vor den Ewigen. Die Priester sollen Salz darauf streuen und sie als Ganzopfer dem Ewigen opfern. ^{25}Sieben Tage sollst du täglich je einen Bock der Sühne, einen jungen Stier und einen Widder von den Schafen opfern. Ohne Fehl soll man sie opfern. ^{26}Sieben Tage sollen sie den Altar sühnen, ihn reinigen und ihn einweihen. ^{27}So sollen sie diese Tage zu Ende führen: vom achten Tage an sollen die Priester auf dem Altar eure Ganzopfer und eure Mahlopfer opfern und ich werde euch gnädig aufnehmen, ist der Spruch Gottes, des Herrn.

Zu den Lobsprüchen nach der Haftara (S. 655)

21. Haftarat Ki Tissa (1. Könige 18,1-39)

[Zu Parascha Ki Tissa (S. *178*)]

18 ¹Es verging eine lange Zeit, da erging das Wort des Ewigen an Elijahu im dritten Jahr folgendermaßen:»Geh, lass dich vor Achaw sehen. Ich will Regen auf den Erdboden geben.« ²Elijahu ging, um sich vor Achaw sehen zu lassen. Die Hungersnot war sehr stark in Schomron. ³Da rief Achaw den Obadjahu, den Obersten des königlichen Hauses. Obadjahu fürchtete den Ewigen sehr (war also kein Baalsdiener). ⁴Als Isewel die Propheten des Ewigen ausrottete, hatte Obadjahu hundert Propheten genommen und sie verborgen, je fünfzig in einer Höhle, und sie mit Brot und Wasser versorgt. ⁵Achaw sagte nun zu Obadjahu:»Geh durch das Land zu allen Wasserquellen und Bächen. Vielleicht finden wir Gras und halten Ross und Maultier am Leben, sodass wir nicht alles Vieh verlieren.« ⁶Sie teilten das Land unter sich, um es zu durchziehen. Achaw ging auf einem Wege allein und Obadjahu ging auf einem Wege allein. ⁷Als nun Obadjahu unterwegs war, kam ihm Elijahu entgegen. Als er ihn erkannte, fiel er auf sein Angesicht und sprach:»Bist du es, mein Herr Elijahu?« ⁸Er erwiderte ihm:»Ich bin es. – Geh, sprich zu deinem Herrn: Elijahu ist da.« ⁹Obadjahu sprach:»Was habe ich gesündigt, dass du deinen Knecht in die Hand Achaws geben willst, dass er mich töte? – ¹⁰So wahr der Ewige, dein Gott, lebt, es gibt kein Volk und kein Königreich, wohin mein Herr nicht geschickt hat, dich zu suchen. Sie sagten alle: ›Er ist nicht hier.‹ Er beschwor jedes Königreich und jedes Volk, ob sie dich nicht gesehen haben. ¹¹Und nun verlangst du: Geh, sprich zu deinem Herrn: ›Elijahu ist da‹? ¹²Wenn ich dich nun verlasse – der Geist des Ewigen könnte dich ich weiß nicht wohin tragen – und ich komme, um Achaw zu berichten und er findet dich nicht, so erschlägt er mich. Dein Knecht fürchtet doch den Ewigen von seiner Jugend an. – ¹³Ist meinem Herrn nicht berichtet worden, was ich getan habe, als Isewel die Propheten des Ewigen erschlug, dass ich von den Propheten des Ewigen hundert Mann verbarg, je fünfzig in einer Höhle, und sie mit Brot und Wasser versorgte? ¹⁴Und nun sagst du mir: Geh, berichte deinem Herrn: ›Elijahu ist da‹. Da wird er mich erschlagen (wenn er dich dann nicht finden sollte).« – [15]Aber Elijahu sprach:»So wahr der Ewige, der Herrscher aller Geschöpfe, lebt, dem ich diene, dass ich mich heute vor (Achaw) sehen lasse!«. [16]Da ging Obadjahu Achaw entgegen und meldete es ihm. Achaw ging Elijahu entgegen. [17]Als Achaw den Elijahu sah, sprach Achaw zu ihm:»Bist du nun da, der Jisrael zu Grunde richtet?« [18](Elijahu) erwiderte:»Nicht ich habe Jisrael Verderben gebracht, sondern du und das Haus deines Vaters, indem ihr die Gebote des Ewigen verlassen habt, und du bist dem Baal nachgegangen. [19]Nun sende hin, versammle zu mir ganz Jisrael an den Berg Karmel und auch die Propheten des Baal, vierhundertundfünfzig Mann, und die Propheten der Aschera, vierhundert Mann, die am Tisch der Isewel essen.« ❡

Nach dem sefardischen und italienischen Ritus endet man hier.

[20]Achaw schickte hin zu allen Kindern Jisrael und versammelte die Propheten an den Berg Karmel. [21]Da trat Elijahu vor das ganze Volk und sprach:»Wie lange noch wollt ihr auf die beiden Zweige hüpfen (wollt ihr schwanken)? Wenn der Ewige euer Gott ist, so dient ihm, und wenn Baal (euer Gott ist), so dient ihm.« Doch (das Volk) erwiderte ihm kein Wort. [22]Elijahu sprach weiter zu dem Volk:»Ich allein bin übrig geblieben als Prophet des Ewigen, aber der Propheten des Baal sind vierhundertundfünfzig Mann. [23]So gebe man uns zwei Jungstiere. Jene mögen sich einen Stier wählen, ihn zerstückeln und auf das Holz legen, aber Feuer sollen sie nicht daran legen. Auch ich werde zurichten einen Jungstier, auf das Holz tun und kein Feuer daran legen. [24]Ihr ruft den Namen eures Gottes an, und ich werde den Namen des Ewigen anrufen. Derjenige Gott, der Feuer spendet, der sei der (wahre) Gott.« Das ganze Volk rief:»Der Vorschlag ist gut.« [25]Elijahu sprach zu den Propheten des Baal:»Wählt euch den Jungstier und richtet ihn zuerst zu, denn euer sind viele, und ruft an den Namen eures Gottes, aber Feuer legt nicht daran.« [26]Sie nahmen den Jungstier, den er ihnen gegeben, richteten ihn zu und riefen den Namen des Baal an, vom Morgen bis zum Mittag mit den Worten: »O Baal, erhöre uns!« Aber da gab es keinen Laut und keiner ant-

489

wortete. Sie hüpften umher auf dem Altar, den man gemacht hatte. [27]Am Mittag, da verspottete sie Elijahu und sprach: Ruft mit lauter Stimme, denn obwohl er ein Gott ist, so ist er vielleicht in Gedanken oder in Geschäften oder auf Reisen. Vielleicht schläft er gar und wird erwachen. [28]Da riefen sie mit lauter Stimme und machten sich nach ihrem Brauch Schnitte mit Schwertern und mit Spießen, bis das Blut an ihnen herabrann. [29]Als nun der Mittag vorüber war, da weissagten sie (es werde Feuer kommen) um die Zeit, in der das Speiseopfer dargebracht wird. Aber auch dann war kein Laut, keine Antwort, nichts zu merken. [30]Da sprach Elijahu zu dem ganzen Volk: »Tretet her zu mir!« Das ganze Volk trat zu ihm heran. Er besserte den niedergerissenen Altar des Ewigen aus. [31]Dann nahm Elijahu zwölf Steine nach der Zahl der Stämme der Söhne Jaakows, an den das Wort des Ewigen ergangen war, nämlich: »Jisrael soll dein Name sein«. [32]Er baute aus den Steinen einen Altar im Namen des Ewigen und machte rings um den Altar einen Graben, der an die zwei Sea Saat fasste. [33]Er ordnete darauf das Holz, zerstückelte den Jungstier, legte ihn auf das Holz [34]und befahl: «Füllt vier Eimer Wasser und gießt es auf das Opfer und das Holz!« Dann befahl er: »Wiederholt dies!« Sie wiederholten es. Er befahl wieder: »Tut es zum dritten Mal!« Sie taten es zum dritten Mal. [35]Das Wasser lief rings umher auf den Altar und auch der Graben füllte sich mit Wasser. [36]Um die Zeit, in der das Speiseopfer dargebracht wird, trat der Prophet Elijahu hin und sprach: »Ewiger, Gott Awrahams, Jizchaks und Jisraels, heute werde kund, dass du Gott bist in Jisrael und dass ich dein Kencht bin und dass ich auf dein Wort hin alle diese Dinge getan habe. [37]Erhöre mich, Ewiger, erhöre mich! So wird das Volk erkennen, dass du, Ewiger, Gott bist, und du hast daraufhin ihr Herz umgewandelt.« [38]Da fiel ein Feuer herab vom Ewigen. Es verzehrte das Opfer und das Holz und die Steine und die Erde, und auch das Wasser, das im Graben war, leckte es auf. [39]Als das ganze Volk das sah, fielen sie auf ihr Angesicht und riefen: «Der Ewige, der ist Gott! Der Ewige, der ist Gott!«

Zu den Lobsprüchen nach der Haftara (S. 655)

22. Haftarat Wajakhel (1. Könige 7,40-50)

(wenn Wajakhel/Pekude zusammen fallen, wird Haftarat Pekude (S. 492) gelesen.)

[Zu Parascha Wajakhel *(S. 189)*]

7 ⁴⁰Chiram machte die Waschbecken, die Schaufeln und die Blutschalen. Chiram vollendete dann die Arbeit des ganzen Werkes, das er gearbeitet hatte für König Sch'lomo am Hause des Ewigen: ⁴¹die zwei Säulen und je zwei kugelige Knäufe oben auf den Säulen, zwei Gitter, um die zwei kugeligen Knäufe, die oben auf den Säulen waren, zu bedecken, ⁴²die vierhundert Granatäpfel zu den beiden Gittern, zwei Reihen Granatäpfel zu je einem Gitter, um die beiden kugeligen Knäufe zu bedecken, die vorne an den Säulen waren, ⁴³die zehn Gestelle und die zehn Waschbecken auf den Gestellen, ⁴⁴den Wasserbehälter und die zwölf Rinder unter dem Wasserbehälter, ⁴⁵die Töpfe, die Schaufeln, die Blutschalen; und alle Geräte, die Chiram gefertigt hatte für König Sch'lomo, für das Haus des Ewigen, waren aus geglättetem Kupfer. ⁴⁶Der König hatte sie im Umkreis des Jardens gegossen, in den Bergwerken zwischen Sukkot und Dotan. ⁴⁷Sch'lomo ließ es da mit all den Geräten wegen der übergroßen Menge, das Gewicht des Kupfers wurde nicht untersucht. ⁴⁸Sch'lomo machte alle Geräte, die im Hause des Ewigen waren: den goldenen Altar, den Tisch, auf welchem das Schaubrot war, aus Gold, ⁴⁹die Leuchter, je fünf zur Rechten und fünf zur Linken vor dem Allerheiligsten, aus gediegenem Golde, das Blumenwerk, die Lampen und die Zangen aus Gold, ⁵⁰die Schalen, die Messer, die Blutschalen, die Löffel und die Pfannen aus gediegenem Gold, die Angeln zu den Türen des inneren Hauses, zum Allerheiligsten und zu den Türen des Hauses zum Tempel aus Gold.

Zu den Lobsprüchen nach der Haftara (S. 655)

23. Haftarat Pekude (1. Könige 7,51-8,21)

(wenn Wajakhel/Pekude zusammen fallen, wird diese Haftara gelesen.)

[Zu Parascha Pekude *(S. 197)*]

7 ⁵¹Und damit war das ganze Werk, das König Sch'lomo für das Haus des Ewigen bestellt hatte, vollendet. Sch'lomo brachte die heiligen Spenden seines Vaters David hinein: das Silber, das Gold und die Geräte. Er legte sie in die Schatzkammer des Hauses des Ewigen.

8 ¹Darauf versammelte Sch'lomo zu sich nach Jeruschalajim die Ältesten Jisraels, alle Stammhäupter, die Fürsten der Stammhäuser der Kinder Jisraels, um die Bundeslade des Ewigen aus der Stadt Davids, das ist Zijon, heraufzubringen. ²Um König Sch'lomo versammelten sich alle Männer von Jisrael im Monat Etanim, das ist der siebte Monat, am (Laubhütten)fest. ³Alle Ältesten Jisraels kamen, die Priester trugen die Lade. ⁴Sie brachten die Lade des Ewigen und das Stiftszelt und alle heiligen Geräte, die im Zelt waren. Die Priester und die Leviten trugen sie. ⁵König Sch'lomo und die ganze Gemeinde Jisrael, die sich bei ihm eingestellt hatte, opferten mit ihm vor der Lade Schafe und Rinder ohne Zahl und Berechnung. ⁶Die Priester brachten die Bundeslade des Ewigen an ihren Ort, zum allerheiligsten Raum des Hauses unter die Flügel der Cherubim. ⁊ ⁷Denn die Cherubim breiteten die Flügel über die Stelle der Lade, sodass die Cherubim die Lade bedeckten und die Stangen darüberhin. ⁸Die Stangen waren so lang, dass die Spitzen der Stangen vom Heiligtum aus an der Vorderseite des Allerheiligsten gesehen wurden, aber sie wurden nicht auswärts gesehen. (Wohl ragten die Stangen hervor, aber sie waren bedeckt und daher nicht sichtbar). Sie blieben dort bis auf den heutigen Tag. ⁹In der Lade war nichts als die zwei steinernen Tafeln, die Mosche am Horeb hineingelegt hatte, als der Ewige einen Bund mit den Kindern Jisrael geschlossen hatte nach ihrem Auszug aus dem Land Mizrajim. ¹⁰Als die Priester das Heiligtum verließen, da erfüllte die Wolke das Haus des Ewigen. ¹¹Die Priester vermochten nicht da zu stehen, um den Amtsdienst zu verrichten vor der Wolke, denn die Herrlichkeit des Ewigen hatte das Haus des Ewigen erfüllt. *12*Damals sprach Sch'lomo:»Der Ewige hat verheißen, im Wolkendunkel zu thronen. *13*Gebaut habe ich dir ein erhabenes Haus, eine Stätte deinem Sitz für ewig.« *14*Der König wendete sein Angesicht (zum Volk) und segnete die ganze Versammlung Jisraels, während die ganze Versammlung Jisraels stand. *15*(Sch'lomo) sprach:»Gepriesen sei der Ewige, der Gott Jisraels, der meinem Vater David verheißen und es jetzt auch erfüllt hat, nämlich: *16*›Von dem Tage an, an dem ich mein Volk Jisrael aus Mizrajim herausgeführt, habe ich keine Stadt erwählt aus allen Stämmen Jisraels, dass man dort ein Haus baue, damit mein Name darin sei. Aber ich erwählte David, dass er über mein Volk Jisrael herrscht.‹ *17*Mein Vater David hatte es im Sinn, dem Namen des Ewigen, des Gottes Jisraels, ein Haus zu bauen. *18*Aber der Ewige sprach zu meinem Vater David: ›Du hast es im Sinn gehabt, meinem Namen ein Haus zu bauen. Damit hast du wohl getan, dass du es im Sinn gehabt hast. *19*Doch du sollst das Haus nicht bauen, sondern dein leiblicher Sohn soll meinem Namen das Haus bauen.‹ *20*Der Ewige hat sein Wort bestätigt, das er geredet hat. Ich bin aufgestanden anstatt meines Vaters David und sitze auf dem Thron Jisraels, so wie der Ewige geredet hat, und habe dem Namen des Ewigen, des Gottes Jisraels, das Haus gebaut. *21*Ich habe dort eine Stelle gemacht für die Lade, worin der Bund des Ewigen (aufbewahrt wird), den er mit unseren Eltern geschlossen hat, als er sie herausgeführt hat aus dem Land Mizrajim.«

Zu den Lobsprüchen nach der Haftara (S. 655)

24. Haftarat Wajikra (Jesaja 43,21-44,23)

[Zu Parascha Wajikra *(S. 204)*]

43 *21*Das Volk, das ich mir gebildet habe, es soll meinen Ruhm verkünden. *22*Wohl hast du mich nicht angerufen, Jaakow, als ob du meiner müde wärest, Jisrael, *23*hast mir das Lamm deiner Ganzopfer nicht dargebracht. mich nicht mit deinen Opfern geehrt. Ich habe dich nicht mit Speiseopfern beschwert und dich nicht mit Weihrauch bemüht. ²⁴Du kauftest mir nicht für Geld Würzrohr und mit dem Fett deiner Opfer hast du mich nicht gesättigt. Aber du hast mich mit deinen Sünden beschwert, mich mit deinen Vergehen ermüdet. ²⁵Doch ich, ich bin es; ich will deine Missetaten tilgen um meinetwillen und deiner Sünden nicht ferner gedenken. ²⁶Erinnere mich, (ob du Verdienste aufzuweisen hast), lass uns einen Rechtsstreit führen. Erzähle nun du, auf dass du dich rechtfertigst. ²⁷Dein Oberhaupt sündigte gegen mich, und deine Fürsprecher fielen von mir ab. ²⁸Deshalb entweihte ich die heiligen Fürsten, gab Jaakow dem Fluche hin, Jisrael dem Hohn.

44 ¹Nun aber höre, Jaakow, mein Diener, Jisrael, den ich erwählt habe. ²So spricht der Ewige, dein Schöpfer und Bildner vom Mutterleib an, der dir beisteht: Fürchte nichts, mein Knecht Jaakow, Jeschurun, den ich erwählt habe. ³Denn so wie ich Wasser auf dürren Boden gieße und Fließendes auf Trockenes, so auch gieße ich meinen Geist auf deine Kinder und meinen Segen auf deine Sprösslinge, ⁴sodass sie wachsen wie zwischen Gras, wie Weiden an Wasserbächen. ⁵Der wird sprechen:»Dem Ewigen gehöre ich«, und der nennt sich mit dem Namen Jaakows, und der verschreibt sich dem Ewigen und mit dem Namen Jisraels schmeichelt er sich. ⁶So spricht der Ewige, der König Jisraels und sein Erlöser, der Ewige, der Herrscher aller Geschöpfe: ich bin der Erste und ich bin der Letzte; außer mir gibt es keinen Gott. ⸹

⁷Wer ruft wie ich (alles) und verkündet es und stellt es mir dar, seit ich eingesetzt habe ein Volk der Urzeit? Das, was eintreffen und was kommen wird, mögen sie ihnen verkünden. ⁸Zittert nicht und fürchtet nichts; hab' ich es dir doch von jeher verkündet und angesagt und ihr seid meine Zeugen: Es gibt keinen Gott außer mir, und es ist kein Hort, den ich nicht kenne. ⁹Die Götzenbilder sind alle eitel, ihre Lieblinge nützen nichts. Sie selbst sind dafür Zeugen, sie sehen nichts und merken nichts, auf dass sie beschämt werden. ¹⁰Wer ist so töricht, dass er sich einen Gott gemacht und ein Bild gegossen, das

nichts nützt? *11*Alle Anhänger (des Götzen) werden zu Schanden, obgleich seine Bildner die geschicktesten von allen waren. Mögen sie alle zusammenkommen, sie werden von Furcht erfasst und zu Schanden werden. *12*Der Eisenschmied fertigt ein Beil an, er arbeitet es in der Kohlenglut aus, mit Hämmern bildet er es, dann bearbeitet er es mit seinem kräftigen Arm. Er hungert sogar dabei und hat keine Kraft mehr, er trinkt kein Wasser und ermattet. *13*Der Zimmermann spannt über das Holz die Schnur, zeichnet mit dem Stift, fertigt es mit den Hobeln und mit dem Zirkel zeichnet er es. Er macht daraus die Abbildung eines Mannes nach menschlicher Schönheit, dass es ein Haus bewohne. *14*Oft fällt er gar zuerst die Zedern oder er wählt sich Steineiche oder Terebinthe, er bemächtigt sich eines Waldbaumes. Mitunter pflanzt er sogar erst die Esche, die der Regen großzieht. *15*(Das Holz) dient dem Menschen zum Verbrennen, er nimmt davon und wärmt sich, auch heizt er und backt Brot. (Aus demselben Holz) macht er aber auch einen Gott und verbeugt sich, er hat ein Götzenbild daraus gemacht und kniet davor. *16*Die Hälfte davon hat er im Feuer verbrannt, bei der Hälfte will er Fleisch essen, er brät nämlich darauf einen Braten, damit er satt werde, wärmt sich auch und spricht: »Ha, ich bin warm, ich spüre die Glut!« *17*Und den Rest davon macht er zum Gott, zu seinem Bilde, er kniet davor, verbeugt sich, betet zu ihm und spricht: »Errette mich, denn mein Gott bist du!« *18*Sie erkennen (das Törichte dabei) nicht und sehen es nicht ein, weil ihr Auge verklebt ist und nicht sieht, weil ihr Herz (verstockt) ist, dass es nicht versteht. *19*Er führt es sich nicht zu Gemüte und hat nicht Erkenntnis und Einsicht zu denken: »Die Häfte davon hab' ich im Feuer verbrannt, auch hab' ich Brot gebacken über seinen Kohlen, ich brat' noch Fleisch daran, dass ich es esse, und das Übrige mach' ich zum Götzen, vor einem Holzblock knie ich.« *20*Er geht der Asche nach, ein törichtes Herz hat ihn verführt. Er kann sich nicht retten, nicht sprechen: »Ist nicht ein Trugbild in meiner Rechten?« *21*Bedenke dies, Jaakow, und Jisrael, der du mein Knecht bist. Ich habe dich mir zum Diener gebildet; vergiss mich nicht, o Jisrael! *22*Deine Missetaten habe ich wie Dunst gelöscht und wie ein Gewölk deine Sünden; kehre zu mir zurück, denn ich habe dich erlöst. *23*Jauchze, du Himmel, denn der Ewige hat es vollbracht!

495

Jubelt, ihr Grundfesten der Erde! Brecht aus, ihr Berge, in Jauchzen, Wald und alles Holz darin! Denn der Ewige hat Jaakow erlöst, an Jisrael verherrlicht er sich.

Zu den Lobsprüchen nach der Haftara (S. 655)

25. Haftarat Zaw (Jeremia 7,21-8,3; 9,22-23)

[Zu Parascha Zaw *(S. 213)*]

7   [21]So spricht der Ewige, der Herrscher aller Geschöpfe, der Gott Jisraels:»Eure Ganzopfer tut zu euren Seiseopfern und esst davon Fleisch. [22]Denn ich redete nicht zu euren Eltern und gebot ihnen nichts über Ganzopfer und Speiseopfer an dem Tage, an dem ich sie aus dem Land Mizrajim führte, [23]sondern dies gebot ich ihnen: ›Hört auf meine Stimme, und ich werde euch für immer ein Gott sein und ihr sollt mir ein Volk sein und wandelt ganz auf dem Weg, den ich euch gebiete, damit es euch gut gehe.‹ [24]Doch sie hörten nicht und neigten nicht ihr Ohr, sondern folgten den Eingebungen und dem Übermut ihres bösen Herzens. Sie wandten mir den Rücken zu und nicht das Gesicht. [25]Von dem Tage an, an dem eure Eltern aus dem Land Mizrajim zogen, bis auf diesen Tag sandte ich meine Diener, die Propheten, Tag für Tag. [26]Doch sie hörten nicht auf mich, neigten nicht ihr Ohr, sondern blieben hartnäckig und machten es schlimmer als ihre Eltern. [27]Nun redest du zu ihnen all diese Worte und sie hören nicht auf dich. Du rufst ihnen zu und sie antworten dir nicht. [28]So sprich zu ihnen:»Das ist das Volk, das nicht hören wollte auf die Stimme des Ewigen, seines Gottes, und keine Lehre annahm.« Geschwunden ist die Wahrheit, weggetilgt aus ihrem Munde. [29]Schere deine Haarkrone ab, wirf sie hin und erhebe Klagelieder auf kahlen Bergspitzen! Denn der Ewige hat verworfen und verlassen das Geschlecht, auf das er zürnt. [30]Denn die Kinder Jehudas taten, was böse ist in meinen Augen, spricht der Ewige. Sie stellten ihre Scheusale auf in dem Hause, über das mein Name genannt ist, um es zu verunreinigen, [31]und erbauten die Höhen des Tofet, der im Tal Ben Hinnom ist, um ihre Söhne und Töchter zu verbrennen im Feuer, was ich nicht angeordnet hatte und mir nicht in den Sinn gekommen ist. [32]Wahrlich, es kommen Tage, spricht der Ewige, da wird es nicht mehr genannt »Tofet« und »Tal Ben Hinnom«, sondern »Tal des Würgens«. Man wird in Tofet begraben aus Mangel an Platz. [33]Die Leichname dieses Volkes werden zum Fraß sein für die Vögel des Himmels und für das Vieh der Erde, und niemand wird sie verscheuchen. [34]Ich lasse aufhören in den Städten Jehudas und Jersualems die Stimmen der Lust und der Freude, die Stimmen des Bräutigams und der Braut, denn das Land soll zur Wüste werden.

8 [1]Zur selben Zeit, ist des Ewigen Spruch, wird man die Gebeine der Könige Jehudas und die Gebeine seiner Fürsten aus ihren Gräbern herausschaffen, die Gebeine der Priester, die Gebeine der (falschen) Propheten und die Gebeine der Bewohner Jeruschalajims. [2]Man wird sie ausbreiten vor der Sonne und dem Mond und dem ganzen Heer des Himmels, das sie geliebt und denen sie gedient haben, denen sie nachgegangen sind, die sie befragt haben und vor denen sie sich verbeugt haben. Sie werden nicht gesammelt und nicht begraben werden, sondern zu Dünger auf dem Acker werden sie. [3]Allen denen, die übrig bleiben werden von diesem bösen Geschlecht, die übrig bleiben in all den Orten, wohin ich sie vestoßen habe, denen wird der Tod lieber sein als das Leben, ist des Ewigen Spruch, des Herrschers aller Geschöpfe.

9 [22]So spricht der Ewige: Der Weise rühme sich nicht seiner Weisheit und der Starke nicht seiner Stärke und der Reiche nicht seines Reichtums, [23]sondern dessen darf sich jeder rühmen, der einzusehen und zu erkennen vermag, dass ich, der Ewige, Liebe, Recht und Rechtschaffenheit auf Erden übe, dass ich daran Wohlgefallen habe, ist des Ewigen Spruch.

Zu den Lobsprüchen nach der Haftara (S. 655)

26. Haftarat Schemini (2. Samuel 6,1-7,17)

[Zu Parascha Schemini *(S. 221)*]

6 ¹David versammelte erneut alle jungen Männer Jisraels, dreißigtausend Mann. ²David und das Volk um ihn, Bürger von Jehuda,
brachen auf und zogen aus, um von dort (von Gibea in Benjamin)
die Lade Gottes zu überführen, über welcher genannt war der Name
des Ewigen, des Herrschers aller Geschöpfe, der über den Cherubim
thront. ³Sie fuhren die Lade Gottes in einem neuen Wagen. Sie trugen
sie aus dem Haus Awinadaws, das auf dem Hügel war, und Usa und
Ahjo, die Söhne Awinadaws, führten den neuen Wagen, ⁴trugen sie
aus dem Hause Awinadaws, das auf dem Hügel war und gingen neben der Lade Gottes her, doch Achjo ging vor der Lade. ⁵David und
das ganze Haus Jisrael spielten vor dem Ewigen auf allerlei Zypres-
senhölzern, auf Zittern und Psaltern und Pauken, mit Schellen und
Zymbeln. ⁶Als sie zur Tenne Nachon kamen, da griff Usa nach der
Lade Gottes und fasste sie an, weil die Rinder sich losgerissen hatten
(und er befürchtete, die Lade könnte hinabstürzen). ⁷Da erzürnte der
Ewige über Usa. Gott schug ihn daselbst wegen des Vergehens und
er starb neben der Lade Gottes. ⁸Es schmerzte David, dass der Ewige
Usa hinweggerafft hatte, und er nannte diesen Ort: Perez-Usa (Sturz
des Usa; dies ist der Name) bis auf den heutigen Tag. ⁹David fürchtete
sich vor dem Ewigen an jenem Tage und dachte: »Wie soll die Lade
des Ewigen zu mir kommen?« ¹⁰David wollte daher nicht, dass die
Lade des Ewigen zu ihm in die Stadt Davids komme. David ließ sie
in das Haus des Owed Edom aus Gat einkehren. ¹¹So blieb die Lade
des Ewigen im Hause des Owed Edom aus Gat drei Monate und der
Ewige segnete Owed Edom und sein ganzes Haus. ¹²Da wurde dem
König David berichtet: »Der Ewige das Haus Owed Edoms und all
das Seinige um der Lade Gottes willen gesegnet.« Darauf ging David
und holte die Lade Gottes aus dem Hause des Owed Edom hinauf in
die Stadt Davids mit Freude. ¹³Jedesmal, wenn die Träger der Lade
des Ewigen sechs Schritte gemacht hatten, schlachte er einen Stier
und ein Mastvieh zum Opfer. ¹⁴Und David tanzte wie wild vor dem

Ewigen. Er war nur mit einem leinenen Efod umgürtet. ¹⁵David und das ganze Haus Jisrael brachten die Lade des Ewigen mit Jubel und Posaunenschall (nach Jeruschalajim). ¹⁶Als die Lade des Ewigen in der Stadt Davids ankam, schaute Michal, die Tochter Scha'uls, zum Fenster hinaus, sah den König David hüpfen und tanzen vor dem Ewigen und verspottete ihn in ihrem Herzen. ¹⁷Sie brachten die Lade des Ewigen und stellten sie an ihren Platz innerhalb des Zeltes, das David für sie aufgespannt hatte, und David brachte Ganzopfer dar vor dem Ewigen und Speiseopfer. ¹⁸Als David aufgehört hatte, Ganzopfer und Speiseopfer darzubringen, da segnete er das Volk im Namen des Ewigen, des Herrschers aller Geschöpfe. ¹⁹Er verteilte an das ganze Volk, an die ganze Menge Jisrael, an Männer und Frauen, an jeden je einen Laib Brot und eine Fleischspende und einen Traubenkuchen. Dann ging das ganze Volk jeder zu seinem Haus. ²⁰David kehrte zurück, um sein Haus zu segnen. ¶
Da kam Michal, die Tochter Scha'uls, David entgegen und sprach: »Welche Ehre hat sich doch heute der König Jisraels bereitet, der sich heute gezeigt hat vor den Augen der Mägde seiner Knechte, wie sich nur einer der Niedrigen zeigen kann!« ²¹Da sprach David zu Michal: »Vor dem Ewigen, der an mir Gefallen fand, mehr als an deinem Vater und an seinem ganzen Hause, mich zu bestellen zum Fürsten über das Volk des Ewigen, über Jisrael. Vor dem Ewigen habe ich nun getanzt! ²²Und hätte ich mich auch noch geringer gezeigt als so, dass ich noch niedriger wäre in meinem Augen, doch bei den Mägden, von denen du spricht, bei ihnen würde ich mir Ehre bereiten (denn sie würden anerkennen, dass ich dies nur zu Ehren Gottes getan habe).« ²³Michal aber, die Tochter Scha'uls, bekam (zur Strafe für ihre geringschätzende Bemerkung) kein Kind mehr bis zu ihrem Lebensende.

7 ¹Als der König in seinem Hause wohnte und der Ewige ihm Ruhe geschaffen hatte von all seinen Feinden ringsum, ²da sprach der König zu dem Propheten Natan: »Ich wohne in einem Haus von Zedern und die Lade Gottes wohnt unter einem Teppich (in einem Zelt).« ³Natan sprach zu dem König: »Alles, was du wünschst, unternimm und tu, denn der Ewige ist mit dir.« ⁴Doch in jener Nacht

499

erging das Wort des Ewigen an Natan: [5]»Geh' und sprich zu meinem
Diener, zu David: So spricht der Ewige: ›Du willst mir ein Haus bauen
für mein Residieren? – [6]Ich habe in keinem Hause residiert von dem
Tage an, an dem ich die Kinder Jisraels aus Mizrajim geführt habe bis
auf diesen Tag. Ich zog in einem Zelt, in einer zerlegbaren Wohnung
umher. [7]Bei all meinem Herumziehen unter den Kindern Jisraels
(sooft das Stiftszelt gezogen ist) habe ich da wohl ein Wort geredet
zu einem der Stammhäupter Jisraels, die ich bestellt hatte, um mein
Volk Jisrael zu regieren: ›Warum habt ihr mir kein Haus von Zedern
gebaut?‹ [8]Nun aber sollt du Folgendes zu meinem Diener David
sprechen: ›So spricht der Ewige, der Herrscher aller Geschöpfe: Ich
habe dich von der Herde genommen, hinter den Schafen weg, und
dich zum Fürsten gemacht über mein Volk Jisrael. [9]Ich war mit dir
überall, wo du gingst, rottete alle deine Feinde vor dir aus und habe
dir einen großen Namen gemacht, gleich dem Namen der Großen,
die je auf Erden gelebt haben. [10]Ich habe einen sicheren Ort für mein
Volk Jisrael geschaffen und habe es eingepflanzt, damit es an seiner
Stätte wohne und fortan nicht beunruhigt sei und ruchlose Menschen
es fernerhin nicht mehr bedrücken wie früher. [11]Von dem Tage an,
an dem ich Richter über mein Volk Jisrael bestellt hatte, habe ich dir
erst Ruhe von all deinen Feinden geschaffen. Dann hat der Ewige dir
kundgetan, dass dir der Ewige ein Haus machen wird. [12]Wenn deine
Tage voll sein werden und du bei deinen Vätern liegst, so werde ich
deinen Nachkommen aufrichten, der aus deinem Leib ausgehen wird,
und ich werde sein Königreich bestätigen. [13]Er wird meinem Namen
ein Haus bauen, und ich werde den Thron seines Königsreichs gründen auf ewig. [14]Ich werde ihm Vater sein und er wird mir Sohn sein,
sodass, selbst wenn er sich vergeht, ich ihn wohl strafen werde mit
der Geißel der Menschen und mit Plagen der Menschenkinder, [15]aber
meine Huld wird nicht von ihm weichen, wie ich sie habe weichen
lassen von Scha'ul, den ich verworfen habe vor dir. [16]Unerschütterlich
bleibt dein Haus und dein Königreich auf ewig vor dir; dein Thron
wird aufgerichtet sein auf ewig.« [17]Ganz wie diese Worte und ganz
wie dieses prophetische Gesicht – so redete Natan zu David.

Zu den Lobsprüchen nach der Haftara (S. 655)

27. Haftarat Tasria (2. Könige 4,42-5,19)

(wenn Tasria/Mezora zusammen fallen, wird Haftarat Mezora (S. 503) gelesen.)

[Zu Parascha Tasria *(S. 228)*]

4 ⁴²Ein Mann kam in jenen Tagen von Baal-Schalischa und brachte dem Gottesmann (als Geschenk) Brot von Erstlingsfrucht, zwanzig Gerstenbrote und frische Ähren in seiner Tasche. (Der Prophet) befahl: »Gib es den Männern, dass sie essen.« ⁴³Da fragte sein Diener: »Was soll ich daran vorlegen hundert Männern?« Er erwiderte: »Gib es den Männern, dass sie essen; denn so spricht der Ewige: ›Man wird davon essen und übrig lassen‹.« ⁴⁴Er legte es ihnen vor und sie aßen und ließen noch übrig nach dem Wort des Ewigen.

5 ¹Naaman, der Heerführer des Königs von Aram, war geachtet bei seinem Herrn und hoch angesehen, denn durch ihn gab der Ewige den Aramäern Sieg. Der Mann war ein Kriegsheld, aber aussätzig. ²Einst zogen die Aramäer in Streifscharen aus und führten ein kleines Mädchen aus dem Land Jisrael gefangen mit. Sie wurde Dienerin bei der Frau Naamans. ³Eines Tages sprach sie zu ihrer Gebieterin: »Ach, ginge doch mein Herr zu dem Propheten in Schomron. Er würde ihn gewiss von seinem Aussatz heilen.« ⁴(Naaman) ging (zum) König und berichtete seinem Herrn: »So und so hat das Mädchen aus dem Land Jisrael geredet.« ⁵Da sprach der König von Aram: »Zieh hin. Ich will deshalb einen Brief senden an den König von Jisrael.« Er ging und nahm mit sich zehn Kikar Silber und sechstausend Goldstücke und zehn vollständige Kleider. ⁶Er überbrachte den Brief dem König von Jisrael, (des Inhalts): »… Und nun, wenn dieser Brief an dich kommt, ich habe meinen Diener Naaman zu dir gesandt, den sollst du von seinem Aussatz heilen.« ⁷Als nun der König von Jisrael den Brief las, zerriss er seine Kleider und sprach: »Bin ich denn Gott, dass ich töten oder beleben könnte, dass der zu mir sendet einen Mann, um ihn von seinem Ausssatz zu heilen? Aber merket es und sehet, dass er nur Gelegenheit sucht, an mich zu kommen.« ⁸Als Elischa, der Gottesmann, hörte, dass der König von Jisrael seine Kleider zerrissen hatte, da sandte er zu dem König und ließ fragen:»Warum hast du deine Kleider zerrissen? Möge doch (Naaman) zu mir kommen, damit er erfahre, dass ein Prophet ist in Jisrael.« ⁹Naaman kam mit seinen Rossen und seinem Wagen und hielt am Eingang des Hauses bei Elischa. ¹⁰Elischa sandte einen Boten an ihn und ließ sagen:»Geh' und bade siebenmal im Jordan, so wird dein Lieb wieder hergestellt werden, und du wirst rein sein.« ¹¹Naaman ging erzürnt fort und sprach:»Ich habe gedacht, er wird zu mir herauskommen und hintreten und den Namen des Ewigen, seines Gottes, anrufen und seine Hand schwingen über die (kranke) Stelle, dass er den Aussatz heile, (stattdessen schickt er mich, um im Jordan zu baden). ¹²Sind nicht Amana und Parpar, die Ströme von Damaskus, besser als alle Gewässer Jisraels? Kann ich nicht darin baden und rein werden?« Also wandte er sich und ging weg mit Wut. ¹³Da traten aber seine Diener an ihn heran und redeten ihm zu und sprachen:»Mein Vater, hätte der Prophet dir etwas Großes geheißen, du hättest es doch gewiss getan. Wie viel mehr, da er zu dir bloß gesprochen:›Bade, und du wirst rein‹.« ¹⁴Er stieg hinunter und tauchte im Jordan siebenmal nach dem Rat des Gottesmannes. Da wurde sein Leib wie das Fleisch eines jungen Knaben und er wurde rein.

¹⁵Er kehrte zurück zu dem Gottesmann mit seinem ganzen Gefolge. Er kam und trat vor ihn und sprach:»Nun weiß ich, dass kein Gott auf der ganzen Erde ist außer in Jisrael. Nimm also ein Geschenk von deinem Knecht an.« ¹⁶Aber er erwiderte:»So wahr der Ewige lebt, vor dem ich stehe, ich nehme nichts an.« Er drang in ihn, zu nehmen, aber er weigerte sich. ¹⁷Naaman sprach:»Möchte deinem Diener doch Erde gegeben werden, die Last eines Maultiergespanns, denn dein Diener wird fortan keinen andern Göttern Ganzopfer und Speiseopfer opfern außer dem Ewigen; (deshalb möchte ich einen Altar auf heiliger Erde errichten.) ¹⁸Dies nur mag der Ewige deinem Knecht vergeben: Wenn mein Herr in das Haus des (Götzen) Rimmon geht, um sich dort niederzuwerfen, und er lehnt sich auf meinen Arm, so werfe ich mich auch nieder im Hause Rimmons. Wegen meiner Anbetung im Hause Rimmons mag doch der Herr vergeben deinem Knecht.«

19(Der Prophet) sprach zu ihm: Geh' in Frieden! Er ging und hatte schon eine Strecke Landes zurückgelegt.

Zu den Lobsprüchen nach der Haftara (S. 655)

28. Haftarat Mezora (2. Könige 7,3-20)

(wenn Tasria/Mezora zusammen fallen, wird diese Haftara gelesen.)

[Zu Parascha Mezora *(S. 234)*]

7   *3*Vier aussätzige Männer befanden sich damals am Eingang des Tores. Sie sprachen nun zueinander: »Was bleiben wir hier, bis wir sterben? *4*Wenn wir auch, (was wir als Aussätzige gar nicht können), in die Stadt zurückkehren wollten, so müssten wir, weil dort Hungersnot herrscht, sterben, und wenn wir hierbleiben, so sterben wir (auch). So kommt denn und lasst uns überlaufen ins Lager der Aramäer. Wenn sie uns leben lassen, werden wir leben, und wenn sie uns töten, so sterben wir.« *5*Also machten sie sich auf in der Dämmerung, um in das Lager der Aramäer überzulaufen. Als sie an den Beginn des Lagers der Aramäer kamen, war niemand da. *6*Denn der Ewige hatte im Lager der Aramäer Getöse hören lassen, als käme es von Wagen und Rossen, Getöse eines großen Heeres. Da sprachen sie zueinander: »Der König von Jisrael hat sicherlich gegen uns gedungen die Könige von Chittim und die Könige von Ägypten, um über uns herzufallen.« *7*Sie machten sich dahr auf und flohen in der Dämmerung und verließen ihre Zelte und ihre Rosse und ihre Esel, das ganze Lager, so wie es war, und flohen um ihr Leben. *8*Jene Aussätzigen kamen nun an den Beginn des Lagers. Sie gingen in ein Zelt und aßen und tranken und trugen daraus Silber und Gold und Kleider. Dann gingen sie hin und vergruben es. Sie gingen wieder in ein anderes Zelt und trugen daraus und gingen hin und vergruben es. *9*Dann sprachen sie zueinander: »Wir tun nicht recht. Dieser Tag ist ein Tag der Freudenbotschaft (für Jisrael). Wenn wir schweigen und warten bis zum lichten Morgen, so wird uns Strafe treffen. So kommt denn und lasst uns dies im Haus des Königs berichten.« *10*Sie gingen und riefen den Pförtner der Stadt und berichteten ihm: »Wir kamen in das Lager der Aramäer und da war niemand, kein Laut eines Menschen, sondern die Rosse und die Esel standen angebunden und die Zelte unberührt, so wie sie waren.« *11*Er rief die (anderen) Pförtner und sie berichteten im Hause des Königs im Innern (der Stadt). *12*Da stand der König auf in der Nacht und sprach zu seinen Dienern: »Ich will euch sagen, was uns die Aramäer tun wollen. Sie wissen, dass wir Hungernot haben. Also sind sie aus dem Lager gezogen, um sich auf dem Feld zu verstecken, in der Absicht, wenn wir herauskommen aus der Stadt, dann wollen sie uns lebendig ergreifen und in die Stadt einbringen.« *13*Da bemerkte einer von seinen Dienern: So nehme man doch fünf von den übrig gebliebenen Pferden, die darin übrig geblieben sind. Es wird ihnen (wenn sie gefangen werden, schlimmstens) ergehen, wie es all der Menge Jisraels, die darin übrig gelieben (und dem Verhungern nahe ist), ergeht oder wie all der Menge Jisraels, die zu Grunde gegangen ist. Lass sie hingehen und zusehen.«[8] *14*Sie nahmen zwei Wagen mit Rossen. Der König sandte sie zum Lager der Aramäer und sprach: »Geht hin und seht zu.« *15*Sie gingen (den Aussätzigen) nach bis an den Jordan. Sie fanden den ganzen Weg voll von Kleidern und Waffen, welche die Aramäer weggeworfen hatten auf der Flucht. Die Boten kehrten zurück und berichteten dem König.

*16*Da zog das Volk hinaus und plünderte das Lager der Aramäer, und es kam dann ein Maß Kernmehl um einen Schekel und zwei Maß Gerste um einen Schekel, nach dem Worte des Ewigen. *17*Der König hatte den Wagenkämpfer bestellt, auf dessen Arm er sich zu sützten pflegte, um das Tor zu bewachen, aber das drängende Volk zertrat ihn am Tor, sodass er starb, wie der Gottesmann geredet hatte, als der König zu ihm kam. *18*Denn als der Gottesmann geredet hatte zu dem König also: »Zwei Maß Gerste gelten morgen um diese Zeit am Tore Schomrons einen Schekel und ein Maß Kernmehl einen Schekel, *19*da hatte der Wagenkämpfer dem Gottesmann gesagt: »Selbst wenn der Ewige Schleusen im Himmel machte, kann so etwas geschehen?«

Darauf hatte der (Prophet) geantwortet: »Du wirst es schauen mit deinen Augen, aber nicht davon essen.« [20]Und ihm geschah so: Das Volk zertrat ihn am Tor und er starb.

Zu den Lobsprüchen nach der Haftara (S. 655)

29. Haftarat Achare Mot (Ezechiel 22,1-19)

(wenn Achare Mot/Kedoschim zusammen fallen, wird Haftarat Kedoschim (S. 506) gelesen.)

[Zu Parascha Achare Mot *(S. 241)*]

22   [1]Es erging das Wort des Ewigen an mich folgendermaßen: [2]»Willst du, o Menschenkind, willst du zurechtweisen die Stadt der Blutschuld? So zähle ihr all ihre Gräuel vor! [3]Und sprich: So spricht Mein Herr, der Ewige: O Stadt, die Blut vergossen in ihrer Mitte, ihr Verhängnis kommt, du, die Götzen bei sich gemacht hat und unrein wurde. [4]Durch das Blut, das du vergossen hast, bist du der Schuld verfallen und durch deine Götzen, die du gemacht, wurdest du unrein. Du brachtest herbei die Tage und gelangtest zu den Jahren (der Heimsuchung); darum mache ich dich zum Schimpf der Völker und zum Spott aller Länder. [5]Die Nahen und Fernen werden über dich spotten, du als unrein Berüchtigte, voll der Verwirrung. [6]Die Fürsten Jisraels trotzten bei dir, jeder auf seine Macht, um Blut zu vergießen. [7]Vater und Mutter achtete man gering bei dir. An dem Fremdling übte man Gewalttätigkeit in deiner Mitte. Waise und Witwe drückte man nieder. [8]Meine Heiligtümer hast du verachtet und meine Schabbatot entweiht. [9]Ausspäher befanden sich in dir, um Blut zu vergießen. Auf den Bergen aß man (von den Götzenopfern) und verübte Unzucht in deiner Mitte. [10]Des Vaters Scham entblößte man bei dir und beschlief die in ihrer Absonderung Unreine. [11]Einer verübte Gräuel mit des anderen Frau; mancher verunreinigte seine Schwiegertochter durch Unzucht oder er schändete seine Schwester, die Tochter seines Vater. [12]Bestechung nahm man bei dir, um Blut zu vergießen; Zins und Wucher nahmst du. Auch nahmst du deinen Genossen durch Gewalt Gewinn ab; mich vergaßest du, ist der Spruch Gottes, des Herrn. ¹³Ich schlug meine Hände zusammen wegen deines Gewinns, den du gemacht, und wegen deiner Blutschuld, die in deiner Mitte war. ¹⁴Wird dein Mut standhalten, werden deine Hände stark bleiben in den Tagen,wo ich es mir dir aufnehme? Ich, der Ewige, habe es geredet und werde es ausführen. ¹⁵Ich werde dich versprengen unter die Völker und dich zerstreuen in die Länder. Ich werde gänzlich wegschaffen deine Unreinheit aus dir. ¹⁶Du wirst vor dir selbst entwürdigt werden vor den Augen der Völker und wirst erkennen, dass ich der Ewige bin.« ¶

Sefardim enden hier.

¹⁷Es erging das Wort des Ewigen an mich folgendermaßen: ¹⁸»Menschenkind, das Haus Jisrael ist mir zu Schlacken geworden, lauter Kupfer und Zinn, Eisen und Blei im Ofen, Schlacken von Silber sind sie. ¹⁹Fürwahr, so spricht Mein Herr, der Ewige, weil ihr alle zu Schlacken geworden seid, darum will ich euch zusammentun in Jeruschalajim.

Zu den Lobsprüchen nach der Haftara (S. 655)

30. Haftarat Kedoschim (Amos 9,7-15)

(wenn Achare Mot/Kedoschim zusammen fallen, wird diese Haftara gelesen.)

[Zu Parascha Kedoschim *(S. 248)*]

9 ⁷Ihr seid mir nicht mehr als die Kinder Äthiopiens, ihr Kinder Jisraels, ist des Ewigen Spruch. Jisrael habe ich aus Mizrajim geführt, die P'lischtim aus Kaftor und Aram aus Kir. ⁸Die Augen Gottes des Herrn sind auf das sündige Reich gerichtet, dass ich es von dem Erdboden vertilge, nur dass ich nicht ganz tilge das Haus Jaakow, ist des Ewigen Spruch. ⁹Denn ich lasse es so kommen, dass ich das Haus Jisraels unter allen Völkern schüttle, wie man im Siebe schüttelt, und es fällt keine Scholle zur Erde. ¹⁰Durch das Schwert sollen alle

Sünder meines Volkes fallen, die sprechen: »Das Unglück wird schon nicht nahen und uns nicht übereilen.« [11]An jenem Tage werde ich die verfallene Hütte Davids aufrichten. Ich verzäune ihre Risse, richte ihre Trümmer auf und erbaue sie wie in den alten Tagen, [12]auf dass sie den Überrest Edoms in Besitz nehmen und den aller Völker, über welchen mein Name genannt ist, ist des Ewigen Spruch, der dies tun will. [13]Es kommen Tage, ist des Ewigen Spruch, wo der Pflüger an den Schnitter reichen wird und der, der die Trauben keltert an den, der den Samen streut; es werden die Berge Most träufeln und alle Hügel werden zerfließen. [14]Ich werde mein Volk Jisrael wiederherstellen. Sie werden verödete Städte erbauen und bewohnen, Weinberge pflanzen und ihren Wein trinken, Gärten anlegen und ihre Frucht genießen. [15]Ich werde sie pflanzen auf ihrem Boden, dass die nicht wieder ausgerissen werden von ihrem Boden, den ich ihnen gegeben habe, hat der Ewige, dein Gott, gesprochen.

Zu den Lobsprüchen nach der Haftara (S. 655)

31. Haftarat Emor (Ezechiel 44,15-31)

[Zu Parascha Emor *(S. 253)*]

44 [15]Nur die Priester aus den levitischen Geschlechtern, die Söhne Zadoks, welche die Obhut über mein Heiligtum wahrten, als die Kinder Jisraels von mir abfielen, die sollen zu mir herantreten, um mich zu bedienen, und sie sollen vor mich hintreten, um mir Fett und Blut darzubringen, ist der Spruch Gottes, des Herrn. [16]Sie sollen in mein Heiligtum kommen und herzutreten an meinen Tisch, um mich zu bedienen und um meine Dienste zu wahren. [17]Wenn sie zu den Toren des inneren Hofes hineingehen, dann sollen sie leinene Gewänder anlegen. Es komme auf sie keine Wolle, wenn sie den Dienst tun innerhalb der Tore des inneren Hofes. [18]Leinenbunde seien auf ihrem Haupt und Beinkleider von Leinen an ihren Hüften. Sie sollen sich nicht gürten mit solchem, was Schweiß befördert. [19]Und wenn sie hinausgehen in den äußeren Hof, in den äußeren Hof zum Volk, dann sollen sie ihre Kleider, worin sie den Dienst tun, ausziehen, sie in den heiligen Gemächern niederlegen und andere Kleider anziehen. Sie sollen mit dem Volk nicht in ihren heiligen Kleidern verkehren. [20]Ihr Haupthaar sollen sie nicht glatt scheren, aber auch das Haar nicht frei wachsen lassen, verschneiden sollen sie ihr Haupthaar. [21]Keiner der Priester darf Wein trinken, wenn sie in den innern Hof treten. [22]Eine Witwe oder eine Verstoßene sollen sie nicht zu Frauen nehmen, sondern nur Jungfrauen vom Stamm des Hauses Jisrael. Doch die Witwe eines Priesters dürfen sie nehmen. [23]Sie sollen mein Volk unterweisen in dem Unterschied zwischen Heiligem und Unheiligem; auch den Unterschied zwischen Reinem und Unreinem sollen sie ihnen kundmachen. [24]Bei einer Streitigkeit sollen sie hintreten um zu richten. Nach meinen Rechten sollen sie ihn richten. Ferner sollen sie meine Weisungen und meine Satzungen bei allen meinen Festen beachten und meine Schabbatot sollen sie heiligen. [25](Der Priester) darf zu keiner Leiche kommen, um sich zu verunreinigen, nur an Vater oder Mutter, Sohn oder Tochter, am Bruder oder an der Schwester, die noch keinem Mann angehört hat, dürfen sie sich verunreinigen. [26]Und nachdem er rein geworden – sieben Tage sollen sie für sich zählen – [27]an dem Tage, an dem er in das Heiligtum kommt zum inneren Hofe, um den Dienst im Heiligtum zu tun, da soll er sein Sündenopfer darbringen, ist der Spruch Gottes, des Herrn. [28]Es sei ihnen zum Erbe: ich bin ihr Erbe; Besitztum sollt ihr ihnen daher nicht geben unter Jisrael; ich bin ihr Besitztum. [29]Das Speiseopfer und das Sündenopfer und das Schuldoper, das sollen sie essen; und alles Banngut in Jisrael gehöre ihnen. [30]Auch das Früheste aller Erstlingsfrüchte und die Hebe von all euren Heben gehört den Priestern; auch das Erste eurer Backtröge sollt ihr dem Priester geben, damit der Segen auf deinem Hause ruhe. [31]Alles Gefallene und Zerrissene von Geflügel und von Vieh sollen die Priester nicht essen.

Zu den Lobsprüchen nach der Haftara (S. 655)

32. Haftarat Behar (Jeremia 32,6-27)

(wenn Behar/Bechukotaj zusammen fallen, wird Haftarat Bechukotaj (S. 510) gelesen)

[Zu Parascha Behar *(S. 262)*]

32 ⁶Jirmejahu sprach (nun um jene Zeit) folgendes: »Das Wort des Ewigen ist an mich ergangen. ⁷Chanamel, der Sohn deines Vetters Schallum, wird zu dir kommen mit dem Anliegen: ›Kaufe doch mein Feld in Anatot, denn dir kommt das Recht der Einlösung zu, es zu kaufen.‹ ⁸Und Chanamel, Sohn meines Vetters, kam wirklich zu mir in den Hof des Gewahrsams nach dem Worte des Ewigen und sprach zu mir: ›Kaufe doch mein Feld in Anatot, das im Land Binjamin ist, denn dir kommt das Recht der Erbschaft zu und die Einlösung; kaufe es dir.‹ Da merkte ich, dass der Ewige es so wollte. ⁹Ich kaufte daher das Feld von Chanamel, dem Sohn meines Vetters zu Anatot, und wog ihm darauf das Silber ab, sieben Schekel und zehn Silberstücke. ¹⁰Ich schrieb darüber einen Kaufbrief und besiegelte ihn. Auch nahm ich Zeugen und wog dann das Silber auf der Waage. ¹¹Ich nahm darauf den versiegelten Kaufbrief mit dem offenen, in dem die gesetzlichen Bestimmungen (verzeichnet waren). ¹²Den Kaufbrief gab ich Baruch, Sohn Nerijas, des Sohnes Machseja, in Gegenwart meines Vetters Chanamel und der Zeugen, welche den Kaufbrief gefertigt hatten, und vor allen Judäern, die mit mir auf der Wache saßen. ¹³Ich gebot Baruch vor ihren Augen folgendes: ›So spricht der Ewige, der Herrscher aller Geschöpfe, der Gott Jisraels. Nimm diese Briefe, den versiegelten Kaufbrief und diesen offenen Brief und tue sie in ein irdenes Gefäß, auf dass sie viele Jahre erhalten bleiben. ¹⁵Denn also spricht der Ewige, der Herrscher aller Geschöpfe, der Gott Jisraels: Es werden noch dereinst wieder Häuser und Felder und Weinberge in diesem Land gekauft werden.‹ ¹⁶Ich betete aber zum Ewigen, nachdem ich Baruch, den Sohn Nerijas, den Kaufbrief übergeben hatte: ¹⁷›Ach, Herr Gott, du hast den Himmel und die Erde geschaffen mit deiner großen Kraft und mit deinem ausgestreckten Arm. Kein Ding ist dir zu schwer. ¹⁸Du

übst Gnade ins tausendste (Geschlecht) und vergiltst die Schuld der
Eltern bei ihren Kindern nach ihnen, du großer, starker Gott, Ewiger,
Herrscher aller Geschöpfe, ist sein Name. ¹⁹Groß im Beschließen und
mächtig im Ausführen, du, dessen Augen offen sind über all den Wegen der Menschenkinder, um jedem zu geben nach seinen Wegen und
nach der Frucht seiner Handlungen, ²⁰der du Zeichen und Wunder
getan hast im Land Mizrajim bis auf diesen Tag und an Jisrael und
(anderen) Völkern und dir einen Namen gemacht, wie ja bekannt.
²¹Und du hast dein Volk Jisrael aus dem Land Mizrajim geführt mit
Zeichen und mit Wundern, mit starker Hand und mit ausgestrecktem
Arm und mit großem Schrecken. ²²Du hast ihnen dieses Land gegeben, das du ihren Eltern geschworen hast, zu geben: ein Land, von
Milch und Honig fließend. ²³Sie kamen dann und nahmen es ein, aber
sie gehorchten deiner Stimme nicht und wandelten nicht in deiner
Lehre. Alles, was du ihnen geboten hattest zu tun, das taten sie nicht.
Deshalb hast du über sie all dieses Unglück geschickt. ²⁴Die Bollwerke
(der Feinde) reichen bis an die Stadt, um sie einzunehmen, und die
Stadt wird in die Hand der Chasdim fallen, die sie angreifen, wegen
des Schwertes und des Hungers und der Pest. Was du geredet hast, ist
geschehen, du siehst es ja. ²⁵Und doch hast du mir befohlen, Ewiger,
o Gott: ›Kaufe dir das Feld für Silber und bestelle Zeugen.‹ Aber die
Stadt wird in die Hand der Chasdim gegeben?« ²⁶Da erging das Wort
des Ewigen an Jirmejahu folgendermaßen: ²⁷»Ich bin der Ewige, der
Gott aller Wesen; sollte mir etwas zu schwer sein?«

Zu den Lobsprüchen nach der Haftara (S. 655)

33. Haftarat Bechukotaj (Jeremia 16,19-17,14)

(wenn Behar-Bechukotaj zusammen fallen, wird der folgende Text gelesen)

[Zu Parascha Bechukotaj *(S. 267)*]

16   ¹⁹»Ewiger, du meine Macht, meine Feste, meine Zuflucht am

Tage der Not! Zu dir werden die Völker kommen von den Enden der Erde und sprechen: Nur Lüge haben unsere Eltern ererbt, Vergängliches, woran kein Heil ist.« – [20]Wie, Menschen machen sich Götter? Das sind doch keine Götter. [21]Wahrlich, ich will sie bekannt machen, sogleich will ich sie bekannt machen mit meiner Macht und mit meiner Stärke. Sie sollen es erfahren, dass mein Name ist: Ewiger.

17 [1]Die Sünde Jehudas ist mit eisernem Griffel aufgeschrieben, mit der Spitze eines Diamanten eingegraben in die Tafel ihres Herzens und in die Hörner eurer Altäre. [2]Wie sie ihrer Kinder gedenken, so gedenken sie ihrer Altäre und ihrer Haine neben jedem belaubten Baum auf den hohen Hügeln. [3]Berg- oder Feldbewohner! Deinen Reichtum, all deine Schätze gebe ich dem Raub hin, deine Höhen mit der Sünde in all deinen Grenzen. [4]Du wirst durch eigene Schuld aus deinem Erbe geworfen, das ich dir gegeben habe. Ich werde dich deinen Feinden in einem Land dienen lassen, das du nicht gekannt. Denn ihr habt meine Wut auflodern lassen wie ein Feuer; für ewig ist sie entbrannt. [5]So spricht der Ewige:»Verflucht sei der Mensch, der sich auf einen Menschen verlässt und einen Sterblichen zu seiner Stütze macht, aber von dem Ewigen weicht sein Sinn. [6]Er wird sein wie ein Wachholderstrauch in der Steppe, der nicht blüht. Er ist gepflanzt in einem dürren, salzigen Boden in der Wüste, die unbewohnbar ist. [7]Gesegnet aber sei der Mensch, der sich auf den Ewigen verlässt, dessen Verlass der Ewige ist. [8]Er grünt wie ein Baum, der am Wasser gepflanzt ist, am Bach seine Wurzeln streckt, der es nicht spürt, wenn die Glut kommt; sein Laub bleibt immer grün; in einem Jahr der Dürre ist er unbesorgt und setzt nie aus, Früchte zu tragen. [9]Verstockten Herzens ist (Jisrael) vor allem und krank. Wer mag es erkennen? [10]Ich, der Ewige, ergründe das Herz, prüfe die Nieren, dass ich jedem nach seinem Wandel vergelte nach der Frucht seiner Handlungen. [11]Ein Kuckuck, der brütet und nicht gelegt hat, ist wie der, der Reichtum erwirbt, doch nicht mit Recht; in der Mitte seiner Tage wird dieser ihn verlassen und an seinem Ende ist er ein Verachteter. [12]Ein herrlicher Thron, erhaben von Anbeginn, ist die Stätte unseres Heiligtums. [13]Du, o Ewiger, Hoffnung Jisraels! Alle, die dich verlassen, werden zu Schanden und die Abtrünnigen neben mir werden aufgezeichnet im Land: dass sie verlassen haben die Quelle frischen Wassers, den Ewigen. *14*Heile mich, Ewiger, dass ich geheilt werde; hilf mir, dass ich aufgerichtet werde, denn du bist mein Ruhm.

Zu den Lobsprüchen nach der Haftara (S. 655)

34. Haftarat Bemidbar (Hosea 2,1-22)

[Zu Parascha Bemidbar *(S. 274)*]

2 *1*Dereinst wird die Menge der Kinder Jisraels wie der Sand des Meeres sein, der nicht zu messen und nicht zu zählen ist. Anstatt dass man ihnen zugerufen hat: »Lo-Ammi (Nicht-mein-Volk) seid ihr!«, nennt man sie: »Söhne des lebendigen Gottes!« *2*Dann vereinigen sich die Kinder Jehudas und die Kinder Jisraels. Sie setzen sich ein Oberhaupt und ziehen aus dem Land (der Verbannung), denn groß ist der Tag Jisreels (der Gottessaat). *3*Nennt dann eure Brüder: »Ammi (mein Volk)« und eure Schwestern: »Ruchama (Geliebte)«. *4*Klagt aber jetzt eure Mutter an, klagt sie an! Denn sie ist nicht meine Frau und ich nicht ihr Mann, bis sie sich abschminkt ihre Hurerei von ihrem Gesicht und ihre Ehebrecherei von ihren Brüsten, *5*dass ich sie nicht nackt ausziehe und sie hinstelle wie am Tag ihrer Geburt, dass ich sie nicht der Wüste gleichmache, sie zurichte wie dürres Land und sie vor Durst sterben lasse. *6*Ihre Kinder kann ich nicht lieben, denn Hurenkinder sind es. *7*Ihre Mutter hurte, schamlos war, die sie geboren; denn sie sprach: »Ich will meinen Liebhabern nachlaufen, die mir mein Brot und mein Wasser geben, meine Wolle und mein Leinen, mein Öl und mein Getränk.« *8*Wahrlich, ich will dir den Weg mit Dornen verlegen und eine Mauer davor ziehen, dass sie ihre Straßen nicht finde. *9*Sie wird ihren Liebhabern nachlaufen, aber sie nicht erreichen; sie wird sie suchen, aber nicht finden. Dann wird sie sprechen: »Ich will zurückkehren zu meinem ersten Mann, denn damals ging es mir besser als jetzt.« *10*Sie wollte nicht anerkennen, dass ich ihr das Korn und den Most geschenkt habe, dass ich ihr das Silber und das Gold gegeben, das sie an den Baal verschwendet hat. ¹¹Fürwahr, ich werde mein Korn zu seiner Zeit zurücknehmen und meinen Most zu seiner Frist; ich werde ihr meine Wolle und mein Leinen entziehen, womit sie ihre Scham bedecken wollte. ¹²Ich werde ihre Schande aufdecken vor den Augen ihrer Liebhaber. Niemand soll sie aus meiner Gewalt erretten. ¹³All ihrer Freude mache ich ein Ende: ihrem Fest, ihrem Neumond und ihrem Schabbat, all ihren Feiertagen. ¹⁴Ich werde ihren Weinstock und ihren Feigenbaum vernichten, weil sie sprach: »Sie sind mein Lohn, von meinen Liebhabern mir gegeben.« Ich mache sie zum Wald, dass das Wild des Feldes sie fresse. ¹⁵Ich suche an ihr heim die Tage des Baaldienstes, dem sie räucherte, als sie ihre Nasenringe und ihr Geschmeide anlegte und ihren Liebhabern nachging, mich aber vergaß sie, ist des Ewigen Spruch. ¹⁶Wahrlich, ich will sie locken, in die Wüste führen, ihr zu Herzen reden, ¹⁷ihr dort Weinberge geben, das Tal der Trübsal zu einer Pforte der Hoffnung machen, dass sie dort singt wie in den Tagen ihrer Jugend, wie am Tag ihres Auszugs aus Mizrajim. ¹⁸Zu jener Zeit, ist des Ewigen Spruch, wirst du dann sagen: »Mein Gemahl«, aber nicht mehr: »Mein Mann (Baali)«[4]. ¹⁹Ich will den Namen der Baalim aus ihrem Mund verschwinden lassen, seiner soll nicht mehr gedacht werden. ²⁰Ich errichte ihretwegen einen Bund an jenem Tage mit dem Gewild des Feldes, dem Gevögel des Himmels und dem Gewürm der Erde; Bogen, Schwert und Krieg zerbreche ich aus dem Land und lasse sie ruhig wohnen. ²¹Ich verlobe dich mir auf ewig. Ich verlobe dich mir durch Recht und Gerechtigkeit, mit Huld und Liebe. ²²Ich verlobe dich mir durch Treue, dass du den Ewigen erkennest.

Zu den Lobsprüchen nach der Haftara (S. 655)

35. Haftarat Nasso (Richter 13,2-25)

[Zu Parascha Nasso *(S. 284)*]

13   ²Es lebte (damals) ein Mann in Zoreah aus dem Geschlecht Dans. Sein Name war Manoach. Seine Frau war unfruchtbar und ge-

bar nicht. ³Da erschien der Frau ein Bote des Ewigen und sprach zu
ihr:»Du bist unfruchtbar und gebärst nicht, aber du wirst schwanger
werden und einen Sohn gebären! ⁴Nun nimm dich in Acht, trink weder
Wein noch Berauschendes und iss nichts Unreines, ⁵denn du wirst
schwanger werden und einen Sohn gebären. Kein Schermesser darf
über sein Haupt kommen. Ein Nasir Gottes soll der Knabe sein von
Mutterleib an. Er wird beginnen, Jisrael aus der Hand der P'lischtim
zu befreien.« ⁶Die Frau kam zu ihrem Mann und sprach:»Ein Mann
Gottes ist zu mir gekommen, sein Aussehen war wie das Ausehen eines
Boten Gottes, sehr furchtbar. Ich habe ihn nicht gefragt, woher er sei,
und er selbst hat mir seinen Namen nicht kundgetan. ⁷Er sprach zu
mir: Du wirst schwanger werden und einen Sohn gebären. Nun trinke
weder Wein noch Berauschendes und iss nichts Unreines, denn ein
Nasir Gottes soll der Knabe sein von Mutterleib an bis zum Tag seines
Todes.« ⁸Manoach betete zum Ewigen und sprach:»Bitte, o Herr,
möchte doch der Mann Gottes, den du gesandt hast, noch einmal
zu uns kommen und uns unterweisen, wie wir es mit dem Knaben
halten sollen, der geboren werden wird.« ⁹Gott erhörte die Stimme
Manoachs und der Bote Gottes kam noch einmal zu der Frau, als sie
auf dem Feld saß, ihr Mann Manoach war auch diesmal nicht bei ihr.
¹⁰Da lief die Frau schnell und tat es ihrem Mann kund und sprach zu
ihm:»Der Mann ist mir erschienen, der an jenem Tage zu mir kam.«
¹¹Manoach stand auf, folgte seiner Frau, kam zu dem Mann und
sprach zu ihm:»Bist du jener Mann, der zu der Frau geredet hat?« Er
antwortete:»Ich bin es.« ¹²Manoach sprach:»Wenn nun dein Wort
eintrifft, wie soll des Knaben Weise sein und sein Tun?« ¹³Der Bote des
Ewigen sprach zu Manoach:»Vor allem, was ich der Frau gesagt habe,
soll sie sich hüten. ¹⁴Von allem, was vom Weinstock kommt, soll sie
nicht genießen, weder Wein noch Berauschendes rinken und nichts
Unreines essen. Alles, was ich ihr geboten habe, soll sie beachten.«
¹⁵Manoach sprach darauf zu dem Boten des Ewigen:»Lass dich doch
von uns aufhalten, dass wir vor dir ein Ziegenböcklein zurichten.«
¹⁶Der Bote des Ewigen sprach zu Manoach:»Wenn du mich auch
aufhieltest, ich würde nicht von deinem Brot essen. Doch willst du
ein Ganzopfer bereiten, so bring es dem Ewigen dar!« Denn Manoach

wusste nicht, dass es ein Bote des Ewigen war. [17]Manoach sprach zu dem Boten des Ewigen:»Wie ist dein Name? Wenn dein Wort eintrifft, so wollen wir dich ehren.« [18]Der Bote des Ewigen sprach zu ihm: »Warum nun fragst du nach meinem Namen, obwohl er wundervoll ist?« [19]Manoach nahm das Ziegenböcklein und das Speiseopfer und brachte es dem Ewigen auf dem Felsen dar. Jener aber tat Wunder und Manoach und seine Frau sahen es, [20]denn als die Flamme vom Altar gen Himmel aufstieg, da stieg der Bote des Ewigen in der Flamme des Altars hinauf. Manoach und seine Frau sahen es und fielen auf ihr Angesicht zur Erde. [21]Der Bote des Ewigen war dem Manoach und seiner Frau nicht mehr sichtbar. Da erkannte Manoach, dass es ein Bote des Ewigen war. [22]Manoach sprach zu seiner Frau:»Wir müssen sterben, denn wir haben Gott geschaut.« [23]Aber seine Frau sprach zu ihm:»Wenn der Ewigen uns hätte töten wollen, dann hätte er nicht aus unserer Hand Ganzopfer und Speiseopfer angenommen hätte uns nicht all dies schauen lassen und uns gleichzeitig solches verkündet.« [24]Die Frau gebar dann einen Sohn und sie nannten seinen Namen »Schimschon«. Der Knabe wuchs heran und der Ewige segnete ihn. [25]Der Geist des Ewigen begann ihn zu treiben im Lager Dans, zwischen Zoreah und Eschtaol (dort griff er die P'lischtim an).

Zu den Lobsprüchen nach der Haftara (S. 655)

36. Haftarat Beha'alotcha (Sacharja 2,14-4,7)

[Zu Parascha Beha'alotcha *(S. 295)*]

2   [14]»Juble, freu dich, Tochter Zijon! Denn ich komme, dass ich in deiner Mitte residiere«, lautet des Ewigen Spruch. [15]»Viele Völker werden sich dem Ewigen an jenem Tag anschließen. Auch sie werden mein Volk sein, aber ich residiere in deiner Mitte. Du wirst erfahren, dass mich (Secharja) der Ewige, der Herrscher aller Geschöpfe, zu dir gesandt hat. [16]Der Ewige macht sich Jehuda zu seinem Erbteil auf heiligem Boden und hat wieder Gefallen an Jeruschalajim. Still, alle

Geschöpfe, vor dem Ewigen! Denn er erwacht aus seiner heiligen Wohnung.«

3 ¹Man zeigte mir den Hohen Priester Jehoschua, der vor dem Engel des Ewigen stand, und der Ankäger (*Satan*) stand zu seiner Rechten, ihn anzuklagen. ²Der Ewige aber sprach zum Ankläger:»Es schilt dich der Ewige, o Ankläger, es schilt dich der Ewige, der sich Jeruschalajim erwählte. Dies ist doch ein aus dem Feuer gerettetes Brennholz.«

³Jehoschua trug besudelte Kleider während er vor dem Engel stand. ⁴Dieser erwiderte und sprach zu denen, die vor ihm standen:»Nehmt ihm die besudelten Kleider ab!« Dann sprach er zu ihm (zu Jehoschua):»Ich nehme deine Schuld von dir und lege dir Feierkleider an.« ⁵Ich sprach:»Man setze einen reinen Turban auf sein Haupt!« Man setzte einen reinen Turban auf sein Haupt und legte ihm Kleider an. Aber der Engel des Ewigen blieb. ⁶Der Engel des Ewigen verwarnte Jehoschua mit den Worten: ⁷»So spricht der Ewige, der Herrscher aller Geschöpfe: Wenn du auf meinen Wegen wandelst und meine Vorschrift beachtest, dann wirst du auch mein Haus verwalten und meine Höfe pflegen und ich gewähre dir Umgang unter den hier Stehenden. ⁸Höre doch, Hoher Prieser Jehoschua, du und deine Genossen, die vor dir sitzen - denn ausgezeichnete Menschen sind es - ich bringe meinen Knecht Semach (Sprössling). ⁹Denn der Stein, den ich vor Jehoschua gelegt habe, auf diesem Stein sind sieben Augen. Ich graviere eine Inschrift hinein«, spricht der Ewige, der Herrscher aller Geschöpfe. »Eines Tages bedecke ich jenes Landes Schuld.«⁵ An demselben Tag, spricht der Ewige, der Herrscher aller Geschöpfe, werdet ihr euch einander einladen unter den Weinstock und unter den Feigenbaum.«

4 ¹Da kam der Engel, der mit mir geredet hatte, zurück und weckte mich wie einen Mann, der aus seinem Schlaf geweckt wird. ²Er fragte mich:»Was siehst du?« Ich erwiderte:»Ich sehe einen Leuchter aus reinem Gold und eine Schale oben darauf und sieben Lampen darauf, je sieben Röhren zu den sieben Lampen oben darauf,

³und zwei Ölbäume daran, einen rechts von der Schale und einen zur Linken.« ⁴Ich hob darauf an und sprach zu dem Engel, der mich anredete:»Was bedeuten diese, mein Herr?« ⁵Der Engel, der mit mir redete, antwortete mir:»Du weißt doch, was diese bedeuten?« Ich sagte:»Nein, mein Herr.« ⁶Er erwiderte:»Das ist das Wort des Ewigen an Serubbawel: Nicht durch Macht, nicht durch Kraft, sondern durch meinen Geist* spricht der Ewige, der Herrscher aller Geschöpfe. ⁷Wer du auch seist, großer Berg, vor Serubbawel wirst du zur Ebene. Er wird den Hauptstein unter tosendem Beifall herbeischaffen.«

Zu den Lobsprüchen nach der Haftara (S. 655)

37. Haftarat Schelach Lecha (Josua 2,1-24)

[Zu Parascha Schelach Lecha *(S. 305)*]

2 ¹Jehoschua, Sohn Nuns, schickte heimlich zwei Männer von Schittim aus als Kundschafter und befahl:»Geht, beseht das Land, (vor allem) Jericho!« Sie brachen auf, kamen in das Haus einer Frau, einer Dirne, deren Name Rachab war, und legten sich daselbst nieder. ²Dem König von Jericho aber wurde berichtet:»Heute Nacht sind Männer hierher gekommen von den Kindern Jisraels, um das Land auszuspähen.« ³Der König von Jericho sandte darauf zu Rachab und ließ ihr sagen:»Gib die Männer heraus, welche zu dir in dein Haus gekommen sind, denn um das ganze Land auszuspähen sind gekommen.« ⁴Doch die Frau hatte die beiden Männer genommen und verborgen. Sie antwortete:»Gewiss, die Männer sind zu mir gekommen. Aber ich wusste nicht, woher sie sind. ⁵Um die Zeit des Torschlusses, als es finster war, da sind die Männer hinausgegangen. Ich weiß nicht, wohin jene Männer gegangen sind. Setzt ihnen eilends nach, denn ihr könnt sie einholen.« ⁶Sie hatte sie aber aufs Dach hinaufgeführt und unter ihren Flachsstengeln verborgen, die aufgeschichtet auf dem Dach lagen. ⁷Die Männer setzten ihnen nach, den Weg des Jardens an den Furten. Das Tor wurde geschlossen, so-

517

bald jene hinaus waren, die ihnen nachsetzten. [8]Sie aber hatten sich noch nicht niedergelegt, da ging (Rachab) zu ihnen hinauf auf das Dach [9]und sagte zu den Männern:»Ich weiß, dass der Ewige euch dies Land gegeben hat, dass uns der Schrecken vor euch überfallen hat, dass alle Bewohner des Landes vor euch in Angst aufgelöst sind. [10]Denn wir haben gehört, dass der Ewige das Wasser des Binsensees vor euch ausgetrocknet hat bei eurem Auszug aus Mizrajim, und was ihr getan habt den beiden Königen Emoris jenseits des Jordans, dem Sichon und dem Og, welche ihr gebannt habt. [11]Als wir dies hörten, schmolz unser Herz und es blieb kein Mut mehr in einem Mann vor euch. Denn der Ewige, euer Gott, ist der Gott des Himmels oben und auf der Erde hier unten. – [12]Nun schwört mir bei dem Ewigen: Weil ich euch Liebe erwiesen habe, dass auch ihr Liebe erweist der Familie meines Vaters und gebt mir darauf ein Zeichen der Gewissheit: [13]Lasst leben meinen Vater, meine Mutter, meine Brüder, meine Schestern und all das Ihrige. Errettet unser Leben vom Tode!« [14]Die Männer versicherten ihr:»Unser Leben (verpfänden wir) für das eurige dem Tode – wenn ihr unser Vorhaben nicht aussagt, und wenn der Ewige uns das Land gibt, so werden wir dir Liebe und Treue erweisen.« [15]Sie ließ sie darauf an einem Seil durch das Fenster hinunter, denn ihr Haus war in der Wand der Stadtmauer, sie wohnte in der Stadtmauer. [16]Sie empfahl ihnen:»Geht in das Gebirge, dass die Verfolger euch nicht treffen. Verbergt euch daselbst drei Tage bis zur Rückkehr der Verfolger. Nachher geht eures Weges.« [17]Die Männer erwiderten ihr: »Wir sind frei von diesem deinem Schwur, den du uns hast schwören lassen, [18]nämlich wenn wir in das Land kommen, so knüpfst du die Schnur dieses Purpurfadens an das Fenster, durch welches du uns heruntergelassen hast, und versammelst deinen Vater, deine Mutter, deine Brüder und die ganze Familie deines Vaters bei dir im Haus. [19]Jeder nun, der aus der Tür deines Hauses auf die Straße geht, des Blut ist auf seinem Haupt, wir aber sind schuldfrei; jeder aber, der bei dir im Hause sein wird, des Blut ist auf unserm Haupt, wenn eine Hand an ihn gelegt wird. [20]Wenn du aber unser Vorhaben verrätst, dann sind wir frei von deinem Schwur, den du uns hast schwören lassen.« [21]Sie antwortete:»Nach eueren Worten, so sei es!« Sie entließ

sie dann und sie gingen. Sie aber band die Purpurschnur ans Fenster.
²²(Die Männer) gingen und kamen ins Gebirge, verweilten daselbst
drei Tage, bis die Verfolger zurückkehrten. Die Verfolger suchten
auf dem ganzen Weg und fanden sie nicht. ²³Die beiden Männer
stiegen wieder hinab vom Gebirge, zogen über (den Jarden), kamen
zu Jehoschua, Sohn Nuns, und erzählten ihm alles, was sie erfahren
hatten. ²⁴Sie sprachen zu Jehoschua:»Der Ewige hat das ganze Land
in unsere Hand gegeben, alle Bewohner des Landes sind aufgelöst in
Angst vor uns.«

Zu den Lobsprüchen nach der Haftara (S. 655)

38. Haftarat Korach (1. Samuel 11,14-12,22)

[Zu Parascha Korach *(S. 313)*]

11   ¹⁴Schmuʼel sprach zum Volk:»Kommt, lasst uns nach Gilgal
gehen, dass wir dort die Königswahl erneuern!« ¹⁵Das ganze Volk ging
daraufhin nach Gilgal. Sie machten dort, nämlich zu Gilgal, Schaʼul
zum König vor dem Ewigen und schlachteten daselbst Opfermahle
vor dem Ewigen. Schaʼul samt all den Männern Jisraels freuten sich
dort gar sehr.

12   ¹Schmuʼel sprach zu ganz Jisrael:»Seht, ich habe auf eure
Stimme gehört in allem, was ihr zu mir gesprochen habt, und habe
über euch einen König gesetzt; ²nun geht der König euch voran. Ich
aber bin alt und grau, auch sind meine Söhne bei euch. Ich bin euch
vorangegangen von meiner Jugend an bis auf diesen Tag. ³Hier bin
ich nun, zeugt gegen mich vor dem Ewigen und vor seinem Gesalbten: Wessen Ochsen habe ich je genommen, wessen Esel habe ich je
genommen oder wem habe ich jemals etwas vorenthalten? Wen habe
ich bedrückt oder aus wessen Hand habe ich Lösegeld genommen,
dass ich von ihm (von seiner Schuld) meine Augen wegwandt hätte?
– Ich will es euch erstatten.« ⁴Sie antworteten:»Du hast uns nichts

519

vorenthalten und uns nicht bedrückt, auch nicht das Geringste aus jemandes Hand genommen.« ⁵Da sprach er zu ihnen:»Der Ewige sei heute Zeuge gegen euch, und sein Gesalbter sei Zeuge, dass ihr in meiner Hand nicht das Geringste gefunden habt.« (Das Volk) sprach: »Er sei Zeuge!« ⁶Darauf sprach Schmu'el zu dem Volk:»Der Ewige, welcher Mosche und Aharon geschaffen hat, der eure Eltern aus dem Land Mizrajim geführt hat, (er sei Zeuge)! ⁷Tretet nun her, dass wir gemeinsam das Urteil fällen vor dem Ewigen wegen all der Wohltaten des Ewigen, die er euch und euren Eltern erwiesen hat. ⁸Als Jaakow nach Mizrajim gekommen war, da schrien später eure Eltern zum Ewigen. Der Ewige schickte Mosche und Aharon. Sie führten eure Eltern aus Mizrajim hinweg und ließen sie an diesem Ort wohnhaft werden. ⁹Sie vergaßen aber den Ewigen, ihren Gott, und er lieferte sie in die Hand Sisras, des Heerführers von Chazor, in die Hand der P'lischtim und in die Hand des Königs von Moaw, und diese führten Krieg gegen sie. ¹⁰Da flehten sie zum Ewigen:›Wir haben gesündigt, dass wir den Herrn verlassen haben und den Baalim-Götzen und den Aschtarot gedient haben. Nun rette uns aus der Hand unserer Feinde, dass wir dir dienen!‹ ¹¹Da schickte der Ewige Jerubbaal (das ist Gideon), Bedan, Jiftach und Schmu'el und errettete euch aus der Hand eurer Feinde ringsum, sodass ihr sicher wohntet. ¹²Aber als ihr saht, dass Nachasch, der König der Kinder Amons, über euch kam, da spracht ihr zu mir:›Nicht so! Sondern ein König soll über uns herrschen!‹ – Doch der Ewige, euer Gott, ist euer König. – ¹³Aber nun seht, da ist der König, den ihr gewählt, den ihr gefordert habt. Der Ewige hat über euch einen König gesetzt, ¹⁴dass ihr den Herrn fürchtet, ihm dienet, seiner Stimme gehorcht und nicht widerspenstig seid gegen den Befehl des Ewigen, dass ihr, wie der König, der über euch regiert, dem Ewigen, eurem Gott folgt. ¹⁵Solltet ihr aber der Stimme des Ewigen nicht gehorchen und widerspenstig sein gegen den Befehl des Ewigen, so wird die Hand des Ewigen über euch sein wie über eure Eltern. ¹⁶Tretet jetzt her, schaut dieses große Wunder, das der Ewige vor euren Augen tun wird. ¹⁷Jetzt ist doch die Weizenernte (in welcher Zeit in Palästina kein Regen fällt). Ich will aber den Ewigen anrufen und er wird Donner und Regen geben, dass ihr erkennt und seht, dass eure Bosheit groß ist, die ihr vor dem Ewigen begangen habt, euch einen König zu fordern.« [18]Schmu'el rief zum Ewigen und der Ewige gab Donner und Regen am selbigen Tage. Da fürchtete sich das ganze Volk sehr vor dem Ewigen und vor Schmu'el. [19]Das ganze Volk sprach zu Schmu'el: »Bete für deine Diener zum Ewigen, deinem Gott, dass wir nicht sterben. Denn wir haben zu all unsern Sünden noch das Böse hinzugetan, uns einen König zu fordern.« [20]Schmu'el erwiderte dem Volk: »Fürchtet euch nun nicht. Ihr habt zwar all dieses Böse getan, nur weicht nicht von dem Ewigen, sondern dient dem Ewigen mit eurem ganzen Herzen. [21]Weichet nicht davon ab, denn (ihr folgtet) dem Unförmlichen (den Götzen), die nicht nützen und nicht retten; denn sie sind Unförmliches. [22]Der Ewige aber wird sein Volk nicht verlassen um seines großen Namens willen, denn der Ewige hat beschlossen, sich euch zum Volk zu machen.«

Zu den Lobsprüchen nach der Haftara (S. 655)

39. Haftarat Chukat (Richter 11,1-33)

[Zu Parascha Chukat *(S. 321)*]

11 [1]Jiftach aus Gil'ad war ein tapferer Krieger. Er war der Sohn einer Dirne. Gil'ad hatte Jiftach gezeugt. [2]Auch die Ehefrau Gil'ads gebar ihm Söhne, und als die Söhne jener Frau groß geworden waren, vertrieben sie Jiftach und sagten zu ihm: »Du sollst nicht im Haus unseres Vaters erben, denn du bist der Sohn einer Fremden!« [3]Jiftach floh also vor seinen Brüdern und wohnte im Land Tow. Es sammelten sich um Jiftach müßige Leute und zogen mit ihm aus.

[4]Nach einiger Zeit begannen die Kinder Amons Krieg mit Jisrael. [5]Als die Kinder Amons mit Jisrael Krieg führten, da gingen die Ältesten Gil'ads hin, um Jiftach aus dem Land Tob zu holen [6]und baten Jiftach: »Komm, sei uns ein Anführer, dass wir gegen die Kinder Amons kämpfen.« [7]Jiftach entgegnete den Ältesten Gil'ads: »Ihr habt mich

doch gehasst und aus dem Haus meines Vaters vertrieben! Warum kommt ihr jetzt zu mir, da ihr bedrängt seid?«[8]Die Ältesten Gil'ads antworteten Jiftach:»Darum sind wir jetzt zu dir zurückgekehrt, dass du mit uns gehst und gegen die Kinder Amons kämpfst und uns, allen Bewohnern Gil'ads, ein Oberhaupt seist.«[9]Jiftach sprach darauf zu den Ältesten Gil'ads:»Wenn ihr mich zurückholt, um mit den Kindern Amons zu kämpfen, und wenn der Ewige sie mir preisgibt, so will ich euer Oberhaupt sein.«[10]Die Ältesten Gil'ads versicherten Jiftach:»Der Ewige sei Zuhörer zwischen uns, so wir nicht so tun, wie du gesprochen hast.«

[11]Jiftach ging mit den Ältesten Gil'ads und das Volk setzte ihn über sich zum Oberhaupt und zum Anführer. Jiftach wiederholte alle seine Worte vor dem Ewigen (im Heiligtum) in Mizpa, [12]sandte dann Boten an den König der Kinder Amons und ließ ihm sagen:»Was ist zwischen uns, dass du zu mir gekommen bist, um mich in meinem Land anzugreifen?«[13]Der König der Kinder Amons entgegnete den Boten Jiftachs:»Weil Jisrael mein Land genommen hat, als es aus Mizrajim zog, vom Arnon bis zum Jabbok und zum Jarden. Nun gib es zurück in Frieden.«[14]Jiftach schickte abermals Boten an den König der Kinder Amons [15]und ließ ihm sagen:»So spricht Jiftach: Jisrael hat das Land Moaw und das Land der Kinder Amons nicht genommen, [16]sondern nach seinem Ausgang aus Mizrajim ging Jisrael in die Wüste bis zum Binsensee und kam bis nach Kadesch. [17]Jisrael hatte Boten an den König Edoms gesandt und ihm sagen lassen: ›Lass mich bitte durch dein Land ziehen!‹, doch der König Edoms gab kein Gehör. Auch an den König Moaws schicke es, und er wollte solches nicht erlauben. Jisrael blieb also in Kadesch. [18]Es ging in die Wüste, umzog das Land Edom und das Land Moaw und kam bis an die Morgenseite des Landes Moaw. Sie lagerten jenseits des Arnons und kamen nicht in das Gebiet Moaws, denn der Arnon ist die Grenze Moaws. [19]Jisrael schickte Boten an Sichon, König Emoris, König zu Cheschbon, und ließ ihm entbieten: ›Lass uns bitte durch dein Land ziehen bis zu meinen Ort.‹ [20]Doch Sichon traute Jisrael nicht, es durch sein Gebiet ziehen zu lassen. Sichon versammelte vielmehr all sein Volk und sie

lagerten zu Jahzah und er griff Jisrael an. ²¹Der Ewige, der Gott Jisraels, gab Sichon und sein ganzes Volk in die Hand Jisraels. Sie schlugen sie, und Jisrael nahm das ganze Land des Emori ein, des Bewohners dieses Landes. ²²Sie nahmen das ganze Gebiet des Emori ein, vom Arnon bis zum Jabbok und von der Wüste bis zum Jarden. ²³Also hat nun der Ewige, der Gott Jisraels, den Emori ausgetrieben vor seinem Volk Jisrael, und du willst es nun in Besitz nehmen? ²⁴Was dir dein Gott Kemosch zum Besitz gibt, das sollst du behalten, aber was der Ewige, unser Gott, vor uns austreibt, das nehmen wir in Besitz. ²⁵Bist du denn besser als Balak, Sohn Zippors, König über Moaw? Hat er etwa gestritten gegen Jisrael oder hat er sie etwa angegriffen? ²⁶Da Jisrael in Cheschbon wohnte und in seinen Tochterstädten und in Aro'er und in seinen Tochterstädten und in allen Städten am Ufer des Arnons, dreihundert Jahre, warum habt ihr (ihm diese Orte) nicht entrissen in dieser Zeit? ²⁷Ich aber habe nichts verschuldet gegen dich, und du tust mir Böses mich anzugreifen. Es richte der Ewige, der Richter, heute zwischen den Kindern Jisraels und den Kindern Amons!« ²⁸Doch der König der Kinder Amons hörte nicht auf die Worte Jiftachs, die er ihm entboten hatte.

²⁹Da kam über Jiftach der Geist des Ewigen (das heißt großer Mut). Er durchzog Gil'ad und Menascheh und von Mizpa in Gil'ad zog er zu den Kindern Amons. ³⁰Jiftach tat dem Ewigen folgendes Gelübde: »Wenn du die Kinder Amons in meine Hand gibst, ³¹so soll dasjenige, was (zuerst) herauskommt aus den Türen meines Hauses mir entgegen, wenn ich zurückkehre in Frieden von den Kindern Amons, dem Ewigen gehören; ich will es als Ganzoper darbringen.« ³²Jiftach ging hinüber zu den Kindern Amons, um gegen sie zu kämpfen, und der Ewige gab sie in seine Hand. ³³Er schlug sie mit einer sehr großen Niederlage von Aro'er bis gegen Minnit, (er eroberte) zwanzig Städte bis Awel Keramim. – Und die Kinder Amons wurden gedemütigt von den Kindern Jisraels.

Zu den Lobsprüchen nach der Haftara (S. 655)

523

40. Haftarat Balak (Micha 5,6-6,8)

[Zu Parascha Balak (*S. 328*)]

5 ⁶Der Rest Jaakows wird unter den vielen Völkern wie Tau vom Ewigen sein und wie ein Regenguss auf dem Gras. Er wird auf niemanden hoffen und von keinem Menschen etwas erwarten, (wohl aber die anderen von ihm). ⁷Der Rest Jaakows wird unter den Nationen, in der Mitte vieler Völker sein wie der Löwe unter Waldtieren, wie der Junglöwe unter Schafherden, der, wenn er einbricht, niedertritt und zerreißt, ohne dass jemand retten kann. ⁸Deine Hand wird sich über deine Bedränger erheben und alle deine Feinde werden vertilgt werden. ⁹An jenem Tage, ist des Ewigen Spruch, werde ich ausrotten deine Rosse aus deiner Mitte und deine Wagen vernichten, ¹⁰werde zerstören die Dörfer deines Landes und alle deine befestigten Städte niederreißen, ¹¹werde ausrotten die Zaubereien aus deiner Hand und Wolkendeuter sollst du nicht mehr haben. ¹²Ich werde deine geschnitzten Bilder zerstören und deine Bildsäulen in deiner Mitte, dass du dich nicht mehr niederwerfest vor dem Werk deiner Hände. ¹³Ich will deine Haine in deiner Mitte niederreißen und deine Städte vertilgen. ¹⁴Mit Zorn und Wut werde ich Rache üben an den Völkern, (die mir)nicht gehorcht haben.

6 ¹Hört doch, was der Ewige (zu mir) sprach: Auf, führt einen Rechtsstreit vor den Bergen, dass die Hügel deine Stimme hören! ²Hört also, ihr Berge, den Rechtsstreit des Ewigen, ihr mächtigen Grundfesten der Erde! Denn einen Rechtsstreit führt der Ewige mit seinem Volk, mit Jisrael will er eine Auseinandersetzung haben. ³Mein Volk, was hab ich dir getan, womit hab ich dich belästigt? Zeuge doch gegen mich! ⁴Vielleicht gar dadurch, dass ich dich aus Mizrajim geführt, dich aus dem Sklavenhause erlöst habe, dass ich Mosche, Aharon und Mirjam vor dir her gesandt habe? ⁵Mein Volk, bedenke doch, was Balak, König Moaws, beschlossen, und was Bil'am, Sohn Beors, ihm erwidern musste – (was sich ereignet hat) von Schittim bis Gilgal – um zu erkennen die Rechtschaffenheit des Ewigen. ⁶Womit soll ich vor den Ewigen treten? Wodurch soll ich mich demütig erzeigen vor Gott in der Höhe? Soll ich vor ihn treten mit Ganzopfern, mit einjährigen Kälbern? ⁷Hat der Ewige Gefallen an Tausenden von Widdern, an Myriaden Strömen Öls? Soll ich hingeben meinen Erstgeborenen für mein Verbrechen, die Frucht meines Leibes für mein Verschulden? ⁸Er hat dir doch kundgetan, o Mensch, was gut ist, und was der Herr von dir fordert ist doch nur: auf Recht halten, Liebe üben und demütig wandeln vor deinem Gott.

Zu den Lobsprüchen nach der Haftara (S. 655)

41. Haftarat Pinchas (1. Könige 18,46-19,21)

[Zu Parascha Pinchas *(S. 335)*]

18 ⁴⁶Die Kraft des Ewigen kam über (den Propheten) Elijahu. Er gürtete seine Lenden und lief vor (König) Ach'aw her bis gen Jisreel.

19 ¹Ach'aw berichtete (seiner Frau) Isewel alles, was Elijahu getan hatte, dass er alle Propheten (Baals) mit dem Schwert erschlagen hatte. ²Daraufhin schickte Isewel einen Boten an Elijahu und ließ ihm entbieten: »So mögen mir die Götter tun und so mögen sie ferner tun – morgen um diese Zeit werde ich dein Leben gleich dem Leben eines von jenen machen.« ³(Elijahu) erkannte (die Gefahr), brach auf, lief, um sein Leben zu retten. Er kam nach Beer Schewa, das zu Jehuda gehörte, und ließ seinen Burschen dort. ⁴Er ging eine Tagereise weit in die Wüste, kam hin, setzte sich unter einen Ginsterstrauch und verlangte zu sterben. Er dachte: »Es ist genug! Nun, Ewiger, nimm meine Seele, denn ich bin nicht besser als meine Eltern.« ⁵Er legte sich hin und entschlief unter dem Ginsterstrauch. Da stieß ihn ein Bote an und sprach zu ihm: »Steh auf und iss!« ⁶Er schaute und sah zu seinem Haupt einen Röstkuchen und eine Flasche Wasser. Er aß und trank und legte sich wieder. ⁷Der Bote des Ewigen kam zum zweiten Mal, stieß ihn an und sprach: »Steh auf und iss, denn du hast

noch einen weiten Weg.« [8]Er stand auf und aß und trank und ging
gestärkt von diesem Essen vierzig Tage und vierzig Nächte bis an den
Berg Gottes, den Chorew. [9]Er ging dort in die Höhe und wollte dort
übernachten. Da erging das Wort des Ewigen an ihn:»Was machst
du hier, Elijahu?« [10]Er antwortete:»Mit leidenschaftlichem Eifer bin
ich für den Ewigen, den Herrscher aller Geschöpfe, eingetreten, weil
die Kinder Jisraels deinen Bund gebrochen, deine Altäre zerstört und
deine Propheten mit dem Schwert getötet haben. Allein ich bin übriggeblieben. Und auch mir trachten sie nach dem Leben.« [11](Der Ewige)
sagte:»Komm heraus, stell dich auf den Berg vor den Ewigen.« Und
siehe, der Ewige ließ einen großen und heftigen Sturm vorüberziehen,
der Berge spaltete und Felsen zerbrach. Aber der Ewige war nicht
im Sturm. Nach dem Sturm kam ein Erdbeben. Aber der Ewige war
nicht im Erdbeben. [12]Und nach dem Erdbeben kam Feuer. Aber der
Ewige war nicht im Feuer. Und nach dem Feuer kam sanftes, leises
Geräusch. [13]Als Elijahu das hörte, da hüllte er sein Gesicht in seinen
Mantel, trat hinaus und stand nun am Eingang der Höhle. Und siehe,
eine Stimme erging an ihn:»Was machst du hier, Elijahu?« [14]Er antwortete:»Mit leidenschaftlichem Eifer habe ich mich für den Ewigen,
den Herrscher aller Geschöpfe, eingesetzt, weil die Kinder Jisraels
deinen Bund gebrochen, deine Ältäre zerstört und deine Propheten
mit dem Schwert getötet haben. Allein ich bin übriggeblieben. Und
auch mir trachten sie nach dem Leben.« [15]Da sprach der Ewige zu
ihm:»Geh, kehr wieder um auf deinem Wege in Richtung der Wüste
von Damaschek, salbe dort Chasael zum König über Aram,   [16]Jehu,
Sohn Rimsis, salbe zum König über Jisrael, und Elischa, Sohn Schafats
aus Awel Meholah, salbe zum Propheten an deiner Stelle. [17]Wer dann
dem Schwert Chasaels entrinnt, den wird Jehu töten, und wer dem
Schwert Jehus entrinnt, den wird Elischa töten. [18]Ich werde in Jisrael
siebentausend übriglassen: Alle Knie, die sich nicht vor dem (Götzen)
Baal gebeugt, und jeden Mund, der ihn nicht geküsst hat.« [19](Elijahu)
ging von dort fort und traf Elischa, Sohn Schafats, welcher gerade
plügte. Zwölf Gespanne gingen vor ihm her, er war bei dem zwölften.
Elijahu ging zu ihm hinüber, warf ihm seinen Mantel zu, [20](Elischa)
verließ sogleich die Rinder, lief Elijahu nach und sprach:»Lass mich

doch (zum Abschied) noch meinen Vater und meine Mutter küssen, dann will ich dir folgen.« Er sprach zu ihm:»Geh nur zurück, denn was habe ich dir getan?«²¹(Elischa) kehrte um, nahm ein Gespann Rinder, schlachtete es und mit dem Gerät der Rinder kochte er für sie das Fleisch, gab den Leuten und sie aßen. Dann machte er sich auf, folgte Elijahu und bediente ihn.

Zu den Lobsprüchen nach der Haftara (S. 655)

42. Haftarat Matot (Jeremia 1,1-2,3)

Die erste Haftara der Mahnung

[Zu Parascha Matot *(S. 346)*]

(Wenn Matot und Ma'ase zusammenfallen, liest man zu Matot/Mase die Haftarat Mase und an Schabbat Pinchas den folgenden Text:)

1 ¹Die Reden Jirmejahus, des Sohnes Hilkijahus von den Priestern in Anatot im Land Binjamin, ²an welchen das Wort des Ewigen (zum ersten Mal) erging während der Regierungszeit Joschijahus, des Sohnes Amons, des Königs von Jehuda, im dreizehnten Jahr seiner Regierung; ³und dann auch in den Tagen Jojakims, des Sohnes Joschijahus, des Königs von Jehuda, bis ans Ende des elften Jahres Zidkijahus, des Sohnes Joschijahus, des Königs von Jehuda, das ist bis zur Verbannung (der Einwohner) Jeruschalajims im fünften Monat. ⁴Es erging das Wort des Ewigen an mich folgendermaßen: ⁵»Noch bevor ich dich im Leibe gebildet habe, hatte ich dich erwählt; noch bevor du aus dem Mutterschoß gekommen bist, hatte ich dich abgesondert; als Propheten für die Völker habe ich dich eingesetzt.« ⁶Ich sprach:»Ach Herr, o Gott, ich weiß nicht zu reden, denn ich bin noch jung.« ⁷Da sprach der Ewige zu mir:»Sag nicht, ich bin jung, sondern geh überall hin, wohin ich dich sende, und rede alles, was ich dir gebiete. ⁸Fürchte dich nicht vor den Leuten, denn ich bin mit dir um dich zu schützen ist des Ewigen Spruch.« ⁹Der Ewige streckte seine Hand aus und berührte meinen Mund, wobei der Ewige zu mir sprach:»Ich lege meine Worte in deinen Mund. ¹⁰Ich bestelle dich an diesem Tage (zum Propheten) über die Völker und über die Königreiche, (um ihnen Gutes und Schlimmes zu verkünden), auszureißen und einzureißen, zu vernichten und zu zerstören, zu bauen und zu pflanzen.« ¹¹Es erging das Wort des Ewigen an mich:»Was siehst du, Jirmejahu?«Ich antwortete:»Einen Mandelbaumtrieb sehe ich.« ¹²Der Ewige sprach zu mir:»Du hast richtig gesehen, denn eifrig treibe ich mein Wort, dass ich es ausführe.«⁶ ¹³Es erging das Wort des Ewigen an mich zum zweiten Mal:»Was siehst du?«Ich antwortete:»Einen dampfenden Topf sehe ich, seine Vorderseite ist nach Norden hin.« ¹⁴Der Ewige sprach zu mir:»Von Norden her wird das Unheil über alle Bewohner des Landes hereinbrechen, ¹⁵denn ich rufe alle Geschlechter und Königreiche vom Norden, ist des Ewigen Spruch, dass sie kommen und jeder seinen Thron an den Eingang der Tore Jeruschalajims setze, auf alle ihre Mauern ringsum und auf die aller Städte Jehudas. ¹⁶Dann werde ich (die Leute von Jehuda) zur Rede stellen wegen all ihrer Bosheit, dass sie mich verlassen haben, fremden Göttern geräuchert und sich niedergeworfen haben vor den Werken ihrer Hände. ¹⁷Du aber gürte deine Lenden, mache dich auf, rede zu ihnen alles, was ich dir gebiete, zage nicht vor ihnen, dass ich dich nicht zermalme vor ihnen. ¹⁸Denn ich mache dich heute zur festen Stadt, zur eisernen Säule, zur ehernen Mauer über das ganze Land gegen die Könige Jehudas, dessen Fürsten, dessen Priester und gegen das Volk des Landes. ¹⁹Sie werden dich wohl angreifen, aber können dir nichts tun, denn ich bin mit dir, ist des Ewigen Spruch, um dich zu schützen.«

2 ¹Es erging das Wort des Ewigen an mich: ²»Geh, verkünde den Bewohnern Jeruschalajims: So spricht der Ewige: Ich erinnere mich an deine jugendliche Huld, deine Brautliebe, als du mir gefolgt bist durch die Wüste, durch ein unbesätes Land. ³Heilig war damals Jisrael dem Herrn wie die Erstlinge des Ertrages, (die als heilig, Gott zugehörig gelten), dass alle, die davon essen, es büßen müssen; Unheil kommt über sie, ist des Ewigen Spruch.«

Zu den Lobsprüchen nach der Haftara (S. 655)

43. Haftarat Mase (Jeremia 2,4-28; 3,4)

Die zweite Haftara der Mahnung

[Zu Parascha Mase *(S. 354)*]

2 ⁴Hört das Wort des Ewigen, ihr vom Hause Jaakow und alle Geschlechter des Hauses Jisrael. ⁵So spricht der Ewige:»Welches Unrecht fanden eure Eltern an mir, dass sie sich von mir entfernten, nach vergänglichen Dingen strebten und vergingen? ⁶Sie fragten nicht:›Wo ist der Ewige, der uns aus dem Land Mizrajim geführt hat, der uns durch die Wüste geleitet hat, durch ein Land der Steppen und der Wildnis, durch ein Land der Dürre und der Todesstille, durch ein Land, das niemand je durchzogen und wo kein Mensch je gewohnt hat?‹ ⁷Ich brachte euch in das fruchtbare Land des Karmel, dass ihr seine Frucht esst und seinen Überfluss. Da kamt ihr aber und verunreinigtet mein Land, mein Erbgut machtet ihr zum Gräuel. ⁸Die Priester forschen nicht:›Wo ist der Ewige?‹ Die Handhaber des Gesetzes kennen mich nicht und die Hirten (die Herrscher) sind abgefallen von mir. Die Propheten weissagen im Namen Baals und folgen denen, die ihnen nicht helfen. ⁹Darüber werde ich euch noch zur Rechenschaft ziehen, ist des Ewigen Spruch, eure Enkel werde ich zur Rechenschaft ziehen. ¹⁰Dann zieht hinüber zur Insel der Kittim (im mittelländischen Meer), schaut auch nach Kedar (Arabien), schickt (Botschaften) aus, erforscht es gründlich, schaut, ob jemals solches geschehen ist: ¹¹Hat je ein Volk seine Götter getauscht? – Und jene sind nicht einmal Götter? – Doch mein Volk hat seine Herrlichkeit getauscht gegen etwas, das nichts nützt. ¹²Darüber staunte der Himmel. Er umwölkte sich und verdüsterte sehr, ist des Ewigen Spruch. ¹³Zweifachen Frevel hat mein Volk verübt: Mich, die Quelle frischen Wassers verließen sie, um sich Gruben zu hauen, geborstene Gruben, die das Wasser nicht halten. ¹⁴Ist Jisrael ein Leibeigener oder ein Hausgeborener? Warum ist er zur Beute geworden, ¹⁵dass die jungen Löwen gegen ihn brüllen und ihre Stimme erschallen lassen, dass sie sein Land zur Wüste machen, dass seine Städte verbrannt sind, leer an Bewohnern? ¹⁶Sogar die Kinder

529

von Nof und Tachpanches (Memphis und Daphnes) werden dir aufs Haupt treten. [17]Das geschieht dir, weil du den Ewigen, deinen Gott, verlassen hast, während er dich auf dem Weg geleitet. [18]Und nun, was hast du von dem Gang nach Mizrajim, um Wasser des Nils zu trinken? Was hast du von dem Gang nach Aschur, um Wasser des Stroms (Euphrat) zu trinken? [19]Züchtigen wird dich deine Bosheit und deine Abrünnigkeit wird dich bestrafen. Dann wirst du erkennen und sehen, dass es böse und bitter war, als du den Ewigen, deinen Gott verlassen hast, keine Furcht vor ihm hattest, spricht der Ewige, der Herrscher aller Geschöpfe. [20]Denn von jeher habe ich dein Joch zerbrochen, deine Seile zerrissen und du hast gesagt: ›Ich werde (Gott) nicht dienen.‹ Auf jedem hohen Hügel und unter dem belaubten Baum gingst du fremd (stelltest du dir Götzen auf), du Dirne! [21]Ich hatte dich doch, eine edle Rebe, ganz aus gutem Samen gepflanzt; doch wie hast du dich mir verwandelt in einen Auswuchs des wilden Weinstocks! [22]Wenn du dich auch mit Natrium wüschest und dazu viel Lauge nähmst, bliebe doch dein Schuldfleck vor mir, ist des Ewigen Spruch. [23]Wie kannst du nur behaupten: ›Ich habe mich nicht verunreinigt, dem Baal bin ich gar nicht nachgegangen?‹ Schau deinen Weg durch das Tal, erkenne, was du getan, du leichtfüßige Kamelstute, die vom geraden Weg abweicht. [24]Ist eine Waldeselin an die Wüste gewöhnt, schnaubt sie in gieriger Lust; wer mag sie in ihrer Brunst beschwichtigen? Alle, die ihr nachstellen, mögen sich nicht vergebens abmühen, nur in dem Monat (ihrer Brunst) werden sie sie finden. [25]Erspare deinem Fuß die Blöße und deiner Kehle den Durst! Doch du sagtest: ›Vergebens, nein! Denn Fremde liebe ich, ihnen will ich nachgehen.‹ [26]Wie ein Dieb beschämt ist, wenn er ertappt wird, so wird das Haus Jisrael beschämt sein, sie alle, ihre Könige, ihre Fürsten, ihre Priester und ihre Propheten, [27]die zum Holz sprechen: ›Du bist mein Vater!‹ und zum Stein: ›Du hast mich geboren!‹ Mir wenden sie den Nacken zu, nicht das Gesicht. Aber in der Zeit ihres Unglücks sprechen sie: ›O, rett uns doch!‹ [28]Wo sind denn deine Götter, die du dir gemacht? Mögen sie doch aufstehen und dich retten in der Zeit deines Unglücks, denn so viel Städte, so viel sind bereits deine Götter, Jehuda!

3 ⁴Von jetzt ab möchtest du mich ›Vater‹ nennen, ›der Vertraute
meiner Jugend bist du.‹«

Zu den Lobsprüchen nach der Haftara (S. 655)

44. Haftara Chason (Jesaja 1,1-27)

Die dritte Haftara der Mahnung

*An Schabbat Chason wird die Parascha **Dewarim** (S. 364) gelesen. Diese Haftara
wird nicht wie üblich, sondern in der Vortragsmelodie der Klagelieder vorgetragen.*

1 ¹Die **prophetischen Reden** *(chason)* Jeschajahus, Sohnes Amoz,
der prophezeit hat über Jehuda und Jeruschalajim während der Regierungszeit Usijahus, Jotams, Ahas' und Hiskijahus, der Könige von
Jehuda: ²Höre, o Himmel, vernimm, o Erde, was der Ewige redet:
Kinder habe ich großgezogen und aufwachsen lassen, doch sie sind
abgefallen von mir. ³Der Ochse kennt seinen Eigentümer, der Esel die
Dreschtenne seines Herrn, Jisrael aber kennt (seine Pflichten) nicht,
mein Volk erwägt (sie) nicht. ⁴Wehe, sündhafte Nation, schuldbela-
denes Volk, Brut der Missetäter, entartete Kinder! – Sie haben den
Ewigen verlassen, den Heiligen Jisraels verworfen, sind nach rückwärts gewichen. ⁵Wozu solltet ihr noch mehr gezüchtigt werden, wo
ihr doch fortfahrt abzuweichen? Ist doch schon jedes Haupt krank
und jedes Herz siech. ⁶Von der Fußsohle bis zum Haupt ist nichts
Heiles (an euch), sondern nur Wunden und Beulen und eiterndes
Geschwür, die nicht ausgedrückt und nicht verbunden worden sind
und nicht eingeweicht wurden mit Öl. ⁷Euer Land ist öde, eure Städte
sind im Feuer verbrannt, von eurem Boden ernähren sich in eurer
Gegenwart die Fremden; öde ist er wie die Zerstörung (der Städte)
der Bösen (Sedom und Amorrah). ⁸Die Tochter Zijon ist geblieben
wie eine Hütte im Weinberg, wie ein Nachtlager im Kürbisfeld, wie
eine belagerte Stadt. ⁹Hätte der Ewige, der Herrscher aller Geschöpfe,
uns nicht diesen kleinen Rest gelassen, so wären wir (gänzlich) wie

Sedom, glichen Amorrah. ¹⁰Hört das Wort des Ewigen, ihr Fürsten
Sedoms, vernimm die Lehre unseres Gottes, du Volk von Amorrah!
¹¹»Was soll ich mit euren vielen Opfer?«fragt der Ewige,»Ich bin satt
der Ganzopfer von Widdern und des Fettes der Masttiere. Das Blut
der Kälber und der Lämmer und der Böcke will ich nicht. ¹²Wenn ihr
kommt, um vor mir (im Heiligtum) zu erscheinen, wer verlangt es von
euch, dass ihr meine Hallen zertretet (und nicht demütig auftretet)?
¹³Bringt mir nicht mehr eure unwahren Gaben! Das Räucherwerk
ist mir ein Gräuel; (unterlasst es) am Neumond und am Schabbat
festliche Versammlung abzuhalten; ich mag nicht Unheil und Fest-
versammlung zusammen. ¹⁴Eure Neumonde und eure Festtage hasse
ich, sie sind mir lästig. Ich bin müde, sie zu ertragen. ¹⁵Und wenn ihr
eure Hände (zum Beten) erhebt, wende ich meinen Blick von euch
ab. Auch wenn ihr noch so viel beten würdet, würde ich nicht darauf
hören, denn eure Hände sind blutbefleckt. ¹⁶Wascht euch zuvor,
werdet rein, schafft eure bösen Taten von meinem Anblick hinweg,
hört auf böse zu sein. ¹⁷Gewöhnt euch an, Gutes zu tun, fördert das
Recht, steht bei den Vergewaltigten, sprecht Recht der Waise, nehmt
euch der Witwe an. ¹⁸O kommt, dass wir uns versöhnen, verkündet
der Ewige. Mögen eure Sünden (rot) wie Karmesin sein, es wird alles
weiß wie Schnee, wenn sie rot sind wie Purpur – alles soll weiß wie
Wolle werden. ¹⁹Wenn ihr nun auf mich hören wollt, so werdet ihr
das Beste des Landes verzehren; ²⁰wenn ihr aber euch weigert und
widerspenstig bleibt, werdet ihr vom Schwert verzehrt werden, denn
so hat der Ewige gesprochen. ²¹Ach, wie ist zur Dirne geworden die
einst bewährte Stadt! Ehemals voll des Rechts, Gerechtigkeit weilte in
ihr – jetzt eine Mörderhöhle! ²²Dein Silber ist Schlacke geworden, dein
Wein gewässert. ²³Deine Fürsten sind unwürdig, Diebesgenossen, alle
wollen sie Bestechung und suchen Bezahlung. Der (hilflosen) Waise
sprechen sie kein Recht und der Witwe nehmen sie sich nicht an. ²⁴Da-
rum spricht der Ewige, der Herrscher aller Geschöpfe, der Mächtige
Jisraels: O, ich will Genugtuung üben an meinen Widersachern und
mich rächen an meinen Feinden. ²⁵Ich will meine Macht gegen dich
wenden, wie mit Lauge deine Schlacken läutern und fortschaffen all
dein Blei. ²⁶Deine Richter will ich wieder einsetzen wie vormals, deine

(gerechten) Räte wie zuvor. Dann wirst du wieder ›Stadt der Gerechtigkeit‹, ›treue Stadt‹ genannt werden. *27*Zijon wird durch Gerechtigkeit erlöst werden, seine Einwohner durch Rechtschaffenheit.«

Zu den Lobsprüchen nach der Haftara (S. 655)

45. Haftara Nachamu (Jesaja 40,1-26)

Die erste Haftara des Trostes

An Schabbat Nachamu wird die Parascha **Wa'etchanan** *(S. 372) gelesen.*

40 *1*Tröstet *(nachamu)*, o tröstet mein Volk, sprich euer Gott. *2*Redet Jeruschalajim zu Herzen, ruft ihm zu: Erfüllt ist seine Leidenzeit, seiner Schuld ist genug getan, denn es hat Zweifaches empfangen aus der Hand des Ewiges für all seine Sünden. *3*Ich höre eine Stimme rufen: In der Wüste bahnt den Weg des Ewigen, ebnet in der Steppe eine Straße unserm Gott! *4*Jedes Tal möge sich erheben, jeder Berg und Hügel sich senken, dass die Krümmung zur Ebene werde und die Höcker zum Tal, *5*damit die Ehre des Ewigen sich zeige, damit alle Geschöpfe bekennen, dass solches der Ewige verheißen hat. *6*Eine Stimme höre ich, die ruft: »Sprich!« Man fragte sie: »Was soll ich denn sprechen?« (Und sie erwiderte): »Alles Fleisch ist wie Gras und dessen Güte wie die Feldblumen. *7*Das Gras verdorrt, die Blume welkt, denn der Odem des Ewigen hat es angeweht. Fürwahr, Gras ist das Volk. – *8*Das Gras verdorrrt, die Blume welkt, doch das Wort unseres Gottes besteht ewiglich. *9*Steige auf einen hohen Berg, Heilbotin Zijons; erhebe kräftig deine Stimme, Heilbotin Jeruschaljims! Erhebe sie, fürchte nichts! Sprich zu den Städten Jehudas: ›Da erscheint euer Gott! *10*Mein Herr, der Ewige, zeigt sich mächtig und sein Arm gewaltig. Sein Lohn ist mit ihm und seine Vergeltung vor ihm. *11*Wie ein Hirt, der seine Herde weidet, sammelt er mit seinem Arm die Lämmer, trägt sie an seiner Brust; die Säugenden leitet er. (So wird Gott die Zerstreuten Jisraels sammeln). *12*Wer maß die Gewässer mit seiner hohlen Hand und mit der Spanne den Himmel? Wer fasste in ein Maß den Staub der Erde und wog in der Waage Berge, Hügel in der Waagschale? [13]Wer erforschte den Geist des Ewigen und wem tat (Gott) seinen Ratschluss kund? [14]Mit wem beriet er sich, dass er ihm Einsicht gab und ihn den richtigen Pfad lehrte, dass er ihn Erkenntnis lehrte und den Weg der Einsicht ihm kundmachte? [15]Die Völker sind wie ein Tropfen am Eimer und dem Staub in der Waagschale gleich geachtet. Die Insel trägt er davon wie ein Stäubchen. [16]Der Lewanon reicht nicht hin zum Brennholz und sein Wild reicht nicht hin zum Ganzopfer. [17]All die Völker sind wie ein Nichts vor ihm, als nichtig und unförmlich gelten sie bei ihm. [18]Wem wollt ihr nun Gott vergleichen, und welch Gebilde ihm gleichstellen? [19]Vielleicht das Bild, das der Künstler gegossen und der Goldarbeiter mit Gold überzogen, an das der Schmied silberne Ketten(gemacht)? [20]Der zu arm ist für solche Gabe, wählt sich wenigstens Holz, das nicht morsch wird, und sucht sich einen geschickten Künstler, ein festes Bild zu verfertigen, das nicht wankt. [21]Wisst ihr nicht? Hört ihr nicht? Ist es euch nicht verkündet worden von Anbeginn an? Habt ihr nicht gemerkt auf die Grundpfeiler der Erde? [22]Er, der über dem Erdkreis thront, (dem gegenüber) die Bewohner wie Heuschrecken sind, der ausgespannt wie einen Flor den Himmel und ihn ausgebreitet wie ein Zelt zur Wohnung, [23]der die Fürsten zunichte macht, die Mächtigen der Erde in Nichts verwandelt, [24]als ob sie nicht gepflanzt wären, nicht gesät, ihr Schaft nicht in der Erde wurzeln würde – nur angehaucht hat er sie, und sie sind verdorrt und Sturm entführt sie wie Stoppeln. [25]Wem denn wollt ihr mich vergleichen, dass ich ihm ähnlich wäre? spricht der Heilige. [26]Hebt eure Augen empor und seht: Wer hat diese (Sterne) geschaffen? Er, der ihr Heer herausführt auf die Zahl genau, alle beim Namen ruft, seiner Allmacht Fülle und kraftvollen Macht entzieht sich nichts.«

Zu den Lobsprüchen nach der Haftara (S. 655)

46. Haftarat Ekew (Jesaja 49,14-51,3)

Die zweite Haftara des Trostes

[Zu Parascha Ekew *(S. 382)*]

49 ¹⁴Zijon spricht: »Der Ewige hat mich verlassen, der Herr hat mich vergessen.« – ¹⁵»Vergisst etwa eine Frau ihren Säugling, dass sie sich nicht erbarmte ihres leiblichen Sohns? Und ob diese auch solchen vergessen könnte – so will ich dein nicht vergessen. ¹⁶Auf den Händen habe ich dich eingegraben, deine Mauern sind mir beständig vor Augen. ¹⁷Deine Kinder eilen herbei, aber deine Zerstörer und Verwüster ziehen von dir fort. ¹⁸Erhebe deine Augen ringsumher, sieh, wie sie sich alle sammeln und zu dir kommen. So wahr ich lebe, ist des Ewigen Spruch, dass du sie alle wie einen Schmuck anlegen, sie dir umwinden wirst wie einen Kranz. ¹⁹Die jetzigen Trümmer, deine öden Plätze und dein zerstörtes Land – bald wirst du es da zu eng haben vor Bewohnern. Deine Verderber werden sich entfernen. ²⁰Dereinst werden die Kinder, deren du bisher beraubt warst, vor deinen Ohren sprechen: Zu eng ist mir der Ort, mach mir Platz, dass auch ich mich hinsetze. ²¹Du wirst dich dann fragen: ›Wer hat mir diese geboren? Ich bin ja der Kinder beraubt und vereinsamt gewesen, verwiesen und verstoßen, und diese – wer hat sie großgezogen? Ich allein war übrig, und diese da, wo waren sie bisher?‹« ²²So spricht Mein Herr, der Ewige: »Ich erhebe meine Hand zu den Völkern und errichte den Nationen mein Panier, dass sie deine Söhne dir an der Brust herbeibringen, deine Töchter sollen auf der Schulter getragen werden. ²³Könige sollen deine Wärter sein und ihre Fürstinnen deine Ammen. Mit dem Gesicht zur Erde sollen sie sich vor dir verbeugen und den Staub deiner Füße lecken. Du wirst erfahren, dass ich der Ewige bin, der ich nicht beschämt werden lasse alle, die auf mich hoffen.«– ²⁴»Wird denn dem Helden die Beute abgejagt« (fragen die Kleinmütigen in Bawel), »oder wird sich der Gefangene eines Mächtigen frei machen können?« ²⁵So spricht der Ewige: »Auch des Helden Fang wird ihm abgejagt und des Gewaltigen Beute entrinnen.

Mit deinen Widersachern werde ich einen Rechtsstreit führen und deine Kinder werde ich befreien. ²⁶Deinen Bedrückern gebe ich ihr eigenes Fleisch zu essen und wie in Most solllen sie in ihrem Blut sich berauschen. Alle Geschöpfe werden erkennen, dass ich, der Ewige, dein Befreier und dein Erlöser bin, der Schutzhort Jaakows.«

50 ¹So spricht der Ewige:»Wo ist der Scheidebrief eurer Mutter, dass ich sie verstoßen hätte? Oder wem von meinen Gläubigern hab ich euch verkauft? Nur wegen eurer Vergehen wurdet ihr verkauft und wegen eurer Missetaten wurde eure Mutter verstoßen. ²Warum kam ich und fand keinen? Ich rief und niemand antwortete? Reichte mein Arm nicht, euch zu erlösen, oder hätte ich keine Kraft zum Retten? Durch mein Drohen trockne ich das Meer aus, verwandle Ströme in Wüste, es faulen ihre Fische aus Wassermangel und sterben vor Durst. ³Ich kleide den Himmel in Dunkel und mache einen Sack zu seinem Gewand.« ⁴Mein Herr, der Ewige, hat mir eine redegewandte Zunge gegeben, dass ich fähig bin, den Müden durch ein Wort zu stärken. Er erweckt je am Morgen, er erweckt mir das Ohr, zu horchen wie Geübte. ⁵Mein Herr, der Ewige, hat mir das Ohr geöffnet und ich sträubte mich nicht (auf seine Worte zu hören). Ich bin nicht zurückgewichen (von seinem Befehl). ⁶Meinen Rücken bot ich den Schlägern dar und meine Wange den Raufenden, mein Gesicht verbarg ich nicht vor der Schmähung und dem Speien (derer, welche von der Heimkehr nichts wissen wollten). ⁷Aber Mein Herr, der Ewige, steht mir bei, darum werde ich nicht zur Schmach, darum machte ich mein Angesicht gleich dem Kiesel, denn ich wusste, dass ich nicht zu Schanden werde. ⁸Nahe ist, der mir Recht verschafft – wer will mit mir streiten? Lasst uns zusammen hintreten! Wer hat eine Rechtsache gegen mich, er trete her zu mir! ⁹Mein Herr, der Ewige, steht mir bei. Wer ist es, der mir mein Recht absprechen will? Sie zerfallen alle wie ein (fadenscheiniges) Gewand, Motten fressen sie. ¹⁰Wer unter euch hat Furcht vor Gott, dass er auf die Stimme seines Dieners hört? Wer in Finsternis gewandelt ist und kein Licht hatte, der vertraue dem Namen des Ewigen und stütze sich auf seinen Gott. ¹¹Ihr alle, zündet Feuer an, rüstet Brände, geht hin zu der Glut eures Feuers und zu den

Bränden, die ihr gezündet. Von meiner Hand ist euch das geworden, in Betrübnis sollt ihr daniederliegen.

51 ¹Hört mir zu, die ihr das Recht wollt und den Ewigen sucht! Schaut auf den Felsen, aus dem ihr gehauen seid, auf die Höhle, aus der ihr gegraben seid. ²Schaut auf Awraham, euren Vater, auf Sara, die euch geboren! Denn als Einen hab ich ihn herbeigerufen, dass ich ihn segne und vermehre. ³Ja, getröstet hat der Ewige Zijon, getröstet all seine Trümmer. Er macht seine Wüste wie Eden, seine Verödung gleich dem Garten des Ewigen. Wonne und Freude trifft man darin, Danklied und Stimme des Jubels.

Zu den Lobsprüchen nach der Haftara (S. 655)

47. Haftarat Re'eh (Jesaja 54,11-55,5)

Die dritte Haftara des Trostes

[Zu Parascha Re'eh *(S. 391)*]

54 ¹¹Du Arme, Beunruhigte, Ungetröstete, siehe, ich lege in Bleiglanz deine Steine und gründe dich mit Saphiren. ¹²Ich mache Rubine zu deinen Zinnen, deine Tore zu Karfunkelsteinen und dein ganzes Gebiet zu Edelsteinen. ¹³Alle deine Kinder sind Zöglinge des Ewigen und groß ist das Heil deiner Kinder. ¹⁴Durch Gerechtigkeit wirst du aufgerichtet werden. Bleib fern von Bedrückung, denn du hast nichts zu fürchten, und vom Schrecken, denn er naht dir nicht. ¹⁵Nur der muss sich fürchten, der von mir abgefallen ist. Wer dir einst Schrecken eingeflößt hat, wird jetzt zu dir übergehen. ¹⁶Ich habe den Schmied erschaffen, der in die Kohlenglut bläst und ein Werkzeug herausbringt für sein Geschäft, und ich habe den Verderber erschaffen, um zu vernichten. ¹⁷Jedes Gerät, gegen dich geschmiedet, wird nichts ausrichten und jede Zunge, die gegen dich vor Gericht auftritt, wirst du schuldig sprechen. Dies ist der Anteil der Diener des Ewigen und ihr Verdienst von mir, spricht der Ewige.

55   [1]O all ihr Durstigen, geht zum Wasser, auch der, der kein Geld hat. Geht, schafft Vorrat und esst! Geht, schafft Vorrat ohne Geld, ohne Kaufpreis Wein und Milch. [2]Warum wägt ihr Geld ab, ohne Brot zu erhalten? Warum gebt ihr euren Erwerb für das, was nicht sättigt? Hört mir zu, ihr sollt Gutes genießen und eure Seele soll sich am Mark erquicken. [3]Neigt euer Ohr und kommt zu mir! Hört, und eure Seele soll aufleben! Ich will mit euch einen ewigen Bund schließen – die bewährten Gnadenverheißungen Davids. [4]Zum Verwarner der Völker habe ich ihn bestellt, zum Fürsten und Gebieter der Nationen. [5]Ein Volk, das du nicht kennst, wirst du herbeirufen, und ein Volk, das dich nicht kannte, wird auf deinen Ruf zu dir hineilen, um des Ewigen, deines Gottes, willen und wegen des Heiligen Jisraels. Denn er hat dich verherrlicht.

Zu den Lobsprüchen nach der Haftara (S. 655)

48. Haftarat Schoftim (Jesaja 51,12-52,12)

Die vierte Haftara des Trostes

[Zu Parascha Schoftim *(S. 401)*]

51   [12](Der Ewige spricht:) Ich, ich bin es, der euch tröstet. Wofür hältst du dich, dass du dich fürchtest vor dem Menschen, der stirbt, vor dem Menschenkind, der wie Gras dahingegeben werden wird, [13]dass du den Ewigen vergisst, deinen Schöpfer, der den Himmel ausgespannt hat und die Erde gegründet, dass du zitterst beständig alle Tage vor dem Zorn des Bedrückers, der dich verderben will? Wo ist nun der Zorn des Bedrückers? [14]Der Niedergeworfene wird eilend (von seiner Fessel) gelöst, er soll nicht im Kerker sterben und und nicht das Brot entbehren. [15]Denn ich bin der Ewige, dein Gott, der das Meer aufwühlt, dass seine Wellen toben. Der Ewige, Herrscher aller Geschöpfe, ist sein Name. ¹⁶Ich lege mein Wort in deinen Mund, im Schatten meiner Hand berge ich dich, damit ich den Himmel pflanze, die Erde gründe und zu Zijon sage: Mein Volk bist du. ¹⁷Erwache, erwache! Steh auf, Jeruschalajim, die du getrunken hast aus der Hand des Ewigen den Kelch seiner Wut, den bauchigen Becher des Taumels trankst du, trankst ihn leer. ¹⁸Keines von all den Kindern, die sie geboren hat, versorgt sie, und keines von all den Kindern, die sie großgezogen hat, fasst sie bei der Hand. ¹⁹Zweifach ist dein Missgeschick – wer könnte dir Mitleid spenden? Verderben und Untergang, Hunger und Schwert – wie soll ich dich trösten? ²⁰Deine Söhne liegen verschmachtet an allen Straßenecken wie ein Büffelochse in der Verstrickung, sie sind voll von der Wut des Ewigen, vom Drohen deines Gottes. ²¹Wahrlich, höre dies, du Arme, Trunkene, aber nicht vom Wein! ²²So spricht dein Eigner, der Ewige, und dein Gott, der für sein Volk streitet: Ich nehme den Kelch des Taumels aus deiner Hand, den gewölbten Becher meiner Wut, du sollst ihn nicht mehr trinken. ²³Ich gebe ihn vielmehr in die Hand deiner Quäler, die zu dir sprachen: Bücke dich, dass wir darüber hingehen! Du machtest deinen Rücken der Erde gleich, wie eine Straße, dass sie darüber hinwegzogen.

52 ¹Wach auf, wach auf, leg deinen Siegesschmuck an, Zijon, leg deine Prachtgewänder an, Jeruschalajim, du heilige Stadt! Denn ein Unbeschnittener und Unreiner soll dich hinfort nicht betreten. ²Schüttle dir den Staub ab, setz dich aufrecht, Jeruschalajim! Löse dir die Fesseln vom Halse, du gefangene Nation von Zijon! ³Denn so spricht der Ewige: Umsonst seid ihr verkauft worden und auch ohne Lösegeld werdet ihr frei. ⁴Denn so spricht Mein Herr, der Ewige: Zuerst zog mein Volk nach Mizrajim, um dort als Fremdling zu wohnen, zuletzt hat Aschur es bedrückt. ⁵Nun aber, was hab ich hier, ist des Ewigen Spruch, dass mein Volk umsonst hingenommen worden ist? Seine Zwingherrn prahlen, ist des Ewigen Spruch. Immerwährend, alle Tage ist mein Name verhöhnt. ⁶Darum soll mein Volk meinen Ruhmesnamen kennenlernen, darum an demselben Tage (erkennen), dass ich es bin, der es verheißen hat; hier bin ich. ⁷Wie lieblich sind auf den Bergen die Tritte des Heilsboten, der Glück verkündet, gute

539

Botschaft meldet, Hilfe verkündet, der zu Zijon spricht: Dein Gott regiert! *8*Da, die Stimme deiner Wächter! Sie erheben ihre Stimmen, gemeinsam jauchzen sie; denn Auge an Auge sehen sie, wie der Ewige nach Zijon zurückkehrt. *9*Brecht in Freude aus, jauchzt alle, ihr Trümmer Jeruschalajims! Denn der Ewige hat sein Volk getröstet, Jeruschalajim erlöst. *10*Der Ewige hat seinen heiligen Arm vor den Augen aller Völker gezeigt; an allen Enden der Erde wird die Hilfe unseres Gottes gesehen. *11*Entweichet, entweichet, zieht fort, berührt nichts Unreines – zieht dort aus ihrer Mitte, haltet euch rein, ihr Träger der Geräte des Ewigen. *12*Ja, nicht mit Hast werdet ihr ausziehen und nicht in Flucht davongehen, denn vor euch her geht der Ewige und euren Zug schließt der Gott Jisraels.

Zu den Lobsprüchen nach der Haftara (S. 655)

49. Haftarat Ki Teze (Jesaja 54,1-10)

Die fünfte Haftara des Trostes

[Zu Parascha Ki Teze (S. 409)]

54   *1*Jubele, die du wie eine Unfruchtbare bist, die nicht geboren hat. Brich in Jubel aus und jauchze, du, die einer gleicht, die nie gekreißt! Denn zahlreicher sind die Kinder der Einsamen als die Kinder der Erwählten, spricht der Ewige. *2*Erweitere den Raum deines Zeltes; spann die Vorhänge deiner Wohnung auseinander. Spare nicht, zieh lang die Seile und befestige deine Pflöcke. *3*Denn nach rechts und links wirst du dich ausbreiten. Deine Kinder werden Völker vertreiben und verödete Städte bevölkern. *4*Fürchte dich nicht, denn du wirst nicht zu Schanden werden. Sei nicht verschüchtert, denn du sollst nicht schamvoll erröten. Die Schmach deiner Jugend wirst du vergessen. Der Schande deines Witwentums wirst du nicht mehr gedenken. *5*Denn dein Schöpfer ist dein Gatte, »Gott, Herrscher aller Geschöpfe« ist sein Name und »dein Erlöser«, »der Heilige Jisraels«, der einst der »Gott der ganzen Erde« genannt wird. ⁶Wie eine verlassene Frau, die deswegen tief betrübt ist, hat dich der Ewige zurückgerufen; denn sollte die Jugendgeliebte für immer verabscheut sein? spricht dein Gott. ⁷Für eine kleine Weile hatte ich dich verlassen, aber mit großer Barmherzigkeit nehme ich dich wieder auf. ⁸In überschäumendem Zorn hatte ich mein Antlitz eine Weile vor dir verborgen, doch mit ewiger Huld erbarme ich mich deiner, spricht dein Erlöser, der Ewige. ⁹Denn dies ist mir wie die Wasserflut Noachs. Da habe ich geschworen, das Wasser Noachs (die Sintflut) werde die Erde nie wieder überschwemmen. So habe ich auch geschworen, nie wieder über dich zu zürnen und dich nie wieder zu züchtigen. ¹⁰Die Berge mögen weichen und die Hügel wanken, aber meine Huld wird niemals von dir weichen und mein Friedensbund nicht wanken, spricht der Ewige, der sich deiner erbarmt.

Zu den Lobsprüchen nach der Haftara (S. 655)

50. Haftarat Ki Tawo (Jesaja 60,1-22)

Die sechste Haftara des Trostes

[Zu Parascha Ki Tawo *(S. 418)*]

60 ¹Steh auf, leuchte, denn dein Licht geht auf, die Ehre des Ewigen bestrahlt dich. ²Denn Finsternis bedeckt zwar die Erde und Wolkendüster die Völker – dich aber wird der Ewige bestrahlen, denn seine Ehre wird über dir erscheinen. ³Es werden Nationen bei deinem Licht ihren Lauf nehmen und Regenten bei deinem Strahlenglanz. ⁴Erhebe deine Augen, schau ringsum: alle sammeln sich und kommen zu dir. Deine Söhne kommen aus der Ferne und deine Töchter werden auf dem Arm getragen. ⁵Dann wirst du Angst haben, aber zugleich auch (vor Freude) strahlen, es bebt und freut sich dein Herz. Denn um dich sammeln sich die Völker von den fernen Meeresgegenden, mit Reichtum kommen Völker zu dir. ⁶Die Menge der Kamelreiter bedeckt dich, die Dromedare von Midjan und Efa. Sie kommen alle von Schewa, bringen Gold und Weihrauch und verkünden das Lob des Ewigen. [7]Alle Schafe Kedars sammeln sich zu dir, die Widder Nebajots stehen dir zu Diensten. Sie werden mir zum Wohlgefallen geopfert, und das Haus meines Ruhmes schmücke ich. [8]Wer sind jene, die einer Wolke gleich fliegen, wie Tauben zu ihren Schlägen? [9]Denn mir strömen die Bewohner der Inseln zu, zuvor die Tarschisch-Schiffe, um deine Kinder aus der Ferne zu bringen, ihr Silber und ihr Gold mit ihnen, um des Ruhmesnamens des Ewigen, deines Gottes, willen und des Heiligen Jisraels, denn er schmückt dich. [10]Die Fremdlinge werden deine Mauern bauen und ihre Könige bedienen dich, denn in meinem Zorn schlug ich dich, doch in meiner Gnade erbarme ich mich deiner[6]. [11]Deine Tore bleiben ständig offen, Tag und Nacht werden sie nicht geschlossen, um dir den Reichtum der Völker zu bringen und ihre Regenten herzuführen. [12]Denn ein Volk und ein Königreich, das dir nicht dient, geht unter und die Nationen werden vernichtet. [13]Die Herrlichkeit des Lewanon kommt zu dir, Zypresse und Fichte zusammen, um den Ort meines Heiligtums zu schmücken; ich werde den Ort, wo meine Füße (ruhen), zu Ehren bringen. [14]Die Kinder deiner Peiniger kommen gebeugt zu dir und all deine Lästerer fallen zu den Sohlen deiner Füße nieder und nennen dich: »Stadt des Ewigen, Zijon des Heiligen Jisraels«. [15]Dafür, dass du verlassen warst, gehasst und gemieden, mache ich dich nun zur ewigen Pracht, zur Wonne aller Geschlechter. [16]Du wirst die Milch der Völker saugen, von der Brust der Königinnen trinken und erkennen, dass ich, der Ewige, dein Retter bin, dein Erlöser, der Schutzhort Jaakows. [17]Statt des Kupfers bringe ich dir Gold und statt des Eisens bringe ich dir Silber, statt des Holzes Kupfer und statt der Steine Eisen und geselle zu deiner Obrigkeit Frieden und zu deinen Gebietern Rechtschaffenheit. [18]In deinem Land soll keine Gewalttat mehr bekannt werden, kein Verderben und Untergang in deinen Grenzen. Du wirst deine Mauern »Heil« nennen und deine Tore »Ruhm«. [19]Die Sonne braucht am Tag nicht mehr dein Licht zu sein und der Mond braucht dir zum Glanz nicht mehr zu leuchten, denn der Ewige wird dir sein zum ewigen Licht und dein Gott zu deinem Schmuck. [20]Deine Sonne wird nie mehr untergehen und dein Mond sich nicht zurückziehen, denn der

Ewige wird dir sein zum ewigen Licht. Vorüber sind die Tage deiner Trauer. [21]Dein Volk wird aus lauter Gerechten bestehen, es wird für ewig das Land besitzen, ein Sprössling meiner Pflanzungen, meiner Hände Werk zur Verherrlichung. [22]Das Kleine wird zu Tausend und das Geringe zum mächtigen Volk. Ich der Ewige, werde es zu seiner Zeit schnell hervorbringen.

Zu den Lobsprüchen nach der Haftara (S. 655)

51. Haftarat Nizawim (Jesaja 61,10-63,9)

Die siebte Haftara des Trostes

(wenn Nizawim/Wajelech zusammen fallen, wird diese Haftara gelesen; nach der ital. Tradition liest man jedoch Haftarat Wajelech.)

[Zu Parascha Nizawim *(S. 428)*]

61 [10]Herzlich freue ich mich an dem Ewigen. Meine Seele jauchzt über meinen Gott, denn er hat mir Gewänder des Sieges angelegt, mir den Mantel des Heils umgetan, wie ein Bräutigam anlegt den herrlichen Schmuck und wie eine Braut ihr Geschmeide. [11]Ja, wie die Erde ihre Pflanzen treibt und wie ein Garten seinen Samen aufsprossen lässt, so wird Mein Herr, der Ewige, aufsprossen lassen Heil und Ruhm vor allen Nationen.

62 [1]Um Zijons willen schweig ich nicht, um Jeruschalajims willen will ich nicht ruhen, bis wie Lichtglanz hervorgeht sein Heil und seine Hilfe wie eine Fackel brennt, [2]dass Völker dein Heil schauen und alle Könige deine Herrlichkeit. Man wird dich mit einem neuen Namen nennen, den der Mund des Ewigen ausspricht. [3]Du wirst eine Krone des Schmucks im Arm des Ewigen sein und ein königlicher Kopfbund in der Hand deines Gottes. [4]Du wirst nicht mehr »Verlassene« genannt werden und dein Land nicht mehr »Öde«, sondern du wirst genannt werden: »Meine Lust an ihr!« und dein Land: »Vermähl-

543

te«, denn der Ewige hat seine Lust an dir, und dein Land wird vermählt werden. *5*Denn wie ein Jüngling sich mit einer Jungfrau vermählt, so werden sich dir deine Kinder anschmiegen, und wie der Bräutigam sich an seiner Braut freut, so wird sich dein Gott mit dir freuen. *6*Ich habe Wächter über deine Mauern, Jeruschalajim, bestellt, alle Tage und alle Nächte, nie schweigen sie. Die ihr den Ewigen anruft – euch sei keine Ruhe. *7*Lasst ihm keine Ruhe, bis er Jeruschalajim aufrichtet und es zum Ruhm auf Erden macht. *8*Der Ewige hat bei seiner Rechten geschworen und bei seinem mächtigen Arm: Ich gebe fortan dein Getreide nicht mehr deinen Feinden zur Speise; Fremde sollen nicht mehr deinen Most trinken, um den du dich gemüht hast, *9*sondern die, welche es einbringen, sollen es essen und den Ewigen preisen und die, welche ihn lesen, sollen ihn in den Höfen meines Heiligtums trinken. *10*Zieht, zieht durch die Tore! Setzt den Weg für das Volk in Stand! Bahnt, bahnt die Bahn! Räumt die Steine hinweg! Erhebt ein Siegeszeichen für die Völker! *11*Der Ewige hat es verkünden lassen bis ans Ende der Erde, sagt der Nation Zijon:»Deine Hilfe kommt! Sein Lohn ist mit ihm und seine Vergeltung vor ihm.« *12*Man wird sie nennen:»Heiliges Volk«,»Erlöste des Ewigen!« Du wirst genannt werden:»Ersehnte, nie verlassene Stadt.«

63   *1*Wer ist es, der von Edom kommt, in rotem Gewande von Bozra? Jener, prangend in seinem Kleid, stattlich in der Fülle seiner Kraft? Ich, der ich Sieg verheiße, Macht habe zu helfen. *2*Warum ist Rot an deinen Kleidern und dein Gewand wie das des Keltertreters? *3*Die Kelter trat ich allein und von den Völkern war niemand mit mir; ich zertrat sie in meinem Zorn und zerstampfte sie in meiner Wut. Da spritzte ihr Saft auf mein Gewand und all meine Kleider besudelte ich. *4*Denn einen Tag der Rache (an Jisraels Feinden) habe ich im Sinn und das Jahr der Erlösung (für Jisrael) ist gekommen. *5*Ich blickte umher, da war kein Beistand und ich sah überrascht, dass keine Stütze da war. Da half mir mein Arm und meine Wut stützte mich. *6*Ich zerstampfte Völker in meinem Zorn, berauschte sie mit meiner Wut, ließ zur Erde rinnen ihren Saft. – *7*Die Huld des Ewigen will ich preisen, den Ruhm des Ewigen für alles, was uns der Ewige erwiesen hat, und die reiche

Güte für das Haus Jisrael, die er ihm erwiesen nach seiner Bamrher-
zigkeit und nach der Fülle seiner Huld. *8*Denn er sprach: Doch, mein
Volk sind sie, Kinder, die nicht treulos werden und so erwies er sich
ihnen als Retter. *9*In jeder ihrer Bedrängnis war er selbst bedrängt.
Der Bote, der vor ihm stand, half ihnen; in seiner Liebe und in seiner
Milde erlöste er sie. Er hebt sie auf und trägt sie für immer.

Zu den Lobsprüchen nach der Haftara (S. 655)

52. Haftarat Wajelech (Jesaja 55,6-56,8)

(wenn Nizawim/Wajelech zusammen fallen, wird Haftarat Nizawim (S. 543)
gelesen.)

[Zu Parascha Wajelech *(S. 432)*]

55   *6*Sucht den Ewigen, da er sich von euch finden läst, ruft ihn
an, da er nahe ist. *7*Der Bösewicht verlasse seinen Wandel und der
Schlechtgesinnte seinen Gedanken. Er kehre zurück zum Ewigen,
der sich seiner erbarmen wird, zu unserm Gott, denn er wird viel
vergeben. *8*Denn meine Gedanken sind nicht wie eure Gedanken und
nicht wie euere Wege sind meine Wege, ist des Ewigen Spruch. *9*Denn
so weit entfernt ist der Himmel von der Erde ist, so sind meine Wege
entfernt von euren Wegen und meine Gedanken von euren Gedanken.
*10*Denn wie Regen und Schnee vom Himmel herabkommt und nicht
dahin zurückkehrt, sondern die Erde tränkt und befruchet und von
ihr emporsprossen lässt, dass der Säende Saat erhält und Brot zum
Essen, *11*so wird mein Wort sein, das aus meinem Mund geht: Es wird
nicht leer zurückkehren zu mir, sondern es wird vollbringen, was
ich will, und ausrichten, was ich verheißen habe. *12*Denn in Freuden
werdet ihr (vor Bawel) ausziehen und in Frieden (auf dem Heimweg)
geleitet werden. Die Berge und die Hügel werden vor euch in Jubel
ausbrechen und all die Bäume des Feldes in die Hände schlagen. *13*Statt
des Dorns wird die Zypresse sich erheben und statt der Brennessel

erhebt sich die Myrte; es wird für den Ewigen zum Ruhm sein, zum ewigen, unvertilgbaren Denkmal.

56 ¹So spricht der Ewige: Wahrt Recht und übt Rechtschaffenheit, denn meine Hilfe trifft ein, und mein Heil, offenbart sich. ²Wohl dem Menschen, der solches tut, und dem Menschenkind, der daran festhät, der den Schabbat wahrt, um ihn nicht zu entweihen, und seine Hand davon zurückhält Böses zu tun. ³Es spreche kein Nachkomme der Fremden, der sich dem Ewigen anschließt: »Der Ewige wird mich ausscheiden aus seinem Volk«; auch spreche nicht der Kastrierte: »Ich bin ja ein dürrer Baum.«⁷ ⁴Denn also spricht der Ewige von den Kastrierten, die meine Schabbatot wahren und wählen, woran ich Gefallen habe und an meinem Bund festhalten: ⁵Ich werde ihnen in meinem Hause und in meinen Mauern ein Denkmal stiften und einen Namen, besser als durch Söhne und Töchter. Einen ewigen Namen stifte ich ihnen, der unvertilgbar ist. ⁶Auch die Abkömmlinge der Fremden, die sich dem Ewigen anschließen, um ihm zu dienen und den Namen des Ewigen zu lieben, um ihm leibeigen zu sein, alle, die den Schabbat wahren, um ihn nicht zu entweihen, und alle, die an meinem Bund festhalten – ⁷die bringe ich zu meinem heiligen Berg und erfreue sie in meinem Bethaus. Ihre Ganzopfer und ihre Schlachtopfer werden gnädig aufgenommen werden auf meinem Altar, denn mein Haus soll »ein Haus für alle Völker« genannt werden. ⁸So spricht Mein Herr, der Ewige, der die Verstoßenen Jisraels sammelt: Zu den bereits Gesammelten sammle ich noch viele andere (Fremde, die sich Jisrael anschließen werden).

Zu den Lobsprüchen nach der Haftara (S. 655)

53. Haftarat Ha'asinu (2. Samuel 22,1-32)8

[Zu Parascha Ha'asinu *(S. 436)*]

22 ¹David sang dem Ewigen zu Ehren die Worte dieses Liedes, als er ihn von allen seinen Feinden und besonders von der Hand Scha'uls rettete. ²Er sprach:

»Ewiger, mein Schutzfels, meine Feste, mein Erretter!
  ³Mein Gott, mein Hort, auf den ich traue,
mein Schild und meines Heils Gewissheit,
  meine Zuflucht und mein Helfer, der aus Gewalt befreit.
⁴»Gelobt«, rief ich, »sei der Ewige!«,
  und wurde vom Feind erlöst.

⁵Denn des Todes Wellen hatten mich umfangen,
  die Ströme der Unterwelt schreckten mich schon.
⁶Der Höllen Bande umstrickten mich,
  ich war von Schlingen des Todes ergriffen.
⁷Aber in der Angst ruf ich zum Ewigen,
  ruf hinauf zu meinen Gott,
und er hört mein Flehn aus seinem Tempel,
  mein Gebet ist in seinen Ohren.
⁸Die Erde bebte, wurde erschüttert;
  des Himmels Pfeiler wankten.
Sie erbebten, als er zornig wurde.

⁹Dampf stieg auf, als er ergrimmte,
  aus seinem Munde zehrend Feuer,
Glutflamm lodert davon.
¹⁰Er neigte den Himmel, fuhr hernieder,
  unter seinen Füßen düsteres Gewölk.
¹¹Er fährt auf Cherubsrücken, fliegt daher,
  schwebend auf Flügeln des Windes,
¹²macht Finsternis sich zum Gezelt,
  mitternächtliche Fluten, Wolk' auf Wolken!

¹³Vom Lichtglanz ihm gegenüber
  entbrannten glühende Blitze.
¹⁴Der Ewige stürmt im Himmel,

der Höchste donnert herab,
Hagel und glühende Blitze.
[15]Wirft seine Pfeile, streut umher,
ein Blitz, er schleudert sie hin.
[16]Sichtbar wurde des Meeres Urquell,
aufgedeckt der Erden Grund,
durch das Drohen des Ewigen,
vom Odem seines Zorneshauchs.

[17]Mir reicht er aus der Höhe seine Hand,
ergreift und zieht mich aus brausenden Fluten,
[18]errettet mich von Feindes Gewalt,
von Widersachern, mir zu mächtig.
[19]Sie überfielen mich in unfallsschwangern Tagen.
Aber der Ewige wurde meine Zuversicht.
[20]Der führt mich aus, in weiten Raum,
errettet mich, denn er hat Lust an mir.

[21]Ewiger, tu mir wohl nach meiner Rechtschaffenheit,
belohne meiner Hände Reinigkeit.
[22]Denn ich halte die Wege des Ewigen,
bin nicht ruchlos gegen meinen Gott.
[23]Seine Rechte hab ich stets vor Augen,
seine Lehren, ich weiche nicht davon.
[24]Mein Herz ist ungeteilt mit ihm,
ich hüte mich vor Übertretung.
[25]Darum vergilt mir der Ewige nach meiner Rechtschaffenheit,
nach meiner Reinigkeit vor seinen Augen.

[26]Du bist dem Gütigen allgütig,
dem Treugesinnten treugesinnt,
[27]verfährst mit Reinen rein,
bist Tückevollen unversöhnlich.
[28]Dem Unterdrückten stehst du bei;
dein Blick, er gilt den Stolzen, um sie zu erniedrigen.

²⁹Du bist meine Leuchte, Ewiger!
Der Ewige macht meine Finsternis zu Licht.
³⁰Mit dir durchbrech ich Kriegesschar,
mit meinen Gott setz ich über Gemäuer.

³¹Er – Gott – sein Weg ist wandellos,
des Ewigen Verheißung rein durchläutert.
Allen, die ihm trauen, ist er ein Schild.
³²Denn wer außer dem Ewigen ist Gott,
wer außer unserm Gott ein Hort?

Zu den Lobsprüchen nach der Haftara (S. 655)

54. Haftarat Wesot Habracha (Josua 1,1-18)

An Simchat Tora

[Zu Parascha Wesot Habracha *(S. 442)*]

1 ¹Nach dem Tod Mosches, des Dieners des Ewigen, sprach der Ewige zu Jehoschua, Sohn Nuns, dem Bedienten Mosches: ²»Mosche, mein Diener, ist tot. Mach dich nun auf, zieh über den Jarden, du und das ganze Volk, in das Land, das ich den Kindern Jisraels gebe. ³Jeden Ort, worauf euer Fußballen tritt, gebe ich euch, wie ich es Mosche verheißen habe. ⁴Von der Wüste und dem Lewanon dort bis zu dem großen Strom, dem Prat, das ganze Land der Chittim bis zum großem Meer auf der Abendseite soll euer Gebiet sein. ⁵Niemand soll gegen dich stand halten all die Tage deines Lebens. Wie ich mit Mosche gewesen bin, werde ich auch mit dir sein. Ich verlasse dich nicht und verstoße dich nicht. ⁶Sei beherzt und tapfer, denn durch dich soll das Volk das Land in Besitz nehmen, das ich ihren Elternn geschworen habe ihnen zu geben. ⁷Nur sei sehr beherzt und tapfer, die ganze Lehre zu beachten, die dir mein Diener Mosche geboten hat, dass du nach ihr handelst. Weiche weder rechts noch links davon ab, damit du überall, wohin du gehst, Glück habest. [8]Das Buch der Lehre weiche niemals von deinem Mund. Tags und nachts sollst du darüber sinnen, damit du beachtest alles zu tun, was darin geschrieben steht. Dann wird dein Weg gelingen und du wirst Erfolg haben. [9]Ich gebiete dir also, sei beherzt und tapfer, zage nicht und sei nicht ängstlich, denn der Ewige, dein Gott, ist mit dir, überall wohin du gehst.« [10]Jehoschua gebot aldann den Beamten des Volkes: [11]»Geht im Lager umher und gebietet dem Volk: ›Bereitet euch Mundvorrat, denn binnen drei Tagen zieht ihr über den Jarden, um das Land in Besitz zu nehmen, welches euch der Ewige, euer Gott, zu besitzen geben wird.‹« [12]Und zu den Stämmen Reuwen und Gad und dem halben Stamm Menasche sprach Jehoschua: [13]»Erinnert euch daran, was Mosche, der Diener des Ewigen, euch geboten hat, nämlich: Der Ewige, euer Gott, schaffte euch Ruhe und gab euch dieses Land. [14]Eure Frauen, Kinder und Herden sollen nun in dem Land bleiben, das euch Mosche gegeben hat, jenseits des Jardens. Ihr aber – alle Waffenfähigen – sollt gerüstet vor euren Brüdern herziehen und ihnen beistehen, [15]bis der Ewige euren Brüdern Ruhe gegeben haben wird. Dann dürft ihr zurückkehren in das Land eures Erbteils, das euch Mosche, der Diener des Ewigen, gegeben hat, jenseits des Jardens zur Morgenseite, und es besitzen.« [16]Sie antworteten darauf dem Jehoschua: »Alles, was du uns geboten hat, werden wir tun und wohin du uns schicken wirst, werden wir gehen. [17]Wie wir Mosche gehorcht haben, so werden wir auch dir gehorchen. Der Ewige, dein Gott, sei mir dir, wie er mit Mosche gewesen ist. [18]Jeder Mann, der dir widerspricht und nicht auf deine Worte hört in allem, was du ihm gebietest, der werde getötet. Nur sei beherzt und tapfer!«

Zu den Lobsprüchen nach der Haftara (S. 655)

Haftarot für Feiertage und Feste sowie für besondere Schabbatot

Da die Toralesungen für Feiertage und Feste in den verschiedenen Gemeinden variieren, sei hier allgemein hingewiesen auf die Übersichten im Anschluss der Haftarot.

Rosch ha-Schana (1. Samuel 1,1-2,10)

1 ¹Es lebte einst ein Mann aus Ramatajim Zofim, vom Gebirge Efrajim. Er hieß Elkana, Sohn Jerochams, des Sohnes Elihus, des Sohnes Tochus, des Sohnes Zufs, ein Efrati. ²Er hatte zwei Frauen. Die eine hieß Channa und die andere Pninna. Pninna hatte Kinder, Channa aber hatte keine Kinder. ³Dieser Mann ging alljährlich aus seiner Stadt, um sich vor dem Ewigen, dem Herrscher aller Geschöpfe, (im Heiligtum) in Schilo zu verbeugen und zu opfern. Dort waren die beiden Söhne des (Hohepriesters) Eli, Chofni und Pinchas, Priester des Ewigen.

⁴Eines Tages opferte Elkana und gab seiner Frau Pninna und all ihren Söhnen und Töchtern Teile. ⁵Doch der Channa gab er ein doppeltes Teil, denn Channa liebte er sehr, obwohl der Ewige ihren Mutterschoß verschlossen hatte. ⁶Da kränkte sie ihre Konkurrentin mit Kränkung über Kränkung, um sie einzuschüchtern, dass der Ewige ihren Mutterschoß verschlossen hatte. ⁷So geschah es Jahr für Jahr. Sooft sie hinaufging in das Haus des Ewigen, kränkte sie Pninna, dass sie weinte und nicht aß. ⁸Einmal fragte ihr Mann Elkana: »Channa, warum weinst du und warum isst du nicht? Warum ist deinem Herzen weh? Bin ich dir nicht lieber als zehn Söhne?« ⁹Channa stand auf, nachdem sie zu Schilo gegessen hatte und nachdem sie getrunken hatte. Der Priester Eli saß auf den Stuhl am Türpfosten des Tempels des Ewigen. ¹⁰Sie aber war betrübten Gemütes, betete zum Ewigen und weinte in einem fort. ¹¹Sie sprach ein Gelübde aus: »Ewiger, Herrscher aller Geschöpfe, wenn du das Elend deiner Dienerin siehst, dich an mich erinnerst, deine Dienerin nicht vergisst und deiner Dienerin einen

männlichen Nachkommen gewährest, so will ich ihn dem Ewigen weihen für all seine Lebenstage. Kein Schermesser soll auf sein Haupt kommen.« [12]Als sie so viel betete vor dem Ewigen, beobachtete Eli ihr Geflüster. [13]Weil nun Channa zu ihrem Herzen sprach, nur ihre Lippen sich bewegten, aber ihre Stimme nicht gehört wurde, so hielt Eli sie für eine Betrunkene. [14]Eli fuhr sie an:»Wie lange noch willst du wie eine Betrunkene tun? Leg ab deinen Weinrausch von dir!« [15]Da antwortete Chana und sprach:»Nicht so, mein Herr! Eine Frau schweren Gemüts bin ich. Wein und Berauschendes hab ich nicht getrunken. Ich schüttete nur mein Herz aus vor dem Ewigen. [16]Halte nicht deine Dienerin für ein ruchloses Weib, denn aus der Fülle meines Kummers und meiner Kränkung hab ich bisher geredet.« [17]Eli antwortete darauf und sprach:»Geh in Frieden, der Gott Jisraels gewähre dein Begehren, das du von ihm begehrt hast.« [18]Sie erwiderte:»Möge deine Dienerin Gunst finden in deinen Augen, (dass dein Segen sich bewähre).« Dann ging die Frau ihres Weges, aß, und ihr Angesicht war nicht (betrübt) wie sonst. [19](Elkana und seine Familie) brachen früh am Morgen auf, verbeugten sich vor dem Ewigen, kehrten dann zurück und kamen in ihr Haus nach Rama. Elkana wohnte seiner Frau Channa bei und der Ewige erinnerte sich an sie. [20]Nach Verlauf der Tage wurde Chana schwanger und gebar einen Sohn. Sie nannte seinen Namen Sch'muel, (das bedeutet): vom Ewigen habe ich ihn begehrt (sche'iltiw). [21]Jener Mann, Elkana, ging mit seiner ganzen Familie, um dem Ewigen das alljährliche Opfer und sein Gelübde darzubringen. [22]Aber Channa ging nicht mit, denn sie sprach zu ihrem Mann:»(Ich bleib aus), bis der Knabe entwöhnt ist. Dann will ihn bringen, dass er erscheine vor dem Antlitz des Ewigen und dort bleibe für immer.« [23]Ihr Mann Elkana sprach zu ihr:»Tu, was gut ist in deinen Augen. Bleibe daheim, bis du ihn entwöhnt hast. Möge nur der Ewige sein Wort bestätigen (und den Knaben gedeihen lassen).« Die Frau blieb also daheim und stillte ihren Sohn, bis sie ihn entwöhnen konnte. [24]Als sie ihn entwöhnt hatte, nahm sie ihn mit sich, auch drei junge Stiere, ein Efa Mehl und einen Schlauch Wein und brachte ihn in das Haus des Ewigen nach Schilo. Der Knabe war noch jung. [25]Man schlachtete den Stier, brachte den Knaben zu Eli [26]und sie sprach:»Bitte, mein Herr! So wahr du lebst, mein Herr, – ich bin die Frau, die bei dir hier einst gestanden hat, um zu dem Ewigen zu beten. [27]Um diesen Knaben habe ich gebetet. Der Ewige hat mir mein Begehren gewährt, das ich von ihm begehrt habe. Aber ich habe ihn damals auch dem Ewigen geweiht. All die Tage, die er lebt, ist er dem Ewigen geweiht.« Und (der Knabe) verbeugte sich daselbst vor dem Ewigen.

2   [1]Channa betete aldann und sprach[9]:

„Mein Herz frohlockt durch den Ewigen,
    durch den Ewigen ist meine Kraft gestärkt.
Mutig sprech ich gegen meine Feinde,
    denn ich erfreu mich deiner Hilfe.

[2]Keiner ist heilig wie der Ewige,
    denn außer dir ist keiner,
    keiner ist ein Schutzfels außer unserm Gott.

[3]Häuft nicht hochmütige Reden,
    trotzige Worte kommen nicht aus eurem Mund,
denn ein wissender Gott ist der Ewige,
    von ihm werden die Handlungen erwogen.

[4]Der Bogen der Helden bricht,
    die Wankenden aber gürten sich mit Macht.
[5]Satte verdingen sich um Brot,
    während Hungrige feiern.
Die Kinderlose gebärt sogar sieben,
    die Kinderreiche aber welkt dahin.

[6]Der Ewige kann töten und beleben,
    senkt in die Höll und hebt empor.
[7]Der Ewige macht arm und reich,
    erniedrigt, doch erhebt er auch.
[8]Er richtet den Geringen auf vom Staube

553

erhöht den Armen von dem Kot,
um neben Fürsten ihn zu setzen,
ihnen zuzuweisen den Ehrenthron.
Denn des Ewigen sind der Erde Säulen,
auf die er den Erdkreis gesetzt.
⁹Er behütet die Schritte der Frommen,
die Bösen aber verstummen in Finsternis,
weil der Mensch nicht durch eigene Kraft kräftig ist.

¹⁰Der Ewige – er zerschmettert, die gegen ihn streiten,
der Himmel donnert über sie.
Der Ewige richtet die Enden der Erde,
verleiht ihren Herrschern die Macht
und stärkt seinen Gesalbten.

Zu den Lobsprüchen nach der Haftara (S. 655)

Rosch ha-Schana 2. Tag (Jeremia 31,1-19)

31 ¹So spricht der Ewige: Einst hat das dem Schwert entronnene Volk in der Wüste Gunst (bei mir) gefunden. Geh, um ihm Ruhe zu bringen, Jisrael. ²Es ist schon sehr lange her, dass der Ewige mir erschienen ist, (meint Jisrael), und doch lieb ich dich für immer, (spricht Gott). ³(Es kommt noch eine Zeit), wo ich dich aufrichte und du bleibst aufgerichtet, jungfräuliche Tochter Jisrael. Du wirst dich noch mit deinen Handpauken schmücken und im Reigen der Fröhlichen ausgehen. ⁴Du wist noch Weinberge pflanzen auf dem Gebirge von Schomron. Was die Pflanzer pflanzen werden, das sollen sie auch lesen. ⁵Es kommt der Tag, an dem Wächter auf dem Gebirge Efrajim rufen werden:»Auf, lasst uns nach Zijon gehn zu dem Ewigen, unserm Gott! ⁶Denn so spricht der Ewige: Jauchzt Jaakow zu mit Freude! Jubelt auf den Gipfeln aller Völker! Verkündet, preiset, sprecht: Geholfen hast du, o Ewiger, deinem Volk, dem Überrest Jisraels! ⁷Ich bringe sie aus dem Land des Nordens und sammle sie von den Enden der Erde, darunter Blinde und Lahme, Schwangere und Gebärerinnen allesamt. Als große Schar sollen sie hierher zurückkehren. ^{8}Weinend kommen sie und flehend bringe ich sie herbei, führe sie zu Wasserbächen auf geradem Wege, auf dem sie nicht strauchen, denn ich bin Jisrael wie ein Vater und Efrajim ist mein Erstgeborener. ^{9}Hört das Wort des Ewigen, o Völker, und meldet es den fernen Inseln, sprecht: (Gott), der Jisrael zerstreut, sammelt es wieder und hütet es wie ein Hirt seine Herde. ^{10}Denn der Ewige hat Jaakow erlöst und es befreit aus der Hand des Mächtigeren. ^{11}Sie werden kommen und jauchzen auf der Höhe Zijons und strahlen vor Freude über die Fülle vom Ewigen, über das Korn, den Most, die Oliven, das Kleinvieh und Großvieh. Einem bewässerten Garten werden sie gleichen und nicht mehr länger dahinschmachten. ^{12}Dann freuet sich die Jungfrau im Reigentanz, Junge und Alte zusammen. Ich wandle ihre Trauer in Wonne und tröste und erfreue sie nach ihrem Kummer. ^{13}Ich sättige die Priester mit Mark, mein Volk soll sich an meinem Segen sättigen, ist des Ewigen Spruch. ^{14}So spricht der Ewige: Eine Stimme der Klage wird zu Rama gehört, ein bitterlich Weinen; Rachel[11] weint um ihre Kinder. Sie kann sich nicht trösten um ihre Kinder, denn sie sind dahin. ^{15}So spricht der Ewige: Hör auf zu weinen! Deine Augen sollen nicht mehr Tränen vergießen, denn es gibt einen Lohn für dein Tun, ist des Ewigen Spruch. (Deine Kinder) werden zurückkehren aus dem Land des Feindes. ^{16}Deine Zukunft ist hoffnungsreich, ist des Ewigen Spruch. Die Kinder werden zurückkehren in ihr Gebiet. ^{17}Ich habe Efrajim dich beklagen hören: Du hast mich gezüchtigt wie ein unbändiges Kalb und ich habe die Lehre angenommen. Führe mich nun zurück und ich will zurückkheren, denn du, o Ewiger, bist mein Gott. ^{18}Denn nachdem ich zurückzukehren dachte, empfand ich Reue, und nachdem ich gestraft worden bin, schlag ich auf die Hüfte. Beschämt bin ich und erröte, denn ich trage die Schande meiner Jugend. ^{19}Ist mir Efrajim ein teurer Sohn, ein Kind der Liebkosung, dass so oft ich von ihm rede, ich seiner (mit Liebe) gedenke? Darum ist mein Inneres für ihn bewegt; erbarmen will ich mich sein, ist des Ewigen Spruch.^{10}

Zu den Lobsprüchen nach der Haftara (S. 655)

555

Schuwa (Hosea 14,2-10; Micha 7,18-20)

14   ²Kehre zurück (*schuwa*), Jisrael, zum Ewigen, deinem Gott, denn du bist über deine Verbrechen gestürzt. ³Nehmt Worte mit euch und kehrt zum Ewigen zurück, sagt ihm:»Vergib alle Schuld und greife zur Güte. Wir werden mit dem Gebet unserer Lippen die gelobten Stiere zahlen. ⁴Aschur kann uns nicht helfen, auf Rossen wollen wir nicht reiten und das Werk unserer Hände nicht mehr als ›unseren Gott‹ bezeichnen. Nur bei dir findet die Waise Liebe.« ⁵(Gott spricht:)»Ich will ihre Abtrünnigkeit heilen. Ich will sie aus freiem Antrieb lieben, denn mein Zorn ist von ihm gewichen. ⁶Ich will für Jisrael sein wie der Tau. Es blühe wie eine Lilie und schlage Wurzeln gleich (dem Gewächs) auf dem Lewanon. ⁷Seine Triebe mögen sich ausbreiten, dass seine Krone werde wie die eines Ölbaums und gleich dem Lewanon dufte. ⁸Die, welche einst in seinem Schatten gesessen, mögen zu ihm zurückkehren. Sie mögen gedeihen wie Korn und blühen wie der Weinstock, seine Frucht sei wie vom Lewanon. ⁹Efrajim (wird dann sagen):»Wozu dienen mir noch die Götzenbilder?« Ich, ich antworte ihm und achte auf ihn. Ich bin wie eine frisch grünende Zypresse, von mir geht deine Frucht hervor. – ¹⁰Wer weise ist, der möge dies verstehen. Wer einsichtig ist, der möge es erkennen! Denn die Wege des Ewigen sind gerade. Gerechte wandeln darauf und Missetäter kommen auf ihnen zu Fall.

7   ¹⁸Wer ist ein Gott wie du? Der dem Rest seines Erbguts die Missetat vergibt und den Abfall nachsieht. Nicht für immer behält er seinen Zorn auf, denn er will Huld erweisen. ¹⁹Erneut wird er sich unser erbarmen, unsere Missetat unterdrücken. In die Tiefen des Meeres wirst du all ihre Sünden werfen. ²⁰Du wirst Jaakow Treue erweisen, Gunst dem Awraham, wie du es unsern Elternn geschworen hast seit den Tagen der Urzeit.

Zu den Lobsprüchen nach der Haftara (S. 655)

Jom Kippur Schacharit (Jesaja 57,14-58,14)

57 ¹⁴(Der Ewige) spricht: Bahnet, bahnet, räumet den Weg! Hebt jeden Anstoß aus dem Wege meines Volkes. ¹⁵Denn so spricht der Hohe und Erhabene, der ewig Thronende, Heiliger ist sein Name: Hoch und heilig throne ich – aber auch bei den Niedergeschlagenen und dem, der gebeugten Gemütes ist, um zu beleben den Mut der Gebeugten und das Herz der Niedergeschlagenen. ¹⁶Denn ich will nicht ewig streiten, nicht beständig zürnen. Denn von mir stammt der Geist, dessen Hülle der Körper ist, und die Seelen habe ich geschaffen. ¹⁷Um die Missetat seiner Genusssucht zürnte ich und schlug ihn, ich zürnte, indem ich mich abwandte, denn er ging abtrünnig den Weg seines Sinnes. ¹⁸Aber ich beobachtete seinen Wandel, will ihn nun heilen, ihn leiten, ihm vollen Trost spenden, ihm und seinen Trauernden. ¹⁹Die Lippen sollen Dank sagen! Friede, Friede dem Fernen wie dem Nahen! – spricht der Ewige; ich heile ihn. ²⁰Doch die Frevler sind wie ein aufgewühltes Meer, das nicht ruhen kann, seine Gewässer wühlen Schlamm und Lehm auf. ²¹Kein Friede, spricht mein Gott, den Frevlern.

58 ¹Ruf aus vollem Halse, halte nicht inne, wie eine Posaune erhebe deine Stimme! Verkünde meinem Volk seine Missetat, dem Hause Jaakows seine Sünden. ²Da suchen sie mich Tag für Tag, wollen meine Wege wissen. Als ob sie ein Volk wären, das Rechtschaffenheit übt und die Vorschrift seines Gottes nicht verlässt, so fragen sie nach den Vorschriften des Rechts, suchen die Nähe Gottes. ³Warum fasten wir und du siehst es nicht? – Weil ihr an eurem Fasttag dem Geschäft nachgeht, all eure Darlehen eintreibt, 4weil ihr zu Streit und Zank fastet und zum Schlagen mit geballter Faust. An einem solchem Tag sollt ihr nicht fasten, dass in der Höhe bloß eure Stimme gehört wird (ihr bloß laut betet). ⁵Ist das etwa ein Fasten, das mir gefiele? Ein Tag, wo sich der Mensch kasteit, wie ein Schilf sein Haupt krümmt, auf Sack und Asche sein Lager bereitet – das nennst du ein Fasten und einen Tag des Wohlgefallens für den Ewigen? ⁶Solchergestalt wäre ein Fasten, das mir gefiele: Dass du die Schlingen des Bösen öffnen würdest, die Bande des Joches losließest und die Unterdrückten frei entlassen würdest, dass ihr jegliches Joch abrisset, ⁷dass du dem Hungrigen dein Brot brechen würdest, umherirrende (obdachlose) Arme ins Haus brächtest, dass du, wenn du einen Nackten siehst, ihn bedecken und dich deinem Mitmenschen nicht entziehen würdest. ⁸Dann würde dein Licht wie das Morgenrot aufstrahlen und deine Genesung schnell vorangehn. Es zöge dir deine Rechtschaffenheit voran, die Ehre des Ewigen beschlösse deinen Zug. ⁹Dann würdest du rufen und der Ewige würde es erhören, du würdest schreien und er würde sagen:»Hier bin ich!« Wenn du aus deiner Mitte wegschaffst Unterjochung, das Drohen mit dem Finger und das Böses-Reden, ¹⁰wenn du dem Hungrigen willig spendest, und das gebeugte Gemüt erquickst, dann wird im Finstern dein Licht scheinen und dein Dunkel wird die Mittagshelle. ¹¹Der Ewige wird dich beständig leiten, dich in der Dürre erquicken, deine Seele und deinen Körper stärken. Du wirst wie ein getränkter Garten sein, wie eine Wasserquelle, deren Wasser nicht versiegt. ¹²Durch dich wird aufgebaut werden, was seit jeher Öde war, Trümmer vergangener Geschlechter richtest du wieder auf. Du wirst genannt werden »Rissevermaurer«, »Wiederhersteller der Pfade zum Wohnort«. ¹³Wenn du um des Schabbat willen deinen Fuß zurückhältst, dein Geschäft zu tun an meinem heiligen Tage, den Schabbat eine Lust nennst, dem Ewigen geheiligt, geehrt, wenn du ihn ehrst, indem du nicht deinen Angelegenheiten nachgehst, dein Geschäft nicht verrichtest und keine Beschlüsse fasst, ¹⁴dann wirst du dich an dem Ewigen erfreuen. Ich lasse dich die Höhen der Erde erklimmen und dich genießen das Erbe Jaakows, deines Vaters; derMund des Ewigen hat es geredet.

Zu den Lobsprüchen nach der Haftara (S. 655)

Jom Kippur Mincha (Jona 1,1-4,11; Mi 7,18-20)

1 ¹Dem Jona, Sohn des Amittai, ward das Wort des Ewigen also: ²»Auf! Geh nach Ninive, jener großen Stadt, und rufe über sie (den

Untergang) aus, denn ihre Bosheit ist vor mich gekommen.« ³Doch Jona machte sich auf, um nach Tarschisch zu entfliehen vor der Erscheinung des Ewigen und reiste nach Jaffo. Dort fand er ein Schiff, das soeben nach Tarschisch abgehen wollte, bezahlte den Fahrpreis und stieg hinein, um mit ihnen nach Tarschisch zu reisen und so der Erscheinung des Ewigen zu entgehen. ⁴Aber der Ewige erregte einen heftigen Wind gegen die See, das Meer ward sehr stürmisch, und das Schiff drohte zu sinken. ⁵Darüber gerieten die Matrosen in Furcht, beteten jeder zu seinem Gott und warfen die Geräte, die im Schiff waren, in die See, um sich zu erleichtern. Jona aber war in den untersten Raum hinab gestiegen und lag schlafend da. ⁶Da trat der Kapitän zu ihm hin und sprach ihn an: »Warum liegst du so schlafend da? Auf! Ruf deinen Gott an! Vielleicht nimmt dieser Gott sich unserer an, dass wir nicht untergehen.« ⁷Indes hatten die Matrosen einer zum andern gesagt: »Kommt, lasst uns losen und somit erfahren, wem unter uns wir dieses Ungemach zuzuschreiben haben.« Sie losten, und das Los viel auf Jona. ⁸Da sprachen sie zu ihm: »Sag uns doch, du um dessentwillen uns dieses Unglück überkommt, was ist dein Unternehmen? Wo kommst du her? Welches ist dein Heimatland? Und von welchem Volk bist du?« ⁹Er erwiderte ihnen: »Ich bin ein Hebräer und bete den Ewigen, den Gott des Himmels an, der das Meer und das trockene Land erschaffen hat.« ¹⁰Deswegen fürchteten sich die Männer sehr und fragten ihn: »Was hast du denn getan?« Als sie nun erfuhren, dass er vor der Erscheinung des Ewigen floh, wie er ihnen gestanden hatte, ¹¹sagten sie zu ihm: »Was sollen wir mit dir tun, damit das Meer um uns her ruhig werde, denn die See geht immer höher und stürmischer.« ¹³Er antwortete ihnen: »Nehmt mich und werft mich in das Meer, so wird es ruhig werden um euch her; denn ich weiß gar wohl, dass nur meinetwegen dieses Unglück über euch kommt.« ¹³Die Männer bemühten sich immer noch, ans Land zurück zu steuern, konnten es aber nicht, indes die See ihnen sehr heftig entgegen stürmte. ¹⁴Da riefen sie endlich zum Ewigen und sprachen: »O Gott! Lass uns nicht dieses Mannes wegen zugrunde gehen und rechne es uns nicht als unschuldig vergossenes Blut an, denn du Gott bist es ja; du tust, wie dir gefällig ist.« ¹⁵Darauf ergriffen sie den Jona

559

und warfen ihn in das Meer, das alsbald aufhörte zu stürmen. [16]Die Männer bezeugten große Ehrfurcht vor dem Ewigen, brachten ihm Dankopfer und taten ihm Gelübde.

2 [1]Der Ewige aber schickte ein großes Meerungeheuer, den Jona zu verschlingen, und Jona war in dem Leib dieses Ungeheuers drei Tage und drei Nächte. [2]Jona betete zu dem Ewigen, seinem Gott, aus dem Leib dieses Ungeheuers [3]und sprach:

In meiner Not ruf ich den Ewigen an,
und er erhört mich,
flehe aus der Hölle tiefstem Schlund, –
du hörst sie dennoch, meine Stimme.

[4]Und wirfst du schon in Meeresfluten mich,
dass reißender Strom mich umgibt, deine Wellen,
deine Wogen alle, einstürmten über mich,
[5]dass verzagt ich weinen könnte:
verworfen bin ich, weg von deinen Augen, –
ich werde dennoch wieder sehen
deines Tempels Heiligtum.

[6]Mögen Wasser mir ans Leben dringen,
des Abgrunds Tiefen mich umfangen,
und Meeresgras mein Haupt umwinden,
[7]mag bis an der Berge Wurzel hinab ich fahren,
die Unterwelt mit ihren ewigen Riegeln mich umschließen –
du ziehst hervor mein Leben aus der Gruft,
Ewiger! Mein Gott!

[8]Und will mein Geist in mir verzagen,
so gedenke ich deiner, Ewiger,
dass zu dir empor steigt mein Gebet
in deinen heiligen Wohnsitz.
[9]Die auf eitlen Aberglauben halten,

werden ihre Frömmigkeit bald verlassen.
¹⁰ Ich aber opfere dir unter lauten Dankgesängen,
bezahle gerne, was ich angelobt. –
Hilfe steht nur bei Gott!

¹¹Und der Ewige befahl dem Ungeheuer, und es spie den Jona wiederum ans Land.

3 ¹Und das Wort Gottes ward dem Jona zum zweiten Mal wie folgt: ²»Mache dich auf und geh nach Ninive, jener berühmten Stadt, und rufe in ihr die Verkündigung aus, die ich dir eingebe.« ³Und Jona machte sich auf und ging nach Ninive, wie ihm der Ewige befohlen hatte. Ninive aber war eine große Stadt vor Gott, drei Tagereisen groß. ⁴Nun hatte Jona erst eine Tagesreise weit in der Stadt zurückgelegt, daselbst ausgerufen und gesprochen: »Noch vierzig Tage und Ninive geht unter,« ⁵da glaubten schon die Stadtleute zu Ninive an diese Verkündigung Gottes und riefen ein Fasten aus und kleideten sich in Säcke, von Groß bis Klein, ⁶und als diese Kunde endlich an den König zu Ninive gelangt war, da stand auch er von seinem Throne auf, legte seinen Purpurmantel ab, hüllte sich in einen Sack und setzte sich in Asche ⁷und lies in Ninive öffentlich ausrufen: »So will's der König und seine Großen: Mensch und Vieh soll nichts genießen, Schaf und Rind weder weiden noch Wasser trinken. ⁸Mensch und Vieh soll in Trauersäcke gehüllt sein, und jeder soll Gott anrufen inbrünstiglich und ablassen von seinem bösen Wandel und von dem Unrecht, das an seinen Händen klebt; ⁹wer weiß, vielleicht erbarmt sich dieser Gott wieder, und lässt ab von seinem brennenden Zorn, auf dass wir nicht untergehen.« ¹⁰Als nun Gott ihre Handlungen sah, dass sie von ihrem bösen Wandel umgekehrt waren, da änderte Gott seinen Ratschluss wegen des Übels, welches er ihnen gedroht hatte, und vollführte es nicht.

4 ¹Dies missfiel dem Jona sehr und kränkte ihn. ²Da betete er zum Ewigen und sprach: »Ach, Ewiger! War dies nicht mein Wort, als ich noch in meinem Heimatlande war? Darum wollte ich ihm

561

zuvorkommen und nach Tarschisch fliehen, denn ich weiß gar wohl, dass du ein allgnädiger und allbarmherziger, langmütiger und huldreicher Gott bist, der angedrohten Übels wegen seinen Ratschluss ändert. ³Und nun, Ewiger! Nimm mir das Leben, denn der Tod ist mir besser als das Leben.« ⁴Darauf erwiderte ihm der Ewige:»Kränkt dich dieses denn mit Recht?« Jona aber hatte gleich anfänglich die Stadt verlassen und sich außerhalb, zur Morgenseite derselben, einen Sitz gewählt und eine Laube dort errichtet, unter deren Schatten er weilte, bis dass er sähe, was in der Stadt vorgeht. ⁶Nun hatte Gott, der Ewige, daselbst einen Kikajon-strauch bereitet, der wuchs jetzt hoch empor über Jona, auf dass er ihm zum Schirm diene für sein Haupt und ihn von seinem Unmut befreie, und Jona hatte eine große Freude über den Kikajon. ⁷Gott schickte aber gleich des andern Tags, als der Morgen anbrach, einen Wurm. Dieser zernagte den Kikajon, und er verwelkte. ⁸Als nun die Sonne schien, und Gott zugleich einen stillen heißen Ostwind entstehen ließ, da stach die Sonne dem Jona aufs Haupt und er schmachtete sehr. Da wünschte er sich zu sterben und sprach:»Wahrlich! Der Tod ist mir besser als das Leben.« ⁹Und Gott sagte zu Jona:»Kränkt es dich denn mit Recht wegen des Kikajon?« Und er erwiderte:»Jawohl, es kränkt es mich mit Recht zum Sterben.« ¹⁰Da sprach der Ewige:»Du willst den Kikajon geschont haben, der doch nicht durch deinen Fleiß groß geworden ist, der binnen einer Nacht ward und binnen einer Nacht verging? ¹¹ Aber ich, ich sollte das große, weitläufige Ninive nicht schonen, in dem mehr den zwölf mal zehntausend Menschen sind, die noch nicht rechts von links zu unterscheiden wissen, – und Tiere ohne Zahl?«

¹⁸Wer ist, o Gott, wie du versöhnungsvoll,
    vergibt so Missetat dem Überrest seines Eigentums,
lässt nicht auf immer seinen Zorn walten,
    weil er wohlwollend ist.
¹⁹Erbarmungsvoll nimmst du dich unserer wieder an,
    uneingedenk der Freveltaten
senkst du der Sünde Menge in die Meerestiefe.

Lässt über Jakob, über Abraham,
die Huld und Treue wieder walten,
die in uralten Zeiten schon
du unseren Ahnen zugeschworen.

Zu den Lobsprüchen nach der Haftara (S. 655)

Sukkot 1. Tag traditionell (Sacharja 14,1-21)

14 ¹Siehe der Tag des Ewigen erscheint, und deine Beute (Jeruschalajim) wird in deiner Mitte verteilt werden. ²Alle Nationen versammele ich nach Jeruschalajim zur Belagerung. Die Stadt wird erobert, die Häuser werden geplündert, die Frauen vergewaltigt, die Hälfte der Einwohner wird gefangen weggeführt. Nur ein schwacher Überrest soll der Stadt nicht entrissen werden. ³Denn der Ewige tritt hervor, kämpft selbst mit diesen Völkern wie er einst kämpfte am Tage in jener Schlacht. ⁴Sichtbar wird dann seine Allmacht auf dem Ölberg vor Jeruschalajim zum Osten. Dieser Berg wird nach seiner ganzen Länge vom Osten bis zum Westen einen Riss bekommen und ein sehr großes Tal bilden, des Berges eine Hälfte nach Norden, die andere nach Süden entweichen; ⁵Dann schließt sich dies Tal wieder zwischen den Bergen, steigt wieder empor bis zu des Berges Rücken. Ihr aber flieht dann wie ihr einst vor dem Erdbeben floht in den Zeiten Usijas, Königs von Jehuda. In dieser Wettererscheinung ziehst du vorüber, Ewiger, mein Gott, begleitet von allen deinen Heiligen. ⁶An diesem Tage – nicht helles Licht, nicht tiefe Finsternis herrscht dann. ⁷Es ist ein sonderbarer Tag, dem Ewigen allein bekannt, nicht Tag, nicht Nacht. Doch gegen Abend bricht helles Licht hervor. ⁸An diesem Tag strömt frisches Wasser aus Jeruschalajim, ein Teil zum Meer im Osten, ein Teil zum Meer im Westen. Es strömt unaufhaltsam bei Frost und Hitze. ⁹Dann wird der Ewige als König der ganzen Erde anerkannt sein. Einiges Wesen, Einiger, wird allgemein sein Name sein. ¹⁰Die ganze Gegend umher ist Ebene dann, von Gewa bis Rimon, Jeruschalajims Süden. Die Stadt allein ragt hervor, bleibt

563

unerschüttert auf ihrer Stelle, vom Tore Binjamin bis zum alten Tor, zum Ecktor, vom Turm Chananels bis zu den königlichen Gruben. [11]Ruhig wohnt man nun in ihr, Zerstörung droht nicht weiter, denn Jeruschalajim steht fest und sicher.

[12]Doch folgendes ist die Plage, womit der Ewige die Völker heimsuchen wird, die über Jeruschalajim hergezogen sind: Im Stehen wird der Körper ihnen schwinden, die Augen in den Höhlen, die Zunge im Munde ihnen schwinden. [13]Entsetzlich groß wird die Verwirrung vom Ewigen über sie sein, wird Freundes Hand des Freundes Stütze sein, so wird eben dieses Freundes Hand ihn niederstürzen. [14](Wird doch selbst Jehuda kämpfen gegen Jeruschalajim, bis das Gut aller Nationen rings umher in ihr versammelt ist, Gold und Silber und Kleidungsstücke in großer Menge.) [15]Ebenso wird auch ein Viehsterben sein, Maultier und Ross und Kamel und Esel, alles Getier in diesen Ländern stirbt auf vorgedachte Weise.

[16]Was nun von all den Völkern, die gegen Jeruschalajim ausgezogen sind, am Leben bleibt, die ziehen dann hinauf von Jahr zu Jahr, um dem Ewigen Zebaot, ihrem König, zu huldigen, und dann das Laubhüttenfest zu feiern. [17]Doch wer von den Geschlechtern der Erde nicht nach Jeruschalajim hinaufzieht, um dem König zu huldigen, dem Ewigen Zebaot, auf ihn fällt kein Regen herab. [18]Und zieht das Geschlecht Mitzrajim nicht hinauf, dem auch sonst kein Regen fällt, so überfällt sie abermals die Plage, womit der Ewige jene Völker heimgesuchte, weil sie zur Feier des Laubhüttenfests nicht hinaufziehen. [19]Dies ist die Strafe Mitzrajims, jenes die Strafe aller übrigen Völker, die zurückbleiben um das Laubhüttenfest nicht zu feiern.

[20]Zu dieser Zeit wird alles bis auf die Schellen der Pferde dem Ewigen geheiligt sein. Es werden der Töpfe im Hause Gottes so viel sein wie die Blutbecken vor dem Altar. [21]Jeder Topf in Jeruschalajim und Jehuda wird dem Ewigen Zebaot geheiligt sein, alle Opfernden selbst werden kommen, sie holen und darin kochen und kein Kena'ani (kein Händler) wird mehr im Hause des Ewigen Zebaot sein.

Sukkot 1. Tag liberal (1. Könige 8,22-30; 41-43)

8 ²²Sch'lomo trat vor den Altar des Ewigen in Gegenwart der ganzen Versamlung Jisraels, erhob seine Hände zum Himmel ²³und sprach:»Ewiger, Gott Jisraels, keiner ist wie du, Gott, im Himmel droben und auf der Erde unten, der seinen Dienern den Bund und die Huld bewahrt, jenen, die mit ihrem ganzen Herzen vor dir wandelten, ²⁴der du bewahrt hast deinem Diener David, meinem Vater, was du ihm verheißen hast. Du hast geredet und heute auch vollführt. ²⁵Nun Ewiger, Gott Jisraels, bewahre deinem Diener David, meinem Vater, was du verheißen und gesprochen hast, nämlich: Es soll dir nicht fehlen vor mir an einem Mann, der auf dem Thron Jisraels sitzt, wenn nur deine Söhne ihren Weg wahren, um vor mir zu wandeln, wie du vor mir gewandelt bist. ²⁶Nun, Gott Jisraels, möge dein Wort in Erfüllung gehen, das du deinem Diener David, meinem Vater, verheißen hast. ²⁷Denn kann Gott tatsächlich auf Erde wohnen? Der Himmel und des Himmels Himmel können dich nicht fassen, schon gar nicht dieses Haus, das ich gebaut habe! ²⁸(Doch dieses Haus diene dazu), dass du dich (an dieser Stätte) zu dem Gebet deines Dieners wendest und zu seinem Flehen, Ewiger, mein Gott, um auf den Ruf und das Gebet zu hören, welches dein Diener heute vor dir betet, ²⁹dass deine Augen offen seien über diesem Hause Tag und Nacht, über dem Ort, von dem du sagtest, dass sein Name dort sei, dass du hörst auf das Gebet, welches dein Diener an diesem Ort spricht. ³⁰Höre auf das Flehen deines Dieners und deines Volkes Jisrael, das sie ausdrücken werden an diesem Ort. Mögest du hören an der Stätte deines Sitzes, im Himmel – erhören und vergeben. […]

⁴¹(Höre) auch auf den Fremden, der nicht von deinem Volk Jisrael ist, sondern aus fernem Land kommt um deines Ruhmesnamens willen – ⁴²denn sie werden von deinem großen Namen hören, von deiner starken Hand und deinem ausgestreckten Arm – wenn jener kommt und in diesem Hause betet, ⁴³so höre du im Himmel, der Stätte deines Sitzes, tue alles, um was der Fremde zu dir ruft, damit alle Völker der Erde deinen Namen erkennen, damit sie Ehrfurcht vor dir haben wie

dein Volk Jisrael, damit sie erkennen, dass dein Ruhm über diesem Hause ruht, das ich gebaut habe.

Zu den Lobsprüchen nach der Haftara (S. 655)

Sukkot 2. Tag (1. Könige 8,2-21)

8 [2]Um König Sch'lomo versammelten sich alle Männer von Jisrael im Monat Etanim, das ist der siebte Monat, am (Laubhütten)fest. [3]Alle Ältesten Jisraels kamen, die Priester trugen die Lade. [4]Sie brachten die Lade des Ewigen und das Stiftszelt und alle heiligen Geräte, die im Zelt waren. Die Priester und die Leviten trugen sie. [5]König Sch'lomo und die ganze Gemeinde Jisrael, die sich bei ihm eingestellt hatte, opferten mit ihm vor der Lade Schafe und Rinder ohne Zahl und Berechnung. [6]Die Priester brachten die Bundeslade des Ewigen an ihren Ort, zum allerheiligsten Raum des Hauses unter die Flügel der Cherubim. [7]Denn die Cherubim breiteten die Flügel über die Stelle der Lade, sodass die Cherubim die Lade bedeckten und die Stangen darüberhin. [8]Die Stangen waren so lang, dass die Spitzen der Stangen vom Heiligtum aus an der Vorderseite des Allerheiligsten gesehen wurden, aber sie wurden nicht auswärts gesehen. (Wohl ragten die Stangen hervor, aber sie waren bedeckt und daher nicht sichtbar). Sie blieben dort bis auf den heutigen Tag. [9]In der Lade war nichts als die zwei steinernen Tafeln, die Mosche am Horeb hineingelegt hatte, als der Ewige einen Bund mit den Kindern Jisrael geschlossen hatte nach ihrem Auszug aus dem Land Mizrajim. [10]Als die Priester das Heiligtum verließen, da erfüllte die Wolke das Haus des Ewigen. [11]Die Priester vermochten nicht da zu stehen, um den Amtsdienst zu verrichten vor der Wolke, denn die Herrlichkeit des Ewigen hatte das Haus des Ewigen erfüllt. [12]Damals sprach Sch'lomo: »Der Ewige hat verheißen, im Wolkendunkel zu thronen. [13]Gebaut habe ich dir ein erhabenes Haus, eine Stätte deinem Sitz für ewig.« [14]Der König wendete sein Angesicht (zum Volk) und segnete die ganze Versammlung Jisraels, während die ganze Versammlung Jisraels stand. [15](Sch'lomo) sprach: »Gepriesen sei der Ewige, der Gott Jisraels, der meinem Vater David verheißen und es jetzt auch erfüllt hat, nämlich: *16*›Von dem Tage an, an dem ich mein Volk Jisrael aus Mizrajim herausgeführt, habe ich keine Stadt erwählt aus allen Stämmen Jisraels, dass man dort ein Haus baue, damit mein Name darin sei. Aber ich erwählte David, dass er über mein Volk Jisrael herrscht.‹ *17*Mein Vater David hatte es im Sinn, dem Namen des Ewigen, des Gottes Jisraels, ein Haus zu bauen. *18*Aber der Ewige sprach zu meinem Vater David: ›Du hast es im Sinn gehabt, meinem Namen ein Haus zu bauen. Damit hast du wohl getan, dass du es im Sinn gehabt hast. *19*Doch du sollst das Haus nicht bauen, sondern dein leiblicher Sohn soll meinem Namen das Haus bauen.‹ *20*Der Ewige hat sein Wort bestätigt, das er geredet hat. Ich bin aufgestanden anstatt meines Vaters David und sitze auf dem Thron Jisraels, so wie der Ewige geredet hat, und habe dem Namen des Ewigen, des Gottes Jisraels, das Haus gebaut. *21*Ich habe dort eine Stelle gemacht für die Lade, worin der Bund des Ewigen (aufbewahrt wird), den er mit unseren Eltern geschlossen hat, als er sie herausgeführt hat aus dem Land Mizrajim.«

Zu den Lobsprüchen nach der Haftara (S. 655)

Chol haMoed Sukkot (Ezechiel 38,18-39,16)

38 *18*An jenem Tage dann, zur Zeit wo Gog in das Land Israel kommt, spricht mein Herr, der Ewige, wird mein heftiger Grimm sich in mir erheben. *19*In meinem Eifer, in der Glut meines Zornes, verhänge ich es, das an jenem Tage eine große Erschütterung kommen soll im Lande Israel. *20*Vor mir sollen die Fische des Meeres erbeben und das Geflügel des Himmels, das Gewild des Feldes, alles Gewürm, das auf der Erde kriecht, so wie jeder Mensch auf der Oberfläche der Erde. Gebirge werden bersten, Türme zusammenstürzen, und jedes Mauerwerk wird hinsinken zur Erde. *21*Dann rufe ich auf allen meinen Bergen das Schwert gegen ihn herbei, spricht mein Herr, der Ewige. Eines jeden Schwert soll gegen seinen eigenen Bruder gezückt sein.

²²Mit Pest und mit Glut vollziehe ich mein Urteil an ihm. Regengüsse, Hagelkörner, Feuer und Schwefel will ich auf ihn herabströmen lassen, auf sein Heer und auf die vielen Völker, die mit ihm sind. ²³So werde ich verherrlicht, geheiligt, und anerkannt sein vor den Augen vieler Völker, damit sie erkennen, dass ich der Ewige bin.

39 ¹Und nun Menschenkind, prophezei noch über Gog, sprich nämlich: ›So spricht mein Herr, der Ewige. Einst werde ich mich gegen dich wenden, Gog, vorzüglichster Fürst von Meschech und Tuwal, ²Ich mache dich wild und schleppe dich herbei, bring dich herbei von den Grenzen des Nordens, lass dich herbeiziehen gegen die Berge Israels. ³Dort schlage ich dir den Bogen aus der linken Hand und schleudere die Pfeile aus deiner Rechten hinweg. ⁴Auf den Bergen Israels sollst du fallen, du, dein ganzes Heer und die Völker, die mit dir sind. Den Raubvögeln, allem Geflügel und dem Gewild des Feldes gebe ich dich zum Fraß. ⁵Auf freiem Feld sollst du fallen, denn so habe ich es beschlossen, spricht mein Herr, der Ewige.

⁶Außerdem will ich Feuer senden über Magog und über die sorglosen Inselbewohner, damit sie erkennen, dass ich der Ewige bin. ⁷Meinen heiligen Namen werde ich unter meinem Volk Israel bekannt machen und ihn nie mehr herabwürdigen lassen. Die Völker sollen erkennen, dass ich der Ewige, der Heilige Israels bin. ⁸Wenn er nun kommt (und er kommt sicher, spricht mein Herr, der Ewige), jener Tag, den ich verkündigt habe, ⁹dann werden die Bewohner der Städte Israels hinausziehen, sie machen Feuer und heizen mit den Waffen, mit dem großen Schild, mit Bogen, Pfeilen, Streitkolben und mit der Lanze, sieben Jahre (eine lange Zeitdauer bedeutend) sollen sie das Feuer damit unterhalten. ¹⁰Sie werden kein Holz vom Felde holen und keines in den Wäldern fällen, sondern mit den Waffen sollen sie das Feuer unterhalten. Ihre Räuber werden ihnen zur Beute, ihre Plünderer werden von ihnen geplündert, spricht mein Herr, der Ewige. ¹¹An jenem Tage dann, gebe ich dem Gog eine Grabstätte in Israel, dort zu Ge-Owrim (im Tal der Weinenden) an der Ostseite des Meeres, wo es des Wanderers Weg versperrt. Dort wird man Gog

mit seiner Volksmenge begraben und es nennen: Ge-Hamon-Gog (Tal der Volksmenge Gogs). *¹²*Um das Land zu reinigen wird das Haus Israel sie sieben Monate (eine lange Zeit andeutend) begraben. *¹³*Alle Landesbewohner werden sie begraben und der Tag meiner Verherrlichung wird ihnen zum Ruhm sein, spricht mein Herr, der Ewige. *¹⁴*Dann werden sie Männer aussondern, die das Land durchstreifen, damit die Herumsteifenden jene begraben, die einzelnen auf der Erde liegen, um das Land zu reinigen und erst nach Verlauf von sieben Monaten werden sie es durchstreift haben. *¹⁵*Wenn nun die Durchstreifenden durch das Land ziehen und das Gebein eines Menschen sehen, werden sie bei ihm ein Denkmal errichten, damit die Totengräber es (das Gebein) in dem Tal Hamon-Gog begraben. *¹⁶*Auch jene Stadt bekommt (davon) einen Namen: Hamona (ihre Volksmenge). So werden sie das Land reinigen.

Zu den Lobsprüchen nach der Haftara (S. 655)

Kohelet 2,1-26

In liberalen Gemeinden kann anstelle der Haftara der folgende Abschnitt aus der Megilla für Sukkot gelesen werden.[12]

2   (Sch'lomo, der König Jisraels, schrieb:) *¹*Ich dachte bei mir: Ich versuche es mit Freude und mit dem Genuss von Gutem. Doch auch das war Vergänglichkeit. *²*Über das Scherzen dachte ich: »Toll!«, über die Freude: »Was bewirkt sie?« *³*Ich beschloss, meinen Leib mit Wein zu erquicken, während ich mich mit Weisheit beschäftigte, an der Torheit festzuhalten, bis dass ich erführe, was gut sei für die Menschen, dass sie tun könnten unter der Sonne während der gezählten Tage ihres Lebens unter dem Himmel. *⁴*Ich habe große Dinge geleistet: Ich habe mir Häuser gebaut. Ich habe mir Weinberge gepflanzt. *⁵*Ich legte mir Gärten und Parkanlagen an. Ich pflanzte darin alle möglichen Obstbäume. *⁶*Ich legte Teiche an, um daraus den sprossenden Baumbestand zu bewässern. *⁷*Ich kaufte Sklaven und Sklavinnen, obwohl ich schon

569

hausgeborene Sklaven besaß. Ich hatte Großvieh und Kleinvieh, mehr als alle meine Vorgänger in Jeruschalajim je besaßen. [8]Ich hortete auch Silber und Gold und den Schatz von Königen und Provinzen. Ich besorgte mir Sänger und Sängerinnen und die Lust eines Menschen: eine große Anzahl Dienerinnen. [9]Ich hatte schon Großes vollbracht, aber ich vermehrte alles noch mehr, sodass ich alle mein Vorgänger in Jeruschalajim übertraf. Mein Wissen stand mir zur Verfügung. [10]Was immer meine Augen sich wünschten, verwehrte ich ihnen nicht. Ich musste meinem Herzen keine einzige Freude vorenthalten, denn mein Herz konnte sich immer an allen meinen Leistungen freuen. Und das war mein Anteil, den ich durch meine Leistung erworben hatte. [11]Doch dann dachte ich über alle meine Taten nach, die meine Hände getan hatten, und über die Leistungen, die ich vollbracht hatte. Siehe, alles ist vergebliches Mühen und eitles Streben. Es gibt keinen Gewinn unter der Sonne.

[12]Dann dachte ich nach über Weisheit, Dummheit, Torheit – denn was ist der Mensch, dass er wie ein König lebte, was jene längst getan haben? [13]Ich bemerkte, dass die Weiheit keinerlei Vorzug vor der Torheit bringt, wie etwa der Vorzug des Lichts vor der Finsternis. [14]Der Weise hat zwar Augen im Kopf, während der Törichte im Finstern umhertappt, doch ich erkannte auch: ein und dasselbe Schicksal trifft sie alle. [15]Ich dachte mir, das Schicksal des Toren trifft auch mich, wozu bin ich dann weiser gewesen? Ich sagte bei mir, auch das also war vergebliches Mühen. [16]Denn weder die Erinnerung an den Weisen noch die an den Dummen bleibt ewig. Was eben geschehen ist, wird in Zukunft gar bald ganz vergessen sein. Wie stirbt doch der Weise samt dem Toren! [17]Ich hasse das Leben, denn mir missfällt, was unter der Sonne geschieht: alles ist vergebliches Mühen und eitles Streben. [18]Ich hasse alle Leistungen, die ich unter der Sonne vollbracht habe, denn es wird einem Menschen bleiben, der nach mir kommt. [19]Wer weiß, ob es ein Weiser oder ein Tor ist. Er wird mit all meinen Leistungen umgehen, die ich vollbracht und weise errungen habe unter der Sonne. Auch das war also vergebliches Mühen. [20]Ich änderte mich, verzweifelte in meinem Herzen wegen all der Leistungen, die

ich vollbracht hatte unter der Sonne. [21]Mancher Mensch müht sich mit Weisheit und Wissen und Begabung, aber einem Menschen, der sich gar nicht darum gemüht hat, dem fällt der Anteil daran zu. Auch das also vergebliches Mühen und großes Übel. [22]Was hat der Mensch von all seinen Leistungen und von all den Wünschen seines Herzens, die er unter der Sonne erstrebt? [23]Dass all seine Tage schmerzhaft sind und seine Angelegenheiten Wut und auch des Nachts sein Herz nicht ruht? Auch das ist vergeblich. [24]Nicht im Menschen selbst liegt das Gut, dass er esse und trinke und seine Seele das Gute seiner Leistungen genießen lässt, – auch dies sah ich, denn es kommt aus Gottes Hand. [25]Wer könnte essen oder genießen, wenn nicht ich? [26]Dem Menschen, der ihm gefällt, hat er Weisheit, Wissen und Freude gegeben, dem Sünder aber die Gier zu Horten und zu Verscharren, um es dem Gottgefälligen zu geben. Auch das ist vergebliches Mühen und eitles Streben.

Schemini Azeret (1. Könige 8,54-66)

8 [54]Als Sch'lomo damit zu Ende war, dieses Gebet und das Flehen dem Ewigen vorzutragen, da stand er von dem Altar des Ewigen auf, wo er sein Knie gebeugt und seine Hände gen Himmel ausgebreitet hatte. [55]Er stellte sich hin und segnete die ganze Versammlung Israels mit lauter Stimme wie folgt:

[56]»Gelobt sei der Ewige, der seinem Volk Israel Ruhe geschenkt hat, ganz so wie er es versprochen hat. Es blieb nicht ein Wort unerfüllt von all den guten Verheißungen, die er durch seinen Diener Mosche ausgesprochen hat. [57]Möge der Ewige, unser Gott, mit uns sein, wie er es mit unseren Eltern war. Er verlasse und verstoße uns nicht. [58]Er neige unser Herz zu sich hin, damit wir in all seinen Wegen wandeln und seine Gebote beachten, seine Gesetze und seine Verwarnungen, die er unseren Eltern befohlen hat. [59]Und diese meine Worte, die ich flehentlich aussprach vor dem Ewigen, mögen nahe sein dem Ewigen, unserem Gott, tags und nachts, dass er das Recht seines Knechtes

ausführe und das Recht seines Volkes Israels zu jeder Zeit nach dem Bedürfnis der Zeit, [60]damit alle Völker der Erde erkennen, dass nur der Ewige ein Gott ist, sonst niemand mehr. [61]Und so bleibe nun euer Herz ungeteilt bei dem Ewigen, eurem Gott, dass ihr in seinen Gesetzen wandelt und seine Gebote beachtet wie am heutigen Tag.«

[62]Der König und mit ihm ganz Israel brachten Opfer vor dem Ewigen dar. [63]Sch'lomo brachte Freudenopfer dar, die er dem Ewige zu Ehren schlachtete, zweiundzwanzigtausend Rinder und hundertzwanzigtausend Schafe. So weihten der König und alle Kinder Israel das Gotteshaus ein. [64]An jenem Tage weihte Sch'lomo den inneren Raum dem Vorhofes, welcher vor dem Tempel des Ewigen war, ein, denn dort musste er das Ganzopfer darbringen, das Speiseopfer und die Fettstücke der Freudenopfer, weil der kupferne Altar vor dem Ewigen zu klein war, um das Ganzopfer, das Speiseopfer und die Fettstücke zu fassen. [65]Sch'lomo sprach zu jener Zeit das (Fürbitten-)gebet, und ganz Israel in sehr großer Versammlung mit ihm, von der Gegend um Chamat bis an den Fluss Mitzrajims. Sie waren vor dem Ewigen, unserem Gott, sieben und nochmals sieben Tage, also vierzehn Tage. [66] Am achten Tage – bajom haschemini - entließ er das Volk. Dieses segnete den König, und sie gingen in ihre Zelte freudig und wohlgemut über all das Gute, welches der Ewige an seinem Knecht David und an Israel, seinem Volk, getan hatte.

Zu den Lobsprüchen nach der Haftara (S. 655)

Simchat Tora (Josua 1,1-9)

Liberale Gemeinden lesen an Schemini Azeret/Simchat Tora
diese Haftara bis Vers 9.

1 [1]Nach dem Tod Mosches, des Dieners des Ewigen, sprach der Ewige zu Jehoschua, Sohn Nuns, dem Bedienten Mosches: [2]»Mosche, mein Diener, ist tot. Mach dich nun auf, zieh über den Jarden, du und das ganze Volk, in das Land, das ich den Kindern Jisraels gebe. [3]Jeden

Ort, worauf euer Fußballen tritt, gebe ich euch, wie ich es Mosche verheißen habe. ⁴Von der Wüste und dem Lewanon dort bis zu dem großen Strom, dem Prat, das ganze Land der Chittim bis zum großem Meer auf der Abendseite soll euer Gebiet sein. ⁵Niemand soll gegen dich stand halten all die Tage deines Lebens. Wie ich mit Mosche gewesen bin, werde ich auch mit dir sein. Ich verlasse dich nicht und verstoße dich nicht. ⁶Sei beherzt und tapfer, denn durch dich soll das Volk das Land in Besitz nehmen, das ich ihren Elternn geschworen habe ihnen zu geben. ⁷Nur sei sehr beherzt und tapfer, die ganze Lehre zu beachten, die dir mein Diener Mosche geboten hat, dass du nach ihr handelst. Weiche weder rechts noch links davon ab, damit du überall, wohin du gehst, Glück habest. ⁸Das Buch der Lehre weiche niemals von deinem Mund. Tags und nachts sollst du darüber sinnen, damit du beachtest alles zu tun, was darin geschrieben steht. Dann wird dein Weg gelingen und du wirst Erfolg haben. ⁹Ich gebiete dir also, sei beherzt und tapfer, zage nicht und sei nicht ängstlich, denn der Ewige, dein Gott, ist mit dir, überall wohin du gehst.«

Traditionelle Gemeinden lesen an Simchat Tora weiter bis Vers 18

¹⁰Jehoschua gebot alsdann den Beamten des Volkes also: ¹¹»Geht im Lager umher und gebietet dem Volk: ›Bereitet euch Mundvorrat, denn binnen drei Tagen zieht ihr über den Jarden, um das Land in Besitz zu nehmen, welches der Ewige, euer Gott, euch gibt, es zu besitzen.‹« ¹²Und zu den Stämmen Reuben und Gad und dem halben Stamm Menasche sprach Jehoschua also: ¹³»Gedenket dessen, was euch Mosche, der Knecht des Ewigen geboten hat also: Der Ewige, euer Gott, schaffte euch Ruhe und gab euch dieses Land. ¹⁴Eure Frauen, eure Kinder und eure Herden sollen nun in dem Land bleiben, das euch Mosche gegeben, jenseits des Jarden, ihr aber sollt gerüstet vor euren Brüdern herziehen, alle Waffenfähigen, und ihnen beistehen, ¹⁵bis der Ewige euren Brüdern Ruhe gibt wie euch, und auch sie das Land einnehmen, welche der Ewige, euer Gott, ihnen gibt; dann kehrt zurück zum Land eures Besitzes und besitzt es, das euch gegeben Mosche, der Knecht des Ewigen jenseits des Jarden gen Osten.« ¹⁶Sie antworteten darauf dem Jehoschua: »Alles, was du uns geboten hast,

werden wir tun, und wohin du uns schicken wirst, werden wir gehen.
[17]Wie wir Mosche gehorcht haben, so werden wir dir gehorchen. Der
Herr, dein Gott, sei mit dir, wie er mit Mosche gewesen ist. [18]Jeder
Mann, der dir widerspricht und auf deine Worte nicht hört in allem,
was du ihm gebietest, werde getötet Nur sei stark und fest.«

Zu den Lobsprüchen nach der Haftara (S. 655)

Chanukka I (Sacharja 2,14-4,7 oder 4,1-14)

2   [14]»Juble, freu dich, Tochter Zijon! Denn ich komme, dass ich
in deiner Mitte residiere«, lautet des Ewigen Spruch. [15]»Viele Völker
werden sich dem Ewigen an jenem Tag anschließen. Auch sie werden
mein Volk sein, aber ich residiere in deiner Mitte. Du wirst erfahren,
dass mich (Secharja) der Ewige, der Herrscher aller Geschöpfe, zu
dir gesandt hat. [16]Der Ewige macht sich Jehuda zu seinem Erbteil auf
heiligem Boden und hat wieder Gefallen an Jeruschalajim. Still, alle
Geschöpfe, vor dem Ewigen! Denn er erwacht aus seiner heiligen
Wohnung.«

3   [1]Man zeigte mir den Hohen Priester Jehoschua, der vor dem
Engel des Ewigen stand, und der Ankäger (*Satan*) stand zu seiner
Rechten, ihn anzuklagen. [2]Der Ewige aber sprach zum Ankläger:»Es
schilt dich der Ewige, o Ankläger, es schilt dich der Ewige, der sich
Jeruschalajim erwählte. Dies ist doch ein aus dem Feuer gerettetes
Brennholz.«

[3]Jehoschua trug besudelte Kleider während er vor dem Engel stand.
[4]Dieser erwiderte und sprach zu denen, die vor ihm standen:»Nehmt
ihm die besudelten Kleider ab!« Dann sprach er zu ihm (zu Jehoschua):
»Ich nehme deine Schuld von dir und lege dir Feierkleider an.« [5]Ich
sprach:»Man setze einen reinen Turban auf sein Haupt!« Man setzte
einen reinen Turban auf sein Haupt und legte ihm Kleider an. Aber der
Engel des Ewigen blieb. [6]Der Engel des Ewigen verwarnte Jehoschua

mit den Worten: [7]»So spricht der Ewige, der Herrscher aller Geschöpfe: Wenn du auf meinen Wegen wandelst und meine Vorschrift beachtest, dann wirst du auch mein Haus verwalten und meine Höfe pflegen und ich gewähre dir Umgang unter den hier Stehenden. [8]Höre doch, Hoher Prieser Jehoschua, du und deine Genossen, die vor dir sitzen - denn ausgezeichnete Menschen sind es - ich bringe meinen Knecht Semach (Sprössling). [9]Denn der Stein, den ich vor Jehoschua gelegt habe, auf diesem Stein sind sieben Augen. Ich graviere eine Inschrift hinein«, spricht der Ewige, der Herrscher aller Geschöpfe.»Eines Tages bedecke ich jenes Landes Schuld.«[*] An demselben Tag, spricht der Ewige, der Herrscher aller Geschöpfe, werdet ihr euch einander einladen unter den Weinstock und unter den Feigenbaum.«

Liberale Gemeinden beginnen hier

4 [1]Da kam der Engel, der mit mir geredet hatte, zurück und weckte mich wie einen Mann, der aus seinem Schlaf geweckt wird. [2]Er fragte mich: »Was siehst du?« Ich erwiderte: »Ich sehe einen Leuchter aus reinem Gold und eine Schale oben darauf und sieben Lampen darauf, je sieben Röhren zu den sieben Lampen oben darauf, [3]und zwei Ölbäume daran, einen rechts von der Schale und einen zur Linken.« [4]Ich hob darauf an und sprach zu dem Engel, der mich anredete:»Was bedeuten diese, mein Herr?« [5]Der Engel, der mit mir redete, antwortete mir: »Du weißt doch, was diese bedeuten?« Ich sagte: »Nein, mein Herr.« [6]Er erwiderte: »Das ist das Wort des Ewigen an Serubbawel: Nicht durch Macht, nicht durch Kraft, sondern durch meinen Geist[*] spricht der Ewige, der Herrscher aller Geschöpfe. [7]Wer du auch seist, großer Berg, vor Serubbawel wirst du zur Ebene. Er wird den Hauptstein unter tosendem Beifall herbeischaffen.«¶

Die traditionelle Haftara endet mit V.7. Liberale Gemeinden lesen weiter.

[8]Es erging das Wort des Ewigen an mich also: [9]»Die Hände Serubbawels haben den Grundstein zu diesem Haus gelegt und seine Hände sollen den Bau zu Ende führen. Du sollst erfahren, dass der Ewige, der Herrscher aller Geschöpfe, mich zu euch gesandt hat. [10]Denn wer den

Tag unbedeutender (Tat) gering achtet –, sie freuen sich, wenn sie am Lot in Serubbawels Hand stehen. Diese sieben (Lampen) bedeuten die Augen des Ewigen, die durch das ganze Land streifen.« [11]Ich sagte zu ihm:»Was bedeuten diese beiden Ölbäume zur Rechten des Leuchters und zur Linken?« [12]Und abermals fragte ich ihn:»Was bedeuten die beiden Olivenbüschel, die in die beiden großen Flaschen greifen, aus denen sie goldhell herausleuchten?« [13]Er erwiderte:»Du weißt doch, was diese bedeuten?« Ich sagte:»Nein, mein Herr.« [14]Er sprach:»Das sind die beiden Ölzweige, die bei dem Herrn der ganzen Erde stehen (König und Priester).«

----

*3,9 und 4,6: Im Hebräischen sind dies genau sieben Worte.

Zu den Lobsprüchen nach der Haftara (S. 655)

Chanukka II traditionell (1. Könige 7,40-50)

7   [40]Chiram machte die Waschbecken, die Schaufeln und die Blutschalen; Chiram vollendete dann die Arbeit des ganzen Werkes, das er für den König Sch'lomo am Hause des Ewigen gearbeitet hatte. [41]Zwei Säulen und je zwei kugelige Knäufe oben auf den Säulen, und zwei Gitter, um die zwei kugeligen Knäufe zu bedecken, waren oben auf den Säulen. [42]Und vierhundert Granatäpfel zu den beiden Gittern; zwei Reihen Granatäpfel zu einem Gitter, um die beiden kugeligen Knäufe zu bedecken, die vorne an den Säulen waren, [43]und zehn Gestelle und zehn Waschbecken auf den Gestellen, [44]den Wasserbehälter und die zwölf Rinder unter dem Wasserbehälter, [45]die Töpfe und die Schaufeln und die Blutschalen und alle Geräte, die Chiram anfertigte für den König Sch'lomo, für das Haus des Ewigen, waren aus geglättetem Kupfer. [46]Der König goss sie im Umkreis des Jarden, in Bergwerken zwischen Sukkot und Zaretan. [47]Sch'lomo ließ es da mit all den Geräten vor übergroßer Menge; das Gewicht des Kupfers wurde nicht untersucht. [48]Sch'lomo machte alle Geräte, die im Haus des Herrn sein sollten: den goldenen Altar und den Tisch, auf dem das Schaubrot war, aus Gold. [49]Auch die Leuchter, je fünf zur Rechten und fünf zur Linken vor dem Allerheiligsten, aus gediegenem Gold, das Blumenwerk, die Lampen und die Zangen aus Gold, ⁵⁰die Schalen, die Messer, die Blutschalen, die Löffel und die Pfannen aus gediegenem Gold und die Angeln für die Türen des inneren Hauses zum Allerheiligsten und für die Türen des Hauses zum Tempel aus Gold.

Zu den Lobsprüchen nach der Haftara (S. 655)

Chanukka II liberal (1. Könige 7,48-8,21)

7 ⁴⁸Sch'lomo machte alle Geräte, die im Haus des Herrn sein sollten: den goldenen Altar und den Tisch, auf dem das Schaubrot war, aus Gold. ⁴⁹Auch die Leuchter, je fünf zur Rechten und fünf zur Linken vor dem Allerheiligsten, aus gediegenem Gold, das Blumenwerk, die Lampen und die Zangen aus Gold, ⁵⁰die Schalen, die Messer, die Blutschalen, die Löffel und die Pfannen aus gediegenem Gold und die Angeln für die Türen des inneren Hauses zum Allerheiligsten und für die Türen des Hauses zum Tempel aus Gold. ⁵¹Und so wurde das ganze Werk vollendet, das König Sch'lomo für das Haus des Ewigen gemacht hatte. Sch'lomo brachte die heiligen Spenden seines Vaters David hinein: das Silber, das Gold und die Geräte. Er legte sie in die Schatzkammer von dem Haus des Ewigen.

8 ¹Darauf versammelte Sch'lomo die Ältesten Jisraels zu sich nach Jeruschalajim – alle Stammhäupter der Kinder Jisraels – um die Bundeslade des Ewigen aus der Stadt Davids – das ist Zion – heraufzubringen. ²Im Monat Etanim – das ist der siebte Monat –, am (Laubhütten)fest, versammelten sich alle Männer Jisraels um König Sch'lomo. ³Alle Ältesten Jisraels kamen. Die Priester trugen die Lade. ⁴Sie brachten die Lade des Ewigen herbei und das Stiftszelt und alle heiligen Geräte, die im Zelt waren. Die Priester und die Leviten trugen sie. ⁵König Sch'lomo und die ganze Gemeinde Jisrael, die sich bei ihm eingefunden hatte, sie opferten mit ihm vor der Lade Schafe und Rinder ohne Zahl und Berechnung. ⁶Die Priester brachten die

Bundeslade des Ewigen an ihren Ort, in den allerheiligsten Raum des Hauses, unter die Flügel der Cherubim. [7]Denn die Cherubim breiteten die Flügel über die Stelle der Lade, sodass die Cherubim die Lade bedeckten und die Stangen von oben her. [8]Die Stangen waren so lang, dass die Spitzen der Stangen vom Heiligtum aus an der Vorderseite des Allerheiligsten gesehen wurden, aber sie wurden nicht draußen gesehen. (Wohl ragten die Stangen hervor, aber sie waren bedeckt und daher nicht sichtbar.) Sie blieben dort bis auf den heutigen Tag. [9]In der Lade war nichts als die beiden steinernen Tafeln, die Mosche am Horeb hineingelegt hatte, als der Ewige mit den Kindern Jisraels einen Bund geschlossen hatte, nach ihrem Auszug aus dem Land Mizrajim. [10]Als die Priester das Heiligtum verließen, da erfüllte die Wolke das Haus des Ewigen. [11]Die Priester konnten dort nicht stehen, um den Amtsdienst zu verrichten vor der Wolke, denn die Herrlichkeit des Ewigen hatte das Haus des Ewigen erfüllt. [12]Damals sprach Sch'lomo: «Der Ewige hat verheißen, im Wolkendunkel zu thronen. [13]Ich habe dir ein erhabenes Haus gebaut, eine Stätte für deinen Sitz für ewig.» [14]Der König wandte sein Angesicht (dem Volk zu) und segnete die ganze Versammlung Jisraels, während die ganze Versammlung Jisraels stand. [15](Sch'lomo) sprach:»Gepriesen sei der Ewige, der Gott Jisraels, der es meinem Vater David so verheißen und es jetzt auch erfüllt hat: [16]‹Seit dem Tag, an dem ich mein Volk Jisrael aus Mizrajim herausgeführt habe, habe ich keine Stadt aus allen Stämmen Jisraels erwählt, dass man dort ein Haus baue, damit mein Name darin sei. Doch ich erwählte David, damit er über meinVolk Jisrael herrscht.› [17]Mein Vater David hatte es im Sinn gehabt, ein Haus zu bauen dem Namen des Ewigen, des Gottes Jisraels. [18]Doch der Ewige sprach zu meinem Vater David: ›Du hast es im Sinn gehabt, meinem Namen ein Haus zu bauen. Damit hast du wohl getan, dass du es im Sinn gehabt hast. [19]Doch du sollst das Haus nicht bauen, sondern dein leiblicher Sohn soll das Haus für meinen Namen bauen.‹ [20]Der Ewige hat sein Wort bestätigt, das er geredet hat, und ich bin aufgestanden an Stelle meines Vaters David und sitze auf dem Thron Jisraels, so wie es der Ewige geredet hat, und ich habe das Haus gebaut für den Namen des Ewigen, des Gottes Jisraels. [21]Ich habe dort eine Stelle gemacht für die Lade, in der der Bund des Ewigen (aufbewahrt wird), den er mit unseren Elternn geschlossen hat, als er sie aus dem Land Mizrajim heraufgeführt hat.«

Zu den Lobsprüchen nach der Haftara (S. 655)

Schekalim (2. Könige [11,17-] 12,1-17)

Der Maftir Schekalim ist Exodus 30, 11-16 (S. 178).

Sefardim beginnen hier.

11 ¹⁷Jehojada schloss dann einen Bund zwischen dem Ewigen, dem König und dem Volke, dass es ein Volk des Ewigen sei, und zwischen dem König und dem Volke. ¹⁸Dann ging das Volk in das Haus des Baal; sie rissen seine Altäre nieder, seine Bilder zertrümmerten sie gänzlich und erschlugen Natan, den Priester des Baal, vor den Altären. Der Priester stellt eine Wache vor das Haus des Ewigen. ¹⁹Die Oberen der Hunderte und die Läufer und die Renner und das ganze Volk führten den König hinab aus dem Hause des Ewigen und gingen auf dem Wege durch das Tor der Läufer in das Haus des Königs. Er setzte sich auf den Thron der früheren Könige. ²⁰Alles Volk freute sich, und die Stadt war ruhig. Atalja hatte man durch das Schwert getötet im Hause des Königs.

Aschkenasim beginnen hier.

12 ¹Sieben Jahre war Jehoasch alt, als er König wurde. ²Im siebten Regierungsjahr Jehus wurde Jehoasch König. Er regierte vierzig Jahre in Jeruschalajim. Seine Mutter war Zibja aus Beer Schewa. ³Jehoasch tat, was recht war in den Augen des Ewigen, solange ihn der Priester Jehojada unterwies. ⁴Nur die (Kult-)Höhen hörten nicht auf. Noch immer opferte und räucherte das Volk auf den Höhen. ⁵Jehoasch befahl den Priestern:»Alles gespendete Silber, das in das Haus des Ewigen gebracht wird, das Silber der Musterungspflichtigen, das Silber der Schätzung von Personen – alles Silber, das jemandem in den Sinn kommt, in das Haus des Ewigen zu bringen, [6]sollen die Priester nehmen, jeder von seinem Bekannten. Damit sollen sie die Risse des Hauses ausbessern, überall, wo sich ein Riss befindet.« [7]Im dreiundzwanzigsten Regierungsjahr des Königs Jehoasch hatten aber die Priester die Risse des Hauses noch immer nicht ausgebessert. [8]Da rief der König Jehoasch den Priester Jehojada und die anderen Priester und sprach zu ihnen:»Warum habt ihr die Risse des Hauses nicht ausgebessert? Nun sollt ihr kein Geld mehr nehmen von euren Bekannten, es sei denn, es werde für die Ausbesserung der Risse im Hause verwendet.« [9]Die Priester willigten ein, kein Geld mehr von dem Volk zu nehmen, aber auch nicht auszubessern die Risse des Hauses. [10]Da nahm der Priester Jehojada einen Kasten, bohrte ein Loch in dessen Deckel und setzte ihn neben den Altar zur Rechten. Wenn jemand in das Haus des Ewigen kam, so legten die Priester, die an der Schwelle Wache hielten, alles Geld hinein, das in das Haus des Ewigen gebracht wurde. [11]Als sie sahen, dass viel Geld im Kasten war, gingen der Schreiber des Königs und der Hohepriester hin, setzten sich zusammen und begannen das Geld zu zählen, das sich im Haus des Ewigen vorfand. [12]Das gezählte Geld übergaben sie den Werkführern, die zur Aufsicht bestellt waren über das Haus des Ewigen. Diese gaben es wiederum aus an die Zimmerleute und die Baumeister, welche am Haus des Ewigen arbeiteten, [13]an die Maurer und Steinhauer und zum Ankauf des Holzes und der Bruchsteine, um auszubessern die Risse am Haus des Ewigen, und zu allem, was für das Haus ausgegeben wurde zur Ausbesserung. [14]Doch wurden von dem Geld, das im Haus des Ewigen gespendet wurde, nicht angeschafft silberne Becken, Messer, Blutschalen, Trompeten, überhaupt alle goldenen und silbernen Geräte für das Haus des Ewigen, [15]sondern man gab es nur den Werkführern, damit sie davon das Haus des Ewigen ausbesserten. [16]Man rechnete den Männern, in deren Hände man das Geld gab, um es an die Werkführer zu geben, nicht nach, denn auf Treu und Glauben walteten sie. [17]Das Geld der Bußen und das Geld der Verschuldungen wurde nicht in das Haus des Ewigen gebracht. Das gehörte den Priestern.

Zu den Lobsprüchen nach der Haftara (S. 655)

Sachor I (1. Samuel 15,2-34)

Der Maftir Sachor ist Deuteronomium 25,17-19.

Sefardim beginnen mit V. 1.

15 ¹Sch'muel sprach zu Scha'ul: Mich hat der Ewige gesandt, dich zum König über sein Volk zu salben. So gehorche nun dem Befehl des Ewigen.

Aschkenasim beginnen hier:

²So hat der Ewige, der Herrscher aller Geschöpfe, gesprochen: »Ich habe dessen gedacht, was Amalek Jisrael getan hat, der ihm nachstellte auf dem Weg bei seinem Zug aus Mizrajim. ³Geh nunmehr, schlage Amalek, banne alles, was sein ist, schone nichts von ihm, sondern töte Mann und Frau, Kind und Säugling, Ochs und Lamm, Kamel und Esel!« ⁴Scha'ul erließ ein Aufgebot an das Volk und musterte es in Telaim: zweihunderttausend zu Fuß außer den zehntausend Männern von Jehuda. ⁵Scha'ul kam bis zur Stadt des Amalek und legte sich im Tal in den Hinterhalt. ⁶Scha'ul sprach zu dem (Volksstamm) Keni: »Geh, weiche, zieh fort aus der Mitte der Amalekter, dass ich dich nicht hinraffe mit ihm, denn du hast Liebe erwiesen all den Kindern Jisrael bei ihrem Auszug aus Mizrajim.« Der Keni wich aus der Mitte der Amalekiter. ⁷Scha'ul schlug die Amalekiter von Chawila bis gen Schur, das vor Mizrajim ist. ⁸Er ergriff Agag, den König von Amalek, lebendig und das ganze Volk bannte er mit der Schärfe des Schwerts. ⁹Scha'ul und das Volk schonten aber Agag. Auch die besten Schafe und Rinder, die Auslese und die Mastlämmer und alles Gut wollten sie nicht bannen. Aber alles Unbedeutende und Schwache bannten sie. ¹⁰Da erging das Wort des Ewigen an Sch'muel folgendermaßen: ¹¹»Ich bereue, dass ich Scha'ul zum König eingesetzt habe, weil er sich abgewandt hat von mir und meinen Befehl nicht vollzogen hat.« Dies kränkte Sch'muel und er flehte zum Ewigen die ganze Nacht. ¹²Am frühen Morgen ging Sch'muel dem Scha'ul entgegen. Da wurde dem Sch'muel gemeldet: »Scha'ul ist am Karmel angelangt. Dort hat er sich ein Denkmal errichtet, dann hat er sich gewandt und ist nach

Gilgal gezogen.« *13*(Sch'muel zog ihm nach,) und als er zu Scha'ul kam, sprach Scha'ul zu ihm:»Sei gesegnet dem Ewigen! Ich habe den Befehl des Ewigen vollstreckt.« *14*Da frage Sch'muel:»Was bedeutet denn das Blöken der Schafe, das zu meinen Ohren dringt, und das Brüllen der Rinder, das ich höre?«*15*Scha'ul antwortete:»Das haben (die Kriegsmänner) von den Amalekitern gebracht, denn das Volk wollte die besten Schafe und Rinder schonen, um Opfer darzubringen dem Ewigen, deinem Gott. Das Übrige haben wir gebannt.« *16*Da sprach Sch'muel zu Scha'ul:»Halt ein! Dass ich dir verkünde, was der Ewige diese Nacht zu mir geredet hat.« (Und Scha'ul) antwortete: »Rede!« *17*Sch'muel sprach:»Wenn du dich auch für gering hältst (und die Schuld auf das Kriegsvolk schiebst), bist du doch das Haupt der Stämme Jisraels. Der Ewige hat dich gesalbt zum König über Jisrael. *18*Und nun hat dich der Ewige auf den Weg gesandt und gesprochen: ›Geh, bann die Sünder, den Amalek, bekriege sie bis zu ihrer Vernichtung‹. *19*Warum hast du dem Befehl des Ewigen nicht gehorcht, bist hergefallen über die Beute und hast das Böse in den Augen des Ewigen getan?«*20*Scha'ul sprach zu Sch'muel:»Ich habe ja dem Befehl des Ewigen gehorcht und bin auf dem Weg gegangen, den mich der Ewige gesandt hat. Ich brachte Agag, den König von Amalek mit, und Amalek habe ich gebannt. *21*Aber das Volk nahm von der Beute Schafe und Rinder, das erste des Bannguts, um dem Ewigen, deinem Gott, in Gilgal zu opfern.« Darauf sprach Sch'muel:»Hat der Ewige Verlangen nach Schlachtopfern so wie nach dem Gehorsam gegen den Befehl des Ewigen? Gehorsam ist besser als Opfer, Acht haben mehr als das Fett der Widder. *23*Denn Widerspenstigkeit ist wie die Sünde der Zauberei und Starrsinn ist wie Abfall und Terafimdienst. Dafür, dass du das Wort des Ewigen verschmäht hast, hat er dich auch verschmäht, dass du nicht mehr König seist.« *24*Scha'ul sprach zu Sch'muel:»Ich habe gesündigt, dass ich übertreten den Befehl des Ewigen und deine Worte, weil ich das Volk gefürchtet habe und auf seine Stimme hörte. *25*Nun vergib doch meine Sünde, kehre zurück mit mir, dass ich mich verbeuge vor dem Ewigen.«*26*Aber Sch'muel sprach zu Scha'ul:»Ich kehre nicht mit dir zurück, denn du hast das Wort des Ewigen verschmäht und nun hat der Ewige dich verschmäht,

dass du nicht König seist über Jisrael.« ²⁷Sch'muel wandte sich darauf
zu gehen. Da fasste (Scha'ul) den Zipfel seines Oberkleides, sodass
es zerriss. ²⁸Da sprach Sch'muel zu ihm: »So hat heute weggerissen
der Ewige das Königtum Jisraels von dir. Deinem Genossen hat er
es gegeben, der besser ist als du. ²⁹Der Mächtige Jisraels wird nicht
lügen und sich nicht bedenken, denn er ist kein Mensch, um sich zu
bedenken.« ³⁰(Scha'ul) sprach: »Ich habe gesündigt. Jetzt ehre mich
doch vor den Ältesten meines Volkes und vor Jisrael und kehre mit
mir zurück, dass ich mich verbeuge vor dem Ewigen, deinem Gott.«
³¹Sch'muel begleitete Scha'ul. Scha'ul verbeugte sich vor dem Ewigen.
³²Sch'muel sprach aldann: »Bringt her zu mir Agag, den König von
Amalek!« Agag ging zu ihm leichten Schrittes, denn er dachte: »Fürwahr, gewichen ist das Bittere des Todes.« ³³Aber Sch'muel sprach:
»Wie dein Schwert Frauen der Kinder beraubt, so sei deine Mutter
kinderberaubt von den Frauen!« Sch'muel hieb Agag in Stücke vor
dem Ewigen in Gilgal. ³⁴Dann ging Sch'muel nach Rama. Scha'ul ging
in sein Haus nach Gibea, der Residenz Scha'uls.

Zu den Lobsprüchen nach der Haftara (S. 655)

Sachor liberal (1. Samuel 30,1-18)

Anstelle von 1. Samuel 15,2-34 kann auch der folgende Text gelesen werden.

30 ¹Als David am dritten Tage mit seinen Leuten in Ziklag
ankam, da hatte der Amalekiter den Süden und auch Ziklag überfallen. Ziklag war von ihnen erobert und niedergebrannt worden.
²Sie hatten alle Frauen der Stadt gefangen genommen, klein und
groß, aber niemanden getötet. So führten sie alle davon und gingen
ihres Weges. ³David und seine Leute kamen in die Stadt und fanden
sie niedergebrannt, ihre Söhne und Töchter waren weggeführt. ⁴Da
weinten David und das Volk, das bei ihm war, bitterlich, bis keine Kraft
mehr in ihnen war zu weinen. ⁵Auch die beiden Frauen Davids waren
gefangen, Achinoam von Jisreel und Awigajil, die Witwe Nawals von

Karmel. ⁶David war sehr angst, denn das Volk wollte ihn steinigen, so erbittert war das ganze Volk, jeder einzelne wegen seiner Söhne und wegen seiner Töchter. Aber David blieb stark im Vertrauen auf den Ewigen, seinen Gott. ⁷David sprach zu dem Priester Ebjatar, dem Sohn Achimelechs: »Bring mir bitte das Efod her!« Ebiatar brachte dem David das Efod. ⁸David befragte den Ewigen folgendermaßen: »Soll ich dieser Schar nachsetzen – werde ich sie erreichen?« Gott sprach zu ihm: »Setze nach, denn du wirst erreichen und du wirst retten.« ⁹Da ging David hin mit den sechshundert Mann, die bei ihm waren. Sie kamen an den Bach Besor. Diejenigen, die nicht weiterziehen konnten, blieben da zurück. ¹⁰David setzte (dem Feind) mit vierhundert Mann nach. Zweihundert Mann blieben zurück, weil sie zu hinfällig waren, um über den Bach Besor zu ziehen. ¹¹Da fanden sie einen mizrischen Mann auf dem Feld und brachten ihn zu David. Sie gaben ihm Brot zu essen und Wasser zu trinken. ¹²Sie gaben ihm auch ein Stück Feigenkuchen und zwei Rosinenkuchen. Er aß, und sein Geist kehrte wieder zu ihm, denn er hatte nichts gegessen und auch nichts getrunken drei Tage und drei Nächte. ¹³David fragte ihn: »Wem und wohin gehörst du?« Er antwortete: »Ein ägyptischer Knabe bin ich, Knecht eines amalekitischen Mannes. Mein Herr hat mich verlassen, denn ich bin seit drei Tagen krank. ¹⁴Wir sind umhergestreift nach der Südseite des Kreti und über das Gebiet Jehudas und über die Südseite von Kaleb; Ziklag haben wir im Feuer verbrannt.« ¹⁵David fragte ihn weiter: »Willst du mich hinbringen zu dieser Schar?« Er sprach: »Schwöre mir bei Gott, dass du mich nicht töten und ausliefern wirst in die Hand meines Herrn, so will ich dich hinbringen zu dieser Schar.« ¹⁶Er brachte ihn hin. Sie waren über das ganze Gebiet zerstreut, essend, trinkend, tanzend um all die reiche Beute, die sie aus dem Land der P'lischtim und aus dem Land Jehuda genommen hatten. ¹⁷Da schlug David unter sie von der Dämmerung an bis zum Abend des folgenden Tages. Es entkam kein Mann von ihnen außer vierhundert jungen Männern, die auf Kamelen ritten und geflohen waren. ¹⁸David rettete alles, was Amalek genommen hatte. Auch seine beiden Frauen rettete David.

Zu den Lobsprüchen nach der Haftara (S. 655)

Para (Ezechiel 36,16-38)

Der Maftir Para ist Numeri 19,1-14 (22) (S. 321).

36 ^16^Es erging das Wort des Ewigen an mich folgendermaßen:
^17^»Menschenkind, als die vom Hause Jisrael noch in ihrem Land waren, verunreinigten sie es durch ihren Wandel und ihre Handlungen.
Wie die Unreinheit einer abgesonderten Frau war ihr Wandel vor
mir. ^18^Da schüttete ich meiner Wut über sie aus wegen des Blutes, das
sie vergossen haben in dem Land, und weil sie es mit ihren Götzen
verunreinigten. ^19^Ich versprengte sie alsdann unter die Völker und
sie wurden zerstreut in die Länder. Nach ihrem Wandel und nach
ihren Handlungen richtete ich sie. ^20^Und als sie zu den Völkern
kamen, unter die sie zerstreut wurden, da entweihten sie meinen
heiligen Namen, indem man von ihnen sprach: ›Das ist ja das Volk
des Ewigen, aus seinem Land kommen sie.‹ ^21^Aber ich will meinen
heiligen Namen schonen, den das Haus Jisrael entweiht hat unter
den Völkern, wohin sie gekommen waren. ^22^Fürwahr, sprich zu dem
Hause Jisrael: ›So spricht Mein Herr, der Ewige: Nicht euretwegen tue
ich es, Haus Jisrael, sondern meines heiligen Namens wegen, den ihr
entweiht habt unter den Völkern, wohin ihr gekommen seid. ^23^Ich
will meinen großen Namen heiligen, der entweiht worden ist unter
den Völkern, unter denen ihr ihn entweiht habt, dass die Völker erkennen, dass ich der Ewige bin – ist der Spruch Gottes, des Herrn –,
wenn ich an euch geheiligt werde vor euren Augen. ^24^Ich will euch
nehmen aus den Völkern, euch sammeln aus all den Ländern, euch
zu eurem Land bringen ^25^und auf euch reines Wasser sprengen, dass
ihr rein werdet von all euren Unreinheiten. Von all euren Scheusalen
werde ich euch reinigen. ^26^Ich will euch ein neues Herz geben und
einen neuen Geist in eure Brust. Das Herz von Stein entferne ich aus
eurem Leibe und gebe euch ein Herz von Fleisch. ^27^Ich lege meinen
Geist in eure Brust und bringe euch dahin, dass ihr nach meinen
Satzungen wandelt und meine Rechte wahrt und sie übt. ^28^Ihr werdet dann in dem Land wohnen, das ich euren Elternn gegeben habe,
ihr werdet mein Volk sein und ich euer Gott. ^29^Ich werde euch von

(den Folgen) all eurer Unreinheiten befreien, dem Getreide befehlen, dass es sich vermehre und so über euch keine Hungersnot komme. *30*Ich werde vermehren die Frucht des Baumes und den Ertrag des Feldes, damit ihr nicht ferner unter den Völkern Schmach auf euch nehmt wegen des Hungers. *31*Dann werdet ihr eurer bösen Wege und eurer Handlungen gedenken, die nicht gut waren, und ihr werdet vor euch selber Abscheu empfinden ob eurer Missetaten und ob eurer Gräuel. *32*Dass ich es nicht euretwegen tue, ist der Spruch Gottes, des Herrn, wird euch kund werden. Schämt euch und errötet vor eurem Wandel, ihr vom Hause Jisrael! *33*So spricht Mein Herr, der Ewige: An dem Tage, an dem ich euch von all euren Missetaten reinige, die Städte bevölkere, die Trümmerhaufen aufgebaut werden *34*und das verwüstete Land angebaut wird, anstatt dass es früher eine Öde war vor den Augen aller Wanderer, *35*dann wird man sagen: ›Dieses Land, einst verwüstet, ist nun wieder der Garten Edens geworden, und die verwüsteten, verödeten und niedergerissenen Städte sind befestigt und bevölkert.‹ *36*Und die Völker, die übrig bleiben werden rings um euch, werden erkennen, dass ich, der Ewige, das Niedergerissene aufgebaut und das Verödete bepflanzt habe. Ich, der Ewige, habe es beschlossen und getan. *37*So spricht Mein Herr, der Ewige: Auch darin will ich mich erbitten lassen vom Hause Jisrael, dass ich es ihnen gewähre: Ich will sie vermehren an Menschen haufenweise. *38*Wie die Opferschafe, wie die Schafe Jeruschalajims an den Festen, so sollen die verödeten Städte voll sein mit Menschen, und sie werden erkennen, dass ich der Herr bin.«

Zu den Lobsprüchen nach der Haftara (S. 655)

Hachodesch I (Ezechiel 45,16-46,15)

Der Maftir Hachodesch ist Exodus 12,1-20 (S. 132).

45   *16*»Alles Volk des Landes sei gehalten zu dieser Hebe für den Fürsten in Jisrael. *17*Und dem Fürsten sollen obliegen die Ganzopfer und Speiseopfer und Spenden an den Festen, Neumonden und Schabbatot, an allen Feiertagen des Hauses Jisrael. Er soll opfern Sühnopfer, Speiseopfer, Ganzopfer und Mahlopfer, um zu versöhnen das Haus Jisrael.¶

Sefardim beginnen hier:

¹⁸So spricht Mein Herr, der Ewige: Am ersten des ersten Monats sollst du einen jungen Stier nehmen ohne Fehl und das Heiligtum entsündigen. ¹⁹Der Priester nehme von dem Blut des Sühnopfers und tue etwas davon an den Türpfosten des Hauses, an die vier Ecken des Absatzes an dem Altar und an den Pfosten des Tores des innern Hofes. ²⁰Und so tue er auch am siebenten des Monats wegen derer, die aus Irrtum oder durch Verführung gesündigt haben, und versöhne das Haus. ²¹Am vierzehnten Tage des ersten Monats sei euch das Pessach, ein Fest von sieben Tagen. Nur Ungesäuertes soll gegessen werden. ²²Der Fürst soll an diesem Tage einen Stier der Sühne opfern für sich und für das ganze Volk des Landes. ²³Und während der sieben Tage des Festes soll er das Ganzopfer dem Ewigen opfern, täglich sieben Stiere und sieben Widder ohne Fehl, sieben Tage, und als Sühnopfer täglich einen Ziegenbock. ²⁴Als Speiseopfer soll er ein Efa auf den Stier und ein Efa auf den Widder opfern und ein Hin Öl auf das Efa. ²⁵Am fünfzehnten Tag des siebenten Monats, am Fest, soll er in dieser Art opfern sieben Tage, Sühnopfer wie Ganzopfer, Speiseopfer wie Öl.«

46   ¹So spricht Mein Herr, der Ewige: »Das Tor des innern Hofes, das nach Osten gewandt ist, bleibe verschlossen während der sechs Werktage. Nur am Schabbattage werde es geöffnet, und auch am Tage des Neumonds werde es geöffnet. ²Der Fürst soll eingehen durch die Halle des Tores von außen. Er trete hin an den Pfosten des Tors. Die Priester opfern sein Ganzopfer und seine Mahlopfer. Dann verbeuge er sich auf der Schwelle des Tors und gehe hinaus. Aber das Tor werde nicht verschlossen bis zum Abend. ³Das Landvolk verbeuge sich am Eingang desselben Tors an den Schabbattagen und Neumonden vor dem Ewigen. ⁴Das Ganzopfer, welches der Fürst darzubringen hat dem Ewigen: Am Schabbattag sechs Schafe ohne Fehl und einen Widder

587

ohne Fehl [5]und als Speiseopfer ein Efa auf den Widder und auf die Schafe als Speiseopfer, was seine Hand geben kann, und ein Hin Öl auf das Efa. [6]Am Tag des Neumonds: Einen junger Stier ohne Fehl, sechs Schafe und einen Widder, ohne Fehl seien sie. [7]Und ein Efa auf den Stier und ein Efa auf den Widder opfere er als Speiseopfer, und auf die Schafe, so weit sein Vermögen reicht, und ein Hin Öl auf das Efa. [8]Wenn der Fürst hineingeht, so gehe er nur durch die Halle des Tors hinein und auf demselben Wege gehe er heraus. [9]Aber wenn das Landvolk vor dem Ewigen an den Festen erscheint: wer eingeht durch das Nordtor, um sich zu verbeugen, der gehe durch das Südtor hinaus, und wer durch das Südtor eingeht, der gehe durch das Nordtor hinaus. Er kehre nicht um durch das Tor, durch welches er eingegangen ist, sondern gerade vor sich hin gehe er hinaus. [10]Und der Fürst sei stets mitten unter ihnen. Wenn sie hinkommen, gehe er ein, und beim Hinausgehen sollen sie zusammen hinausgehen. [11]An Festen und Feiertagen sei das Speiseopfer ein Efa auf den Stier und ein Efa auf den Widder, und auf die Schafe, was seine Hand geben kann, und ein Hin Öl auf das Efa. [12]Wenn der Fürst als freiwillige Gabe ein Ganzopfer oder ein Mahlopfer opfert, eine freiwillige Gabe dem Ewigen, so öffne man ihm das Tor, das nach Osten gewandt ist. Er opfere seine Ganzopfer und seine Mahlopfer, so wie er es am Schabbattage macht. Dann gehe er hinaus und verschließe das Tor, nachdem er hinausgegangen ist. [13]Ein einjähriges Schaf ohne Fehl sollst du täglich dem Ewigen opfern als Ganzopfer. Morgen für Morgen sollst du es opfern. [14]Auch das Speiseopfer sollst du dazu opfern, Morgen für Morgen, ein Sechstel Efa und Öl und ein Drittel Hin (Öl), um das Kernmehl anzufeuchten, ein Speiseopfer dem Ewigen, ewige Satzungen für immer. [15]Sie sollen opfern das Schaf und das Speiseopfer und das Öl Morgen für Morgen als beständiges Ganzopfer.❡

Sefardim lesen weiter bis V. 18.

[16]So spricht Gott, der Ewige: Wenn der Fürst einem seiner Kinder ein Geschenk gibt, dann bleibt es sein Eigentum und bleibt seinen Kindern; es ist ihr Besitz zum Eigentum. [17]Und wenn er von seinem Eigentum einem seiner Diener ein Geschenk gibt, so bleibt es diesem

bis zum Freijahr, dann kommt es zurück an den Fürsten, denn nur sein Eigentum, das er an seine Söhne verschenkt, bleibt ihnen. [18]Aber der Fürst darf nicht von dem Eigentum des Volkes nehmen, sie zu kürzen um ihr Besitztum; nur von seinem Besitztum kann er vererben an seine Söhne; damit niemand von meinen Volke verdrängt werde von seinem Besitztum.

Zu den Lobsprüchen nach der Haftara (S. 655)

Ha-Chodesch liberal (Esra 6,19-7,10)

Anstelle von Ezechiel 45,16-46,15 kann auch der folgende Text gelesen werden.

6　　[19]Die vom Exil Heimgekehrten opferten das Pessach am vierzehnten des ersten Monats. [20]Denn die Priester und die Leviten hatten sich unterdessen gereinigt, alle waren sie rein, und sie schlachteten das Pessach für alle aus dem Exil Heimgekehrten und für ihre Brüder, die Priester und für sich. [21]Es aßen davon die Kinder Jisraels, die zurückgekehrt waren aus dem Exil, und jeder, der zu ihnen sich abgesondert hatte von der Unreinheit der Völker des Landes, um den Ewigen zu suchen, den Gott Jisraels. [22]Sie feierten das Fest der ungesäuerten Brote sieben Tage lang mit Freude, denn der Ewige hatte ihnen Freude gegeben und das Herz des Königs von Aschur (Persien) ihnen zugewandt, dass er sie unterstützte in dem Werk des Gotteshauses, des Gottes Jisraels. [1]Nach diesen Begebenheiten geschah es unter der Regierung Artachschaschts, Königs von Persien, dass Esra, Sohn Serajas, Sohn Asarjas, Sohnes Hilkijahus, [2]Sohnes Schallums, Sohnes Zadoks, Sohnes Achituws, [3]Sohnes Amarjas, Sohnes Asarjas, Sohnes Merajots, [4]Sohnes Serachjas, Sohnes Usis, Sohnes Bukkis, [5]Sohnes Abischuas, Sohnes Pinchas, Sohnes Elasars, Sohnes Aharons, des Hohepriesters, [6]dass dieser Esra von Bawel nach Jeruschalajim zog. Er war ein geübter Gesetzeskundiger in der Lehre Mosches, die der Ewige, der Gott Jisraels, gegeben hatte. Der König gewährte ihm nach dem Schutz des Ewigen, seines Gottes über ihm, all sein Begehren. [7]Mit ihm zogen etliche von den Kindern Jisrael und von den Priestern, Leviten, Sängern, Pförtnern und Tempeldienern nach Jeruschalajim, im siebten Jahr des Königs Artachschascht. ⁸Er kam nach Jeruschalajim im fünften Monat, das ist im siebenten Regierungsjahr des Königs. ⁹Denn am ersten des ersten Monats begann der Zug von Bawel und am ersten des fünften Monats kam er nach Jeruschalajim, nach dem gütigen Schutz seines Gottes über ihm. ¹⁰Esra hatte seinen Sinn darauf gerichtet, die Lehre des Ewigen zu erforschen und auszuüben, auch zu lehren in Jisrael Satzung und Recht.

Zu den Lobsprüchen nach der Haftara (S. 655)

Hagadol (Maleachi 3,4-24 u.23)

3 ⁴Dann wird dem Ewigen die Opfergabe Jehudas und Jeruschalajims angenehm sein, wie in den Tagen der Vorzeit und in den frühen Jahren. ⁵Ich werde hintreten gegen euch vor das Gericht und werde ein flinker Zeuge sein gegen die Zauberer, Ehebrecher, die Falschschwörenden und die, welche vorenthalten den Lohn des Lohnarbeiters, der Witwen und der Waisen, die dem Fremden Unrecht tun und mich nicht fürchten, spricht der Ewige, der Herrscher aller Geschöpfe. ⁶Denn ich, der Ewige, habe mich nicht gewandelt, aber ihr, ihr Kinder Jaakows, habt (damit) nicht aufgehört. ⁷Seit den Tagen eurer Eltern seid ihr abgewichen von meinen Satzungen und habt sie nicht beachtet. Kehrt zu mir zurück und ich will zu euch zurückkehren, spricht der Ewige, der Herrscher aller Geschöpfe. Ihr aber fragt: »Worin sollen wir denn zurückkehren?« ⁸Darf ein Mensch Gott betrügen? Ihr fragt mich wohl: »Um was haben wir dich denn betrogen?« Nun, um den Zehnten und die Hebe! ⁹Mit dem Fluch werdet ihr beladen und doch betrügt ihr mich, du gesamtes Volk! ¹⁰Bringt doch alle Zehnten in das Schatzhaus, dass Vorrat sei in meinem Haus. Stellt mich doch damit auf die Probe, spricht der Ewige, der Herrscher aller Geschöpfe, ob ich euch nicht die Schleusen des Himmels öffne und euch Segen bis zum Übermaß herabschütte. ¹¹Ich werde euch die Fressheuschrecke

verscheuchen, sodass sie euch nicht die Frucht des Erdbodens verdirbt und euch nicht der Weinstock auf dem Felde versagt, spricht
der Ewige, der Herrscher aller Geschöpfe. [12]Alle Völker werden euch
glücklich preisen, denn ihr wedet ein wertvolles Reich sein, spricht
der Ewige, der Herrscher aller Geschöpfe. [13]Eure Reden waren so
stark gegen mich, spricht der Ewige. Ihr fragt wohl: »Was haben wir
denn gegen dich geredet?« [14]Ihr habt gesprochen: »Nutzlos ist es,
Gott zu dienen; denn welcher Gewinn ist dabei, seine Vorschrift zu
beachten, dass wir zerknirscht vor dem Ewigen, dem Herrscher aller
Geschöpfe, einhergingen? [15]Die Übermütigen müssen wir glücklich
preisen, denn fest gebaut sind die, welche Frevel üben ob sie auch Gott
versuchten, sie sind gerettet worden.« [16]Einst beredeten sich die, die
den Ewigen fürchten, miteinander. Der Ewige vernahm und hörte es
und es wurde verzeichnet im Buch des Gedächtnisses vor ihm für die,
welche den Ewigen fürchten und seinen Namen achten. [17]Sie sollen
mir bleiben, spricht der Ewige, der Herrscher aller Geschöpfe, für den
Tag, an dem ich mein Eigentum schaffe; ich werde sie lieben, wie ein
Mann seinen Sohn liebt, der ihm dient. [18]Ihr werdet dann den Unterschied sehen zwischen dem Frommen und dem Frevler, zwischen
dem Diener Gottes und dem, der ihm nicht gedient hat. [19]Denn es
kommt der Tag, brennend wie ein Ofen; es werden alle Übermütigen,
alle, die Frevel geübt, wie Stoppeln sein und der kommende Tag wird
sie entzünden, spricht der Ewige, der Herrscher aller Geschöpfe, der
ihnen nichts zurücklassen wird, weder Wurzel noch Ast. [20]Aber euch,
die ihr meinen Namen fürchtet, wird eine Sonne des Heils aufgehen.
(Sie bringt) Genesung an ihren Flügeln, und ihr werdet ausziehen und
umherspringen wie Mastkälber [21]und werdet die Frevler niedertreten, sie sollen Asche sein unter euer Fußsohle an dem Tage, den ich
schaffe, spricht der Ewige, der Herrscher aller Geschöpfe. [22]Erinnert
euch an die Lehre Mosches, meines Dieners, dem ich am Horeb an
ganz Jisrael Satzungen und Rechte aufgetragen habe. [23]Ich sende
euch den Propheten Elijahu, bevor der Tag des Ewigen eintrifft, groß
(hagadol) und furchtbar. [24]Er wird zurückführen das Herz der Eltern
zu den Kindern und das Herz der Kinder zu ihren Elternn, dass ich
nicht komme und das Land banne!

²³Ich sende euch den Propheten Elijahu, bevor der Tag des Ewigen eintrifft, groß *(hagadol)* und furchtbar.

Zu den Lobsprüchen nach der Haftara (S. 655)

Pessach 1. Tag (Jos (3,5-7).5:2-6:1.27)

3 ⁵ Dann sprach Jehoschua zum Volk:»Bereitet euch vor, denn morgen wird Gott mitten unter euch Wunder tun.«⁶Zu den Priestern aber sprach Jehoschua:»Nehmt die Bundeslade auf und zieht vor dem Volke her.« Und sie nahmen die Bundeslade auf und zogen vor dem Volke her. ¶

Sefardim beginnen hier.

⁷Und Gott sprach zu Jehoschua:»Heute will ich beginnen, deine Größe vor den Augen von ganz Israel zu zeigen, damit sie erkennen, dass ich, wie ich mit Mosche gewesen bin, so auch mit dir sein werde.«¶

Einige Gemeinden beginnen hier.

5 ²Um dieselbe Zeit sprach der Ewige Zu Jehoschua:»Bereite dir scharfe Messer, und nimm abermals eine Beschneidung an den Kindern Israels vor. ³Da bereitete sich Jehoschua scharfe Messer, und beschnitt die Kinder Israels an dem Hügel Aralot (»der Vorhäute«). ⁴Das aber war die Ursache, warum Jehoschua die Beschneidung vornahm: das ganze Volk männlichen Geschlechts, welches aus Mitzraim ausgezogen war, alle kriegsfähigen Männer, waren in der Wüste auf der Reise seit dem Auszug aus Mitzrajim gestorben. ⁵Zwar war das ganze ausziehende Volk beschnitten, sämtliche Männer aber, die in der Wüste auf der Reise seit dem Auszug aus Mitzraim geboren waren, waren nicht bechnitten, ⁶denn vierzig Jahre wanderten die Kinder Israels in der Wüste, bis das ganze kriegsfähige Volk, welches aus Mitzraim zog, vertilgt war, weil sie der Stimme des Ewigen nicht gehorcht hatten, weshalb ihnen Gott zugeschworen hatte, sie das Land nicht sehen zu lassen, welches der Ewige ihren Eltern geschworen uns zu geben, ein Land, wo Milch und Honig fließt. ⁷Ihre Kinder aber erhielt er am Leben an ihrer Stelle; sie beschnitt Jehoschua, weil sie noch die Vorhaut hatten und auf der Reise nicht beschnitten werden konnten. ⁸Als nun die Beschneidung des ganzen Volkes vollzogen war, blieben sie ruhig auf ihrer Stelle im Lager bis zu ihrer Genesung. ⁹Darauf sprach der Ewige zu Jehoschua: Heute habe ich die Schande Mitzraims von euch abgewälzt. Daher nannte man den Namen dieses Ortes Gilgal (»Abwelzung«) bis auf diesen Tag. ¹⁰Und die Kinder Israels lagerten sich zu Gilgal und bereiteten das Pessachopfer am Abend des vierzehnten Tages desselben Monates in der Ebene von Jericho. ¹¹Am Morgen nach dem Pessachopfer aßen sie vom Getreidevorrat des Landes ungesäuerte Kuchen und Geröstetes, nach der Bestimmung dieses Tages. ¹²Mit jenem Morgen, als sie vom Getreidevorrat aßen, hörte das Man(na) auf. Als nun die Kinder Israels kein Man mehr hatten, da ernährten sie sich von nun an von der diesjährigen Frucht des Landes Kanaan.

¹³Während Jehoschua vor Jericho war, erhob er einst seine Augen, blickte um sich, und siehe da, ein Mann stand vor ihm mit gezücktem Schwert in der Hand. Da ging Jehoschua auf ihn zu und fragte ihn: »Gehörst du zu uns oder zu unseren Feinden?« ¹⁴Und jener antwortete: »Nein! Sondern ich bin ein Heerführer des Ewigen, jetzt eben angekommen.« Da fiel Jahoschua auf sein Angesicht zur Erde, warf sich nieder und sprach zu ihm: »Was hat mein Gebieter seinem Knecht zu befehlen?« ¹⁵Und der Heerführer des Ewigen sagte zu Jehoschua: »Zieh deinen Schuh von deinem Fuß, denn der Ort, wo du stehst ist heilig.« Und Jehoschua tat also. ⁶ ¹Indessen war Jericho sorgfältig verschlossen vor den Kindern Israels, niemand konnte herein und niemand hinaus.

²⁷Und Gott war mit Jehoschua, und sein Ruf erscholl im ganzen Land.

Zu den Lobsprüchen nach der Haftara (S. 655)

593

Pessach 2. Tag (2. Könige 23,1-9.21-25)

23 ¹Der Könige erlies den Befehl, das alle Ältesten von Jehuda und Jeruschalajim sich zu ihm versammeln mögen. ²Dann zog der König in den Tempel des Ewigen herauf mit allen Leuten Jehudas, mit allen Einwohnern Jeruschalajims, mit den Priestern , den Propheten und dem sämtlichen Volk von klein bis groß, und er las in ihrer Gegenwart die Worte des Gesetzbuches, welches man im Tempel des Ewigen gefunden hatte. ³Der König stellte sich auf das Podest, und schloss den Bund vor dem Ewigen, das er dem Ewigen folgen, und seine Gebote, seine Vorschriften und seine Gesetze beachten werde mit ganzem Herzen und mit ganzer Seele, um die Worte des Bundes in Erfüllung zu bringen, welche in diesem Buch aufgezeichnet sind, und das ganze Volk trat dem Bund bei. ⁴Darauf befal der König dem Hohen Priester Chilkijahu, den Priestern vom zweiten Range und den Türhütern, alle Geräte, die für den Baal und für die Astarte (die Haingöttin) und für das ganze Himmelsheer gemacht worden waren, aus dem heiligen Gemach des Ewigen wegzuschaffen. Er lies sie außerhalb Jeruschalajims in den Gefilden Kidrons verbrennen und die Asche davon nach Bet-El tragen. ⁵Er vertilgte die Götzenpriester, welche die Könige von Jehuda angestellt hatten, von denen jeder auf den Opferhöhen in den Städten Jehudas und in den Umgebungen Jeruschalajims räucherten, ebenso (alle), welche dem Baal, der Sonne und dem Mond, den Planeten und dem ganzen Himmelsheer räucherten. ⁶Er lies die Astarte (die Haingöttin) aus dem Tempel hinaus schaffen außerhalb Jeruschalajims in das Tal Kidron, verbrannte sie auf im Tal Kidron, zermalmte sie zu Staub und warf den Staub davon auf die Gräber der Bevölkerung. ⁷Er zerstörte die Häuser der Knabenschänder am Tempel des Ewigen, wo die Frauen für die Astarte Zelte webten. ⁸Er lies alle Priester aus den Städten von Jehuda kommen und (durch sie) alle Opferhöhen verunreinigen von Gewa bis Beer Schewa, wo die Priester geräuchert hatten. Er zerstörte auch die Torhöhen, welche im Toreingang des Stadthauptmanns Jehoshua (und) linkerhand im Stadtor waren. ⁹Aber die Priester der Höhen durften nicht auf dem Altar des Ewigen, zu Jeruschalalim, opfern, und aßen die ungesäuerten Kuchen nur unter ihren Brüdern. ²¹Dann befahl der König dem ganzen Volk folgendes: Haltet ein Überschreitungsopfer (Pessach) dem Ewigen eurem Gott zu Ehren, wie es vorgeschrieben ist in diesem Bundesbuch. ²²Seit den Zeiten der Richter, welche Israel richteten, und in der ganzen Zeit der Könige von Israel und Jehuda war ein Überschreitungsopfer dieser Art nicht gehalten worden. ²³Nur im achtzehnten Regierungsjahre des Königs Joschijahu wurde dieses Überschreitungsopfer dem Ewigen zu Ehren in Jeruschalajim gehalten. ²⁴Auch die Totenbeschwörer und Zeichendeuter, die Terafim, die abscheulichen Götzen und die sonstigen Gräueltaten, welche im Lande Jehuda und in Jeruschalajim gesehen wurden, räumte Joschijahu hinweg, um die Worte der Lehre in Erfüllung zu bringen, welche aufgezeichnet waren in dem Buch, das der Priester Chilkijahu im Tempel dem Ewigen gefunden hatte. So wie er war vor ihm noch kein König, der sich mit ganzem Herzen, mit ganzer Seele und mit aller Kräften nach der Lehre des Mosche zum Ewigen gewendet hatte. Und auch nach ihm stand keiner seinesgleichen auf.

Zu den Lobsprüchen nach der Haftara (S. 655)

Chol ha-Moed Pessach (Ezechiel 36,37-38; 37,1-14)

36   ³⁷Ferner spricht mein Herr, der Ewige: Auch darin werde ich mich noch vom Hause Israel erbitten lassen, um es für sie zu tun. Ich will sie vermehren, sowohl Menschen als Vieh. ³⁸Wie die Herden zu heiligen Opfern, wie die Herden zu Jeruschalajim an seinen Festtagen, so sollen die verwüsteten Wohnstätten wieder voll werden mit Menschen und Vieh. Dann wird man erkennen, dass ich der Ewige bin.

37   ¹Die Hand des Ewigen waltete über mich, führte mich im göttlichen Geist hinauf und lies mich ruhen in einem Tal voller Totengebeine. ²Dort führte er mich um sie herum. Da lagen sehr viele in dem Tal, und sie waren sehr dürr. ³Er sprach zu mir: »Menschenkind! Können diese Gebeine wieder aufleben?« Ich erwiderte: »O mein

Herr! O Ewiger! Das weist nur du allein.« ⁴Dann sprach er zu mir: »Prophezei über diese Gebeine und verkündige ihnen: Ihr dürren Gebeine! Hört den Ausspruch des Ewigen. ⁵So spricht der Ewige, der Allmächtige zu diesen Gebeinen: Seht! Ich bringe Lebensgeist in euch, dass ihr wieder auflebt. ⁶Ich gebe euch Adern, lasse Fleisch wachsen über euch, überziehe euch mit einer Haut und lege Lebensgeist in euch, dass ihr wieder auflebt und erkennt, dass ich der Ewige bin.« ⁷Ich prophezeite also wie mir befohlen wurde, und als ich so prophezeite, entstand ein Geräusch, das Getöse (einer Bewegung), die Gebeine fügten sich in einander, ein Bein zu dem anderen. ⁸Ich sah hin, da waren Adern auf ihnen, Fleisch erhob sich und eine Haut spannte sich auf ihnen. Nur Lebensgeist war noch nicht in ihnen. ⁹Da sprach er zu mir: »Prophezei über den Geist! Prophezei, Menschenkind! So spricht der Herr, der Allmächtige: Von allen vier Seiten komm herbei du Geist! Und hauche diese Leichen an, dass sie aufleben!« ¹⁰Ich prophezeite, wie mir befohlen ward, und der Lebensgeist kam in sie. Sie lebten auf und stellten sich aufrecht, eine ungemein große Menge.

¹¹Dann sprach er zu mir: »Menschenkind! Diese Gebeine, bedeuten das ganze Haus Israel. Sie sagen: Verdorrt ist unser Gebein. Geschwunden ist unsere Hoffnung. Abgeschnitten sind wir. ¹²Darum prophezei und verkündige ihnen: So spricht der Herr, der Allmächtige: Seht! Ich öffne eure Gräber, bringe euch mein Volk aus euren Gräbern herauf und führe euch in das Land Israel. ¹³Ihr sollt erkennen das ich der Ewige bin, wenn ich eure Gräber geöffnet und euch als mein Volk aus denselben heraufgebracht habe. ¹⁴Ich verleihe euch meinen Geist, von dem ihr dann belebt werdet. Ruhig lasse ich euch auf eurem Erdreich wohnen. Ihr sollt erkennen, dass ich der Ewige es verheißen und vollzogen habe, spricht der Ewige.

Zu den Lobsprüchen nach der Haftara (S. 655)

Schir haSchirim 2,1-17

Liberale Gemeinden können anstelle der Haftara folgenden Text aus der Megilla für Pessach vorlesen.[13]

2 ¹Ich bin die Lilie Scharons,
       die Rose im Blumental.
²Wie die Rose unter Dornen,
       so unter Mädchen meine Schäferin.
³»Wie unter wildem Gehölz ein Apfelbaum,
       so unter Jünglingen mein Lieber!«
Mir behagt in seinem Schatten,
       da sitz ich nieder,
       und süß ist meinem Gaumen seine Frucht.
⁴Ins Weinhaus brachte er mich,
       und sein Panir ist über mir, die Liebe.
⁵O stärkt mich mit Rebensaft!
       Labt mich mit Apfelmost!
       Denn ich bin liebeskrank.
⁶Unter meinem Haupte seine Linke,
       seine Rechte umfasst mich.
⁷Bei den Rehen,
bei den Hindinnen dieser Flur
       beschwör ich euch,
       Töchter Jeruschalajims!
Weckt sie nicht,
regt die Liebe nicht, bis es ihr gefällt!

⁸Stimme meines Lieben!
       O sieh! Er kommt!
Über Berge springend,
       über Hügel hüpfend,
⁹einem Reh ist mein Lieber,
       einem jungen Hirschchen gleich.
Da steht er schon

hinter unsrer Wand!
schaut durchs Geländer
blinzt durchs Gitter.
[10]Er ruft, mein Lieber,
spricht zu mir:
Auf, meine Schäferin,
meine Schöne, auf!
Ach komm!

[11]Der Winter ist vorüber,
der Regen weg und dahin
[12]Blumen sieht man am Boden.
Die Zeit der Lieder ist da.
Der Turteltaube Stimme
hört man auf der Flur.
[13]Der Feigenbaum würzt seine Früchtlein,
Des Weinstock junge Trauben
verbreiten Wohlgeruch.
Auf, meine Schäferin!
Meine Schöne, auf!
Und komme!

[14]Mein Täubchen! Dort im Felsenritz,
dort in der Kluft der Steige
lass mich sehen dein Angesicht!
lass mich hören deine Stimme!
Süß ist deine Stimme,
schön dein Angesicht!
[15]Fangt uns die Füchse,
fangt die kleinen Füchse,
die Weinberg-Verderber!
Unser Weinberg knospt.

[16]Mein Freund ist mein
und ich bin sein,

der unter Rosen weidet.
^{17}Bis der Tag sich kühlt
bis die Schatten weichen,
kehr um o Lieber!
Gleich dem muntren Reh,
gleich dem jungen Hirschchen
über zerklüftete Berge.

Pessach 7. Tag (2. Samuel 22,1-51 / liberal: 1-7.17-31)

22 ^{1}David sang dem Ewigen zu Ehren die Worte dieses Liedes, als er ihn von allen seinen Feinden und besonders von der Hand Scha'uls rettete. ^{2}Er sprach:

»Ewiger, mein Schutzfels,
meine Feste, mein Erretter!
^{3}Mein Gott, mein Hort,
auf den ich traue,
mein Schild und meines Heils Gewissheit,
meine Zuflucht und mein Helfer,
der aus Gewalt befreit.
^{4}»Gelobt«, rief ich, »sei der Ewige!«,
und ward vom Feind erlöst.
^{5}Denn des Todes Wellen
hatten mich umfangen,
die Ströme der Unterwelt
schreckten mich schon.
^{6}Der Höllen Bande umstrickten mich,
ich war von Schlingen des Todes ergriffen.
^{7}Aber in der Angst ruf ich zum Ewigen,
ruf hinauf zu meinen Gott,
und er hört mein Flehn aus seinem Tempel,
mein Gebet ist in seinen Ohren.⸙

599

Liberale lesen weiter Vers 17-31. Traditionelle Gemeinden fahren hier fort.

[8]Die Erde bebte, ward erschüttert
es regten sich des Himmels Stützen.
Sie erbebten, da er zornig war.
[9]Dampf stieg auf,
als er ergrimmte,
aus seinem Munde
zehrend Feuer,
Glutflamm lodert davon.
[10]Er neigte den Himmel,
fuhr hernieder
unter seinen Füßen
düsteres Gewölk.
[11]Er fährt auf Kerubs Rücken,
fliegt daher,
schwebend auf Flügeln des Windes.
[12]Er spannt die Finsternis um sich her
wie ein Gezelt –
schwarze Fluten,
dichtes Gewölk.
[13]Aus dem Lichtglanz gegenüber
flackern Flammengluten auf.
[14]Der Ewige lässt den Sturm vom Himmel los,
der Höchste sendet seinen Donner nieder,
[15]wirft Pfeile ab,
streut sie umher,
schießt Blitze,
schleudert sie hin.
[16]Sichtbar ward des Meeres Urquell,
aufgeregt der Erde Grund
von des Ewigen Drohn,
vom Odem seines Zornhauchs.❡

[17]Mir reicht er aus der Höhe seine Hand,
ergreift und zieht mich aus brausenden Fluten,

[18]errettet mich von Feindes Gewalt,
     von Widersachern, mir zu mächtig.
[19]Sie überfielen mich
in unfallsschwangern Tagen.
     Aber der Ewige wurde meine Zuversicht.
[20]Der führt mich aus,
in weiten Raum,
     errettet mich,
     denn er hat Lust an mir.
[21]Ewiger, tu mir wohl
nach meiner Rechtschaffenheit,
     belohne meiner Hände Reinigkeit.
[22]Denn ich halte die Wege des Ewigen,
     bin nicht ruchlos gegen meinen Gott.
[23]Seine Rechte hab ich stets vor Augen,
     seine Lehren, ich weiche nicht davon.
[24]Mein Herz ist ungeteilt mit ihm,
     ich hüte mich vor Übertretung.
[25]Darum vergilt mir der Ewige
nach meiner Rechtschaffenheit,
     nach meiner Reinigkeit vor seinen Augen.
[26]Du bist dem Gütigen allgütig,
     dem Treugesinnten treugesinnt,
[27]verfährst mit Reinen rein,
     bist Tückevollen unversöhnlich.
[28]Dem Unterdrückten stehst du bei;
     dein Blick, er gilt den Stolzen,
     um sie zu erniedrigen.
[29]Du bist meine Leuchte, Ewiger!
     Der Ewige macht meine Finsternis zu Licht.
[30]Mit dir durchbrech ich Kriegesschar,
     mit meinen Gott setz ich über Gemäuer.
[31]Er – Gott – sein Weg ist wandellos,
     des Ewigen Verheißung rein durchläutert.
Allen, die ihm trauen, ist er ein Schild.❡

601

Traditionelle Gemeinden lesen weiter das Folgende.

³²Denn wer ist außer dem Ewigen ein Gott?
Wer außer unserm Gott ein Hort?
³³Der Ewige ist meine feste Schutzwehr,
der meinen Gang zur Vollkommenheit hinlenkt,
³⁴bald meinen Fuß den Hirschen gleich beflügelt,
bald mich auf meinen Höhen sicher stellt.
³⁵Er übt zum Kampfe meine Hand,
lehrt meinen Arm den ehernen Bogen senken.
³⁶Zum Schilde gabst du mir dein Heil,
lässt dich herab, mich groß zu machen,
³⁷weitest meine Tritte unter mir,
das mein Gelenk nicht kraftlos wird.

³⁸Nun setzt ich meinen Feinden nach –
ausrotten will ich sie –
ich lass nicht ab,
bis ich sie aufgerieben.
³⁹Ja aufreiben will ich sie,
sie niederhauen –
sie kommen nimmer auf –
sie stürzen hin zu meinen Füßen.
⁴⁰So hast du mich zum Kampf gerüstet.
so beugst du meine Widersacher unter mir;
⁴¹so wendest du mir zu des Feindes Nacken,
und meine Hasser, das ich sie bändige.
⁴²Sie wenden sich hin und her –
und niemand hilft –
endlich auf zu Gott,
doch er erhört sie nicht.
⁴³Und nun zermalme ich sie wie Staub,
zertrete und zerstampfe sie wie Gassenkot.
⁴⁴Du schützt mich vor Meuterei,
bestimmst mich zum Haupt entfernter Reiche,
mir unbekannte Völker dienen mir.

^{45}Der Barbaren Söhne schmeicheln mir,
    sind aufs Gericht mir untertan.
^{46}Die Söhne der Barbarei verschmachten,
    zittern aus ihren Festen hervor.
^{47}Ewig lebt der Ewige! Preis meinem Hort!
    Verherrlichung dem Gott meines Heils!
^{48}Dem Gott, der mich Rache gibt,
    und zwingt Völker unter mir,
^{49}der mich aus meinen Feinden hervor reißt,
    mich vor Empörern sichert,
    von jenem Ungerechtigkeit Liebenden
    mich rettet!
^{50}Darum dank ich dir, Ewiger! unter den Heiden,
    und rühre dir mein Saitenspiel.
^{51}Dir, der seines Königs Rettungsturm ist,
    der wohltut seinem Gesalbten,
David und seinem Samen ewiglich.

Zu den Lobsprüchen nach der Haftara (S. 655)

Pessach 8. Tag (Jesaja 10,32-12,6)

10 ^{32}Noch diesen Tag in (der Stadt) Now verweilend,
schwingt seine Hand gegen den Berg der Tochter Zion,
    den Hügel Jeruschalajims.
^{33}Nun sieh! Der Herr, der Ewige Zebaot,
    schlägt kahl den Wipfel mit Schreckensgewalt,
die Hochweitgestrebten werden umgehauen,
    die Erhabenen erniedrigt.
^{34}Er durchschlägt das Dickicht des Waldes wie mit dem Eisen,
    der Lewanon – durch jenen Mächtigen stürzt er nieder.

11 ^{1}Dann entkeimt ein Reis dem Stamm Jischais,
    aus seinen Wurzeln sprosst ein Zweig,
^{2}auf ihm ruht der Geist des Ewigen,

603

der Geist der Weisheit und der Einsicht,
der Geist des Rates und der Kraft,
der Geist der Erkenntnis und der Ehrfurcht vorm Ewigen.
[3]Begeistert wird er
durch die Ehrfurcht vorm Ewigen.
Nicht nach dem, was Augen sehen, wird er richten,
nicht nach dem, was Ohren vernehmen, entscheiden,
[4]sondern mit Gerechtigkeit wird er die Armen richten,
angemessen entscheidet er für die Leidenden des Landes.
Er schlägt das Land mit der Peitsche seines Mundes,
mit dem Hauch seiner Lippen tötet er den Frevler.
[5]Gerechtigkeit wird der Gürtel seiner Hüften sein,
Wahrheit der Gürtel seiner Lenden.
[6]Dann weilt der Wolf beim Lamme,
der Leopard wird sich beim Böcklein lagern,
Kalb und Löwe und Mastvieh sind beisammen,
ein kleiner Knabe leitet sie.
[7]Kuh und Bär, sie werden weiden,
zusammen lagern ihre Jungen,
und Löwe sowie Rind frisst Heu.
[8]Der Säugling wird spielen an der Kluft der Natter,
nach dem Loch des Basilisken streckt das entwöhnte Kind
seine Hand.
[9]Sie werden sie nicht schaden, nicht verletzen
auf meinem ganzen heiligen Berge,
denn voll ist das Land mit der Erkenntnis Gottes,
wie Wasser, das den Meeresgrund bedeckt.

[10]Der Stamm Jischais wird an jenem Tage
dastehen als Panier den Völkern.
Nationen werden nach ihm fragen,
und seine Residenz ist in Herrlichkeit.
[11]An jenem Tage wird mein Herr
zum zweiten Male reichen seine Hand,
um loszukaufen den Rest seines Volkes,

604

der übrig bleiben wird von Aschur,
von Mitzrajim, von Patros und von Kusch,
von Elam, von Sinar und von Chamat,
und von den Inseln des Meeres,
^{12}Er wird ein Panier den Völkern erheben,
und sammeln die Verstreuten Israels;
die Zerstreuten Jehudas vereinigt er
von den vier Ecken der Erde.
^{13}Weichen wird Efrajims Eifersucht,
die Quäler Jehudas werden ausgerottet.
Efrajim wird nicht eifern gegen Jehuda,
und Jehuda wird Efrajim nicht quälen,
^{14}sondern mit vereinter Kraft eilen sie gen Pelischtim nach Westen,
zusammen plündern sie die Söhne des Orients,
Edom und Moaw folgen dem Wink ihrer Hand,
die Kinder Ammons sind ihnen gehorsam.
^{15}Der Ewige zerstört die Meerzunge von Mitzrajim,
und schwingt seine Hand gegen den Strom
mit der Furchtbarkeit seines Sturmes,
zerschlägt er ihn in sieben Bäche,
dass man ihn betritt mit Schuhen.
^{16}Es wird ein gebahnter Weg für den Rest seines Volkes,
der überbleibt von Aschur,
wie er gewesen ist für Israel,
zur Zeit seines Auszuges aus dem Lande Mitzrajim.

12 ^{1}An jenem Tage wirst du sprechen:

«Ich preise dich Ewiger, dass du mir gezürnt,
abgewendet hat sich dein Zorn,
und du tröstest mich.
^{2}Siehe, Gott ist mein Heil,
Ich bin getrost und zage nicht,
denn mein Sieg, mein Saitenspiel ist JAH,
er war mir Errettung!»

605

Und ihr schöpft Wasser in Wonne,
aus den Quellen des Heils.
⁴An jenem Tage sprecht ihr dann:
«Preiset den Ewigen, ruft aus seinen Namen,
Verkündigt unter den Völkern seine Taten,
denn erhaben ist sein Name.
⁵Singet dem Ewigen, denn Erhabenes hat er getan,
kund sei dies auf der ganzen Erde.
⁶Jauchze und frohlocke, Bewohner Zions,
denn groß ist in deiner Mitte der Heilige Israels.«

Zu den Lobsprüchen nach der Haftara (S. 655)

Jom ha-Schoah (2. Samuel 1,17-27)

(Der folgende Text kann als Haftara an Jom ha-Schoah selbst bzw. am Schabbat vor Jom ha-Schoah oder in einem Gedenkgottesdienst gelesen werden.)

1 ¹⁷Da stimmte David dies Klagelied an um Scha'ul und seinen Sohn Jehonatan. ¹⁸Er sang das Lied: Man lehre die Söhne Jehudas den (Umgang mit dem) Bogen. Es ist geschrieben in dem Buch Jaschar (Heldenlieder).¹⁴

¹⁹»Lust Jisraels,
Auf deinen Leichen – tot!
Wie fielen die Helden!
Sagts nicht zu Gat,
²⁰Verkündet's nicht auf Aschkelons Straßen,
dass sich nicht freuen die Töchter der P'lischtim,
dass nicht der Unbeschnittenen Töchter jauchzen.
²¹Ihr Berge zu Gilboa,
nicht Tau auf euch noch Regen,
Gefild der Höhen!
Dort wurde befleckt der Helden Schild,

Scha'uls Schild,
    (und des), der nicht mit Öl gesalbt,
22vom Blut Erschlagener,
    von der Helden Fett!
Der Bogen Jehonatans,
    der nie zurückwich,
das Schwert Scha'uls,
    das leer nie wiederkehrt!
23Scha'ul und Jehonatan,
    geliebt und gut im Leben,
im Tod auch nicht geschieden!
    Geschwinder als Adler
    und stärker als Löwen.
24Ihr Töchter Jisraels,
    weint um Scha'ul,
der euch in Purpur kleidete mit Köstlichkeit,
    der goldnen Schmuck euch legte aufs Gewand.
25Wie fielen die Helden
im Krieg!
    Jehonatan, auf deinen Leichen - tot.
26Bang ist es mir um dich,
    Jehonatan, mein Bruder,
    warst mir sehr lieb!
Mir wundersamer dein Lieben
    als Frauenliebe.
27Wie sind die Helden gefallen,
    dahin des Kampfes Waffen!«

Jom ha-Azma'ut (Micha 4,1-7)

Der folgende Text kann als Haftara an Jom ha-Azma'ut selbst bzw. am Schabbat vor Jom ha-Azma'ut gelesen werden.

4   ¹In künftigen Zeiten wird der Berg des Hauses des Ewigen aufgerichtet sein über den Bergen und die Hügel überragen. Die

Nationen werden zu ihm strömen. ²Viele Völker werden hinziehen und sprechen: Auf, lasst uns hinaufgehen zum Berg des Ewigen, zum Haus des Gottes Jaakows, dass er uns über seine Wege lehre, damit wir wandeln auf seinen Pfaden. Denn nur von Zijon wird die Lehre ausgehen und das Wort des Ewigen von Jeruschalajim. ³Er wird zwischen vielen Völkern richten und über mächtige Nationen bis in die Ferne entscheiden. Sie werden ihre Schwerter umschmieden zu Sicheln und ihre Lanzen zu Rebmessern. Kein Volk wird gegen das andere das Schwert erheben und das Kriegführen werden sie nicht mehr lernen. ⁴Jeder wird unter seinem Weinstock und unter seinem Feigenbaum sitzen, von niemanden gestört, denn der Ewige, der Gott aller Geschöpfe, hat dies verheißen. ⁵Mögen alle Völker ihren Lauf nehmen, jedes im Namen seines Gottes, wir aber nehmen unseren Lauf im Namen des Ewigen, unseres Gottes, immer und ewig. ⁶An jenem Tage, ist des Ewigen Spruch, will ich die abseits Gebliebenen sammeln, ich will das Versprengte herbeibringen; auch das, dem ich wehgetan habe. ⁷Ich mache das abseits Geratene zum Überrest und das Versprengte zum mächtigen Volk. Der Ewige wird über sie regieren auf dem Berg Zijon von nun an auf ewig.

Schawuot (Ezechiel 1,1-28; 3,12)

1 ¹Im dreißigsten Jahre war es, wo ich unter den Vertriebenen am Fluss Kebar lebte, als am fünften des vierten Monats sich die Himmel öffneten und ich eine göttliche Erscheinung sah. ²Am fünften des Monats im fünften Jahre seit der Gefangenschaft des Königs Jojachin ³ward des Ewigen Wort dem Jecheskel, Sohn des Priesters Busi, im Lande Kasdim, am Fluss Kebar. Es waltete nämlich die Hand des Ewigen (die göttliche Begeisterung) über ihm.

⁴Ich sah einen Sturmwind, der von Norden her kam. Mit demselben (kam) ein großes Gewölk und ein verzehrendes Feuer. Ein funkelnder Glanz war rings umher, und aus der Mitte des Feuers schien etwas wie der Chaschmal*. ⁵Aus dieser Mitte erschien die Gestalt von vier

Chajjot**, die also aussahen: Sie hatten eine menschliche Gestalt, [6]doch jede hatte vier Gesichter und vier Flügel. [7]Ihre Füße waren wie gewöhnlich (gestaltet), doch die Sohle glich der Sohle eines Kalbes. Auch funkelten sie wie poliertes Kupfer. [8]Unter ihren Flügeln hatten sie Menschenhände auf allen vier Seiten, so wie Gesichter und Flügel auf allen vier Seiten. [9]Ihre Flügel berührten sich gegenseitig. Im Gehen wendeten sie sich nicht um, denn jede konnte nach jeder ihrer Gesichtsseiten wandeln. [10]Die Gestalt ihrer Gesichter rechts war an allen vieren die eines Menschen und eines Löwen, und die Gestalt ihrer Gesichter links an allen vieren war die eines Ochsen und eines Adlers. [11]Ihre Gesichter, so wie ihre Flügel, waren oben getrennt. Zwei Flügel einer jeden berührten einander, und die zwei bedeckten ihre Körper. [12]Jede ging nach jeder ihrer Gesichtsseiten. Wohin sie wollten, konnten sie gehen, ohne sich im Gehen umwenden zu müssen. [13]Die Chajjot schienen dem Ansehen nach wie glühende Kohlen; zwischen den Chajjot selbst sprühten Flammen. Das Feuer hatte einen funkelnden Glanz, und aus dem Feuer fuhren Blitze hervor. [14]Die Chajjot bewegten sich schnell hin und her, nach der Art eines Blitzes.

[15]Ich betrachtete die Chajjot, und siehe! Da war auch ein Ofan*** (»Rad") auf dem Boden, neben jeder der Chajjot auf den vier vorderen Seiten. [16]Der Anblick der Ofanim und ihre Beschaffenheit war dem Tarschisch**** gleich, alle vier waren gleich gestaltet, und ihr Anblick sowie ihre Beschaffenheit war von der Art, als wäre ein Ofan in dem anderen. [17]Nach allen vier Seiten hin konnten sie wandeln, ohne sich im Gehen umwenden zu müssen. [18]Ihre Felgen (die Bogen des Rades) hatten eine fürchterliche Höhe, auch hatten sie einen außerordentlichen Scharfblick, denn ihre Felgen waren rundum voller Augen an allen vieren. [19]Gingen die Chajjot, so gingen die Ofanim neben ihnen. Erhoben sich die Chajjot von dem Boden, so erhoben sich die Ofanim mit. [20]Wohin jene den Willen hatten zu gehen, hatten auch diese den Willen zu gehen, wo dann die Ofanim sich in gleicher Richtung mit ihnen erhoben, den der Geist der Chajjot war auch in den Ofanim. [21]Wandelten nun jene, so gingen auch diese; standen jene, so standen auch diese; und erhoben sich jene von dem Boden, so erhoben sich

auch die Ofanim in gleicher Richtung mit ihnen, denn der Geist der Chajjot war auch in den Ofanim. ²²Über den Köpfen der Chajjot war eine Decke wie eine fürchterlich große Eisscholle, welche oben über ihren Köpfen gespannt war. ²³Unter dieser Decke waren ihre Flügel in grader Richtung ausgebreitet, einer neben dem anderen, und jede von ihnen bedeckte mit zwei Flügeln ihren Körper. ²⁴Wenn sie sich bewegten, hörte ich das Geräusch ihrer Flügel gleich dem Brausen großer Gewässer, ein fürchterliches Getöse, ein Getümmel gleich dem eines Heerlagers, doch wenn sie stille standen, ließen sie die Flügel sinken. ²⁵Wenn sie im Stehen die Flügel sinken ließen, ward ein Geräusch gehört über der Decke, über ihren Köpfen. ²⁶Über der Decke welche über ihren Köpfen war, schien etwas gleich dem Saphir-Stein, darüber stand etwas wie ein Thron, und über diesem Throne war etwas wie die Gestalt eines Menschen. ²⁷Da sah ich, das diese Gestalt jener eines Chaschmal* gleich war, von den Lenden aufwärts (war sie) umgeben von einer Feuerhülle, von den Lenden abwärts aber sah ich nur eine Feuerfarbe mit einem funkelnden Glanze rund umher. ²⁸Gleich der Farbe des Regenbogens in der Wolke an einem Regentage war der Anblick dieses funkelnden Glanzes rund umher. Dieses war der Anblick der göttlichen Majestät; – als ich sie wahrnahm, fiel ich auf mein Angesicht. Da hörte ich eine Stimme, welche sprach.

3 ¹²Da hob mich ein Wind und ich hörte hinter mir das Getöse eines großen Erdbebes (und die Worte): »Gepriesen sei die Herrlichkeit des Ewigen an ihrer Stätte.«

----

* »*Chaschmal* ist ein Engel mit diesem Namen...Rabbi Jehuda sagte: Sprechende Lebewesen aus Feuer. ... Aber wir wissen nicht, was es ist, und der Midrasch, es seien feurige Lebewesen, scheint mir nicht in den Zusammenhang zu passen.« (Raschi) In der modernen Bibelwissenschaft bezeichnet *chaschmal* eine funkelnde Substanz, vielleicht ein strahlendes Metall. Im heutigen Hebräischen meint es »Elektrizität«. [Anm. d. Hg'in.]

** Das Wort *Chajjot* bedeutet »Lebewesen«, im Hebräischen ist das Wort Feminin Plural, daher wird es im Folgenden als feminines Wort gebraucht. Da der Text mystisch ist, habe ich A. Benesch's unübersetzte Worte übernommen, die das Geheimnisvolle dieser Szene unterstreichen, zumal auch diese Namen in der jüdischen Tradition mystische Begriffe wurden [Anm. d. Hg'in.].

***In der jüdischen Tradition wurde *Ofan* der Name eines Engels; er ist identisch mit dem Engel »Sandalfon, der auf dem Boden steht, doch dessen Haupt alle Lebenwesen hoch überragt.« (Raschi) Es ist ein Engel einer niedrigeren Kategorie als die *Chajjot*-Engel [Anm. d. Hg'in.].

****Tarschisch : »Ein Edelstein mit dem Namen Tarschisch« (Raschi). Nach Exodus 28,20 einer der Edelsteine auf der Brustplatte des Hohen Priesters (Radak); Targum Onkelos – die aramäische Übersetzung der Tora – übersetzt tarschisch in Exodus mit »Farbe des Meeres [-Stein]«, hier in Ez hat Targum Jonathan »Edelstein«. [Anm. d. Hg'in.]

Zu den Lobsprüchen nach der Haftara (S. 655)

Ruth 1,1-22

Liberale Gemeinden können anstelle der Haftara den folgenden Abschnitt aus der Megilla für Schawuot lesen.

1   ¹Als die Richter (in Jisrael) regierten, herrschte einst eine Hungersnot im Land. Ein Mann aus Bet Lechem in Jehuda wanderte aus, um in der Ebene Moaws zu wohnen – er, seine Frau und seine beiden Söhne. ²Jener Mann hieß Elimelech, seine Frau hieß Noomi und seine Söhne hießen Machlon und Kiljon. Sie waren Efratim aus Bet Lechem in Jehuda. So kamen sie in die Ebene Moaws und blieben daselbst. ³Elimelech, der Gatte der Noomi, starb jedoch bald, sodass sie allein mit ihren Söhnen zurückblieb. ⁴Diese nahmen sich Frauen, Moabiterinnen, die eine hieß Orpa und die andere Ruth. So wohnten sie dort etwa zehn Jahre. ⁵Doch auch die beiden, Machlon und Kiljon, starben dann, sodass die Frau nun allein zurückgeblieb, ohne ihren Mann und ohne ihre Söhne. ⁶Darauf machte sie sich auf mit ihren Schwiegertöchtern, um aus der Ebene Moaws zurückzukehren, denn dort, in der Ebene Moaws, hatte sie gehört, dass der Ewige sich an sein Volk erinnert und ihm Brot gegeben habe. ⁷Sie verließ also den Ort, wo sie bisher gewohnt hatte, sie und ihre beiden Schwiegertöchter. Sie wanderten, um nach Jehuda zurückzukehren, ⁸Da sprach Noomi zu ihren beiden Schwiegertöchtern:»Geht bitte, kehrt um, eine jede in das Haus ihrer Mutter! Möge der Ewige euch Liebe erweisen, wie ihr den Verstorbenen und mir Liebe erwiesen habt. ⁹Gebe der Ewige, dass ihr Ruhe (gute Versorgung) findet, eine jede im Hause ihres Mannes.« Sie küsste sie darauf und diese erhoben ihre Stimme und weinten. [10]Dann sprachen sie zu ihr:»Doch! Wir wollen mit dir zu deinem Volk ziehen.« [11]Noomi sagte aber noch einmal:»Kehrt doch um, mein Töchter! Wozu wollt ihr mit mir gehen? Hab ich denn noch Söhne in meinem Leib, dass sie eure Männer werden könnten? [12]Kehrt um, meine Töchter, geht! Denn ich bin zu alt, um noch eines Mannes Frau zu werden. Und selbst wenn ich sagen dürfte: Ich habe Hoffnung, ja ich würde diese Nacht eines Mannes Frau und auch Söhne gebären, [13]wolltet ihr etwa warten, bis dass sie groß würden? Wolltet ihr euch an sie binden, dass ihr keine andern Männer heiratet? Nicht doch, meine Töchter! Mir ist bitterer zu Mute als euch, denn die Hand des Ewigen ist über mich ergangen.«

[14]Sie erhoben ihre Stimme und weinten lange. Dann küsste Orpa ihre Schwiegermutter, Ruth aber schloss sich ihr an. [15](Noomi) sprach zu ihr:»Deine Schwägerin ist nun zu ihrem Volk und ihren Göttern heimgekehrt. Kehr auch du heim, deiner Schwägerin nach. [16]Ruth jedoch erwiderte: Bedränge mich nicht, dich zu verlassen und mich von dir abzuwenden! Denn wohin du gehst, will auch ich gehen, wo du weilst, will auch ich weilen, dein Volk sei mein Volk und dein Gott sei mein Gott. [17]Wo du stirbst, will auch ich sterben, dort will ich auch begraben werden. So tue mir der Ewige und so tue er weiterhin: nur der Tod wird uns scheiden.«

[18]Als (Noomi) sah, dass sie fest entschlossen war mit ihr zu gehen, ließ sie ab, sie zu überzeugen. [19]Aso gingen sie beide, bis sie nach Bet Lechem kamen. Sowie sie in Bet Lechem ankamen, liefen alle Leute der Stadt zusammen und fragten:»Ist das nicht Noomi?« [20]Sie antwortete ihnen:»Nennet mich nicht Noomi (die Liebliche), nennt mich Mara (die Verbitterte), denn der Allmächtige hat mir sehr bitteres Leid zugefügt. [21]Voll bin ich weggegangen, doch leer hat mich der Ewige nun heimgeführt. Warum nennt ihr mich Noomi, obwohl der Ewige mich gebeugt, der Allmächtige mir Leid zugefügt hat?« [22]So war die Heimkehr der Noomi und ihrer Schwiegertochter, der Moabiterin

Ruth, welche heimgekehrt waren aus der Ebene Moaws. Sie kamen nach Bet Lechem zu Beginn der Getreideernte-Zeit.

Schawuot 2. Tag (Habakuk 2,20-3,19)

2 ^{20}Der Ewige (thront) in seinem heiligen Palast –
o Erdenball, schweig vor ihm still!

3 ^{1}Gebet des Propheten Habakuk
auf Sigjonot.*

^{2}Ewiger! Deinen Ruf hab' ich vernommen
und fürchte mich, Ewiger;
in den nächsten Jahren rufe dein Werk ins Leben,
in den nächsten Jahren mach es überall kund —
doch im Zürnen denk an Erbarmen.

^{3}Gott kam von Teman,
der Heilige vom Gebirge Paran. — **Sela!**

Der Himmel war von seinem Glanz bedeckt,
voll war die Erde seines Ruhms.
^{4}Ein Glanz wie das helle Sonnenlicht strahlte von ihm aus,
darin war die Hülle seiner Macht.
^{5}Vor ihm ging die Seuche einher,
der Pest Glut zog aus in seinem Gefolge.
^{6}Er trat auf, und die Erde erbebte,
er sah hin, und die Völker erzitterten,
die hohen Berge zersplitterten,
es sanken die Höhen der Urwelt;
so durchschritt er alles seit Ewigkeit.
^{7}Im Unheil sah ich die Zelte Kusans,
es erzitterten die Teppiche des Landes Midjan.

613

[8]Ist über die Ströme der Ewige entbrannt,
über Ströme dein Zorn,
übers Meer dein Groll,
dass du so daherfährst auf deinen Rossen,
auf deinen Siegeswagen?

[9]Du entblößt deinen Regenbogen
in den Wochen der Regengüsse — sprich: **Sela!**
die Erde lässt Ströme hervorbrechen.**

[10]Die Berge erblickten dich und kreisten,
die Wasserflut ergoss sich,
der Abgrund ließ seine Stimme erschallen,
als er in die Höhe seine Hand erhob.
[11]Sonne und Mond standen still in der Höh'
vor dem Leuchten deiner rennenden Pfeile,
vor dem Glanz deines blitzenden Schwerts.
[12]Mit Wut druchschreitest du die Erde,
im Grimm stampfst du die Völker.

[13]Du zogst deinem Volke zur Hilfe aus,
zur Hilfe deinem Gesalbten,
schmetterst den Giebel herab vom Hause des Frevlers,
entblößt den Grund bis and den Hals. — **Sela!**

[14]Du durchbohrst mit seinen Pfeilen
das Haupt seiner Führer,
die herangestürmt kommen,
mich zu zersprengen;
sie jubeln, als gälte es
den Armen im Verborgenen aufzuzehren.
[15]Du tratst das Meer mit deinen Rossen,
den Boden großer Gewässer.
[16]Ich höre es und es erbebt mein Inneres,
bei der Kunde bewegten sich meine Lippen,
Morschheit dringt in mein Gebein

und an meiner Stelle zittre ich –
dass ich ruhen soll bis an den Tag der Not,
    des Heranziehens des Volkes, das ihn bedrängt.
[17]Denn der Feigenbaum blüht nicht,
    und kein Ertrag ist an den Weinstöcken,
es versagt der Olive Frucht,
    und die Flur trägt keine Speisen.
Entrafft ist das Schaf der Herde,
    und kein Rind ist in den Ställen.

[18]Ich aber jauchze in dem Ewigen,
    ich juble in dem Gott meines Heils!
[19]Gott, der Ewige, ist meine Kraft,
    er macht meine Füße wie die der Hindinnen
und lässt mich enherschreiten auf meinen Höhen.

Dem Sangmeiter auf dem Saitenspiele.

Sigjonot: Wohl Bezeichnung eines Musikinstruments. [S.Bernfeld]
** Der Text ist hier sehr dunkel; der Sinn ist nur erraten. [S.Bernfeld]

Zu den Lobsprüchen nach der Haftara (S. 655)

Tischa be-Aw Schacharit (Jeremia 8,13-9,23)

8   [13]Ich will sie gänzlich vernichten, ist des Ewigen Spruch. Keine
Trauben bleiben am Weinstock, keine Feigen am Feigenbaum, das
Blatt welkt ab und was ich ihnen gegeben habe, entschwindet ihnen.
[14]Wozu warten wir? Versammelt euch, lasst uns in die festen Städte
gehen und dort verstummen! Denn der Ewige, unser Gott, hat uns
verstummen lasssen und uns Giftwasser zu trinken gegeben, weil wir
vor dem Ewigen gesündigt haben. [15]Wir hoffen auf Heil, aber nichts
Gutes ist da, auf Zeit der Heilung, aber es kommt Schrecken. [16]Von
Dan her wird das Schnauben seiner Rosse gehört, vom Getöse des

615

Wieherns seiner Hengste erbebt das ganze Land. Sie kommen und verzehren das Land und seine Fülle, die Stadt und ihre Bewohner. [17]Ja, ich lassse Schlangen gegen euch los, Ottern, für die es keine Beschwörung gibt, und sie werden euch beißen, ist des Ewigen Spruch. [18]Ich stelle mich heiter im Kummer (spricht der Prophet), aber mein Herz ist krank. [19]Denn das Wehgeschrei meiner Nation (erschallt) aus fernem Land: »Ist denn der Ewige nicht mehr in Zijon? Oder ist sein König nicht mehr daselbst?« (Gott erwidert:) »Warum haben sie mich gekränkt durch ihre Bilder, durch fremde Nichtigkeiten?« [20]»Vorüber ist die Ernte« (klagt weiter der Pprophet), »beendet ist der Sommer, und uns ist nicht geholfen. [21]Wegen des Unglücks meiner Nation bin ich zerschlagen, bin betrübt, Entsetzen ergreift mich. [22]Ist kein Balsam mehr in Gil'ad? Oder ist dort kein Arzt? Warum gelingt denn die Heilung meiner Nation nicht? [23]Wär doch mein Kopf voll Wasser und meine Augen ein Tränenquell, dass ich Tag und Nacht beweinen könnte die Gefallenen meiner Nation!

9 [1]Könnt ich doch in der Wüste wohnen, im Nachtlager der Wanderer, dass ich mein Volk verließe und von ihnen ginge! Denn sie alle sind Ehebrecher, eine Rotte Verräter. [2]Sie spannen ihre Zunge wie einen Bogen mit der Lüge und nicht für die Wahrheit sind sie stark im Land. Sie gehen von einer Bosheit zur andern über und mich erkennen sie nicht, spricht der Ewige. [3]Der Freund hüte sich vor dem Freunde! Verlasset euch auf keinen Bruder, denn auch der Bruder hintergeht und der Freund geht als Späher umher. [4]Einer täuscht den andern und redet keine Wahrheit. Sie lehren ihre Zunge Lügenreden. Es noch schlimmer zu machen, mühen sie sich vergebens ab. [5]Du wohnst unter lauter Trug. Vor Trug wollen sie mich nicht erkennen, ist des Ewigen Spruch. [6]Wahrlich, so spricht der Ewige, der Herrscher aller Geschöpfe, ich läutere sie und prüfe sie, denn wie sonst sollt ich verfahren mit meinem Volk? [7]Wie ein scharfer Pfeil ist ihre Zunge, sie redet Trug. Zwar redet jeder mit dem Mund freundlich mit seinem Nächsten, doch in seinem Herzen stellt er ihm einen Hinterhalt. [8]Soll ich nun solches an ihnen nicht ahnden, ist des Ewigen Spruch, oder an einem Volk wie diesem nicht Rache üben? [9]Auf den Bergen will ich in Weinen und Jammern ausbrechen und auf den Auen der Wüste in Klagelieder. Denn verödet sind sie, dass kein Mensch da wandelt, und man hört nicht die Stimme der Herde. Die Vögel des Himmels sind wie das Vieh ausgewandert, weggezogen. ¹⁰So mache ich Jeruschalajim zum Steinaufen, zur Wohnung der Schakale; die Städte Jehudas mache ich zur Öde, leer von Bewohnern. ¹¹Wer ist der weise Mann, dass er dies einsehe, und wer, zu welchem der Ewige geredet, dass er es verkünde: Warum ist das Land zu Grunde gerichtet, verödet wie eine Wüste, leer von Wanderern?

¹²Der Ewige spricht: Weil sie meine Lehre verlassen haben, die ich ihnen vorgelegt, nicht auf meine Stimme gehört haben, ihr nicht gefolgt sind, ¹³sondern dem Übermut ihres Herzens folgten und dem Baal, wie ihre Eltern sie es gelehrt hatten. ¹⁴Wahrlich, so spricht der Ewige, der Herrscher aller Geschöpfe, der Gott Jisraels: Ich speise dieses Volk mit Wermut und tränke sie mit Giftwasser. ¹⁵Ich will sie zerstreuen unter die Völker, die weder sie noch ihre Eltern gekannt haben, und ihnen nachsenden das Schwert, bis ich sie aufgerieben habe. ¹⁶So spricht der Ewige, der Gott aller Geschöpfe: Seht euch um, rufet Klageweiber, dass sie kommen! Sendet zu den kundigen Frauen, dass die kommen ¹⁷und schleunigst ein Klagelied über uns erheben, dass unsere Augen von Tränen rinnen und unsere Wimpern von Wasser fließen. ¹⁸Denn eine Jammerstimme wird gehört aus Zijon: Wie beraubt sind wir! Wir sind sehr zu Schanden, denn wir müssen das Land verlassen, denn sie haben unsere Wohnungen niedergerissen. ¹⁹Denn hört, Frauen, das Wort des Ewigen, es vernehme euer Ohr das Wort seines Mundes: Lehrt eure Töchter jammern, und eine Frau lehre die andere Klagelieder anstimmen. ²⁰Es steigt der Tod durch unser Fenster, er kommt in unsere Paläste, um die Kinder von den Straßen auszurotten, die Jünglinge von den Plätzen. ²¹Verkünde: So ist des Ewigen Spruch: es werden Menschenleichen daliegen wie Dünger auf dem freien Feld und wie ein Ährenbündel hinter dem Schnitter, das niemand aufnimmt. ²²So spricht der Ewige: Der Weise rühme sich nicht seiner Weisheit und der Starke nicht seiner Stärke und der Reiche nicht seines Reichtums, ²³sondern dessen darf sich

jeder rühmen, der einzusehen und zu erkennen vermag, dass ich, der Ewige, Liebe, Recht und Rechtschaffenheit auf Erden übe, dass ich daran Wohlgefallen habe, ist des Ewigen Spruch.

Tischa be-Aw Mincha (Jesaja 55,6-56,8)

Siehe Haftarat Wajelech (S. 545).

Rosch Chodesch und Schabbat (Jesaja 66,10-23)

66   [10]Freut euch mit Jeruschalajim, frohlocket über sie. All ihr Freunde, freut euch in Wonne mit ihr, alle, die ihr um sie getrauert habt, [11]damit ihr saugt und euch sättigt an der Brust ihres Trostes, damit ihr schlürft und euch labt an der Fülle ihrer Herrlichkeit. [12]Denn so spricht der Ewige: Ich lenke ihr den Frieden zu wie einen Fluss, den Reichtum der Völker wie einen flutenden Strom, damit ihr saugt. Ihr werdet auf dem Arm getragen werden und auf den Knien geliebkost. [13]Wie ein Mann, den seine Mutter tröstet, so werde ich euch trösten. An Jeruschalajim werdet ihr getröstet. [14]Ihr werdet schauen, euer Herz wird sich freuen und eure Gebeine werden aufblühen wie Grün. Die Hand des Ewigen wird sich an seinen Dienern kundmachen und er schilt seine Feinde. [15]Denn der Ewige kommt im Feuer. Wie ein Sturmwind rollt sein Wagen, um seinen Zorn in Glut auszulassen und seine Strafe in Feuerflammen. [16]Denn mit Feuer richtet der Ewige und mit seinem Schwert (erhebt er Anklage) gegen alles Fleisch. Die Erschlagenen des Ewigen werden viele sein. [17]Die sich für die Gärten heiligen und reinigen, hinter dem einen, der in der Mitte steht, die das Fleisch des Schweins essen und des Gräuels und der Maus – sie alle sollen umkommen, spricht der Ewige. [18]Ich kenne ihre Werke und ihre Gedanken. Die (Zeit) ist gekommen, um alle Völker und Zungen zu versammeln. Sie sollen kommen und meine Herrlichkeit schauen. [19]Ich werde an ihnen ein Zeichen tun und Flüchtlinge von ihnen an die Völker entsenden, nach Tarschis, Pul und Lud, die den Bogen spannen, nach Tubal und Jawan, den fernen Inseln, die meinen Ruf nicht gehört und meine Herrlichkeit nicht geschaut haben. Sie werden meine Herrlichkeit unter den Völkern bekannt machen. ²⁰Aus allen Völkern werden sie all eure Brüder als Gabe für den Ewigen nach Jeruschalajim bringen, auf Rossen und Wagen, in Sänften, auf Maultieren und Dromedaren, hin zu meinem heiligen Berg – spricht der Ewige –, so wie die Kinder Jisraels eine Opfergabe in einem reinem Gefäß ins Haus des Ewigen bringen. ²¹Auch von ihnen werde ich (einige) zu Priestern und zu Leviten bestimmen, spricht der Ewige.

²²Denn so wie der neue Himmel und die neue Erde, die ich schaffe, vor mir stehen, ist des Ewigen Spruch, so werden eure Nachkommen und euer Name stehen. ²³Von Neumond zu Neumond und von Schabbat zu Schabbat wird jeder Mensch kommen, um sich vor mir zu verbeugen, spricht der Ewige.

Zu den Lobsprüchen nach der Haftara (S. 655)

Machar Chodesch (1. Samuel 20,18-42)

20　　¹⁸Jehonatan sprach zu ihm (zu David): »Morgen ist Neumond und man wird dich vermissen, weil dein Sitz leer bleiben wird. ¹⁹Übermorgen geh sehr tief hinab, sodass du an den Ort kommst, wo du am Werktag verborgen gewesen bist, und setze dich neben den Stein ›Asel‹. ²⁰Ich will nach dessen Seite hin drei Pfeile abschießen, als schösse ich nach einem Ziel. ²¹Dann werde ich einen Burschen schicken: ›Geh, such die Pfeile!‹ Wenn ich nun zu dem Burschen sage: ›Die Pfeile sind von dir herwärts‹, so nimm es (als ein gutes Zeichen) und komm. Denn Friede ist mit dir und es ist nichts, so wahr der Ewige lebt. ²²Wenn ich aber zu dem Burschen so spreche: ›Die Pfeile sind von dir weiter weg‹, so geh, denn der Ewige will, dass du gehst. ²³Die Sache aber, die wir besprochen haben, ich und du, siehe, der Ewige sei (Zeuge) zwischen mir und dir auf ewig.« ²⁴David verbarg sich auf dem Feld. Am Neumond setzte sich der König zum Mahl,

619

um zu essen. ²⁵Der König saß auf seinem Sitzplatz wie immer, auf dem Sitzplatz an der Wand. Als Jehonatan aufstand, saß Abner an Scha'uls Seite, der Platz Davids blieb leer. ²⁶An dem Tag aber sagte Scha'ul nicht das Geringste, denn er dachte: »Es ist ein Zufall, dass er nicht rein ist; er ist gewiss nicht rein (und kann daher nicht am Opfermahl teilnehmen).« ²⁷Am folgenden Tag nach dem Neumond, am zweiten (Tag), als der Platz Davids wieder leer blieb, sprach Scha'ul zu seinem Sohn Jehonatan: »Warum ist der Sohn Jischais weder gestern noch heute zum Mahl gekommen?« ²⁸Jehonatan antwortete Scha'ul: »David hat sich bei mir erbeten, nach Bet Lechem gehen zu dürfen. ²⁹Er sagte: ›Lass mich doch ziehen, denn wir haben ein Familienopfer in der Stadt. Da hat mein Bruder mich eingeladen. Wenn ich Gunst gefunden habe in deinen Augen, so lass mich gehen, damit ich meine Brüder sehe.‹ Darum ist er nicht zur Tafel des Königs gekommen.« ³⁰Da ergrimmte Scha'ul heftig über Jehonatan und sprach zu ihm: »Du Sohn verkehrter Widerspenstigkeit! Weiß ich denn nicht, dass du den Sohn Jischais auserkoren hast zu deiner Schande und zur Schändung der Keuschheit deiner Mutter? ³¹Denn so lange der Sohn Jischais auf der Erde lebt, wirst du und dein Königtum nicht bestehen. Nun schicke hin und hole ihn mir her, denn er ist des Todes schuldig!« ³²Jehonatan antwortete seinem Vater Scha'ul und sprach zu ihm so: »Warum soll er sterben? Was hat er getan?« ³³Da schleuderte Scha'ul die Lanze auf ihn, um ihn zu treffen. Jehonatan erkannte, dass es von seinem Vater beschlossen war, David zu töten. ³⁴Jehonatan stand heftig erregt von der Tafel auf. Er aß am zweiten Tag des Neumonds nicht vom Mahl, denn er war betrübt um David und auch, weil der Vater ihn geschmäht hatte. 35Am Morgen ging Jehonatan auf das Feld hinaus, an den Ort des Zusammentreffens mit David. Ein kleiner Knabe war mit ihm. ³⁶Er sprach zu dem Burschen: »Lauf, such die Pfeile, die ich abschieße!« Der Knabe lief, er aber schoß den Pfeil ab, über ihn hinaus. ³⁷Als der Knabe an den Ort des Pfeiles kam, den Jehonatan abgeschossen hatte, rief Jehonatan hinter dem Burschen her und sagte: »Der Pfeil ist von dir weiter weg!« ³⁸Jehonatan rief hinter dem Burschen her: »Schnell, eile, steh nicht still.« Und der Knabe Jehonatans las die Pfeile auf und kam zu seinem Herrn. ³⁹Der Knabe aber wusste nicht das Geringste (von der Verabredung), nur Jehonatan und David wussten die Sache. [40]Jehonatan gab dem Burschen, der mit ihm war, sein Gerät und sprach zu ihm: »Geh, bring es in die Stadt.« [41]Der Knabe war eben gegangen, da machte sich David auf von der Südseite und fiel auf sein Angesicht zur Erde und bückte sich dreimal. Sie küssten einander und weinten zusammen, bis David laut aufweinte. [42]Jehonatan sprach zu David: »Geh in Frieden. Was wir beide geschworen haben im Namen des Ewigen also: Der Ewige wird zwischen mir und dir sein und zwischen meinen Nachkommen und deinen Nachkommen auf ewig, (das bleibe bestehen)!«

Zu den Lobsprüchen nach der Haftara (S. 655)

Tabelle besonderer Schabbatot und Chagim

Für heutige Gemeinden im deutschsprachigen Raum
zusammengestellt von Rabbiner Tovia Ben-Chorin
(nicht vollständig)

Tag	Toravorlesung	Haftara
Die vier Abschnitte (Arba Paraschijot)		
a) Schabbat Schekalim	Wochenabschnitt Ex 30,11-16 (Maftir)	2. Könige 12,1-17
wenn auch Rosch Chodesch	Wochenabschnitt (6 Alijot) Num 10,8-10 (für Rosch Chodesch) Ex 30,11-16 Maftir (3. Torarolle)	2. Könige 12,1-17
b) Schabbat Sachor	Wochenabschnitt Dtn 25,17-19 (Maftir)	1. Samuel 15,1-34
c) Schabbat Para	Wochenabschnitt Num 19,1-14 (trad. -22) (Maftir)	Ezechiel 36,1-36
d) Schabbat Ha-Chodesch	Wochenabschnitt Ex 12,1-20 (Maftir)	Ezechiel 45,18-46,15
wenn auch Rosch Chodesch	Wochenabschnitt (6 Alijot) Num 10,8-10 (für Rosch Chodesch) Ex 12,1-20 (Maftir) (3. Torarolle)	Ezechiel 45,18-46,15
Schabbat ha-Gadol	Wochenabschnitt	Maleachi 3,4-24+23
Feiertage (Chagim) und besondere Schabbatot (* alternative Lesungen)		
1. Tag Pessach	Ex 12,21-51 Lev 23,4-7 (oder - 14)* (Maftir)	Josua 5,2-6,1

2. Tag Pessach	Lev 23,9-22 Dtn 16,1-3* (Maftir)	--
3. Tag Pessach	Ex 13,1-16 Dtn 16,1-3* (Maftir)	--
4. Tag Pessach	Ex 22,24-23,9 Dtn 16,1-3* (Maftir)	--
5. Tag Pessach	Ex 34,10-26 Dtn 16,1-3* (Maftir)	--
6. Tag Pessach	Num 9,1-14 Dtn 16,1-3* (Maftir)	--
Schabb. Chol Moed Pessach	Ex 33,12-34,26 Dtn 16,1-3 (Maftir)	Ezechiel 37,1-14
7. Tag Pessach	Ex 14,26-15,26 Dtn 16,1-3* (Maftir)	2. Samuel 22,1-51
wenn Schabbat	Ex 14,15-15,26 Dtn 16,1-3*	2. Samuel 22,1-51
Jom ha-Azma'ut	Dtn 8,1-18	Jesaja 2,1-12 oder Jesaja 11,11-12,6
Schawuot	Ex 19,1-20,23 Dtn 26,1-14* (Maftir)	Ezechiel 1,1-28 + 3,12
1. Tag Rosch ha-Schana	Gen 21,1-34 Lev 23,23-25* (Maftir)	1. Samuel 1,1-19 und/ oder 1. Samuel 1,20-28
2. Tag Rosch ha-Schana	Gen 22,1-24 Lev 23,23-25* (Maftir)	Jeremia 31,1-19
Schabbat Schuwa	Wochenabschnitt	Hosea 14,2-10 und Micha 7,18-20
Jom Kippur	Dtn 29,9-14; 30,1-20 Lev 23,26-32 (Maftir)	Jesaja 57,14-58,14
Jom Kippur Mincha	Lev 19,1-18	Jona 1,1-4,11 und Micha 7,18-20
1. Tag Sukkot	Lev 23,23-44 Dtn 16,13-17* (Maftir)	Sacharja 14,1-21
Chol Moed Sukkot	Ex 23,33-44*	

623

Schabbat Chol ha-Moed Sukkot	Ex 33,12-34,26 Dtn 16,13-17* (Maftir)	Ezechiel 38,18-39,16
Schemini Azeret/ Simchat Tora (Abend)	Dtn 33,1-26 und Chatan »Meona«, Dtn 33,27-29	
(Morgen)	Dtn 33,1-26 Chatan/Kalat Tora Dtn 33,27-34,12 Chatan/Kalat Bereschit Gen 1,1-2,3 Num 29,35-30,1 (Maftir) (3. Rolle)	Josua 1,1-18

Die traditionellen Lesungen und die Lesungen des deutsch-liberalen Judentums des 19./Anfang 20. Jahrhunderts, die z.T. bis heute in einigen liberalen Gemeinden außerhalb Deutschlands üblich sind (zusammengestellt von A. M. Boeckler)

	Traditionelle Lesungen	Lesungen nach der deutsch-liberalen Tradition des 20. Jh.
1.Tag Pessach	T: Ex 12:21-51 M: Num 28:16-25 H: Jos (3,5-7).5:2-6:1.27	T: *Ex 12:29-51* M: *Num 28:16-18* H: **Jes 43:1-21**
2. Tag Pessach	T: Lev 22:26-23:44 M: Num 28:16-25 H: 2 Kön 23:1-9.21-25	T: *Lev 23:1-22* M: **Num 28:16-18** H: **2 Chron 30:1-9**
Shabbat Chol Moed Pessach	T: Ex 33:12-34:26 M: Num 28:19-25 H: Ez 37:1-14	T: *Ex 34:1-26* M: **Ex 12:25-27** H: Ez 37:1-14
7. Tag Pessach	T: Ex 13:17-15:26 M: Num 28:19-25 H: 2 Sam 22	T: *Ex 14:5-15:21* M: **Ex 13:6-10** H: *2 Sam 22:1-7.17-31*

8. Tag Pessach	T: Deut 14:22-16:17	T: *Deut 15:12-16:17*
	M: Num 28:19-25	M: **Ex 23:14-17**
	H: Jes 10:32-12:6	H: *Jes 11:1-10;12:1-6*
1. Tag Schawuot	T: Ex 19:1-20:23	T: Ex 19:1-20:**22**
	M: Num 28:26-31	M: **Deut 16:9-12**
	H: Ez 1:1-28	H: **Jes 6:1-13**
2. Tag Schawuot	T: Deut 14:22-16:17	T: **Deut 5:1-6:3**
	M: Num 28:26-31	M: **Deut 4:12-15**
	H: Hab 2:20-3:19	H: **Jer 31:29-36**
1. Tag Sukkot	T: Lev 22:26-23:44	T: *Lev 23:23-44*
	M: Num 29:12-16	M: **Deut 16:13-15**
	H: Sach 14	H: **Jes 35:1-10**
2. Tag Sukkot	T: Lev 22:26-23:44	T: **Deut 8:1-18**
	M: Num 29:12-16	M: **Lev 23:42-44**
	H: 1 Kön 8:2-21	H: 1 Kön 8:2-21
Shabbat Chol Moed Sukkot	T: Ex 33:12-34:26	T: *Ex 34:1-26*
	M: Num 29:17-31	M: **Deut 16:15-17**
	H: Ez 38:18-39:16	H: **1 Kön 8:22-43**
Shemini Azeret	T: Deut 14:22-15:17	T: **Deut 10:12-11:21**
	M: Num 29:35-30:1	M: **Deut 28:2-6**
	H: 1 Kön 8:54-66	H: 1 Kön 8:54-66
Simchat Tora	T: Deut 33:1-34:12	T: Deut 33:1-34:12
	T: Gen 1:1-2:3	T: Gen 1:1-2:3
	M: Num 29:35-30:1	M: **Deut 4:2-4**
	H: Jos 1:1-18	H: Jos 1:1-9
1. Tag Rosch haSchana	T: Gen 21:1-34	T: [**Deut 29:9-30:20**]; in vielen Gemeinden: *Gen 21:1-27*
	M: Num 29:1-6	M: **Lev 23:23-25**
	H: 1 Sam 1:1-2:10	H: 1 Sam 1:1-2:10; *viele Gemeinden beginnen mit Kapitel 2*
2. Tag Rosch haSchana	T: Gen 22:1-24	T: *Gen 22:1-19*
	M: Num 29:1-6	M: **Lev 23:23-25**
	H: Jer 31:2-20	H: Jer 31:1-20

625

Yom Kippur Morgen	T: Lev 16 M: Num 29:7-11 H: Jes 57:14-58:14	T: **Exod 33:12-34:10** M: **Lev 23:26-28** H: Isa 57:14-58:14
Yom Kippur Nachmittag	T: Lev 18 H: Jonah. Micah 7:18-20	T: **Lev 19:1-18** H: Jonah.Micah 7:18-20 *1938: **Jona 3-4** and Mi 7:18-20
Tischa beAv Morgen	T: Deut 4:25-40 H: Jer 8:13-9:23	T: Deut 4:25-40 H: *Jer 9:9-23*
Tischa beAv Nachmittag	T: Ex 32:11-14; 34:1-10 H: Jes 55:6-13; 56:1-8	T Ex 32:11-14; 34:1-10 H: Jes 55:6-13; *56:1-6*

626

Anmerkungen

Anmerkungen zum Vorwort

[1]In der hebräischen Einleitung zu Moses Mendelssohns Übersetzung, *derech slula* (»Der gebahnte Weg«), Fürth 1801, schreibt Naftali Herz Weisel (der Verfasser des *Biur*s zu Levitikus): »…und in diesen Landteilen ist unsere Sprache von allen Sprachen der Völker am meisten gemischt. Viele Worte und etliche Wendungen, die die Massen eingeführt haben, kamen hinzu … weil wir in Deutschland und Polen die deutsche Sprache nicht korrekt sprechen…«. In dieser Ausgabe sind die Seiten der Einleitung nicht nummeriert. Das Zitat stammt von Weisels Laudatio an Mendelssohn mit dem Titel »*mehulal rea*«.

[2]Dieser Ausdruck basiert auf den Worten Mosches in Deuteronomium 1,5: »Diesseits des Jardens im Land Moaw fing Mosche an (*ho'il*), folgende Lehre deutlich vorzutragen (*be'er*) und sprach …«

[3]Im Hebräischen: »Und sie verstanden in ihren Herzen.« In der biblischen Sprache ist das Herz der Ort der Gedanken, z.B. »… alles Dichten der Gedanken seines Herzens« (Genesis 6,5).

[4]Exodus 24,7.

[5]Zum Verständnis des Begriffs »Wort Gottes« (*dawar Adonai*) siehe Schalom Ben-Chorin, Jenseits von Orthodoxie und Liberalismus, 3. Auflage Tübingen 1991 (Tel Aviv 1939), Seite 45: »Wir bekennen nur, daß wir Heutigen, in dem ersten Willen, das Objektiv-Gemeinte aus dem Wort Gottes heraushören …«. Der Bezug auf *nischma* (hören) geht zurück auf Martin Buber, der betont hatte, dass die Hebräische Bibel auch genannt wird: eine literarische Lesung, die laut gehört und im Ohr aufgenommen wird (im Gegensatz zum stillen Lesen).

[6]Aus der hebräischen Einleitung von Mendelssohn in der o.g. Ausgabe; die Seiten sind nicht nummeriert.

[7]Zum Verständnis der Verbstämme siehe die Erläuterung im Text.

[8]Zur Vertiefung siehe: Ismar Elbogen, Der jüdische Gottesdienst in seiner geschichtlichen Entwicklung, Berlin 1935 (Nachdruck Hildesheim 1995). – Zur Erweiterung und Anpassung des Textes an das heutige Wissen siehe die hebräische Ausgabe *haTfila beJisrael*, Tel Aviv 1972. – Michael Meyer, *Response to Modernity, A History of the Reform Movement in Judaism*, Waynestate University Press 1994; dt.: Antwort auf die Moderne. Geschichte der Reformbewegung im Judentum, Wien u.a. 2000.

[9]*Kol ha-Neshama, Shabbat VeHagim*, The Reconstructionist Press, Pennsylvania 1994, Seiten 710-724: eine selektive Lesung in dem dreijährigen Zyklus, die der Verfasser dieser Zeilen nicht akzeptiert. Wir müssen uns auch mit den problematischen Teilen in der Tora auseinandersetzen und dürfen keine liberale Orthodoxie schaffen. Siehe auch Jonathan Romain/ Walter Homolka, Progressives Judentum. Leben und Lehre, München 1999, Seiten 335-345.

[10]Elbogen, a.a.O., Seite 428 (3. Aufl. 1931).

Anmerkungen zur Einleitung

[1]Um nur einige Beispiele zu nennen: Die Übersetzung von Numeri 13,23-24 lautet in Mendelssohns Original von 1783: (hier in lateinischer Umschrift der hebräischen Lettern):»23 Als sie in das Tal Eschkol kamen, schnitten sie eine Rebe ab / nebst einer Weintraube / liessen sie von zweien auf einer Bahre tragen : nahmen auch etwas von Granatäpfeln und Feigen mit. 24 Diesen Ort nennt man nahal eschkol (das Tal der Traube) : wegen der Traube, welche die Kinder Israels daselbst abgeschnitten.« In der Bibel hg. von L. Zunz von 1837 liest man:»23. Und sie kamen zum Tale Eschkol, und schnitten von dort ab eine Rebe mit einer Wein-

traube, und trugen sie zu zweien auf einer Bahre, und (nahmen) von den Granatäpfeln und von den Feigen. 24. Diesen Ort nannte man: Tal Eschkol, der Traube wegen, welche dort die Kinder Jisrael abgeschnitten.« S. Bernfeld (1935) übersetzt: »23. Sie kamen zum Thale Eskol und schnitten von dort eine Rebe mit einer Weintraube ab und trugen sie zu zweien auf einer Bahre; sie nahmen auch von den Granatäpfeln und von den Feigen. 24. Diesen Ort nannte man: Nahal Eskol, der Trauben wegen, welche dort die Kinder Israel abgeschnitten.« Die Bibel herausgegeben von N. Tur Sinai (H. Torczyner) (1954) hat: »23 Als sie nun ins Tal Eschkol kamen, schnitten sie dort eine Rebe mit einer Weintraube ab und trugen sie an einer Stange zu zweien; auch von den Granaten und den Feigen. 24 Jenen Ort nannte man Tal Eschkol (Traubental) wegen der Traube, die die Kinder Jisraël von dort abgeschnitten hatten.« Oder man vergleiche Gen 4,23: Bei Mendelssohn (1783): Lamech sprach einst zu seinen Weibern / Ada und Zilla / hört meine Stimme ! Weiber Lemech ! Vernehmt meine Rede : Einen Mann erschlage ich zu meiner Wunde / und einen Jüngling / zu meiner Beule : « Zunzbibel (1837): »23. Und Lemech sprach zu seinen Weibern: Adah und Zillah, höret meine Stimme, Weiber Lemechs, vernehmet mein Wort! Fürwahr einen Mann erwürgt' ich für meine Wunde, und einen Jüngling für meine Strieme.« Bernfeld (1935): »24. Lamech sprach zu seinen Weibern: Ada und Zilla, höret meine Stimme, Weiber Lamechs, vernehmet mein Wort! Einen Mann erwürg' ich für meinen Wunde und einen Jüngling für meine Beule.« Tur Sinai (1954): »23 Ada und Zilla, hört meine Stimme, Ihr Frauen Lamechs, vernehmt meinen Spruch! Denn einen Mann erschlug ich für meine Wunde, Und einen Knaben für meine Strieme.« – Solche Ähnlichkeiten bis in die Satzkonstruktion hinein lassen sich mehr oder weniger stark durchgehend in den nachmendelssohn'schen jüdischen Übersetzungen finden. Eine Ausnahme bildet Buber/Rosenzweig, die sich bewusst von Mendelssohn abgrenzten und ein genau entgegengesetztes Übersetzungsprinzip vertraten.

[2]Für einen Nachdruck des Originals in hebräischen Lettern sei verwiesen auf: Genesis: Moses Mendelssohn. Gesammelte Schriften. Jubiläumsausgabe. Begonnen von I. Elbogen, J. Guttmann, E. Mittwoch, fortgesetzt

von A. Altmann; E.J. Engel, Stuttgart 1990 (= Fortsetzung der 1929 begonnenen Ausg.) Bd. 15,2; Exodus: Gesammelte Schriften Bd. 16; Levitikus: Gesammelte Schriften Bd. 17; Numeri und Deuteronomium: Gesammelte Schriften Bd. 18. Eine wissenschaftliche Umschrift der hebr. Lettern von Prof. Werner Weinberg (Hebrew Union College – Jewish Institute of Religion) findet sich in den Bänden 9,1 und 9,2.

[3]Zur Revision siehe ausführlicher unten am Ende der Einleitung.

[4]Aus der Rede bei der Einweihung des Mendelssohn-Denkmals im Vorgarten der Knabenschule in der Großen Hamburger Str. 27 in Berlin am 15. Februar 1909, abgedruckt in Ost und West, März 1909.

[5]Unter Mendelssohns Einfluss entstand in Berlin die erste jüdische Schule.

[6]Aus einem Brief an den Freund Avigdor Levi vom 25. Mai 1779, zitiert aus: Moses Mendelssohn. Gesammelte Schriften 15,1, Stuttgart 1990, S. XXII.

[7]Es ist umstritten, ob er nicht doch – entgegen seinen Worten – von Anfang an beabsichtigt hat, die hochdeutsche Übersetzung zur Verbreitung der Kultur unter seinen jüdischen Mitmenschen zu nutzen, dies aber nicht sagte, um nicht in eine Kontroverse verwickelt zu werden.

[8]Aus einem Brief an Avigdor Levi vom 25. Mai 1779, zitiert aus: Moses Mendelssohn. Gesammelte Schriften 15,1, Stuttgart 1990, S. XIV. Siehe dazu auch ausführlicher die Einleitung zu seiner Toraausgabe, *Or La-netiwah* 40a-43a (Gesammelte Schriften 9,I, 57ff).

[9]Siehe den Nachdruck: Die Psalmen. Übertragen von Moses Mendelssohn. Hg. von W. Pape, Zürich 1998 bzw. Moses Mendelssohn, Gesammelte Schriften a.a.O., Bd. 10,1-2.

[10]Der Übersetzungszweck der Psalmen war ein anderer als der der Tora. Mit der Psalmenübersetzung wollte Mendelssohn seinen christlichen Zeitgenossen zeigen, welche Schönheit und Lyrik das Judentum besaß. Die Psalmenübersetzung war ein Versuch, antisemitische Vorstellungen zu bekämpfen. Die Toraübersetzung dagegen verfasste Mendelssohn von Anfang an für eine jüdische Leserschaft.

[11]Eine Übersicht über seine Verwendung der hebräischen Buchstaben für die deutsche Sprache findet sich in Moses Mendelssohn, Gesammelte Schriften Bd. 9,I, S. XXXIII-XXXVII. 1780 war zwar eine Ausgabe des erstes Buches der Tora in deutschen Lettern erschienen, mehr als dieser erste Band erschien jedoch nicht. Die vollständige Toraausgabe *Netiwot ha-Schalom* erschien gänzlich in hebräischen Buchstaben, siehe oben die Abb. einer Seite des Originals S. 24 und Anm. 44. Auch Maimonides, das Vorbild Mendelssohns, hatte übrigens seine arabischen Schriften in hebräischen Lettern verfasst.

[12]Simon Bernfeld, Die Heilige Schrift. 6. Aufl. Frankfurt a. Main 1935, S.24.

[13]Ebd. S. 22.

[14]Philipp Ehrenberg, zitiert in: Buber-Rosenzweig, Die Schrift und ihre Verdeutschung, Berlin 1936, S. 185.

[15]Die Schrift. Verdeutscht von Martin Buber gemeinsam mit Franz Rosenzweig, 10. Aufl. Heidelberg 1994 (1. Aufl. 1954-62).

[16]Siehe dazu vor allem *Or Lanetiwah* 31b-33a (Gesammelte Schriften 9,1, 37ff).

[17] Vgl. zu den folgenden Zitaten z.B. den Artikel von A. Neubert, Pragmatische Aspekte der Übersetzung, in: W. Wilss (Hg.), Übersetzungswissenschaft (WdF 535), Darmstadt 1981, S. 60-75.

631

[18]*Or Lanetiwah* 31b. Zitiert nach der Übersetzung des im Original hebräischen Textes von W. Weinberg, in: Moses Mendelssohn, Gesammelte Schriften Band 9,I, S. 35f

[19]Zitiert aus: Gesammelte Schriften 15,1, S. LIVf. Vgl. dazu ausführlich *Or Lanetiwah* 32a-33a (Gesammelte Schriften 9,1, 37ff).

[20]Eine der wenigen Ausnahmen sind Buber/Rosenzweig, die bewusst in Abgrenzung zu Mendelssohn nicht »der Ewige« verwandten, sondern »ER«, »DU« bzw. »SEIN« und S.R. Hirsch, der den Gottesnamen mit »G o t t« übersetzt (gesperrt gedruckt, um den Namen von »Gott« zu unterschieden). Doch siehe dazu auch Anm. 21.

[21]Seine Entscheidung für »der Ewige« wurde später von Samson Raphael Hirsch (Kommentar zu Gen 2,4 in: Der Pentateuch übersetzt und erklärt. Erster Teil: Die Genesis, Frankfurt am Main 1996 (= Nachdruck von 1867), S. 43) und Franz Rosenzweig (»Der Ewige«, in: Kleinere Schriften, Berlin 1937, S. 182-198) kritisiert, doch ihre Argumente erwecken den Eindruck, als hätten sie Mendelssohns eigene Erklärung übersehen. Neuere Tora-Übersetzungen ins Englische (wie z.B. die von Everett Fox) lassen den Namen unübersetzt und schreiben stattdessen JHWH oder, wie in zeitgenössischen orthodoxen Übersetzungen Ha-schem (»der Name«). Der Siddur der rekonstruktionistischen Bewegung in USA benutzt verschiedene Umschreibungen, die sich jeweils aus dem Kontext ergeben.

[22] Die ausführlichste Begründung zur Übersetzung »der Ewige« bzw. »das ewige Wesen« findet sich im *Biur* zu Exodus 3,14, eine knappere Zusammenfassung im *Biur* zu Ex 6,3 (siehe unten).

[23]La Bible Française de Calvin, Calvini Opera 56 (CR 84), Braunschweig 1896. Hier verwendete er statt der sonst in franz. Bibeln üblichen Übersetzung »Seigneur« (»Herr«) den Begriff »L'Éternel« (»der Ewige«). – Wie Calvin seinerseits diesen Terminus verstanden haben könnte, wird in seiner Auslegung zu Ex 3,14 deutlich: »Ich bin, der ich bin. Nach dem

Wortlaut des hebräischen Textes ließe sich auch übersetzen: ›Ich werde sein, der ich sein werde‹. Was aber Gott wirklich ausdrücken will, ist doch nicht ein Zukünftiges, sondern ein Gegenwärtiges, das freilich auch in alle Zukunft währen wird. Er rühmt von sich, daß er allein Gott sei, weil er durch sich selbst bestehe, deshalb ewig sei und so stets allen Kreaturen ihr Leben und Bestehen gebe. Er sagt hier etwas von sich, was kein anderer hat; er schreibt sich die Ewigkeit zu, die allein Gott zukommt; darum gebührt ihm allein Ruhm und Ehre.« (Zitiert nach Johannes Calvin. Auslegung der Heiligen Schrift in deutscher Übersetzung [Übers. von A. Müller]. 2. Band 2.-5. Buch Mose. 1. Hälfte, Neukirchen Kreis Mörs o.J. (um 1920), S. 45.).

[24]Siehe *Or Lanetiwah* 42a: »Zum Buche Exodus verfasste ich selbst den gesamten Biur von Anfang bis Ende außer den eingeklammerten Stellen, die von unserem erwähnten Lehrer R. S[alomon] D[ubno] herrühren«, zitiert nach der Übersetzung von *Or Lanetiwah* von W. Weinberg in Gesammelte Schriften 9,I, 63.

[25]Hebräisches Original in: Moses Mendelssohn. Hebräische Schriften II,2. Der Pentateuch (Moses Mendelssohn. Gesammelte Schriften. Jubiläumsausgabe Band 16), Stuttgart 1990, S. 47.

[26]Hebräisches Original in: Ebd. S. 26f.

[27]Midrasch Exodus Rabba 3,6.

[28]Im Babylonischen Talmud, Berachot 9b; vgl. Raschi zur Stelle. – Zum Folgenden insgesamt vergleiche den Kommentar von Nachmanides z.St.

[29]Die Zusätze in Klammern stammen von dem Hebraisten Salomon Dubno, siehe *Or Lanetiwah* 42a.

[30]Ijob 10,17.

[31]In seinem Kommentar zur Tora z.St.

[32]Wahrscheinlich *More Newuchim* I 63.

[33]Siehe in *Mikraot Gedolot* z.St.

[34]An anderen Stellen bietet Mendelssohn ein korrekteres Deutsch als die heutige Umgangssprache. In solchen Fällen wurde Mendelssohns Wortwahl beibehalten. Als Richtlinie galt folgendes Prinzip: Wörter, deren Bedeutung in G. Wahrig, Deutsches Wörterbuch, 6. Aufl. 1997 zu finden sind, gelten als verständlich; zumindest kann ihre Bedeutung nachgeschlagen werden.

[35]Die erste gesamte Bibelübersetzung wurde erst 1837 von Leopold Zunz herausgegeben. Mendelssohn übersetzte nur die Tora, die Psalmen und das Hohelied sowie einige weitere poetische Texte der Bibel, wie z.B. das Deboralied Richter 5, u.a.

[36]Die drei anderen stammen von Lazarus Goldschmidt; Naftali Herz Tur-Sinai (Harry Torcyner) und Martin Buber/Franz Rosenzweig. Goldschmidts Übersetzung erschien 1921ff nur in einer bibliophilen Ausgabe im Stil der Gutenbergbibel. Bekannt wurde er durch seine Übersetzung des Talmud. Die beiden anderen Übersetzungen sind heute leicht erhältlich: Die Heilige Schrift, ins Deutsche übertragen von Naftali Herz Tur-Sinai, Stuttgart 2. Aufl. 1995; Die Schrift. Verdeutscht von Martin Buber gemeinsam mit Franz Rosenzweig, 4 Bände, Heidelberg 10. Aufl. 1992. Darüber hinaus erschienen im 19. Jahrhundert etliche andere deutsche jüdische Bibelübersetzungen. Zu nennen ist z.B. die 1839–53 erschienene Volksbibel Ludwig Philippson, die vor allem durch eine für das deutsche Kaiserreich typisch gemachtes Werk, eine große Prachtausgabe mit revidiertem Text und Bildern Gustav Dorés, sehr verbreitet war (1. Aufl. 1875).

[37]Simon Bernfeld, Die Heilige Schrift, 6. Aufl. Frankfurt a. Main 1935, S. XXIIIf.

634

[38]So wurde z.B. die Übersetzung »der Ewige« anstelle von Bernfelds »der Herr« für den Gottesnamen benutzt, es wurden durchgängig die hebräischen Namensformen statt Bernfelds lateinischen verwendet und es wurde insgesamt auf eine gute und klare deutsche Syntax geachtet. Einiges wurde an die Mendelssohn'schen Übersetzungsweisen angepasst. Z.B. wurde aus Bernfelds: »Wahrlich, ich will sie locken und in die Wüste führen und ihr zu Herzen reden« in der neuen Fassung nun: »Wahrlich, ich will sie locken, in die Wüste führen, ihr zu Herzen reden.« (Hos 2,16), entsprechend dem Stil Mendelssohns, der kurze Aufzählungen im Hebräischen auch im Deutschen in knapper Aneinanderreihung wiedergab, ohne die im Hebräischen übliche Kopula stets zu wiederholen.

[39]Z.B. lautet Bernfeld zu Hos 2,4 (aus der Haftara zu Bemidbar): »Hadert aber jetzt mit eurer Mutter, hadert mit ihr! Denn sie ist nicht mein Weib, und ich nicht ihr Mann, bis sie wegschafft ihre Buhlerei von ihrem Angesichte, und ihre Ehebrecherei von ihren Brüsten.« Die neue Textfassung, die hier abgedruckt wurde, lautet: »Klagt aber jetzt eure Mutter an, klagt sie an! Denn sie ist nicht meine Frau, und ich nicht ihr Mann, bis sie sich abschminkt ihre Hurerei von ihrem Gesicht, und ihre Ehebrecherei von ihren Brüsten.« (Die Veränderungen erfolgten sämtlich mit Blick in das hebräische Original.)

[40]Das Original findet sich in: Moses Mendelssohn. Gesammelte Schriften. Jubiläumsausgabe Band 10,1 (Schriften zum Judentum IV), Stuttgart-Bad Cannstatt 1985, S. 255-258.

[41]Das Original findet sich in: Moses Mendelssohn. Gesammelte Schriften. Jubiläumsausgabe Band 15,1 (Hebräische Schriften II,1), Stuttgart-Bad Cannstatt 1990, S. 77-83.

[42]Siehe dazu ausführlicher: B.J. Bamberger, Die Tora und das jüdische Volk, in: Die Tora in jüdischer Auslegung. Band I Bereschit. Genesis, hg. von W.G. Plaut, Autorisierte Übersetzung und Bearbeitung von A. Böckler, Gütersloh 1999, S. 39-46.

[43]Die Masoreten nannten einen Freiraum zwischen Sätzen *parascha setuma*, den Freiraum vor dem Zeilenumbruch *parascha petucha*. In gedruckten Ausgaben des hebräischen Textes werden sie oft als samech ס bzw. pe פ angegeben. Unsere heutige Tradition stammt ungefähr aus dem 8. Jahrhundert d.Z., die offenen und geschlossenen Abschnitte sind jedoch bereits im Talmud erwähnt (Schab 103b). Sie sind also erheblich älter als die (christliche) Einteilung in Kapitel und Verse, die erst im 13. Jahrhundert d.Z. aufkam und dann zur Zeit des Buchdrucks allgemeine Verbreitung fand. Eine gute allgemein verständliche Einführung in die jüdische Unterteilung gibt J. Romain, The Mystery of the open and closed paragraphs, in: H. Cooper et al., Welcome to the Cavalcade. FS Jonathan Magonet, London: Kulmus 2013, S. 167-176.

Anmerkungen zu den Haftarot

[1] Die Texte der traditionellen sefardischen Tradition finden sich z.B. in: Pentateuch mit deutscher Übersetzung von J. Wohlgemuth und J. Bleichrode und Haftarot übersetzt von L.H. Löwenstein und S. Bamberger, Basel 1997.

[2] Sefardim lesen stattdessen das Buch Obadja.

[3]Der folgende Text (Vers 2-31) ist die revidierte Fassung der Übersetzung von Moses Mendelssohn. Das Original findet sich in: Moses Mendelssohn. Gesammelte Schriften. Jubiläumsausgabe Band 10,1 (Schriften zum Judentum IV), Stuttgart-Bad Cannstatt 1985, S. 255-258.

[4]Im Hebräischen heißt Ehegemahl *isch*, aber ebenso auch *baal*. Da die Bezeichnung *baal* (auch Herr und Eigner) im Laufe der Zeit die Benennung der Götzen geworden ist, darum soll dies Wort überhaupt nicht mehr in den Mund genommen werden.

[5]Im Hebräischen sind es sieben Worte entsprechend der sieben Augen; dies wurde in der revidierten deutschen Fassung nun nachgeahmt (A.B.).

[6]Im Hebräischen liegt ein Wortspiel vor, das im revidierten deutschen Text nachgeahmt wurde: Mandelbaum*trieb* (wörtl.: ein Stab von einem Mandelbaum) heißt hebräisch *makkel schaked*. »Eifrig *treibe* ich« (oder: eifrig bin ich bedacht) ist hebräisch: *schoked*. Bernfeld übersetzte hier – ohne das Wortspiel im Deutschen kenntlich zu machen: »Einen Stab vom Mandelbaum sehe ich. Der Herr sprach zu mir: du hast richtig gesehen, denn ich wache über mein Wort, dass ich es vollführe.«

[7]Bezieht sich auf Zeitereignisse. Fremde und Verschnittene dürfen eigentlich nicht in die Gemeinschaft Israels aufgenommen werden. Der Prophet sprach sich indessen unter Berücksichtigung der Zeitumstände für eine mildere Auffassung dieses Verbotes aus.

[8]Neue Übersetzung unter Benutzung von Mendelssohns Übersetzung von Psalm 18. Die Unterschiede beider Versionen wurden vorher gesichtet und berücksichtigt.

[9]Der folgende Text ist eine neue Übersetzung. Er enthält viele Anspielungen und Zitate aus den Psalmen, einige wenige aus den fünf Büchern Mose, daher konnten Mendelssohns Wendungen und Übersetzungen hier mittels der Konkordanz gesucht und berücksichtigt werden. Insgesamt wurde versucht, den Rhythmus des hebräischen Textes im Deutschen nachzuahmen– wie es auch Mendelssohns Übersetzungsprinzip war.

[10]Nach der jüdischen Tradition hat Jer 30 25 Verse, der hier abgedruckte Vers 1 ist daher in vielen Bibelausgaben Vers 2.

[11]Der Stamm Josef (Menasche und Efrajim) hatte Rachel zur Stammmutter.

[12]Neue Übersetzung, die bewusst eine modernere Sprache wählt, um die Aktualität des Textes zu unterstreichen.

637

[13]Übersetzung nach Moses Mendelssohn. Ein Nachdruck des Originals findet sich in Moses Mendelssohn. Gesammelte Schriften. Jubiläumsausgabe Band 15,1 (Hebräische Schriften II,1), Stuttgart-Bad Cannstadt 1990, S. 77-83.

[14]Die Verse 19 - 27 basieren auf der Übersetzung, die sich in der Bibelausgabe hg. von Naftali Tur-Sinai findet.

Bibliographie

Altmann, Alexander, Moses Mendelssohn. A Biographical Study, London 1973 (zur Toraübersetzung S. 368-420).

Bernfeld, Simon, Die Heilige Schrift nach dem masoretischen Text neu übersetzt und erklärt nebst einer Einleitung, Frankfurt a.M. 6. Aufl. 1935.

Die fünf Bücher Moses mit deutscher Übersetzung nach Moses Mendelssohn's verbesserter Ausgabe, Fürth 5620 (=1839/40)

Kayserling, Meyer, Moses Mendelssohn. Sein Leben und seine Werke, Leipzig 1862 (Nachdruck Hildesheim 1972) (zur Toraübersetzung S. 284-326).

Moses Mendelssohn, Gesammelte Schriften. Nach dem Originaldrucken und Handschriften herausgegeben von G.B. Mendelssohn, Leipzig 1863 (Nachdruck Hildesheim 1976) (Band VII enthält eine Übertragung der Toraübersetzung in deutsche Buchstaben.).

Moses Mendelssohn. Hebräische Schriften II,1-5. Der Pentateuch. Bearbeitet von Werner Weinberg (Gesammelte Schriften. Jubiläumsausgabe 15,1-18), Stuttgart-Bad Cannstatt 1990.

Landau, Mosche Halevi, Sifrei Kodesch im targumim ubiurim ... hozi'im la'or moshe halevi Landau, Prag: M. J. Landau, 1835-1836.

Glossar

Bibeltexte enthalten viele Wörter, Redewendungen und Sachverhalte, die uns heute schwer verständlich sind. Um die Bibel zu verstehen, braucht man deshalb Kommentare, in denen Begriffe und die Bedeutung von Abschnitten erklärt werden. Hingewiesen sei hier vor allem auf den fünfbändigen Torakommentar von W.G. Plaut (Hg.), Die Tora in jüdischer Auslegung, Gütersloh, 1999ff. Im Folgenden werden nur einige wenige schwierige, häufige Begriffe der Tora erklärt bzw. spezielle von Moses Mendelssohn gewählte Begriffe kurz erläutert.

Abend: Hebräisch: *jam*. Mendelssohns Übersetzung für »Westen«. Mendelssohns poetische Umschreibungen der Himmelsrichtungen wurden in der revidierten Textfassung beibehalten (bzw. in den Haftarot eingeführt), da auch die hebräischen Bezeichnungen letztlich nur Umschreibungen der Himmelsrichtungen sind, keine exakten geographischen Begriffe. Das hebräische Wort in der Tora für »Westen« bedeutet »Meer«, gibt also die Seite in Richtung des Mittelmeeres an.

Ahnungskunst: Hebräisch: *qesem*. Die Kunst, aus den Eingeweiden eines Opfertieres oder aufgrund des Vogelfluges die Zukunft vorherzusagen. Diese Wissenschaft war im Alten Orient sehr verbreitet. Viele Übersetzungen haben für qesem »Wahrsagerei«. Dies trifft aber das Gemeinte nicht, wenn man dabei an moderne Wahrsager/innen denkt. Mendelssohn hat im Original »Ahndungskunst«. Der Begriff »ahnden« bedeutete im 18. und 19. Jahrhundert das, was bei uns heute durch das Wort »ahnen« ausgedrückt wird, daher wurde Mendelssohns Begriff bei der Revision leicht verändert. Im *Biur*, der Erklärung, die Mendelssohns Original 1783 beigefügt worden ist, heißt es zu *qesem*, der Begriff bezeichne diejenigen, »die sagen, das solches ohne Zweifel geschieht und solches entschieden ist« (*Biur* zu Dtn 18,10).

Bannen: Hebräisch: *hecherim*. Vollständig zerstören und keine Beute nehmen außer dem, was im Heiligtum als Opfer dargebracht werden soll. Mendelssohns Übersetzung dieses Begriffs bezieht sich auf die Perspektive Jisraels: Nichts in der eroberten Stadt steht Jisrael zur Verfügung, alles soll vollständig vom Erdboden verschwinden.

Brustschild: Hebräisch: *choschen*. Ein Behältnis für die priesterlichen Losorakel *Urim* und *Tummin*, die der Hohe Priester darin auf seiner Brust trug. Das Brustschild war in einer besonderen Weise gestaltet. Auf ihm waren zwölf Edelsteine, für jeden Stamm Jisraels einen (siehe die Beschreibung in Ex 28,15-30). Ein Abbildung findet sich in W.G. Plaut, Die Tora in jüdischer Auslegung Band II Exodus, Gütersloh 1999, S. 302.

Efa: Hohlmaß. 1 Efa sind ca. 22 Liter.

Freudenopfer: Hebräisch *sebach sch'lamin*, oft auch als »Heilsopfer« übersetzt. Das hervorstechendste Merkmal dieser Opferart war ein Festessen, das der Opfernde mit seinen Gästen aß, nachdem er die vorgeschriebenen Teile des Tieres auf dem Altar verbrannt und den Priestern ihre Anteile gegeben hatte. (Zur Bedeutung der Opfer und zu den einzelnen Opferarten siehe ausführlich W.G. Plaut [Hg.], Die Tora in jüdischer Auslegung Band III Levitikus.)

Ganzopfer: Hebräisch olah. Eine Opferart, bei der ein ganzes Tier vollständig verbrannt wird. (Zur Bedeutung der Opfer, zu den einzelnen Opferarten und zur Bedeutung der hebräischen Bezeichnungen siehe ausführlich W.G. Plaut

[Hg.], Die Tora in jüdischer Auslegung Band III Levitikus.)

Hebe: Hebräisch: *teruma* »das Emporgehobene«. *Teruma* ist ein Fachbegriff der Opfersprache Oft wird er mit »Hebeopfer« übersetzt. Das Wort ist eine Ableitung der hebräischen Wortwurzel R-U-M »hoch sein«. Wie dieses Opfer genau vollzogen wurde und warum es diese Bezeichnung trägt, ist unklar.

Mittag: Hebräisch: *negew.* Mendelssohns Übersetzung für »Süden«. Mendelssohns poetische Umschreibungen der Himmelsrichtungen wurden in der revidierten Textfassung beibehalten (bzw. in den Haftarot eingeführt), da auch die hebräischen Bezeichnungen letztlich nur Umschreibungen der Himmelsrichtungen sind, keine exakten geographischen Begriffe. Das hebräische Wort in der Tora für »Süden« bedeutet »Steppe«, gibt also die Seite in Richtung der Negev-Wüste im Süden an.

Mitternacht: Hebräisch: *zafon.* Mendelssohns Übersetzung für »Norden«. Mendelssohns poetische Umschreibungen der Himmelsrichtungen wurden in der revidierten Textfassung beibehalten (bzw. in den Haftarot eingeführt), da auch die hebräischen Bezeichnungen letztlich nur Umschreibungen der Himmelsrichtungen sind, keine exakten geographischen Begriffe. Das hebräische Zafon ist die Bezeichnung eines Berges im Norden Israels.

Mizrajim: Hebräisch für »Ägypten«. Mizrajim bedeutet mehr als die Bezeichnung eines geographischen Gebietes. Mizrajim ist eine Chiffre für jeden Ort der Versklavung und Unfreiheit.

Morgen: Hebräisch: *qedem.* Mendelssohns Übersetzung für »Osten«. Mendelssohns poetische Umschreibungen der Himmelsrichtungen wurden in der revidierten Textfassung beibehalten (bzw. in den Haftarot eingeführt), da auch die hebräischen Bezeichnungen letztlich nur Umschreibungen der Himmelsrichtungen sind, keine exakten geographischen Begriffe. Das hebräische Wort in der Tora für »Osten« bedeutet »vorn«, bezeichnet also das, was vorne, was vor einem liegt.

Nasir: »Nasiräer«, einer, der eine bestimmte Zeit lang für eine heilige Aufgabe abgesondert ist. Für die *Nasirim* galten zur Zeit ihres Nasirats besondere Gesetze (vgl. Num 6).

Omer: Hohlmaß. Ein *Omer* ist der zehnte Teil eines **Efa.*

P'lischtim: Hebräisch für »Philister«.

Scheol: Der Ort, wo nach biblischer Vorstellung die Toten sind.

Schomron: Hebräisch für »Samaria«.

Schuldopfer: Hebräisch: *ascham.* Das Opfer eines Widders, das jemand darbringen musste, der fremdes Eigentum entwendet hatte. Außer diesem Opfer musste er das, was er entwendet hatte, ersetzen. (Zur Bedeutung der Opfer und zu den einzelnen Opferarten siehe ausführlich W.G. Plaut [Hg.], Die Tora in jüdischer Auslegung Band III Levitikus.)

Speiseopfer: Hebräisch: *mincha.* Eine Opfergabe von Mehl und Öl, entweder als Naturprodukte oder in Form von Brotfladen, je nach dem Belieben des Opfernden. (Zur Bedeutung der Opfer und zu den einzelnen Opferarten siehe ausführlich W.G. Plaut [Hg.], Die Tora in jüdischer Auslegung Band III Levitikus.)

Stiftszelt: Bezeichnung für das Zeltheiligtum, das Jisrael der Tora zufolge während der Zeit der Wüstenwanderung hatte. Zur Bedeutung, zur Einrichtung und zum Aussehen dieses Zeltes siehe Ex 25-31 und W.G. Plaut, Die Tora in jüdischer Auslegung Band II. Exodus, Gütersloh 1999, S. 276ff (mit Abbildungen).

Sündenopfer: Hebräisch: *chatat*. Das Opfer eines Rindes, das jemand darbringen musste, der versehentlich eine Sünde begangen hatte. Das Sündenopfer diente dazu, unabsichtliche Sünden zu tilgen. (Zur Bedeutung der Opfer und zu den einzelnen Opferarten siehe ausführlich W.G. Plaut [Hg.], Die Tora in jüdischer Auslegung Band III Levitikus.)

Tachaschfell: Die Bedeutung des hebräischen Wortes vjæTæ *tachasch* ist unklar. Es muss eine bestimmte Tierhaut gemeint sein. Mendelssohn lässt das Wort unübersetzt und deutet nur an, dass es eine Art Fell sein könnte.

Versöhnen, intransitiv gebraucht: Mendelssohns Begriff für »jemandem Sühne schaffen«. Hebräisch: *kiper*. Das Versöhnen geschieht durch ein Ritual, das von Unreinheit reinigt, damit etwas, das Gott geweiht sein soll, wieder in die Gegenwart Gottes kommen darf. Es kann sowohl Gegenständen als auch Menschen gelten.

Eine Wendung machen: Hebräisch: *tenufa*. Ein Fachbegriff der Opfersprache. Die antike aramäische Übersetzung, das Targum, übersetzte den Begriff mit »Trennung«, vielleicht in der Annahme, diese Teile wurden als besondere Gabe entfernt. Doch die rabbinschen Quellen verstanden *tenufa* im Sinne von »schwingen«. Sie bestimmten, der Betende solle vor dem Altar stehen, die Teile in seinen Händen halten und der Priester solle die Hände des Opfernden nach vorn und hinten bewegen. Von daher findet man in einigen modernen Versionen die Übersetzung »Schwingopfer«. Doch auch diese Deutung bereitet Schwierigkeiten, denn an einer Stelle handelt es sich um ein Lamm (Lev 14,12.24), an einer anderen um den ganzen Stamm Levi (Num 8,11). Die Wurzel von *tenufa* bedeutet nach dem Kommentar von J.J. Bamberger »hoch sein« (siehe W.G. Plaut (Hg.), Die Tora in jüdischer Auslegung Band III zu Lev 7,28ff). Der Begriff bezeichnet Bamberger zufolge entweder eine Opfergabe, die buchstäblich vor dem Altar emporgehoben wurde oder, in einem stärker übertragenen Sinne, eine besondere und herausragende Gabe. Mendelssohn übersetzte diesen schwer deutbaren Fachbegriff mit »eine Wendung machen«.

In der Übersetzung werden die hebräischen Namensformen verwendet – nicht die in deutschen christlichen Bibelübersetzungen üblich gewordenen Namensformen, die auf die griechische Übersetzung, die Septuaginta, zurückgehen. Im 19. Jahrhundert fanden diese zwar auch Eingang in deutsche jüdische Übersetzungen, heute aber, wo das Hebräische wieder eine gesprochene Sprache ist, sollte man die Originalversionen der Namen verwenden. Mendelssohn hat in seinem Original die hebräischen Namen übernommen. Die hebräischen Namen werden in der Regel auf der letzten Silbe betont - also: Moschéh (nicht Mósche), Awarahám (nicht Áwraham), etc.

Karten

1 Der alte Orient

2 Die Völker in Genesis 10

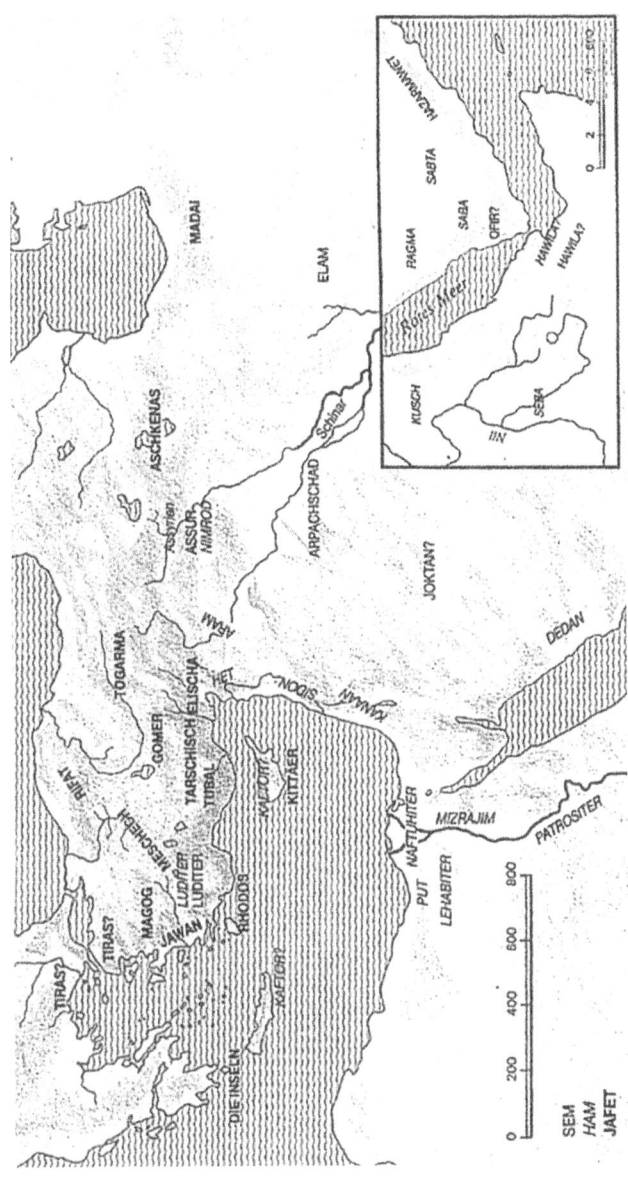

3 Die Wege Awrahams, Jizchaks und Jaakows

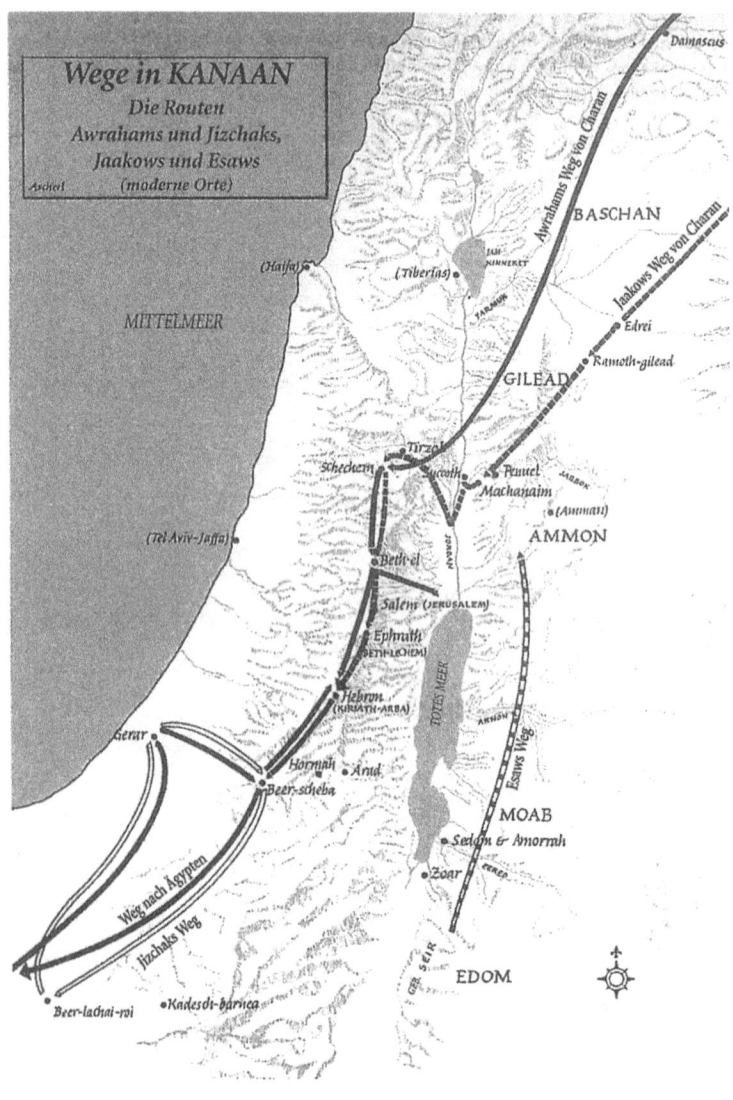

4 Der Weg Israels von Ägypten bis Kadesch Barnea

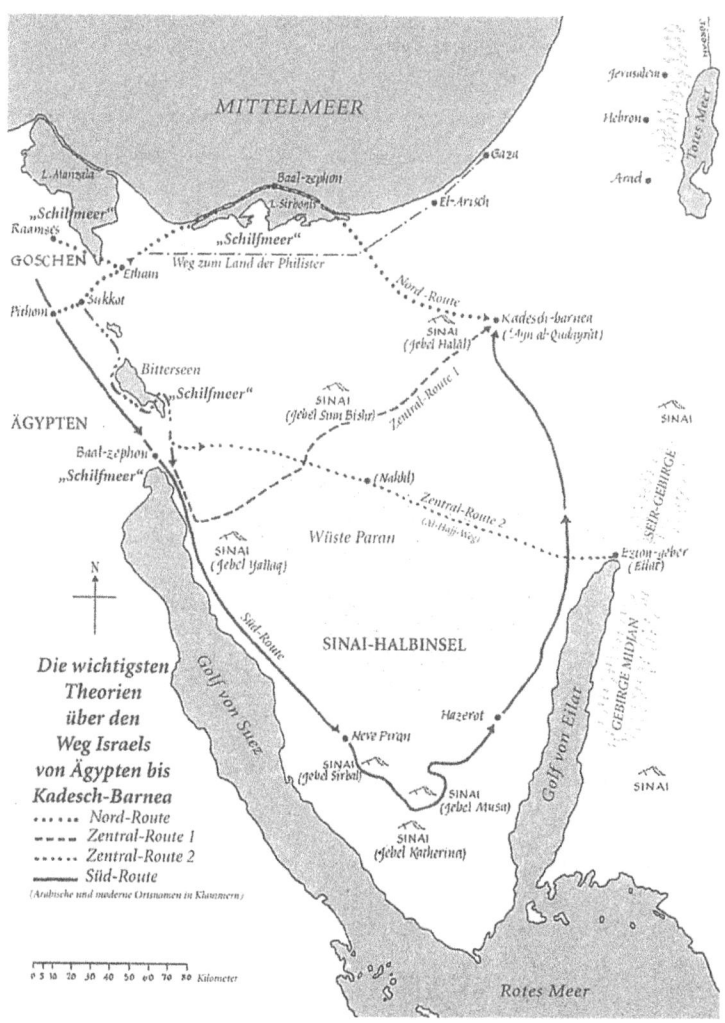

5 Das Stiftszelt

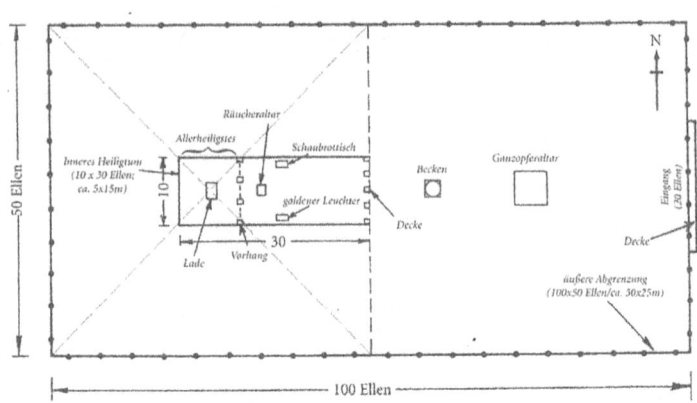

6. Der Tempel Sch'lomos

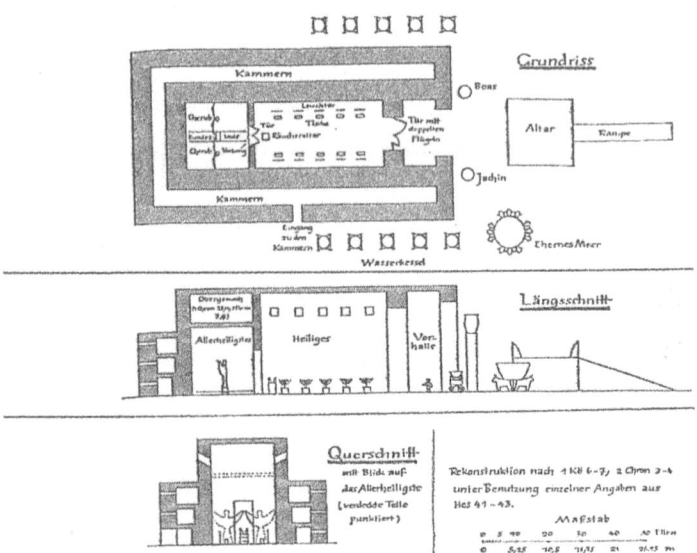

7 Der Weg der Kundschafter

Weg der Kundschafter
ins Land Kenaan

.... Grenze
.... mutmaßliche Grenze
——— Weg der Kundschafter
- - - Fortsetzung der Route
bis zur Grenze
Kanaans

0 10 20 30 40 50 60 70 80 Kilometer

647

8 Der Weg durch die Ebene Moaws

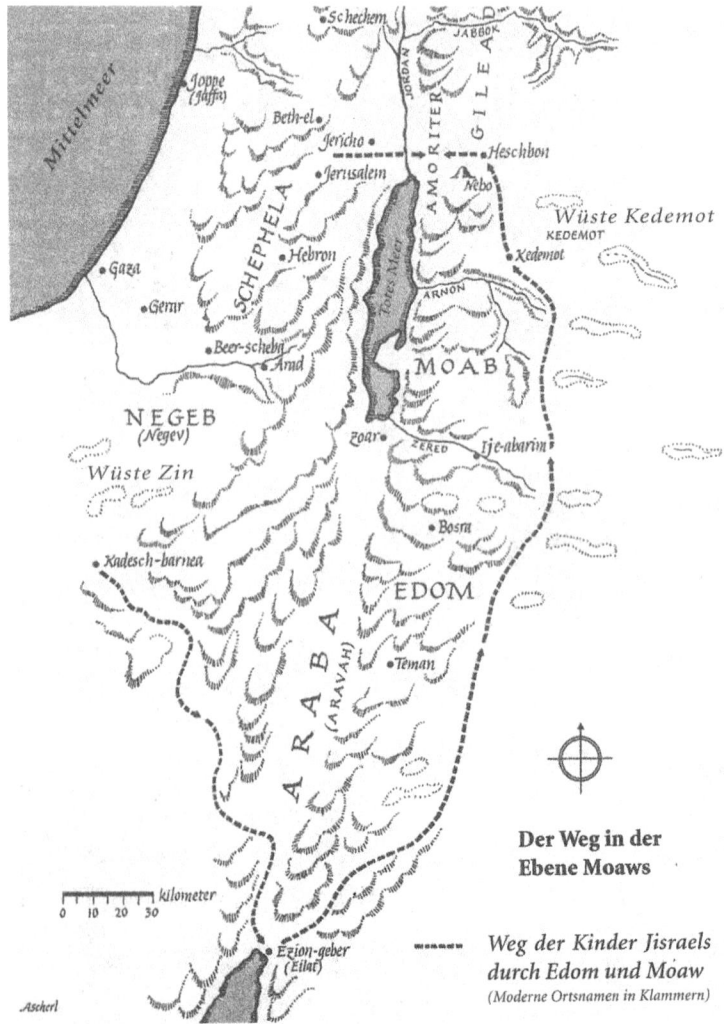

Der Weg in der Ebene Moaws

Weg der Kinder Jisraels
durch Edom und Moaw
(Moderne Ortsnamen in Klammern)

9. Zeittafel zu den Haftarot: Könige und Propheten

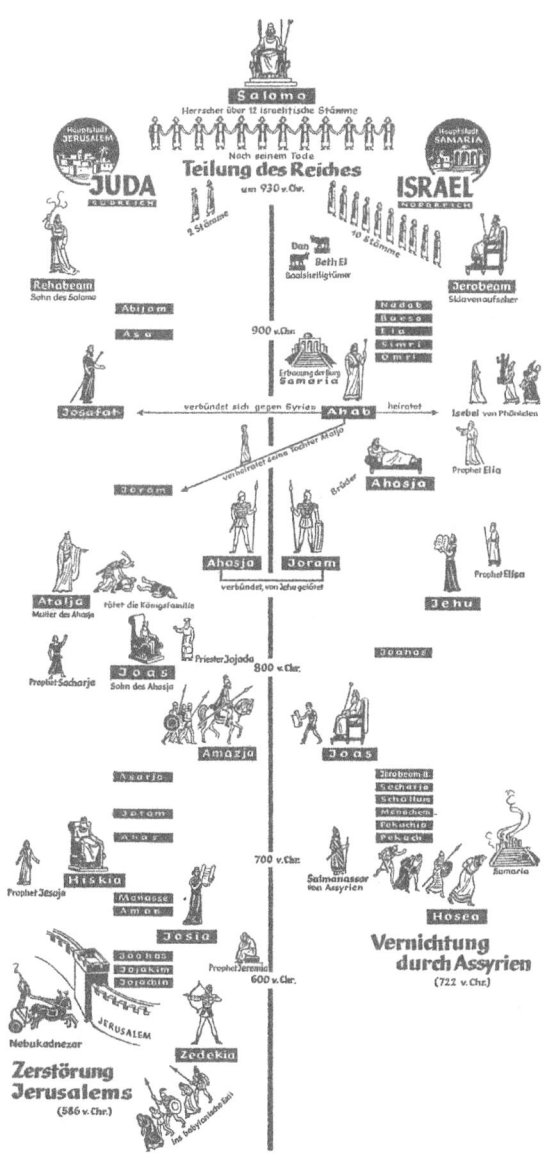

649

10. Der jüdische liturgische Kalender

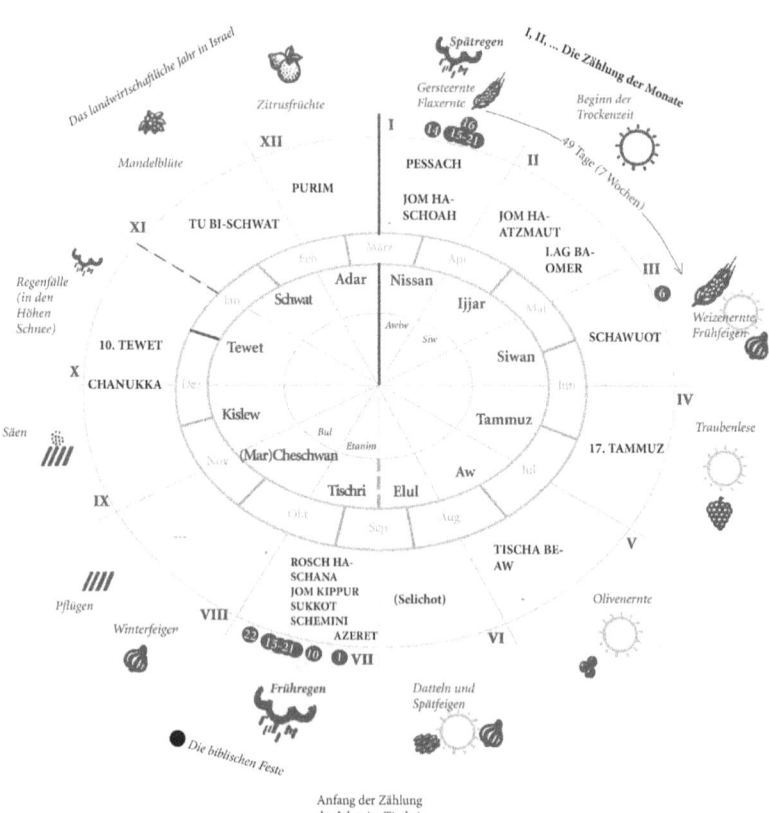

Anfang der Zählung
der Jahre im Tischri

Gebete

Vor dem Lernen von Tora-Interpretationen (la'asoq)

Vor dem Lernen der Tora:

בָּרוּךְ אַתָּה יְיָ אֱלֹהֵינוּ מֶלֶךְ הָעוֹלָם. אֲשֶׁר קִדְּשָׁנוּ בְּמִצְוֹתָיו
וְצִוָּנוּ לַעֲסוֹק בְּדִבְרֵי תוֹרָה:

Gepriesen seist du, Ewiger, unser Gott; du regierst die Welt. Du hast uns durch deine Gebote geheiligt und hast uns aufgetragen, uns mit den Worten deiner Tora zu beschäftigen

Vor und nach der gottesdienstlichen Toralesung

Vor der Toralesung:

Aufgerufene(r): בָּרְכוּ אֶת־יְיָ הַמְבֹרָךְ :

Gemeinde: בָּרוּךְ יְיָ הַמְבֹרָךְ לְעוֹלָם וָעֶד :

Aufgerufene(r) wiederholt die Antwort der Gemeinde und fährt fort mit:

בָּרוּךְ אַתָּה יְיָ אֱלֹהֵינוּ מֶלֶךְ הָעוֹלָם · אֲשֶׁר בָּחַר־בָּנוּ
מִכָּל־הָעַמִּים · וְנָתַן־לָנוּ אֶת־תּוֹרָתוֹ · בָּרוּךְ אַתָּה יְיָ · נוֹתֵן
הַתּוֹרָה :

Nach der Toralesung:

בָּרוּךְ אַתָּה יְיָ אֱלֹהֵינוּ מֶלֶךְ הָעוֹלָם · אֲשֶׁר נָתַן־לָנוּ
תּוֹרַת אֱמֶת · וְחַיֵּי עוֹלָם נָטַע בְּתוֹכֵנוּ · בָּרוּךְ אַתָּה יְיָ · נוֹתֵן
הַתּוֹרָה :

Vor der Toralesung:

Lasst uns Gott preisen; Gott gebührt unsere Ehre!

Gepriesen sei Gott; Gott gebührt unsere Ehre auf immer und ewig!

Gepriesen seist du, Ewiger, unser Gott, du regierst die Welt. Aus allen Völkern hast du uns erwählt, um uns deine Tora zu geben. Gepriesen seist du, Ewiger. Du gibst die Tora.

Nach der Toralesung:

Gepriesen seist du, Ewiger, unser Gott; du regierst die Welt. Du hast uns die Weisung zur Wahrheit gegeben und ewiges Leben in uns eingepflanzt. Gepriesen seist du, Ewiger. Du gibst die Tora.

653

Vor der Haftara

Vor der Haftara:

בָּרוּךְ אַתָּה יְיָ אֱלֹהֵינוּ מֶלֶךְ הָעוֹלָם · אֲשֶׁר בָּחַר בִּנְבִיאִים
טוֹבִים וְרָצָה בְדִבְרֵיהֶם הַנֶּאֱמָרִים בֶּאֱמֶת: בָּרוּךְ אַתָּה יְיָ ·
הַבּוֹחֵר בַּתּוֹרָה וּבְמֹשֶׁה עַבְדּוֹ וּבְיִשְׂרָאֵל עַמּוֹ וּבִנְבִיאֵי
הָאֱמֶת וָצֶדֶק:

Gepriesen seist du, Ewiger, unser Gott; du regierst die Welt. Du hast
gute Propheten erwählt. Du hattest Gefallen an ihren Worten, weil
sie der Wahrheit entsprachen. Gepriesen seist du, Ewiger, du hast die
Tora, deinen Diener Mosche, dein Volk Israel und die wahren und
wirklichen Propheten erwählt.

Nach der Haftara (die ersten drei Abschnitte)

Einige liberale Gemeinden lesen den ersten und letzten Abschnitt oder beginnen mit dem letzten Abschnitt.

Nach der Haftara (die traditionellen ersten drei Abschnitte):

בָּרוּךְ אַתָּה יְהֹוָה אֱלֹהֵינוּ מֶלֶךְ הָעוֹלָם· צוּר כָּל
הָעוֹלָמִים· צַדִּיק בְּכָל־הַדּוֹרוֹת· הָאֵל הַנֶּאֱמָן הָאוֹמֵר
וְעוֹשֶׂה הַמְדַבֵּר וּמְקַיֵּם שֶׁכָּל־דְּבָרָיו אֱמֶת וָצֶדֶק: נֶאֱמָן
אַתָּה הוּא יְהֹוָה אֱלֹהֵינוּ וְנֶאֱמָנִים דְּבָרֶיךָ וְדָבָר אֶחָד
מִדְּבָרֶיךָ אָחוֹר לֹא יָשׁוּב רֵיקָם כִּי אֵל מֶלֶךְ נֶאֱמָן
[וְרַחֲמָן] אָתָּה: בָּרוּךְ אַתָּה יְהֹוָה· הָאֵל הַנֶּאֱמָן בְּכָל
דְּבָרָיו:

רַחֵם עַל צִיּוֹן כִּי הִיא בֵּית חַיֵּינוּ וְלַעֲלוּבַת נֶפֶשׁ
תּוֹשִׁיעַ בִּמְהֵרָה בְיָמֵינוּ· בָּרוּךְ אַתָּה יְהֹוָה· מְשַׂמֵּחַ
צִיּוֹן בְּבָנֶיהָ:

שַׂמְּחֵנוּ יְהֹוָה אֱלֹהֵינוּ בְּאֵלִיָּהוּ הַנָּבִיא עַבְדֶּךָ
וּבְמַלְכוּת בֵּית דָּוִד מְשִׁיחֶךָ· בִּמְהֵרָה יָבֹא וְיָגֵל לִבֵּנוּ·
עַל כִּסְאוֹ לֹא יֵשֵׁב זָר וְלֹא יִנְחֲלוּ עוֹד אֲחֵרִים אֶת
כְּבוֹדוֹ כִּי בְשֵׁם קָדְשְׁךָ נִשְׁבַּעְתָּ לּוֹ שֶׁלֹּא יִכְבֶּה נֵרוֹ
לְעוֹלָם וָעֶד· בָּרוּךְ אַתָּה יְהֹוָה· מָגֵן דָּוִד:

Gepriesen seist du, Ewiger, unser Gott; du regierst die Welt; du bist der Fels aller Zeiten, gerecht in jeder Generation. Treuer Gott, du sprichst und du handelst, du verheißt und du erfüllst.

Alle Worte Gottes sind wahr und gerecht. Du bist wahrhaftig der Ewige, unser Gott, und deine Worte haben Bestand. Kein einziges von ihnen kehrt leer wieder zurück. Denn du bist Gott. Du regierst.

655

Du bist treu und barmherzig. Gepriesen seist du, Ewiger; du bist ein treuer Gott in allen deinen Worten.

Ergreife Partei für Zion, denn sie ist unser Lebenshaus. Hilf den Betrübten rasch zu unseren Zeiten. Gepriesen seist du, Ewiger; du erfreust Zion mit Kindern.

Ewiger, unser Gott, erfreue uns durch den Propheten Elijahu, deinen Knecht und durch den Anbruch der messianischen Zeit. Möge sie bald zu uns kommen. Dann werden unsere Herzen frohlocken. Auf Davids Thron möge kein Fremder sitzen. Andere mögen an seiner Herrlichkeit keinen Anteil haben. Denn bei deinem heiligen Namen hast du geschworen, dass sein Licht niemals verlöschen wird. Gespriesen seist du, Ewiger, Schutzschild Davids.

An: Schabbat siehe unten
*An: * Rosch HaSchana S. 657 * Jom Kippur S. 658 * Pilgerfesten S. 659*

Nach der Haftara am Schabbat

Einige liberale Gemeinden sagen nach der Haftara nur diesen Abschnitt:

Nach der Haftara:

עַל־הַתּוֹרָה וְעַל־הָעֲבוֹדָה וְעַל־הַנְּבִיאִים וְעַל־יוֹם הַשַּׁבָּת הַזֶּה שֶׁנָּתַתָּ־לָּנוּ יְיָ אֱלֹהֵינוּ לִקְדֻשָּׁה וְלִמְנוּחָה לְכָבוֹד וּלְתִפְאָרֶת · עַל־הַכֹּל יְיָ אֱלֹהֵינוּ אֲנַחְנוּ מוֹדִים לָךְ וּמְבָרְכִים אוֹתָךְ · יִתְבָּרַךְ שִׁמְךָ בְּפִי כָּל־חַי תָּמִיד לְעוֹלָם וָעֶד · בָּרוּךְ אַתָּה יְיָ · מְקַדֵּשׁ הַשַּׁבָּת:

Für die Tora, für den Gottesdienst, für die Worte der Propheten, für diesen Schabbattag, den du uns zur Heiligkeit und Ruhe, zur Herrlichkeit und Pracht gewährst, dafür danken wir dir und preisen dich, Ewiger, unser Gott. Dein Name möge durch jeden Mund stets gepriesen werden, immer und ewig. Gepriesen seist du, Ewiger. Du hast den Schabbat geheiligt.

Nach der Haftara an Rosch HaSchana

(Zu den traditionellen ersten drei Absätzen siehe oben, S. 655.)

Nach der Haftara (an Rosch ha-Schana):

עַל־הַתּוֹרָה וְעַל־הָעֲבוֹדָה וְעַל־הַנְּבִיאִים (וְעַל־יוֹם הַשַּׁבָּת
הַזֶּה) וְעַל־יוֹם הַזִּכָּרוֹן הַזֶּה שֶׁנָּתַתָּ־לָּנוּ יְיָ אֱלֹהֵינוּ (לִקְדֻשָּׁה
וְלִמְנוּחָה) לְכָבוֹד וּלְתִפְאָרֶת. עַל הַכֹּל יְיָ אֱלֹהֵינוּ אֲנַחְנוּ מוֹדִים
לָךְ וּמְבָרְכִים אוֹתָךְ. יִתְבָּרַךְ שִׁמְךָ בְּפִי כָל־חַי תָּמִיד לְעוֹלָם
וָעֶד. וּדְבָרְךָ אֱמֶת וְקַיָּם לָעַד. בָּרוּךְ אַתָּה יְיָ. מֶלֶךְ עַל־כָּל־הָאָרֶץ
מְקַדֵּשׁ (הַשַּׁבָּת וְ)יִשְׂרָאֵל וְיוֹם הַזִּכָּרוֹן:

Für die Tora, für den Gottesdienst, für die Worte der Propheten, für (diesen Schabbattag und) diesen Tag der Erinnerung, den du uns zur (Heiligkeit und Ruhe,) Herrlichkeit und Pracht gewährst, dafür danken wir dir und preisen dich, Ewiger, unser Gott. Dein Name möge durch jeden Mund stets gepriesen werden, immer und ewig. Dein Wort ist wahr und hat Gültigkeit. Gepriesen seist du, Ewiger. Du hast (den Schabbat,) Israel und diesen Tag der Erinnerung geheiligt

657

Nach der Haftara an Jom Kippur

(Zu den traditionellen ersten drei Absätzen siehe oben, S. 655.)

Nach der Haftara (an Jom Kippur):

עַל־הַתּוֹרָה וְעַל־הָעֲבוֹדָה וְעַל־הַנְּבִיאִם. (וְעַל־יוֹם הַשַּׁבָּת
הַזֶּה) וְעַל־יוֹם הַכִּפּוּרִים הַזֶּה שֶׁנָּתַתָּ לָּנוּ יְיָ אֱלֹהֵינוּ (לִקְדֻשָּׁה
וְלִמְנוּחָה.) לִמְחִילָה וְלִסְלִיחָה וּלְכַפָּרָה. לְכָבוֹד וּלְתִפְאָרֶת: עַל־
הַכֹּל יְיָ אֱלֹהֵינוּ אֲנַחְנוּ מוֹדִים לָךְ וּמְבָרְכִים אוֹתָךְ. יִתְבָּרַךְ
שִׁמְךָ בְּפִי כָּל־חַי תָּמִיד לְעוֹלָם וָעֶד. וּדְבָרְךָ מַלְכֵּנוּ אֱמֶת וְקַיָּם
לָעַד: בָּרוּךְ אַתָּה יְיָ. מֶלֶךְ מוֹחֵל וְסוֹלֵחַ לַעֲוֹנוֹתֵינוּ וְלַעֲוֹנוֹת
עַמּוֹ בֵּית יִשְׂרָאֵל. וּמַעֲבִיר אַשְׁמוֹתֵינוּ בְּכָל־שָׁנָה וְשָׁנָה. מֶלֶךְ
עַל כָּל־הָאָרֶץ מְקַדֵּשׁ (הַשַּׁבָּת וְ) יִשְׂרָאֵל וְיוֹם הַכִּפּוּרִים:

Für die Tora, für den Gottesdienst, für die Worte der Propheten, für
(diesen Schabbattag und) diesen Tag der Versöhnung, den du uns zur
(Heiligkeit und Ruhe,) Verzeihung und Vergebung, Herrlichkeit und
Pracht gewährst, dafür danken wir dir und preisen dich, Ewiger, unser
Gott. Dein Name möge durch jeden Mund stets gepriesen werden,
immer und ewig. Dein Wort ist wahr und hat Gültigkeit. Gepriesen
seist du, Ewiger. Du regierst und du verzeihst. Du vergibst unsere
Verkehrungen und die Verkehrungen deines Volkes, der Familie
Israels. Jahr für Jahr lässt du unsere Schuld vergehen. Gepriesen seist
du Ewiger; du regierst über die ganze Erde. Du hast (den Schabbat,)
Israel und diesen Tag der Versöhnung geheiligt.

Nach der Haftara an Pilgerfesten

(Zu den traditionellen ersten drei Absätzen siehe oben, S. 655.)

Nach der Haftara (an den den Pilgerfesten):

עַל־הַתּוֹרָה וְעַל־הָעֲבוֹדָה וְעַל־הַנְּבִיאִים וְעַל־יוֹם

בשבת   [הַשַּׁבָּת הַזֶּה וְעַל־יוֹם...]

בפסח   חַג הַמַּצּוֹת הַזֶּה

בשבועות   חַג הַשָּׁבוּעוֹת הַזֶּה

בסוכות   חַג הַסֻּכּוֹת הַזֶּה

בשמחת תורה   חַג הָעֲצֶרֶת הַזֶּה

שֶׁנָּתַתָּ לָּנוּ יְהֹוָה אֱלֹהֵינוּ [לִקְדֻשָּׁה וְלִמְנוּחָה] לְשָׂשׂוֹן
וּלְשִׂמְחָה לְכָבוֹד וּלְתִפְאָרֶת· עַל־הַכֹּל יְהֹוָה אֱלֹהֵינוּ אֲנַחְנוּ
מוֹדִים לָךְ וּמְבָרְכִים אוֹתָךְ· יִתְבָּרַךְ שִׁמְךָ בְּפִי כָל־חַי תָּמִיד
לְעוֹלָם וָעֶד· בָּרוּךְ אַתָּה יְהֹוָה· מְקַדֵּשׁ [הַשַּׁבָּת וְ] יִשְׂרָאֵל
וְהַזְּמַנִּים:

Für die Tora, für den Gottesdienst, für die Worte der Propheten,
(**Am Schabbat:** für diesen Tag der Ruhe und)
An Pessach: für dieses Fest der ungesäuerten Brote,
An Schawuot: für dieses Wochenfest
An Sukkot: für dieses Laubhüttenfest,
An Simchat Tora: für dieses Schlussfest,
das du uns zur (Heiligkeit und Ruhe), zur Fröhlichkeit und Freude
gegeben hast, an dem wir deine Gegenwart und Herrlichkeit erfah-
ren, dafür danken wir dir und preisen dich, Ewiger, unser Gott. Dein
Name möge durch jeden Mund stets gepriesen werden, immer und
ewig. Gepriesen seist du, Ewiger. Du hast (den Schabbat), Israel und
die Festzeiten geheiligt.

659

Kaddisch de Rabbanan

קדיש דרבנן

יִתְגַּדַּל וְיִתְקַדַּשׁ שְׁמֵהּ רַבָּא בְּעָלְמָא דִי־בְרָא כִרְעוּתֵהּ ·
וְיַמְלִיךְ מַלְכוּתֵהּ בְּחַיֵּיכוֹן וּבְיוֹמֵיכוֹן וּבְחַיֵּי דִי־כָל־בֵּית
יִשְׂרָאֵל בַּעֲגָלָא וּבִזְמַן קָרִיב · וְאִמְרוּ אָמֵן :

יְהֵא שְׁמֵהּ רַבָּא מְבָרַךְ לְעָלַם וּלְעָלְמֵי עָלְמַיָּא ·

יִתְבָּרַךְ וְיִשְׁתַּבַּח וְיִתְפָּאַר וְיִתְרוֹמַם וְיִתְנַשֵּׂא וְיִתְהַדָּר וְיִתְעַלֶּה
וְיִתְהַלָּל שְׁמֵהּ דִי־קֻדְשָׁא · בְּרִיךְ הוּא · לְעֵלָּא מִן־כָּל־
בִּרְכָתָא וְשִׁירָתָא תֻּשְׁבְּחָתָא וְנֶחֱמָתָא דִי־אֲמִירָן בְּעָלְמָא ·
וְאִמְרוּ אָמֵן :

עַל יִשְׂרָאֵל וְעַל רַבָּנָן וְעַל תַּלְמִידֵיהוֹן וְעַל כָּל־תַּלְמִידֵי
תַלְמִידֵיהוֹן וְעַל כָּל־מָן דִּי עָסְקִין בְּאוֹרַיְתָא דִּי בְּאַתְרָא
הָדֵן וְדִי בְּכָל־אֲתַר וַאֲתַר יְהֵא לְהוֹן וּלְכוֹן שְׁלָמָא רַבָּא
חִנָּא וְחִסְדָּא וְרַחֲמִין וְחַיִּין אֲרִיכִין וּמְזוֹנָא רְוִיחָא וּפֻרְקָנָא
מִן־קֳדָם אֲבוּהוֹן דִּי בִשְׁמַיָּא · וְאִמְרוּ אָמֵן :

יְהֵא שְׁלָמָא רַבָּא מִן־שְׁמַיָּא וְחַיִּים טוֹבִים עָלֵינוּ וְעַל־כָּל־
יִשְׂרָאֵל · וְאִמְרוּ אָמֵן :

עֹשֶׂה שָׁלוֹם בִּמְרוֹמָיו הוּא בְּרַחֲמָיו יַעֲשֶׂה שָׁלוֹם עָלֵינוּ
וְעַל־כָּל־יִשְׂרָאֵל · וְאִמְרוּ אָמֵן :

Verherrlicht und geheiligt
werde Gottes großer Name in der Welt,
die Gott nach eig'nem Ratschluss schuf.

Gottes Reich erstehe in eurem Leben und zu euren Zeiten und im
Leben ganz Israels schnell und bald. Darauf sprecht:
So sei es.

Gottes großer Name sei gepriesen, immerzu und bis in Ewigkeit!

Gottes Name sei gepriesen und gelobt,
Gottes Name sei verherrlicht und erhoben.
Gottes Name sei verehrt und gerühmt,
Gottes Name sei gefeiert und besungen.
Gepriesen sei er über allem Lob und jedem Lied,
hoch über allem Preis und jedem Trost der Welt.
Darauf sprecht: So sei es.

Friede in Fülle komme über Israel und über die Gelehrten, über
ihre Studierenden und deren Schülerinnen und Schüler. Friede in
Fülle komme über jeden Menschen, der sich mit der Thora beschäf-
tigt, sei es an diesem Ort oder an anderen Orten. Friede in Fülle
komme über sie und über euch, Gnade und Liebe sei mit ihnen und
mit euch, Erbarmen, ein langes und erfülltes Leben, und Erlösung
von Gott, der Quelle allen Lebens, dem Ursprung aller Weisheit.
Darauf sprecht: So sei es.

Frieden in Fülle komme vom Himmel, Leben für uns und ganz
Israel. Darauf sprecht: So sei es.

Gott schafft Frieden in der Höhe. Möge Gott uns und ganz Israel
Frieden geben. Darauf sprecht: So sei es.

661

תם ונשלם שבח לאל בורא עולם

Wichtige Daten

_____

_____

_____

_____

_____

_____

_____

_____

_____

_____

_____

_____

_____

_____

_____

_____

Milton Keynes UK
Ingram Content Group UK Ltd.
UKHW010716311023
431661UK00004B/349